The New Cambridge Modern History
VOL.1: The Renaissance, 1493-1520

① 新编剑桥世界近代史

文艺复兴 1493—1520年

[英] G. R. 波特（G. R. Potter） 编
中国社会科学院世界历史研究所组译

CAMBRIDGE

中国社会科学出版社

图字：01-2018-7941 号

图书在版编目（CIP）数据

新编剑桥世界近代史. 第 1 卷，文艺复兴：1493—1520 年/（英）G. R. 波特（G. R. Potter）编；中国社会科学院世界历史研究所组译. —北京：中国社会科学出版社，2018.12（2023.2 重印）

书名原文：The New Cambridge Modern History, Vol. 1, The Renaissance, 1493—1520

ISBN 978-7-5203-2597-4

Ⅰ. ①新…　Ⅱ. ①G…②中…　Ⅲ. ①世界史—近代史—1493—1520　Ⅳ. ①K14

中国版本图书馆 CIP 数据核字（2018）第 242336 号

出 版 人	赵剑英	
责任编辑	李炳青	
责任校对	李　莉	
责任印制	李寡寡	

出　　版	中国社会科学出版社	
社　　址	北京鼓楼西大街甲 158 号	
邮　　编	100720	
网　　址	http://www.csspw.cn	
发 行 部	010-84083685	
门 市 部	010-84029450	
经　　销	新华书店及其他书店	

印刷装订	北京市十月印刷有限公司
版　　次	2018 年 12 月第 1 版
印　　次	2023 年 2 月第 3 次印刷

开　　本	650×960　1/16
印　　张	42
字　　数	718 千字
定　　价	158.00 元

凡购买中国社会科学出版社图书，如有质量问题请与本社营销中心联系调换
电话：010-84083683
版权所有　侵权必究

This is a Simplified-Chinese translation edition of the following title published by Cambridge University Press:

The New Cambridge Modern History, Vol. 1: The Renaissance, 1493 – 1520

ISBN 978-0521099745

© Cambridge University Press 1978

This Simplified-Chinese translation edition for the People's Republic of China (excluding Hong Kong, Macau and Taiwan) is published by arrangement with the Press Syndicate of the University of Cambridge, Cambridge, United Kingdom.

© Cambridge University Press and China Social Sciences Press 2018

This Simplified-Chinese translation edition is authorized for sale in the People's Republic of China (excluding Hong Kong, Macau and Taiwan) only. Unauthorised export of this Simplified-Chinese translation edition is a violation of the Copyright Act. No part of this publication may be reproduced or distributed by any means, or stored in a database or retrieval system, without the prior written permission of Cambridge University Press and China Social Sciences Press.

出 版 前 言

英国剑桥大学出版的世界通史分为古代史、中世纪史、近代史三部。近代史由阿克顿勋爵主编，共14卷。20世纪初出版。经过几十年后，到50年代，剑桥大学出版社又出版了由克拉克爵士主编的《新编剑桥世界近代史》。新编本仍为14卷，论述自文艺复兴到第二次世界大战结束，即自1493—1945年间共400多年的世界历史。国别史、地区史、专题史交错论述，由英语国家著名学者分别执笔。新编本反映了他们最新的研究成果，有许多新的材料，内容也更为充实，代表了西方的较高学术水平，有较大的影响。

为了供我国世界史研究工作者和广大读者参考，我们将这部书分卷陆续翻译、出版（地图集一卷暂不出）。需要指出的是，书中有些观点我们并不同意，希望读者阅读时注意鉴别。

平装版前言

　　本书是在20多年前规划和编写的。这篇前言所增补的导言则是1956年在多少有点仓促的情况下写成的。① 倘若这篇导言写于1975年，它将会在哪些方面有所不同？不消说，就连此书本身也会有所改变。波特教授的写作班子是当时他所能罗致的那一批人，此外，倘有可能，无疑还有一些他极愿延揽的作者。② 但是我认为本卷的编年上的局限性及其在其他有关丛书中的地位，对于可以延揽的人选造成了严重的限制。乔治·克拉克爵士在后面（见xxxiv页③）写道，阿克顿勋爵提出了关于《剑桥近代史》的精心擘划，同一出版社又有《中世纪史》（1911—1936年）问世，然后不妨说是由于追本溯源，又出版了《古代史》（1923—1939年），此外，还有关于不列颠帝国及其他地区的著作。因此，就有必要对《剑桥近代史》重新加以剪裁，以配合已有的模式。这部著作的头两卷就势必要用"文艺复兴"和"宗教改革"作为题名了。

　　近年来，在震撼历史研究领域的各种变革中，抛弃旧时的"中世纪"与"近代"之间硬性划分的愿望可以被认为占有首要的地位。由于人们采用"文艺复兴"这一名词来主要表示一个时期，而并不指贯穿某一时期的一次文化转折点，因此这种愿望时常能得到满足。在美国，"文艺复兴"确实很合宜地包括了从彼特拉克到维科的几个世纪；在本卷中，"文艺复兴"这一标题概括了如标题所精确表明的由1493年到1520年这一时期内对欧洲历史许多方面主要发展的评

---

① 当波特教授就任驻德文化参赞之际，本文作者即受托撰写导言并负责本卷出版事宜。
② 波特教授曾经写道："本卷的计划受到两方面的影响：乔治·克拉克爵士明智的编辑'方针'和两位著名作者不能撰写原来分给他们的章节。1950年初次约稿时，关于'文艺复兴'的学术研究正处于不寻常的转变状态。"
③ 全书括号中的页码均指原书页码。——译者

述。按这个意义使用这个名词来说明一个时期，姑且不论这个时期长短如何，则使这个名词失去它在意识形态方面的意义。在这段时间内所发生的一切事情都可以加上"文艺复兴"的标签，正如在维多利亚时代的英国所发生的一切都可以加上"维多利亚时代"的标签一样。只要这个名词的两种解释不致混淆，这倒是解决困难的一个十分合适的办法。正如下文所述（见第2页），稍后被尊为理科的那些科学的先驱者，就其旨趣来说也不是人文主义的。作为"文艺复兴"重大改革的学校新课程中（美术方面同时也有平行的发展），数学这门温文尔雅的学科自然只准占有一席卑微的地位。但是，课程表上占压倒优势的却是拉丁文。拉丁文之所以必要，不再是因为人们要用它来诵习圣经和祈祷书，而是因为拉丁文是西塞罗和维吉尔的语言，它本身就代表真和美。凭借拉丁文，人们可以获得最高级的能力——交往的能力。当然，这种交往也常常不用拉丁文，虽然使用拉丁文的场合毕竟多得惊人。即使人们说的和写的是意大利语、法语或其他国语，那些粗通文墨而地位显赫的人们却全都上过同一类的文法学校，全都熟悉基本的拉丁文典籍。甚至那些对学术毫无兴趣而只想在社会上找个适当位置的人们，也强迫自己把拉丁语法中的夺格独立句灌输到自己的头脑中去，并往往为此付出了重大的代价，即后来阿谢姆所谓的"暌违本性"的代价。

而且，使用"文艺复兴"这一名词来表示一个时期，将会促使我们超越历史学家们为方便起见而用来作为历史分期的暂时界线，而现时的研究者们更不得不如此。正是由于抛弃了这种人为的界线，我们才能对托马斯·莫尔和路德这样的人物有了许多新的见解。从埃尔顿教授给《新编剑桥世界近代史》第二卷平装本所写的前言中，我们清楚地看到了当代的宗教改革研究已经在什么程度上开始强调中世纪对16世纪主要宗教思想所提供的前例和所产生的影响。

对"文艺复兴"的研究（对古典学术和中世纪的研究更不待言）确有影响的一个变化，就是至少在英语国家的学校中，拉丁文教学量的急剧下降。不能否认这个过程由来已久，但是直到第二次世界大战，许多准备日后在大学攻读文科各系的青少年，都得接受某种拉丁文训练。在过去25年的时间内，在英国和英联邦，这种情况已经起了剧烈的变化；在北美国家中下降的情况并不那么显著，但那只是因为那里的中等学校没有普遍推行拉丁文教学的缘故。这种变化的后果是多方面的。后果之一是学生在阅读较古的典范著作时遇到了困难，这些著作虽用他们的本国语言写成，但有相当数量的引文和引喻采用了"晦涩费解的学究语言"。教科书甚至专门著作现在都必须提供译文，至少也要给这种材料作出详尽的诠释。这有所失，也必有所得。让一位学者断定他的引文究竟含义何在，有时也并非坏事。同时，现有的"文艺复兴"典籍的翻译作品在数量上和质量上都有相当显著的增加。例如莫尔和伊拉斯谟这样的作家，就他们最流行的作品来说，在他们生前当然大体上都有了译文。但是"都铎时期译本"是出名的不可靠，处处涉及对古词古语或废词废语的理解问题。后来的译文，尤其是19世纪出版的译文，往往粗制滥造，是早期误译本的低级"现代化"，既无文采，也不求具有学术价值。（典型的例子是普拉蒂纳《教皇列传》的英译本）但在近20年来，这方面却达到了一个新的标准。有两项充满雄心和引人注目的事业必须作为例子提出①。1963年，耶鲁大学编辑的《托马斯·莫尔全集》第二卷（系全集中最先出版的一本）《英王理查三世史》问世。莫尔曾出版过一个英文版本，这次则被耶鲁大学的编者R. S. 西尔威斯特印在该书的对照页上。接着出版的第二本是《乌托邦》（全集的第四卷，1965年），本文经过耶稣会的爱德华·苏尔茨的认真校订并附有他的译文，此外还有J. H. 赫克斯特的权威性的长篇序文。全集正在继续出版。同时在多伦多发起了一个更加引人注目的计划：将伊拉斯谟的著作全部译成英文。出版的全集第一卷收集了他早年的书信（按P. S. 艾伦的编号是1—141号）：这一部分由R. A. B. 迈纳斯和D. F. S. 汤姆森翻译的《书信集》，由华莱士·K. 弗格森编辑，1974年出版。编辑部谨慎地避免说明，按这一规划最后还需要出版多少卷。

还有许多次要的实例，如以各种现代语言出版了与原文对照的译文，有的译本妥善贴切，可以使读者信赖，有的还附以渊博的评注，竭力想免除学者翻阅原文之劳。这当然绝不是说，不附译文的文艺复兴时代的原著审定本的编辑出版工作现已停止。伊拉斯谟再一次成为

---

① 公正地说，在中世纪史方面早就迈出了第一步的是《法国中世纪史文献》和哥伦比亚大学的《文化史料》。《纳尔逊中世纪史料》始于1949年，现改名《牛津中世纪史料》继续出版。

一个例子。一支由各国学者组成的队伍已经着手出版他的1703—1706年莱顿版全集的新修订本。1969年第一分册已在阿姆斯特丹问世。

另一个新的发展是围绕某一题目组织出版不同作者的文集。这在文艺复兴研究方面虽不是独特的，却是最显著的现象。三种这类著作证明影响很大：E. F. 雅各布主编的《文艺复兴研究》（1960年）、N. 鲁宾斯坦主编的《佛罗伦萨研究》（1969年）和约翰·黑尔主编的《文艺复兴时代的威尼斯（论文集）》（1973年）。从这些书名即可看出重视对于佛罗伦萨和威尼斯的研究，这相当公正地反映出大多数关于意大利的研究的方向，至少就英、美学者来说，情况如此；其他大城市相对地受到漠视，尽管（举例说）特雷卡尼·德利·阿尔菲耶里所著的《米兰史》有关各卷描绘了令人兴奋的图景。文艺复兴早期的罗马还有待于历史学家着笔，虽然在城市建设和美术方面现在已有一些优秀的著述；我们不妨举出 T. 马格纳森的《罗马十五世纪建筑研究》（1958年）和 L. D. 埃特林格的《米开朗琪罗以前的西斯廷小教堂》（1965年）。上述研究集中在佛罗伦萨和威尼斯方面（尤其是英文著作），这反映了相沿成习的非学术性的研究倾向，也反映了它们的图书馆设备大大超过了意大利的一般水平。当然，这两个城市也都拥有十分可观的文献，目前时常被那些渴望填平社会学与历史学之间的鸿沟的学者们所利用。电子计算机的影子正笼罩着文艺复兴时期。

直到作为本卷正式结尾时期的16世纪20年代为止，意大利比任何其他地方都更积极地倡导新的人文学科和新的艺术。当时只有伊拉斯谟、比代和莫尔达到了比较伟大的意大利学者和文人的地位，所以他们近年来已经获得了应得的承认。其他问题还没有得到答案，对于其他作家仅作出一些不完整的评价。15世纪时北方对意大利的文化影响至今还很少引人注目，而意大利对于阿尔卑斯山脉以北"前人文主义"的贡献也仍有很多问题尚未阐明。对于大多数国家来说，我们的知识确实仍然如1/4世纪以前一样贫乏。但是，法国是一个进行研究较多的国家。弗朗哥·西蒙娜的努力产生了一系列重要著作，其中最负盛名的是《法兰西文艺复兴》（1961年）；最近尤金·F. 赖斯又在他审订的重要版本《增加序文的雅克·勒费弗尔·戴塔普信函集及有关文选》中向我们提出："在1490—1510年间勒费弗尔及其集团为改革文科教育而做的一切努力，标志着使意大利人文主义的文化纲领适应于巴黎大学教育传统的最重要的阶段。"勒费弗尔显然是旧事物即中世纪事物和新思想相交融的一个实例。德意志的修道院长约翰内斯·特里特米乌斯又是一个这种有趣的结合的实例。克劳斯·阿诺德为他写下了一本值得欢迎的专著（1971年）。研究这个时期的专家们即便在许多方面尚须探索，但是他们终于有了自己的年刊《人文主义和文艺复兴世界书目》，1966年在日内瓦发刊，内有一篇关于1965年出版的著作的评介。

本卷《新编剑桥世界近代史》以"文艺复兴"作为题名，并在前面几段叙述中约略地谈到关于文艺复兴时期文化的研究所产生的影响变化以及所做的新贡献。在这一方面，本来还有许多话可说。譬如，人们对于修辞学产生了新的和活跃的兴趣。如果我们要适当地理解当时人文主义者企图说些什么，就必须掌握从古代和中世纪修辞学理论中引申出来的种种假设。对人文主义历史学家的传记和成就的研究，现在也有一种新的活跃气氛。就本卷所涉及的时期来说，费利克斯·吉尔伯特的著作《马基雅弗利和圭恰迪尼》提出了新颖的见解，而以前自兰克以来，凡是解释这一时期意大利和欧洲的背景，都以上述两位史学家的论述为依归。关于在法律与历史之间这时刚刚开始的一种丰富的相互关系，也出现了一些有价值的著作。例如可以参阅：唐纳德·K. 凯利的《近代历史学术研究的基础》（1970年），并和下面 xx 页富有洞察力的评论进行比较。

自从本书最初问世以来，与后面各章有关的一切学科都出现了许多对我们的知识大有裨益的著作，即使列举其中最重要的几本，也就超过了本文作者的能力，同时亦非这篇增补性的简短前言的篇幅所能容纳。如要这样做，也只能开出一张甚至比上面举的几本文化史方面的书籍更具特色的书单。最后只能提一下我们在从原编问世到新编本问世之间的一段时间内，我们的总的设想可能已经改变的一两个方面。

我们所有的人现在都面临的一种空前规模的严重的经验是通货膨胀。这一情况今天对于讨论过去被称为"16世纪物价革命"的问题来说，产生了显著的限制作用。经济学家如今坦然承认他们既不能解释,更不能控制我们的困境。同样,经济史学家对于16世纪中期比较温和的波动都比较缄默,本书下面将要谈到在国外探险和开发方面这种波动的开始出现。

1962年,已故教皇约翰二十三世召开第二次梵蒂冈公会议时,另一个已告结束的问题又被重新提起。也就是说,以前被认为不得翻案的背离罗马天主教学说和实践的一整套主张和行动又作为可行的方案重新出现。全基督教公会议的作用和权威问题便是一个例子。研究中世纪和文艺复兴时期教会的历史学家都承认,在康斯坦茨和巴塞尔会议上,公会议至上主义者所做的努力被特兰托会议所挫败,而最后则被把宣布教皇永无谬误当作信条的卑屈的第一次梵蒂冈会议(1869—1870年)破坏无遗。主教在教会行政中所处的位置可以用历史的眼光重新审查,"首脑和肢体"又重新与实际情况符合。此外,教士结婚问题、罗马教会受赠财产和财务监督(甚至在"官定"的地区)问题、俗人信徒领"圣杯"问题(当胡斯被囚在康斯坦茨时早已在波希米亚成为一个争端)——这一切热烈争论的问题如今都可以听任研究罗马天主教的历史学家们自由辩论,而对其他人来说,则解除了忏悔的痛苦,他们赞同罗马教会圣餐礼的简化并在圣餐礼上采用本国语言(这对于拉丁文则是进一步的打击)。从这些方面和其他方面看来,原来似乎作为结束语的话反而可以成为新章节的开场白了。

欧洲在宗教改革以前的宗教生活是本卷多少予以忽视的另一领域,因为除了研究德意志神秘主义和共同生活弟兄会的学者以外,专门研究这一方面的历史学家还没有发表他们的著作。甚至教区的圣职人员,尽管在下面的论述中对他们较为严厉,但在当时的许多社团和行会中往往具有相当的社会地位。他们本人在许多方面,从广义上来说才是进行"宗教活动的"。施舍和善行在各地平民百姓的生与死中占有重要地位,如W.K.乔丹在他的许多著作中指出了英国当时的这种情况,而布赖恩·普兰则指出了威尼斯当时的情况。阿尔贝托·泰嫩蒂的杰出著作《文艺复兴时代生活中死与爱的面面观》(1957年)精心研究了这种心灵生活的图像。

许多政治问题不久前似乎早已有了固定不变的解决办法,但如今看来也是同样地十分暧昧。我们的世界将会变得面目全非,这个事实现在很难加以漠视。旧的道理似乎减少了说服力：例如说1503年英格兰和苏格兰由于联姻而结合起来，就必然导致后来的联合王国；而更加著名的费迪南德和伊萨贝拉的婚姻最后产生了西班牙王国。（笔者不禁惭愧地指出，在本书第5页我曾写过"国际关系的一种模式终于出现了"）25年前，看来由于第二次世界大战而造成的混乱局面迟早会被消除，比方说德国仍将是一个德国，正如法国、西班牙和英国始终没有变化一样。在我们的时代里，退化之说到处都有权威的鼓吹者，而且不论哪个大国或小国都不能肯定它的过去将决定它的未来。"任何事物在未发生前都不是不可避免的"。任何公共事件的后果都是无法估量的。所有这些情况更加说明，尽管《剑桥史》各种著作有其权威性的面貌和悠久的生命力，但是"权威性的历史"已不再在我们的议事日程上了（见后面xxiv—xxvi页）。

丹尼斯·海

总 导 言
史学与近代史学家

乔治·克拉克爵士

原来的《剑桥近代史》，即现在这套书的前身，在1896年由第一代阿克顿勋爵制订计划，而在1912年当地图卷问世时全部出齐了[①]。从此以后，不论作为参考资料或是一般读物，《剑桥近代史》都成为一部人们所熟悉的标准著作。它是用英文出版的对当时学者们所认识到的前500年历史最有影响的评述。当时，在英国的大学里，历史作为一门考试科目，正吸引着相当多的、而且日益增加的选修者。这种兴趣向下扩展到一般学校，向外扩展到形形色色的男女知识分子，从而产生对历史书籍以及对历史书新品种的需求。教育内容的这种变化是由群众心理的许多变化造成的。有一批教育改革家提倡讲授历史，另一批教育改革家则提倡讲授自然科学，以代替旧有的课程，特别是希腊和拉丁古典作品。但是，教育界内部的宣传所反映的乃是教育界外部流行的意见。当英国政府在国内不断增加新的职能，在国外日益密切地卷入国际政治的时候，群众必然要讨论许多若不结合历史背景就难以阐明的问题。这样，当时产生一种渴望获得更多的历史知识的实用主义要求，也是非常合乎时宜的。同时人们也有一股把历史当作文学作品来研究的热情，用以扩大思想境界，训练政治鉴别力，甚至进一步陶冶品德。两位担任主教的卓越的历史学家——斯塔布斯和克赖顿跻身于维多利亚时代的杰出人物之列。最近刚刚逝世

[①] 关于计划和编辑的情况，在《剑桥历史杂志》，Ⅷ1945年，第57页以下有比本文更详细的叙述。

的历史学家约翰·西利爵士是当时的帝国主义思潮的记述者。尤其重要的是，人们相信现已出现的一种比过去所实践的更为公正和更为精确的新历史学已经为理解过去和未来提供了线索。塞缪尔·罗森·加德纳正在显示用新方法研究英国历史会取得怎样的成果，而且还有许多历史学家也训练自己运用这种难度很大的技术。尽管如此，现在仍缺乏用英文撰写的论述欧洲大陆历史的最新著作。除了克赖顿的《罗马教廷史》和西利的《施泰因传》以外，值得一提的巨著实在寥若晨星。为了一般的阅读目的，人们还必须利用老一代作家，如罗伯逊、考克斯、普雷斯科特、莫特利，甚至卡莱尔。

剑桥大学出版社的理事们（其中有伟大的历史学家梅特兰）在1896年聘请阿克顿勋爵主持编纂一部《世界史》的时候，必然考虑到上述一些情况。阿克顿在前一年就任近代史钦定讲座教授，除了讲课以外还没有决定从事什么工作。他对新历史科学的信念比其他任何人都更加坚定。他早年正是为捍卫这种科学而进行论战的。那时他主编杂志，试图表明如果他的教会对于"体现真理"的科学和"代表自由"的国家这二者的目标予以鼓励，则他们就会进一步实现自己的目标。他没有迟疑多久，就接受了剑桥大学出版社理事们的邀请。他写道："过去任何人都很难获得这样的机会，使自己关于研究历史的见解得到进一步发展。"

在阿克顿最后接受邀请以前，编写计划曾经有过一些改动，其中之一必须在这里加以说明。出版社理事们压缩了他们原来的计划，因此现在的计划只包括"从文艺复兴开始的近代史"。在这以前，就已经有一些著作家认为，这种以15世纪或15世纪前后为界，把历史分为两个阶段的为人们所熟悉的、甚至所习惯的做法，并不十分切题，不如把分界定在较后时间，如17世纪的某个时期更为合宜。那些贬低早期变化的重要性而强调后期变化的重要性的历史学家们，对于这种观点是颇感兴趣的。但是，由于两种原因，他们的看法在这里似乎没有必要多加讨论。首先，它包含的意思，无非是认为，卷和章的划分应该依据事物的本质，而不仅是为了写作和授课的方便。其次，《剑桥中世纪史》已经问世，它与《近代史》正好首尾衔接。因此，在制订这套著作的计划时，近代史的年代上限已经不是有待解决的问题了。然而，有一个更广泛和更重要的问题不妨讨论一下：在近代史与其他较早的历史之间,究竟有没有本质上的区别?

在我们许多习惯的想法和说法中,都包含着这种远期和近期之间的区别。公元1世纪时,有好几位罗马著作家都讨论过古与今的界线究竟应该划在哪里方才合适。现在大多数人仍然认为:为了把过去的历史分成便于研究的单元,必须给它划出一条或几条界线。但是,他们产生这样考虑的原因,表明彼此之间有无穷的分歧。他们当中有些人,对于能够向我们所要提出的问题提供书面答案的任何最近时期的历史,都给以"近代"的名称。根据这种观点,古代或中世纪的历史乃是讲述人们的思想方法与我们现在不同的时代。例如,那时候的人不懂得把他们的经验归纳为统计资料或者甚至是确切的编年纪事。但是,也有些人觉得人类的天性是永恒不变的。他们满足于将较远的时代与较近的时代划分开来,认为前者难以理解是因为我们所掌握的有关资料太少,而对后者感到同样难以理解是由于我们所掌握的有关资料又太多。当然,这后一类著作家喜欢较近时代胜过较远时代,因为,正如他们中间有一位所说:"历史科学……总是越来越有形成的可能。这不仅是因为对它的研究工作越做越好,而且,因为它变得一代比一代更适于研究。"① 然而,不幸的是,有些人认为近代史概念本身是荒谬的。有一种说法是:近代史这个专门名词是矛盾的。他们认为历史在本质上就是和近代相反的,凡是构成历史的东西都与我们对当今的认识不同,因此,除非历史学家假定过去已经完成和终止,否则他们根本就不可能成为历史学家。不论我们怎样给历史下定义,我们都必须承认历史所论述的是过去;不论我们把近代这个名词作什么解释,我们所指的必然是同当今密切关联的时间。任何事物越是属于历史的范畴,看来它就必然越不属于近代;反过来说,任何事物越是近代的,它也就越不可能是历史的。如果我们不喜欢这种说法,我们可以听一听相反的论调。持相反论调的人同样似乎有理,同样自相矛盾,也许也同样浅薄得很。据他们说,"近代历史"一词是同义重复。所有的历史都是近代的,或者用更为人们所熟知的话来说,"一切真实历史就观念上讲都是当代史"②。因为,如果过去和现代之间

---

① J.S. 穆勒:《历史科学补充阐释》,见《逻辑体系》(1843年)。
② 这是B. 克罗齐的说法,见《历史、纪年和伪史》(1912年),第2页,后又刊印于《历史编纂学的理论和历史》(1917年),第4页。

没有连续性，如果一个生活在现代的历史学家不能把过去融化在他的现代中，那么，他就不可能理解过去，或者写出能使他的同代人认为真实或者可以理解的有关过去的任何情况。

现在有数目很多的、比过去任何时候都更多的男男女女用他们的部分、甚至全部工作时间去钻研近代的历史，尽管我们对于他们所从事的工作或他们为何从事这种工作，有迥然不同的看法。他们中间有少数人是单独地工作，然而，由于他们所使用的书籍和手稿都是经过他人编写或整理的，因此甚至这些独立研究者的活动也是一种社会性活动。绝大多数人属于各种组织，如研究机构、大学、科学院、出版社、全国性或国际性的历史学家协会，或者历史某一分支研究者的协会。他们向评论杂志和研究刊物投稿。图书馆员、档案保管员和博物馆员（其中有许多高级专家）为他们搜集、整理和编纂大量的资料，其中包括原始材料和半成品，以及早期研究的成品。上述各种组织以通信、会议和其他交流方式，在互相之间以及与世界其他科学和学术机构之间发生联系。所有参加研究以及向他们提供资料的人，都把近代历史的研究事业当作一个兴旺的企业，一个巨大的工作者组织。

在各大学里，系统讲授历史研究方法已经成为固定的课程，而且已经有了许多讲述历史研究方法的教科书。有些教科书是一般性的，其他则是讲述被人扣上"辅助科学"这样一顶怪帽子的东西，如年代学、目录学、古字体学、古文书学以及对于印玺的研究（有时称印章学，有时甚至不太文雅地称图章学）。然而人们认为，正如大多数历史学家在他们的研究工作中选用非历史著作家的普遍概念一样，在历史研究的过程中所完成的大多数实际工作，也要依靠一些通常不称为历史研究的其他研究。它们是把学术研究工作与非学术性工作加以区别的那种思想习惯的实际运用。其中有几种，早在历史学家认为有用之前，律师们就已经非常熟悉了。在6世纪，一个律师如果不审核一项法律的全文而只就其中的某一条文发表意见，他就没有当律师的资格①。现在，如果一位历史学家只是以史论史，也同样不够历史学家的资格。在15世纪，欧洲的法学家们一般地说，在判断古文件

---

① 《查士丁尼法典·法学汇编》Ⅰ，3，24；《塞尔苏斯文库》Ⅷ，《律例汇编》。不透彻了解整个法律而仅根据某一只言片语作判断或答复，是不公正的。

的真伪和确定其意义方面，都是很熟练的。基督教的教士们研究各种不同计时制之间的关系。古典学者们对残缺书本的校订工作正在改进。随着时间的推移，历史学家们运用所有这些新的和旧的技巧，正如他们遵循总的思想潮流一样，在他们的论述中排除神异的奇迹和占星术的影响。在最近几个世纪，他们从自然科学中把想要拟定一般规律的雄心壮志接收过来，并用某种进化论原则去解释一些特定事件或一个比较广泛的历史历程。在这种指导思想的支配下，他们借用了许多研究细节的方法。近来他们埋头研究图表、曲线和统计数字。这些资料开始时在经济史中使用，现在则在书目史、教会史等不同领域中予以使用。有些历史学家认为他们的任务就是进行一种特殊的归纳论证，经过彻底考查所有可用的证据来找出真理。他们企图"完全占有"与研究课题有关的资料，尽管有一点令人惴惴不安：哪怕是一个狭窄的、特殊的历史研究课题，我们也不可能对有关资料网罗无遗。迄今为止，还没有一位历史学家掌握了与他的研究课题有关的所有资料，也没有一位历史学家能够真正完成他的研究工作，而永远不会被新出现的资料弄得前功尽弃。无论研究课题的范围多么狭窄，无论对它加以论述的方面多么有限，有关资料的数量还是十分庞大，一个想要通晓全部资料的历史学家不能不放弃独立处理全部资料的企图。他可以毫不怀疑地采用其他学者关于某一边缘领域的论述。他可以满足于对某个庞大组织的联合研究做出自己的贡献而由这个组织设法使他的发现和别人的发现互相配合起来。总之，我们向"完全占有"走得越近，我们离开原始的历史学家式的精确性就会越远。历史学家仿佛是兼容并蓄地采用了他人手头的各种各样的工具。

这些表面现象是容易使人误解的。历史有一种特殊的方法，或技术、或门径。历史学家依靠这种方法来对思想做出贡献。他们的所有研究课题都是探讨在一定时期内的人类生活，他们的专业就是整理他们的研究资料，使其前后连续，时序相接，成为有机联系的东西。任何一个要从一大堆混乱的资料中寻求确证的研究工作者，都需要有把与他的目的有关的东西和无关的东西区别开来的方法。他必须具备筛选证据的能力。这样一来，当他给一个结论找到充分的证据或者最有利的证据的时候，他就能够把其他的资料作为多余的东西统统丢弃。他要从每一项资料中提取而且仅仅是提取那些只是有助于理解他的研究课题的东西。律师们必须遵循关于何种证据可以采纳的规定。科学家们要为所提出的问题找到答案而准备进行实验。历史学家们必须从一切可能包含着有关情报的书籍、手稿和实物中找出他们的证据。在这些资料中，有些手写或印刷的文件或者实物，正是历史学家研究的事件或时期的组成部分。同时也有一些当时和嗣后的著作、图画和其他物品对于过去的事件提供情报而不成为它们的组成部分。很可能某一事件本身没有留下任何可查的记录，但是，我们仍然会有许多了解那一事件的方法。一种普遍的设想是：历史学家对于越是早期的证据越是相信，并据此做出初步筛选。许多历史学家把原始的或第一手的证据与第二手证据区别开来。如果第一类中除了确是各种事件中遗留下来的材料而外，还包括有任何其他东西，二者就失去明显的区别了。在报纸上发表的或在外交公文中传达的一次演讲，很可能是在发表演讲后立即写成的，但它也不能像录音那样完全是第一手材料，因为：不论方法是如何次要，但毕竟有另一个人加以干预，可能造成错误甚至以讹传讹。一份在演讲发表后写成的摘要，哪怕是由演讲者亲自执笔，也仍会离题很远，关于经历了漫长时期的许多事件，我们有回忆录和历史书籍提供最好的证据。但这些证据不仅更加久远，而且含有编撰者个人的好恶在内。一切解释都取决于证据的选择，一旦把证据选择出来，不管是信手拈来还是去伪存真，这种选择都会支配任何可能的解释。既然我们的一切证据都经过有意或无意的选择，那么，这就意味着所有这些证据一定都根据我们所能了解到的与它们难以辨认的来龙去脉有关的一切进行过核对。

因此，第一手证据和第二手证据的区别并不像乍看之下那么简单，而且也不那么有用。有些历史学家认为他们的工作就是回答问题，即使他们知道随着工作的进展，问题本身的形式也会发生变化。他们愿意通过第二手证据来处理第一手证据。这样做，好处是很明显的。如果一位历史学家限于研究只是第一手证据或者最接近第一手的证据，他就会耗费几小时去译解已经刊印而仅用几分钟就能看完的手稿。如果在已经刊印的著作中他只阅读原始文件，那么，他就必须把前人所做的那些可以减少他的劳动的事情亲自重做一遍。严格地说，只凭第一手证据是不可能获得历史知识的。仅仅为了知道有这样的证据存在和他应该到什么地方去找，历史学家就必须从证据以外了解有关的一些情况。16世纪和17世纪关于在宗教问题上究竟应该依据圣经还是圣传的争论,与我们今天的争论十分相似。约翰·塞尔登完全驳倒了那种认为信仰和实践应该而且只能够以圣经为依据的论点。他说:"不管你怎样反对圣传,我们却只能根据圣传了解圣经文字的意义……就拿 In prin cipio erat verbum 这句话来说吧,你怎么知道它的意思是'言词在先'呢?不过是根据圣传,因为有人告诉过你。"[①]由于历史不能仅仅依靠对原始资料的理解,为了不被后世著作的谬误和增删引入歧途,最好是先研究一下这些后世的著作,然后再追本溯源。

实际上,时常有这样的情况:一位历史学家本来打算纠正一部权威著作的错误,但是他却未能摆脱其中的种种假说,而且举出新的证据却没有看到它是有决定意义的。另一些人则由于某种原因,不受他的假说的束缚,而更清楚地看到这一新证据的作用。人们当然会作出这样的推论:如果想要看清每件事情,就必须从思想中排除所有的假说。这就是某些历史学家重视第一手资料、而轻视第二手资料的一个理由,而且也只是一个理由。另一个理由是:如果根据第二手资料进行研究,就使人容易从现在向过去追本溯源地阅读历史。有些著名的历史学家拿一个时代的成就作标准去责难另一个时代的缺陷,要不然,就根据事情的结果,或者以自己的时代作为尺度去断定是非。另外一些历史学家也许会避免这些错误,但是他们仍有可能无意识地用自己的时代或者某一中间时代的眼光去观察较早的时期。例如,据说约翰·赫伊津哈虽然学识渊博,而且感受性强,但是他对伊拉斯谟时代的观察却过多地采用18世纪的观点。实际上,一切重视思想明彻和表达清晰的学者都难以脱离18世纪的定论。如果向前看历史的话,那就要置身于川流不息事件的长河中,使自己同那个时代融为一体,只去了解和体会在那个时代能被人了解和体会的一切。这正是塞缪尔·劳森·加德纳想要做的。他日复一日、年复一年地翻阅他所研究的那个时代的大量书籍、小册子、法规、公文和书信,而不是向前看,到下个时代的资料中去查考任何事件会产生什么后果。任何一位历史学家都会充满这样的感情:他已离开和忘掉自己所处的环境,而

[①] S. H. 雷诺兹编:《席间漫话》(1892年),第127页。

融化在眼前的古书和羊皮纸堆中。那些学问非常渊博而且保留诗人气质的历史学家最富于这种感情。还有更多的历史学家认为这种感情本身是值得自己追求的目标,和值得用生花的妙笔传达给每一个能够接受的读者。而且,这不仅仅是一个感情体验的问题,因为科学的历史学家也会重视最佳史料的真实性。如果他能够使过去重新体现,并从自己的头脑中把后来发生的一切事情都予以清除,那么,他就能使自己单纯的研究目标分离出来。因此,许多讲授历史研究法的教师指导他们的学生直接去找原始证据,并首先掌握它们。最严格遵循这种学说的信徒们在他们的论文的脚注中绝对不提以前的历史学家的著作,而且,除了接近于文摘性质的专题著作的编纂者以外,他们也绝对不提任何同时代的人。不错,他们使用字典、书目以及其他许多种参考工具书,但是这些治学工具看来也没有个人成分在内,就像《航海历书》一样,既无个人的偏见,也没有主观的解释。利用治学工具的技巧,即运用辅助科学,自有天真无邪的乐趣在其中。"纯粹历史"本身似乎就是最终目标,就是一种审美活动,既不受功利主义目标,也不受外界压力的干扰。

这不是编纂《剑桥近代史》的历史学家们所持的态度。当然,在他们这一学派中也有许多不同的方法。我们还没有找到一个可以表述他们最显著的共同特点的适当名称。他们有时被称为自由主义的历史学家。但是,"自由主义"一词含有多种意义。在欧洲大陆上,它往往含有敌视教会、甚至敌视宗教的意思;但在英国,在这一学派的伟大著作家中就有斯塔布斯主教、克赖顿主教和虔诚的罗马天主教徒阿克顿勋爵。在某些方面,他们坚持18世纪的态度,特别把那些似乎根本不会发生的事情当作伪史加以摒弃;在其他方面,他们从自己最伟大的导师利奥波德·冯·兰克的早期著作中接受了浪漫主义运动的影响,即强调种族、民族或时代之间的不同,认为这种差异是不能排除的东西。从他们对他们所用的资料的关系中,最容易看出他们的共同特点。在19世纪期间,由于档案的开放而增加了大量的历史知识。各国政府在相当长的时期内允许经过批准的人们去阅读它们储藏的文件,甚至花费大量金钱去刊印有关较早时期的文件选辑。现在,各国政府一个接一个更加自由地开放他们的宝库。所有的政府依然把某些文件严密地锁藏起来,把公开提供研究的较旧文件与非常接近现代而必须保密的文件截然分开；但是，远在19世纪结束以前，一个文明的首都通常都有一些实际上公开的研究室，可以借阅官方的历史记录。利用这些记录的大多数历史学家都熟悉有关他们的研究课题的出版文献，而且大多是独自进行研究，至多也不过有几名抄写员协助而已。面对着在写成后不久即无人过问的浩如烟海的文件，他们并不渴望查阅与他们的研究课题有关的每一个字。因为，那要等到不仅是官方档案馆而且还有一些大型图书馆的存书清单和目录有了很大的改进才能实现。他们只能撷英拔萃，挑选那些可以纠正通常说法或在矛盾说法中做出抉择的历史记录。19世纪的历史学家们，正如19世纪的科学家们一样，是以他们的发现而自豪的。阿克顿认为兰克是最初的和最重要的开拓者。看来，以准确的知识为尺度去发现错误，就是历史研究的进步，因此，十分重视校订原文以恢复被篡改或误读的文件的真实词句。其次，他们研究了各种证据的分类。正如研究手稿来源的古典学者一样，历史学家创造了对历史记载溯本求源的一整套方法，从而能够去伪存真，从原始资料得出自己的结论。他们不大赞赏可能性或推断性的证据。他们以严酷的事实进行对比来粉碎谎言或传奇，取得了很多成就，从而认为事实是不可摧毁的最小单元，这些最小单元合在一起就能构成真正的历史。他们抱着这样一种信心，觉得将来总有一天能够写出"权威性的历史"。

晚一代的历史学家们并不瞻望任何这样的前景。他们预料自己的工作会不断地新旧交替。他们认为关于过去的知识是通过一个或更多的人的思想传播下来的，是经过他们"加工"的东西，因此不可能由无法更改的那种基本的和毫无个性的最小单元所组成。他们甚至认为，就连在各个时代考古学用来作为证据的实物也不具有这些性质。一件燧石器不论多么耐久，一座金字塔不论多么巨大，如果我们不考察与之有关联的事物，例如，如果我们不知道为什么它们而不是与它们类似的其他东西留传下来，它们就不能产生充分的证明作用。剔精抉微似乎是无穷无尽的，有些急躁的学者就遁入怀疑主义，至少遁入这样一种学说：既然一切历史判断都涉及个人与观点，则一种判断与另一种判断同样有道理，因而没有什么"客观的"历史真理存在。

19世纪崇尚事实的目的之一，旨在防止这种相对主义。历史学家中很少有人寻根究底地问一下究竟什么是事实，看来只要不是虚构或理论就够了；他们对于事实往往用"确凿"二字来形容。不管其他方面有什么可疑之处，事实看来总是真的。历史研究本身就是揭示真实的过去情况，而每个事实都是过去真实情况的组成部分。当我们着手修复残缺的铭文时，我们假定它原来是完整的，在残缺的地方有过文字，不管我们能否将那些文字复原，它们总是不能更改的。同样，当我们着手发现任何失传的事实或纠正任何历史记载的错误时，我们假定已知的过去和未知的过去都是存在的。在我们印欧语言的结构中就包含着这一类的假定：动词的各种时态表示时间和变化，有些时态则表示过去与现在之间的连续性和间断。我们对过去有一些了解，我们还可能知道得更多。我们从历史的已知情况走向未知情况时，使用我们惯用的试验方法把真实知识和主观见解区别开来。一个试验方法是看是否前后连贯。如果据称是新的事实与我们的历史知识不能互相一致，那就必须修正或摒弃其中之一。已知的和未知的真实历史形成了一个统一的整体，但绝不仅仅是它的每个单独的组成部分都可能被新发现所推翻的那种整体。除了要前后连贯以外，它在某些方面是确定的，是永世不移的。这是一个重要的原则，绝非老生常谈而已。古谚有云：

> Hoc namque damtaxat negatum etiam Deo est Quae facta sunt, infecta posse reddere.
> （只要存在事实，上帝难改历史。）①

有些研究工作者采取的方法表明他们认为存在着具有统一结构的真实历史，而且在了解更多的真实历史方面，不断地变得更有技巧，但却往往忘记这样一件事：在全部真实历史中，人们所能了解到的只不过是沧海一粟。历史的绝大部分已经烟消云散，永远也不可能用我们拥有的手段使之再现出来。在地球表面上生活过的亿万男人、女人和儿童中，实际上只有几百万人的某些情况留下了记载。如果我们把这几百万人中的任何一个人在一小时内所意识到的东西都记录下来，

---

① 这是亚里士多德在《尼可马各伦理学》中引用剧作家亚加松的一句话，见卡佐邦1590年刊印的拉丁文译本，1139b9。

那就需要写成很多卷书册。即便有那样一部详细的记录，它也还够不上一部失传的百科全书中保存下来的一个小小的逗点。这不仅意味着我们必须善于运用我们能够知道的一鳞半爪，而且意味着要掌握全部历史的想法是不切合实际的。另外，还意味着，一个历史学家的职能不应与一个地图绘制者相提并论，地图绘制者只是缩小一块土地的比例和面貌。不错，地图绘制者也会显出他的知识的不足：凡是没有勘察过的沙漠，或者没有测量过的海洋，他就要留下个空白。另外，在他的地图中还有一种空白，表示没有特征的地区，亦即其中没有任何东西使他希望加以表示的一部分地球表面。对于历史学家来说，他还有第三种空白。这种空白是不可能用勘探或测量来填补的，然而，它却不是表示那里从来不存在任何东西。如果只是一个比较小的问题，他只要从已知的一系列事件，合理地推论出已经失传的事件必然是什么样子，就可以解决。一些历史学家有时小规模地使用这个办法，正如统计学家增添几个数字一样。但是，当他们把工作作为一个整体来考虑时，他们似乎就必须承认，在已知和未知之间有许多种类的不同。他们所未知者乃是他们的知识中一个不可缺少的因素。他们在研究工作中使用的资料是经过无意或有意筛选的。他们继续做进一步的筛选。但是，他们不仅仅是从大量庞杂的资料中提取精华。他们所进行的一种筛选大大超出舍彼取此范围。

如果编写史书仅仅把事实罗列在一起，那就不会有严整的布局，而只是杂乱的堆砌。许多写历史书的人都认为：一部历史书与仅仅是一堆有关过去的报道之间的区别之一，就是历史学家经常运用判断力。的确，这可以被称为古典的观点。例如《罗马帝国衰亡史》的著者爱德华·吉本，有时被认为是文学家而不是严肃的思想家，他把"公民的审慎"（civil prudence）作为历史学家最主要的和不可缺少的品德。他所使用的"公民的审慎"一语有着很长的、奇特的历史①。即便吉本在落笔时并未考虑过去已经有不少人说过这句话，他也不过是在重复琉善的把关心公共事务当作优秀历史学家的天赋才能的见解

---

① 在弥尔顿的《公民在教会事务中的力量》（1659年）的《书前献词的一封信》中有这句话。在拉丁文中，西塞罗用过这句话。在 J. J. 贝歇尔的《心灵的智慧》（1678年）中也有过这句话。在格劳秀斯的《书信集》，莫鲁伊森编，第402号（1615年）中有 "civilis sapientia"（公民的智慧）一语

而已[1]。"公民的审慎",亦即对政治的判断力,并不是一种单纯的智能特性。它是正确判断具体情况的能力,正如我们通常所说对一个人、一匹马或一幅画的正确判断一样。

对于历史学家的研究工作的这一古典观点,是同历史乃是"承续意识"(das Bewusstsein der Continuität)[2] 的说法相一致的。事实的确可能是这样的:在历史知识十分缺乏而且只由少数知识分子掌握的较早时代,不论对于过去所能知道的东西多么有限,但是过去还是贯穿、启迪和支配了现在,这种情况甚至比今天更为显著。历史从来不是代替另外一些古老的、基本的传统,而只是将其发扬光大而已。最低一级的承续是宇宙的物理延续。第二个主要的承续是生物的延续。家系学是一种原始的历史,但它并不是由于考虑已有的资料,即结婚和出生的事实而兴起的。对于这些事实的知识不但是在关于家系的知识中产生的,而且是随着关于家系的知识一同出现的,它是在本能的、生物的和社会的复杂经验中的一个结晶。不管在哪里,遗传仍然是社会延续的一个因素,即便在其性质和功用已经大大改变的社会里,家庭依旧是基本结构之一。可是家庭提供的延续一向是由有意识的知识,由我们可以称为传统的连续来确定和巩固下来的。继承的和交迭的世代把已经具有的特性遗传下去。然而,口头传述并不是有意识地承袭过去的唯一方法。语言的运用即使达到极其巧妙的程度,也永远不可能恢复任何经验的全部。因此,在口头传述之外,而且有时在与口头传述联系在一起的情况下,还有另一种使各种事件铭记在心以便重新忆起的方法。这就是礼仪。为了使社会有秩序,就必须让仅仅那些具有适当资格的人,那些应该继承过去的人享有国王的威严或夫人的地位,执行祭司的职务或运用教师的权利,行使地主要佃户服役的权利或佃户拥有土地上的产物的权利。因此,自古以来就以典礼的方法使这些权利地位深深印在参加仪式者的头脑里,现在仍然存在着一些这样的情况。虽然不是每次正式结婚都用一枚戒指来表示,然而我们的报纸却报道当前的国王加冕典礼、教职授予式、圣职授予式、爵位授予式、学位授予式、神职任命式。举行这些仪式并不是因

---

[1] 《怎样编写历史》,第34页。
[2] J.G. 德罗伊森:《历史大纲》(1868年)。

为宣布这类事件的《伦敦公报》或法律文件会有消灭或引起争论的任何危险，而是由于在每一项仪式之中都有一种不能用语言表达的东西。在较早时期，即使有体现法律行为的文件，也还要举行仪式，而且仪式比文件更起作用。当我们不相信语言能有效地记录下事件的实质时，我们就保留礼仪。

历史书籍确实向我们提供了关于过去的最可靠的知识。书面语言即使不像口头语言那样生动，却比它更加精确，而且更容易用于研究。可是，文字记载并没有使口头传说处于无用的地位。重音和语调是只能传授而不能记载的。文字历史依然深受物理的、生物的、仪式的和传统的延续的影响。这些延续并不十分清晰明确，但它们有独立的价值，而且有时能够解释文字记载中所保存的东西。所有这些延续都有机地联系在一起；它们都是使现代与过去协调一致的工具，因而历史不是人类生活的延续，而是思想意识的延续。

不错，历史所提供的延续也有与其他延续完全不同的一个方面。其他任何延续一旦中断，就再也不能重新使它连贯起来。一个家族如果绝嗣，这个家族就算终结；当最后一位行吟诗人死去时，他的未用文字记下的歌谣便和他一同消亡。然而，历史能够被人忽略或忘记几个世纪，但它会重新出现。也许在所有的历史发现中，由能够解读失传文字的学者们所做出的发现最为突出。即便历史资料的语言是人所熟悉的，它们的原意仍可能被遗忘。一个文件可能显得它的含义与执笔者的原意大不相同。例如，一位著名的英国历史学家指责英国王后阿拉贡的凯瑟琳仍然忠诚于其侄查理五世，因为她用西班牙语给侄儿写信时，在签名上面写了"吻您的手"几个字。如果这位历史学家翻阅一下初级西班牙语语法，就会发现现在仍然和当时一样，"吻您的手"不过是结束一封书信的通用格式而已。如果历史研究能够通过解读文件重新接上已经中断的延续，那么，它把各种有关的知识运用到历史的每个方面，就会使那些延续变得焕然一新。

历史学家的目标，和探求与过去相连续的知识所要求达到的目标同样广泛。一个人由于众多原因中的某个原因，可能希望探索出某个乡村、城镇或民族，某种制度、习惯或信仰与过去的相连续的关系。在一个极端，像米什莱那样一位天才作家，可能是为了发表他对民族的光荣和苦难的历史的看法。在另一个极端，也有一些人是为了简单的实际原因。一个市镇官员为了弄清谁有确定通行税的权利，会从旧的契据中查明渡口的所有权。律师们经常寻找为他的当事人进行辩护的证据。各政党都设研究部门，以便为决定政策和进行宣传提供资料。艾伦比勋爵在计划征服巴勒斯坦的时候，曾阅读《旧约》中所记载的战役和古罗马人的战役的情况。另外还有同样简单的感情因素或审美原因。一个古堡的主人或一座古城的居民，可能仅仅出于惊异和好奇而钻研有关古堡或古城的记录。一部记述拿破仑历次战役的书，尽管只作为一个冒险故事，却可能引起对于战略战术毫无兴趣的读者们注目。但是实际上，历史学家的兴趣很少是单纯的。在任何一位著作家的头脑里，往往都有几种不同的兴趣同时存在：许多军事史学家用浪漫主义的手法著述，而许多浪漫主义的历史学家却又不知不觉地去学习战术的技术细节。的确，现在历史学有数不清的分支，每个分支都单独地研究一项特殊的问题。在规模较大的大学里，既有某些国家和地区的历史专家，也有法律史、军事史、文学史、教会史和经济史的专家；有些大学还专门开设艺术史、科学与技术史和哲学史的课程。然而，这些特殊分支是与通史结合起来讲授和学习的。在通史中，对于某些分支注意的程度有大有小，但是对于所有这些分支，即便没有提供最后的总结，毕竟会提供导言或基本论述。这就是历史研究与教学这种兴旺的事业的现行工作的组织情况；而这种组织的形式符合于历史学家们共同主张的要求。一般来说，正是这种共同主张决定了课题的选择。人们有时企图证明历史的这一分支或那一分支比所有其他分支都更真实地属于历史范畴，或者成为其他所有分支的基础。但是，如果我们没有忘记所有的历史研究都在探索真实的过去，那么，我们就会愿意相信，任何为发现真理而进行的历史研究都会揭示真实的过去的一部分；同时我们也绝不会说历史的某一分支比另一个分支更加正统，或说一个分支的历史性质取决于它在广阔的历史领域中选择什么课题。

研究什么历史课题和为什么进行研究，取决于人类社会的许多显然毫不相干的情况。那些在历史研究之前进行的并成为历史研究依据的其他活动也是如此。首先是记录活动。这种活动为要了解当时已成为过去的事情的那些人们做好了准备。在我们的文明世界里，一个事务很简单的私人，除了一个银行存折、几封书信和几张收据以外，可能不保存什么记录；但是，一个富翁就会需要几间契据保管室和一大群秘书。各种企业，甚至小型企业，都苦于为它们在营业中累积的记录寻找存放的场所。政府部门和地方当局经常雇用受过训练的档案员，这些人按照精心制定的规章，决定在交给他们处理的文件中，哪些要保存，哪些要销毁。还有一些职业的或者属于志愿团体的专家给各公司当顾问，告诉他们怎样选择和保存记录以及如何处理那些虽然有保存价值却无处存放的档案。保管记录的人员必须了解登记和存档的困难的技术问题，也必须考虑安全和保密一类问题。但是，尽管有这样完备的组织和技术，记录数量的增加却已经超过了能期望其中的大部分会有人使用的程度。由于日益复杂的社会的迫切需要，新的记录手段已经不断地得到采用。速记、打字、录音、摄影和电影，都在日常工作中留下大堆的资料。

在这个时期，大体上说，即在过去的60年间，当全世界的办公室里普遍出现这种过剩现象的时候，历史研究的范围扩大了，从事历史研究的人员增加了许多倍；要求他们进行研究的项目也同样迅速增多；他们研究更多的生活情况和更多的时期；特别是，他们已经开始考察最近的过去。对于研究这些课题，资料的大量增加似乎是很有利的。如果大量的资料难于处理，共同研究可以适用分工的原则。我们不可能断定任何一篇论文就不会为现在还无人能够预见到的某一问题提供答案，或者不会为至今还无人想要描绘的一幅图画填补一个空白。因此，我们经常听到人们呼吁保存记录；但是，浩如烟海的大量记录迟早必须销毁，而且早销毁比晚销毁更为省钱省事。的确，记录工作已经达到这样一种程度，即经过很多困难，也只不过使它对于历史学家并不迫切的研究课题有用。记录工作甚至使大量文件阻碍行政机构的正常运转。成千上万的委员每天坐在桌旁，面前堆满看不完的文件。尽管文件的内容摘要、索引和表格十分完善，但是，由于废话连篇，实在令人难以读到关键性的几句话。因此，行政人员就面临一个寻求限制公文数量的方法问题，换言之，就是寻求选择文件的方法，以便为当前事务的短期目的服务而不必考虑历史学家的长远需要。同一个人，在进行工作中有时会兼顾两种选择。一位想要撰写回忆录的政治家很可能保存许多在一个部门的档案海洋中容易被湮没的珍闻。不过，即使由一个人同时做两种选择（一般为两个前后连接的筛选阶段），这两种选择实质上也是不同的。

在做出任何选择时，历史学家当然要求保证满足他们的需要，而行政人员对此却不一定慨然应允。同样，当材料已经选定时，行政人员也不一定允许学者们随便接触。在过去几百年间，对于某些种类的记录，公众拥有为了一定目的而去查考的合法权利。死者的遗嘱予以公布，是为了使那些从遗嘱中受惠的人得知他们的权利。一般民众也有了解某些种类的议事记录（例如英国议会记录）的合法权利。这种特殊权利是经过长期的和激烈的斗争才取得的。现代各国政府拥有构成某些社会科学的主要资料的记录。但是，各国政府只是按照自己的规章才准人们进行查阅。许多国家还坚持它们对已经落入私人手中的官方文件的所有权，一部分原因是由于它们从那些文件中会得到自己所需要的历史知识，一部分原因也是由于防止其他国家的政府或个人利用那些文件去反对它们。由于各国政府在较早时期只是部分地控制它们拥有合法权利的资料，另外还有一些补充资料合法地或非法地掌握在私人手里，因此，它们除了公开官方档案以外，为了使工作能圆满地完成，当然还要鼓励私人档案的开放，例如将私人档案编成目录，刊印部分内容，控制或资助收藏手稿的图书馆。这样一来，历史学家们开始对那些收藏的档案了解更多的情况。他们请求那些收藏物的所有者允许他们去进行研究，但并不是永远能达到目的。传送和照相技术的每一项改进都使得人们更易于查阅文件，因而在查阅文件时所遭到的任何失败似乎会令人感到更为可惜。同时，由于历史已经成为广大人民的教育基础，成为研究和解释公共事务的良好手段，历史的编纂也就成为公共的事业，至少是具有社会价值的事业。这就意味着，历史学家们作为公仆就有权查阅他们所要使用的资料。

历史学家与政府之间的关系是多方面的，有时政府代替历史学家提出查阅资料的要求，但在大多数场合下是历史学家向政府提出这一要求。根据历史编纂的性质，几乎必然产生这样的后果：一切拼命争夺权势或企图控制舆论的人，必然想要历史学家为他们服务。15世纪，勃艮第的公爵们设有编年史官和一般史官，其区别大概是：前者记录当时的事件，后者编纂过去的历史。从17世纪或者更早一些时候起，王公们就为了使历史学家能够编写历史而刊印他们自己的文档的大量摘录。随着19世纪公众教育的发展，随着图书馆和博物馆的规模与经费的增加，各国政府都拨出资金来维持庞大的研究和教育机构。所有的阶级都欣赏艺术品和历史文物，因此，查阅历史资料的要求就成为公众想要欣赏一向被所有者拒绝或限制观赏的那些东西的普遍要求的一部分。当资料所有者自愿做出让步的时候，这种要求越来越强烈。政府也极力支持，并且乘机扩大它作为总的资料编目者和观赏组织者的职能。国家肖像陈列馆搜集有关英国所有历史肖像的情报；国家档案注册局登记一切公有或私有的古代文件。目录的存在是供人利用的。它们提高和促进人们观看目录上所记载的物品的愿望。政府部门可以编制供自己使用的目录，就像陆地测绘局编制古代地图目录那样。但是，一旦人们知道有这样的目录，就难以阻止为了更广泛的研究目的而利用它们了。

因此，政府机关调查、搜集和利用有关自己工作的历史资料的愿望就会激起一般公众为自己的目的去查阅那些资料的愿望。这又与公众想要了解政府的议事记录的要求之间只有一段很小的距离。在那些想要发掘埋藏着的信息宝库的新闻记者和民选代表与想要在工作中不受干扰的政府工作人员之间，永远有一拉一推的扯皮现象。尽管当前欧洲的大多数历史学家或者是政府的文官，例如欧洲大陆国家大多数大学的教授，或者是由政府资助并部分地受政府控制的大学中的教师，然而，这种对有组织的社会机器的从属关系并不一定妨碍他们的学术自由。社会可能对历史学家们施加无数的不同压力。一个基金会、理事会或一所私立大学的最高当局所施加的压力，与一位部长所施加的压力具有同样的破坏作用。幸运的是，历史学家拥有同样多的适应性强的防御手段来保卫他们寻求和传播真理的权利与义务。这些都是一种社会权利和社会义务，除非与其他同样合法的权利和义务结合起来，否则它们是不可能存在的。因此，它们可能与其他权利和其他义务发生冲突。思想自由像任何其他的自由一样，是含有责任的。对于一位政治家、一名官员、或者一个私人来说，保密有时是一种权利，有时则是一种义务。历史学家是用他们的论断来为社会服务的。尽人皆知，他们不能放弃自己的责任，像复印机那样工作，而让别人，让他们的读者根据他们复印出来的东西去作判断。

历史学家的社会职能过去一向是、而且今后也永远是随着千变万化的社会情况而发生变化的。历史学家的技能与读者的要求之间永远存在着一种紧张状态。不管他们是为了个别的赞助者，或是为了一个政府部门，或是为了他们能够吸引来阅读他们的著作的那些群众写作，他们都必须在一定程度上满足一种要求。即便这仅仅是要求对某一课题进行真实报道或者对某些问题做出正确回答，他们也必须准备面对传教士那样的问题，那就是，即便不用听众所熟悉的旧思想方式，至少也必须用旧的语言去传达新的神启。他们与听众的信仰抵触越少，他们的传达工作就越容易完成。在制订最初的《剑桥近代史》的编写计划时，阿克顿似乎认为，在不触犯读者的信仰的条件下，这部书能够成为"未来世纪的航海图和指南针"。航海图和指南针都是科学的产物。它们完全不以个人的意志为转移。任何一点偏见或者有意识的歪曲，都会损害它们。就这个范围来说，这个比喻极其确切地表明了近代史的性质。但是，航海者如果要用这些工具时，就必须了解一些它们的科学性质，而这些工具却不能为他决定航行的目的地。如果说历史或其他任何社会科学是一张航海图或一个指南针的话，这个比喻并没有指出航海者的专业训练和出航命令是用什么来表示的。50 年以前，一位欧洲的思想家仍然往往会这样假定：文明世界的国家尽管情况各有不同，但都是由知识分子在某种程度上有效地、按照或多或少得到公认的施政方针进行治理的。和这种看法相适应的社会科学观念（特别是历史观念）是自由主义，即认为历史是事实的按比例的缩图，加上必要的指南针似的明确解释。我们的世界已经今非昔比，这种观点再也站不住了。许多社会科学家已经发现，他们如不讨论从事研究的目标是什么，就不可能进行自己的研究工作。他们绘制自己的航海图，但也要把一个航行目标同另一个目标进行比较。对于历史学家来说，他们的工作是作出判断，这个原则意味着他可能必须对目标做出选择。如果他接受宫廷历史学家、爱国历史学家、御用历史学家或卖身投靠的历史学家的条条框框，那么，他不是放弃了自己的判断职能，就是故意按照他和他的读者本可拒绝接受的一种假定进行写作，这种假定就是：他的雇主提出的目标是正确的。历史学家也许会断定遵守有关揭示公共记录内容的法律是他们的义务，也许会断定不遵守这种法律是他们的义务。但是，不论属于上述哪种情况，他们都作出了一种判断。不论他们掩盖了什么和揭示了什么，不论这是对待群众还是对待政府或一个雇主，不论他们遵循或不遵循什么研究路线，他都是在做出对社会有现实或潜在的利害关系的决定。如果能有一种完全不必加以判断的社会知识的话，那么，一方面就可能有一种与人无关的、纯机械性的社会科学，而另一方面就可能有任意树立这种科学的绝对权利。这样一来，社会政策就能够与社会科学分离。这种区分类似在某些政府制度中把政策与行政分开的情况。实际上，后一种区分即使不总是、也时常是因袭的、武断的和虚妄的，而在这一方面，前一种区分也完全相同。因为这个问题涉及整个社会科学，所以不在我们现在的讨论范围之内。不过，就历史学而言，我们可以断定，如果说它是一门科学的话，它是一门从事评价的科学。

在制订《剑桥近代史》的这个新版本的计划时，不是把它作为撰写权威性的历史的阶梯，也不是把它作为我们有关这一时期的全部知识的摘要或者按比例绘制的缩图，而是把它作为符合事实的判断的完整体。新版本的目标与阿克顿勋爵为旧版所确定的目标绝大部分是一致的，但同时也必须放弃阿克顿的一个原则。阿克顿希望他所选定的执笔人排除或者隐藏他们个人的信念。我们根据他的学生古奇博士的权威说法，确切知道："他从来没有以钦定讲座教授的身份写过一个字或讲过一句话，因为这一身份会暴露出他属于一个宗派而不属于另外一个宗派。"[①] 在自由主义历史编纂学的鼎盛时期，这种公正无私的态度似乎是可以做到的。但是，即便就阿克顿来说，他运用这一原则也是有限度的。在他的自由和进步的主要概念中，有一些主张即便在当时也不是没有争议的。在我们这个自我批判的时代，历史学家虽然其追求真理的热诚并未削弱，但也认识到他们的结论，甚至他们认为不问自明的一些前提，都不会得到人们一致的同意。他们必须满足于毫无保留地阐明自己的思想，并尊重他们无法排除的分歧。

在阿克顿勋爵为《剑桥近代史》制订的计划中，对于通史的概念，有这样几句令人难忘和富有特色的话：

> 世界通史（他写道）并不是各种专史的总和，首先应该根据其特定的本质，如文艺复兴、宗教改革、宗教战争、君主专制政体、革命等来加以考虑。有些国家对于主流可能做出贡献，有

[①]《19世纪的历史和历史学家》，第二版（1913年），第387页。

些国家可能没有贡献，内容的分配必须相应地予以处理。主流之外的各国历史虽不应受到损害，必须按照编年史的规格精确地予以记述。但是，不应该把葡萄牙、特兰西瓦尼亚、冰岛同法国和德国等量齐观，从而分散人们的注意力。我希望当这些非主流国家处于重要地位的时候加以叙述，而不是不管它们是否重要，均按照年代的顺序予以叙述。

当一个国家第一次"进入主流"的时候，如彼得大帝时代的俄国，应该对它过去的历史作"充分而衔接的回顾"；当一个国家"脱离主流"的时候，如17世纪初期的威尼斯，应该对它"未来的情况加以概述"。他承认在实践中完全实现这些原则是困难的。当他不幸过早逝世，而由他人执行他的计划的时候，情况也确是如此。不过，他的指导思想依然是这部新编《剑桥近代史》的准绳。我们确实不可能仅仅把旧的十四卷加以修订并使之符合最新要求。我们不但通过研究，对于几乎每一个国家和每一个时期的知识大大增加了，而且还运用了新的方法，提出了新的问题。关于近代史的每一部分，用英语写成的书籍都比50年以前大量增多，因此，《新编剑桥世界近代史》不必去满足旧版所要适应的一切需要，而要作为一部能适应我们时代的研究和教学工作的需要的标准通史，来实现一个更为明确的目标。

这个目标就是：要把已经肯定的研究成果表述在"文明"的历史之中，这种"文明"从15世纪起由它最初的欧洲发源地向外扩展，在扩展的过程中同化外来的成分，直至它在全世界各个地方或多或少稳固地扎下了根。我们要阐述这个文明的各个方面，包括政治的、经济的、社会的、"文化"的和宗教的情况。在可能的时候，我们要把所有这些方面或其中几个方面综合叙述，这是编写计划的要求。但是，我们绝不勉强地综合或者人为地进行简化。如果不同的因素互相依存，我们就把它们放在一起；如果情况不是这样，我们就分别叙述。如果一些国家或民族都经过一个共同的历史过程，我们就把它们安排在一章里。如果一些民族或民族集团的事务同其他民族或民族集团事务有显著的差异而不能一同叙述，我们就有必要用专章或专节来加以叙述。

《新编剑桥世界近代史》并不按所有的国家分别进行连续的叙述。它既不是各民族历史的汇编，也不是在同一本书中包括这样一种汇编。它不打算成为每种民族语言的文学或每种地区性艺术流派的历史手册。如果是国际性事件，我们就从国际的观点予以论述，因此，每场战争都要作为一个整体来叙述，比如滑铁卢战役，我们不是把它当作法国、英国、普鲁士和尼德兰的历史中的事件，三四次地进行重复（除了稍加提及而外）。

我们在叙述事态发展的时候，势必要提到社会的结构。因此，我们在叙述历次战役的时候，要与战争艺术和它的应用以及社会和经济背景密切地结合起来。我们在谈到外交谈判的历史的时候，也要涉及谈判背后的社会力量。关于政治情况的叙述是与论述政治思想的章节联系在一起的。我们不是抽象地谈论民族性、容忍异教之类的问题，而是要使人们了解政府的实际基础发生的变化。

《新编剑桥世界近代史》仿照旧版的先例，除非在看来特别需要的时候，否则在行文中不加脚注。在对非常广泛的领域进行简短的评述的著作中，一般都采取这种既定的做法。但是，旧版与新版之间还有一点和这种做法不无关系的区别，也许在这里应该提一下。旧版各卷的每一章后面都附有参考书目，有时还列举未曾公布的手稿。这些书目并不是为了说明各章的执笔人是根据哪些权威资料撰写的，而是给研究有关课题的人们当作指南。书目中列举的项目过多，而附加的解释又过少，结果，它们只对高级研究人员有用，而对一般读者或初学者并无多大用处。我们不妨举出一个极端的例子，如第四卷的书目占有161页的篇幅，其中包括阿克顿勋爵所收集的关于30年战争的小册子（现藏剑桥大学图书馆）的全部目录。在《剑桥近代史》旧版问世的时候，英语的历史书目较少。当时仍然有理由认为编制这种书目对于历史学家来说是必备的工具。但是，现在的情况已经完全不同了。现在，一般的和专门的书目有如汗牛充栋，如果不是书目的内容及其出现之处能够满足特殊需要的话，就没有理由再增加书目的数量。在阅读或参考一部通史的人们当中，许多人、而且是绝大多数人都不需要旧版所提供的那种书目。编辑人员在他们的工作过程中虽要考虑出版哪类书目最适合于当前的需要，但这不意味着这套多卷本的著作应包括这类材料。

这套书的每一卷都将按年代的顺序叙述一个大致的时期。但是，时间的划分并不是硬性的，因为每一卷都要自成一个整体，每个主题都要有始有终。在所有各卷中，各章不是按年代而是按主题来划分的。在每一章里，由执笔人来决定是采用编年体还是综述，或者两者兼用。各章的撰稿人和各卷的编辑不是根据详细的编写计划，而是根据上面已经谈过的他们一致同意的指导原则来执笔的。他们代表着许多思想流派和许多研究专业。但是，他们的共同继承的遗产实在太大了，因此，他们希望能够集思广益，兼容并蓄，编写出一部清晰明确的历史。

目　　录

平装版前言
　　　　　爱丁堡大学中世纪史教授丹尼斯·海　………（1）
总导言：史学与近代史学家
　　　　　前剑桥大学近代史钦定讲座教授乔治·克拉克爵士　…………（1）

第　一　章
导　　言
爱丁堡大学中世纪史教授
丹尼斯·海　著

作为历史转折点的文艺复兴：对此观点的批评意见 …………（1）
这一时期出现的必然性及其特点 ……………………………（4）
君主和诸侯势力的加强 ………………………………………（6）
例外情况：东欧、尼德兰、瑞士 ……………………………（9）
国际交往中的王朝关系和其他新方式 ………………………（10）
教皇权力的衰落和教会内部的分裂 …………………………（12）
意大利的人文主义 ……………………………………………（16）
人文主义向北传播 ……………………………………………（18）
北方发展中的非意大利因素 …………………………………（19）

第　二　章
地理大发现前夕的欧洲面貌
剑桥大学地理学教授
H. C. 达比　著

欧洲的自然地理和人文地理 …………………………………（22）
东欧地理的三个地带划分 ……………………………………（23）
斯堪的纳维亚 …………………………………………………（24）

北德意志平原,波兰 ……………………………………… (25)
莱茵河和易北河之间地区 ………………………………… (27)
北海沿岸 ……………………………………………………… (27)
十五世纪农业的普遍衰落 ………………………………… (27)
法国 …………………………………………………………… (27)
地中海盆地 …………………………………………………… (28)
伊比利亚半岛 ………………………………………………… (30)
法国的地中海沿岸地区 …………………………………… (34)
意大利 ………………………………………………………… (34)
巴尔干半岛 …………………………………………………… (36)
中欧山脉 ……………………………………………………… (38)
波希米亚高地 ………………………………………………… (39)
匈牙利平原 …………………………………………………… (40)
特兰西瓦尼亚 ………………………………………………… (40)
中世纪末的采矿业 …………………………………………… (41)
城市的发展和贸易活动 …………………………………… (43)
波罗的海—北海地区与地中海地区的商业世界 ……… (43)
北方的贸易 …………………………………………………… (44)
地中海的贸易 ………………………………………………… (49)

第 三 章
15 世纪的文明与文艺复兴

前芝加哥纽贝里图书馆著名研究员和文献学家

汉斯·巴伦 著

15 世纪的文化和政治变革 ………………………………… (55)
公会议运动的失败和大学的衰落 ………………………… (57)
社会和政治结构的演变 …………………………………… (57)
英国的中世纪传统残余 …………………………………… (59)
英国与意大利人文主义的接触 …………………………… (60)
法国与勃艮第:君主和诸侯的中心地位 ………………… (62)
与意大利的交往未能改变传统的观念 …………………… (63)
修辞学派 ……………………………………………………… (64)
编史工作 ……………………………………………………… (65)
佛兰德和布拉邦特的城市文化 …………………………… (66)
巴黎大学:勒费弗尔·戴塔普 …………………………… (68)

尼德兰的神秘教派运动和虔信教派运动 …………………………（69）
德国：与意大利的接触和大学中的人文主义 ………………………（71）
意大利文化发展的中心地位 ……………………………………………（73）
彼特拉克主义与古典主义的兴起 ………………………………………（75）
意大利城市国家的发展对文化的影响 …………………………………（76）
对政治科学和编史工作的影响 …………………………………………（77）
人文主义的生命和行为哲学 ……………………………………………（78）
宫廷社会和贵族的发展 …………………………………………………（79）
宗教和哲学对早期世俗主义的影响 ……………………………………（80）
意大利文艺复兴与欧洲文化的未来 ……………………………………（81）

第 四 章
罗马教廷与天主教会
前埃克斯－马赛大学埃克斯法律系教授
R. 奥贝纳斯（已故） 著

天主教大分裂结束后的教皇 ……………………………………………（82）
庇护二世以后的衰落：重用亲属和征索钱财 …………………………（83）
亚历山大六世的性格和能力：萨沃纳罗拉事件 ………………………（84）
"亚历山大通谕" …………………………………………………………（86）
十字军理想的消失 ………………………………………………………（86）
教会和国家方面的民族主义 ……………………………………………（86）
朱理亚二世与教皇世俗权力的恢复 ……………………………………（87）
与路易十二的斗争：拉特兰公会议 ……………………………………（89）
利奥十世的矛盾性格和政策：波洛尼亚协议（1516年）……………（91）
教皇征索钱财的办法，赎罪 ……………………………………………（93）
文世复兴对宗教生活的影响 ……………………………………………（95）
教士的精神、知识和经济状况 …………………………………………（97）
改革的尝试 ………………………………………………………………（98）
教皇道德声誉的下降 …………………………………………………（100）

第 五 章
从1470年至1520年西欧的学术和教育
前伦敦大学学院意大利文教授
R. 韦斯（已故） 著

意大利的人文主义：当地的特征 ……………………………………（103）

古典主义在教育中的影响 …………………………………………（104）
对政治和宗教的思想以及行为方面所产生的影响 ………………（105）
对校勘学、考古学、希腊研究方面的贡献 …………………………（107）
哲学的发展 ……………………………………………………………（108）
法国的人文主义：保守主义之后出现的意大利的影响 ……………（110）
加圭安的影响与拉丁和希腊研究 ……………………………………（112）
勒费弗尔和比代 ………………………………………………………（114）
英国：教育的变革 ……………………………………………………（115）
宫廷中的人文主义 ……………………………………………………（116）
英国的大学 ……………………………………………………………（116）
格罗辛和神学中的人文主义影响 ……………………………………（118）
利纳克尔和医药研究 …………………………………………………（118）
莫尔的人文主义 ………………………………………………………（119）
英国大学中与中世纪传统的斗争 ……………………………………（120）
人文主义在威尔士、苏格兰、英格兰的轻微影响 …………………（121）
尼德兰："现代虔信派"与新的教育方法 ……………………………（121）
对经院哲学的态度和古典哲学的研究 ………………………………（122）
伊拉斯谟与对《圣经》和早期宗教领袖著作的研究 ………………（124）
德意志：意大利影响的增长 …………………………………………（125）
人文主义在各大学 ……………………………………………………（125）
学术研究的扩散：各文学会 …………………………………………（127）
古代研究：对希腊和希伯来的研究 …………………………………（129）
神学研究 ………………………………………………………………（131）
人文主义在斯堪的纳维亚较晚出现 …………………………………（132）
西班牙：意大利在卡斯蒂利亚的影响 ………………………………（132）
对教育的影响 …………………………………………………………（133）
内布里哈与西班牙的人文主义 ………………………………………（134）
希腊研究 ………………………………………………………………（134）
《圣经》研究：康普鲁顿合参本圣经 ………………………………（135）
人文主义在阿拉贡 ……………………………………………………（136）
在葡萄牙 ………………………………………………………………（136）
基督教的和非宗教的人文主义 ………………………………………（137）

第 六 章
西欧的文艺

意大利部分：前纽约哥伦比亚大学艺术史教授
R. 威特科尔（已故） 著
北欧部分：伯克利 加利福尼亚大学艺术和艺术史系主任
L. D. 埃特林格 著
西班牙部分：前伦敦大学沃伯格学院照片收藏馆馆长
恩里克塔·弗兰克福尔特 著
西欧本民族语言文学部分：谢菲尔德大学法语荣誉教授
H. W. 劳顿 著

一 在意大利

建筑 ··· (139)
雕塑 ··· (146)
绘画 ··· (151)
艺术理论 ··· (166)
艺术家的社会地位 ··· (168)

二 在北欧

北欧和南欧传统在德国的冲突 ····························· (170)
在尼德兰的冲突 ··· (173)
法国的绘画 ·· (175)
北欧的建筑和雕塑 ··· (176)
佛兰德和德意志的绘画：版画 ····························· (179)

三 在西班牙

对艺术品的保护 ··· (184)
较晚采用文艺复兴的革新 ···································· (184)
建筑雕塑 ··· (185)
绘画 ··· (187)

四 1493—1520年西欧的本民族语言文学

中世纪的传统：伊拉斯谟的影响 ·························· (188)
在意大利：诗 ·· (191)

戏剧	（194）
散文作家	（197）
在西班牙、西属意大利、葡萄牙：坚持中世纪的风格	（199）
诗	（200）
散文作家	（200）
戏剧	（201）
在法国：与意大利的接触	（203）
大修辞家的时代：诗	（204）
散文作家	（206）
戏剧	（207）
普罗旺斯文学	（208）
在德意志：诗	（209）
神秘主义的和宗教的作品	（210）
在低地国家：修辞院	（211）
在英国：诗	（212）
散文作家	（213）
在斯堪的纳维亚	（214）
盖尔语文学	（215）
布列塔尼凯尔特语文学	（215）
斯拉夫传统	（215）
意大利的中心地位	（215）

第 七 章
马克西米连一世统治下的帝国
前剑桥大学女王学院研究员
R. G. D. 拉芬（已故） 著

弗里德里希三世逝世后的帝国状况	（217）
教会和教士的地位	（218）
经济的变革	（220）
罗马法与诸侯的权力	（221）
马克西米连一世的性格和能力	（222）
沃尔姆斯国会（1495年）与帝国的改革	（224）
施瓦本—瑞士战争和瑞士的独立	（228）
法国人被驱逐出意大利	（231）
奥格斯堡国会（1500年）与改革的尝试	（232）

马克西米连扩大王朝的计划：与西班牙王室的通婚 …………… (234)
马克西米连地位的加强 ………………………………………… (235)
兰茨胡特继承权战争 ……………………………………………… (235)
科隆国会(1505年)与马克西米连的改革尝试 ………………… (236)
马克西米连对匈牙利的干涉(1506年) ………………………… (237)
马克西米连争夺意大利的计划的失败 ………………………… (238)
马克西米连与神圣同盟：他的教会改革计划 ………………… (240)
马克西米连反对威尼斯的失败 ………………………………… (241)
德意志的骚乱和不满：改革的进一步尝试 …………………… (243)
选举查理大公为德意志王，马克西米连之死 ………………… (244)
马克西米连对奥地利的统治 …………………………………… (245)
土耳其的威胁 …………………………………………………… (247)

第 八 章
勃艮第的尼德兰(1477—1521年)
牛津大学赫特福德学院研究员、近代史讲师
C. A. J. 阿姆斯特朗　著

大胆的查理战死后的反应 ……………………………………… (249)
联省议会承认玛丽为勃艮第公爵：大特权敕令和地方特权 … (250)
路易十一的入侵 ………………………………………………… (251)
勃艮第的玛丽与马克西米连结婚 ……………………………… (252)
战争的进展 ……………………………………………………… (254)
行政改革 ………………………………………………………… (255)
玛丽之死：反对马克西米连摄政 ……………………………… (256)
阿拉斯和约(1482年) …………………………………………… (257)
联省议会另立政府 ……………………………………………… (258)
马克西米连在列日、乌得勒支和布拉邦特取得的成功 ……… (258)
内战 ……………………………………………………………… (259)
与法国的敌对行动再次爆发 …………………………………… (260)
马克西米连的失败："同盟"和布鲁日和约(1488年) ………… (262)
法兰克福条约(1489年)和布鲁日和约的废除 ………………… (264)
佛兰德和解的障碍 ……………………………………………… (265)
查理八世与布列塔尼的安妮结婚和法国对尼德兰的干涉，
　根特、荷兰和西弗里斯兰的叛乱 …………………………… (266)

根特的屈服：列日和会,克莱弗斯的菲利普的投降：森里斯和约
（1493年） ……………………………………………………………（268）
菲利普大公亲政和1477年特许状的修订 ………………………………（270）
菲利普与法、英的关系：他继承卡斯蒂利亚王位 ………………………（270）
菲利普的内政 ……………………………………………………………（271）
菲利普之死：查理大公尚未成年 ………………………………………（275）
奥地利的玛格丽特的品格：她对法国的敌视 …………………………（276）
马克西米连的摄政和后来玛格丽特的摄政 ……………………………（277）
玛格丽特在盖尔德斯向法国的挑战 ……………………………………（278）
向格丽特的反对者所作的让步：各省保持中立 ………………………（279）
玛格丽特与神圣同盟：与英国结成联盟：联盟的失败 ………………（279）
查理大公即位,玛格丽特实行相反的政策 ……………………………（280）
查理的内政 ………………………………………………………………（281）
查理前往西班牙：玛格丽特解决列日问题 ……………………………（284）
马克西米连之死和推选查理为皇帝 ……………………………………（286）

第 九 章
西方的国际关系：外交与战争
伦郭大学学院意大利文教授
J. R. 黑尔 著

教会和基督教徒对战争的态度 …………………………………………（287）
形势有利于走向战争：意大利的诱惑 …………………………………（288）
教皇控制的结束,在土耳其的威胁面前缺乏团结 ……………………（292）
外交方面的变化：常驻的和特派的使节,情报工作 …………………（293）
马基雅弗利对外交的看法 ………………………………………………（299）
意大利战争的过渡性质 …………………………………………………（304）
军事文学 …………………………………………………………………（307）
征募工作,武器的使用和操纵 …………………………………………（307）
军事组织 …………………………………………………………………（308）
技术的变化：防御工事、炮兵、火器、装甲 …………………………（312）
战术、步兵和骑兵,运输和军需 ………………………………………（314）
航运和海军战术 …………………………………………………………（317）
骑士观念的残余 …………………………………………………………（319）
基督教人文主义对战争和外交的态度：编纂战时惯例的努力 ………（321）

第 十 章
查理八世和路易十二统治下的法国
前斯特拉斯堡大学文学系教授
R. 杜塞（已故） 著

15世纪末的新问题	(323)
布列塔尼问题	(325)
阿拉斯条约和勃艮第继承权问题的暂时解决	(325)
查理八世和路易十二对意大利的野心	(326)
制度和组织方面的变革	(328)
国王对财政和军队的控制	(329)
教会：限制教皇权力运动和改革	(332)
勒费弗尔·戴塔普与基督教思想重新抬头	(337)
十五世纪人口的减少和随后的恢复	(339)
各等级的发展：解放农奴和吸引新佃农	(340)
货币：含金量的下降和购买力的增加	(340)
城市的重建和工商业的发展	(340)
行会：行会的发展和混乱的迹象	(341)
对资本的需求：丝织业和印刷业	(342)
商业：集和对外贸易	(342)
货币的流通：银行和信贷	(342)
资本主义的出现与资产阶级势力的增长	(342)

第 十 一 章
西班牙诸王国与天主教国王
剑桥大学西班牙语讲师
J. M. 巴蒂斯堪·伊·罗加 著

卡斯蒂利亚：人口和经济	(345)
加泰罗尼亚的衰落：与北非的贸易部分恢复	(347)
卡斯蒂利亚和阿拉贡的联合	(349)
哈布斯堡帝国的结构	(352)
卡斯蒂利亚的亨利四世逝世后葡萄牙的入侵	(354)
卡斯蒂利亚的伊萨贝拉的逝世，菲利普一世死后	
费迪南德二世的返回	(355)
费迪南德兼并纳瓦拉	(357)

费迪南德和伊萨贝拉的改革 …………………………………（358）
与教皇的关系和国王对教会的控制：宗教法庭 ……………（359）
驱逐犹太人 ……………………………………………………（364）
王室会议制度的发端 …………………………………………（368）
伊萨贝拉死后的对外关系 ……………………………………（369）

第 十 二 章
对意大利的侵略
前牛津大学圣体学院荣誉研究员
塞西莉亚·M. 艾迪（已故） 著

意大利的繁荣：外国势力的野心日益增长 …………………（373）
意大利各主要国家的兴起 ……………………………………（374）
各小国 …………………………………………………………（378）
意大利联盟和维持和平的尝试 ………………………………（380）
查理八世的入侵 ………………………………………………（381）
路易十二的入侵 ………………………………………………（386）
梅迪奇家族重返佛罗伦萨 ……………………………………（392）
弗朗西斯一世的入侵 …………………………………………（393）
法国胜利的影响：意大利失败的原因 ………………………（385）

第 十 三 章
东 欧
前牛津大学万灵学院研究员
C. A. 麦卡特尼 著

俄罗斯国家在伊凡大帝和瓦西里一世统治下的成长 ………（399）
波兰、匈牙利和波希米亚之间的相互关系与王位的继承 …（401）
马加什·科尔文和乔治·波迪布拉德：在科尔文的
　继承人问题上的争执 ………………………………………（403）
匈牙利和波希米亚的亚盖沃王朝：与波兰的密切关系 ……（406）
与奥斯曼土耳其人的关系 ……………………………………（410）
波兰：与莫斯科的战争 ………………………………………（410）
匈牙利：内部的倾轧和对瓦迪斯瓦夫二世的继承问题 ……（410）
匈牙利、波兰、神圣罗马帝国与条顿骑士团 ………………（410）
维也纳条约（1515年）与匈牙利—波希米亚王位继承问题的解决 …（413）
条顿骑士团问题的解决 ………………………………………（413）
波兰的政体 ……………………………………………………（415）

社会结构 …………………………………………………………… (416)
领土的得失：立陶宛的地位 ……………………………………… (418)
匈牙利：马加什·科尔文死后的反应，王权的衰落 …………… (418)
大贵族与小贵族之间的斗争：体制法制的编纂 ………………… (419)
农民的状况 ………………………………………………………… (421)
波希米亚：宗教问题 ……………………………………………… (422)
贵族的权力取代了王室的权力 …………………………………… (422)
社会结构 …………………………………………………………… (423)
在路易二世即位问题上的争势 …………………………………… (424)
奥斯曼帝国在庄严的苏里曼领导下发动进攻：莫哈奇战役
　（1526年）………………………………………………………… (425)

第 十 四 章
奥斯曼帝国（1481—1520 年）
前伦敦大学东方和非洲研究学院中近东史高级讲师
V. J. 帕里（已故） 著

在穆罕默德二世统治下奥斯曼国家的巩固 ……………………… (428)
巴耶济德和杰姆之间在王位继承问题上的争执 ………………… (430)
再次进攻东欧 ……………………………………………………… (432)
在吉里吉亚与麦木鲁克埃及的战争 ……………………………… (433)
在欧洲的敌对行动扩大：威尼斯战争 …………………………… (435)
萨法威王朝的兴起 ………………………………………………… (439)
谢里姆和艾哈迈德的角逐：内战：巴耶济德的退位和死亡 …… (441)
谢里姆对波斯的战役 ……………………………………………… (445)
谢里姆对叙利亚和埃及的征服 …………………………………… (448)
与威尼斯媾和（1503）后与基督教欧洲的关系：谢里姆的性格与成就 …… (453)

第 十 五 章
新 世 界
葡萄牙的扩张：不列颠哥伦比亚大学西班牙和意大利研究教授
H. V. 利弗莫尔 著
西班牙人在新世界：哈佛大学海洋史和海洋问题加德纳讲座教授
J. H. 帕里 著

一　葡萄牙的扩张

基督教徒重新征服伊比利亚半岛并向非洲扩张 ………………… (455)

对非洲的勘察和通往印度的海路 ……………………………………（457）
迪奥戈·卡奥和迪亚士的航行：陆路的勘察 ……………………（458）
达·伽马第一次航行到印度 …………………………………………（460）
卡夫拉尔的远征：在东方建立了贸易据点和葡萄牙的势力 ……（461）
向巴西航行和葡萄牙的殖民 …………………………………………（463）
法国人向巴西的远征 …………………………………………………（464）
麦哲伦的航行，同西班牙重新划分新发现的地区 …………………（465）

二　西班牙人在新世界

哥伦布与在西属美洲的第一批居留地 ………………………………（465）
与葡萄牙划分新世界 …………………………………………………（466）
航行的目的是殖民而不是贸易 ………………………………………（467）
早期殖民者的困难 ……………………………………………………（467）
哥伦布对加勒比海的探察 ……………………………………………（467）
在伊斯帕尼奥拉岛对印第安人的待遇 ………………………………（467）
对哥伦布的控告和他的被召回 ………………………………………（469）
殖民政府的建立和殖民地化的开始 …………………………………（470）
对达里安湾的探察：巴尔沃亚和在中美洲的殖民 …………………（472）
国王对西班牙在新世界的属地的控制：印第安人的地位 …………（473）
大陆土著的文化和经济情况 …………………………………………（474）
科尔特斯与墨西哥的征服 ……………………………………………（476）
征服者被国王任命的人所替代 ………………………………………（479）

第十六章
全欧洲关心扩张

前剑桥大学圣凯瑟琳学院院长、英帝国史教授
E. E. 里奇　著

将全世界的创造能力用于为本国谋利益的探险事业 ……………（481）
重商主义 ………………………………………………………………（482）
哈布斯堡王朝控制海外领地在欧洲造成的影响 …………………（483）
16世纪的地中海贸易 ………………………………………………（483）
葡萄牙与东方的贸易 …………………………………………………（483）
西班牙在新世界的领地，金银锭的出口及其影响 …………………（486）
西班牙重商主义的影响 ………………………………………………（487）
金银锭的大量外流在西班牙国外引起的反应 ……………………（488）

哈布斯堡王朝拥有金银锭资源所引起的民族主义反应 …………… (489)
西班牙对国外制造业和国外奴隶贸易的依赖 ………………………… (490)
在新世界殖民的困难：利用土著和奴隶的劳动力；奴隶贸易 ……… (493)
西班牙的重商主义和经济困难 ………………………………………… (494)
对政府财政的影响和关于扩大新的金银锭流通范围的理论 ………… (495)
西班牙的信教自由在尼德兰造成的后果 ……………………………… (499)
英国经济的民族主义体制：对西班牙海上势力的挑战 ……………… (500)
新世界对欧洲利益平衡冲击所造成的持久影响 ……………………… (501)
英国在北美洲的殖民 …………………………………………………… (502)
法英将北美洲殖民地化 ………………………………………………… (503)
荷兰的海外扩张 ………………………………………………………… (505)

索　引 ……………………………………………………………… (508)

第 一 章
导　言

　　1453年君士坦丁堡的陷落，以及大约同一时期在意大利确认古代世界与现代世界之间有一个"中世纪"（medium aevum），其本身就足以说明为什么后来采取文艺复兴作为西方社会历史的一个转折点。培根更进一步宣称：印刷术、火药和磁铁"已经改变了全世界整个事物的面貌和状态"。19世纪，以兰克为首的政治历史学家们认为，在15世纪晚期和16世纪早期出现了具有"近代"特征的现象，如民族国家、官僚政治、在公共事务中重视世俗的价值标准，以及保持势力均衡等。此外，整个欧洲都接受布尔克哈特关于意大利文艺复兴时期的文化的观点。布尔克哈特的这一名著是在1860年第一次出版，他的分析从美学方面和心理学方面令人深信同样的看法，即这一时期意大利人的文化成就形成此后几个世纪西方价值标准的典范。到了1900年，关于近代与中世纪划分的流行观点，在教学中已经僵化成为一种教条，西方每个国家的历史学家们都曾找到一个方便的日期来运用普遍接受的范畴。法国，侵入意大利（1494年）；西班牙，二王并主（1479年）；英国，都铎王朝的建立（1485年）；德意志，查理五世即位（1519年）——这些都是似乎可以凭信的、容易为人接受的时代分界线。

　　这种强行简单化的缺点，是随时都可以看得出来的。例如，在意大利，不论是在文化领域还是政治领域，任何重要的事情都在15世纪末以前早已发生；实际上，是在1453年很久以前发生的。如果但丁可以归属于中世纪，彼特拉克则不能；而在科卢乔萨卢塔蒂（1406年卒）那一代的佛罗伦萨，意大利世界所独有的一切几乎已经全都略具规模了。甚至在北方的世界，近来也以更加怀疑的态度对旧的时代划分法进行仔细的考察了。在德意志，人们可以说马克西米连比他的孙子更加不负责任，但是，从他统治王朝的态度，或者对于日耳曼爱国主义和文学艺术的态度来看，你能说他更具有中世纪精神吗？法国的查理七世和路易十一世在注意行政管理、控制教会、限制特权等方面，不是比查理八世或者弗朗西斯一世更近代一些吗？在英国，那些希望把托马斯·莫尔（1535年卒）看作普世基督教运动的最后代表的人们，那些坚持说托马斯·克伦威尔开创了一种崭新的治国之道的人们，以及其他主张新的君主政体不是从都铎王室而是从约克王室开始的人们，对于历来所讲的博斯沃思战役的重要意义都是有争论的。

有人甚至提出更有力的证据对旧的观念的重要性表示怀疑。如果说文艺复兴开启了近代世界，那么，我们就应当在文艺复兴时期找到近代世界那种最显著的特征——一心一意搞自然科学——的根源。然而，事实可以证明：人文主义是忽视科学的。15世纪在这个领域所取得的进展，仅限于在巴黎有几个老式的唯名论者和在帕多瓦有几个阿威罗伊主义者而已。文艺复兴时期意大利的建筑家并不是比他们的采用哥特式的前辈更高明的工程师，没有机械发明的浪潮来表明学术复兴的特征。所以说，既然这一时期在科学中没有新兴的东西，那就根本不存在什么文艺复兴[①]。至于说到"世界和人类的发现"，以及其现实主义和随之而来的犬儒主义，其对"名声"的渴求及其对个人天才和德行的培养，我们应如何理解阿贝拉尔、让·德孟、科明这些人或那些从生活中取材塑造了莱茵河畔一些主教座堂的多愁善感的圣母或索思韦尔大教堂的植物图像的雕塑家呢？《小让·德·圣特列》不是一幅比《十日谈》中的任何东西都更加严肃的新社会的写真吗？凡·爱克兄弟的绘画不是比博提切利的虚无缥缈的学究式浪漫主义或者意大利的他的同时代人的堆砌典故的寓言更具体、更实际、更现实主义到无可比拟的程度吗？布尔克哈特除了认为意大利人有独特的发现以外，也认为他们有独特的缺点——彩色浓厚的反宗教、犬儒主义和不道德行为，他认为这些是他的光明世界的阴影。在这里，

[①] 丹纳·B. 杜兰德：《15世纪意大利的传统与革新》，载《思想史杂志》，（1943年）第4期，第1—20页；里恩·桑代克：《文艺复兴或前文艺复兴》，载同上杂志同期，第65—74页。

我们看一下欧洲北方的情况也可以作为评论的根据：勃艮第宫廷的暴虐程度足以与维斯孔蒂家族相比；在 14 世纪和 15 世纪，至少有四位英国国王（且不论社会地位较低的人物），被成功的竞争者废黜和杀死，另一位在沙场上阵亡；博尔贾家族原本是西班牙人，并非意大利人。

至于说文艺复兴的地理发现，现在我们很难相信它们在任何真正的意义上是当时的新思想的产物。对托勒密原著产生新的兴趣，可能有些影响，但是，我们可以设想，这比马可·波罗著作的影响小得多。至少可以说，葡萄牙人探险（见第十五章第一节）的动机是复杂的；科学的绘图法、一种寻求地理知识的单纯愿望肯定是有的，但也同样肯定的是：这种活动服从于一个由政治、宗教和日益增加的商业利益所决定的纲领。而且在那个时候，美洲的发现也不是重要的事情。实际上，在本卷的另外一个地方（见第十六章）就论证说，直到 16 世纪的最后 10 年，新世界才对整个欧洲发生影响。欧洲的人口或许正在从 14 世纪的死亡灾难中复原，但处于当时的情况下却无法提供人力进行殖民活动；由于奥斯曼人的压力，很难抽出人力来补充西班牙的"征服者"；美洲探险的初期，效果是由输入金银产生的，它给所有的人们带来混乱，也只有商人阶级的几个幸运儿除外。

我们也不能毫无批判地接受这样的看法，即人们对古典文物兴趣的扩大和古典拉丁文的复活，其本身就构成与过去的断然决裂。在下面（见第五章），比较详细地叙述了新的古典学术的广泛传播情况。如果说在那里所列举的许多学者的名字几乎已经完全湮没无闻，则他们中间却有足够多的人仍然是西方古典学术和文学的银河中的明星，从而使这个历史时代引人注目。同时，由于文艺复兴逐渐积累的影响，就产生了一种对待教育的态度，一直到今天，我们还承受它的影响。尽管如此，我们应该慎重一些，不要把太多的功劳都记在人文主义者、特别是后期人文主义者的账上。拉丁文法在文艺复兴时期并不是新奇的东西，在西方，它是被教授了 1000 年的唯一的文法；教授法——实际上连教科书本身，长期以来没有变化。无可否认，新的文法的精确程度和资料来源与过去有所不同（而且难度也比较大），在教学技术方面，日常会话逐渐排除了辩论法。拉丁著作家的文选更精了；选读的著作家的范围扩大了；西塞罗被看作一位实干家，而不是一个隐士了，维吉尔也不再是一位魔术师了；中学和大学的课程中安排了少量的希腊语课，有少数学者开始研究希伯来文。但是，正如把这些进步与静止的中世纪状态相对立，就会使之遭到曲解那样，如果你把新拉丁文的推广当作衡量对世界看法的变化的唯一标准，那么，你就会忽视在意大利以外的也许是文艺复兴更重要的方面——它在地方语文学（见第六章第四节）中的反映。15世纪的意大利人实际上在文学中有两大歌颂的典范即两组"古典"的样板。在西塞罗和维吉尔旁边，我们必须并列但丁、彼特拉克和薄伽丘的形象。到了16世纪初期，意大利语是最成熟的"近代"语言；欧洲北部需要通过16世纪上半叶的意大利作家，从亚平宁半岛上所发展的精神食粮中，去获得一切能够最容易消化的东西。正是在各民族的语言中，这些东西才得到最真实的表现。卡斯蒂廖内的《侍臣论》出版后不久，就译成各种地方文字。布鲁尼或者瓦拉的严肃作品自然不是那么容易通俗化的。我们是在拉伯雷的作品中而不是在伊拉斯谟的著作中，找到我们认为在实质上是"文艺复兴"的大多数主张的最忠实的表现。

在15世纪下半叶，新的观点和旧的见解随着印刷的书籍而广泛传播①，而这往往被人们看成西方历史的一个分水岭。但是，印刷机的重要性是与发现美洲相类似的：要对人们产生任何实质的影响，需要经过许多世代。早期印刷业者所印的书籍，都是由抄写人手工制作的书籍，不仅有当代作家的作品，而且有已经成为教育、科学和文学等方面的经典著作的旧文本。"我们分析一下印刷业者（必须假定他们对读者群众的需要有所了解）的出版物的数量，就会很清楚地显示出：中世纪遗留的著作有很大一部分不仅为人所知，而且一直被人普遍应用和继续流传到1600年左右，虽然在16世纪下半叶程度日益缩小。"② 我们也不能大胆地论断说，需要印刷术来进行扫盲。十分清楚，活版印刷术的发明是对书籍的需求增长的结果；同样明显的是，用活版印出的书籍的数量增大，进一步鼓励了人们读书识字。在15世纪，各地的学校数目成倍地增加，这个过程并没有被宗教改革运动严重打断，而且遭到打断的时期也很短。1500年德意志的大学

---

① 在《新编剑桥世界近代史》第二卷第十二章中，有关于印刷术兴起的简短论述。
② E. P. 戈尔德施米特：《中世纪的著作原本和它们的第一次印刷出版》（伦敦图书学会，1943年版），第2页。

在校学生总人数比 1400 年多 3 倍；到 15 世纪末，他们大多数是念文科，甚至连学士学位也未获得，而且所学的只不过是现在中学里所教的课程。依照托马斯·莫尔的估计，在他那个时代，英国有 3/5 的人能够阅读——这是一个极高的比例，即便范围只限于阅读（与写作对比），地区只限于伦敦，而不是全国。但是，根据一鳞半爪的证据，一个世纪前的情况可能差不多相同①。

然而，以上的论述并不是要否定"文艺复兴"。我们只从其他的时期去寻求一般认为是下一个时代所独有的行为或制度的例证，那还是不够的，因为我们还必须去确定在任何特定时期的特有状态发展的程度。用这种方法来观察，毫无疑问，例如阿贝拉尔，是 12 世纪舞台上的一位非凡人物；在文艺复兴以前，对于个性的培养不但十分稀少，而且时常中断。人类活动的其他领域也是如此。整个意大利的文艺复兴运动以及后来这一运动在欧洲其他地区的表现，都不能不接受我们在下面论述建筑艺术时所称为的"人体测量学"的观点（见第 129 页）。这种以人体的形成为尺度来衡量美学和道德问题的方法，显然并不像许多人（例如布尔克哈特）所想象的那么"异端"；实际上，它是意大利最笃信基督教的阶段——15 世纪末佛罗伦萨的柏拉图思想和新柏拉图思想的特点。他们认为，人的智能的比例和他的身体的比例，都是上帝所创造的宇宙结构的一部分。另外，意大利教育、经济、艺术和政治上的新鲜事物向阿尔卑斯山以北各国传播之快，正表明在意大利以外，认为应该把"文艺复兴"一词扩展到整个欧洲的力量在起作用。在这种意义上，亚平宁半岛，特别是其中部和北部的人民，是探索在 16 世纪和 17 世纪期间将为法兰西人、日耳曼人以及其他民族所占领的那些疆土的先驱。

然而，除了这些主观的范畴而外，本卷所叙述的时期对于当代的人们来说，有一种天然的连续性和必然性，历史学家对此也有加以分析的责任。在公共生活的某些领域里，情况不断地有所进步，这不但在当时被认为是重要的，而在以后各个时期回顾起来，也会是很有意义的。欧洲从 14 世纪灾难性的经济衰退中逐渐恢复，这显然是很重

---

① 西尔维亚·思鲁普：《中世纪伦敦的商人阶级》（芝加哥，1948 年），第 156—158 页；一般叙述见 J. W. 亚当森《没有文化的盎格鲁 - 撒克逊人》（1946 年），第三章。

要的事情，但是关于恢复过程的年代，至今还没有确定下来，因此，我们就不可能简单扼要地讨论它对农业生活和商业生活的影响（见第二章、第十六章）。另一件大家都很关心的事情，是"职业"探险家、士兵和水手对新世界的勘察和占领，这只要请读者注意阅读下面关于此事的讨论就可以了（见第十五章、第十六章）。不过，这一时期的四大特征则是值得进一步探讨的，一方面由于问题本身十分重要，一方面也由于下面有好几章讨论它们。这些特征是：君主政府的加强和反君主势力的日趋衰亡；以王朝统治为基础的国际关系的模式终于出现；教会内部的日益不稳和教会失去普遍的威信；崭新的精神状态（包括世俗的和宗教的）的发展。我们在下文中将进一步讨论上述各点。

中世纪论述政府的论文中曾讲述为了达到仁德，国王们应该做些什么事情。科明在他的《回忆录》（1498年最后完成，1524年第一次出版）中和马基雅弗利在他的《君主论》（1513年著，1532年出版）中，却试图讲述与之不同的东西，即为了进行有效的统治，国王做些什么才最有利。关于有效的政府是像基督教统治的道德原则一样值得研究的想法，当然不是一朝一夕发展起来的，因为这包含着要放弃1000年来在最有影响的书籍和说教中反复传播的观点，更何况是要放弃对中世纪早期的权力分散的封建社会表示完全赞同的观点。假如一位马基雅弗利或者一位科明所要阐明的命题不是在几个世代中，在欧洲许多地方，有实际证明的话，那么，他们很难站得住脚。他们正在领会的经验，当然有生动的当代事件作为证明，不过这些事件只是用以肯定而不是否定过去的。在法国、英国、特别是意大利，从13世纪晚期起，一再出现比较坚强的国王，如英国的爱德华一世、爱德华四世、理查三世；法国的菲利普四世、查理五世、查理七世、路易十一世；在意大利，姑且不提1250年以前那不勒斯的弗里德里希二世的早熟政府，也还有弗拉拉的埃斯特家族、维罗纳的斯卡拉家族和米兰的维斯孔蒂家族的超出地方性质的"暴政"。当然，就是在这些王权鼎盛的时期中，由于大贵族阶级的不满和阻挠，也并不是没有王业虚弱的阶段，对于他们来说，王权上升便意味着自己的地位衰落。法国和英国的坚强的国王们难免要面临内部骚乱。在强有力的政府的时代之间，出现很长的衰退阶段，如在英国，爱德华二世和亨利六世的统治时期，或者如在法国，1392年以后的将近两个世代。甚至在一位国王的统治时期，王权的兴衰也有很大的变动；英国的理查二世和法国的查理七世既要扮演英明圣上，又要扮演一代庸君的角色。在意大利，甚至存在着一种更不稳定的情况：例如，维斯孔蒂家族不仅面临王朝内部制造分裂的力量，而且面临来自威尼斯和佛罗伦萨的一种缓慢加强的抵抗。但是，随着15世纪的进程，君主政体的势头显著地增大。从15世纪60年代起，无论在英国还是法国，政府的结构，可以说已经确定了：英国1483年至1485年的政变已属罕见之事，正如共同福利联盟战争（1465年）似乎令人厌烦地不合时宜一样。政府机器的发展是其部分原因。

西班牙对于这种变化过程提供了一个独特的范例。伊比利亚半岛有一个长期的种族分裂、政府分裂和语言分裂的传统，之所以分裂是由于地面多山。尽管有这些因素，阿拉贡（它本身就是一个天下三分的国家，在这个国家里，加泰罗尼亚、巴伦西亚和阿拉贡自己就往往分道扬镳）通过费迪南德与伊萨贝拉的联姻，与卡斯蒂利亚联合到一起了。仅仅是联姻还不可能造成国家的永久性联盟，西班牙之所以出现这一情况，部分是偶然的巧合（见第十一章）。然而，两位信奉天主教的国王有意识的侵略政策也起了一定的作用，如征服格拉纳达和后来占领纳瓦尔；坚决而巧妙地控制骑士团和整个教会；强调政府的中央机关以反对地方议会。在卡斯蒂利亚和阿拉贡，王家会议都职业化了，而且有大批法学家参加工作；此外，还设立了宗教裁判会议、财政会议、骑士团会议、兄弟会议。这样一种结构必要时可以扩大，就如同从卡斯蒂利亚的王家会议中分离出西印度群岛会议那样。地方政府设有总督；1480年以后，对卡斯蒂利亚每个城市会议都派去一名地方长官，通过他认真地掌握市政；而在乡村，一个时期委托弟兄会行使王权。

在法国和英国，国王更早一些时候就开始扩大王权，因此在这两个国家里，这种情况的发展并不那么显著。不过，15世纪晚期在两个国家内都开始了一个国王自觉采取行动的时代，这具有关键意义。法国在这个时期（见第十章），全国三级会议最后将要消灭，不起作用；常备军实现了统一；国王和大臣们掌握教会的决心，甚至远远超出布尔日国事诏书（1438年）所宣布的法国教会的立场。大胆的采邑分封政策已经成功地被证明是正确的，因为它们依附王室，变成了以中央的朝廷体制为样板的、能够迅速转为从来没有如此依附于国王的地方行政系统的工作机构。租税主要由王室随意处理。在英国，行政改革的呼声也甚嚣尘上，豁免和特权的巨岛正被并入君主统治的大陆：北部边境已经不是珀西家族的天下；圣所和庇护权摇摇欲坠；由于避免同外国打仗，王室在财政方面得到独立，其意义的重大不次于法国君主的财政独立，而且对宪政的进一步发展危险性更小一些。英国的议会与法国的全国三级会议不同，它是作为国王政府的工具幸存下来并发展的。在法国和英国，也和在西班牙一样，地方议会的结构发展起来，国王政府的大臣们开始取代王室旧官员的地位。

德国和意大利政治发展中的事件，往往与上面所谈到的几个君主国家的事件形成对比。意大利只是在马基雅弗利的巨著里有它的"君主"。随着法国对意大利的入侵（见第十二章），最主要的是随着西班牙、神圣罗马帝国以及那不勒斯和西西里在查理五世统治下的大联合，亚平宁半岛进入一个外国干涉的时期；由于外国干涉，当地人的任何统一过程实际上都被停止，而在此后350年间，形成6个公国和日益衰微的威尼斯共和国共存的局面。至于德意志，马克西米连在位时期对于改革帝国结构所做的努力（见第七章），正如在他以前的几位皇帝所做的努力以及在他以后查理五世将做的努力一样毫无效果。当时有一个德意志帝国；设立了很少几个虚弱无力的机关，例如最高法院；国会继续存在，通常作为反对意见与对抗的集中点。这些是德意志统一的意识继续存在的因素。但是在实际上没有帝国的军队，没有帝国的租税，也没有帝国的教会。

但是，在全国性君主政体的下一级，公侯的出现却如同在濒临大西洋各国一样迅速。这一点在意大利可能不太明确；在那里，罗马教廷有一个精心安排的行政机构，然而每次选举教皇以后，其政策就遭受一场巨大的变革；在那里，哈布斯堡王朝和瓦卢瓦王朝的阴影笼罩着每一个宫廷。可是在德意志，事情是一清二楚的。在那里，少数大家族和一些较小的家族不把皇帝、城镇和骑士放在眼里，不断加强自己的势力。哈布斯堡王朝对于统治整个德意志可能是一筹莫展，但是，就连马克西米连这个人，就其奥地利及其他王朝领地而言（见第219页），也是一位令人敬重的和富有进取心的公侯。在德意志特别显著，在其他地方稍微差一些，罗马法的命令书对于加强公侯的地位起过很大作用，这时为了明确公侯与皇帝的关系（见第198页），谨慎地保留着他们的封建权利和义务。神圣罗马皇帝这样接受罗马法，从中根本得不到一点利益。正如后期罗马法解释家所述的意大利城镇一样，德意志的统治者是至高无上的。

通常总是认为：法国和英国的君主制度没有受到有力的抵抗，是15世纪对外作战和内战的结果。在这一点上有很大的真实性。法英两国的贵族丧失大批的财富和生命。在英国，玫瑰战争使贵族世家的自然消亡率增加了1倍。可是，除了这些异常的灾祸而外，还有一些压力使贵族比他们过去更加对国王俯首帖耳。虽然土地依然是所有各阶级梦寐以求的财产，但是到了16世纪初期，就不仅是大的领地所有权才会给人以政治和经济的保证或者社会威望了。一位廷臣比一位住在远方城堡里的大贵族更容易获得金钱和权力，英国、法国和西班牙的宫廷挤满了国内的大人物。恩俸、军权、官职，从国王那里源源流出；接近荣誉的源泉，便使一位显赫人物处于一个有利的地位，他能够帮助依附于他的人实现他们的野心，以报答他们给予他的物质和精神上的支持。在法国和西班牙，对于贵族是免收赋税的，而且鼓吹这样一种学说：贵族由于服军役，就应该享有财政上的特权。而佩剑贵族被吸收到王家军队中，就更进一步加强了国王的地位，从而间接地减少社会上其他阶级的束缚。

当时在西欧非常流行的君主专制的倾向，远远不是东欧的特征（见第十三章）。波兰、匈牙利和波希米亚的国内政治是与君主政体完全相反的。在这三个国家中的每个国家里，君主程度不同地处于屈从贵族的状态。在波兰和匈牙利，贵族都是人数众多的阶级，而且，那些小贵族们认为依靠这个阶级可能巩固自己的地位。甚至在"除了名义而外，完完全全是一个贵族共和国"（见第390页）的波希米亚，骑士阶级极力与已经形成一个世袭的和优越的特权阶级的少数大家族争夺权力。不论在波兰或匈牙利，大贵族尽管在法律上未与较小的贵族分开，但是他们形成占有统治地位的派系，拼命榨取王室的日益减少的财源。在所有上述几个国家里，城镇和农民的地位的下降是十分显著的，这与西方的发展又成为鲜明的对比。

在欧洲东部边陲的两个国家，以其各自十分不同的方式，在政治趋势方面，比刚刚提到的那些国家更与西欧相类似。俄罗斯正在作为一个国家出现，在这个国家里，莫斯科大公们是决不容许有竞争对手的（见第368—370页）。同时，在拜占庭的废墟上，奥斯曼土耳其人（见第十四章）正在发展一种独裁政体，它像俄国的独裁政体一样，有很多地方借鉴于被推翻的东罗马帝国的范例。许多西方的公侯肯定会羡慕一个在法律上有权处决与他争夺王位的对手的统治者（见第396页）。

在西欧的两个地区——瑞士和低地国家，不存在或者说不大显著地存在强有力的政府的模式。这一时期，瑞士人正处在他们的昙花一现的军事霸权的顶峰。那些向瑞士人学习而不喜欢其战术的贵族，那些把瑞士人看作是集一切最坏的恶行——嗜血成性、贪得无厌和野蛮透顶——之大成的人文主义者，是以嫌恶的眼光投向瑞士人的，但瑞士人还没有意识到他们的政治组织的独特性。至于在100年内将有一个第二共和国出现的低地国家（见第八章），勃艮第国家的幽灵以其地域分散主义和中央集权主义的混杂的传统，以其日益抬头的寡头政治，以及经济重心从佛兰德向北移到荷兰等原因，也隐藏了对君主使用宪法加以约束的重要性，而这种约束在将来则是很重要的。在欧洲，只有意大利人稍稍了解共和政体之所以存在的政治理由，因此，事实上，共和政体的理论基础是十分薄弱的。甚至在意大利，在这方面所表现的浪漫主义的和毫无用处的姿态（见第97页）是由文学作品鼓吹起来的，而不是出于对政治改革抱有积极的兴趣。只有威尼斯是作为一个独立共和国最后继续存在，而威尼斯的"贵族"寡头政治并没有给北方的城市自由民提供一个纲领。

国王变成了他们的王国的主人。结果，王朝统治决定国际关系的类型。在某种意义上说，这并不是新鲜的事物，因为一个封建国王一般要用联姻的方法谋取自己的利益：安茹"帝国"就是这种情况的一个偶然的产物；斯堪的纳维亚和东欧的相互通婚的王侯家族，卢森堡的皇帝，卡斯蒂利亚、阿拉贡和葡萄牙的国王们，都可以提供许多中世纪的例证。但是在法国和英国，在一般情况下，王室联姻并不考虑在政治上产生巨大的变化，无论如何，在1420年亨利五世与凯瑟琳结婚之前是这样。倒是那些豪绅巨富仿效这种做法，以此作为飞黄腾达的手段，如那不勒斯的安茹、米兰的奥尔良、西班牙的贡特和埃

第一章 导言

诺的格洛斯特。精心策划的哈布斯堡王朝的联姻改变了所有这一切。如果说一个人能够计划任何事情但要以遗传的偶然因素为转移的话，那他就可以说查理五世的帝国是经过深思熟虑建立起来的，它是作为哈布斯堡王室特色的那些双重联姻之一（菲利普娶胡安娜，奥地利的玛格丽特嫁西班牙王子，1496—1497年）的结果（见第341页）。到本卷所讲述的时期结束的时候，马克西米连的孙子已是尼德兰、西班牙、德意志、意大利部分地区以及新世界部分地区的统治者。不久以后，瓦卢瓦家族和哈布斯堡家族都在寻求进一步的联姻，以加强它们的竞争地位；16世纪的整个外交活动的脉络，都要以其结果为转移。当这些姻亲关系支配欧洲政治的时候，由于玛格丽特·都铎与苏格兰国王詹姆斯四世的联姻（1503年）而产生了另外一些规模不同但性质并无区别的姻亲关系。

这全是众所周知的事情。它使在16世纪的历史上成为十分显著的特征的那些国际政治往来的工具——日益扩大的外交机构、越来越职业化的军队——得到了充分的发展。大使依然往往是一位亲王或高级圣职人员，特别派去磋商结盟或者缔结条约。但是，资格比较低的驻外国宫廷代表的人数越来越多，从15世纪就开始存在的外交急件的递送数量是十分巨大的（见第九章）。在外交技术的发展中，意大利的经验树立了样板。同时，在16世纪以前，我们只是在意大利见到职业将军。此后，各强国的军队越来越由步兵而不是由骑兵组成，而炮兵也变得更加重要；只要有可能，这些军队就交给专家去管理。

虽然政治的现实是君权的增大，但在欧洲的高耸的城墙后面，基督教世界的废墟仍历历在目。十字军虽然早已土崩瓦解，然而它的名字和它的若干魅力依然未衰。直到1492年格拉纳达陷落的时候，十字军在西班牙还有一些意义；在巴尔干半岛和东欧，防止奥斯曼土耳其人的侵袭也同样是一个真正的问题。不过在西欧，发动一支"十字军"仅仅是更直接的烧杀抢掠的序幕而已。自罗马教皇以下，基督教的国王们都准备同非基督教徒达成协议，至少是和平解决短期的争端。大多数政治家对于科明赞赏穆罕默德二世"聪明和勇敢"的话[①]，一定在他们的内心里认为是十分公允的。尽管基督教徒们假装

---

① 卡尔梅特编：《科明回忆录》第二卷，第337页。

十分震动，但是，关于英诺森八世在 1490 年接收苏丹的一笔津贴（见第 78 页）的事本来就没有什么值得大惊小怪的。

罗马教皇本来是基督教国家兴起的主要象征，现在成为它的衰落的一个象征了。亚历山大六世和朱理亚二世笨拙地披戴上了世界君主制度的全副盔甲。他们推行的政策纵然不能说帝威凛然，也霸气十足，并以意大利为核心。一位教皇持有这种态度，就引起欧洲北部的轻蔑和愤怒。伊拉斯谟的《从天庭驱逐出来的朱理亚》（1513 年）是直接针对朱理亚二世写的，但指斥了当时所有的罗马教皇："如今国家即系暴政"①。对于这种情况，教皇本人的性格负有一部分责任。但是造成这种情况的更主要的原因，是使罗马教廷与基督教会离异和迫使教皇们变成小诸侯的历史过程。这些过程全都是紧密连接在一起的，然而为了叙述方便，我们可以把它分成三个要点：教会的内部分裂、各国家教会的兴起和世俗人对赐予教士以地产的做法施加的压力。

教会的内部分裂是指 15 世纪所特有的听从命令的一致程度的低落。1378 年的大分裂只能对此负一部分责任，尽管那次分裂所造成的结果是很严重的。互相敌对的教阶组织的存在，使已经显示出分裂倾向的国际宗教团体分崩离析。造成大分裂的那些红衣主教的名声已经永远扫地，因为他们在比萨和康斯坦茨非但没有改善自己的地位，却重新成立了一个教廷，这个教廷下定决心，不惜牺牲一切来阻止他们有朝一日再度掌权。最重要的是，由于大分裂及其不幸的后果，15 世纪的教皇们对于教会公会议是胆战心惊的。康斯坦茨会议的教令表面上得到了教皇的批准，它一方面规定公会议的至高权力，也规定了每十年召开一次公会议的机构。极力阻止公会议按期举行和断然肯定公会议权力至上说是邪门歪道，却变成了犹金四世（他不得不接受巴塞尔会议的决定）和他的继任者的一贯政策。1512 年的拉特兰公会议只是为了抵制法国人主持的比萨"非法会议"（conciliabulum）（见第四章）而举行的。

由于拒绝召开公会议，以便进行教会改革，因此就导致了异端邪说、类似的异端邪说以及冷漠态度的进一步发展。我们可以认为，真

---

① 弗格森编：《伊拉斯谟短文集》，第 83 页。

正异端邪说的问题是最无关紧要的。自从12世纪以来,异端邪说在西欧的某些地区就非常流行,但是教会至少是容忍了它,并没有把它完全铲除。14世纪的异端邪说遭到类似的命运:罗拉德派(在1417年以后)只限于一小撮没有影响的英国人;胡斯派在波希米亚虽然举足轻重,但对整个基督教世界不构成威胁。15世纪使阿尔卑斯山外的思想界大受熏染的流行一时的神秘主义,对于宗教的一致性是一个十分隐蔽的危险。在德国西部和低地国家,神秘主义的同志会、兄弟会、姊妹会之类的团体特别多;它们有时受到当地教区主教的鼓励,有时受到迫害。在这样的团体里,世俗人越来越占领先的地位,他们大半是城市人,而且对教会人士怀有传统的敌意,关于这种情况,一些文学典籍——从《十日谈》和《坎特伯雷故事集》到《小说百篇》和伊拉斯谟的《对话集》——是很好的证明。热尔松以后的比较严肃的批评家们把个人的信仰与对多数有组织的宗教的藐视结合起来,这就为那些极力给僧侣和修士制造麻烦的人们做出了榜样。对于这类的批评,只有一位清白而勤奋的教廷才能够做出回答。庇护二世以后的教皇们却激起人们种种怀疑,对这些怀疑,只有通过召开公会议的方法才能消除,而他们又不会赞成这样做。

各国家教会的出现,当然是教皇政治的软弱造成的。甚至在14世纪以前,君主们就已经不愿意容许教会有它所要求的自由。不论何时何地,只要国王拥有大权,高级圣职人员就由朝廷任命。在中世纪晚期,他们甚至把自己领地内的一些对教会的控制权下放到比较次要的统治者手里,而欧洲比较重要的君主对待教会的政策则讲求使他们能够成为属下僧侣的主人。在整个14世纪期间,英国国王对待僧侣的蛮横态度的史实是人所共知的。这种态度在当时得到阿维尼翁教廷的宽容,但在1417年大分裂结束之后,甚至以更显著的方式继续下去。康斯坦茨公会议以后英国与教廷所达成的协议是一个正式文件,理查二世政府重新制定的关于圣职候补人员和关于王权侵害罪的条例成为国王权力的真实基础。在法国,教皇与国王达成的协议是一个君主政府维护其对教会的控制权的真实反映。法国僧侣接受巴塞尔公会议的反教皇立法(《布尔日国事诏书》,1438年),只不过是第一次明确表示是国王而不是教皇拥有控制法国教会的权力。后来,国王们能够修改这个立法,特别是路易十二,还不得不推迟一个时期执行

（见第 302 页）；但是，不论一位国王会对教皇作出怎样的表面许诺，他对教会的实际控制权是确定无疑的。国王在教会领域中的权力的最显著的例证当然是西班牙的宗教裁判所（1478 年），它不是把一种既能控制舆论，又能加强统一，而且有大利可图的有效工具（见第 336 页），提供给教会使用而是让它给王室使用。

德意志具有比其他任何地方都更加类似的发展情况。那里的人们长期憎恨教皇，这种感情有时甚至能够把皇帝和诸侯结合在一起。德意志人，不论是世俗的帝王还是教会的首脑，都是公会议改革纲领的天然的最热烈的拥护者，因为这个纲领保证他们在处理教会事务中有最大可能的独立性。在这方面，也正如接受罗马法的情况一样，德意志人的公会议至上主义有利于诸侯，而不是有利于皇帝。由于德意志的许多高级教士兼为世俗的统治者（见第 195 页），我们就很难把他们的态度和经常与他们打交道的世俗诸侯们的态度区别开来；实际上，主教们从削减教皇权力中所得的收获甚至比世俗领主要多。

在由诸侯就地控制教会的基础上，各个地方当然往往怀着充分行使教皇权力的雄心壮志来处理教会的政治。在本卷另外一个地方（见第 302—303 页）所述的昂布瓦兹红衣主教的生涯是意味深长的。他夺取圣职必然使他想成为教皇和得到教皇使节的美差，这是合乎逻辑的事情。在下一个世代的沃尔西的故事也是一模一样的。在朱理亚二世生病期间，马克西米连想要在 1511 年登上圣彼得宝座的天真计划（见第 215 页），在后来也是同样重要的。这确实稀奇古怪，但是，如果我们从民族的角度来考虑，它只不过是亨利八世成为"地上最高主宰"时可采取的行动的前奏而已。

在教皇的政策中，最使阿尔卑斯山外的基督教会苦恼的是财政方面。英国几乎不向罗马教廷交纳一分钱，其他非意大利的主教辖区交纳的也不多，这些都不在话下。如果说比较正常的收入来源在下降（见第 87 页），赎罪券所占的比重却不断增加；同时，任何的付款都使群情骚动，这种愤懑很深，而且见于社会的各个阶层。由于教会拥有大量财富，而世俗人又想要收回，或者至少是分享教会根据永久管业权而拥有的大量产业，因此教皇的"财政制度"是令人难以忍受的。在中世纪晚期，实际上到处都出现反对永久管业权的立法。另外，俗人分享圣职人员所取得的土地财富有着种种的名堂，财富的所有者要向俗人支付管理费、照料费、维持费以及各式各样的报酬。更重要的是,某些地方把教会财产用益权广泛地授予在任何真正的意义上都不是属于教会的人物,而且提升大人物的子弟们让他们担任教会的高级职位。在苏格兰,斯图亚特王室的私生子们占据了大主教辖区、主教辖区和大修道院。教皇的慷慨批准有时甚至使提出要求的国王都深受感动,例如詹姆斯四世在1504年把他的11岁的私生子亚历山大提升为圣安德鲁斯大主教得到认可时,连他自己都说:"此事不易,本难望有成也"①。在詹姆斯四世的继承人的统治下,王族和达官贵人对苏格兰教会的夺取继续有增无减,当宗教改革运动到达苏格兰的时候,已经没有必要去正式解散修道院,因为实际上,留待解散的修道院连一个也不存在了。

在苏格兰,没收教会土地是国王与教皇勾结在一起进行的。在意大利,也是同样的彻底和同样的"合法",尽管完成的方法有所不同。在意大利北部,土地从教士向俗人手中的惊人的过渡是一个很长的过程②。在那里,教士被教皇、市镇和暴君课以重税;他们由于教皇授予产业用益权的做法而进一步贫困;他们很难利用改进自己的产业的机会;1300年以后货币迅速贬值使他们处于更加恶劣的地位。当这些压力开始令人喘不过气来的时候,有很多土地已经租了出去,其中大部分租金很低,给债权者、有权势的人、修道院长的亲属使用,而这些人则能够以有利的条件转租出去。在15世纪中叶,"对教会财产的掠夺达到空前未有的程度";这时候,转租的利润高达700%,比商业的利润要大,而且可靠得多。这类出租(fictalicia)有一定期限。但是,教会必须向租用者补偿在租用期间所进行的土地改良的费用,否则就得按原来的不利条件继续租给人家(eodemficto)。由于教会实际上对租用者拿不出补偿费,只好采取第二种方法,这样一来,教会虽然在名义上依然是大土地所有者,但从它们的产业中得不到收益。当那些走运的租用者(fictabilis)得到许可,首先是以较高一些的租金永远租用,然后他如果用同样价值而不是同样大小

---

① R.K.汉内、R.L.麦凯、A.斯皮尔曼合编:《詹姆斯四世书信集(1505—1513年)》(苏格兰历史学会,1953年),第36页。
② C.M.奇波拉:《在11世纪和16世纪间北意大利的教会财产是怎样丧失的》,《年鉴》第2卷(巴黎,1947年),第317—327页。

的土地交换，就能得到享用产业的全部权利的时候，这就达到了最后阶段。因此，贫困的教会不能保持良好状态的大产业就落入俗人手中，而换来了小的产业。随着15世纪的前进而变成严格规定的建筑艺术和教会装饰的新风格，曾经留下许多具有永久价值的纪念物，但是这不能表示教会的富有，因为营造的经费往往是靠出卖田地和忽视所余财产的保养来筹措的[①]。到16世纪中叶，在意大利北部，教会只拥有10%或15%的土地，而在南方却拥有65%或70%。因此，在意大利至少是在很大程度上不存在一个改革教会的动机。

在本卷所述的时期，见到了意大利的文艺复兴与北方世界之间的最初的真正接触（见第三、第五、第六章）。从彼特拉克到列奥纳尔多·布鲁尼的意大利思想界的各种主张为何迟迟没有有效传播开来，是近年来真正受到很大注意的问题。在北方，许多方面都倾向于接受人文主义，如低地国家的城镇自由民的道德标准，许多北方艺术向现实主义道路的发展，一些神秘主义者对经院派学者的迂腐态度的敌视。就这一点来说，看来奇怪的是：15世纪的英国竟谈不上有什么人文主义（见第55页），直到该世纪末，法国和德意志也几乎丝毫没有。北方在14世纪和15世纪长期见到的只是人文主义的皮毛，而不是它的精神；喜好拉丁化和古典的主题，而不是理解那些使亚平宁半岛的主要人文主义者受到启发的古代道德标准。不过，在了解意大利世界方面之所以如此迟缓，是有许多理由的。

在物质生活的水平上，意大利拥有比北方巨大而且主要是城镇的财富。要发展人们对艺术、文学和道德哲学的兴趣，就需要有丰富的资源，而在欧洲北部，这些资源比在意大利更紧密地与保守的教会联结在一起；神学在法国、英国和德国的大学里占有统治地位，但在意大利的大学里，实际上就没有神学课程。在托斯卡纳和伦巴第的社会里，始终有一种与封建的北方形成对照的同一性：达官贵人是城镇居民，虽然有教皇派和皇帝派的政治传统，王公与富人过着同样的生活；甚至14世纪的暴君们也是城镇出身，在很大程度上与其臣民具有同样的道德标准。在兴趣和爱好方面，意大利的君主与北方的统治

---

① C. M. 奇波拉：《在11世纪和16世纪间北意大利的教会财产是怎样丧失的》，《年鉴》第二卷，第323页。

者大不相同；意大利的各共和国与佛兰德或德意志的城镇也是同样有很大的差别。

尽管如此，可不要把意大利的人文主义者看作是反映一个统一社会的不变的类型。在掌握意大利的价值标准时，有一个困难就是它们绝对不是始终如一的，一位人文主义者可能用几种论调发言。彼特拉克的产生主要是由于被佛罗伦萨放逐，而在北方暴君们的宫廷里度过岁月，他对文学采取超然的态度。只有在作为保护人的君主提供的一种最安适的闲暇生活中，文人才能完成指定的工作。这种态度可能有其政治上的复杂因素，因为彼特拉克在米兰的门徒们辩称：只有他们的维斯孔蒂主子进行干涉，意大利本身才能得救。在佛罗伦萨，逐渐地出现了共和主义，据他们主张说，这多半是詹加莱亚佐·维斯孔蒂的威胁的结果。① 不管是由于什么原因，在共和主义以外的问题上，布鲁尼的态度与彼特拉克的态度是针锋相对的。因为布鲁尼否定彼特拉克对于积极生活的整个态度，承认西塞罗的政治活动是实现而不是否定他的道德学说，并把但丁——既是诗人和哲学家，也是一个家族的首领和政治家——当作一位理想的公民。不久，佛罗伦萨的人文主义派甚至采取更惊人的步骤，他们反对对财富的谴责，并且创立这样一种学说：在上帝眼中，贫穷并不是显示品德的唯一方法。我们可以选择这些发展情况作为意大利文艺复兴的特征，因为它们符合于我们自己的观点。但是在当时的意大利，对之进行批评者却始终不乏其人。例如，那时除共和主义的传统外，始终有一个君主的传统。当但丁把布鲁图打入十八层地狱的时候，米开朗琪罗却把他捧上了天堂，因此，我们就不应该假定恺撒没有崇拜者。实际上，那些为祖国的政治困难局面而进行思考的意大利人，不得不处于一种为仿佛相互矛盾的政策进行辩护的尴尬地位。马基雅弗利是一位共和派，但同时又为强有力的君主制度辩护；对于佛罗伦萨来说是一位共和主义者，而对于意大利来说，却是一位激情满怀的君主捍卫者。

这样一来，我们在马基雅弗利的时代，就见到意大利政治思想中两个相反的传统有了某种汇合。在整个意大利思想界，是在15世纪

---

① 汉斯·巴隆：《意大利早期文艺复兴的危机》，两卷集（普林斯顿，1955年）。参见第二卷的参考书目，特别是巴隆博士在《历史》《镜报》和《约翰·赖兰兹图书馆刊》发表的其他一些论文（皆在1938年）。

末发生这样的大汇合的。正如我们在下面（见第69页）会读到的，在15世纪末开始了一个宗教的阶段，柏拉图主义和新柏拉图主义崭露头角。马尔西利奥·菲奇诺和皮科·德拉·米兰多拉为了发扬在早些时候往往被湮没在"雄辩"之中的"智慧"，曾试图寻求一种比意大利初期人文主义所能达到的更为广阔得多的综合。皮科甚至不去设法适应当时良好的拉丁文体的需要，这一点表明这种兼容并蓄已经达到怎样深远的程度，并且使后来的人文主义进入像马基雅弗利那样一种相互矛盾的境地（从意大利先前的学术观点来看）。我们应该附带说明：不仅仅是在佛罗伦萨集团里存在这样一种宗教的偏见。人文主义者和意大利艺术家全都不是异教徒。我们在本书的其他地方（见第135页）读到，米什莱、布尔克哈特提出的在文艺复兴时代"'人的发现'的命题是很有道理的，但是他们所说的'人'是指意识到他在伟大赎罪计划中的个人作用的人"。在其神学的寓意中，米开朗琪罗所绘制的西斯廷小教堂穹顶画是"无比深邃"的（见第139页）。

　　仅仅从保护文艺的观点来看，意大利又达到了一个相互对立的思潮趋于一致的阶段。早期的文学艺术保护人要求种种不同，甚至精神上互相抵牾的作品。维斯孔蒂的宫廷，佛罗伦萨的商人，阿西西的修道士，具有十分不同的趣味。到15世纪晚期，美第奇的影响在佛罗伦萨占有主要地位，不久以后，在罗马和天主教会中，这种影响也将占有主要地位。意大利各宫廷，小的如乌尔比诺的蒙泰费尔特罗宫廷，最大的如罗马教皇利奥的宫廷，都讲一种共同的语言"卓越的意大利语"；他们以极其相似的态度赞助相同的工匠和学者。建筑艺术中"意大利共同风格"（见第131页）和学术中的西塞罗主义，是新的同一性的标志。

　　与此同时，欧洲北部赢得了进行扩张和进行实验的时间。在15世纪初这个时期里，在英国、法国或西班牙，慷慨进行保护几乎是不可能的。格洛斯特公爵和贝里公爵作为保护人来说，要比他们的国王重要得多。但是，真正有时间和金钱去追求高雅生活的北方权贵，只有勃艮第的公爵们，只要他们能够在英法两国之间保持经济上的平衡。然而，到了15世纪末，英国和西班牙都处于渴望影响外部世界的集权制君主政体之下，而法国则从事侵略意大利的活动，这在文化领域中，将引起意大利的思想和观点对法兰西的占领。大量采取意大利所能提供的东西是比过去容易了一些。由于意大利文明集中在君王和他们的宫廷的环境里，北方的君王和北方的宫廷就易于吸收那些过去可望而不可即的东西。人文主义者变成北方国王们的一种需要；为了与国外通信，必须有拉丁文秘书；为了派遣大使，需要有以拉丁语能言善辩的人；人文主义历史学家要能够用在将近一个世纪之后卡姆登仍然称为的"万国语言"向国际世界陈述他本国的立场。从乌尔比诺或罗马聘请来的意大利艺术家或作家，在英国或者法国，比两个世代以前更感到宾至如归了。访问亚平宁半岛的北方学者或画家所进入的环境，与他在国内所熟悉的气氛没有多大差别，而且到意大利留学正在变成他们训练的一个正常部分（见第155页）。

最初，任何地方也没有像德意志那样迅速地对意大利的价值标准做出了反应（见第68页）。这似乎有些不合情理，因为在德意志，人们对罗马教会抱有强烈的敌意；德意志的绝大部分比起高卢、不列颠或西班牙来，与罗马都更缺少历史的联系。但是，也有一些有利的原因。德意志本国语言对于作家来说，要比法语或英语更加困难；因此，人文主义者的拉丁文的一切魅力，意大利教育计划的一切美好希望，都更加吸引人。此外，德意志国王与意大利朝廷有着传统的联系；这种联系虽然实际上已不复存在，但是它依然具有一定的情感上的作用；意大利的第一流人文主义者，如埃内阿斯·西尔维奥·皮科洛米尼，曾经一度在德意志任职。更重要的也许是：德意志人对罗马法很有兴趣，因而前去波洛尼亚；新的大学有接受新思想的风气；德意志南部与意大利城镇有商业往来——在奥格斯堡，城市公民是艺术新风格的最初的保护人（见第156页）。最重要的是，德意志人文主义者运用新的意大利式手法发扬他们的旧文化，当然，他们在塔西佗的《日耳曼尼亚志》中找到了许多东西，使他们对古典著作中曾经鼓舞意大利学生的某种爱国主义发生了兴趣。马克西米连积极鼓励这些发展。而这些发展的最好纪念碑是乌尔利希·冯·胡滕的简短对话《阿尔米纽斯》，在这篇对话里，作者论证德意志的英雄人物比亚历山大、西庇阿和汉尼拔胜过一筹。

然而，在北方的发展中，有一些方面无论从任何深远的意义来说，都不是意大利的或者人文主义的（见第64页）。从其中最重要的方面，就产生了15世纪晚期意大利的"宗教"思想在某些地区所具有的那种吸引力。这种"宗教"思想从不同的角度引起了科利特和勒费弗尔·戴塔普的兴趣。但这还不足以培养出后来的"人文主义者",如果"人文主义者"一词的意义不仅仅是学者或者虔诚信徒的同义词的话。宗教改革运动很快就湮没了这些人物的特殊种类的福音主义,因而使我们对他们的研究如入五里雾中。我们甚至缺少充足的传记,更不要说对他们在思想界的地位进行全面评价了。但是,千真万确的是:科利特是"一位让·斯坦敦克式的和共同生活弟兄会教友式的苦行改革家,他是一位重要的教育家,他是地道的基督教徒;然而,他不是一位人文主义者"。伊拉斯谟致约多库斯·巴迪乌斯的传记式信件使许多世代的批评家们误入迷津。实际上,科利特完全反对当时人文主义者的那种对学问的虔诚,他所崇敬的奥古斯丁式的智慧不仅不包括一些学派的不屑一顾的逻辑,而且不包括哲学家和诗人们[1]。如果这是人文主义的话,那么,托马斯·阿·肯皮斯也必须列在人文主义者的队伍里。

　　就北方的神秘主义和福音主义以及意大利的人文主义来说,伊拉斯谟的地位从任何意义上讲都是十分重要的。他比其他任何的学者都更加显示出两个阵营的特点:正如给他画了一些非常美好的肖像的霍尔拜因一样,他的作品既包含有哥特的因素,也包含有意大利的因素(见第155页)。他表现出南方传统的整个乐观主义,及其对文学是高贵心灵的最高贵的表现的信念,和对于雄辩术的爱好。而在同时,他非常注意宗教的现实和排除一切可能扰乱虔诚信仰的东西的必要性。对他来说,文学的复兴是基督教复兴的一个方面;文学界是基督教界的一个方面;学术的归宿是上帝。任何事情都没有比伊拉斯谟在1505年出版洛伦佐·瓦拉的《新约全书集注》更能说明问题的了。瓦拉的确是一位令人莫名其妙的人物,但肯定不是积极的基督教徒。他专心搞的是语言学。在伊拉斯谟看来,瓦拉的著作是一部"圣经人文主义"的导言,在书中,语言学只是工具,而不是实质(见第115页)。这种既来自文学复兴也同样来自新信仰的研究途径,有时只有费很大气力才能辨别出来,因为伊拉斯谟同时又是一位作家,他

---

[1] 参见小尤金·F. 赖斯《约翰·科利特与自然物的毁灭》,载《哈佛神学评论》,第45卷(1952年),第141—163页。

的粗犷、多疑、爱争吵,往往毫无顾忌,而他对讽刺冲动也往往是放任纵容,几乎是为讽刺而讽刺。

在本卷所述时期的伊拉斯谟能够毫无顾忌地进行讽刺和嘲笑。16世纪的最初20年是北方文艺复兴的太平时代。此后,路德和罗马教会就理所当然地要求伊拉斯谟作出一个干脆的"是或否"的回答了。在路德引起教会分裂之后,他企图继续走他的中间道路,因而明显地显示出"基督哲学"的理论。这种理论并不是他的同代人所理解的哲学或神学,它不仅触怒宗教改革运动者,而且"既未能使托马斯的理性主义、奥康姆的信仰主义满意,也未能使神秘派的直觉主义满意,因而在特兰托公会议上,遭到理性主义者、信仰主义者和神秘主义者的驳斥"[①]。1520年确实是关键的一年[②]。当年6月教皇的通谕《斥马丁·路德》对于伊拉斯谟所认为的优美文学和他所主张的和解政策是一个可怕的打击。12月,路德烧掉教皇的通谕,任何理性占上风的机会都遭到破坏。从此,教条在两个阵营里都风行一时,伊拉斯谟的非教条的探索被打入冷宫。文艺复兴运动遂让位给宗教改革运动。

张文华 马 华 译

---

① A. 勒诺代:《伊拉斯谟:他的宗教思想和他的行动……1518—1521年》(历史评论丛书,巴黎,1926年),第11页。
② A. 勒诺代:《伊拉斯谟:他的宗教思想和他的行动……1518—1521年》,第87—103页。

第 二 章
地理大发现前夕的欧洲面貌

麦考利勋爵说:"如果我们想从研究祖先的历史得到裨益的话,那就千万不要忘记:我们由书本上读到的国家与我们生活所在的国家是迥然不同的。"对于地理大发现前夕的欧洲来说,他这句名言肯定是正确的。如果有可能把那个时代的山山水水摆在我们的面前,我们就会发现它们与今日的景物大不一样。乡村虽然经过中世纪的开拓活动已经开垦,但用我们的眼光来看,依然是野岭荒原,或者说有很大一部分是这样。即便大片的森林有所缩减,而沼泽与草莽却多半依然如故。中世纪的城市已经兴起,但由我们来看,大多数城镇的规模还很小,它们的工商业活动也是有限的。

现在虽然发生了巨大的变化,然而,自然地理的主要特征却与过去大致相同。欧洲是由许多半岛组成的一个大半岛;在这个大半岛的两翼,过去是,现在还是两个滨海的世界:一个是地中海的世界,一个是北欧和西欧的世界,在历史、气候和物产等方面,它们有显著的不同。在半岛宽阔的底边附近,即与亚洲接壤的地方,欧洲逐渐失去自己的特性。广阔无垠的平原取代山峦与低地的相互交错,而在大半个冬天,这些平原的气温降到冰点以下。

但是,当研究15世纪欧洲的人文地理时,我们不仅要考察各处不同的自然背景,而且要考虑时间的范畴。中世纪最显著的成就之一,就是披荆斩棘,排水造田,使乡村改变蛮荒的面貌。然而,这个伟大的拓土运动并没有毫不间断地一直持续到近代的开端。在某些地方,它放慢了脚步;在另一些地方,它停了下来;甚至还有些地方,开垦的边疆又退缩了回来。的确,在欧洲大陆的大部分地区,迄至1300年,农业的成就已经登峰造极,到14世纪和15世纪,继扩大耕地的伟大时代而来的是一个停滞和倒退的时代。在1350年至1450年的100年间，衰退情况特别显著。农业如此，商业、采矿业和工业也是如此。至于城镇的发展，尽管个别有繁荣的情况，但就整个来说，也是一样。造成这种衰退的原因既复杂又不明显，人们用来解释的原因是：战争的破坏、大瘟疫、产品价格下跌、人口的大量减少，等等。15世纪末有一些复苏迹象，遂导致了16世纪和17世纪的新的繁荣。我们应该以这样的空间和时间为背景，首先考察欧洲的乡村，然后考察欧洲的城市。

欧洲东部分成针叶林、落叶林和草原三个地带，这在生活方式上也同样地反映出来。落叶林带是莫斯科国家的根据地。对奥卡河、伏尔加河上游以及它们的支流两岸的土地进行开垦，为早期的莫斯科大公国提供了一个农业基地，使它比落叶林带的其他公国略胜一筹。黑麦是主要作物，但也种植大麦、燕麦和一些小麦。由伊凡大帝（1462—1505年）所统一起来的这个中心，向南北两方扩大领土，就开始产生近代的俄罗斯国家。

针叶林向北伸展，直达白海。这一地带人烟稀少，居民为芬兰族和拉普兰族；但盛产毛皮，有黑貂、貂、狐以及不太贵重的海狸、松鼠和水獭。毛皮吸引商人循几条大河向北方和东方前进，各大河之间则由陆路转运。在白海之滨以及其他地方，居民以制盐、捕鱼、捕海豹和鲸为主。农业是次要的，也许德维纳河上游算作例外。这一地区的贸易集中于汉萨同盟的一个中心、遐迩闻名的市场、靠近波罗的海的诺夫哥罗德。前来北部地区的不仅是商人，而且有传教士。在1340年至1440年间，修道生活大有发展，修士们寻求未开垦的荒原。别洛泽罗（1397年建立）和索洛维茨基（1436年建立）成为重要的经济和文化中心。当时，莫斯科以北还有另外一些城镇，例如雅罗斯拉夫、沃罗格达、罗斯托夫和特罗伊察。1553年，英国伊丽莎白时代的冒险家们开辟了白海通西欧的航路以后，所有这些城镇就具有新的重要意义。伊凡大帝于1478年征服诺夫哥罗德，到这时候，已经把诺夫哥罗德刚刚草创的贸易帝国纳入了莫斯科大公国的势力范围，因而，16世纪的新的财货之利当然要由莫斯科来独占了。

由莫斯科往南，是一片片大草原。到15世纪，这些草原已不再为亚洲来客起走廊的作用。最后大批驰过草原的游牧民群是13世纪的鞑靼人，此后200多年间，钦察人的金帐汗国一直统辖北邻俄罗斯人。但是到了15世纪，这个汗国的国势因内讧而衰弱下来；1480年，伊凡竟拒绝纳贡。现在道路已经敞开，伊凡大帝的继承者治下的移民可以跨出森林，而向果戈理所描述的"一片黄绿色的海洋，布满千千万万春天的花朵"的那些草原地带前进了。

到15世纪末年，由于诺夫哥罗德已在1478年降服，金帐汗国已在1480年败退，旧的一页历史宣告结束，近代的俄罗斯由此开始。到了18世纪，彼得大帝就把俄罗斯的边界推向波罗的海，而叶卡捷琳娜二世又把它扩展到黑海。

越过波罗的海则是斯堪的纳维亚半岛。到11世纪，它的政治地理已形成它在整个中世纪一直保持下来的面貌。丹麦的领土横跨波罗的海的入口；它不仅包括日德兰半岛，而且包括更加肥沃的菲英岛和谢兰岛，以及现属瑞典的一长条地带。在斯科纳海岸外的洋面上，丹麦拥有欧洲几个产量最大的渔场。在所有的北方水域中，捕鱼（尤其是捕捞鲱鱼）都是重要的经济活动。远离斯科纳，在斯莫兰荒凉的高地以北，是瑞典王国的中心。这个中心处于从斯德哥尔摩向西南伸展的、维纳恩湖和维特恩湖周围的低地。这里，在清除林木以后的土地上，耕作和饲养家畜占有主要地位。由此往北伸展着诺尔兰的成片森林，很少有人居住。在12世纪和13世纪，瑞典曾经占据芬兰。直到今日，在芬兰的部分沿海地区仍然通用瑞典语，这正是那个殖民时代的纪念物。在西边，挪威濒临大西洋和北海。它的地面多山，大部分不适于农业或者永久定居。

我们很幸运，从1539年印制的奥拉乌斯·马格努斯的地图①中，可以找到关于这些斯堪的纳维亚的精彩的描绘。这张地图附有许多小插图，使我们了解当时的一些主要地理情况。它标明大片的森林以及瑞典北部和芬兰的各种各样的毛皮兽；它标出波罗的海和内陆湖泊冬季结冰的界限；它画有科帕尔贝里以及瑞典广阔的多湖平原的其他地方的丰富矿藏，并且用不同的符号表示铁、铜、银和金。有些插图描

---

① 爱德华·林纳姆：《奥拉乌斯·马格努斯的海上地图，1539年威尼斯版和1572年罗马版》，美国宾夕法尼亚州詹金镇，高树文库，1949年。

绘陆上和海上日常生活的状况。这张地图往南包括德意志版图的波罗的海海岸。我们现在就要来看看这个地域。

俄罗斯平原越过普里佩特沼泽地与德意志北部的平原相接，而普里佩特沼泽地的面积相当大，差不多有英国的一半。这片巨大的沼泽地带，河流纵横交错，无数沙丘隆起，直到19世纪和20世纪仍保持其水陆状态。通常认为这块地方是斯拉夫各族人民的发祥地，他们从这里向东、向南和向西扩展，占据欧洲非常广阔的一个区域。他们在向西推移时跨过维斯杜拉河和奥得河，推进到已经进入罗马帝国的条顿民族所放弃的土地。到了公元600年，易北—萨勒河一线已成为日耳曼世界与斯拉夫世界的分界线，但是这个分界线并没有保持下去，因为在900—1250年间，日耳曼人收复了这片失地的一大部分。日耳曼人的向东进展，是在经济和传教两种动机的推动下进行的，而在新的东方殖民德意志和旧的西方封建德意志之间又发生了显著的差异。有人把日耳曼人的东进比作美国人从大西洋海岸的西移，认为新的东方当年对于中世纪德意志所具有的意义，正如新的西部对于19世纪的年轻美国所具有的意义一样。尽管历史事件的对比往往使人造成错误印象，但是上面的比较可以着重表明在中世纪时期和中世纪将近结束时德意志一大部分疆土的殖民性质。

德意志平原的地表几乎到处都覆盖着第四纪由斯堪的纳维亚半岛扩展的巨大冰原所带来的沉积物。大部分黏土都形成波状，而在其难以排水的表面上有一些沼泽和奇形怪状的浅湖；许多河谷也是沼泽地。其他地方，由冰河沉积物造成的一片片不毛的沙砾形成一种叫作"沙岗"的地区。日耳曼族定居者所面对着的景物，就是森林、沼泽和灌木丛。森林，或者说其中的大部分，被拓荒者的斧头砍倒了。以wald（树林）和holz（树木）为词尾的地名，可以说明当地过去的特征。而以rode（开荒）、schwend（披荆）和hagen（斩棘）为词尾的地名则是拓荒者的活动的见证。他们从德意志的故土前来，"牵马拉牛，携犁带车"，改变了今日称为勃兰登堡、梅克伦堡、波美拉尼亚和西里西亚这些地方的面貌。荷兰、佛兰德和弗里斯兰的移民有的与他们同行，有的接踵而至，这些人筑起河堤，排干沼泽。在易北河和奥得河之间，他们沿着勃兰登堡边界，把内地的沼泽转化为富饶的农村。他们挖掘一部分"沙岗"的硬土，开辟一些灌溉水渠。他们给马格德堡以东的地区取上自己的名字，叫作弗莱明格（Fläming）。城市也和乡村一样发生变化。德意志北部城市建立之日，正是拓荒者前进胜利之时。14世纪和15世纪汉萨同盟各城市的成就，正是移民们几百年来辛辛苦苦努力的结果。

到13世纪末，拓荒者们停下了前进的脚步。德意志的移民和文化渗入了波兰，但是范围有限。不过，在两个边远的东方地区，日耳曼人的传教热情和移民冲动找到了开花结果的地方。13世纪初，战友骑士团在里加湾周围地区建立了日耳曼的设防城镇，波罗的海日耳曼人主要起源于此。13世纪晚些时候，在这北方前哨和本国之间，又有一个骑士团即条顿骑士团，更加全面地占领了这块土地。这对欧洲的事务具有决定性的影响，因为日耳曼人移民的这个新领域（后来称为东普鲁士）是被后来所谓的波兰走廊把它与日耳曼人的主要居住地区分开的。

这次向东扩张的总的结果就是：在中世纪结束以前，已经划定了日耳曼人与斯拉夫人之间的疆界的主要轮廓。德意志北部平原的农村地区也改变了面貌。但是我们不要言过其实，说这个地区具有在15世纪它实际上不曾有过的那种繁荣。在某些地方，只是由于辛勤的劳动，才能使黑麦和燕麦在沙土上结实；至于大片"沙岗"的改造，那是要等待后世的农业科学来完成的。几百年间，有许多土地仍然处于沼泽的状态。甚至在近代的地图上，还可以看到在梅克伦堡和波美拉尼亚地区还有着大量的浅湖。

当向东进军仍在进行的时候，移民们也加强了对较老居住区的土地的利用。他们砍伐了森林，重新耕种荒废的田园。在德意志，在莱茵河与易北河之间，莱茵兰各大修道院的下属机构在把图林根和萨克森的乡野改变成良田和牧场方面，做出了很大贡献。其他地方也完成了同样的工作。在已经耕作的田地旁边，又开辟了新的阡陌；在土壤和方位适宜的地方，新开垦的土地上栽培了葡萄。耕作的条件和效果因地而异。在中央高地的北部边缘，条件极好，效果也最佳。这里有一条一漫坡的土地，覆盖着一层特有的"黄壤"或"软泥"，土质肥美，易于稼穑。不错，这条土地带的宽度并不一致，而且，有些地方被平原伸出的湾状隆起隔断。德意志的博尔德和黑尔韦格两地区从马格德堡伸展到威斯特伐利亚，它们的特征跨过莱茵河，延伸到黑斯巴耶、布拉邦特和埃诺的低低的山冈。在莱茵河谷的大块台地上，也覆盖着软泥。这些覆盖着黄壤或软泥的土地是欧洲最宜于稼穑的土地；经过中世纪的努力，在这些土地上人烟稠密，精耕细作。另一方面，人们试图改造占这一较老居民地区大部分面积的贫瘠沙土，但收效甚微。吕内堡荒原、汉诺威沙岗和肯普兰使中世纪移民努力开垦它们的心血付诸东流。在以后的几百年间，正如在中世纪的结束时期一样，它们始终是无人问津的荒凉地区；只有吕内堡周围的一些盐泉给当地带来若干财富。

在北海的海岸一带有失也有得，大概是失多而得少。1377—1421年间，大海吞没了低地国家的许多城镇，加大了须德海的面积；亚德湾也由于暴风雨而增大了。然而，领主、修士以及农民纷纷组织起来筑坝和排水，在他们的堤坝的庇护下，从佛兰德到弗里西亚不断出现肥沃的"填海田"。石勒苏益格和霍尔施泰因的洪水泛滥的沼泽地带，也从大海的手中抢救回来。

北海的这种拦海造田活动并不能代表15世纪欧洲农业的一般趋向。农业的扩展早已达到极限，大多数乡村都有倒退的迹象。不仅在南部和西部的"老地区"，而且在梅克伦堡、波美拉尼亚、勃兰登堡和普鲁士，都可以找到被遗弃的土地和人口锐减的荒芜村庄。在南部和西部，这些荒地的面积高达过去耕作面积的约50%；按整个德意志的耕作面积计算，约为25%。上列数字可能有夸大耕地减少情况之嫌，因为有些被遗弃的土地只不过是人们一时撤离或者改变土地的用途而已。然而，即便打上所有的折扣，事实本身也是足够触目惊心的。昔日的繁荣已经逝去，而16世纪新的繁荣尚未来到，尽管在1500年以前似乎已经出现了一些迹象[①]。

由此往西是法兰西王国。1050—1300年间，它也经历了可歌可泣的开垦时期。大片的森林被砍伐了。由于世俗的领主、传教士以及农民的艰苦创业，有时出现一些新的村庄和半城市的居民点（新城市、城堡、村镇），有时是旧的村、镇得到了扩展。在法国北部的巴黎盆地，有一些欧洲最优良的农田；科区、皮卡迪、博斯以及其他地

---

① 如愿研究这些现象，参见（1）W. 阿贝尔《中世纪的荒园》（耶拿，1943年）；（2）H. 波伦特《德意志中世纪荒园的扩大》（哥廷根，1950年）。

区的软泥覆盖的高地是以肥沃闻名的。圣奥梅尔附近的海滨沼泽，索姆河、塞纳河和卢瓦尔河河口一带的沼泽，以及普瓦图沼泽，至少说是部分地被排干了。法国西海岸的这些泽国，有一些形成了天然的盐池；例如，卢瓦尔河以南的布尔日讷湾的盐池就特别重要，曾经吸引许多商贩从远方港口奔来。不错，这种征服自然的故事也还有一些例外。巴黎盆地东部的"湿地"香巴尼的森林和沼泽是大大减少了，但是农村地区依然是一片泥泞，到处是死水坑，再有，巴黎盆地南部的索洛涅的湖泊和沼泽也很少发生任何变化。在西边的凯尔特布列塔尼，并不像法国北部其他地区那样到处是大块的、空旷的田地，而是密密麻麻的圈地；这里也跟其他地方一样进行了砍伐和排水，但是半岛上由古代岩石形成的土壤是很贫瘠的。即便如此，如果从总的方面来看，法国北部在中世纪的繁荣还是很突出的。它超越西欧的所有地方，无怪乎14世纪初期傅华萨①就在他的著作中宣称：此处是"仅仅次于天堂的世界上最美好的王国"。

　　百年战争改变了这一切。法兰西，用彼特拉克②的话来说，变成了"一片废墟"（1360年）。利雪主教托马·巴赞③在记述1440年的情况时说，卢瓦尔河与索姆河之间"完全是一片沙漠。这里和那里可以看到几小块耕作的土地或者一个葡萄园，但是寥寥可数，而且只是在紧贴着城堡或有城墙的市镇的地方"。乡村成了群狼出没之处和人称"路劫"的散兵游勇横行不法的场所。当时人口比过去减少了一半，甚至有些地方只剩下了1/3。普瓦图沼泽地又恢复了它们的天然状态。在废耕的土地上又出现了树林，圣东日的老百姓长期以来这样说："森林通过英国人之手又回到法国来了。"有些记载可能言过其实，但是当时的法律文件（有只是买卖荒地的契约）证明了田园荒芜的情况，这些文件在叙述事实时很少润饰，却给人留下了十分深刻的印象。

　　然而，在15世纪结束之前，已经有复苏的迹象。如果我们能够

---

　　① 傅华萨（Jean Froissart, 1333？—1400），法国宫廷历史学家，著有《闻见录》四卷，对百年战争时期的西欧情况有生动的描述。——译者
　　② 彼特拉克（Francesco Petrarch, 1304—1374），意大利著名诗人，长期漫游欧洲，著有《抒情诗集》等。——译者
　　③ 巴赞（Thomas Basin, 1412—1491），法国历史学家，主要著作为《查理七世和路易十一世王朝史》，用拉丁文写成。——译者

相信克洛德·赛塞尔①的话，那么，在1480—1510年间，法兰西王国有1/3的土地已经耕种；肯定有过一个热火朝天的活动场面，到了1565年，博丹②就能够证明乡村地区的繁荣景象了。开采矿产也受到了鼓励。1471年，路易十一世设立一个矿务局，专门负责审批采矿特许权和勘探矿产的工作。某些企业招募日耳曼人矿工前来支援。许多地方——在布列塔尼和诺曼底的博卡日地区与佩尔歇地区，在香巴尼农村，在尼维尔内以及其他地区，都有小规模的铁矿中心。1455—1456年，查理七世雇佣萨克森和波希米亚的矿工去开采博若莱和利翁内的银矿，不过，总的来说，法兰西土地是缺乏金属矿藏的。

　　法国南半部的命运在许多方面与北方相同。先是一个时期拓荒，然后是一个时期荒废。不过，南北两地的这些变化是在不同的背景下发生的。大致在北纬46°以南，使用一种与北方的奥依方言不同的语言，即普罗旺斯语，又称奥克方言。另外，南方使用"成文法"，根据当地风俗习惯加以修订的罗马法是一般通行的法规；比较法兰克化的北方则使用习惯法。在这南方地区，有中央高原的巨大台地，海拔超过1500英尺。它的情况也和现在一样千差万别。有长期以来从事农业的肥沃河谷，也有一些由火山造成的膏腴之地，它们的丰收程度超出一般的水平。然而，也有大片大片的石灰石台地，比乱石滚滚的荒漠强不了多少；在东南方，中央高原向上升起，成为嵯峨嶙峋的塞文山脉，在那里的栗树林间可以见到一些孤零零的山村。中央高原的大部分地区都有广大的牧场，饲养牛羊，输出干酪。根据中世纪的记载，每逢放牧季节，成群的牛羊就从周围的低地向这里移动。中央高原以西，是阿基坦农业平原，它主要包括两个显著不同的地区。一个是在纪龙德河口沼泽地带的、广泛栽培葡萄的梅多克和波尔德莱地区，由于出售葡萄酒而与英国有密切联系；这个地区也像法国其他地区一样，在百年战争中遭受破坏的葡萄园正在恢复起来。另一个是茫茫沙海的朗德地区，它实际上是在一系列的海滨沙丘后面的、到处是沼泽和湖泊的荒原；这个热病流行的地区要到18世纪和19世纪，它

---

　　① 赛塞尔（Claude Seyssel，1450—1520），法国政治家和历史学家，曾在查理八世和路易十二朝出使英国、瑞士、奥地利、罗马。——译者
　　② 博丹（Jean Bodin，1530—1596），法国政治哲学家，主要著作有六卷本《共和国论》（1576年）。——译者

的地表才会得到一些有效的改良。中央高原以东是罗讷河流域，在这里，越过朗格勒高原，欧罗巴平原向下倾斜，进入一个不同的世界。在里昂有了桑树，在维埃纳有了常青的橡树，再往南，在瓦朗斯附近则有了橄榄。当地有句俗话说："南方是由瓦朗斯开始"，因为橄榄是地中海气候的良好标志。这些条件，在15世纪正如现在一样，是与巴黎盆地以及向后一直伸延到俄罗斯的整个欧罗巴平原的条件大不相同的。

地中海盆地与欧洲其他部分气候之间的差异十分显著。夏季3个月（6月、7月和8月）的降雨量很少超过6英寸，在许多地区则不到2英寸。葡萄和橄榄都耐得住这样的干旱，葡萄的栽培可以北至英格兰，而橄榄只能到"夏季几乎无雨"地区的边缘为止。另一方面，冬季多雨，足够谷物生长之用。谷物、葡萄酒和橄榄油被称为"地中海的三大出产"，它们一直是地中海地区人民生活的基础。

地中海地区过去森林的面积究竟有多少，现在无法确定；但是有一点很清楚：到了15世纪，原来的植被大部分都不见了。地中海地区典型的森林生长稀疏，而且多半是常青的，与欧洲中部和西部密集的落叶林大不相同。它很容易退化成为小树丛，而且由于人们为了开垦或者作燃料来进行砍伐，由于火灾以及牲畜的啮啃，就更加速了这个过程。人们给这样的小树丛的所有变种取了许多名字，如 maquis, macchia, matorral, garrigue, monte bajo, phrygana①；而在这样的小树丛中有一些芳香植物，如薰衣草、桃金娘、迷迭香和百里香等。从葡萄牙到达达尼尔海峡，都可以见到这种在贫瘠的土地上生长、与矮小的常青树交替出现的灌木丛；它们与相连的草地一起，成了放牧山羊和绵羊的牧场。砍伐树木的一个结果是加速了土壤冲蚀。土壤被暴雨冲走，送入波涛滚滚的洪流，形成一些三角洲平原，如埃布罗河三角洲、波河三角洲和欧罗塔斯河三角洲等；因此在许多高地区域，大部分是光秃秃的岩石。

四季常青的小树丛被人描述为"地中海区域各个海岸所共有的标准植物"。但是，从草原到落叶林带，随着地势的起伏和历史的演

---

① 都是"灌木丛"的意思。maquis（法语）；macchia（意大利语）；matorral（西班牙语）；garrigue（法语），又译"加里哥字群落"；monte bajo（西班牙语），phrygana 可译为"弗里吉亚群落"（弗里吉亚为地中海北岸古王国，故名）。——译者

变,无论在土地利用或气候变化方面,各个局部地区都有很大的差异。伊比利亚半岛、法国沿海地带、意大利和巴尔干各国,在15世纪也正如今天一样,每个地区都有它自己的特点。

15世纪末,在伊比利亚半岛,正是基督教徒从异教徒手中收复失地的最后阶段。公元711年,穆斯林大举入侵西班牙,不到几年工夫,就席卷了整个伊比利亚半岛,直抵坎塔布连山脉和比利牛斯山脉。基督教徒以这两个山脉为北方据点,几乎立即开始收复失地,卡斯蒂利亚—莱昂、阿拉贡、纳瓦尔和葡萄牙等基督教王国纷纷兴起。他们取得巨大的进展,到13世纪中叶,穆斯林的势力就只限于在东南部的格拉纳达王国了。不过,直到1492年他们才收复南方这一狭长地带,把穆斯林的统治从半岛上消灭干净。同一时期(1469年),通过联姻,卡斯蒂利亚和阿拉贡两个王室结合在一起;下个世纪初,又取得了纳瓦尔(1512年)。随着收复失地的完成和各王国的结合,在近代史的开始时期,伊比利亚半岛就出现了由西班牙和葡萄牙分别统治的局面。

穆斯林的长期占领对当地的生活和环境都留下很多的烙印。中世纪欧洲的巨大文化中心有几个就在西班牙,在那里,阿拉伯的学术被介绍到西方。另外,在西班牙的建筑中,无论过去还是现在,都可以看到摩尔人的许多影响。在农业方面,摩尔人对于畜牧业的发展和种植业的扩大都曾做出巨大的贡献;从而对于改变乡村的面貌起过不少作用。

西班牙中部的巨大台地缺雨,因此大片的土地适于放牧而不适于耕作。长期以来,这些地方以养羊为主,而且有每半年移居一次羊群的习惯。但在摩尔人时期,养羊业大大地扩展了,而且加强了羊群的移居工作。西班牙的放牧用语大部分是阿拉伯语,这一事实就足以说明摩尔人有过怎样的影响。不仅如此,摩尔人在12世纪就引进了美利奴绵羊,尽管"美利奴"一词似乎直到15世纪中叶才有人使用。随着失地的不断收复,重新定居和经营农业的费用显然要比雇佣牧羊人和利用天然牧场的费用大得多;因此,在新的基督教各王国中,畜牧业便得到非常显著的发展。

由于大规模游牧羊群的存在,就需要有一定的组织。于是,智者阿方索在1273年就把"卡斯蒂利亚的所有牧羊人"组成一个联合会，定名为"王国牧民荣誉会"，这个名称已经把牧羊人的会议和羊群所有人的会议联为一体。这个组织的重要性日益增大，到了15世纪，它的活动和影响已经是伊比利亚半岛经济生活中彰明较著的事实了。这个组织有一个显著的特色就是它建立了羊群专用的大道网。这种大道有不同的名称，在阿拉贡叫作 cabañeras，在卡泰罗尼亚叫作 carreradas，在巴伦西亚叫作 azadores reales，而最主要的是，在卡斯蒂利亚叫作 cañadas①。这些大道实际上扩大了羊群吃草的场所，把莱昂、索里亚、昆卡和塞戈维亚周围的北方夏季牧场与拉曼查、埃斯特雷马杜拉、阿尔坎塔拉和安达卢西亚低地的南方冬季牧场连接起来。大道有详尽的规章加以保护。羊群在大道上要走上350英里到450英里的距离。它们每年9月开始向南方移动，到10月末就在冬季牧场吃草了。来年4月中旬开始往回移动，在路上的停留站剪毛，5月末或6月初，它们回到北方。羊毛送到大的集市，特别是麦迪纳德坎波的集市去销售，或者送到北部海岸的港口，装船运往法国、英国和佛兰德。到15世纪晚期，南北移动的羊已达250万头以上。阿拉贡也有同样的制度，尽管没有集中化。在西班牙的大道上驱赶的并不仅仅是西班牙的羊群，因为我们从在埃布罗河以南的达罗卡城市联盟的公告中，就可以看到"法兰西、加斯科涅、巴斯克和外国"的牧羊人越过比利牛斯山脉，沿埃布罗河谷而下，在阿拉贡过冬。

  这些游牧的羊群不可避免地引起放牧利益和农业利益之间的严重冲突。为了保存牧场，就千方百计地去限制农耕，王国牧民荣誉会在国王政府的支持下所采取的政策乃是西班牙农业衰败的主要因素之一。再者，由于移动的羊群经常通过，卡斯蒂利亚的森林遭受了很大的损失，但是在13世纪所采取的种种保护措施似乎有一定的效果，到15世纪还可以见到大片的森林。

  摩尔人对于耕作的影响，可能比对于养羊的影响还要大。他们来自比较干旱的土地，十分了解水的价值；他们把水当作公共财产，用来为所有人谋利益。在罗马时代和西哥特时代，西班牙已经实行了灌溉。然而，在711年以后的年代里，灌溉工作有了显著的发展和扩大。摩尔人引进了水车，这是一种用牲口拉的吊桶加链条装置，从井

---

① 四个地方语都是"赶羊大道"的意思。现代西班牙语作 cañadas 或 cabañero。——译者

里向外提水。他们还以辛勤劳动和聪明才智开凿运河，通过渠道把水输往低地；在那里，即南海岸和东海岸的河边低地与海岸平原，埃布罗河沿岸，巴伦西亚和穆尔西亚，以及瓜达尔基维尔河流域，他们建造了纵横交错的灌溉系统。在这些丰饶的水浇地和肥沃的平原上，曾经出现密集农业和繁荣景象。新的橄榄树据说从非洲移来；橄榄的栽培在东南地区已很普遍；人们不顾先知的禁令，又大量栽培了葡萄。不仅培育半岛上旧有的作物，而且引进了一些新品种——甘蔗、棉花、番红花、水稻和桑树。水果的栽培也增添了许多种类——柑橘、杏、无花果、柠檬和石榴。有许多谈论农业的穆斯林作家，他们表明对耕作问题具有浓厚的兴趣。即便是在摩尔人被赶走的地区，他们的成就也不是化为泡影，因为他们经营的事业保存了下来，基督教徒收获了他们的成果。到1492年完全收复失地的时候，两方面的进步——东南方平原和河谷的密集农业与台地上的大批养羊，使西班牙的农村生活具有非常优异的性质。但是我们不应忘记，在赶羊大道和水浇地上从事这些比较显著的活动的同时，西班牙农民也在许多其他地区与虽付出辛勤劳动，收获却极其菲薄的土壤上进行斗争，正如谚语所说，他们是用石头制作面包的。

  矿产也有小规模的开采。例如，瓜达尔卡纳尔的银矿和阿尔马登的汞矿都很丰产。巴斯克族聚居各省的铁矿也是这样。加泰罗尼亚地区的卡多纳和半岛的其他一些地方产盐。不过，这些采矿活动的总成绩是很小的。

  摩尔人的海盗曾经侵袭法国的地中海沿岸地区，但是除了戛纳附近弗拉克西内土姆的一个临时哨所而外，从来没有占领任何地方。不过，这里也有一些特征与西班牙的状况相似，只是形式比较缓和，规模也比较小。这里有牲畜的迁徙，很大的羊群沿着叫作 carraïres① 的羊路，在平原和山区之间行进。然而，这里没有与"王国牧民荣誉会"相当的组织，这里的羊主也从来没有西班牙羊主那样的特权。农业经营者可以更好地维护自己的权益和约束羊群的活动。这里也不仅只栽培葡萄和橄榄，而且栽培柑橘、柠檬和杏等水果。这里把

---

① 当地方言，与西班牙语 cañadas（赶羊大道）同义。——译者

西班牙的水浇地当作小灌溉区的样板,甚至试植甘蔗。这里引进了桑树,并在罗讷河流域推广,为17世纪和18世纪丝织工业的发展打下了基础。盐是在朗格多克和普罗旺斯的海岸沼泽生产的。朗格多克进行了一些排水工作。堤坝工联合会在罗讷河下游筑了堤坝。但是三角洲本身依然是一个任凭风吹雨打的、由沼泽和泻湖组成的荒无人烟的地方。现在我们应该来谈谈意大利了,因为它与西班牙更为相似。

在15世纪,正如在19世纪一样,意大利只不过是一个地理名称。在南方,在那不勒斯和西西里,曾经多次改朝换代,但是疆界几乎没有任何的变更。穆斯林、诺曼人、安茹人和阿拉贡人曾相继而来,到15世纪末,那不勒斯和西西里两王国落入西班牙诸侯的手中。在北方,各城市分别占据自己周围的领土;米兰、威尼斯、热那亚、佛罗伦萨和锡耶纳是主要的政治单位。在北方和南方之间,横跨亚平宁山脉,从罗马到拉文纳,沿着古老的弗拉米尼亚大道,是一些由罗马教皇管辖的国家。在中世纪末,意大利四分五裂,没有政治上的统一。尽管在政治上意大利与西班牙是如此地不同,但是,这两个区域的农村经济却有许多相同之处。

自古以来,游牧的羊群就从沿海平原爬上亚平宁山区。在弗里德里希二世(1194—1250年)统治时期,就制定了管理这类活动的法规,并且由中央政权直接统辖,限制把低地良田卖给他人经营农业,而将其保留作冬季牧场之用。15世纪,当那不勒斯王国转由阿拉贡的王室统治的时候,新的统治者带着满脑子的家乡观念,为了支持畜牧业并附带地增加游牧羊群通行税,而进一步作出一些改革,这已是理所当然的了。从西班牙进口了美利奴绵羊。普利亚台地[1],或者靠近东海岸的福贾周围的低地,一概不准种田。牧羊一定要走羊道。关于羊群移动的管理,又作出一些新的规定。牧场主所得到的特权与"王国牧民荣誉会"的特权一样。当时所建立起来的这些制度,直到19世纪,大体上依然是意大利南部畜牧经济的基础。

在内陆的高地,粗放的牧场和灌木丛林逐渐地变成了栗树的小树林和枞树、山毛榉、橡树以及其他树木的森林。沿海平原有种种不同

---

[1] Tavoliere di Puglia. ——译者

的情况。有些平原，如罗马平原、蓬蒂内沼泽和托斯卡纳近海沼泽虽然提供了冬季牧场，但是疟疾横行，人烟稀少。从中世纪一直到最近，这些地方始终保持着荒凉景象。另外一些平原则比较肥沃。罗马平原的大部分土质良好，而它的一部分，即维苏威火山以北的耕作区，在15世纪是意大利精耕细作最有成绩的地区之一。另一个是阿尔诺河下游的平原。传统的主要作物是五谷、橄榄和葡萄。当时，阿普利亚和西西里尽管夏季干旱，也照样输出谷物。但是，也有一些新传入的作物出现。阿拉伯文明带来了甘蔗、稻米、棉花和桑树。南意大利和西西里在生产水果（柑橘、杏、无花果等）方面也可与西班牙东南部媲美。

在契维塔韦基亚附近的托尔法生产明矾，这是意大利半岛西部海岸地区经济中的一个不寻常的因素。1462年在这里发现了明矾矿，早在15世纪结束之前，明矾的开采量就已经十分可观，给罗马教皇管辖的国家增加了很多收入。在托斯卡纳也开采少量的铁；近海沼泽的岸边有一些盐场。

往北，在伦巴第平原，地中海的主要特征与欧洲大陆的主要特征融合到一起了。在中世纪期间，这里曾经花费很大力量去治理波河。12世纪修筑一些河堤，以防止洪水泛滥；开挖一些灌溉渠，为改良以前的贫瘠土地供水。1138年，米兰附近基亚拉瓦里的西多会修道院就有一个灌溉渠在使用。1239年，米兰的大灌溉渠"拉穆扎"竣工。到了14世纪，有名的"水草场"（即引水灌溉的草地）就已经十分肥美了。在12世纪和15世纪之间，另外还修筑了许多灌溉渠，以保证富饶的冲积平原农业的丰收。米兰本身与阿达河之间的马尔塔塞纳渠据说是由达·芬奇（1452—1519年）设计的。亚得里亚海岸的一些泻湖，特别是科马基奥的泻湖产盐。

山坡上满都是桑树，现在，这个平原是意大利主要的植桑地区。在意大利南方，种植稻米已经有几百年的历史，但是到15世纪晚期，意大利北方才出现这种作物。我们从历史记载中知道：比萨周围的平原是在1468年有了稻米的，伦巴第平原是在1475年有了这一作物的。米兰公爵洛多维科·斯福尔扎提倡种稻，他的模范农场得到同时代人的高度赞扬。伦巴第平原当时号称"欧洲的花园"。但是为时不久，这个花园便被投入炮火的硝烟中了。

往东，巴尔干半岛的历史正在进入一个新阶段。1354年，奥斯曼帝国的土耳其人在欧洲建立了第一个永久性居民点；1361年，他们不仅占领了阿德里安堡，而且把他们的首都从小亚细亚的布鲁萨移至该城。土耳其人从色雷斯的这个基地出发，开始对东南欧的征服工作。北面的斯拉夫各族人民的拼命抵抗，1389年在科索沃战役中被粉碎了。到下个世纪中叶，斯拉夫各国无论在名义上或事实上都变成了土耳其帝国的一部分——保加利亚在1382年，塞尔维亚在1459年，波斯尼亚在1463年。帝国的北部疆界沿着多瑙河和萨夫河东西伸展。在南面，自从第四次十字军东征以后占据希腊半岛的拉丁—法兰克人的国家，也都一个接一个地落入土耳其人手中。到1461年，除了由威尼斯人掌握的几个分散的据点而外，土耳其人完全控制了整个地区。爱琴海诸岛比较难以夺取，又过100多年，土耳其人才得以进行有效的控制（1566年）。同时，土耳其人1453年对君士坦丁堡本身的占领更使他们在欧洲的统治稳如泰山。

法兰克人中世纪占领希腊给乡村地区留下了许多痕迹，有巨大的城堡和塔楼，直到今日还可以看见它们的废墟。但是，这对希腊的人口没有产生多大的影响。形形色色的意大利人与法兰西人，加泰隆尼亚人与纳瓦尔人，归根到底，也不过是一批批驻扎在外国土地上的卫戍部队罢了。在土耳其人进军的面前，"新法兰西"便一去不复返，留下的只不过是若干令人缅怀西方骑士耀武扬威场面的考古遗迹而已。土耳其人从15世纪开始的占领，同样对希腊半岛本身的人口组成没有起多大的作用，但是由此往北，在马其顿和色雷斯的河谷与低地上，却有着大片大片的土耳其移民的集居地，直到1923年以后交换人口，才算结束这种情况。另外，保加利亚有相当大的一部分地区由操土耳其语的人民居住。在依靠基督教徒的奴隶劳动而效率很低的"契利弗利克"（大庄园）中，土耳其人的影响也是显而易见的。例如，在塞萨利的各平原，"契利弗利克"非常普遍。在整个保加利亚和塞尔维亚南部，远至大致从德林湾到多瑙河上的铁门一线，都可以见到这样的大庄园。现在从另外一些情况也还可以看出土耳其人的影响，例如在阿尔巴尼亚本土、门的内哥罗和塞尔维亚南部，都有大量的阿尔巴尼亚穆斯林；还有波斯尼亚穆斯林所表现的奇特现象，他们在语言和种族方面是斯拉夫人，但在宗教方面却是伊斯兰教徒。这些鲍格米勒①异端邪说的信仰者,"他们宁愿被苏丹征服,也不愿皈依罗马教皇"。② 土耳其人在 14 世纪向前进军的另外一些结果是:斯拉夫人大批向北方移居,这种移居以种种不同的形式,一直持续了 500 年左右。

关于 15 世纪巴尔干半岛在其新主人统治下的情况,有很大一部分我们还弄不清楚;但是,关于它的经济的主要轮廓,已经无可置疑。这个地区只有一部分,即紧贴内陆高地的达尔马提亚沿海边缘、希腊本土(特别是伯罗奔尼撒半岛)及其海中岛屿,具有典型的地中海气候和物产。在这里,"谷物、葡萄酒和橄榄油"三种出产是生活的要素。无花果和柑橘类的水果也是特产。自从在公元 6 世纪把东方的蚕偷偷运进拜占庭帝国以后,人们普遍栽培桑树。伯罗奔尼撒半岛植桑极多,根据某种见解,它之所以后来通称"摩里亚",是由于希腊人称桑树为"摩里亚"的缘故。底比斯周围的平原称为"桑园",底比斯本身又以产丝闻名于世。但是,希腊的大部分地区土壤瘠薄。色雷斯、马其顿、塞萨利和底比斯等由冲积土形成的地区虽然是有名的粮仓和家畜饲养基地,然而它们还有很大一部分地面排水不良、土软泥湿,有待于后世的改进。此外,当时还没有引进玉米和烟草来增加农业经济的品种。在 15 世纪,巴尔干半岛在农业方面的成就与意大利和西班牙的部分地区不能匹敌。而且,随着土耳其人的入寇,它也没有更为美好的前途。

希腊大部分地区的典型风景永远是这样:先是田连阡陌的小平原,平原尽头升起丘陵,丘陵上覆盖着橄榄树或供牧羊用的灌木丛。从丘陵再往前,又升起高山,山上有一部分森林,也有灌木丛和优劣不等的夏季牧场。羊群的季节性转移在整个希腊随处可见,而在科林思湾以北的内陆山区,这种移动特别盛行。这里有游牧的牧羊者,叫作"弗拉赫"。"弗拉赫"或"瓦拉赫"是邻居称呼他们所用的名字,相当于英语的"威尔赫"或"威尔士",即"外来人"之意,而弗拉赫却自称"阿罗马尼",即罗马人。他们的来源不明,但是现在一般认为:他们是罗马殖民者和拉丁化的当地人的后裔,从他们的

---

① 10 世纪至 15 世纪期间,在巴尔干半岛兴起的一个宗教派别。——译者
② 威·米勒:《拉丁东方论文集》(剑桥,1921 年),第 404 页。

语言可以看出，他们与罗马尼亚人有血缘关系。他们的存在从早至6世纪的文献记载中就可以推知，然而直到976年，才第一次明确地提到他们。此后200年间，常常出现关于他们的资料，他们的生活方式在11世纪和19世纪似乎大致相同。4月至9月他们带着羊群在山里生活，只有冬季从山上下到平原。在北方的这些内陆山区，夏季多雨，冬日酷寒；地中海沿岸地区的特有植被让位于落叶林和塞尔维亚人称之为"西布里雅克"的落叶的密集小树丛。它类似中欧而不像南方。

在地中海盆地和欧洲平原之间横亘着一条山岳地带，绝大部分海拔都在1500英尺以上；有很多地方超过5000英尺，也有许多高达13000英尺以上的高峰。这个地带变化多端：从古老的已被磨平的山间高地到一连串白雪皑皑的阿尔卑斯的奇峰，从窄窄的峡谷到辽阔的匈牙利平原。在西端，是法语、意大利语和德语汇合的地方。所有这三种语言在瑞士都通行，这个国家是在13世纪由卢塞恩湖畔的3个州联合成立的。其他一些州加入这个联邦国家，直到1513年它才固定下来，一直维持到法国革命战争时期的那种国家形式。在瑞士东部和蒂罗尔南部的河谷地区，有一些从远古传下来的罗曼语系的方言，这些方言形成一个介于德语和意大利语之间的罗曼什语。

在阿尔卑斯山的东部，10世纪出现奥地利的村社（Mark），这是为抵御马扎尔人而建立的哨所；同时，一些操德语的民族向前移动，情况跟横越北方平原的移动一样。他们不仅顺多瑙河而下，而且往南方和东南方伸展，进入斯洛文尼亚人和克罗地亚人的土地。远离德语地区的主要疆界之外，在斯拉夫人或匈牙利人的领土上，出现一些像孤岛似的德意志居民点。例如在1347年，巴伐利亚的移民就到达了卡尔尼奥拉的哥特切，根据当时的记述，那里是一片荒野。

这个中央山岳地带的经济是多种多样，由于气候和地理条件的差异而有许多细节上的不同。但是，就整个地区来说，它所经历的农业史与北方平原大致相同。由于到处拓荒，乡村地区的面貌改变了。例如蒂罗尔，在中世纪早期只是因河和埃特什河谷地的肥沃斜坡上才有人居住；但是，到了15世纪，溪谷上方也都普遍有移民了。正如在北方一样，15世纪是农业衰落和人们弃田逃走的时期，特别是在高地的农场。在阿尔卑斯山区的许多地方，农民们有两个家——一个是永久性的冬季住所，周围是同一溪谷里的已经开垦的土地，一个是在高山牧场附近的夏季小屋，掩映在乔木、白雪与奇峰之间。由于这样安排，牲畜的季节移动就产生了非常复杂的形式。从下列事实可以看出这种放牧制度的一些情况：在中世纪将近结束时，瑞士阿尔卑斯山区出售黄油和干酪，而瑞士的牛向北输往德意志，向南输往意大利。

波希米亚高地处于大山环抱之中，在中欧形成一个独立单位。12世纪末，日耳曼人开始向波希米亚的斯拉夫人土地大规模移民。波希米亚的统治者们为了削弱当地贵族的势力，也鼓励他们前来。日耳曼人有的来经商、传教和采矿，有的来开荒种地。边界上的所有地区都有日耳曼人居住，直到近世，在波希米亚人种分布图上，这种日耳曼因素依然是一个显著的特征。然而，尽管有这样的异族流入，尽管日耳曼文化有它的重要性，波希米亚的斯拉夫人始终没有失掉他们自己的特点，这与北边的西里西亚和勃兰登堡的斯拉夫人不同。另外，斯拉夫人内部也进行移民，捷克人本身开垦荒地，建立新的村庄。在波希米亚，有300多个地名带有"lhota"；在摩拉维亚，有80多个地名带有这个词素。"lhota"大致意味着"豁免"，在这里是用于指在荒地或空地上建立的居民点往往不必缴纳贡赋。由于"lhota"的散布之广，可以看出捷克人改造自然活动的一些情况。在更东边的斯洛伐克，这个词以"lehota"的形式出现过40次以上；不过，在那里似乎指的是日耳曼人的开荒活动，而与斯拉夫人的活动无关。在波希米亚这样辛辛苦苦开垦出来的土地，在胡斯战争（1419—1436年）中遭到极大破坏。据估计，1/6的人口消灭了。许多人离乡背井，到西边去寻求新的家园。人们往往把这些波希米亚流亡者与当时在中欧和西欧第一次出现的吉卜赛人混淆起来，法语称吉卜赛人为波希米亚人，就足以说明这个事实。

除了波希米亚而外，还有一个需要考察的特殊单位。在喀尔巴阡山环抱中的匈牙利大平原，不论在种族上或是地理上，都与周围地区有显著的不同。马扎尔人在9世纪就已从顿河右岸地区向西迁移，他们大约在公元900年到达平原，大肆进行烧杀抢掠，甚至曾经入寇法国和意大利南部。公元955年，他们在奥格斯堡附近的莱希费尔德吃了败仗。在此后的一些年里，一个以掠夺为目标的游牧民群转变成一个信奉罗马天主教的欧洲国家，帐篷被丢掉了，换成了村庄、城堡和教堂。马扎尔人的来临和结合成国家，给欧洲的政治地理带来了长远的后果，因为他们形成一个把南北两方斯拉夫人分开的楔子，使多瑙河盆地的事情大大复杂化了。他们所定居的平原虽然平坦，但是远远不是一致的。很大一部分平原由肥沃的黄土层覆盖着，在农业上有很大的潜力，但是多瑙河和蒂萨河两岸有很宽的沼泽地带，而在其他地方，特别是在两条大河之间和东北部，有大片的青草和沙石，所谓"普斯塔"（Puszta）在那里是极为典型的。"普斯塔"为斯拉夫语，意思是"人迹罕到之处"。

公元 1000—1350 年间，欧洲特有的移民活动也在这里出现了。本尼迪克教派的修士们不仅宣传基督教，而且鼓吹移民，推广西方的农业生产方式。在"普斯塔"上开辟的大农场和大牧场改变了这个地区的经济面貌。历代的马扎尔人国王都鼓励移民入境，无论乡村和城镇都出现了日耳曼人的住户。由于 1241 年蒙古人的侵袭而造成的破坏，在日耳曼人移民的协助下得到了恢复。例如，在多瑙河左岸、布达佩斯以北的瓦茨（瓦伊岑）的居民全部被屠，不得不由日耳曼人替代。其他移民是为躲避土耳其人而逃来的斯拉夫人，特别是在 1459 年塞尔维亚完全失陷以后。1483 年，马加什·科尔文写信给罗马教皇说：4 年之间，就有 20 万塞尔维亚人定居在他的王国的南部；还有其他的证据可以说明当时在伏伊伏丁那已经有了大批的塞尔维亚人。

平原以东是特兰西瓦尼亚山脉。这个山脉的拉丁名称 Transylvania① 表明它森林密布，而它的马扎尔名称"埃迪利"（Edily）源出 Erdö（森林）。这个山林地区大概是在 10 世纪和 11 世纪被马扎尔人据为己有，他们有许多人定居在西面的谷地，特别是索梅希河谷。在 15 世纪，特兰西瓦尼亚除了马扎尔人而外，还包括 3 个其他的族群。一个是来源不明的塞克勒人，他们可能与马扎尔人同宗，而且肯定操马扎尔人的语言；另一个是罗马尼亚人，关于他们来到这个地区的问题，匈牙利和罗马尼亚的历史学家们曾有过热烈的争论；但是，第三族群的来源，即日耳曼人的来源，则是毫无争辩余地的。他们大多是

---

① Trans 是词头（外），nia 是词尾（表示地名），中间主要部分 sylva 是拉丁文"森林"。——译者

在12世纪,应匈牙利最初几代国王的邀请,从莱茵兰前来砍伐边境的森林,变成农民和矿工;现在这个地区还说德语,正是他们的活动的一点纪念物。1224年,国王赐给他们一个不同寻常的特许状,允许他们实行一定程度的自治。

这样,到了1500年,匈牙利后来的人种问题的一些主要因素就已经很明确了。由于土耳其人的来袭和随后的撤退,又有进一步的移民和进一步的混杂。在15世纪期间,马扎尔人在阻止土耳其人前进方面起过巨大作用,但是在1526年,他们在多瑙河畔的莫哈奇败北;除了西部的一窄条领土之外,全部国土落入土耳其人之手,直至1699年。

整个山脉地带的特点之一是:到处都可以见到采矿活动。许多地方的矿床有铁、铜、铅、银、金、锌和锡,还有煤。矿藏有的离地面很近,有的就露在外面。其中有许多种矿藏,自古代起就已经开采。中世纪的采矿业几经变化,到15世纪末达到了鼎盛时期,特别是采银。约·乌·内夫写道:"在1460年至1530年间,中欧的银产量增加了好几倍,大概在4倍以上。"[①] 银是如此,铜和铁也是在不同程度上有所增加;对煤矿的兴趣也是有增无减。如果说,在我们看来,这个数量还很少,而且技术也是原始的,但是我们必须不要脱离当时的情况来考虑问题。1523年,查理五世在他的帝国内的采矿和冶金业中雇佣的人员约达10万名。

在中世纪,采煤始终没有占重要地位。许多地方都挖煤,但是到了15世纪,只有在列日周围及其以西的蒙斯,采煤达到比较显著的地位。列日的煤在英吉利海峡各港口与纽卡斯尔的"海运煤"互相竞争。铁工厂分散在附近的康德罗兹山和阿登山的森林中。在莱茵兰—威斯特伐利亚高原,特别是在鲁尔和锡格之间的锡格兰与绍尔兰高地,铁的开采和冶炼也很普遍。离这里不远,在亚琛附近的莫雷斯内特,15世纪期间发现了异极矿,即含锌的矿砂,这就引起制造黄铜和对铜的需要。在这些高地和莱茵河盆地的另外一些高地——锡格兰、斯佩萨特、黑森林和孚日,都有一些银矿和铁矿。洛林的低品位铁矿也已开采;另外,在这里,在迪乌兹的丰富的盐水泉周围还有一

[①] M. 波斯坦和 E.E. 里奇编:《剑桥欧洲经济史》第2卷(剑桥,1952年),第470页。

些盐场。在弗朗什歇孔泰的萨朗的大企业中也制盐。在法国中央高原的里昂地区和博若莱地区也有含银的铅矿和铜矿。跨过英吉利海峡,英格兰也在开采铁、铅、银和铜。康沃尔和德文产的锡打入了欧洲市场。

　　然而,中世纪采矿业最发达的地方是在东方。含铅或铜的银矿分布很广。1450年左右发现,借助铅可以有效地从含银铜矿中提取银,于是,含铅或含铜银矿的开采就大大兴盛起来。自从10世纪以后,哈尔茨山脉成为主要的采矿中心之一。人们积极开采戈斯拉尔附近的兰梅尔斯堡的巨大银、铜矿床,戈斯拉尔成为遐迩闻名的采矿中心。哈尔茨山区还有另外一些中心。离此往东不远,曼斯菲尔德有一些矿,马丁·路德的父亲就在那里当过矿工。在附近的萨勒河谷的哈雷有一些盐场。12世纪下半叶,在埃尔茨山脉发现了含银的矿藏。在这个山脉的萨克森斜坡上,矿工的宿营地发展成为市镇。弗赖贝格是在1171年建立的。在安纳贝格、马林贝格和施内贝格也有一些采矿中心。在阿尔滕贝格周围,以及在埃尔茨山脉的波希米亚一边的津瓦尔德周围开采了锡。再往东,在西里西亚,塔尔诺维茨、戈特斯贝格和瓦尔登堡都有银矿中心。赖兴施泰因生产金和银。

　　在萨克森和西里西亚以南是波希米亚,有人把它形容为"中世纪末欧洲的内华达"。在过去由捷克人居住的地区,德意志矿工的宿营地发展成为市镇。约阿契姆斯塔尔、库滕贝格、伊格劳、德意志布罗德以及其他一些矿区市镇,都起源于德意志人。波希米亚在中世纪晚期的欧洲历史上之所以占有重要地位,多半是由于拥有这些矿物资源。胡斯战争(见前第36页)使一些矿山城镇化为废墟,但是它们在15世纪结束之前已经恢复旧观。往东,在斯洛伐克的诺伊索尔、克雷姆尼兹和谢姆尼兹周围,有重要的铜矿和银矿,几百年间由德意志矿工帮助开采。在波兰的维耶利奇卡有盐矿。在南面的阿尔卑斯山东部——在蒂罗尔(特别是因斯布鲁克附近的施瓦兹),在萨尔茨堡以南,以及在施蒂里亚、卡林西亚和卡尔尼奥拉,还有一些开采铜、银、铅的中心。在蒂罗尔等地的许多地点也都有盐场,施蒂里亚拥有几个欧洲大陆最主要的产铁中心,在15世纪60年代到16世纪30年代之间,其产量翻了4番。15世纪期间在蒂罗尔和卡林西亚发现了异极矿,在卡尔尼奥拉的伊德里亚开采了水银。德意志的熟练矿工前来东欧，是中世纪期间日耳曼人总的向东移动的一个部分。例如，在波斯尼亚的斯雷布雷尼察（Srebrenica，srebro是银的意思）和塞尔维亚的新布尔多，都可以见到小帮孤立的萨克森矿工。拉古萨人也来帮助开采塞尔维亚的银矿和铜矿。更重要得多的是特兰西瓦尼亚的所谓"萨克森人"，他们早在12世纪和13世纪就从莱茵兰前来做农夫和矿工。矿物有银、铅和铜，有一些金，也有盐。

奥格斯堡大商人福格家族的活动是中世纪末这种采矿活动的缩影。15世纪末，他们控制了西里西亚、斯洛伐克、波希米亚、蒂罗尔、卡林西亚以及西班牙的银矿、铜矿和铁矿。欧洲大多数采矿业的发展都是与从铜矿和铅矿中提取银分不开的。而在新大陆发现了含银量很高的银矿，特别是1546年在玻利维亚的波托西省发现的银矿，不仅对欧洲的采银业，而且对欧洲的整个采掘业，都是一个重大的打击。

如果说15世纪的农村主要是中世纪拓荒活动的产物，15世纪的城镇则是中世纪贸易活动的结果。大多数城镇地点的选择都有位置的关系和特殊的原因：有些是在要塞周围，有些是在大教堂周围，有些是在水陆交通要冲，有些是在港口附近发展起来的。就是那些人为地设置的城市，特别是在日耳曼人移民的地方，也没有一座不是利用当地的地形。但是，如果说各个城镇的起源是与地理环境分不开的，那么，我们对于11世纪和12世纪欧洲所特有的城市发展的总的趋势，就应该寻求另外一种解释。这种解释就是：商业的复兴使距离遥远的国家互相接近，使气候不同和发展阶段各异的地区之间有了交换产品的可能。耕地的扩大，工业的发展，采矿的增产和人口的加多既相互依存，又与复兴的商业有密切关系。我们很难分清哪个是因，哪个是果，可是我们无论如何能够看出一些征兆，大小城市的发展就是新经济秩序的最显著的征候之一。

然而，12世纪的所谓商业革命并不是毫不间断地走向16世纪扩展中的经济。正如14世纪晚期和15世纪初期农田耕作的收缩一样，商业活动也有过收缩的情况。由于战争、瘟疫、东方贸易的中断，也许还有其他一些现在弄不清楚的原因，生产下降了，运输的货物减少了，城镇萧条甚至衰落了。例如，据估计，在14世纪和15世纪期间，德意志北部城市的人口减少了20%左右。但是，总的来说，用统计数字来做证据是很不可靠的,我们必须永远记住:在总的收缩之中,还有个别地方的繁荣。例如,当加泰罗尼亚的商人的黄金时代已经消失的时候,法国的海港正在日益兴隆,葡萄牙人正在沿着非洲西海岸开拓前进,为殖民地扩张展开新的远景。

概括来说,中世纪的欧洲有两个商业世界,一个是波罗的海和北海的商业世界,一个是地中海的商业世界。两个世界有陆路的和海路的联系。在陆地上,意大利商人在12世纪和13世纪找到了通过阿尔卑斯山口的道路;香巴尼地区的市集为南北商人提供了方便的集会场所。14世纪初,市集开始衰落、缩小为地方市场,但是在那以前很久,意大利人就与法国、英国、佛兰德,以及德意志、匈牙利和波兰的其他一些中心建立了联系。在海上,热那亚和威尼斯的长帆船在13世纪结束之前就已经到达了北海的各港口,在随后的几个世纪中,这种接触有相当大的增长。有很长一个时期,在这些北方的海岸上,布鲁日港是一个主要的交易场所。然而在15世纪,部分由于联结港口与海面的兹汶河的淤塞,部分由于政治上错综复杂的原因,布鲁日作为航路的端点就由安特卫普取而代之了。南北方之间由陆路和海路所进行的这些大量的接触虽然已经蔚为巨观,但它还不是中世纪商业最重要的特征。这是在波罗的海—北海世界和地中海世界的各自内部所进行的单独的活动。我们幸运的是有两部英国人关于15世纪欧洲商业情况的论述。一部是《评英国的政策》,无名氏著,1436年出版①;另一部是在同一时期写成的约翰·福蒂斯丘爵士所著《英格兰的商品》②。

北方贸易的典型商品与南方的不一样,不是奢侈品,而是生活必需品。主要的一项,而且对天主教的欧洲很重要的一项,是鱼。冰岛周围的水域产鳕鱼,但是鱼的主要来源在大陆的近海。现在鲱鱼主要在北海西部繁殖,但在当时,北海东部,特别是波罗的海南部却盛产鲱鱼。瑞典南方斯科纳的渔场,长期以来是欧洲最重要的渔场,干鱼和咸鱼的贸易是北方商业的一个主要分支。在15世纪期间,斯科纳的渔场作为主要的供应来源,已被北海的渔场压倒,取而代之了。我

---

① G. 瓦纳(编):《评英国的政策》(牛津,1926年)。著者可能是后来任奇切斯特主教的亚当·莫林斯。
② 收在《约翰·福蒂斯丘爵士著作集》(两卷,伦敦,1869年)。

们不了解波罗的海鲱鱼的夏季鱼群是如何消失的[①],但是在斯科纳渔场最后停止大量生产之前,荷兰人就在北海建立起他们的鲱鱼贸易了。所捕获的鲱鱼的分配和买卖,使荷兰的船只可以满载而归。用当时一位荷兰人的话来说,"鲱鱼使荷兰人有生意可做,荷兰人的生意又使全世纪经济繁荣。"在北方海洋和南方海洋之间建立的阿姆斯特丹、弗勒兴、鹿特丹以及尼德兰的另外一些港口,对于发展大规模的转口贸易来说,地点都很适中。不过,这种贸易的鼎盛时期还有待于未来。

腌制咸鱼所用的盐有很多来源,例如来自吕内堡,特别是来自法国西部海岸的海湾。北方各族人的运盐船经常开到那里的布尔日讷湾。食品的另一个主要项目是谷物。起初是由法国北部的肥沃地区,由英格兰和莱茵兰,后来是由德意志东部的新移民地区输出谷物。工业化的佛兰德的稠密人口就依靠这些来源。另一种商品是葡萄酒,到了15世纪,葡萄酒的商品生产集中于少数几个特别地区——普瓦图、加斯科涅、勃艮第和摩泽尔河沿岸;加斯科涅与英格兰之间的关系特别密切。

但是,商品所包括的并不限于食品。从14世纪起,波兰、利沃尼亚、俄国和斯堪的纳维亚的广大针叶树林开始在北方的海运商业中占有重要地位,特别是由于西方的森林地带因拓荒种田而大大缩小。重要的不仅是木材本身,而且有各种各样的所谓"林产品"——松脂、焦油和碳酸钾。从这些北方土地上也运来一些奢侈品——装饰用的琥珀,制作蜡烛的蜡,还有并非不重要的既为保暖又为美观的毛皮。再有一种商品是羊毛。15世纪欧洲的一些专门从事工业生产的地区所依靠的都是进口的羊毛。主要的输出地区在很长时期是英国,主要的输入地区包括低地国家和法国北部。到了13世纪,佛兰德及其邻近地区已经成为西北欧的主要纺织业中心。纺织品源源不断地涌向南方和东方。而在1400年以前,又增加了英国的布匹。在15世纪,英国成为毛织品而不是原毛的主要出口国。水上漂洗机的发展不仅改变了英国布匹生产的地理布局,而且使整个国家凌驾于佛兰德之

[①] 奥托·皮特逊:《水文学现象与气象学现象之间的联系》,载《英国皇家气象学会季刊》,第38卷(伦敦,1912年),第173—191页。

上。英格兰西部、东英吉利亚以及约克郡的布业中心的日益富庶，可以由它们的一些宏伟壮丽、高耸入云的哥特式教堂来证明。到15世纪末，英国布匹是欧洲国际贸易中的一宗极主要的货品，根据伊拉斯谟的记载，它的质量比任何其他地方的布匹都要优良。

在这种贸易活动和这些工业的哺育之下，北欧和西欧的城镇繁荣起来。在佛兰德和布拉邦特，根据一项估计，城市人口与乡村人口一样多，也许比乡村人口还多一些。在欧洲大陆上，除了意大利北部，就没有一个地区有那么多、那么大和那么兴旺的城镇。佛兰德城镇的中世纪建筑物，特别是它们的布业大厅和它们的市政厅大厦，都是当年繁荣的明证。许多城镇都有它们的特产。阿拉斯（Arras）一名源出于叫作"阿拉斯"的挂毯；康布雷（Cambrai）一名源出"细亚麻布"（cambric）；里尔（Lille）一名源出"里尔线"（Lisle thread）；瓦朗西安（Valenciennes）生产帷幔（valence）；伊普雷则是菱形花纹布名称的来源。另外，有些城市以金属制品见长，特别是列日的铁工和迪南的铜工。还有一些城镇生产呢绒，包括布鲁塞尔、马林、卢万、杜埃和亚眠；如果全部开列，这个名单是很长的。我们很难确定这些城镇的规模大小，而各种不同的估计数字又相差悬殊①。可以肯定地说，居民人数超过20000的城镇为数不多；例如，阿拉斯的人口似乎刚刚超过20000。不过，这类数字大多只能使我们在比较城镇的大小时有一个粗略的概念。

英国完全没有像这样星罗棋布的城镇。15世纪末，伦敦本身的人口似乎超不过60000。其次就是诺里奇，大约只有12000人，布里斯托尔大概有10000人，都比伦敦差得多。由于与爱尔兰和欧洲大陆进行贸易，布里斯托尔人口在近世增长得很快。再其次是十几个人口在5000至10000的城镇。大多数为周围农村服务的市集的平均人口似乎远远低于2000的水平②。另一方面，法国则拥有凌驾于所有西方城市之上的名城。巴黎的人口显然接近20万，它的规模大景物美，使得一批一批的游客赞叹不已。里昂位于索恩河的要冲，是四通八达

---

① 为了便于对几个问题有概括的了解，请参阅《历史科学第九次国际代表大会报告集》（巴黎，1950年），第55—80页。
② W. G. 霍斯金斯：《英国16世纪初期的地方城镇》，载《皇家历史学会会报》第5辑，第5册（1956年），第1—19页。

的著名贸易中心。这里1506年开设的交易所在法国历史最为悠久。这里的丝织品和印刷业遐迩闻名。在法国西海岸，百年战争之后生活欣欣向荣。波尔多和贝荣纳用船装运葡萄酒；拉罗歇尔、南特、鲁昂和迪埃普同样由于贸易而富裕起来。

在法兰西以东，矗立着莱茵兰的一座座历史悠久的名城。这是一个天然肥沃的地区，它的河流为贸易提供了运输要道。位于佛兰德与德意志南部之间的科隆，是一个通商要地，它的亚麻织物和金属工业是很重要的；即便如此，其人口也超不过35000。溯莱茵河而上，有一些著名的中心，如科布伦茨、美因茨、美因河畔法兰克福、沃尔姆斯、斯特拉斯堡、弗赖堡、巴塞尔。另外还有一大批城镇既是工业的所在地，又是当地生活的中心。关于这些城市居民人数的估计数字有多有少。斯特拉斯堡的人口大概有25000，而其他城镇的人口要比它少很多。一般城镇的人口似乎都在10000以下，有时候大大低于10000。

在德意志南部，有一批城市——纽伦堡、乌尔姆、雷根斯堡、帕绍、维也纳、苏黎世、奥格斯堡、慕尼黑、萨尔茨堡、因斯布鲁克，部分地是靠穿越阿尔卑斯山隘的贸易来维持的。此外，波希米亚等地的矿山城镇也应该列在这批城镇之内。所有这些城镇，以及这个地区的其他一些城镇，在15世纪下半叶都曾经有过显著的繁荣，但是，它们之中没有一个居民人数是在20000以上的，许多都是10000人稍多一点。奥格斯堡的福格家族在德意志、匈牙利和西班牙经营矿业大发其财；他们在商业方面的投资更加广泛，在16世纪甚至渗入美洲和亚洲。福格家族被称为哈布斯堡王朝的财阀，他们能够干预当时的国际政治并在其中起决定性作用。这一切影响都来自约翰内斯·福格的进取精神，他是14世纪奥格斯堡的一位织亚麻布的工人。福格一家并不是这些德意志南方城镇的唯一的商业王朝。纽伦堡的商人们在吕贝克有代理人，在东普鲁士和利沃尼亚有主顾；他们与莱茵兰的城市有联系，在意大利北部有投资。他们把波罗的海的鲱鱼运到萨尔茨堡，把波兰的牛运到美因河畔法兰克福；他们还在中欧的市场上出售东方的香料和西方的纺织品。

在北方的莱茵河与易北河之间，另有一批城镇——多特蒙德、苏斯特、蒙斯特、戈斯拉尔、不伦瑞克、马格德堡和其他一些比较不著名的地方。这些城镇为当地的市场服务，靠当地的工业和远方的主顾来维持，它们发展的规模不大不小，大多数人口似乎在 5000 以下。汉堡和不来梅两个港口参与北方诸海的活动，主要输出谷物和盐。在易北河外出现了一系列新的城镇，这是 1200—1400 年间在荒地上或者是在几度遭到破坏的早先斯拉夫人村落的旧址上，经过精心设计而建立的。它们那些修得整整齐齐的横竖笔直的大街与西欧城市的弯弯曲曲的道路形成鲜明的对比。这些城镇有许多是周围新村庄的地方市场。有一些发展成为重要的行政中心，或者，比较特殊地，发展成为东西方之间更广阔的商业活动的桥梁。吕贝克是 1143 年日耳曼人建立的城镇，变成了北方贸易的市场和波罗的海周围最重要的中心之一，其人口大概刚刚超过 20000。但是在这新的移民地区还有一些其他的重要中心。如罗斯托克、维斯马、莱比锡、德累斯顿、柏林和什切青是一些人所共知的名字。再往外，是这样一些中心，如但泽、马林堡、埃尔平、托伦和柯尼斯堡。更往东一些，在利沃尼亚和爱沙尼亚，有里加（早在 1201 年建立）、多尔帕特、里瓦尔以及其他许多日耳曼人设防的中心。易北河以东新建城镇的数目在 1000 和 2000 之间。德意志商人从波罗的海沿岸向前推进，在大城市诺夫哥罗德设立一个"办事处"（Kontor）作为立足之地，又在普斯科夫、波洛茨克、维切布斯克和斯摩棱斯克建立一些附属工厂。在波罗的海沿岸的其他地方，也可以看出同样的推动力量。1200—1400 年间，在瑞典出现了作为经济中心的城镇，特别是在斯德哥尔摩以西的梅拉达伦地区。斯德哥尔摩本身则发展成为穿越波罗的海与吕贝克进行贸易的起点站。哥得兰岛上的维斯比，对于德意志商人来说，是一个位置适中的城镇。在斯堪的纳维亚半岛的另一边，卑尔根地位突出，它不仅与南方各地发生联系，而且取道设得兰群岛和法罗群岛，向西与冰岛发生联系。

所有这些城镇虽然大小不同，市容各异，各有各的成立历史和特殊活动，但是它们却像是一母所生的孩子一样。它们的居民，至少说是多数居民，从事贸易和工业。商业是一个城镇的命脉，因此，城镇居民总是遭受政治动乱和苛捐杂税之苦，更不要说劫路的贵族和河上的劫贼了。因此，在 13 世纪和 14 世纪，许多城市结成共同防护同盟，这就不足为奇了。例如，曾经有一个莱茵兰各城市的同盟，还有一个德意志南部各城市的同盟。在所有这些联合组织之中，最大而又坚持最久的是汉萨同盟。这个同盟首先可以使我们了解欧洲北方经济王国的商业活动和城镇发展的情况。汉萨同盟之所以能够成立，是由两种情况决定的。一是从英吉利海峡到芬兰湾，从伦敦到诺夫哥罗德，从科隆到卑尔根，已经发展了一个商业网。我们很难说出究竟有多少城镇属于汉萨同盟，因为这个数字经常发生变动，但是根据一般估计，在同盟鼎盛时期，共有80个。这些城镇不都是靠着海岸，也有靠着德意志北部平原的各条河流的。汉萨同盟下分四个"集团"，各以吕贝克、但泽、不伦瑞克和科隆为中心。汉堡和不来梅是主要的成员。

但是，到了15世纪，这个同盟的势力已经越过顶点了。既有利害冲突，也有政治困难。波罗的海鲱鱼捕捞业的衰落，对某些成员是一个打击。吕贝克所失，正是阿姆斯特丹所得。15世纪将要结束时，荷兰和英国的海上事业与汉萨同盟的海上事业进行竞争，因此，甚至在远洋发现之前，正如一位旅居德意志的英国观察家所说，"它的大多数牙齿已经掉了，其余的几个也在松动。"松德海峡税卡最早的申报表是1495年的。这些报表说明驶向波罗的海的船只绝大多数是荷兰的。可见，荷兰船只奔向远洋大展鸿图的时机已经来到了。

地中海沿岸的活动不仅向北方的活动挑战，而且在实际上已凌驾于北方。欧洲南部的一些伸向地中海的半岛，不仅接触到新的大陆、新的气候和新的物产，而且接触到在远离地中海岸的地方传播的一种不同的文明。据说，"穆斯林商人可以从西班牙旅行到印度，丝毫感觉不到他们是在前往他乡异域。"① 而且不仅是到印度，他们往往深入非洲和撒哈拉沙漠的绿洲。这些遥远地区的贸易给欧洲带来各种各样奇奇怪怪的东西。香料占有主要地位，其中有胡椒、生姜、丁香、肉桂、豆蔻和干豆蔻皮。其他的珍奇物品有荜澄茄、小豆蔻、樟脑和黄蓍胶之类的药物，以及香水、糖、宝石、染料（靛蓝、茜草、藏红花）、明矾和地毯。从西方往回运的是毛织品和亚麻布，另外还有一些原毛、金属和兽皮。这些以及其他一些货物是经由红海或波斯湾，或者从黑海经中亚细亚进出地中海世界的。因此，我们很容易判

---

① M. 波斯坦和 E.E. 里奇编：《剑桥欧洲经济史》（剑桥，1952年），第2卷，第283页。

断出君士坦丁堡和亚历山大之类的古代城市的重要性。特别是君士坦丁堡,它发展成为世界大城市之一。图德拉的便雅悯在12世纪描述它是"一个巨大商业中心,这里的商人来自世界各国"。① 它的工业(丝织业、金银工和兵器厂)给旅游者们留下了深刻的印象。在15世纪,它仍然是一个相当重要的商业中心。在东方,还有其他一些巨大的贸易城市,如塔尔苏斯、以弗所、安条克、士麦拿、特拉布松和萨洛尼卡。土耳其人的来临,特别是1453年君士坦丁堡的陷落,打断了,但并没有永远封锁住自古以来的通商道路②。

与此同时,意大利各城市从地中海贸易中得到了莫大的好处。把近东的商路与外阿尔卑斯山欧洲的商路联结在一起的,正是它们。这些城市的商人到埃及、地中海东部和黑海的各地去搜求东方的物品,然后,或是穿过阿尔卑斯的山隘,或是从海上跨过直布罗陀海峡,把这些货物销售出去。在这些意大利城市中,最了不起的是威尼斯。威尼斯建立在亚得里亚海顶端,从沼泽和泻湖中冒出来的一群小岛屿上。威尼斯人在利用地形优势方面采取了明智的政策。1204年第四次十字军东征时,他们能够承担运输任务,从这一事实可以衡量出他们的海上力量。第四次十字军东征的结果是,拜占庭帝国被爱琴海周围的一群拉丁国家取而代之。威尼斯,用它自己的话来说,取得了"希腊帝国的1/4还多一点"。此后几百年间,威尼斯人用征服或收买的方法在爱琴海以及其他地方增加了不少殖民地。史书告诉我们说:"从来没有一个像那样完全依靠海洋的国家。"从结构上来说,威尼斯帝国是由一系列的战略据点、停泊港口、岛屿和城市商业区组成,它们位于中世纪一条最大的贸易路线上。这个海上国家并不是没有它的弱点,在14世纪期间,它不得不采取向陆地上扩张的政策。其主导思想有二:一是需要生产粮食和肉类的地区,粮和肉是零碎拼凑起来的帝国所不能供应的;二是需要保证从阿尔卑斯山通往北方市场的道路畅通无阻。由于不断进军,威尼斯先后控制了帕多瓦、维罗那、布雷西亚和贝加莫;在15世纪后半期,威尼斯的领土向西伸展

---

① 便雅悯,12世纪犹太人,生于西班牙。他是到达中国西部边境的第一个欧洲旅游者。引文见其所著《旅行记》。——译者
② A. H. 里别尔:《奥斯曼土耳其人与东方贸易的道路》,载《英国历史评论》,第30卷(伦敦,1915年),第577—588页。

几乎到达了科莫湖。当时，威尼斯城本身的人口将近 10 万；菲利普·德·科明描写得恰如其分，他说威尼斯是"我所见过的最得意扬扬的城市"。①

在东方海上与威尼斯相竞争的是只有它一半大小的城市热那亚。但是，到了 15 世纪，大的斗争早已过去，热那亚已经处于劣势。即便如此，热那亚人也没有退居守势，他们开辟了许多商埠，甚至扩展到克里米亚半岛。在那里，1475 年失陷于奥斯曼土耳其人的卡法变成了一个与热那亚一样大、也许比热那亚还大一些的城市，一个有土耳其人、鞑靼人、俄罗斯人、波兰人、亚美尼亚人和希腊人杂居的世界性商业中心。热那亚人还开采佛西亚的明矾矿，经营希俄斯的产量很大的乳香树种植园。他们对于莱斯博斯岛、萨索斯岛、萨摩斯岛、伊卡里亚岛以及爱琴海的其他一些岛屿都控制过不同的时期。自从土耳其人西侵、君士坦丁堡在 1453 年沦陷以后，威尼斯人和热那亚人对爱琴海诸岛的宗主权有过许多变动，但是威尼斯毕竟保住了克里特岛，而且在 1489 年攫取了塞浦路斯。

在东地中海的贸易大动脉上，1400 年以前很久，就有从威尼斯和热那亚驶往佛兰德和英国各港口的定期护送船队。在许多西欧城市，都有威尼斯和热那亚的代理人。这两个城市的商人也访问了北非的一些港口，1447 年，一个叫作安东尼奥·马尔凡特的热那亚代理人进入沙漠的中心地区。他从图亚特大绿洲写了一份报告，讲述商队与尼日尔河沿岸的富国进行贸易的情况，这些国家输出黄金和象牙以交换铜和其他商品。

在东方贸易中，还有过其他一些意大利的竞争者。阿马尔菲城的大部分在 1343 年被海水冲毁，失去了它的光荣。比萨由于热那亚的对立和托斯卡纳的内部纠纷而不能够任意发展。萨莱诺、加埃塔、里窝那和许多较小的港口从威尼斯的餐桌上分得一些残羹剩饭。那不勒斯约有 10 万人口，既是海港，又是一个大都市。另一个重要中心是五方杂处的大城市巴勒莫，希腊人、拉丁人、穆斯林和犹太人在那里各有自己的居住区。

---

① 科明为佛兰德政治家和编年史家，法王查理八世曾派他出使威尼斯。引文见其所著《回忆录》第二卷。——译者

但是，贸易并不是维持意大利各城市的唯一力量。工业也是重要的。威尼斯是一个重要的制玻璃业中心，也织绸缎和呢绒。在伦巴第的其他地方，在大大小小的城市——贝加莫、波洛尼亚、布雷西亚、科莫、克雷莫纳、曼图亚、帕多瓦、帕尔马、维罗纳和维琴察，虽然毛纺工业起步比北方晚，也变得很重要了。在这些城市中还有米兰，人口约有 10 万，是一个突出的冶金中心和纺织中心。托斯卡纳有另一群纺织城市。卢卡的丝织业虽然已经今非昔比，依然是重要的。比萨是另外一个纺织中心。然而，压倒一切城市的是拥有 5 万人口的佛罗伦萨；它的工业以外来羊毛为基础，过去由英国输入，这时更主要的是由西班牙进口。马基雅弗利于 1469 年在佛罗伦萨出生，他的《佛罗伦萨史》叙述到 1492 年，反映出商业竞争对于意大利各城市的政策形成的重要性。并不是所有城市都由于当时经济环境而获得成功。有些城市，如锡耶纳、帕维亚、弗拉拉和拉文纳，都处于次要的地位。也有些城市还远远落后，比作为周围农村的市集强不了多少。

意大利各城市虽然占主要地位，但在地中海的商业中，它们并不是唯一活跃的动力。法国南部正在从 100 年的混乱状态中开始复原。例如，蒙彼利埃城在 15 世纪初已经大大缩小，自从雅克·科尔①于 1440 年左右在这里开设企业以来，它又重新活跃起来。法国拼命与威尼斯的垄断贸易竞争，它和埃及、叙利亚，以及北非重新建立了联系。雅克·科尔的故事已经变成神话传说了，但是，那只不过是法国人的许许多多活动的一个小插曲而已。路易十一（1461—1483 年）在占领鲁西荣之后，立即开始建设科利乌尔海港。在他的统治将结束时，他终于占有了马赛，并且宣布以马赛为商业中心，使东方的商品在此卸货，然后分销西欧的所有国家。他计划建造一个地中海大舰队。尽管他的计划没有实现即去世，他对于法国在地中海的活动毕竟起了一种推动作用。

在地中海上的另一个竞争者是阿拉贡。它在地中海西部错综复杂的政治形势中，攫取了巴利阿里群岛和撒丁，它的势力一直伸展到西西里和那不勒斯。但是，这些地方并不是加泰罗尼亚羊毛和毛织品的

---

① 雅克·科尔（约 1395—1456 年），中世纪法国最富有的商人，查理七世的财政总监。他经营各种赚钱的生意，曾在蒙彼利埃建立一个类似证券交易所形式的组织，蒙彼利埃是他进行地中海贸易的第一个据点。——译者

唯一市场。加泰罗尼亚的商人们与拉古萨及亚得里亚海的其他港口，与埃及和地中海东部各国，与柏柏里海岸①，并且越过直布罗陀海峡与佛兰德和英国进行贸易。但是由于国内政局的不稳以及意大利的竞争，在15世纪，加泰罗尼亚的势力衰微。巴塞罗那是不是能有35000居民，实属疑问；而巴伦西亚就更小了。我们从加泰罗尼亚海员绘制的极其详尽的航海手册中，可以看出早期活动的情况。

伊比利亚半岛的内陆没有任何可以与意大利各城市相媲美的东西。但是，即便如此，在它的一片单调之中，也还点缀着一些生气勃勃的小城市。西班牙有一句老话常说："托莱多富有，萨拉曼卡强大，莱昂妖娆，奥维多庄严，塞维利亚伟大。"但是，另外还有一些工业中心、商业中心、行政中心和文化中心。科尔多瓦产皮革，哈恩产丝和纸张，萨拉戈萨产布匹呢绒。除此而外，还有布尔戈斯、巴利阿多利德、塞哥维亚以及摩尔人在西班牙的最后据点——美丽的城市格拉纳达。马德里只不过是一个农业小镇，直到1560年才变成统一的西班牙的首都。在北方，比斯开湾的一些小港口与加斯科涅和诺曼底，与英国和佛兰德通商，特别是交易铁和羊毛。

西面是葡萄牙，它的海上贸易发展得很慢，但是很有潜力。载运葡萄酒、干果和橄榄油的船只从葡萄牙的港口，特别是从里斯本和波尔图，向北航行；1400年以前在布鲁日就有一个葡萄牙的代理店。然而，葡萄牙的好运交在南方。15世纪，在被人普遍称为"航海家"的亨利王子的鼓励下，人们连续乘船沿着西非海岸进行探险，并且由于偶然的机会，许多热那亚水手参加了这个工作。1445年到达佛得角，1461年，即亨利逝世一年以后，葡萄牙人驶进了几内亚湾。1487年，迪亚士绕好望角获得成功。同时，由柯维哈领导的一个葡萄牙探险队前往近东，由海路从埃及到达了印度。他的报告鼓舞了人们进一步的探险。1497年7月8日，达·伽马率领的一支探险队从塔古斯河启航。翌年5月23日，这支探险队在印度马拉巴尔海岸的卡利卡特外面停泊。当印度人问葡萄牙人需要什么东西时，葡萄牙人回答说："基督教徒和香料。"返航的第一批船只装载着生姜、肉桂、胡椒、丁香之类，于1499年7月10日到达里斯本。

---

① 指北非沿海柏柏里海盗活动地区，包括现摩洛哥、阿尔及利亚、突尼斯和利比亚。——译者

与此同时，热那亚水手哥伦布于1477年定居里斯本，但是，当发现他的计划很少有人响应的时候，他就于1484年前往卡斯蒂利亚，经过长期的斗争才得到认可。他于1492年8月3日开始他的著名的航行。我们对于葡萄牙人沿着非洲西海岸一直向南航行的努力，还有许多弄不清楚的地方，而围绕着哥伦布的目的和信念，那就更是众说纷纭了。然而，有一件事是很清楚的。葡萄牙人和西班牙人的这些成就不仅出现在一个世纪的终结，而且标志着一个时代的终结。欧洲的近海贸易现在扩展到远方的大洋。欧洲的生活、欧洲的经济状况和政治性质，以及欧洲的人文地理，都面貌一新。

张文华　马　华　译

第 三 章
15世纪的文明与文艺复兴

在1500年左右改变欧洲面貌的各种事件的历史中，我们必须看清两个互相交错的发展情况。除了用"文艺复兴"一词来表达其整个时期的文化变革而外，还出现了近代欧洲的国家制度。在15世纪的最后几十年期间，英国、法国和西班牙经过长期的和复杂的准备以后，在坚强的君主政体之下达到了全国统一。此外，在法国和德国的富饶边境地区，有一个使用两种语言的国家——勃艮第公国成长起来。由于法国拥有约1500万人口，它的潜力比任何对手都优越得多，并且在实际上代表一种在别的地方还不曾出现过的强大国家的类型（当时英国人口仅300万左右，西班牙人口仅600万，勃艮第公国人口，包括阿图瓦、佛兰德、布拉邦特等工业地区在内，也不过刚刚超过600万），法国贫穷的各邻邦于是就联合它们的各种力量。唯一与法国人口相等的德意志帝国不能做新欧洲棋盘上的一个棋子，因为它是一个由区域性的邦和半独立城市组成的松散的联邦，统治它的哈布斯堡王室作为德意志皇帝没有多大实权。但是，哈布斯堡家族在其奥地利和阿尔卑斯领地中拥有最大和最强的区域性的邦。因此，他们就把反法平衡力量建筑在王室联姻的体系上，首先（1477年）是哈布斯堡与勃艮第两王室之间，随后（1496年）是哈布斯堡—勃艮第与西班牙王室之间。这样一来，在1500年前后就出现了中世纪世界所不曾有过的那种两大强国或者强国集团相互对峙的局面。当英国从16世纪20年代初期开始竭力成为在法国与哈布斯堡—西班牙之间维持平衡的调解人的时候，在欧洲的舞台上便已建立了近代国家均势的格局。

就在大约1490年至1520年的这世代里，文艺复兴的艺术、人文主义和一种新的历史—政治科学占据了优势地位。（自然科学的发展直到半个世纪以后才达到可与之相比的较成熟阶段）但是，在这一文化革命与政治变革之间存在着一种根本的差异。在意大利以外的地方，艺术和文学中的新的美学价值标准，或者教育和人文主义学术中出现的新观点，很难说是在与政治发展的相互关系中逐渐成熟起来的。这些新标准和新观点的根子并不在西欧国家的土壤里，而是在没有发生大规模政治统一的过程，但成为新的大国强权政治的可怜目标的欧洲那一部分，即意大利半岛。这并不是说，阿尔卑斯山以北的文艺复兴文化仅仅是从南方输入的东西。毫无疑问，15世纪法国、佛兰德和德意志的艺术到处都飘荡着一种清新的现实主义；不仅在意大利，而且在北方的国家里，都有一种正在成长的个人主义竭力显现出来。此外，在每个欧洲国家里，经过与意大利接触而最后产生的艺术和文学，都随着当地的传统显示出一种不同的特色。尽管如此，意大利以外的文艺复兴艺术家、作家和学者们，从15世纪晚期起，一直相信：艺术、文学、教育和学术的新的历史时期，其最初的和典型的阶段是在意大利；他们自己代代相传的方法已经完全过时了；如果不认真努力去吸取阿尔卑斯山以南已经取得的最优良的成果，将来在任何方面都不可能有所进展。在中世纪末的文明中，特别是在15世纪期间，究竟是什么因素造成了这种情况呢？

　　对于中世纪人们所向往的事物来说，当康斯坦茨公会议（1414—1418年）和巴塞尔公会议（1431—1449年）成功地结束大分裂的时候，算是达到了一个转折点。大分裂粉碎了教会的统一，但未能满足人们对于改革宗教和节制教会的绝对独裁体系的长期不断的愿望。当时成为画饼的计划主要是由中世纪的大学煞费苦心制订出来的；改革派的首领们是一些大的经院学术中心的先进知识分子，这些中心早些时候曾大量产生大胆的政治哲学，不断地探讨教会与国家之间的关系和帝王与人民之间的相互义务等基本问题，并使其适应正在变化的环境。当两次公会议的决议使在教会内实行机构改革的一切尝试化为泡影和使教皇的权力近于绝对化的时候，在这整个思想领域里，经院哲学知识分子的锐气全被消除了。教皇作为意大利中部教皇国家的统治者，不久就卷入意大利暴君国家的政治旋涡。14世纪经院哲学在自然科学方面所取得的重要成就，在15世纪中叶之后也没有继续取得相应的成果。缺乏独创性和死板的传统主义变成了大学生活和教学的特点①，后来的人文主义者经常不断地指责整个中世纪的学术都具有这种毛病。

到了 15 世纪，的确，中世纪骑士的黄金时代也已经过去了。诸侯的兵役几乎完全废除了。土地贵族的经济地位实际上是依靠容易获得农业劳动力而维持的，这时由于黑死病毁掉了欧洲 1/3 甚至 1/3 以上的农业人口，由于 14 世纪席卷大多数国家的持续不断的经济衰退，它已经大大降低了。然而，如果以为自此以后城市自由民在欧洲的舞台上占据了首要地位，那也是错误的。在建立欧洲新的伟大强国的过程中，君主政治的加强给贵族阶层提供了前所未有的机会，他们与市民阶层一起，都是新军队和新政府所不可或缺的人物，另外还能够给君主的周围增加光彩。在 15 世纪期间，市民与贵族之间和城市文化与骑士文化之间的平衡在很大程度上依靠一些主要诸侯宫廷的存在和影响；在欧洲的每个国家里，所产生的结果是完全不同的。

从社会史和政制史方面来看，除了意大利而外，英格兰的君主政体从中世纪的封建条件下迈出的步子最大。英国的骑士们首先丧失武装军事等级集团的身份。在 15 世纪，他们被吸收到不再与市民阶层的商业世界相隔一道鸿沟的绅士集团中去。他们与伦敦的主要商人家族相互通婚并社交往来，而在下议院中，"郡选议员"与城镇选出的议员并肩坐在一起——这是在欧洲大陆的大多数议会的会议中难以见到的社会平等的一个标志。但是，如果认为在这种联合中，势力的均衡是半斤八两，或者甚至于使骑士一方逐渐有消无长，那将是错误的。自从 15 世纪最初几十年起，越来越多的较小的有选举权的市邑并不是像在 14 世纪期间那样把商人或者市民阶层本身的成员选入下议院，而是把士绅选入下议院；英国议会的社会成分不是向有利于商人阶级的方面变化，而是向有利于上流人士的方面发展，以致到了伊丽莎白时代，士绅议员与市民议员的比例已经是 4∶1 了。

在 15 世纪英国的文化生活中，我们见到士绅阶级的传统不但相

---

① 经过许多讨论，情况依然如此。关于牛津大学的情况，见 H. 拉什达尔《欧洲的大学》，波维克和埃姆登编（1936 年），第 3 卷，第 270 页以下；关于巴黎大学的情况，见 A. 勒诺代《巴黎在宗教改革以前和人文主义》（第 2 版，1953 年），第 98 页以下，第 158 页以下；关于德国大学的情况，见 G. 里特《十五世纪德国大学的古典道路和近代道路》，见《海德尔堡科学院会议报告》哲学历史部分，1922 年，第 7 辑，第 95—99 页，第 113—115 页。

应地残存下来,甚至于死灰复燃。这一情况,正如乔·麦·特里维廉博士所形容的那样:如果乔叟的幽灵回到15世纪晚期的英国环境中来的话,虽然已经过去了100年,他必然会感到完全舒适自如的。不曾出现崭新的思想或文风;人们依然阅读乔叟的作品,仿佛它们是当代的产物一样。你甚至可以更进一步,认为英国文学还没有完全吸取乔叟最好的成就。乔叟在风格和趣味方面是从他把《玫瑰传奇》译成英文和把法国骑士情诗的寓言体裁移植到英国的时代,发展到他的《坎特伯雷故事集》的清新的现实主义的时代。在15世纪的英国,文学作品的确包括有一种现实主义的趋向,这主要表现在讽刺和教诲作品中;但是,代表1400—1500年之间的文化思潮的优秀文学作品却依旧运用乔叟初期的寓言的和骑士的恋爱诗的"华丽辞藻"。最得意的题材仍然是骑士的史诗,它把过去的历史转化成从特洛伊、罗马和亚瑟王的"圆桌"传承下来的英国骑士的一套传奇故事。

不错,这一世纪有重大的革新和发明。新的学校创办起来了,其中有伊顿公学和温切斯特公学。在这些学校里,士绅家庭甚至贵族家庭的子弟与下层最有才华的青少年一起受教育;正如欧洲其他地方一样,高等教育变成培养社会栋梁的正常要素的时代已经即将来临了。在世俗社会的高级阶层,写信第一次成为日常的事情。但是,正如在从小地主上升到士绅阶层的帕斯顿家族的通信中那样,凡是这些信件中能使我们观察当时的文化潮流的部分,我们都会发现,除了特别喜好和积极参加马上比武而外,中世纪的书架依然如旧,摆着描写骑士功勋的史诗,一些宗教作品,以及几册古代著作的译本(不是原文)。印刷书籍的出现并没有在趣味和观点方面立即造成重大的变化。当威廉·卡克斯顿在大半生充当伦敦商人和英国商业利益在低地国家的代理人之后,于15世纪70年代和80年代期间,兴办开创英国印刷时代的印刷所的时候,他出版书籍的重点,除了乔叟的作品而外,就是用英文印行讲述特洛伊、希腊、罗马、查理曼和亚瑟王的骑士的大量作品,这是中世纪晚期宫廷中的读物。在翻译和出版一部题为《骑士团》的法国作品时,伦敦商人贵族的思想感情的代言人卡克斯顿毫不踌躇地评论说:这是一部很合时宜的书,它会使健忘的英国想起在英国骑士以真正侠义精神闻名于世的过去的所有时期——特别是在亚瑟王、特里斯坦和珀西瓦尔的高贵的"气概、礼貌和仁义"

的令人难忘的日子里的一般公认的准则。

15世纪英国的历史编纂学证明：经过美化的骑士光荣故事实际上就是卡克斯顿的同代人生活于其中的精神世界。不错，这时有钱的商人们已经代替用拉丁文写作的传教士，而用英文编纂自己城市的编年史，特别是在伦敦；其结果，市民生活中的许多日常琐事连每个小小的情节在内，都被如实地观察和记录下来。然而，如果说用本民族语言写成的《伦敦编年史》的编纂使市民摆脱了他们对教会作家的依赖，这种变化并不意味着从骑士文化的优势地位强加于人的道德标准和偏见下面解放出来。在《伦敦编年史》记载的城市生活风景中，再没有比骑士马上比武和王族市内游行描写得更津津有味的了；那时还不曾试图观察表面现象和华丽装饰的实质，考虑原因和后果、资料的价值、选择资料和比例均衡的必要性等，这些都是在16世纪才出现的历史编纂学的特征。一般的历史著作，例如1480年定稿出版的《英格兰编年史》，依然以12世纪蒙默思的杰弗里所讲述的神话为背景，说埃涅阿斯的孙子布鲁图斯在打败土著巨人之后开创了不列颠王国；亚瑟王和他的圆桌骑士们的英雄事迹依然被当作历史事实，并且用作衡量古今一切事物的尺度。15世纪英国最伟大的幻想作品——马洛礼的《亚瑟王之死》也是以这些英雄事迹为主题的。当卡克斯顿第一次出版这部书的时候，他奉劝读者们相信亚瑟的故事不仅仅是虚构；他说，马洛礼的生花妙笔谱写了英国历史的最伟大的时代。[54]

这种既无力量又不情愿与中世纪的骑士世界决裂的情况，主要应该用社会现象来解释。从14世纪到15世纪末，英国也像欧洲的许多部分一样，经过一个漫长的经济萧条的时期。虽然在这时候已经出现经营纺织的人——在不受中世纪城市行会规章制约的乡村地区建立起资本主义工业的毛织厂主，但是，在都铎时代英国经济生活获得大飞跃之前，英国纺织工业的产量依然如旧，几乎没有变动。工业中产阶级的黄金日子还在遥远的未来。在15世纪，中产阶级中能够对文化产生重大影响的唯一社会集团是伦敦的批发商人阶层，他们操纵英国唯一的大都会的政府，控制该城与欧洲大陆的贸易。然而，这些商人的排他性的和拥有特权的"同业公会"，在性质上并非近代社会的先驱，而是中世纪商业行会的历史的结尾。他们并不代表一个深深意识到自己与贵族的差异的集团，却形成一个通过联姻经常转化为土地士绅的社会阶层。商人们在乡间置下产业，就融合在半封建的环境中。甚至迟至伊丽莎白的时代，具有社会地位和政治影响的绅士们都在他们的乡邑过着被一群侍从前呼后拥的王公式的生活，而他们自己转而又聚集到高级贵族中的一位庇护者的周围。如果说在那时候士绅和贵族的文化已经大大脱离中世纪骑士的传统，这在很多方面是由于首先在意大利各宫廷中发展起来的新贵族教育的影响。

不过，在15世纪末以前，英国与文艺复兴的意大利之间并没有任何重大的接触。那时候，到意大利留学还没有形成士绅子弟或者伦敦商业贵族子弟的教育的一部分。1490年以前，英国到意大利旅行的人照例是传教士或者奉国王之命出差的官员。尽管这些人把少见的人文主义著作的手稿和对新学术的热情带回国内，从而偶然扮演先驱者的角色，但是对于他们来说，人文主义并不是人类的一种新教育或者思想的一个新世界。他们回到英国，并没有发起新文化运动，或者建立反对经院哲学的团体。因此，尽管有这样一些先驱者的鼓吹，尽管英国高级贵族的个别成员延聘一些意大利人文主义者到英国来当秘书或教师，唯一明显的结果就是英国各图书馆增添相当数量的人文主义著作的手稿，以及旧的中学和大学增加一些希腊语的课程。

在人文主义对于中世纪晚期的英国能够产生更大的作用之前，意大利的人文主义必须发展到这样一个阶段，在这个阶段里，古典学者对于古代文学艺术的热情与更新的宗教思想以及糅合古典遗产与基督教传统的努力均衡地发展。在罗马伟大的人文主义者洛伦佐·瓦拉批判地校订《新约圣经》原文做出第一个榜样之后，在佛罗伦萨复兴的新柏拉图哲学派别中，意大利的学者们——其中最主要的是马尔西利奥·菲奇诺和皮科·德拉·米兰多拉——以古典时代的宗教文献为基础，开始在半古典和半经院的框架里建立起一种新神学；这在佛罗伦萨增加了对宗教的兴趣；1490年以后，萨沃纳罗拉的传道一度造成人们普遍脱离早期文艺复兴运动的世俗主义时，又提高了那里的宗教兴趣。正是在文艺复兴的这个充满宗教意识的阶段，英国学者与意大利发生了接触。约翰·科利特在对意大利进行两年的访问之后，从1496年起在牛津作关于圣保罗书的公开讲演，这些讲演表明与经院哲学的方法作彻底的决裂。他沿着在那些年代里菲奇诺也曾遵循的途径，以异教徒和早期基督教时期为背景，从历史的观点来解释保罗的教导和传教工作。正如菲奇诺的情况一样,科利特对于洞察心灵深处具有一双新的慧眼,他从深深热爱作为圣经教师的保罗的人格而产生一种理解能力。科利特对于保罗学说的诠释是基于一种单纯的虔诚和一种信心,即认为信仰神的仁慈以及公正精神要比任何文字或仪式更能够说明问题。从这种信心出发,他对经院学者的大多数神学疑难问题显然漠不关心[①]。

通往文艺复兴的意大利的文化世界的这个第一座桥梁一旦搭起之后,人文主义在英国很快就变成能够跨出大学门墙蓬勃发展的一个运动。在大都会伦敦,由于科利特和托马斯·莫尔的功劳,有些人形成一个集团,他们的思想受到新宗教学的培育,很快就倾注到社会和政治问题上,到了16世纪20年代以后,在亨利八世统治的后半期,文艺复兴在历史和政治、社会问题和人类行为方面的思想源源不断地输入英国。当1500年以后不久,一位住在英国的意大利人文主义者波利多尔·维吉尔发现在人所公认的关于布鲁图斯和亚瑟王的记述中有中世纪传说的幻想成分,而以人文主义的模式改述英国历史的时候,人们对他的评论仍然感到激愤,认为荒诞不经。然而,怀疑的种子一旦播下就会发芽,从16世纪30年代起,蒙默思的杰弗里的天下就逐渐地被意大利文艺复兴运动所开创的历史前景代替了。

跨过英吉利海峡,君主、贵族和中产阶级之间的力量对比是不相同的。在法语国家中,君主政权在加强政治统一方面的活动比15世纪欧洲其他任何地方都更为突出。在百年战争(1337—1453年)的最黑暗时期以及随后的重建时期中,国王是法国团结的中心和救世主;同样,勃艮第公国完全是法国王室年轻的一支努力尝试的一个创造物。在法国,王权已经变成绝对的了;全国三级会议在实际上已经失掉对税收事务的批准权,巴黎的最高法院(Parlement)只不过是

[①] 关于科利特的研究是受菲奇诺的影响这一点,从他们研究途径的相似来看是很明显的,自从F. 西博姆的《牛津改革家传》(1867年)问世以来,大家都承认是一个事实。但是,因为对于科利特游历意大利的详细情况所知无几,关于他们两个人之间的私人交往是缺乏证据的。由于发现两封菲奇诺致科利特的私人信件,现在已经证明他们有过直接的接触,见R. 马塞尔:《人文主义和文艺复兴文献丛编》,第14卷(1952年),第122页以下。关于科利特是否受菲奇诺影响的另一个疑难点是菲奇诺为保罗书做注释的日期较迟,据P. O. 克里斯泰勒的《菲奇诺著作补遗》(1937年),第1卷,引言第82页,是在1496年和1499年之间。但是,既然注释写在讲演之后,那么,注释的日期就不妨碍做这样的假定:当科利特旅居佛罗伦萨的时候,菲奇诺已经从事他对《圣经》的研究,或者甚至已经在作他的讲演。

偶然地控制一下国王的全知全能。即便中央集权的国王政府鞭长莫及，还不能直接统治广大王国的每一个省份，但在奥尔良和安茹、布列塔尼和勃艮第，则是由诸侯的宫廷以及王室支系或者高级贵族成员主持的地方政府来代行职权的。国王和王侯们在 15 世纪下半叶所进行的重建工作，不仅依靠贵族而且依靠中产阶级的合作。不过，尽管国王的政策对城镇的工商业极为有利，而法国的城市分子与其说是受到尊重的同盟者，不如说是在王家官员密切监督之下的俯首贴耳的宠臣。城市人的领导阶层并不代表一个全国性的商业或工业阶级；他们可说是形成只具有地方利益的富有的当地贵族。他们中间最成功的分子急不可耐地购买地产，参加地方贵族的队伍。因此，在法国的宫廷中，社会生活的方式以及文学艺术的精神几乎原封不动，未受城市的影响；中世纪骑士制度的遗风依然成为具有支配力量的因素。

的确，在诸侯宫廷的范围内，我们还遇到在文化方面具有重要意义的另外一种因素。在法国掌玺大臣公署的工作人员当中始终流行着对古典著作家的研究，在中世纪的晚期，这班人的思想是与意大利人文主义者的拉丁古典主义脉脉相通的。法国人和意大利人使用的都是罗曼语，在中世纪法国，对于残存的拉丁文学的兴趣比任何其他国家（包括彼特拉克来临之前的意大利在内）都更加广泛地扩展。在 14 世纪，驻跸罗讷河畔阿维尼翁的教廷使两个国家发生密切的文化接触，彼特拉克在阿维尼翁的意法交融的环境中度过他成熟的年代，在他生平的最初阶段，可能在他的法国朋友当中比在他的故乡意大利得到更好的古典原著和参考资料。在彼特拉克以后的最初两个世代（大致为 1360—1420 年），我们从王家掌玺大臣公署的秘书当中见到人文主义者的典型社会生活：他们热心传抄古典著作的手稿；互相交换模仿古代样板的书信和诗歌。但到 15 世纪 30 年代以后，这些活动的势头衰退了，显然没有留下长久的效果[①]。解释是不难找出来的。一种局限于掌玺大臣公署的狭隘世界的、对当时的法国学术或者对那些重要社会人物的价值标准没有多大意义的、偏重于修辞学的研究倾

[①] 参见 A. 柯维叶《贡蒂埃和皮埃尔·科尔与查理六世时代法国的人文主义》（1934 年），特别是第 229—234 页，关于法国早期人文主义在 1430 年以后的衰退，F. 西蒙在《酒宴篇》（都灵，1951年）第 189 页和第 193 页以下提出了异议，据本章著者的意见，他所举的理由不足以推翻柯维叶讲述的情况。

向，不可能产生任何可与意大利人文主义的有机发展相比拟的东西。

虽然成熟的人文主义运动不可能在一个如此薄弱的基础上发展起来，但是，由于古典研究对法国的长期影响，意大利又是法国的近邻，对某些最喜爱的古代著作家的兴趣就在法国宫廷的文化中扎下根来。从14世纪中叶起，国王的图书馆除了珍藏宗教文献和骑士文学作品而外，还增加了许多秉承御旨译成法文的希腊和罗马著作的手稿。这样一来，不懂拉丁文和希腊文的廷臣们不仅可涉猎亚里士多德的《伦理学》《政治学》和《经济学》，也可涉猎李维的《罗马史》，西塞罗的《论老年》和《论友谊》了。还有意大利早期人文主义者——特别是彼特拉克和薄伽丘的一些作品。但是，专为王公的图书馆译做的这些法文译本与一心要使所译作品的精确原文、文学形式和历史气氛重现出来的人文主义的翻译大不相同，它们只是用这样一种方式所做的意译和改编，即这些译本的内容能使那些急欲从罗马"骑士"的坚韧不拔、忠诚爱国和武人品德中寻求医治当前骑士精神堕落的妙药的读者和作家们，一看就懂，并可以拿过来做写作的题材。在15世纪后半叶法语国家的文化中心——勃艮第的宫廷里，古代特洛伊、希腊和罗马的传奇性的骑士历史成为有关行为、教育甚至政治的一整套思想体系。公爵的秘书们搜集所有可以取得的关于亚历山大大帝的资料，不论是古代史籍的译本还是中世纪故事的译本，编为带有美丽装饰的手抄书册。亚历山大在战时和平时的神话般宏伟壮丽的宫廷生活成为一个样板，反映了勃艮第宫廷社会生活的形象。仍然通过蒙默思的杰弗里的眼睛来再现的亚瑟王的圆桌骑士的世界，以及关于特洛伊的每一点滴可以获得的报道，不论是完全虚构的还是来自古代的资料，依旧是过去情况的公认的部分。好人菲利普公爵亲自参加编辑《特洛伊史》，它是这类汇集中最优秀的手抄书册，为后来由卡克斯顿译成英文和印刷出版的欧洲大陆关于骑士团的作品之一。

在这种情况下，古代的因素和意大利的影响对于改变传统的理想和生活方式显得无能为力。在骑士制度的初期发展阶段，骑士团、十字军，以及吟游诗人的恋爱诗的兴起，都是头等大事，这些是从中世纪环境的需要自然产生的。现在在宫廷中，通过使其变成一种复杂的制度和仪式的方式，把这些昔日的回忆活生生地保存下来。中世纪的骑士团是志愿到东方去为基督教而战斗的骑士们的自由结合的团体。

在14世纪晚期和15世纪初期出现了新的骑士团,这是一些新君主国家创立的,它们在旧的骑士标志和社会形式的帮助下,竭力把许多辽远的行省的贵族联合于新的国家中并为野心勃勃的贵族们提供效忠王侯的新出路。第一个这类宫廷骑士团是英国的嘉德骑士团;随后出现的是勃艮第的金羊毛骑士团,它是这类团体中最豪华奢侈的,在低地国家与西班牙合并之后,作为西班牙的一个组织继续保存下来。路易十一在法国创建的与此相似的圣米歇尔骑士团的兴起以及后来在像萨伏依、丹麦和匈牙利那样一些相互距离遥远的国家里类似的骑士团的创立,表明勃艮第的范例对于整个欧洲的宫廷社会具有重大意义。

在这些新骑士团中,仪式的盛大和隆重是为了把旧的等级和荣誉的标准保持在至上的地位。至少是在勃艮第,甚至关于十字军的记忆还在起显著的作用。1453年土耳其人占领君士坦丁堡之后,欧洲许多地方都制订了组织一支新十字军的计划。在文艺复兴的意大利,人文主义的教皇庇护二世把他所有的精力和才智都消耗到无用的努力上。在勃艮第的环境里,组织十字军的计划变成了宫廷的一件激动人心的大事——给古老的骑士史诗续上迷人的一章。在1454年举行的、据当时的历史记载以豪华著称的一次公爵宴会结束的时候,一个代表蒙受耻辱的基督教会的象征性人物出来祈祷,乞求把他从异教徒的压迫下解救出来;于是,公爵在表现要重新鼓起骑士的英勇精神的场面中,宣誓他不但要亲身参加十字军,甚至还准备单枪匹马与苏丹战斗。在金羊毛骑士的誓言中,有许多比这还坚决。骑士的爱情和诗歌,在法国的宫廷里也变成了一种有计划和有组织的制度。从14世纪末起,廷臣们设立了恋爱课程(cours d'amour),他们在正式集会上讨论骑士仪态和恋爱的微妙问题,朗诵他们依照骑士恋爱诗的传统风格写作的诗篇。这些制度的目的在于按照同一的模具铸造宫廷所有成员——上至王公下至他的中产阶级出身的秘书们的心灵。他们全都被结合到一个由王侯、大保守派、大臣、咨议、秘书以及其他许多截然不同等级的人组成的"多情的宫廷"(cour amoureuse)的神圣阶级组织中,不过相互之间还细密地区分开来。

这种背景就很容易阐明在15世纪法国和勃艮第文学中占有支配地位的流派修辞家们(Rhétoriqueurs)的精神——所表现的一些特征是:浮夸的美辞丽句,这些作家瞧不起贵族以下的平民社会;他们爱好古旧的体裁；他们迷恋中世纪诗歌的讽喻和象征；以及他们由于知道在宫廷的美妙习俗以外，骑士行动和骑士恋爱到处与现实生活碰壁，因而引起深深的悲观和忧郁情绪[①]。不错，在15世纪也有少数伟大的作家，他们由于种种不同的原因，能够逃脱修辞派的无孔不入的影响；在他们的作品中，现实主义的观察和心理分析得到更广阔的天地，并且产生了文学的瑰宝。然而，由于当时的社会结构是如此大力支持墨守骑士时代的观点和习俗，我们就找不到坚决反主流的文学派别；甚至那些描写现实细节的大师们也未能进一步自觉地起而反对传统的方法，或者变成文艺复兴潮流的先驱者。那个时期的一位法国大诗人弗朗索瓦·维永是以赤裸裸的自我暴露出名的，他之所以能够在许多方面摆脱时俗，只是因为他过着流浪汉的不规则的生活，在他对人生和社会的态度上，他是中世纪初期漫游学者的后世弟子，而不是文艺复兴运动的一位前驱。另一位被称为近代小说拓荒者之一的著名作家安托万·德·拉·萨尔表明，那一时期的现实主义和心理经验能够很好地产生对骑士制度的讽刺性的批判。但是，他的本意依然在于谴责社会的恶习和人类的缺点，而不在于提出新的方法。尽管拉·萨尔已经见到人文主义的意大利，但他作了十分精辟的分析的书中主人公的教育，却依然是通过马上比武和宫廷恋爱对一个青年骑士进行训练。

在历史著作方面，现实主义和深入的心理分析，到15世纪末由路易十一的史官菲利普·德·科明达到登峰造极的地步。在科明的笔下，把骑士制度作为一个古老的幽灵来谴责是很明确的；他的这种态度反映出路易十一在位时期（1461—1483年）的精神，在那一时期，对法国政治和经济复兴的热切关怀曾经一度使王室对传统文化的爱护处于次要地位。科明无情地挖掘人类的动机，他的"只有成功而非荣誉在政治上有用"的格言，以及他对于人类天性的悲观看法，就是在北方与他的比较年轻的同代人意大利的马基雅弗利的思想相呼应，但仍然有一个重要的差别。在科明的历史编纂中，并没有把15

[①] 关于在此以前和以后对勃艮第文化的表述，参阅 J. 赫伊津哈的《中世纪的衰落》（第6版，1952年；英译本 The Waning of the Middle Ages，1924年），散见各处；以及他的《历史的魅力》（1943年），第326—336页；关于法国文化的同类表述，见 R.L. 吉古尔《中世纪晚期法国文学所反映的骑士制度的衰落》，1937年。

世纪现实主义的这些成果应用于解释历史和政治生活的新因果理论上去，而这一理论乃是马基雅弗利和意大利文艺复兴运动的最大成就。科明对详情细节明察秋毫的描述的基本出发点，依然是把战争和败北以及一切历史变化的原因简单地归结于上帝进行惩罚或教育的意志。正是根据这样一些观察，路易十一时代才占有历史地位。路易十一在位时期的现实主义倾向，并没有使法国宫廷的生活和王室倡导的方针发生任何永久性的变化。除了因受意大利影响而逐渐有些改头换面之外，文艺复兴时期的法国宫廷依然保持15世纪宫廷的骑士传统。甚至就在路易十一本人的朝代，你也会注意到：在那文质彬彬的沉着冷静的外交家的少数措施当中，就有一项是我们上面已经讲过的创设新的宫廷骑士团。另外，路易的秘书们在写法国历史的时候，这些《法国大编年史》收容了中世纪的所有传奇故事，只有在16世纪期间，在人文主义者的历史批判论已经发挥作用之后，它才让位于一种新型的历史编纂学。

在勃艮第地区，一种独特的文化任务落到佛兰德和布拉邦特的城市中产阶级的身上。在15世纪的艺术史册上，在阿尔卑斯山以北，没有一个地区像佛兰德和布拉邦特出现那么多杰出的人物。的确，在15世纪的绘画中，对大自然的感受性和对人类个性的理解力的发展史在很大程度上就是以凡·爱克兄弟为首的佛兰德派的历史。在讲述造型艺术中新精神的兴起的一章中，最伟大的先驱者克劳斯·斯吕特以及他的许多门生的名字又会把我们带到佛兰德—布拉邦特或者邻近的地区。但是，在决定这些艺术成就的历史地位的时候，我们还必须记住另外几个事实。新的思潮并不是作为低地国家的城市的真正创造物而兴起的；甚至"佛兰德派"的绘画严格说来也不是佛兰德城镇画坊为了迎合商人贵族的趣味而在一种城市气氛中完成的产品。低地国家的艺术的社会背景与15世纪初期在佛罗伦萨和其他托斯卡纳城邦的市区之内兴起的意大利艺术的社会背景是不相同的。在佛兰芒—勃艮第艺术中，种子是在城市的环境中撒播的，但成长却是在勃艮第公爵们的上流社会中进行的。扬·凡·爱克以及其他大多数主要的画家和雕刻家是受雇于骑士制度的公爵宫廷，在这种宫廷的侯门气氛中生活和创作他们的许多主要作品的。他们在描绘人物和风景时对细微部分的反映能力，大部分不是从任何城市艺术，而是从专为14世纪的法国国王和诸侯们的图书馆制作珍贵手抄本的袖珍画家的作品中学来的。这些中世纪环境的性质在许多方面给佛兰芒派的现实主义打上了它的烙印。正如在科明的历史编纂学中一样，虽有重现真实细节的高度技巧，但缺少按照大自然的规律和法则进行组织的能力；对于世界以及人在世界中的地位的整个观点，依然是中世纪式的宗教的、精神的和象征的观点。结果，佛兰德艺术家们对于人体和透视的依然不完备的知识，并没有像我们在意大利所见到的那样，发展成为对解剖学和光学的有系统的科学研究，而这种研究是艺术对于文艺复兴精神的不可缺少的一种贡献。

甚至在佛兰德各城市的城墙之内，都显示出勃艮第宫廷的强烈影响。根特、布鲁日、卢万以及其他一些城市在当时修筑的富丽堂皇的市政厅，正如最近一位勃艮第文化史家所说，看起来更多地像珠宝匠的细工，而很少像建筑艺术；它们类似供奉圣物的庄严庙堂，是用公爵宫廷的装饰风格建造的①。没有任何东西能够比它们离开意大利文艺复兴运动初期的同代建筑所特有的朴素结构更远的了。至于文学和诗歌，阿图瓦、佛兰德和布拉邦特的城市有一种独特的组织形式——修辞院（chambres de rhétorique，在操德语的省份叫 Rederijkerskamers），这是中世纪上演宗教神迹剧团体的已经世俗化了的后身。修辞院在 15 世纪具有两大宗旨：训练上演戏剧（这时的内容往往是道德说教和寓言性质的）的班底和使全体成员经常练习"修辞术"。为了受这种艺术的教育，曾经举行正式的会议，具有一种严格的社会仪式，与会的每个人都必须在规定的时间，依照主席所指定的共同题目即席创作和朗诵诗歌体的作品。会议主席通常是一个勃艮第的高级贵族。由于修辞院这样注重仪式和文学表现方面可以教导的成分，它成为中产阶级的与贵族的恋爱课程相对应的东西。在两种组织中，保持社会上公认的形式和传统，远远超过个人独创的价值。几个世代以后，在 16 世纪期间，修辞院为传播新思想提供一个社会论坛，最初传播的是伊拉斯谟的人文主义思想，随后，在尼德兰的北部省份，传播的是宗教改革思想。然而，为了找出从 15 世纪下半叶起首先逐渐传播新文化力量的渠道，我们的注意力必须离开佛兰德和布拉邦特的

---

① J. 赫伊津哈：《历史的魅力》，第 332 页。

城市，而转向勃艮第领域以外的文化中心。

在欧洲大陆的西部和中部，有3个中心或地区没有接受法国宫廷和勃艮第宫廷的强烈影响。一个是巴黎大学，它是个古老的、国际性的欧洲学者聚合的地点。在那里，我们看到与英国各大学的发展过程极其相似的情况。尽管法国与意大利相隔咫尺，在15世纪的最后一二十年之前，巴黎的学者们一直轻视意大利的严重影响，不屑在他们的课程表中做任何重大的改变。不错，在1450年以后，艺术系已经聘请少数意大利人文主义者去充当希腊语教师；有些人文主义的教科书已经代替了中世纪的拉丁文法；巴黎的出版社从1470年开办起就刊印了一些人文主义方面的书籍。但是，这些只是次要的改革，并未影响任何院系的学习方向；大学生活的中心依旧是阿奎那派、司各脱派和奥康姆派之间的激烈论战，以及很少变化的关于传统的逻辑问题和形而上学问题的讨论。那些在他们的精神教育中寻求更富于营养的食品的大学生们，从阅读中世纪晚期神秘主义者的作品中得到了满足。在巴黎，正如在牛津一样，在意大利人文主义开始运用古典学者对《圣经》的解释方法，以及把注意力转向古代遗产的神秘和宗教因素、为神学探索人文主义的途径之前，对待意大利人文主义的冷漠态度是没有改变的。在巴黎，坚冰也是在1495年左右被打破的。正如科利特在牛津一样，在巴黎的勒费弗尔·戴塔普（法贝尔·斯塔普伦西斯）当时从意大利旅行中带回来对于一种新学术的热情，从此就立即开始了对古典学术方法的学习，产生了急切研究柏拉图和新柏拉图主义的兴趣，神学有了崭新的出发点，各种科目都贯穿着新的信仰的温暖。勒费弗尔只有一点与科利特不同，对于佛罗伦萨的新柏拉图主义，他主要掌握的方面并不是对圣保罗书的兴趣，而是菲奇诺和皮科·德拉·米兰多拉对古代关于神秘主义和玄妙科学、关于占星学和名字的象征意义的著作所给予的注意。从这一套古典晚期的著作中，人们可以一瞥基督教前的信仰情况。对于这一套文献的兴趣几乎变得像过去人文主义者对《圣经》的兴趣一样势不可当了。

至于法国人文主义运动与文艺复兴意大利之间的关系的后来的趋向，在法国如在英国一样，只是在宗教思想和神学方面已经有了这些接触之后，意大利人文主义才作为对现代生活和对过去传统的一种新态度而被接受下来。甚至到这时候，变化也不是骤然发生的。当受雇于法国国王的一位意大利人文主义者保罗·埃米利奥，在1500年左右编写法国古代史而不采纳法国骑士源出特洛伊的传说的时候，他的学术研究的成果未能给法国的作家们留下深刻的印象。一直到让·博丹的时代，即16世纪下半叶，文艺复兴的历史批判主义才明确地开始消除法国骑士传说的虚幻世界。

在法国—勃艮第宫廷文化支配之外的第二个中心地区，是在布拉邦特—佛兰德和勃艮第东侧的星罗棋布的城镇，它们遍布莱茵河的广大河谷中，北自须德海周围该河河口，南至瑞士。与根特和伊普雷、布鲁塞尔和安特卫普的织布工业和国际贸易的显著集中相比，这个东边的地区在14世纪是遥远而偏僻、财富有限，而且是最伟大的神秘主义者的家园；到了15世纪，这里开展一种叫作"现代虔信"（Devotio moderna）的敬神运动，它是前1世纪在莱茵河与须德海之间的平静的地区开始产生的。这个"现代虔信"的最有趣味的成果之一是"共同生活弟兄会"，由男子（偶而也由妇女）联合组成，他们虽然不做修道院式的绝无反悔的誓言，但是他们献出自己的私人财产，在共同的房子里过一种朴素的和有严格规律的生活，在所有睡眠以外的时间，都依照规定的时间表进行祭祀、劳动、读书和布道，大家在一起就餐，就餐时选读《圣经》的片段。由这种生活的禁欲主义的纪律和意图来判断，很少有与修道院生活不同的特征；有时弟兄会会众也加入奉行改革过的奥古斯丁教规的温德谢姆修会，这是此种"现代虔信"的另一种反映。然而，即使弟兄会的生活与修道院十分相近，但一群自己制定宗教生活的准则，而不寻求任何已有教团的领导和监督的人们的联合团体的出现，也是一种新事物；而且，弟兄会对待教会、神学和教育的态度，在各方面产生了影响。由于他们相信没有誓言的约束也能够像修道士一样进行修道，再加上他们强调行为，这就产生了比严格遵守清规戒律更加重视品德和虔诚的趋向。弟兄会的这种趋向在一定程度上与14世纪的神秘主义者相同，但是不像神秘主义者那样，他们不再从神秘的狂欢中寻求灵魂的主要营养；在弟兄会住所的有规律的生活中，通过经常不断地和有条不紊地阅读《圣经》，以及具有实际教育性质的敬神活动，加强精神的力量。因此，《圣经》和公共图书是弟兄会住所生活的中心；甚至所规定的每天几小时的手工劳动也宁可用于制作细心和可靠的手稿抄本，出售这些抄本既能补充公共生活的经费，同时也有助于传播弟兄会士们从中找到精神指导的书籍。

不错，弟兄会这样阅读和流传的书籍与人文主义的知识兴趣很少有共同之处。但是，弟兄会士对玄妙的神学讨论的憎恶，与人文主义者反对经院哲学的深奥莫测的哲理有些类似的地方；他们爱好作为精神和道德指导的书籍，因而成为通往人文主义者对于启迪读者心灵的古典诗人和伦理学家的爱好的一座桥梁。他们坚持以诚实可靠为抄写手稿的宗旨，这可能成为人文主义者在重新整理古代典籍时要求语言准确的一种榜样。这并不是说弟兄会士发展成了人文主义者，也不是说他们独立地产生了任何一种新的世俗文化；人文主义学术的成长所需要的独立知识和生活经验，在这些弟兄会的住所里是难以找到的。然而，和人文主义在某些主要方面相近，就足以使弟兄会士在人文主义教育学中看到合乎他们自己意图的一些东西，并且使他们自己欣然参加那些曾经在意大利求学或者在别处与人文主义发生接触的人们所兴办的学校。在这种场合，弟兄会士创立和管理与他们的住所相连接的学校学生宿舍；这样，他们就能够把他们的宗教热诚和严格纪律贯彻到学生们的生活中去。的确，他们从事这种支援教育的工作是如此地广泛，以致在尼德兰、布拉邦特和佛兰德甚至德意志的大部分地区，终于到处都出现这样一些人文主义者的学校，它们的巨大规模和优良教学，大部分来自弟兄会会所的合作与利用弟兄会士管理的宿舍。

早在15世纪初，我们就见到库萨的尼古拉斯这样一位伟大的哲学家，他的思想首先是在须德海附近德文特的一座与弟兄会合作的学校的教育之下、后来是在海德尔堡和意大利的大学学习中形成的；由于在尼古拉斯的思想中南北两种因素的结合，就第一次出现了把神秘主义和"现代虔信派"的精神与意大利文艺复兴的思想交融在一起的哲学。在15世纪的最后几十年期间，在尼德兰的环境中教养出来的杰出人物是伊拉斯谟。他在思想形成期间，并没有访问过意大利；但是，他幼年时在德文特的学校上学时却是处于弟兄会士和受过意大利人文主义影响的教师们的双重影响之下。他在早期生活中，在牛津遇见了科利特。由于这一会见，低地国家的已经带有弟兄会士的精神素质和对《圣经》的兴趣的人文主义，与利科特在仅仅几年前从意大利带回英国并在英国继续宣扬的新神学和对圣保罗书的钻研,发生了接触。这样一来,在南北各种影响的交叉路口就出现了一种圣经人文主义,这个学派在巴黎也得到一个立足点,在那里,勒费弗尔晚年变成了一位伟大的圣经学者。在 1500 年和 1520 年之间,在伊拉斯谟的领导下,圣经人文主义成为意大利以外的人文主义的最重要的潮流。

伊拉斯谟的人文主义即和圣经的人文主义传播到上莱茵河和南德意志的时候,进入了一个已经有几个世代与意大利发生密切接触的地区,这是在阿尔卑斯山以北、法国宫廷与勃艮第宫廷势力范围之外的重要文化发展的第三个大区域。这个地区也具有一种显著的城市性质。南德意志,甚至整个德意志,还没有产生一种中央集权的君主政体;一些勃起的区域性国家的宫廷或者行政中心在观念上和结构上地方气息太重,不足以对德意志文化产生决定性的影响。在 15 世纪,德意志的下层贵族很少有机会去到王侯门下供职。直到 16 世纪下半叶,德意志贵族才在较大的邦国中开始发挥重要的政治和文化作用;从那以后,西欧宫廷贵族的迷人生活才成为每个王侯所在地的模仿对象。

在 1350 年至 1550 年的两个世纪中,出现了许多有利于德意志城市和城市各阶级的因素。在工业和商业中,国家优越的地理位置绰绰有余地抵消了 14 世纪流行病的灾难性后果。从 14 世纪晚期起,长距离内陆运输的发展把越来越多的东欧国家联结到欧洲各国间的贸易中来。东方的大量食品和原料资源弥补了德意志由于黑死病减少人口而造成的农业损失。由于需要用以交换的工业品,结果在德意志各城市,新的手工业和工业就迅速发展起来。同时还开采了新的矿山,这必然导致建立具有高度技术的金属工艺。另外,德意志各城市依然没有停止作为英国北与斯堪的纳维亚各国、南与意大利之间的贸易网的中心[①]。

因此,在 15 世纪,德意志生活的特点是,无数小的社会体(其中有许多半独立的帝国城镇)生气勃勃而一切统一和联合力量则软

---

① 关于德国 15 世纪的经济史,其中有许多情况依然难以归纳,参阅 F. 吕特格《德国社会和经济史》(1952 年),第 142 页以下,关于"城市的优越性"一章;同书,第 149 页以下,关于"德国贵族的作用"一章。

弱无力，二者形成尖锐的对比，而这种统一力量本可能把这些充沛的活力融合成哪怕不是国家也是地区的联合。在政治方面的后果是：各城市和区域性国家的相互斗争，许多社会集团中的革命骚动，以及对帝国已经陈腐的中世纪结构的不满情绪。在雕刻和绘画中，没有出现在目的单纯和摆脱地方气息方面能够与佛兰德派相比拟的近代的流派。但是，在德意志许多省份和城镇的艺术中，出现一种对于事物实质的新的理解和对于现实主义地表现人类性格的日益增长的能力，从而独立地产生与佛兰德的佳作并驾齐驱的东西。在文学和知识文化方面，也由于缺少具有超越地方影响力的中心，妨碍了较广阔的流派的兴起，更不要说全国性的流派了。然而，在各省的许多地方，由于几乎不存在维护中世习惯和传统的宫廷生活，德意志的学者和作家思想比较开放，他们从阿尔卑斯山以南的人文主义世界寻求新的发现，比西方学者和作家早得多。

在德意志南部地区，对于学习法学和医学的大学生，以及对于纽伦堡、奥格斯堡和乌尔姆的贵族青年来说，到波洛尼亚大学和帕多瓦大学求学很早就成为一种风气了，他们可以从那里把人文主义著述的最新作品带回国内。与此同时，这种著作通过意大利来访者源源不断地到达南德。在15世纪上半叶，由于召开康斯坦茨和巴塞尔两次公会议，有一大批担任秘书的意大利人文主义者在莱茵河上游地区逗留数年。15世纪最有成就的人文主义作家之一、一度在帝国办公厅任秘书的埃内亚·西尔维奥·皮克洛米尼（后来为教皇庇护二世），这时候在传播新学术方面起了重大的作用。在15世纪中期以前，德意志群众不仅从他的笔下得到大量的拉丁文通信以及研究人文主义学术和人文主义人生哲学的详尽计划，而且得到一部开风气之先的心理描写小说和可作为典范的关于德意志地理和历史的描述。一些把拉丁文学译成德文的翻译家们，受到这样的熏陶不久就对15世纪初期的意大利人文主义者的著作发生了兴趣，在这些著作中首先提出关于人的研究和开化、人类天性、妇女的作用、公共生活和家庭生活的新思想。这些到15世纪70年代已经译成德文的先驱作品，法国、勃艮第和英国的读者们在15世纪却几乎得不到其中任何一种译本。德意志作家接受新历史编纂学的影响也是同样迅速的。早在1456年就有一部半人文主义的奥格斯堡城编年史，否定了该城市一般流行的关于早期居民为特洛伊逃亡者后裔的传说。30年后，对纽伦堡的历史应用了同样的批评方法；到1500年左右，对于日耳曼人的起源（根据恺撒和塔西佗著作中的资料）和德意志中世纪历史的批判性研究，在德意志学者中间已经成为一个普遍探讨的领域了。

在这种环境中，适应人文主义式的大学教育要比在巴黎和牛津的古老的经院哲学的中心容易一些。新大学纷纷建立起来，其文艺院系明确显示出对人文主义的兴趣。第一所是1460年在巴塞尔建立的，那个地方既受到埃内亚·西尔维奥的影响，同时又受到出席会议的其他来访者的刺激。像这样一些人文主义的开端，与另外一种新的潮流交融起来。14世纪期间在奥康姆的经院哲学学派中已经开过花的数学和天文学的研究，在这个由意大利的影响和德意志工业城镇的工厂的实验交叉施肥的地区，又较早地萌动起来。正是在维也纳大学，在15世纪50年代和60年代期间，波伊尔巴赫和雷乔蒙塔努斯开始将人文主义研究与数学、天文学和力学结合起来，这后来成为文艺复兴晚期（特别是在德意志）的一个主要特征。丢勒时代纽伦堡在文艺复兴科学的这些领域中所要发挥的巨大作用，是早在15世纪70年代，当雷乔蒙塔努斯由于贵族的赞助而得到他进行天文学和力学研究所需要的天文台和工厂的时候就做了准备工作的。在那时候，纽伦堡除了在其他许多艺术和手工艺方面执牛耳外，还在1450年在莱茵河中游地区发明的活版印刷的新技术中树立了自己的伟大地位。

尽管通往文艺复兴的大道在德意志要比在西欧国家开通得早些，但是，不应忽略这样一个事实：那些在新路线上来往的旅客，在很长一个时期主要是在意大利度过一段成长期或者在南德意志与意大利人有所接触的学生；在15世纪，他们的势力还仅限于分散的地方和小的集团。在德意志，正如在西欧一样，一直到15世纪末，当它与宗教势力相结合的时候，人文主义才在本地的土壤中生根，而没有宗教势力，就不可能对中世纪晚期的世俗社会产生持久的影响。在伊拉斯谟的时代，认为新的研究可能带来一种文化和精神改革的期望，对于乐观主义的抬头起了决定性作用，人们以乐观精神面临他们自己的时代的巨大知识变化和展望未来。在15世纪的德意志文学中，除与意大利有联系的一些小团体外，找不到这种乐观主义的痕迹。15世纪的德意志说教诗每行每句都暴露出这样一个事实：甚至在我们找不到依然显示骑士作风的华丽宫廷的德意志,新的标准也还没有足够地成熟,因此尚不能与对由来已久的骑士美德的尊敬相竞争。由于这些美德在城市社会中消失殆尽,作为批评家的市民们便忧心忡忡地相信世界已经陈旧和解体,它在走向败坏和沦亡。在整个中世纪晚期的文学中响彻这样一个音调。同时,正如文艺复兴的乐观主义和对于新价值标准的信心还没有出现一样,在15世纪,德意志城市文化与文艺复兴所标榜的独出心裁和打破传统仍然毫无瓜葛。在工匠歌手(Meistersinger)的联合会——德意志手工艺者中与佛兰德和布拉邦特中产阶级的修辞院相应的组织里,中世纪晚期的同业公会的传统主义有一条戒律:凡是参加竞赛的会员,不得用不属于"十二大师"(传说中的歌唱权威)之一的腔调朗诵自己的诗篇;如果试图超出已经确定的形式,那就有点胆大包天了。在15世纪和16世纪之交,正是在纽伦堡的人文主义环境中,第一次承认了歌手个人创造的权利;过了不久,一个歌手只有在他至少创出一种自己的曲调之后,才能被尊称为名歌手。在16世纪初期,这个原则——足以证明日益增长的个人主义终于打破所有城市阶级的传统主义——变成了德意志各个城镇的德意志工匠歌手的法规。

  同时,在15世纪90年代初,我们在意大利半岛以外的每一个欧洲国家里都见到了一种类似的情况。在每个地方——由于篇幅所限,不容许我们在本章里叙述的西班牙可能是一个比较不明显的例子,但也并非例外——人人对意大利心向往之。北方与南方的这种接触是在北方国家的公民和学者们开始摆脱经院哲学和骑士文化的传统而在寻求一种既是人文主义的又是宗教的教育类型的时机进行的。因此,佛罗伦萨的新柏拉图主义逐步占有关键的地位。在意大利这一发展阶段中,人文主义文化似乎比在其他任何阶段中都更能够提供一种出于宗教动机的对古代文物的研究和一种虔信上帝的人生哲学。欧洲人向意大利文明求救之日,正是法国军队入侵意大利之时。从那以后,法兰西王国和哈布斯堡王朝互相交替地并吞亚平宁半岛北部。这样一来,从15世纪90年代起,意大利不仅成为客居的教士和学者们、而且也是欧洲所有国家的外交家和廷臣们经常注目的对象。而且,不久以后就认识到:像科利特和勒费弗尔那样的基督教人文主义者从意大利带回祖国的宗教哲学和《圣经》的批判研究，只不过是一种更复杂得多的政治、社会和文化发展的一个晚期的形态。

意大利的特殊发展的一个主要原因是它的贵族阶层的历史。从中世纪初期起，亚平宁半岛的大部分地区就已经看不到市民阶级与垄断政治、军事和文化领导权的骑士阶级发生封建式的分离。至少是在皇帝和教皇为唯一的但是软弱的君主的意大利北部和中部，大多数城市很早就发展成为虽非合法但在实际上独立的城邦，这在17世纪以前，是除了瑞士的寥寥几个农村式的和城邦式的州而外，西方世界仅有的一些共和国。拥有土地的贵族不得不迁入附近的城市。在大多数中心城市中，特别是在佛罗伦萨占有统治地位的商人阶级，到13世纪，一方面从事远距离的贸易，一方面生产呢绒——这是欧洲最早的主要出口工业。通过意大利贵族阶层的重要部分与商业和工业领导集团这种在同一城墙之内的会合，就比欧洲其他任何地方更早地形成了一个比较完整的文明社会，在这个社会里，骑士的因素和骑士的传统逐渐减少它的比重。

普罗旺斯行吟诗人的爱情诗被这些意大利城市贵族移植和改作后，就开始失掉它的老套子，而采取一种比较简单的、比较有个性的和更加自然的格调。这是在1300年左右即但丁时代意大利文学的潮流。到14世纪中叶，我们在意大利见到对于经院哲学以及骑士诗歌的形式和内容的有意识的反动，这种趣味和判断力的变化，在彼特拉克所领导的人文主义运动中，给予古典主义以进攻的力量。从西塞罗的著作流传下来的古罗马贵族的文化理想开始提供一种新的标准；西塞罗的"人性"（humanitas）变成一种教育的口号，这种教育要求把人从社会的习俗和职业的小圈子中解放出来，它努力使人的行动、语言和著作真正表现他自己，表现他的精神和文化特征。当时人们把维吉尔的史诗看作是反映人类朴素的忠诚和热情，以及罗马人热爱祖国的诗歌的现成范本；这是一部民族史诗，它摆脱了在中世纪诗歌中占有支配地位的荒唐无稽的骑士法规。李维似乎对历史文献起了一种类似的作用，他为戏剧性地描绘一个国家的发展情况提供了一个样板，并且通过对比说明，喜好外表的华丽和毫不相干的细节，是多么粗俗。

在中世纪，并不缺乏对古代诗人、演说家、历史家和道德哲学家的欣赏和一定的理解。在经院哲学兴起之前，特别是在12世纪，法国和英国的教士曾经普遍地研究他们。彼特拉克的人文主义中的新因素是他一心一意用西塞罗的"人性"观念作为解释古代文物的指南。彼特拉克虽然大半生是在14世纪中叶取代北意大利许多城市的共和政府的专制君主们的宫廷中度过的，但他没有背叛自己的理想。城邦的独裁者"执政官"（signore）基本上是坚强而自立的人物，他能吸引一大群在政治和文化方面出类拔萃的人亲近他们，并能与他们私人交往。他从来不是建立在宫廷习惯和等级差别上面的礼仪中心。的确，在最初的时候，专制君主国家的文化气氛几乎与城市共和国的文化气氛一样融洽，是一种只知道人与人之间高尚接触的形式和只知道实行自由教育的文化形态。彼特拉克的人文主义的胜利大大有助于把意大利专制君主所在地缓慢地、虽然最后不可避免地转化为宫廷文化新中心的过程一直延迟到15世纪晚期。从1400年到1500年，即15世纪的大部分时间，特别是在15世纪初，文艺复兴的人文主义者们，依据但丁、彼特拉克和薄伽丘所打下的基础，忙于创造一种企图作为所有社会阶级的有教养的人们——教士以及俗人——的共同财产的文化和文学。像弗拉拉的瓜里诺·达·韦罗纳和曼图亚的维托里诺·达·费尔特雷那样一些人文主义教育家所办的著名的寄宿学校，要求每个学生，甚至要求王侯的子弟，都学习古典研究和体育锻炼的同样课程。

　　由于意识到一种新的和更有价值的文化已经代替了中世纪的模式，这就出现一种必然的结果，即在15世纪的著作中，改变了对过去历史和过去与现在的关系的看法。人们论断说，通过但丁和彼特拉克，正如真正的艺术仿佛又从一座坟墓里爬起来一样，真正的诗歌和古代的智慧已经在1000年的昏睡之后"复活"了。此后的"人性研究"的再兴，某些重要拉丁著作（包括塔西陀和西塞罗的书信）的复原，以及在拜占庭流亡学者的协助下对希腊文学作品真本的接触，似乎开辟了这样一个时代，它纵然不能与古典时代完全相等，却标志着在文化的所有领域里的崭新成就的开端。应该指出，这种信心恰恰是在那些依然接受骑士法规的国家里弥漫着一种衰败的忧郁心情的时候，在文艺复兴的意大利增长起来的。

　　的确，如果城邦的自由在北意大利和中意大利的每个地方都为独裁的执政官取而代之,整个意大利变成一个君主统治的地区的话,意大利文化中的强烈的城市的和公民的倾向,就很难一直延续到文艺复兴。但是,在1390年到1450年的两个世代期间,尽管意大利各共和国具有最大工业实力并在欧洲贸易中占优越地位的时代已经过去了,但它们的中产阶级分子却由于在对暴政的严酷斗争中保卫了城邦的独立和公民的自由,得到了尊崇和威信。在14世纪末,最专横的暴政,即米兰的维斯孔蒂的暴政,通过继续不断的扩张,已经达到行将席卷北意大利和中意大利而形成一个专制君主国家的地步。如果这种威胁得逞的话,15世纪的意大利就不会成为一个天地虽小而万紫千红的地区,就不会呈现一种以城邦为基础的在某些方面类似古代希腊的样板的文明;而意大利的文艺复兴也不会根据它自己的经验,单独准备好去对古代世界做历史的重新发现。然而,由于佛罗伦萨和威尼斯的坚决抵抗,到15世纪中叶,米兰被局限到伦巴第地区;而在同时,佛罗伦萨和威尼斯两共和国建立起它们自己的区域性国家,又由于势力均衡形成的结果,一些较小的自由城市和专制政权也得以苟存下来。在这些基础上,15世纪下半叶出现了在历史和制度方面彼此极不相同的5个主要国家的体系(威尼斯共和国、佛罗伦萨共和国、米兰公国、那不勒斯王国和教皇国家),一个以通过不断调整均势而保持平衡的思想为指导,相互交往的国家大家庭。这在近代史上是第一个实例[①]。

15世纪初期的政治斗争和由此产生的共和自由与君主暴政并存的局面,给人文主义思想留下了经久不灭的痕迹。15世纪初期的人文主义者们,通过从希腊的史料(这时已阅读原文本)研究古代城邦的宪政生活以及以此为依据评价近代意大利城邦的历史,为

---

① 关于这种对于政治局势的估计,参见 N. 瓦勒里《1343—1516年公国时代的意大利》(1950年),特别是189页以下,260页以下;H. 巴伦《意大利文艺复兴初期的危机:古典主义和暴政时代的市民人文主义和共和国的自由》(1955年),特别是7页以下,315页以下,379页以下。L. 西梅奥尼的《执政官》(1950年)试图对维斯孔蒂家族和一般的专制君主国家提出强有力的论证。对于15世纪的解释,无数资料偏重社会经济因素而不注意社会政治因素,但是迄今为止,造成了观点的十分混乱。除了 W. 佐姆巴特(《中产阶级》;英译本改称《资本主义的实质》)和 A.V. 马丁(《文艺复兴社会学》)的较早的学说而外,参照 F. 安塔尔的《佛罗伦萨的绘画及其社会背景》(1947年)以及 T.E. 蒙森的评论(《历史思想杂志》,1950年第11期,369页以下)和 M. 梅斯的评论(《艺术公报》,1949年第31期,143页以下。关于观点的分歧,又见 C.M. 西波拉的文章(《经济历史评论》,1949年,181页以下);A. 萨波里《1952年第三届文艺复兴国际大会记录》,107页以下;R.S. 洛佩斯和 H. 巴伦的文章(《美国历史评论》,1956年第61期,1087页以下)。

文艺复兴的政治学和历史编纂学铺平了道路。他们在努力理解意大利的国家体系从神圣罗马帝国垂死的躯体中脱胎而出的自然原因时，对中世纪历史编纂学的基本假设（相信上帝安排一个继承罗马的全球帝国）以及中世纪欧洲的城市和贵族世家把它们的谱系追溯到特洛伊或者罗马、埃涅阿斯或者恺撒时所采取的任意而为的方法，表示怀疑。在意大利，这些传说在15世纪初期就被一种对古代罗马共和国和君主制的历史作用的现实主义的重新评定取而代之了。关于佛罗伦萨、威尼斯和米兰的起源，是在前罗马文明、罗马对意大利的殖民、罗马帝国后来的衰亡以及日耳曼移民的大浪潮等范畴内进行推想的。因此，15世纪意大利的区域性国家的历史就变成了新历史编纂学的早期典型，这种新历史编纂学，后来整整过了100年才在大多数场合排除了欧洲所有国家历史中的中世纪的神话。

15世纪初期给人文主义思想留下的另一个痕迹，是由决定公民的人生观的价值标准产生的。彼特拉克和他的同时代人以中世纪晚期笃信上帝的俗人的眼光阅读了有关道德行为的古典著作。在他们看来，古代的智慧和基督教的信仰一致，使人爱好静修生活，教人弃绝物欲和必须使内心摆脱激情。正因为有这样的解释，彼特拉克的讲述道德问题的论文立即在整个欧洲大受欢迎。然而，1400年以后在意大利，公民对于自己的生活方式的骄傲与对古代事物的日益增多的知识结合在一起，便导致反对对禁欲主义观点做出这样的让步。他们争辩道，大自然对人的赋予是为了行动和对他的家属与同胞有用；人文主义者的文化并不是要引导人离群索居。另外，对物质的占有也不应该仅仅以怀疑的眼光来看待；因为物质提供行善的手段，而且人类的历史就是他们变成大地及其资源的主人的进展过程。热情、雄心和争取荣誉是一个高贵的心灵行动的源泉；在人文主义的教育中必须鼓励这些东西。在15世纪初期意大利的人文主义文学中，没有一个分支不是某些这样的思想在里边起着作用；甚至在文艺复兴的晚期阶段，当哲学和文学中已经兴起不同精神的各种运动的时候，早期人文主义人生哲学依然是一种广泛的感化力量。在马基雅弗利和圭恰迪尼的世代中见到的关于人类本性、历史和政治的观点，在实质上还是由这种

第三章 15世纪的文明与文艺复兴

力量形成的①。

不过,到马基雅弗利的时代,意大利逐渐恢复了文艺复兴文明在彼特拉克以后100年期间所背离的某些社会条件和文化趋向。然而,尽管从15世纪下半叶起一些中世纪的传统又卷土重来,它们是经过文艺复兴精神的熏染后而再现的。这类的倒退之一是意大利宫廷的性质发生了显著的变化。在1450年以后有一个稳定下来的国家体系的时期,一种新的宫廷社会和贵族阶层在某些君主国家中发展起来,特别是在受到法国强烈影响的米兰,以及在埃斯特家族的弗拉拉和贡扎加家族的曼图亚,这两个家族都是靠给神圣罗马帝国当诸侯起家的,甚至经过早期文艺复兴运动,他们还保存着一定的封建君主的气氛。特别是在这些宫廷圈子里,复活了中世纪史诗的骑士主题和骑士阶级的理想。迄至1450年左右,是意大利的巡游歌手利用查理曼大帝和亚瑟王的骑士们的传说作为娱乐群众的题材;在15世纪下半叶,人们允许这些传说作为浪漫主义诗歌的引人入胜的主题进入文学——甚至在佛罗伦萨,在洛伦佐·德·美第奇的圈子里。在法国侵略军出现在亚平宁半岛以前,马泰奥·博亚尔多在弗拉拉的宫廷里写出了为中世纪史诗传统的历史开辟一个新局面的作品《热恋的罗兰》。不过,长期被抛弃的主题的这种复旧只意味着在艺术想象力方面的再生;不论是中世纪把骑士光荣事迹信以为真,还是中世纪把传说与历史真实交糅在一起的做法,都没有真正恢复。在重新恢复的对于骑士的勇敢、忠诚和爱情的赞赏中充满一种讽刺的调子,显示出一种已脱离了中世纪的心理状态。我们应该用一种同样的眼光来考察晚期文艺复兴对于完美的廷臣的理想形象的重新塑造,这种理想形象在1528年出版的但早在1510年左右就已经开始写作的巴尔代萨尔·卡斯蒂廖内的《侍臣论》中得到了最成熟的表现。与早期人文主义教育的公民

---

① 关于15世纪人文主义文化和它与社会以及文艺复兴的政治—历史思想的关系的这些解释,见 E. 加林《意大利的人文主义》(1947年;意大利文译本,《意大利人文主义:文艺复兴的哲学和公民生活》,1952年);H. 巴伦《危机》,以及 R. V. 阿尔贝蒂尼:《在从共和国向公国过渡时期的佛罗伦萨人的国家意识》(1955年),还参见 A. 勒诺代《文艺复兴意大利的历史问题》,载《人文主义和文艺复兴丛书》,第9卷(1947年),第21页以下;R. 斯彭加诺《人文主义及其起源》,载《意大利文学史杂志》,第130期(1953年),第289页以下;以及 W. K. 弗格森所著《文艺复兴的历史思想》(1948年)中《人文主义的早期传统》一章。P. O. 克利斯泰勒在其所著《文艺复兴的思想和学术研究》(1956年)中的一篇《意大利文艺复兴中的人文主义和经院哲学》,对早期意大利人文主义作出了不同的评价,主要认为这种人文主义并不是一种新的人生和历史哲学,而是"中世纪修辞学家"在语法、诗歌和雄辩术方面的工作在一个较高的水平上的继续。

性质大大不同,"侍臣"的新概念显然是向贵族阶级的标准的倒退。然而,依照卡斯蒂廖内的设想,"侍臣"却是文艺复兴的"一般人";在实质上,侍臣的这种概念并不是从中世纪骑士制度的土壤中生长起来的,而是脱胎于以锻炼身心并鼓励雄心和一切适合人类天性的高贵感情为基础的培养完人的人文主义教育纲领。

在15世纪晚期的哲学中,由于新柏拉图主义的重新抬头和对亚里士多德思想重新作宗教的解释,文艺复兴初期的现世主义被推到次要地位。那些从菲奇诺身上感到一种共同精神的英国人和法国人这样想是正确的:意大利在长期集中注意世俗生活的问题之后,已经在许多方面恢复对宗教的兴趣和心灵的虔诚态度。菲奇诺从他作为哲学家的生涯的最初起,就拒绝接受早期人文主义者的某些基本理论,如他们坚决主张灵魂和肉体的不可分离的统一,他们高度重视物质财产,他们把积极生活摆在第一位而忽视静修的价值。菲奇诺和皮科·德拉·米兰多拉的形而上学推理的基本思想,他们的抽象逻辑论证,他们的著作的结构本身,的确表明返回中世纪的思想,甚至部分地返回经院哲学的思想。不过,在这个范畴内,当菲奇诺和皮科讲述人在宇宙中的位置、人的尊严和创造力量时,都是采用文艺复兴的语言。菲奇诺的新柏拉图主义,尽管包含禁欲主义和经院哲学的因素,却是比任何中世纪哲学都更加深刻地受到柏拉图对话的人文主义精神的影响而形成的。即便说菲奇诺的人生观反映了15世纪初期的公民精神的衰退——归根结底是由菲奇诺时代在洛伦佐·德·美第奇统治下的佛罗伦萨的一个乔装打扮的执政团所引起的衰退——然而,佛罗伦萨第一号公民洛伦佐对于美术家和文人的关系依然与中世纪晚期公侯宫廷的庇护很少有相似之处。洛伦佐的圈子里的社会接触是自从彼特拉克以后指导意大利人文主义者的人类友谊理想的实现,他们有意识地企图恢复在西塞罗和柏拉图的对话和书信中所见到的文明交际的古代形式。在洛伦佐的晚年期间,有一些从北方来访问菲奇诺的客人还能够参加"柏拉图学园"的非正式的朋友集会。"学园"的成员效法柏拉图和他的弟子们,聚集到洛伦佐在卡雷吉的别墅中,进行哲学讨论和参与一种艺术与音乐占有主要地位的社会生活。正是在这些集会中,以及通过菲奇诺的著作,柏拉图的爱的哲学在文艺复兴思想中获得中心地位,而在16世纪期间,它在欧洲文学、哲学和艺术中继续占有这种地位。

因此，北方学术在15世纪90年代与意大利人文主义文艺复兴的汇合，对于未来的欧洲文化来说，是充满发展潜力的。尽管在牛津、伦敦、巴黎、低地国家、莱茵兰和西班牙兴起的"新学术"的目的，在于指明宗教研究的方向，但其实际效果却好像打开一面窗子，展望意大利在两个世纪的过程中出现的广阔的新世界。从那时以后，对意大利在教育和政治—历史思想方面、在文学和艺术方面、在社会交往方面以及在人生哲学方面的成就的吸收和应用，就变成所有文化生活的一个基本任务了。这一任务的完成主要是在1490—1520年当文艺复兴运动的浪涛正在整个欧洲滚滚向前的时期，但是完成的过程一直延续到17世纪，在这一过程的漫长的年代里，宗教改革、海外发现以及近代自然科学的萌芽逐渐使意大利与欧洲其余部分之间在文化方面的地位对比颠倒了过来。

张文华　马　华　译

第 四 章
罗马教廷与天主教会

在天主教大分裂①带来的长期纷争之后，教会终于重新归于统一。教会如今似乎可以团结在尼古拉五世（1449年）的周围，在较少干扰的气氛中追求它不变的理想了。象征教会两大愿望的两个词再次响彻四方，即对内——改革，对外——十字军东征。两者都是刻不容缓的事，各国目光远大的人们都在鼓吹对教会进行彻底改革，希望（虽然并不十分明确）恢复其早期的纯洁。至于对土耳其人的十字军东征，日益迅速发展的事态已足以证明：即使对宗教和政治最漠不关心的人来说，这也是势在必行之事。从那时起，以后很长一个时期，对内改革和对外十字军东征在教皇的言论中占据显著的地位——当然只见于演说和通谕，而未见诸行动。

到了15世纪中叶，文艺复兴实际上已在某种程度上冲击了意大利，其光辉所到之处，连罗马教廷也和各个国家一样，无不为之眼花缭乱。尼古拉五世是位第一流的学者（他是梵蒂冈图书馆的创办人），后来成为第一个"文艺复兴教皇"，他决定拆毁旧的君士坦丁大堂并在原址兴建一座与新时代精神相适应的建筑物，这个决定就足以说明他的习性和爱好。在这里我们应该补充说明：他的这一决定曾经被人指摘为破坏文化的野蛮行径。文艺复兴的光辉是如此地眩目夺人，使教皇对其他理想全都视而不见，把罗马教廷领入了一个世俗的荣誉和艺术的光辉使宗教信仰黯然失色的发展过程。即便像君士坦丁堡为土耳其人所占领（1453年）那样轰动的事件，既未能燃起基督

---

① 指1378年至1417年间，意、法两国封建君主为争夺对教廷的控制权而造成的两个教皇对立的局面。——译者

教世界早已冷淡下去的热情,也没有使罗马教廷有效地改变那种专心致志于尘世的尊荣,甚或更加卑鄙地一味追求扩大家族势力的情况。

卡立克斯特三世是个性格暴烈的西班牙人,一度似乎是基督教十字军的鼓吹者和坚强战士;组织教皇舰队是罗马教廷在这方面第一个令人惊异的冒险行动,虽然英勇可嘉,但仅如昙花一现。另一方面,从这位第一个博尔贾家族的教皇①开始,重用亲属这种贻害他和此后一个世纪的祸患,毒化了罗马的气氛。庇护二世(埃内亚·西尔维奥)是人文主义教皇的完美典型。这位教皇是一位令人喜爱的人,有大量的文学著作留给后世。除了他就任圣职以前所写的小说《优利阿勒斯和萝克莱西娅》和喜剧《克里西斯》以外,应该一提的还有往往显示出他深思明辨能力的大量书信以及至今尚有极大历史研究价值的《评论集》,虽然这些评论并不都是十分客观的。这位教皇在外交方面审慎周密而能审时度势,似乎理应做出一番伟大的事业,尤其是应最后组织起他的前任教皇所念念不忘的十字军东征。但是他的所作所为结果极端令人失望。他无疑是真诚地号召组织十字军,但是他真会相信这种行动能得到成功吗?他的著名通谕《罪恶的》明确肯定了教皇的绝对权力,在此后许多年都得到响应。欧洲已无可挽回地四分五裂;昔日的共同理想已被一点一点地抛弃;这些都是令人沮丧的因素,这位教皇不久就明白了一切。因为他坚持基督教传统的普救众生的理想(纵然带有绝望的色彩),所以,如上所述,他在我们心目中是中世纪最后一位伟大的教皇。

在他以后,罗马教廷的衰落更加明显。保罗二世是个喜爱奢侈生活的威尼斯人,自然不是一个能挽救当时不稳定局面的人。而对"教会三恶魔"西克斯特四世、英诺森八世和亚历山大六世应如何评论呢?提起西克斯特四世,他寡廉鲜耻地任用亲信,他极端暴虐和巧取豪夺的政策,均应受到谴责。他当然也可以被看作是文艺复兴舞台上的伟大人物,典型的文艺赞助者,但是他那个时代意大利的许多小君主,谁没有这样的特点?而他的领土野心和肆无忌惮的专制,不正也是和他们毫无二致吗?各个民族,尤其是日耳曼民族正待发泄他们

---

① 博尔贾,西班牙—意大利著名家族。卡立克斯特三世系该家族成员,后其侄为教皇亚历山大六世。——译者

的仇恨和积怨,当面向他倾吐他们的满腔苦情。基督教的大厦已出现裂缝,象征着分裂即将发生。不论人们在其他方面对托克马达这样一位毁誉参半的人物做什么样的评价,西班牙宗教裁判所的酷刑和掠夺性残忍手段,似乎也无法提高罗马教廷的威信。英诺森八世任教皇的八年,更是坏得不能再坏的不祥之兆,当时任用亲属和财政上横征暴敛达到登峰造极的地步。他的宫廷副大臣说:"上帝并不想要罪人死去,宁愿让他活着并拿出钱来。"这位教皇发布过臭名昭著的通谕《深情地希望》有力地促成了对巫术的审判(1484年)。不久以后,令人不寒而栗的《作恶者罪孽》通谕(1487年)便成为宗教裁判所审问官们的行动指南。这位教皇的劣迹达到了前所未闻的程度:刚刚着手的对内改革停步不前,十字军东征则不再有人相信。如果说广大群众对罗马教廷仍然保持着深信不疑的顺从的话,达官显贵和统治者本身则或者心怀二志,或者公开造反,波希米亚国王乔治·波迪布拉德的例子是令人难忘的。以后很长一个时期,以诉诸宗教大会相威胁,便成了对教皇的一个经常的要挟。

正当罗马教廷忘记了它一直应该起的伟大作用,日益卷入一些毫无意义的家族阴谋活动,并且做出种种不适当的妥协,因而削弱了它的威信的时候,土耳其官方的第一任大使于1490年11月底来到罗马。关于穆罕默德二世之子、巴耶济德之弟杰姆的令人吃惊的故事(见第398页),可以典型地说明教廷对土耳其的政策,是一种只图钱财的鼠目寸光的政策。在此期间,发生了一些惊人的事件,包括新大陆的发现。1492年,克里斯托弗·哥伦布在美洲登陆,与此同时,唐·罗德里戈·德·博尔贾利用因出卖圣职而臭名昭著的各种协议,登上了圣彼得大堂的宝座。世界的视野开阔了,而恰在此时一个最不配当教皇的人却继承了这一最高圣职,这真是奇妙的嘲讽。

1492年当选为教皇亚历山大六世的唐·罗德里戈·德·博尔贾,天赋之高无以复加,而对这种卓越才华的滥用亦无人能出其右。结果,这位令人不安的教皇受到了最严厉的评判。这里绝不是替这样一个人辩解,更不是像某些历史学家那样徒劳地设法为他恢复名誉。固然,他是文艺复兴时代人物的最高典型:他知识渊博,精力过人,雄心勃勃,但是他也是一个十足的寡廉鲜耻的人。这位教皇以不可饶恕的软弱来对待他的家族,这里没有必要详细叙述这个家族所犯的那些往往被传说进一步夸大的暴行和罪恶。他的许多同时代人尽管对当时意大利宫廷的一些经过添枝加叶的丑闻和惊人的奢侈靡费已经司空见惯，也都大声谴责这些行径之可耻。

萨沃纳罗拉事件这一悲剧的发生，首先是由于这位主张改革的修士和那位不配做教皇的教皇之间的激烈矛盾。来自弗拉拉的修士吉罗拉莫·萨沃纳罗拉在炽烈的热情和真挚的虔诚的激励下，像其他许多人一样，满怀改革教会的愿望，以恢复其旧日的纯洁，并把它从那些不可靠的教士手中夺回来。和当时许多传教士一样，萨沃纳罗拉喜欢以他那热情洋溢和含糊其词的预言性说教来打动他的听众。教皇长期置之不理，直到他本人受到异常猛烈的人身攻击后才被激怒。不仅如此，萨沃纳罗拉数年来对他所控制下的佛罗伦萨实行令人吃惊的专制，使人们对他的权威产生了憎恨，而这种权威起初是人们很容易地就接受了的。萨沃纳罗拉的信徒们肆无忌惮地纵情于各种越轨行为，常常有人加以描述；同样，这位专制者所规定的节日和宗教仪式享有历久不衰的盛名，至今仍是一种奇迹。很难想象佛罗伦萨人竟会喜爱老年人的舞蹈和市民们戴着花环的舞蹈，喜爱那些不仅不尊重、反而是嘲笑宗教感情的假面舞会。固然，在这些儿戏中间，也可以辨别出比较严肃和比较新的思想，仅就他的相对说来具有民主性质的"民众政府"概念来说，即是如此；但即使在这方面，少数狂热分子的放肆行为也毁灭了一切。在一种神经极度紧张的气氛中——并有暧昧的政治阴谋奇妙地交织在一起——萨沃纳罗拉没有觉察到佛罗伦萨不久将脱离他的掌握，而事态的发展将会有利于教皇。历史学家一定会多少有些惋惜地记载：这位改革者的美好动机，显然由于缺乏稳重的情绪而受到影响，结果导致一种简直令人无法忍受的统治：类似宗教裁判所的那些折磨人的做法加上稀奇古怪的宗教仪式是绝不会重振道德的！萨沃纳罗拉被开除教籍后，很快接二连三发生了一些事件。开除教籍这种惩罚手段当时在公众心目中还没有失去威力。用火刑进行拷问是一种荒谬绝伦的悲喜剧，它重现了中世纪后期神裁法的真实场面的气氛，这种做法也是这位改革家的致命错误，使我们很难把他看成是近代思想的先驱。不久以后他便被处死（1498年5月），在罕见的群情激愤和战争喧嚣声中，他很快就被世人遗忘了。很久以后，萨沃纳罗拉被认为是新教改革的先驱之一，持这种意见的人虽不少，但是缺乏根据。

这段插曲虽令人迷惑难解，根本无法与以后发生的其他事件相比，它对教皇威信的打击也没有预料的那么严重。教皇对西班牙和葡萄牙之间就哥伦布及其后来人发现的广大领土所作的著名仲裁，便是一个明证①。一般认为这只是几个岛屿的问题，而不是整个大陆的问题，也许正因为如此，这些领土才在一系列通谕中作为教廷对"岛屿"拥有宗主权范围之内的问题来对待；这是一种很早就有人提出的理论。于是，从1493年到1501年陆续颁布了六道"亚历山大通谕"，其中最重要的是1493年6月28日颁布的，称作《划界通谕》(Inter Cetera)。对新发现的陆地作如此划分，也许纯粹是中世纪的概念；这在当时就已经肯定是一种时代错误，其愚蠢之处后来由海上强国英国、法国和低地国家显示了出来。

这位教皇为培植他的家族中那些令人生畏的成员在意大利的牢固势力而进行的不懈努力，也注定不会有多大成效。在意大利历次战争中，法国的两位国王虽曾获得辉煌胜利，但也同样遭到毁灭性的失败，在战争的发展所引起的欧洲混乱局面中，像亚历山大六世这样一位教皇所施展的伎俩，不过只能引起一点微弱的反响而已。这位教皇因对法国国王路易十二过分曲意奉承而威信扫地（如在路易十二离婚问题上。这一无礼闹剧曾轰动了舆论)②；他的私生活荒淫无耻，他的一家人声名狼藉，暴行累累；这样一个教皇还能领导基督教徒组成十字军东征土耳其吗？土耳其人确实仍是一个威胁，但是在一个四分五裂的欧洲，亚历山大六世却是最不足以唤起进行这种事业所需要的热情的人。他倒是有可能同那些异教徒一起策划居心叵测的阴谋，因为这些阴谋，有人说他的政策是亲土政策③。因此，1501—1502年基督教国家的舰队在爱琴海上显示武力的行动没有产生显著的效果，也就不足为奇了。十字军东征的思想已经名存实亡。

另一方面，几乎在每个国家，建立国教的趋势愈来愈明显；而由于当时早期民族主义的迹象正在出现，就使这种分裂运动愈发严重。

---

① L. 韦克曼：《1493年亚历山大通谕与中世纪罗马教廷的政治理论——教廷的岛屿宗主权之研究》（墨西哥，历史研究所，1949年）。

② 路易十二在1498年继查理八世为法国国王后，便解除与前妻的婚姻，而与查理八世的遗孀结婚。——译者

③ H. 泼夫曼：《文艺复兴时代罗马教廷与土耳其的合作》（温特图尔，1946年）。

德意志的马克西米连和法国的路易十二,一个梦想建立德国的国教,一个梦想建立法国天主教,这些教会都严格地从属于各自的君主。在法国,国王们在优柔寡断的罗马教廷面前肆无忌惮地大颁其国事诏书(见后面第 302 页)。在西班牙,在英国,甚至在意大利,都可看到同样的趋势,不过略有不同而已。罗马教廷对此只是敷衍应付,满足于求得暂时解决办法和做出眼前的让步。

至于仍在争论不休的教会内部改革的问题,亦未看出取得了任何真正的进展:开明的舆论坚决要求改革,而罗马教廷却从未能拟定出一个具有明确内容的改革纲领。因此,教会改革问题仅仅是少数几次在方法上前后矛盾的互不相干的尝试而已。由于这个原因,佛兰芒人让·斯坦敦克(1443—1504 年)便值得一提。他的苦行和禁欲属于中世纪的理想,并未经常受到人们的赞赏,他的已经落后于时代的思想受到伊拉斯谟的讥笑。另一方面,让·蒙巴尔(1460—1501 年)提倡的精神修炼,也根本不足以恢复对宗教的虔诚。总之,尽管这些改革者及其门徒们热情可嘉,但收效微乎其微;也许只有伊比利亚半岛的情况除外,在那里,由于红衣主教希门尼斯·德·西斯内罗斯的努力,16 世纪大规模的神秘主义运动的种子开始发芽。

如果说在位仅三周的教皇庇护三世只须附带一提的话,我们对另一位教皇,即非常有力的人物朱理亚二世,则必须详加论述。西克斯特四世之侄朱理亚二世一生经历了许多大事,在光辉的生涯中显示了百折不回的毅力和精明强干的行政才能。他容易感情冲动,富于尚武精神,适合于从事激烈的活动而不善于静思,所以这位教皇在拉斐尔那幅经常被复制并加以解释的名画中的形象是:双唇紧闭,两眼深陷,炯炯发光,当时的人都觉得"望而生畏"。

他的无可否认获得成功的国内政策,结果在各国的教会里牢固地恢复了迄至那时为止由于长期混乱而遭到践踏的教皇权力。过了不久,朱理亚二世就撤换了几年前权势显赫的劲敌切萨雷·博尔贾,劝服了封建贵族中最不安分的人,并敉平了匪乱。这位生性好斗尚武的教皇,贸然推行自己的政策,不止一次地断然亲自率师远征,使整个欧洲茫然不知所措,然而当时的欧洲,对于在今天看来令人十分反感的现象已经司空见惯。他迅速征服了佩鲁贾,然后征服波洛尼亚,使他能有机会以隆重的仪式庆祝他的胜利(1507 年),不禁令人想起罗马皇帝们凯旋游行的生动情景。从这时起,朱理亚二世便成为每一次外交计谋的中心。是他组织了对威尼斯的斗争,由于他从法国取得援助,很快就将之击溃(1509 年);又是他背信弃义地改变自己的政策,恢复了蒙受奇耻大辱的威尼斯,并采取步骤建立反法的神圣同盟,因为他畏惧法国的野心,想把它赶出意大利。这几次战争中最有声有色的一段插曲是在隆冬季节围困并攻克米兰多拉城堡:这位教皇在刺骨的严寒中戴上头盔,亲自指挥作战。他的英勇自然博得了某些人的赞扬,马基雅弗利便是其中的一个;但是也使某些开明人士感到愤慨,而这也是有道理的。他的政策无疑是一种大胆的政策,就其直接后果来说是有成效的,但对未来却充满巨大的危险。朱理亚二世认为必须挑拨各主要的君主一个个彼此争斗,结果使意大利长期沦为战场,并且把他称之为"野蛮人"而本想要消灭的那些人引入了他的国家。如果不是对教会,而是对文明而言,从这些事态发展中得到的唯一收获,便是使意大利文艺复兴的新原则传遍了仍深深处于中世纪状态的欧洲。

对于那些仍能保持健全判断力的人来说,由一位教皇来放手从事暴力行动,是他们不能接受的。这里只须提一下伊拉斯谟针对这位使他厌恶的教皇而写的几段著名的话。这位人文主义者在他的《愚人颂》(1511 年)中写的这些话,虽未明确指名,但不难看出指的是朱理亚二世:

> 虽然在《福音书》中,使徒彼得对主耶稣说:我们已经撇下所有的跟从你①;但是教皇们却把土地、城市、贡赋和封邑称为主的遗产;为了这些,他们心中燃烧着对基督的爱,用火与剑互相争斗,流了许多基督教徒的血,而当他们英勇地打败他们所谓的敌人之后,还夸耀说他们像使徒那样尽最大的力量保卫了教会,即基督的配偶②。……你将会看到,这里年迈体弱的老人干着年轻人的事,既不在乎他们付出的巨大代价,也不为所花费的沉重劳动感到厌倦……一句话,他们成了人类灾难的根源。

---

① 见《新约全书·马太福音》第 19 章第 27 节。——译者
② 《新约全书·以弗所书》第 5 章第 23 至 25 节曾把基督和教会的关系比作夫妻的关系。——译者

第四章　罗马教廷与天主教会

这里指的是什么，一看便知，任何人都不会发生误解。在1517年写成的《和平的控诉》(Querela Pacis) 中也可以找到同样的批评：

> 战盔与教冠有何共同之处？权杖与利剑，福音书与盾牌有何关联？继承众使徒的主教啊，你怎么敢向人们讲授与战争有关的事物？

最后，一本据认为是伊拉斯谟所作但迄无定论的题为《从天庭驱逐出来的朱理亚》(Julius exciusus a coelis) 的小册子，以严厉的词句表达了基督教世界中开明分子对这种远远悖离基督教教义的行为的愤慨。

在朱理亚二世任教皇期间，还发生了公会议权力至上主义与教皇专制主义的斗争中最引人注目的插曲之一。自从天主教大分裂以来，这一斗争经历了一些颇有影响的事件。早在15世纪中叶，庇护二世在他的《罪恶的》通谕中虽已最明确而庄严地宣布了教皇的主张，但是公会议权力至上派十分有力地拥护各君主的利益，因此不是一下子就会销声匿迹的。到15世纪末，历届教皇固然还在坚持他们的专制主义，但是也可以看到某些诸侯正在恢复公会议权力至上主义。例如，法国国王路易十一曾在他与西克斯特四世的交往中一再玩弄和滥用这种威胁手段，而且这样做的不止他一人。后来，亚历山大六世曾经长期担心他会被公会议罢黜。朱理亚二世在位期间，斗争又格外激烈起来。1509年，这位教皇庄严地重申了庇护二世通谕的条文；而由于朱理亚二世的政策，在国际政治舞台上刚刚陷于孤立的法王路易十二，则为了使公会议权力至上的主张取得一次重大胜利，便劝说少数热心为他效劳的红衣主教在比萨召开一次宗教大会，即比萨公会议（1511年5月16日）。朱理亚二世则针锋相对，于1512年4月19日在拉特兰宫召开了自己的会议，也是一次公会议。两派对立的理论互相交锋，其激烈程度难以想象，据当时人们的意见，这是一次决定性的较量。

路易十二的打算，不论就哪方面说都是动摇不定的，一开始就预兆不佳。仅有很少几个红衣主教答应参加比萨公会议，而没有一个人相信这么几个持异议的人就可以代表全世界的天主教。人们不久就看清，这个公会议的成员不过是法国政策的并不热心的工具。这个公会议，或如它的对手们所称的"集市"（Conciliabulum）①，知道它处在站不住脚的地位，一开始就注定要失败，所以只能苟延残喘地存在下去。少数忠心为法王效劳的主教，枉费心机地想做出一番精彩表演，他们竟至要传讯教皇，颁布法令暂时停止他的教皇职务（1512年4月21日），但是几乎毫无作用。教皇随后策划进行反击，这证明格雷高里七世和英诺森三世时期教皇提出的那种权利要求还没有被人遗忘：宣布法国王位空缺，将王位转给英王亨利八世！然而，这位教皇当然也知道这样的决议已经过时，而且也不可能付诸实行，因为他准备的敕书始终不过是一个草稿，当时的大多数人也对此毫无所知，而对我们来说，它只不过是历史上的一段奇事，虽然它能够说明许多问题。

比萨"公会议"时期，双方都产生了一种论争文学，这是近代在政治中使用宣传的最早实例之一。教皇和法王在这方面都不遗余力，而且攻击同样猛烈。但是，从长远的观点看来，那些把教皇的性格刻画得既可笑又可憎的不计其数的小册子和戏剧表演，结果只起到混淆视听和蛊惑舆论的作用，而舆论却几乎毫无例外地厌恶那种利用公会议反对教皇的想法。对于朱理亚二世的种种阴谋诡计，他的战争狂热，他不正当的政治权术，以及他忽视教会作为和平维持者的传统作用这些方面，法国国王和比萨公会议的拥护者要加之以罪名是太容易了。但是尽管用尽了各种方法，群众却几乎无动于衷。确实，不应忘记，人民从整体说来还是尊敬罗马教廷的，即使它由亚历山大六世或朱理亚二世这样的人做代表也还是如此。从许多方面来看，总的气氛和中世纪时差不多完全相同，至少在两代人的时间是不会起变化的。法国的舆论已经厌倦了那种看不出有解决办法的争论，厌倦了人们已经隐约地感到在政治方面枉费心机的意大利远征。当1512年军事上惨败的消息广泛传开的时候，每个人都看到比萨公会议的寿命已经屈指可数。另一方面，1512年5月3日由朱理亚二世庄严召开的第五次拉特兰公会议却越来越明显地赢得了大多数主教的支持。这次

---

① 原文与"公会议"的原文 Council 谐音。——译者

会议决定对法国国王及其支持者实行宗教制裁，结果产生了很大的影响。即使在此之前也是动摇不定的法国国王本人更受到很大的震动。从此，事实很清楚，比萨公会议将要落得一个不光彩的下场，不久，其成员便作鸟兽散。

所以，这是教皇的一次胜利。1513年1月，"意大利的解放者"朱理亚二世举行了一次真正的"罗马帝国式的凯旋仪式"。这足以证明，这位教皇与其说是作为全世界天主教的首领行事，倒不如说是作为意大利的君主行事。人们可以想象到，这位教皇在被描绘成为执掌世俗大权的皇帝的时候，是何等的踌躇满志。但是好景不长。数星期后，这位卓越的教皇就一病不起。虽然为时不久，但他一度确曾是"全世界的主宰"。

对这位曾为马基雅弗利所钦佩的教皇，必须给予严格的评价。他同时代的许多人对他厚颜无耻地使用那些与基督教世界领袖的地位不相称的方法深表痛惜，佛罗伦萨的历史学家圭恰迪尼曾经以相当客观的评断写道：

> 假如他是一位世俗君王，或者，假如他把在世俗事务和军事韬略方面为教会增光的心血和辛劳用于通过和平手段而在宗教方面为教会增光的话，他一定会是一位无愧于享有最高声誉的教皇。尽管如此，比起在他之前的任何一位教皇来，他还是值得尊敬和深切缅怀的。

这位非凡的人物，生来就爱好虚荣和战争，既是艺术保护者，又是军事指挥官，他有创建帝国的气魄，但不是一个志在普救天下的教会领袖那种类型的人。

以前，16世纪常被人们称为"利奥十世的时代"；现在至少可以说这位继承朱理亚二世皇位的人是不应被忽视的。佛罗伦萨的杰出人物"伟大的洛伦佐"的儿子乔瓦尼·德·美第奇在十分年轻的时候，就在1513年3月11日当选为教皇，他的当选颇受欢迎。基督教世界对已故教皇的杀气腾腾已经十分厌倦，新教皇的统治看来将会比较和缓。

新教皇利奥十世与他的前任迥然不同，而且，附带说一下，也不喜欢他的前任。他的思想极为高雅而富于修养，他是人文主义者、学者和艺术家的保护人，在他身上不再存在任何中世纪的残余，相反，他就是文艺复兴的化身。他的教皇任期预示着一个容忍和宽容的新纪元的到来，正如他丰满的圆脸，多少有点闲散的外表一样，与朱理亚二世的满脸凶相形成鲜明的对比。可以期望，这样一个人是会采取外交途径而不是宣战方法来解决争端的。在涉及对法关系的问题上，情况正是这样。

比萨公会议这个令人不安的事件一结束，新的灵活政策几乎马上开始出现。利奥十世没有按照某些人的要求严厉惩办那些迷途的羔羊，而是对那些确实通过公开认罪仪式而有悔改表现的人无条件赦免。在裹好这一内部创伤之后，他又不得不设法结束意大利战争。当时由于法国新国王弗朗西斯一世即位，这场战争又获得了新的推动力。在这件事情上，同样必须实行灵活的政策。

这次选择的时机很是适当。敌对双方都希望进行会晤，以便结束各自所处的困境。1515年12月11—15日，法国国王和教皇在波洛尼亚为签订他们早已感到需要的协议打下了基础。将近一个世纪的时间，法国教会一直没有任何权威，在两个同样倾向于专制主义的主子之间陷于分裂。国事诏书并没有给法国教会带来它打算给予的特权。相反，法国教会实际上经历了一段悲惨的时期，当时，主教管区和修道院实际上被当作掠夺物，各方以最恶毒的方式你争我夺。几乎没有一处按正式手续进行选举，因为国王利用一切手段，包括最残忍的手段，把他自己内定的候选人强加给选举人；某些关于主教选举的记载谈到了一些肮脏到极点的交易。即使没有发生过武力斗争，但有一桩提交高等法院或大枢密院的诉讼案，人们从中得到的只能是令人悲叹的景象，信徒们积压着怨愤，不知道该听从哪一个主教。这样的情况绝不能再继续下去了。双方都认为，国王和教皇之间签订一项真诚的协议已是当务之急。这样的协议终于通过签订波洛尼亚政教协议而达成了，但其间不是没有经过周折。

这项政教协议的功绩在于它结束了这一切灾祸和辱骂，它所提出的解决办法看起来也比较合理。以下所述是这些解决办法的概要。关于圣职，国王保留提名权，根据教规的任命权则归教皇。这样就合理地划分了特权，不过这样的划分将会使选举停止进行。这似乎是一种极端重要的革新，但只不过表面看来如此，其实如上所述，选举早已名存实亡。况且，国王在人选上也不能完全任意决定，他必须遵守有关候选人年龄和资格的规定。否则教皇有权拒绝他认为不符合要求的任何候选人。在司法权方面，教皇做了相当大的让步，这是不可避免的，因为巴黎高等法院经常抵制罗马教廷提出的要求。至于税收这一棘手的问题，是问题的核心所在。在解决这个问题上，也有不明确的地方，人们不久即认为国王做出很大的让步。关于是否可对圣职的薪俸征税以充实罗马财库的问题，则仍然是一个随时会发生意外的问题。国事诏书当然应予废止，这是教皇的巨大胜利，其条款竟使国王左右的人不敢予以公布。最后，政教协议还有几项关于教会改革的条款，但十分软弱无力，从来也没有人认真把它们当作是有效的。实际上，协议仍遗留了许多尚未解决的问题。

情况既然如此，该协议在法国的通过就不能不遇到强烈的反对，而国王的犹豫不决更助长了这一点。高等法院和大学对于接受教皇通谕的主张坚决予以抵制，举国上下发起了一场宣传运动，迫使国王和大法官迪普拉采取严厉措施。高等法院到1518年3月22日才同意将该协议登记备案，而两天后又强烈抗议强加给它的这个决议。在大学和高等法院的一些人中，骚乱持续达数月之久。但是尽管遭到这些反对，政教协议仍然付诸实行了。

关于教廷在财政方面的诛求无已，虽然政教协议中以十分审慎的态度来对待，但仍是当时形势中棘手的问题之一。两个世纪以来，这些苛捐杂税引起过很多不满，每个政府都曾对日益严重的额外征收现象加以指责。尤其是到15世纪末，事实已经十分明显，教皇的财政要求——往往是为了最卑鄙的目的——决定着罗马教廷的整个政策。

虽然迄至那时为止，就连最激烈的抗议者也还没有想到要同罗马做最后的决裂，但到处都可听到少数人士的呼声，指责这种横征暴敛的弊端，要求教皇注意到这种政策的危险。感到深受苛捐杂税的盘剥，这种情绪是当时某些事件中表现出来的反罗马立场的主要根源。它虽然到处都不同程度地存在，但在德意志尤为严重。改革教会的尝试措施不当，以致声名狼藉；15世纪末期的几任教皇可悲可叹，都为这种真正的"反教权主义"打下了基础。这种"反教权主义"，我们不但在当时的贵族或平民的某些阶层中可以看到，而且首先可以在大城市富有的纳税市民中看到。所以，控诉书之类的东西广泛流传，历数个世代之久。而且，这些思想倾向与当时仍然根深蒂固、在某些情况下中世纪色彩很浓的信仰并无不符合之处。实际上，正是在当时宗教观念最深的国家里，这种精神状态，加上痛苦的愤懑和民族主义的反抗情绪，表现得最为明显。在德意志和英国，情况尤其如此：在德意志，这种运动部分地说明了马丁·路德成功的原因；在英国，这种运动后来导致了与罗马分立的国教的创立。星星之火，可以燎原，"赎罪券"事件正是这样的星星之火。

　　由于过去往往被人误解，所以在这里不妨提一下什么是赎罪券。它是对仍须受惩罚的罪恶的全部赦免或部分赦免，否则要在现世或炼狱中受罚，即使罪人经过苦行赎罪圣礼，罪行已获赦免，亦在所难免。蒙受圣恩是一个必不可少的先决条件。此外，还规定要祈祷、斋戒和克己，以及从事各种善行，如捐赠和施舍，朝拜各个教堂，出钱朝圣，兴办慈善事业甚至公益事业，如建造教堂、桥梁、道路和堤坝。就这种意义上看，赎罪券有各种各样的用途，往往有利于公益。至于是否可以替死者赎罪的问题，很久以来即有争论，但当时却得到准许，并且有很多人赞成。不幸的是，这种做法容易被人滥用。由于令人难解地缺少警惕，江湖骗术风行一时；很多带点官方性质的募捐收集人和大批的"赎罪传教士"到处任意答应赦免任何罪行，以换取金钱。因此，这类行为受到激烈而理所当然的批评。批评者往往是虔诚地相信这种做法，特别是相信为死者赎罪的做法的人。无知加上欺诈，结果使这种制度名誉扫地，而这种制度看起来明显地是教会为了增加自己的财富而采取的一种可耻的权宜之计。这种做法本应有助于促进宗教事业的发展，但实际上它成为教会横征暴敛的许多手段之一，的确在当时，即中世纪末，必须承认教皇们有一种最不幸的倾向，就是单纯为了财政上的目的而大量增加颁发赎罪券的数目。这样做在道德方面的影响是令人痛心的，受到一些思想开明的人士的谴责。伊拉斯谟在《愚人颂》中写的一段著名的话，不过表达了一大部分公众的想法：

　　　　对那些庆幸自己得到了虚假的宽恕的人，那些用沙漏来计算在炼狱的时间，能够像数学表一样丝毫不差地算出它的时代、年、月、日、时、分、秒的人，我该说些什么呢？现在假定有些商人、军人或法官把他们的不义之财拿出一小部分来，他立刻就认为他一生的污秽都已洗刷得干干净净；那么多的伪证，那么多的淫欲，那么多的放荡，那么多的争论，那么多的谋杀，那么多的欺骗，那么多的背信，那么多的变节，似乎都可根据契约而一笔勾销，而且勾销之后他们又可以着手重新再来。……

这时，利奥十世正好从接任教皇之日起就需要大宗金钱，特别是用于营建罗马的圣彼得大堂。为了筹集基金，这位教皇不幸心血来潮，颁发一次赎罪券（1513年10月），以继续这一历史性建筑工程，并错误地把宣讲这次赎罪的工作交给了一些毫不犹豫地施加各种压力和惯于采用各种江湖骗术的人。这些说教者中有一个名叫特茨尔的，他在德意志的所作所为激起了马丁·路德的愤懑。正是他，给马丁·路德造成了机会，使之在符腾堡就赎罪券的价值问题提出了他著名的《九十五条论纲》（1517年10月31日）。所以，其后果是不可估量的。这里无须对论纲进行论述，但是我们必须描述一下1515—1520年间罗马教廷和基督教世界，以及当时舆论界的状况。

迄至这时为止，文艺复兴的影响还没有为人们所普遍地感觉出来。意大利比欧洲其他部分进步得多，中世纪的势力在某种程度上到处抗拒新思想的进攻。如果说，在意大利，这一运动可以说是要恢复光荣的过去，在民族传统大不相同的其他的国家就不能这么说了。文艺复兴时代意大利的基督教基本上不同于其他基督教国家的教会，尤其是就外表形式和信仰方式而言。意大利人的思想实际上已经习惯于"内心信奉异教和感情上表现神秘主义"，二者交织在一起，往往令人困惑，因此很容易接受正在兴起的各种新风气。在广大群众中，最可悲的宗教迷信仍旧流行；但在另一方面，同样是这些群众，对某些上层阶级代表人物那种装腔作势地表现出对宗教的怀疑，也不以为奇。对于那些故意装出泥古不化的阴谋家，如保罗二世时代罗马科学院的成员，人们是否真的把他们当一回事，是值得怀疑的。洛伦佐·瓦拉或蓬波纳齐，甚至马基雅弗利这些人对普通民众的影响自然也就并不显著；同样，像皮科·德拉·米兰多拉和博蒂切利这样一些心灵上有创伤的人也是极少见的。总之，意大利的各民族难得意识到什么良心上的不安,对关系到全世界的天主教大分裂,或很快就将在他们的边界上出现的异端国教,就更加意识不到了。

几乎在所有其他各处,局势对罗马教廷具有更大的危险性。首先,我们不应该忘记,在15世纪末和16世纪初,民族主义十分高涨,特别是在德意志和法国。在德意志帝国,在马克西米连秉政时期就可以感觉到真正的民族觉醒。毫无疑问,这位君主不是能成为伟大政治家的人才;此外,他也异常缺乏进行任何大规模事业所需的物质资源。但是他富于骑士气质,因此在他周围形成了某种德意志爱国主义。马克西米连绝不会反对建立一个与罗马只保持极松散关系的德意志国教——即使他从未像某些人所断言的那样,认真地考虑过成为该教会的教皇!但是他能指望得到谁的支持呢?他不能指望那些高级教士,这些人整个说来都是些平庸之辈,关心的是增加他们在尘世的收入或搜刮的财富,而不是提高全国的宗教或道德水平。至于就人民来说,则也和其他国家一样,他们笃信宗教,其热诚达到了导致建设许多新教堂的程度;他们慷慨大度,维持着不计其数的慈善基金会。然而他们也表现出敌视罗马的情绪,等到罗马教廷意识到这种情绪时,为时已经太晚。德意志的这位民族天才为国内有势力的各个阶级所制定的道路,与意大利的杰出人物所遵循的道路迥然不同。当然,德意志舆论界对意大利的文艺复兴运动颇感兴趣,但是也以急切的心情注视着罗马教廷的某些做法,而意大利人对这些做法如果不是漠不关心的话,也已是司空见惯的了。这样的态度也可以从德意志人不相信罗马法这一点上看出来,因为罗马法也被认为是与他们的民族愿望和传统背道而驰的。罗马教廷错误的和令人气愤的财政措施,又使这种情绪更加严重。查理五世甚至说,罗马在德意志征收的金钱,比皇帝本人征收的还多。在这样的气氛下,路德的反抗就必然会得到充分的支持。这位德意志教士于1510年底到1511年初在罗马居住过的几个星期,使他对教皇及其亲信们所过的生活更加反感。在他看来,这种生活是最黑暗不过的。他对意大利人信仰方式的乖僻特点毫不了解,这种方式使他大为吃惊,因此带着痛苦和幻灭的心情回到德意志。毫无疑问,他经历了精神上的极大苦闷,但是他也未能理解一种与他的国家不同的文化。英国使节理查德·佩斯也是在1510年以同样的方式表达了他对罗马教廷腐败情形的极度嫌恶。

在英国，总的情况与上面所描绘的非常相似。在群众中，深厚而真挚的虔诚在许多方面表现出来，是无法否认的。但同时对教会的财政和司法组织也存在着不信任的情绪。尽管就这个问题发表了许许多多的看法，但人民就整个来说绝没有放弃传统的做法。相反，他们非常热诚，结果使教会建筑和宗教基金繁荣发展起来。有人正确地指出：从1468年到1530年间，英国出版的书籍有一半以上是宗教著作，其中有2/3是表达虔诚信仰的文章。应该补充说明，整个欧洲都是如此，宗教作品在书籍出版总数中所占的比例与此相同。在英国，和在其他地方一样，对宗教文学的爱好十分明显，读者对宣传宗教信仰的无数通俗小册子的兴趣永无满足之时。在一个不论是文学和艺术方面实际上都比大陆更具有中世纪色彩的国家，出现这种情况，并不足为奇。约翰·米尔克在1415年以前编纂的训诫和宗教传说集，即旧本的《节日便览》，在1483年和1532年之间重版不下19次之多，这个事实是具有一定意义的。至于各种传道用的、甚至关于禁欲主义和神秘主义的手册，16世纪初的30多年间更是汗牛充栋。和这种热情表现形成对照的是，英国的民族意识在同一时期十分清楚地表现出反对教权的情绪，尤其是——和德意志一样——在富有的和有文化的中产阶级中间。虽然罗拉德派已不复为患，但是他们肯定并没有销声匿迹。

教徒们的情况就是这样。和他们比较起来，教士们的思想情况又是怎样的呢？在研究这个问题的时候，要想提出一个有可能适用于一切国家和某一个时期任何一个阶段的答案，的确是既危险而又无益的。但是，根据近年来的研究成果，谈一点总的看法还是可以的。

先看一看高级教士。如果指的是那些与其说是教士不如说是武士的高级教士们的无数事例，那么轻而易举就可以把他们骂得体无完肤。尤其在德意志，有一种主教同时也是大封建领主，托马斯·穆尔纳和伊拉斯谟曾对这些人加以讥讽。在法国，无可否认也有少数惹人注目的捣乱人物。另外还有一些人，虽然不那么咄咄逼人，而且给人以人文主义者或艺术赞助人的印象，但也丧失了对"他们的使命的神圣理解"。为了绝对客观起见，应当记住，不应根据少数可能是特殊情况的事例得出错误的一般结论。但是我们必须同意：人们对高级教士的总印象并不是十分令人鼓舞的。

至于低级教士，要对之提出一种看法也是极其困难的，因为缺乏对某一地区的情况作出仔细分析、而不仅仅是搜罗一些逸事传闻这样的研究著作。很明显，在许多地方低级的在俗修士很不称职，他们因为缺少教育，粗鲁庸俗，甚至暴虐不仁，长期受到指责。他们出身于他们仍然十分接近的人民群众中，往往保持他们那种粗俗而敦厚的习惯，与这些人共欢乐，甚至参加他们的游戏、舞会和争吵。有时候，这种态度也许与身份不合，但是却使他们名副其实地受人欢迎。但是，更严重的问题是即将跨入神职门槛的大批教士，他们与修会毫无正式联系，有时无固定住址，而且时刻在伺机寻衅闹事。这些假教士是一些令人难以容忍的人，引起当局的深切不安。我们也必须承认，低级教士的知识水平总地说来大成问题；"供神父使用的各种手册"当时对提高知识并无多大用处。文艺复兴时代的人文主义者曾对这些毫无文采的著作一再加以嘲笑。不过这些著作长期以来对维持低级教士以及乡村教区一般信徒的热情，还是十分有用的。同时，也必须承认，乡村教士中有些人的行为是应当受到指责的，例如，非法姘居的大有人在。我们之所以得知这些事实，不仅是通过传道时那些措辞激烈的说教——这些说教往往令人怀疑是夸大其词——而且也通过宗教法庭的记录。毫无疑问，不应掩饰这些确实存在的污点，但是也应注意到这些乡村神父的悲惨的贫困生活，《贫苦教士的书信》并不是一部纯文学的作品。

　　在正式的教士中间也普遍存在着同样的缺点，这些人显然也是每况愈下。各个修会之间的敌对，正式的和在俗的两种修士之间的激烈冲突，使他们都大大丧失了威信和影响。至于各修道院的物质财富，已出版的各种研究著述给人们提供了相互矛盾的印象。不论是关于英国[①]还是关于德意志的情况，必须先做彻底深入的研究，才能在这个问题上提出看法，而且很可能会表明，在各个地区之间亦有明显的差别。

　　考虑到所有这些，教会改革的情况如何呢？如上所述，这是罗马教廷的中心问题之一。必须承认，罗马教廷不可能给予这个改革运动

---

① A. 汉密尔顿·汤普逊：《中世纪后期英国教士及其组织》（牛津，1947年），此书可能过于概括。

以任何有力的推动,甚至不可能提出最起码的一贯主张。这就是为什么伯斯费尔德修会值得称赞的努力,也和荷兰修会的努力一样,只产生了无足轻重的,而且首先是昙花一现的效果。至于蒙太古修会或根据温德谢姆修会的教规所采取的措施,也不可能起多大作用,而且更重要的是遇到了无法战胜的抵制。可能除了西班牙和英国外,情况几乎都没有改善,而且这时各地人民比以往任何时候都更加真诚地渴望改革。偶而有的君主装模作样地表示要亲手进行企望已久的改革:他也许会接二连三地召开大会,拟订各种计划和纲领,但并不是没有不可告人的动机——法国国王正是以这种方式于1493年11月在图尔召开了一个改革委员会。虽然不该无视该委员会产生的结果,但是这些结果并没有使情况真正有所好转。

整个工作本应由罗马教廷发起,并且以不屈不挠的毅力贯彻执行。有一个时期,罗马似乎也理解这一点。事实上,1512年由朱理亚二世在极度动荡的时期召开的拉特兰公会议,在较为平静的气氛下举行会议的过程中,曾宣称该会议打算着手进行这一拯救教会的工作。在教阶组织的每一领域和每一级别,从罗马教廷直到最底层的乡村教士,都有大量的工作要做。

1514年5月5日颁布的一个语气强硬的通谕,采取了某些实际可行的措施,特别是关于纠正经常受到指责的教会一大弊端——滥授教会产业用益权——的措施。规定今后只有在十分特殊的情况下才授予,而且被授予这种权利的人在管理产业时必须遵守某些固定的规则。这些都是很好的规定,可惜几乎从未付诸实施。通谕的其余部分是试图约束红衣主教变本加厉地炫耀奢侈豪华的倾向,但是谁都看得很清楚,要利奥十世这样一位挥霍无度的教皇来推行这样的规定是多么困难。此外还有几条关于整顿道德和主张实行比较开明的礼拜仪式的合理条文,规定对当时到处盛行的亵渎神明、施行妖术和迷信的行为从严处罚。但是相信魔法的现象普遍存在,《作恶者罪孽》通谕正代表当时的时代精神。大多数人相信巫术,这种态度以后还延续了多年。人们认识到:不但需要教育信徒,而且首先需要教育教士自己。直到此时为止,大部分教士,特别是下级教士,只受过很少的教育,尽管地方上所做的努力在某些情况下是值得注意的。例如,在英国,特别是在剑桥,15世纪末就设置了神学院和神学研究机构,以提高传教士的水平。印刷术从15世纪中叶以来就已使用，这时当然也被利用起来，但是它具有两方面的作用，因为它也可以被用来散布有问题的思想。这次公会议有鉴于此，就禁止印行任何未经正式指定的宗教当局所批准的书籍。总之，这些条文仅仅是零敲碎打地触及问题，根本不是什么大胆的措施。

这次会议还由于主教和正式教士之间，特别是主教和过去曾十分活跃的托钵修会之间旧日的斗争重新爆发而受到了干扰。对立的双方辩论起来从来不患无词，在唇枪舌剑中措辞往往也偏激过分；但最后正式教士还是同意减少某些完全超出本分的特权，其中有些是在教皇西克斯特四世在位时授予的。倘非如此，整个主教统治制度一定会受到致命的削弱，因为有那么多的传教士任意作出预言，致使社会秩序遭到破坏。在许多情况下，这些传教士无疑是很大胆的，而且对社会的需要又异常敏感。例如，法国直言不讳的奥利维埃·马亚尔从不向最专横的国王们低头，在每个国家都有努力仿效他的人。但是与这些强有力的人物同时存在的，还有许多有害的人。传教士和假传教士大肆宣扬一些异端思想，预言骇人听闻的灾难即将降临，以便恫吓那些听他们讲道的人。危言随着他们不胫而走，往往造成恐慌和暴乱。对这些受群众欢迎的演说家必须严密注意，这次公会议认识到了这一点。①

1517年3月16日，这次历时达5年之久、值得纪念的公会议举行了最后一次会议。对教会来说，它是在其历史的关键时刻突然给教会敲响了警钟。罗马教廷是否注意到广大基督教徒的呼声，做出了为实行盼望已久的改革所需要做的事情呢？罗马教廷是否恢复了它的威信呢？罗马教廷是否已恢复，并在马丁·路德行将登上舞台的时候享有崇高的声望呢？在结束本章的时候，我们将对这些问题作出明确的回答。

教皇的劣政似乎永无止境地一代接连一代：朱理亚二世的好战尚武，利奥十世的奢侈浪费——这些在当时的局势下，都不能算是有利的因素。即使群众对教廷仍有某种程度的尊敬，教廷的道德声誉也已经动摇。何况它已不受人尊重，它的声誉就更加动摇。即使考虑到当

---

① 这些传教士对群众的巨大影响，已为近来出版的关于某些传教士的专题论著所阐述。

时占支配地位的时代精神而放宽尺度，我们也要承认罗马教廷丑行累累。某些红衣主教由于其年龄和举止，已经不足以令人尊敬，他们享受的那种往往是挥霍无度的奢侈生活，只能更加衬托出各个国家低级教士的穷困。政治上的钩心斗角，肆无忌惮的用人唯亲，在一切事情上不讲廉耻，往往是明目张胆地买卖圣职，这一切从遥远的现在看来，由于文艺复兴的灿烂光辉，相形之下引不起人们的注意，但是对当时的人民来说却是无法忍受的。教廷中那些最显要的成员极力追求人间的欢乐享受，当然需要挥霍越来越多的钱财。因此，不得不采取强制性的财政措施和最危险的金融权宜手段；因此，始终是罗马政策幕后主宰的银行家，也就愈益处于举足轻重的地位。自然，除了在意大利，地位卑下的各阶层人民是很少知道这些事情的，他们仅能通过传教士的暗示而进行含糊的猜测，但是社会上比较先进的阶层对这些事情并非一无所知。富有的、受过教育的中产阶级津津有味地阅读到处流行的人文主义者所撰写的小册子和讽刺作品。毫无疑问，这些作者很少有人不信神，也很少有人胆敢超越能够容许的限度，但是他们的批评击中要害，人人都能看出他们说得极为有理。统治者们则依靠最早出现的对罗马抱仇视态度的民族主义情绪，千方百计地利用广泛存在的宿怨和积愤。他们可以轻而易举地指出：教会团结在尼古拉五世周围时企图达到的两项目标——对外十字军东征和对内教会改革——不但没有能够达到，反而好像大大地倒退了。

事实上，这时已不可能再当真地谈论什么十字军东征的问题了。诚然，利奥十世在1518—1519年仍然大谈其十字军东征，大肆吹嘘什么"圣十字军兄弟会"，估量该会有多少人力物力，并制订种种计划，但很少有人相信他是出自真心。土耳其的威胁虽然尚未消除——而且远未消除——但是人们已不像过去那样认为与土耳其人誓不两立了。教皇们自己也已同土耳其人打交道了——有时还沆瀣一气，从事一些极其卑鄙的交易，例如在不幸的杰姆事件上——基督教各国的国王们也步他们的后尘。为十字军东征而征收的什一税十分经常地被挪作他用，而公众舆论对这些用项是毫不热心的。十字军实际上已寿终正寝。

更严重的问题在于教会给人的印象是：它无力实行人人谈论和人心所向的教会改革。教皇虽然压服了那些支持公会议权力至上思想的人，但是他从那以后在国外大事宣扬的专制主义，却未能使他完全逃脱抨击。红衣主教团①的情况又是怎样的呢？利奥十世在位时对候选人的选择，整个说来差不多和在他之前的那些最坏的教皇同样糟糕。事实上，罗马一心一意经营的唯有修建圣彼得大堂。如前所述，鼓吹赎罪是为此搜刮必要的钱财，而许多更加迫切的任务却置之不理。在大力进行施工的时刻，在豪华讲究的生活方式中间，怎么还可能认真考虑对教士及其信徒们的道德进行整顿呢？在群众的宗教情感还十分强烈的时期，罗马教廷这种玩忽职守和无所事事的态度引起人们强烈的愤懑。对宗教和政治漠不关心的人也许会为此耸耸他们的肩膀，但是，在16世纪初叶，这种漠不关心的人根本没有，或者只是寥寥无几。

张文华　马　华　译

---

① 即罗马教皇的枢密院。——译者

第 五 章
从 1470 年至 1520 年西欧的学术和教育

　　后来终于开出文艺复兴的灿烂花朵的文化运动，不管它最初的来源是什么，毫无疑问是 14 世纪期间在意大利首先开始引起人们注意的。不过，它在 15 世纪才得到真正的发展。到 1450 年，人文主义已经对意大利文化支配了一个时期，在 15 世纪下半叶，它开始渗入阿尔卑斯山以北。然而，在意大利以外的地方，人文主义发展的路线与它的起源国所走的路线大不相同。这是理所当然的，因为在意大利，人文主义是从中世纪的学术逐渐演变而来，而在西欧的其他国家，则是用它来向不同传统的结构突然冲击。在新思想的追随者和旧思想的维护者之间，有时就不免发生遭遇战。人文主义占了压倒性优势，到 1520 年，它已大大改变西欧文化生活的面貌。

　　意大利的政治结构使人文主义在国内各大城市都具有显著的地方特点。在那不勒斯、乌尔比诺、曼图亚、弗拉拉和米兰，人文主义呈现出一种温文尔雅的气氛。在罗马，人文主义当然是到古代的废墟中寻求灵感，利奥十世即位之前，它对希腊很少感兴趣，并且向罗马教廷靠拢，就像在佛罗伦萨一样，由于美第奇家族的保护，一些第一流的学者被吸引在该家族的周围。另一方面，在威尼斯，只有几名贵族、几名在学校教书的学者以及帮助阿尔杜斯搞出版工作的知识分子去努力钻研人文学，并且显示出研究希腊的强烈倾向。15 世纪在意大利，由于书籍的广泛流通，人文主义的发展就比较容易多了。佛罗伦萨、那不勒斯、切泽纳、乌尔比诺、威尼斯等地成立了许多新图书馆，而一些旧图书馆（梵蒂冈的藏书是一个显著的例子）经过彻底改造，都已经焕然一新。图书馆都有如此长足的进步，一方面是由于经济的繁荣，一方面也是由于改进了大量复制手稿的方法。正当这些方法达到最高效率的时候，印刷术的发明给书籍生产带来了一场革命。这一发明的一个重要成果是古典作品的一再刊行；迄至1500年，在意大利，西塞罗的文集印过200多版，维吉尔的作品印过70版。由于有了印刷术，人文主义的先进分子不但专门向出版商提供古代作家的作品的原文，现在还能够把已经经过他们修订和校勘的著作公之于众。15世纪末，威尼斯在这方面达到了最高水平。那时，阿尔杜斯印书馆竭力运用人文主义的最佳技巧，编辑希腊和拉丁的古典作品，开始陆续不断地出版。

  人文主义者虽然提倡在教育中注重学习古典作品，但是中世纪的手册、指南并未能立即铲除。甚至到了16世纪初期，贝顿的埃韦拉尔和维尔迪厄的亚历山大所编的教科书依然流行，虽然在这时候，在大多数学校里，它们已为佩罗蒂、苏尔皮齐奥以及曼奇内利的新文法书取而代之。在中小学教学中显然可见的中世纪成分与新的成分同时并存的现象，各大学里也是存在的。16世纪初，意大利的大学机构依然是中世纪的体系。例如，在波洛尼亚大学，文艺学院的课程仍旧分为"低三艺"和"高四艺"；在波洛尼亚和帕多瓦两大学，亚里士多德是至高无上的，而对于学医的人来说，希腊和阿拉伯自然哲学家的著作丝毫也没有失去它们往日的威信，但在大量的传统学术存在的同时，也可以在大学中发现人文主义的新价值观念。佛罗伦萨大学的波利蒂安，波洛尼亚大学的贝罗阿尔多、科德罗·乌尔切奥和邦巴西奥，帕多瓦大学的莱奥尼科·托梅奥和罗莫洛·阿马西奥，都与那些几乎未受学术界新潮流影响的神学家和教会法学家们并肩教学。大学里实际出现一种工作的妥协，在这种妥协中，新旧传统能够长期和谐地在一起活动，没有发生太多的敌对状态。大学的组织方式使人文主义的理想很容易通过文艺学院而渗透到法学、医学和神学中去。至于向人文主义者提供机会，使他们能与同辈学者和赞助人进行讨论和交换意见，那则是科学院的任务了。最早的人文主义学园是在阿方索五世（1458年卒）时代，由安东尼奥·帕诺米塔在那不勒斯非正式开办的，目的是讨论各种各样的题目，其中最主要的是有关古代典籍的问题。另一方面，由马尔西利奥·菲奇诺（1433—1499年）和他的赞助人美第奇家族所领导的佛罗伦萨（或称柏拉图）学园在崇拜柏拉图的精神鼓舞下，在15世纪末至16世纪初，为佛罗伦萨的文化生活谱写了许多独特的篇章。正如菲奇诺在佛罗伦萨一样,蓬波尼奥·莱托(1425—1498年)在罗马也扮演了类似的角色,在他的罗马学园里,对于考古学的爱好完全占有统治地位。莱托的学园宣传异教无害于人,但是保罗二世(1464—1471年)却认为是对基督教的威胁,1468年硬把它打入"地下";直到西克斯特四世(1471—1484年)时代,当罗马教廷的主要官员都成为学园的成员时,它才又重见光明。不过,到了利奥十世(1513—1521年)时代,当它得到教皇的庇护时,才算达到鼎盛时期。威尼斯学园与意大利的其他学园有些不同,它由阿尔杜斯领导,表明对希腊文化具有特殊的兴趣,它很快在整个欧洲博得赫赫声名,并且与整个欧洲发生联系。

人文主义所起的一个作用是:人们依然可以像在中世纪时期一样,有时也把古代典籍当作政治活动和政治思想的灵感的源泉。在马基雅弗利的论文中,往往从古代历史中汲取处理当代事务的准则,而他心目中的古代世界,却是通过李维和波利比奥斯的著作得到的。另外,在极少的一些场合,在鼓动反对暴君统治的情绪时,关于罗马共和国的富有浪漫色彩的回忆,看起来仍起着很大作用。所以,科拉·莫纳塔诺的人文主义学说在1476年直接引起对米兰大公加莱亚佐·马里亚·斯福尔扎的刺杀;而布鲁图的令人难忘的事迹,正是鼓舞皮耶尔·保罗·博斯科利及其同伙在1513年密谋推翻美第奇家族的因素之一。但是,绝大多数人文主义者肯定是站在他们的统治者一边的,他们之中有些人,例如米兰的雅各布·安蒂夸里奥,那不勒斯的焦维亚诺·蓬塔诺和佛罗伦萨的巴尔托洛梅奥·斯卡拉,也的确做了地位甚高的国家官吏。这些情况肯定是不足为奇的,特别是当我们不仅同想起人文主义者往往被雇佣去做政治宣传,而且回想起他们在关于积极生活与静修生活何者有益的论争中所采取的立场的时候,尤其如此。这次论争是15世纪佛罗伦萨哲学界的主要论争之一,在约1475年完成的克里斯托福罗·兰迪诺的著作《在卡马尔多利会的论争》中有极充分的报道。在15世纪晚期人文主义者的圈子里,另一个引起同样兴趣的题目是关于人的地位的问题。因此,皮科·德拉·米兰多拉(1463—1494年)就对人的知识自由和人在宇宙中的适当位置加以重新估价,蓬波纳齐和菲奇诺对这一学术讨论做出了新的贡献。

这种对于人类尊严的歌颂，并不意味着反对宗教。皮科·德拉·米兰多拉和菲奇诺都是极为虔诚的人，大多数人文主义者具有真正的宗教感情。在各学园里聚会的学者们虔诚地参加俗人修士会的礼拜，肯定不是稀罕的事情；在整个人文主义时代，的确没有忽视对早期基督教著作家的研究。因此，萨沃纳罗拉的反对古典主义只不过是在对新学术及其所拥护的东西显然有利的气氛中，为建立狭隘的清教主义而奋斗的一场信仰复兴运动而已。萨沃纳罗拉的失败并不是基督教的失败；就连那些反对他的人文主义者，也肯定不是对教会怀有敌意的。如果说有一件事确实使他们之中的几个人心怀不满，这不是别的，就是本国语言，或者更正确地说，就是把本国语言用于文学。波利蒂安和他的保护人洛伦佐·德·美第奇（更熟知的名字是"庄严的洛伦佐"，1449—1492年）不在这些人之列。实际上，在他们的文学遗产中就有一些用意大利语在15世纪期间所写的最优秀的诗篇。而在16世纪初期，这种对本国语言的敌对势力已经大大缩小，只剩下一个虽然叫嚷很凶，但是人数很少的集团；正当彼得罗·本博（1470—1547年）让大家观看怎样用拉丁语和意大利语两种文字来表达人文主义的精神时，卡斯蒂廖内（1478—1529年）以罗马宫廷日常使用的语言描绘他那令人难忘的文艺复兴理想人物的图画，而阿廖斯托（1474—1533年）在他的《疯狂的罗兰》中用诗句生动地写出人文主义中最美好的东西。

拉丁文派和意大利语派之争，只是新旧两派的战斗的一个方面。另一场争执是把古典主义者本身分裂成西塞罗派和反西塞罗派，这在安杰洛·安布罗吉尼身上达到了顶点，他姓波利齐亚诺，或者如我们所称呼他的——波利蒂安（1454—1494年）。波利蒂安有极大的鉴别能力，有极高尚的趣味，有很丰富的想象力和很高的写诗天赋，他轻而易举地成为那个时代的最伟大的诗人和古典学者。正是波利蒂安，真正开辟了一个途径，用比较现代化的方法研究古典的学识；而且，仿佛他不满足这样一个成就，还要大显身手，表现他对于希腊文的精通远远超过当时流亡在意大利的任何一个拜占庭人。他也是第一个表示欣赏维吉尔的《农事诗》和晚期拉丁古典文学的人（见他的《乡下人》，这是他讲授拉丁文诗的就职讲学中论赫西奥德和《农事诗》的讲稿），并且不仅从考古的观点，而且从美学的观点考察古代的作家。波利蒂安大声疾呼，西塞罗主义归根结底就是使一个人的个性服从于模仿的原则，实际上就是否定文体风格。他绝对不肯到西塞罗的神殿去顶礼膜拜。坚持这一立场的也并不只是他一个人。埃莫拉奥·巴尔巴罗也采取与西塞罗敌对的立场，而菲利波·贝罗阿尔多则选择阿普列乌斯的浮华的散文作为自己写作的范本。当然，所有这一切立即遭到一些人的反对。波利蒂安的立场受到巴尔托洛梅奥·斯卡拉的公开谴责，而且成为保罗·科尔泰塞猛烈攻击的对象。尽管反西塞罗派中的一些人拥有很高的威信，但是一直到1520年，西塞罗主义依然占据上风。当时意大利的拥护西塞罗的最大代表人物彼得罗·本博竟达到这样的地步：在1512年至1513年就模仿问题与詹弗兰切斯科·皮科展开论战时，他表述了西塞罗主义的几条法则。但是，伊拉斯谟在《西塞罗派》（对拥护西塞罗的人们的辛辣讽刺，1528年出版）中，终于证明波利蒂安的观点的正确性。

在1470年至1520年间意大利人文主义的最有深远意义的成就中，有3个是特别值得一提的。这就是它在校勘、考据和希腊研究方面的贡献。在校勘古典著作方面，洛伦佐·瓦拉在15世纪上半叶已经取得一些显著的进展。但是，到了波利蒂安，才第一次用全面而系统的方法对手抄本进行学术性的研究，注意古字的考证、正字法和"手抄惯用体"。现代校勘学实际是由波利蒂安开始的，从他的《杂录》中可以最清楚地看到他所用的方法。他的弟子皮耶罗·克里尼托使这些方法更加科学化了。在考古学方面，真正的先驱者是比翁多·弗拉维奥（1392—1463年），他在《重建的罗马》中试图从地形学重新呈现古代罗马的面貌。在比翁多的时代，由于奇里亚科·德·安科纳和乔瓦尼·马尔卡诺瓦的研究，古典碑铭学已经取得相当的进展。这些早期碑铭学家的成就，在1470年至1520年间有了许多继承者，其中值得提出的是维罗纳的费利切·费利恰诺和乔孔多修士。比翁多的工作由蓬波尼奥·莱托以及他的学园中的另外几个人接替，多亏这几位，关于罗马遗迹的研究得到了新生力量。一些重要杰作的发现，如在教皇英诺森八世时期发现观景殿的阿波罗雕像和1505年发现拉奥孔雕像等，进一步推动了考古学的研究。弗朗切斯科·阿尔贝蒂尼的著作（例如他的成名之作《新罗马城奇观》，1510年版）和安德烈亚·富尔维奥的著作（例如他的《罗马古代艺术》，

1513年罗马版；《卓越的形象》，1517年罗马版；《论罗马古代文物》，1527年罗马版），还有拉斐尔1519年给罗马教皇利奥十世的报告中所提出的雄心勃勃的发掘计划，都反映出16世纪初期罗马的考古情况。收藏古物，特别是艺术作品，在15世纪初已不是什么稀罕事，而到16世纪头10年，在佛罗伦萨、罗马和威尼斯就几乎成为一种狂热了。一些稀世珍品当然落到教皇和王公们手里。但像彼得罗·本博和安杰洛·科洛奇一类没有官职的学者，也能搜集到一些令人赞叹不已的古物，引起他们同时代人的羡慕和忌妒。

在文艺复兴时期，罗马的考古学占有优势。在15世纪上半叶，奇里亚科·德·安科纳曾经大力提倡研究希腊的遗迹，但是自从希腊世界被土耳其人征服之后，这方面的研究很快就停滞不前了。土耳其人的征服还有一个结果，这就是难民成群结队地涌入意大利，他们之中许多是有才华的学者，渴望在学园里谋个职位。有人说这些流亡者把希腊文化带回西欧去了，这个观点当然不再被人接受。无可否认的是：他们之中有些人对意大利等地的希腊研究做出了宝贵的贡献。到1470年，对于希腊的探索在意大利已经达到相当的发展程度，虽然在那时候，关于希腊的知识还没有像人们所想的那样普遍流传，也不是每个大的中心都能提供进行希腊研究的便利条件。例如，彼得罗·本博为了很好地掌握希腊语，就不得不在1492年到墨西拿去进康斯坦丁·拉斯卡里斯的学校。尽管如此，希腊语很快就成为大学认可的课程，难民中的有用人才被聘请到大学和其他学校去教课。希腊流亡者，如约翰内斯·阿尔吉罗普洛斯、安德罗尼卡斯·卡里斯图斯、两位拉斯卡里斯和马尔库斯·穆苏鲁斯，在意大利的大学里，与波利蒂安和科德罗·乌尔切奥等意大利的希腊研究家并肩教学。15世纪下半叶在翻译方面最伟大的成就是拉丁文本的《柏拉图全集》，1484年在佛罗伦萨出版，但这个工作不是一个拜占庭人干的，而是出于意大利人佛罗伦萨的马西利奥·菲奇诺之手。1470年以后不久，人们就感到学习希腊语的有效工具奇缺，并且终于得到了补救。就连波利蒂安和皮科·德拉·米兰多拉在学习希腊语时都不得不使用两种语言对照的教科书，因为没有合适的语法书和辞典。因此，1497年出版乌尔巴诺·博尔扎尼奥用拉丁文所写的希腊语法和1478年左右出版乔瓦尼·克雷斯托内所编的希腊—拉丁辞典，都表明是文艺复兴希腊语的历史中的一桩划时代的大事。同时，希腊手抄本的比较稀少也不再那么令人烦恼，因为希腊文的印刷发展起来，使米兰、佛罗伦萨、特别是威尼斯的出版社能够刊印希腊的主要古典作品的版本。

意大利人研究希腊文化的一个结果是：哲学思想有了可喜的发展。在帕多瓦、波洛尼亚和佛罗伦萨风行一时的哲学理论新思潮，主要来自对亚里士多德的人文主义的解释和对柏拉图的新发现。亚里士多德在帕多瓦和波洛尼亚具有无上的权威，这在那样出名的大学城市里本是很自然的事情。另一方面，在佛罗伦萨，由于有菲奇诺和他的同伴，柏拉图主义占有优势。约在1450—1460年以后，柏拉图主义者与亚里士多德主义者之间展开了激烈的论战。红衣主教贝萨里翁1469年在罗马出版的坚决保卫柏拉图的论文，对当时争论的焦点有很清楚的记述。不过，参加这次论战的人主要是人文主义者，而不是职业哲学家，职业哲学家们喜欢遵循经院哲学家所制定的原则。于是，直到15世纪末，甚至更晚一些时候，在帕多瓦流行的是阿威罗伊主义的和自然主义的传统，与佛罗伦萨人那种从精神上进行探索的方法形成鲜明的对比。波利蒂安的朋友、威尼斯贵族埃莫拉奥·巴尔巴罗（1454—1493年）对这一传统进行了致命的打击。他认为在研究亚里士多德的时候，一定要直接阅读希腊的原著，而不是通过古老的译本。从这一点可以看出他对经院哲学所抱的敌对态度。巴尔巴罗的努力是非常成功的（他对大普林尼的原著也做了非常重要的研究工作），以致1497年莱奥尼科·托梅奥就已经在帕多瓦大学讲授亚里士多德的希腊文原著了。但是，为清除中世纪对亚里士多德的解释而最卖力气的并不是巴尔巴罗，而是柏拉图主义者的大本营佛罗伦萨。概括地说，菲奇诺的柏拉图主义归根结底是反对当时流行的自然主义而对道德问题作出重新的估价，并且对基督教作出人文主义的解释。因此，这种基督教柏拉图主义对于当时以及后来的神学是不无影响的。奥古斯丁修会的大神学家埃吉迪奥·达·维泰尔博（1465—1532年）的著作显示出佛罗伦萨的柏拉图主义对于神学的影响；甚至像红衣主教托马索·达·维奥（1468—1533年，更为熟知的名字是卡耶坦）那样一个保守的托马斯主义者，也认为在阐述阿奎那的思想时有必要考虑到他那个时代的学术思潮。人文主义对经院哲学的冲击，大概在皮科·德拉·米兰多拉这个奇怪而可怜的人物身上表现得最为明显。皮科对事物的看法，他的趣味，甚至他的用语，都属于经院主义的传统；他对讽谕的爱好和对犹太神秘哲学的兴趣，也同样是中世纪的一套。尽管如此，他的广博的知识仍然具有一种真正人文主义的眼光，正如他为使一切宗教和哲学基本上和谐一致所做的极为大胆的尝试远远超出了经院哲学家们最狂热的梦想一样。

15世纪的大部分时期，在帕多瓦和波洛尼亚，对亚里士多德的自然主义解释都在哲学理论中占有主要地位。巴尔巴罗、菲奇诺和皮科虽然用不同的方式，但全都是当时在上述两地所流行的理论思潮反叛者。不过，帕多瓦的学者们所探求的并不是真正的亚里士多德思想，而是中世纪注释家对它的歪曲。例如，1468年至1499年在帕多瓦大学讲学的尼科莱托·维尔尼亚（1420—1499年）的理论，并不是以亚里士多德的思想，而是以阿威罗伊对亚里士多德学说所作的唯物主义解释作为基础的。维尔尼亚强调物理学必须脱离形而上学，正是他，第一次真正把科学提高到绝对独立的地位。然而，他缺乏亚历山德罗·阿基利尼（1463—1512年）的人文主义的感情；在阿基利尼的独树一帜的阿威罗伊主义中，仍然给人类的个性留下一些余地。直到彼德罗·蓬波纳齐（1462—1525年），才通过亚弗罗迪西亚斯的亚历山大的注释，以文艺复兴的情调对亚里士多德作出新的解释。蓬波纳齐深深相信信仰和哲学两者的辩证的不可调和性，他甚至敢于得出这样的结论：无法证明人类灵魂是不朽的；我们最多只能说它是绝对不能永存，只是相对长期存在的。但在同时，他像菲奇诺一样对人的最终命运保持极大的兴趣，他的思想有很大一部分集中到这个主题上。毫无疑问，蓬波纳齐是他那个时代的最敏锐的哲学思想家；他虽然同情整个的人文主义思潮，但在实际上，他代表着一直到16世纪末统治帕多瓦哲学界的那种帕多瓦的自然主义、阿威罗伊主义的合乎逻辑的发展。

从15世纪最后25年起在帕多瓦引起特殊兴趣的另一个领域是希伯来哲学，这主要归功于犹太学者埃利亚·德尔·梅迪戈，他对皮科·德拉·米兰多拉产生过极大的影响。皮科在鼓励人们研究希伯来语和东方语言的兴趣方面也起过一定作用。在东方语言中，皮科的朋友吉罗拉莫·拉穆西奥（1450—1486年）特别研究了阿拉伯语；而对埃及象形文字的研究也引起了某些人文主义者（特别是在菲奇诺集团之内）的兴趣，并且促使安尼奥·达·维泰尔博去伪造一些文件（1498年在罗马出版），最后还导致皮耶罗·瓦莱里亚诺发表一篇关于象形文字的论文（1556年完成）。另一方面，尽管洛伦佐·瓦拉以及后来波利蒂安也已经注意研究《法学汇编》的原本，但是直到1520年以后，研究罗马法才不再墨守中世纪的成规。我们可以这样解释其中的原因：一是法学家总是因循守旧，一是大多数人文主义者一向对研究法律抱着敌对态度，因而他们见了任何有关法律的东西都感到厌烦。

法国的人文主义发展得比较迟。不错，早在14世纪最后25年间，意大利的文化新风已经在法国找到少数的追慕者。但是，尼古拉·德·克莱芒日、让·德·蒙勒伊尔、贡蒂埃·科尔和皮埃尔·科尔以及他们的朋友们的大有前途的努力成果，在百年战争最后阶段所造成的满目荒凉之中，很快就被人忘记了。因此，直到15世纪下半叶，在意大利风靡一时的新学术思潮未能再度吸引法国知识分子的思想。传统的、烦琐主义的求知方法已经足以适应该国文化界的口味；法国人比较喜欢用他们的如簧之舌、维永的诗以及修辞家们的矫揉造作的作品来表现自己的天才。即便当一种人文主义的观点已经在法国发展起来后，它最初也只是对极少数人（虽然他们显然不是无足轻重的一群）产生了影响。在1470年至1520年的整个时期，学校教育一直固守旧日的传统，像《希腊成语》和《教义篇》之类的旧教科书仍然与过去一样流行。在各大学里，旧式观点还占有优势，尽管给新思想让出一些地方。例如，巴黎当时依然是一个巨大的国际学术中心，是欧洲主要的神学派别的所在地，其名师巨匠绝大多数对于文化界的新事物几乎没有任何的兴趣。在15世纪最后25年期间，使大学发生分裂的并不是是否应该接受新学术的问题，而是唯名论者与唯实论者之间的斗争。1474年，由于唯实论者对其对立面长期斗争的结果，唯名论的学说遭到官方的谴责和查禁。可是，失败的一方并没有停止斗争，结果在1481年终于把禁令撤销了。此后，唯名论在巴黎真正是称霸一时，一直到拉伯雷的时期把经院哲学作为笑料从大学中完全赶走为止。唯名论者如对唯实论一样，也拼命反对柏拉图主义，完全不比他们的敌手有任何更大的妥协的愿望。学术空气绝不是自由的。例如，1494年大学已经正式谴责占星术，但是路易十二在位期间，国王反对思想自由的政策在学术界里已经推行到这样的程度，甚至蒙太古学院的重建者、正统派的让·德·斯坦敦克，1499年因口头不慎提了一些过火意见而被驱逐。到了这个时候，人文主义在大学中，特别是在艺术院系里，已经起了一个时期的作用。1456—1458年格雷戈里奥·蒂费纳特在巴黎的讲课已经向经院哲学家们介绍了意大利人文主义的一些情况，而当菲利波·贝罗阿尔多于1476—1478年在巴黎讲学时，更着重谈论了这个问题。罗贝尔·加圭安和他的一些朋友肯定没有丢掉这样的机会。从1470年索邦神学院[①]图书馆员纪尧姆·菲歇和他的同事让·埃伦在大学的一间地下室里开设的印刷所所出版的图书的性质，也可以很明显地看出这一点来。非常突出的是：他们的一系列出版物是从一位意大利人文主义者——加斯帕里诺·巴尔齐扎的拉丁文通信集开始的。在这第一卷出版之后，接着刊印的是另外一些古典的和人文主义的原著，如巴尔齐扎的《正字法》、萨卢斯特和弗洛鲁斯的著作，以及菲歇本人的《修辞学》。简单一句话，在法国，印刷术的开始应归功于人文主义的热潮；而在整个国家里，没有任何一个地方人文主义热潮比在罗贝尔·加圭安和他的朋友们中间浪头更高。罗贝尔·加圭安（1433—1501年）是格雷戈里奥·蒂费纳特旧日的学生，他热烈崇拜西塞罗，认为把知识和雄辩术结合起来，可以推动神学的进展。他不仅以自己的大量著作，而且通过个人的影响，来为达到这个目的而奋斗。在他的著作中，他极力模仿意大利的样板；至于他个人的影响，也的确是非常有力的。所以，加圭安一群人成为法国人文主义的摇篮就不足为奇了。这种人文主义不但不反对经院哲学，而且是在经院哲学的轨道之内，它对于语法和修辞显示出一种鉴别的能力。

  如果考虑到加圭安在巴黎学术界的崇高地位，那么，许多逗留巴黎的外国学者（其中包括年轻的伊拉斯谟和许多意大利人）都极欲博得他的青睐，这就不足为奇了。他们努力巴结的另一个人是意大利出生的维也纳大主教安杰洛·卡托约（1440—1496年），他是加圭安集团中最有影响的人物，备受国王宠信。多梅尼科·曼奇尼正是在1483年12月1日从博让西写信有声有色地向卡托报告理查三世篡夺

[①] 巴黎大学前身。——译者

王位的经过；由于卡托身居高位，1487年才挑选他去解决纪尧姆·塔尔迪夫和杰罗拉莫·巴尔博之间的纠纷，这也是十分自然的事情。[104] 巴尔博约于1484年到达巴黎，他企图对意大利特色的人文主义的教授实行垄断。由于排挤塔尔迪夫，后来又排挤他的意大利同僚安德烈利尼和维泰利，弄得臭不可闻，他不得不在1491年匆匆离开巴黎，使同执教鞭的老师们拍手称快。科尔内利奥·维泰利在1488—1489年讲了几个月人文主义之后，也自愿跑到英国去了。代替他们留在法国的是福斯托·安德烈利尼（约1462—1518年），他在法国作为人文主义讲师的声望仅仅次于吉罗拉莫·阿莱安德罗（1480—1542年），后者自1508年起在巴黎讲授希腊和拉丁作家的作品。在这一时期，另一位在法国有过一定影响并取得成功的意大利学者是维罗纳的保罗·埃米利奥（约1460—1529年），他为了学习神学于1483年到达巴黎，但是后来却研究起法国历史和古代文物，最后出任王家史官。他出版过一部法国历史（1517年），是按照人文主义历史学的原则写成的。

像安德烈利尼、阿莱安德罗和保罗·埃米利奥等意大利学者的成功，很清楚地说明在15世纪末至16世纪初巴黎对人文主义价值原则的欣赏。从当时出版的图书的种类，可以证实这一点。尽管法国的出版家（其中特别值得注意的是博学多闻、曾在意大利留学的约多库斯·巴迪乌斯）刊印了很多卷用法文写作的有关烦琐主义的学术、信仰和文学的著作，但是他们也出版了相当多的古典的和人文主义的原文作品。奇怪得很，查理八世所发动的意大利战争并没有立即促使两国之间有更为密切的联系。另一方面，由于从帕维亚把斯福尔扎家的藏书悉数运到法国，意大利战争使法国可用的书籍数量有了显著的增加。另一个结果是希腊流亡学者约翰内斯·拉斯卡里斯和人文主义诗人雅各布·桑纳扎罗的来临：前者作为外交使节，表现出是路易十二的无价之宝；后者发现奥维德和涅梅西亚努斯的几篇长期被人遗忘的诗篇，总算使他的流亡得到一些酬报。恰恰是在意大利战争的前夕，人文主义者对希腊语的研究在法国变得重要起来。格雷戈里奥·蒂费纳特在巴黎的教学包括一些希腊语的讲课，但是他的教学还为时过早，没有能够留下很深的痕迹。加圭安是格雷戈里奥的学生，他讲授希腊语肯定没有得到太大的效果。实际上，只是从1476年起，由于希腊流亡者乔治·赫尔蒙尼莫斯到达巴黎,巴黎才再度教授希腊语。赫尔蒙尼莫斯显然不是一位优秀的教师。尽管如此,他还是造就了一大批才华出众的学生,例如比代、罗伊希林和伊拉斯谟等,都是由他引导(虽然教学无方)去学习希腊语的。1507—1509 年弗朗索瓦·蒂萨尔在巴黎的讲课是法国的希腊语教学的第二个阶段,他也有一些由吉尔·德·古尔蒙在这几年专为他的学生印制的希腊语教本。但是,巴黎大学到 1508 年,即后来的红衣主教和教皇驻沃尔姆斯代表吉罗拉莫·阿莱安德罗开始在那里讲课的时候,才正式开设希腊语的课程。

在那些热心学习希腊语的法国人当中,我们肯定应该提到让·德·潘,他曾经在波洛尼亚受教于贝罗阿尔多(他写过这个人的传记)和科德罗·乌尔切奥等精通希腊语的大师的门下。另一位从希腊语学习中得到许多灵感的人是雅克·勒费弗尔·戴塔普(约 1450—1536 年),尽管他对这种语言永远没有达到精通的地步。勒费弗尔与波利蒂安、埃莫拉奥·巴尔巴罗和皮科·德拉·米兰多拉的交往,使他熟知了意大利人文主义的精华。不过,他自始至终不是一个十足的古典学者,而更多地是一位人文主义神学家,他的读书兴趣并不摒弃经院哲学家的著作,他的著作也包括对于库萨的尼古拉斯、圣维克托的理查德和中世纪佛兰德的神秘主义者的版本的研究。他也能够接受对于亚里士多德的新的解释(毫无疑问是在埃莫拉奥·巴尔巴罗的鼓舞之下),这种解释公开反对中世纪各学派的传统。他在这一方面的目的是要使人们了解真正的、而不是被中世纪评注家歪曲的亚里士多德,早在 1493 年,他在《亚里士多德物理学八卷释义》中就已经很清楚地显示出这个目的。在他的生涯的较晚阶段,他企图像他过去评释亚里士多德那样去评释整个神学。这时他所构想的简直就是神学的彻底改革,并且把早期基督教作家的著作传授给不懂希腊语的人们。正是为了达到这些目的,他在 1507 年出版了大马士革的约翰的著作的一个拉丁文译本,一年之后又刊印了一版旧约圣经的《诗篇》。勒费弗尔正是在他对保罗书信的评注(1512 年出版)中,最深刻地、最独到地表达了他的神学思想以及他对圣经评注的热衷。在他的评注中,依然替伪造的塞内卡与圣保罗的通信的真实性进行辩护。

勒费弗尔·戴塔普毫无疑问是16世纪早期法国最有才华的思想家。但是，作为一个学者来说，特别是在研究希腊方面，他比纪尧姆·比代（1468—1540年）肯定差得太远了。比代是被培养当律师的。曾在奥尔良研究民法，在1494年，他在赫尔蒙尼莫斯门下开始学习希腊语。不过，他的真正希腊语老师是约翰内斯·拉斯卡里斯和吉罗拉莫·阿莱安德罗，这在当时的人文主义中是两个非常伟大的名字。1502—1505年，比代已经把普鲁塔克的一些文章译成了拉丁文。但是，直到1508年，当他的《〈法学汇编〉评注》问世的时候，才充分显示出他真正的才能。在这部著作中，他没有隐瞒他对中世纪解释罗马法的学者的轻蔑。1515年出版的《货币论》最高度地表现出他在学术上的造诣和他对古典作品的领会程度。这部书使它的著者立即声名鹊起，成为当时最主要的学者之一。在这部第一次学术性地、可靠地讲述罗马货币制度的奇书中，特别令人惊异的是对于资料的剔择和鉴别的眼光，如果我们考虑到著者的出身背景和青年时代所受的教育的话。比代对本国语言的轻视并不那么奇怪，在这一点上，他与当时的许许多多意大利人文主义者是一样的。但是，在那时候，他全神贯注在古典著作上面。因此，他对学术研究怀有十分突出的热情，当在1517年听到弗朗西斯一世有意创立一个学者的社团时，他立即去打听清楚国王没有放弃这个想法，并且在他的奔走下，国王的计划终于在1530年得到实现，成立了法兰西学院。

在15世纪晚期，英国也和法国一样，学术和教育依然遵循中世纪的模式。在整个中世纪，英国的修道院在文化方面起过主要作用。另一方面，15世纪最后25年间的英国的修道生活的总的情况也表明，过去由修道院完成的学术和教育的职能，这时已经有多少被中学和大学取而代之了。恰恰是在这个期间，有两所文法学校，即班伯里中学和牛津大学莫德琳学院附属中学，都在文法教学中开始采用新方法。在各大学里，这些革新的精神也显然可见。不过，在牛津和剑桥的学院生活中，神学教师依然占据主宰地位。但是，神学家们的无上权威并未能阻止由意大利学者和曾经到意大利留学的牛津和剑桥毕业生倡导的对于人文主义学术的某些方面的爱好的兴起。印刷术的引进自然而然地导致书籍出版的革命。在英国印刷业的初期，显而易见的是：最初的印刷业者卡克斯顿、鲁德以及神秘的"圣奥尔本斯教师",都对人文主义不无若干的同情。他们的出版物当然是以广大群众为对象的。尽管如此,他们也出版少数与"新学"有联系的著作,牛津的鲁德甚至走得更远,在1483年出版列奥纳尔多·布鲁尼的亚里士多德《伦理学》的拉丁文译本,在1485年出版弗朗切斯科·阿雷蒂诺翻译的法拉里斯伪书信的拉丁文译本。卡克斯顿和鲁德全都听从了旅居英国的意大利学者的劝告,他们提出:到了15世纪最后25年,意大利的人文主义已经站稳了脚跟。在英国,这种新学术观点立即以许多方式表达出来。约翰·劳斯(约1411—1491年)和威廉·博托奈尔(伍斯特人,1415—1482年?)侧重于搜集和研究古物,对英国古代文化很有热情。另一方面,林肯教长罗伯特·弗莱明(1483年卒)则学习希腊语,并受当时意大利时尚的激励写一些平庸的拉丁文诗。韦尔斯教长约翰·贡索培(1498年卒)的学术活动也是如此,他的正式拉丁文演说是以他在弗拉拉所学到的传统的人文主义雄辩术为样板的。

　　拉丁文法是受人文主义影响的最初的学术分支之一。意大利人所编的新文法手册到达英国后是如此受人欢迎,它们很快就使人感觉到:迄今在学校中作为教学使用的参考书已经不再适用了。牛津大学莫德琳学院院长约翰·安卫基尔(1487年卒)所著在这一方面的著作,显然具有改进拉丁文法研究的意图。约翰·斯坦布里奇和罗伯特·惠廷顿也仿效他,他们的论文颇为风行一时。安卫基尔、斯坦布里奇和惠廷顿的各种拉丁文法书,在英国明确地树立了文法教学的新方法。这样一来,就无怪乎当科利特在1510年创办圣保罗学院的时候,他也要采取措施,请利纳克尔专门为该院编写一部拉丁文法,而且任命著名文法学家威廉·利利为第一任院长。顺便提一下,利利也是一位很有造诣的希腊学者。

　　人文主义学术在英国的传播,对于宫廷也产生了影响。宫廷人士对于高雅的拉丁文的喜好的兴起,主要是由于罗马教廷官员和学者们为了博得国王的青睐而带来的意大利文化的作用。这些学者所采取的邀宠的方法就是向国王或亲近国王的人们呈献拉丁文诗,令人作呕地歌功颂德,以及呈献用拉丁文写的文章。例如,彼得罗·卡尔梅利亚诺(1450—1527年)开始向爱德华四世呈献拉丁文的颂诗,到了亨利八世时代,依然如此行事。罗马教廷的征税官,终于在1497年成为伍斯特主教的乔瓦尼·吉利,以及在伦敦的其他一些意大利人,如米歇尔·纳戈尼奥、菲利波·阿尔贝里科(曼图亚人,曾向亨利七世和理查德·福克斯各呈献一首拉丁文诗)和乔万尼·奥皮乔,都采取了同样的行动。所有这些作品以及吉利和卡尔梅利亚诺的飞黄腾达,都表明在约克王室的国王治下,对于古雅的文字是颇有几分欣赏的。其直接的结果就是人们更加认识到优美的拉丁文的政治价值。亨利七世不仅设立拉丁文秘书,而且任命卡尔梅利亚诺担任这个新的官职。在这位国王的统治下,一位法国学者、奥古斯丁教派的贝尔纳·安德烈充当桂冠诗人,尽管他的拉丁文受到伊拉斯谟应有的批评,但是,他的阿谀奉承的颂歌肯定讨得了主子的欢喜。因此,像这类事情是不足为奇的:当罗贝尔·加圭安在1489年访英期间发表一篇侮辱亨利七世的拉丁文讽刺短诗的时候,依附宫廷的各式各样的人文主义者立即大写其漫骂性的拉丁文诗,对他群起而攻之。当然,这种宫廷式的人文主义主要是讲究修辞的,只限于歌功颂德、正式演说以及写辞藻优美的拉丁文书信。另一方面,在牛津和剑桥,人文主义具有更大的学术性质,虽然甚至在这里,最初也是以专讲修辞术开始的。在剑桥大学首先用现代化的方式教授这门课程的是意大利方济各教派的洛伦佐·达·萨沃纳,他在1478年就已开始讲课了。洛伦佐的《新修辞学》于1479年由卡克斯顿出版,1480年由"圣奥尔本斯教师"出版。卡克斯顿在1480年也出版一个节本,这说明《新修辞学》一书颇受群众欢迎。在剑桥大学有另一个意大利人卡约·奥贝里诺仿效他,这个人除了讲授泰伦提乌斯的作品外,还被聘请用拉丁文写公文。另外一位剑桥的学者约翰·多格特,在意大利留过学,从1499年至1501年任剑桥大学国王学院院长,他写了一大部关于柏拉图《斐多篇》的评注,其中肯定不会没有意大利的影响。在15世纪最后25年间,新文化的价值标准不是在剑桥,而是在牛津得到最大的发展,意大利人斯特凡诺·苏里戈内大约从1465年起至1470年就已经在该校教授修辞学。苏里戈内还可能教过一些希腊语;但是,不管他是否教过,埃克塞特学院从1490年起就有另一位意大利人文主义者——科尔内利奥·维泰利任教,他肯定推动了牛津大学学术工作,特别是希腊研究的发展。在15世纪的英国,维泰利来以前,就已有人懂得希腊语了。罗伯特·弗莱明在弗拉拉掌握了一些希腊语的知识，坎特伯雷基督教堂修道院副院长威廉·塞林（1494年卒）不仅在1488年把圣约翰·克里索斯托姆的一个小册子译成拉丁文，而且大约在1472年就已经在他的修道院里教授他希腊语的初级课程了（他是在波洛尼亚学习希腊语的）。在约克大主教乔治·内维尔的家中，到1472年他流放到加来为止，也进行希腊的研究；内维尔的秘书，1484年成为达勒姆主教的约翰·舍伍德是一位很有造诣的研究希腊的学者，而一位拜占庭的流亡者——君士坦丁堡的伊曼纽尔实际上在1468年就给内维尔抄录了一部德摩斯梯尼的演说词（现藏莱顿），或者还有其他的原文课本。内维尔和舍伍德两个人都与另一位希腊人交往，这也是不足为奇的，此人就是最后定居巴黎当教师的乔治·赫尔蒙尼莫斯。伊曼纽尔及其同国的抄写人约翰·塞尔博普洛斯（他在英国的活动时期为1484年至1500年）在英国抄写的现存的手稿，十分清楚地表明在牛津大学是需要这类原文课本的（特别是希腊文法书），几乎可以肯定地说，这里的威廉·格罗辛和托马斯·利纳克尔在他们的赞助人之列。

威廉·格罗辛（约1446—1519年）的一生经历在许多方面都是值得注意的。虽然他写的文章很少，而且极端讨厌著书立说，但是，他对自己的同代人却产生了深刻的影响。科利特、利纳克尔和莫尔都得到他的很多教导，甚至伊拉斯谟也只能对他在学术上的造诣之深肃然起敬。格罗辛在意大利掌握了古典著作，而又具有相应的批判能力。下列事实特别表明了这一点：1501年当他在圣保罗大教堂讲授这门课程的时候，他发现过去一直认为是丢尼修大法官所著的《教阶制度论》可能并非出自其人。这种以人文主义的学问为矢攻神学研究之的的情况，在当时的英国并不是独一无二的。约翰·科利特（1466？—1519年）在意大利留学时吸收菲奇诺和皮科的学说，增加了他对柏拉图和普罗提诺的热情，他回国后也把人文主义的学问应用到神学研究上。不仅从他的论文中，而且从他于1496—1497年在牛津所做的关于保罗书信的讲课中，都清楚地表现出这一点。他用意大利的把课文当作一个整体的方法来代替当时流行的解释文字和寓意的方法，给《圣经》注释工作带来一股新风气。科利特头脑里的人文主义宗教观念竟是如此的强烈，使他不仅摒弃经院学者而赞同早期的基督教作家，并且想要成立一个专门培养有学问的基督教徒的学校。

他在1510年创办圣保罗学院，终于能够实现了自己的计划。

与格罗辛和科利特相比，托马斯·利纳克尔（1460—1524年）成为鲜明的对照。尽管他与前两个人一样热衷于拉丁文法，但他的主要兴趣不在神学，而在医学。利纳克尔从牛津到意大利去研究医学和古典文学。在意大利的时候，凡是与他交往的人，对于他的希腊学识都有深刻的印象。利纳克尔用拉丁文翻译的普罗克洛斯的《天体论》，1497年由威尼斯的阿尔杜斯出版社出版。但是，他的真正成就是对于希腊医师的研究，由于这种研究，他曾把加伦的几篇论文译成拉丁文。

格罗辛、科利特、利纳克尔以及他们的大部分人文主义朋友都是神职人员。而在当时的英国人文主义中成为最显著的人物的，却是一位世俗的人托马斯·莫尔爵士（1478—1535年）。在做学问方面，莫尔实际上是一个业余爱好者，他从来没有教过书，他的职业是律师，然而他具有超人的禀赋。他在红衣主教莫顿家的有教养的环境中长大，后来很快从利纳克尔那里学会了希腊语。他用拉丁文翻译的琉善的作品和希腊文选，以及他对柏拉图的研究，都表明他研究希腊语言文化的深度。尽管如此，莫尔对于神学事物绝不是漠不关心的；例如，他坚决拥护伊拉斯谟的希腊文《新约圣经》译本，并且当受到一些比较保守的经院学者的威胁时，他竭尽一切力量去支持牛津大学对希腊的研究。对于莫尔来说，正如对于科利特一样，总觉得文艺复兴的新柏拉图派最符合自己的心意。富有特征的是，他也是皮科的热烈拥护者，他曾把皮科的传记和一些书信译成铿锵有力的英国散文。这是他在当时无人与之匹敌的一个领域，正如他的拉丁文诗歌和散文是英国人文主义所产生的最上乘的作品一样。莫尔的《乌托邦》是一部迷人的并且往往被人误解的讲述世界上的生活道路的讽刺作品，正是在这部作品里，莫尔的人文主义得到最充分的表现。他所写的这篇拉丁文散文妙趣横生，温文尔雅，文笔灵活，与所表达的真知灼见非常相称。

《乌托邦》一书表明：在莫尔的时代，一个英国人为了成为一个地地道道的人文主义者，已经没有必要到意大利去留学了。其原因之一是：到了这个时候，由于英国宫廷中有几位有学问的意大利人，在伦敦就可以熏陶在意大利的文化气氛之中。对于这些学者来说，1509

年亨利七世之死是一场巨大的灾难。他们之中有一些人没有得到亨利八世的宠幸：桂冠诗人安德烈不得不销声匿迹；卡尔梅里亚诺的拉丁文秘书职务则于1511年被另一个意大利人——安德烈亚·阿莫尼奥所代替，这个人除了正式工作而外，有时要写拉丁文的诗歌，并且频频与伊拉斯谟通信。在肯定由于统治者的更迭而受难的那些意大利人中，还包括波利多尔·维吉尔（约1470—1555年），他在亨利七世的鼓励下，约在1506年开始用拉丁文编写一部英国史，其目的是向欧洲说明都铎王朝的合法性。正是波利多尔把人文主义历史编纂学的广阔概念引入了英国，由于他刊印吉尔达斯的著作，也激起了研究英国古代文物的兴趣。不幸的是，他也招致了红衣主教沃尔西的仇恨，结果，他在1515年锒铛入狱，一直到1534年才得以出版他的《英国史》。

　　虽然在伦敦和各大学中都在进行着人文主义的活动，但是直到宗教改革运动为止，大学依然是一个经院哲学的营垒。牛津和剑桥的争论的真正焦点，是在研究《圣经》时用推论法和探求寓意的方法呢，还是用新的批评方法并追溯到早期基督教作家的作品。但是在牛津又把这个争端缩小为邓斯·司各脱及其所维护的一切与希腊语之间做出选择。旧派的神学家竟把希腊语看作是异端邪说的语言，1518年在牛津掀起了猛烈的反对行动；在剑桥，只是由于约翰·费希尔的巨大声望，才防止住一场类似的反动风潮。理查德·克罗克1518年在那里开始讲希腊语课。不过，在反动的经院哲学在大学里做最后挣扎的20年间，中学和大学教育也有一些重大的发展。科利特创办圣保罗学院，实际上是使文艺复兴的理想与基督教中世纪的理想做了成功的妥协。费希尔在剑桥的活动和理查德·福克斯在牛津的活动，都是为了满足大学里的新的需要。费希尔所希望的是把剑桥提高到牛津的水平。由于得到亨利七世的母亲玛格丽特夫人（玛格丽特·博福特，里士满和德比女伯爵，1443—1509年）的庇护，他能够劝说她在1505年创办基督学院，并使她在遗嘱中写明建立圣约翰学院。自从13世纪末就已经感到有必要成立三种语言的学校，在那里，为了促进神学的研究，应该教授拉丁语、希腊语和希伯来语。但是直到16世纪，这个工作丝毫也没有动手。费希尔通过设立拉丁语、希腊语和希伯来语选修生奖学金的方式，极力促使剑桥的圣约翰学院成为教授三种语言的学院。毫无疑问，这是费希尔的伟大成就之一。他的另一个伟大成就，就是促使他的女庇护人在两个大学设立神学讲座。伊拉斯谟1511年至1514年来到剑桥讲学，很可能也是他的功劳。这件事对于该大学的人文主义的和《圣经》的学习，当然都是非常宝贵的。

几年以后，温切斯特主教理查德·福克斯（1448?—1528年）在牛津仿效费希尔的榜样。他在1517年建立圣体学院，使牛津有了一个古典文学、特别是希腊语占据崇高地位的地方。给予神学以新的生命也是这里的最后目标。但有一点很重要：福克斯的学院的第一任院长约翰·克莱蒙德是一位热心的古典学者。由他来领导这样一个学院真是再恰当也没有了。在这里，人们期待拉丁文讲师尽最大努力清除不规范的语言，神学讲师不是讲阿奎那或者邓斯·司各脱，而是讲述早期的基督教作家。

人文主义对于英格兰学术所产生的影响，并没有扩展到威尔士、苏格兰和爱尔兰。在威尔士和爱尔兰，1470—1520年，这两个地方的传统学术没有发生变化。在苏格兰，虽然15世纪在圣安德鲁斯、格拉斯哥和阿伯丁创办了3所大学，但学术和教育依然一成不变是中世纪的，直到宗教改革运动为止，大学里的各种课程也是如此。在15世纪和16世纪早期从苏格兰到意大利的大学里留学的许多学生，还完全没有接受新的价值标准。唯一被人文主义迷住的苏格兰人是赫克脱·博伊斯（1465—1536年），他是伊拉斯谟在巴黎时的一位朋友，1527年出版了一部用拉丁文写作的、模仿李维著作的苏格兰史。不过，他在1505年当上了阿伯丁大学圣诞圣母学院（后改为国王学院）的院长，但是，尽管他有这样崇高的学术地位，也没有能够对他的同胞产生任何直接影响。

在15世纪最后25年间，低地国家的文化出现一种颇为有趣的景象。有勃艮第大公和他们的哈布斯堡继承者的布鲁日宫廷的虚有其表、实际很肤浅的学术；有在"现代虔信派"的虔诚理想的鼓舞之下兴起的文化运动；最后，还有卢万的神学家们的传统的经院哲学。布鲁日宫廷的文化活动的最显著的表现，不在于模仿古典的样板，而在于显然从对神话的爱好出发，把古典作品一知半解地译成法文。有些古典著作的译本是很有名的，但是，那并不是把希腊作家的著作译成拉丁文，而是把拉丁文的本子译成法文。15世纪最后25年间在布鲁日出版的书籍，对当时流行的趣味提供了一幅可靠的画图，这种趣味在让·勒梅尔·德·贝尔热（约1473—1516年？）的胡诌八扯的和华而不实的文章中得到最典型的表现。另一方面，在宫廷以外，文化空气的活跃是在教士中间，而不是在俗人中间；不过，这种活跃的空气不是来自经院哲学的研究，而是来自"现代虔信派"的严肃认真的虔诚。"现代虔信"的两个分支（温德谢姆的奥古斯丁修会和共同生活弟兄会）的最终目标，就是他们要为宗教做出人文主义为学术所做出的事情。他们深受像圣伯尔纳和圣维克托派的作家之类神秘主义者的影响，反对中世纪经院哲学的枯燥无味的形式主义，而提倡内心的反省，这在《效法基督》一书的字里行间得到最好的表现。

作为教育者来说，共同生活弟兄会会士是杰出的和成功的。到15世纪末，远至阿尔萨斯和德国南部都有他们的学校。实际上，他们的学校的功绩除了别的方面以外，还在于培养出北欧文化史上的一些杰出人物，如库萨的尼古拉斯和伊拉斯谟等人。共同生活弟兄会的学校的伟大成就有着许多原因：他们有有效的组织和明智的教学大纲；他们开设宗教课；他们使学生一律住校；更重要的是，他们采用最新的教学方法。他们的学校最伟大的校长亚历山大·范·黑克，或称黑吉乌斯（1433—1498年）从1483年起在德文特教书，他十分相信希腊语的文化价值，相信人们希求在写作时以古典的和人文主义的作品为范本。共同生活弟兄会会士的文化活动并不止于教育，他们在写作宗教文字和传抄手稿方面也是非常积极的。一旦有了印刷术，他们立刻认识到它的重要性，并且立即成立印刷所，但出版的不是关于经院派神学的论著，而是刊行适用于中小学教学的宗教课本、语法、古典的和人文的文章。如果看到低地国家与意大利之间的许多文化交流和贸易往来，那么，共同生活弟兄会对于人文主义著作的兴趣就肯定不足为奇了。在整个15世纪期间，佛兰德和尼德兰的学生们到意大利的主要大学去留学，其中包括鲁道夫·胡斯曼，别名阿格里科拉（1444—1485年），他的人文主义学问不但在本国、而且在德意志和意大利都引起人们的惊叹。阿格里科拉的"雄辩"概念是从意大利人那里得来的，正是在意大利，他形成了自己优美的拉丁文风格，并且掌握了希腊语。在《辩证法的发现》中，阿格里科拉表现出运用修辞学的能力，把新旧观点熔于一炉；而在《论学习热情的形成》

中，他提出一个令人耳目一新的常识的教育观念。阿格里科拉虽然倾向于人文主义，但他对于亚里士多德及其托马斯主义注释家们的尊敬是从来没有动摇过的。尽管如此，直到他去世时为止，他最主要的还是一位迷醉于人文主义的形式方面的、非常有才华的修辞学家。以阿格里科拉的出身来说，像他这样一个人所表现的对新价值观念的吸收，在当时的确是难能可贵的了。例如，他的同胞甘斯福特的约翰·魏塞尔（约1420—1489年）在对唯名论者的"尊敬的元老"奥康姆的威廉效忠方面，从来就没有畏缩不前过。虽然，他是从他的意大利老师们那里学到了希腊语和希伯来语，而且还教授过这两种语言。但是，路德非常钦敬的这位清教徒却完全没有打上马尔西利奥·菲奇诺的佛罗伦萨和蓬波尼奥·莱托的罗马的烙印，他一直到死依然是一个受到神秘主义强烈感染的神学家，热衷于宗教改革和《圣经》知识的促进。

整个来说，"现代虔信派"的追随者对于传统的经院哲学是抱敌对态度的。在低地国家，卢万大学给经院哲学提供了一个根据地，这个大学为唯实论的神学家们所盘踞，最后成为反宗教改革运动的强大堡垒。约在1480年，人文主义修辞学家斯特凡诺·苏里戈内曾在卢万教学，他的讲课没有留下明显的痕迹，很快就被人忘记了。但是，乌得勒支的阿德里安·弗洛伦茨（后为教皇阿德里安六世，1523年卒）的活动却没有被人忘记。乌德勒支的阿德里安在学术方面的光辉经历，也说明在16世纪20年代，卢万还是怎样死死抱住旧的推论法不放。不过，即便在如此守旧的一个大学里，人文主义思想也并没有完全被忽视。大约在1515年，卢万开始有希腊语的印刷；并且，由于杰罗梅·布斯雷登的富有想象力的侠义行为，约于1517年在卢万创立了一个教授3种语言的学院，结果，从1518年起，这里就开始正式教授希腊语和希伯来语了。正如所能预料到的一样，这种革新并不是没有遭人反对的。雅各布·拉脱姆斯（1475—1544年）和马丁·范·多普（又称多尔皮乌斯，1485—1525年）采取了坚决反对希腊语的立场，前者是既攻击路德又攻击伊拉斯谟的可怕的论战人物，后者主要以其对伊拉斯谟的敌对态度现在为人所知。另外，多尔皮乌斯的出名，还由于他曾在卢万的几次讲课中，对几个世代之前洛伦佐·瓦拉对经院哲学家的攻击做了回答；他认为福音书的希腊文本对于研究《圣经》是完全无用的,从他对《圣经》研究的新潮流抱有怀疑的态度来看,他的这种看法也是理所当然的。

在低地国家出生的古典学者当中,我们还应该提到克里斯托弗·德·隆格伊尔,他更为人所知的名字是隆格里乌斯(1488—1522年)。他生于马林,在法国长大,但学术活动是在意大利展开的。在那里,他的才能和他对西塞罗的口才的坚决崇拜,使他很快成为一位最著名的西塞罗主义者。作为一个学者,隆格里乌斯既引起意大利人的嫉妒,也引起他们的羡慕;就连伊拉斯谟,尽管对西塞罗的雄辩抱着敌对态度,对隆格里乌斯的许多优秀品质也是称赞的。

伊拉斯谟(1466—1536年)应运而至,他成为那个时代欧洲文化生活中最重要的人物。不过,这位地地道道的国际学者永远没有完全摆脱掉他在成长期间的学习的一切烙印。他的以先进知识为上帝服务的愿望,他的使《圣经》去掉一切粗野内容而恢复其本来面目的热情,都表明他自始至终是"现代虔信派"的一个典型的追随者。不错,他不久就放弃了亚历山大·黑吉乌斯所坚持的许多观点,他对神秘主义也是漠不关心的,尽管如此,他强调回复《圣经》真面目的人文主义福音传道狂,以及他对路德派的宿命论所抱的敌对态度,肯定都会使他纳入"现代虔信派"的传统,正如他对经院哲学的厌烦也使他纳入这一传统一样。

伊拉斯谟学习希腊语以及接触意大利的人文主义,对他研究《圣经》和早期基督教著作具有极大的好处。他对福音书原文的评注显然是以瓦拉在这方面的著作为基础的,而这一工作在他于1516年第一次刊印希腊文的《新约圣经》时达到了登峰造极的地步(瓦拉所著的《新约的全书集注》的第一版,是1505年由伊拉斯谟在巴黎刊印的)。伊拉斯谟对《圣经》文字的评注,是按照波利蒂安及其门徒所提出的刊印古典著作的方针进行的。伊拉斯谟也加入了波利蒂安所发动的反西塞罗主义的运动;他关于这个问题的意见,1528年在他的《西塞罗派》中得到充分的表现,这篇文章无情地揶揄那些崇拜西塞罗的人们。伊拉斯谟所写文字的总量大得惊人。他的大量著作中有对《圣经》的注释、从希腊文译出的作品、理论文章、论战文章,另外还刊印古典的和早期基督教作家的书籍。他的学问尽管十分渊博,但也有一定的限制。作为一个希腊文化研究者,他不曾注意荷马、索福克勒斯或者埃斯基罗斯,很可能是由于对于他来说,他们的著作太难懂了,而不是因为欧里庇得斯、利巴尼奥斯和琉善在实际上更合乎他的口味。在拉丁文方面,他对维吉尔并没有特殊印象,而他本人的诗也并不出色。从另一方面说,在伊拉斯谟的天赋中,不包括对于诗歌或文字的美的真实的感情。他对于古典作品的研究在某些方面依然是中世纪的,特别是他认为古典作品归根结底就是伦理原则、醒世箴言以及美丽词句的汇集,并不把它们看作一个伟大文明的表现。作为一个思想家来说,不可否认的是:他既没有深度,也没有十分独到之处;他显然不喜欢抽象的思考,不过,他对重要的事物眼光极为敏锐,他有非常丰富的知识,他有写作说服性文章的才能,这种文才使他的观点往往显得几乎难以批驳,因此,他能够克服上述的缺点。尽管他的名字与任何伟大的运动或事件无关,但是,主要由于具有令人惊叹的丰富学识,他对同时代人的影响是十分巨大的。伊拉斯谟十分了解自己的力量,但他不像阿莱安德罗那样成为罗马天主教徒,也不像梅兰希顿那样成为宗教改革家,他宁愿保留私人学者的身份,主要从事刊印古代的著作。我们只要全盘考察一下伊拉斯谟的工作,就会十分清楚:他的最著名的作品其实并不是那些他对学术做出真正不朽贡献的作品。他的真正成就并不在于他的饶有趣味的拉丁文对话,也不在于《愚人颂》和他谈论教育和苦修的手册,而在于他作为一位原文书籍编辑人的工作。对于早期基督教作家的批判研究,肯定是由他开始的;他把瓦拉对《新约圣经》的评论发展了一步,终于证明通俗拉丁文本《圣经》绝不是没有错误。所有这种编辑和批评活动的一种有趣情况,就在于伊拉斯谟期望这种活动所得到的结果。他认为,一旦早期基督教作家,特别是《新约圣经》有了确切无误的定本,宗教的争论就必然会告结束,因为有了这种可靠的,不含有模糊字句和增添篡改之处的真本,就可能避免误解它们的真正意义。大概从《箴言集》中最能看出伊拉斯谟的天赋和学问,这是一部极好的古典佳句集,附有详细的注释,1500年第一次出版。特别是,这部书的每一页里都呈现出伊拉斯谟的真实面目,显露出他的勤勉刻苦,他的才华横溢,他的博学多识,他的文化活动领域的异常广阔。

在15世纪后,意大利对于德意志文化不可避免地产生了影响。

在本世纪文化史上的几位最杰出的人物,如库萨的尼古拉斯(约1401—1464年)、格雷戈尔·海姆贝格(1410—1472年)和阿尔布雷希特·冯·艾勃(1420—1475年),都曾在意大利留学,他们在那里受到人文主义的影响。随着15世纪时间的前进,人文主义对于德意志学者的影响也与日俱增,到15世纪末已经发展到这样的程度,有几个德意志学者已经采用阿尔卑斯山以南的他们的同行的方式方法了。印刷术是德意志人发明的,因此,毫不奇怪,这种技术最初在日耳曼人的土地上要比在其他任何地方发展得更快。从谷登堡时代到1520年期间,在德意志帝国各地区和瑞士出版的书籍的数量是十分惊人的,正如人们预料到的一样,这些书大部分的主题是有关传统学习、宗教礼仪或者专门业务的东西,但是,与这些书籍同时出现的还有相当数量的关于古典文学和人文主义文献的出版物。实际上,到了16世纪初,已经有不止一家专门地,或者至少是大部分地为具有人文主义思想的读者服务的出版社开业了。巴塞尔是一个主要例子,在那里,起初是阿莫巴赫家族,随后是弗劳本出版社(伊拉斯谟自己的书在此出版),开创了与阿尔杜斯出版社在威尼斯所创立的传统极为相似的传统。也正是在15世纪最后25年期间,学校教育开始受到新的价值标准的影响。像鲁道夫·冯·朗根在蒙斯特所创办的学校,或者像路德维希·德林根贝格在施莱茨塔德所主管的学校等,虽然也是照旧注重共同生活弟兄会的教学中一贯采用的古代典籍,但是也显示出一种比过去更为自由的教育思想。在各大学里也可以见到这种有利于古典文学的态度。即便是德意志最古老的大学,也只是在14世纪下半叶才建立起来的;但是,一旦建立起来,它们的发展就极为迅速,以致到了15世纪初,维也纳、埃尔福特和海德尔堡都已经成为繁荣的学术中心了。人文主义在德意志大学里的抬头,起初没有遭到什么反对,这部分地是由于人们不认为它有什么危险,但是也因为唯实论者与唯名论者之间的斗争过于引起学术界的注意。他们的分歧是如此之深,以致在某些大学,例如在海德尔堡和因戈尔施塔特,文艺学院竟然分裂成两个部分,每个部分有它自己的院长、教师和讲堂,一个部分遵循"古代道路",亦即唯实论;另一部分则走"现代道路",亦即唯名论。起初,神学家们并不反对人文主义者,确实是欢迎他们,因为他们的研究对神学会有帮助。设置人文主义讲座所面临的真正困难是行政方面的，因为没有这笔经费，现存的课程表里已经没有地方再开设新的学科。这些困难并不是不可克服的：在不过分打乱课程表的情况下，适当地安排了人文主义题目的讲座，而为付给教师工资所需要的基金也已设法募集。因此，彼得·吕德尔能够在几家德意志大学里讲授拉丁诗人的作品，一直到他约在1474年逝世为止。他并不是唯一的例子。在把人文主义的研究引进德意志大学的人当中，还有几个意大利的漫游学者，在15世纪期间，在整个欧洲经常可以遇到这一类人。其中之一，佛罗伦萨的修辞学家雅各布·普布里西奥在1467—1470年间，在埃尔福特、莱比锡、克拉科夫和巴塞尔的讲学很有些成绩。另一个是米兰人斯特凡诺·苏里戈内，他在斯特拉斯堡和科隆进行同样的活动。而钦齐奥·达·博尔戈·圣塞波尔克罗1487年在维也纳也曾活跃一时。但是，钦齐奥在维也纳所扮演的角色，与杰罗拉莫·巴尔博所扮演的角色相比，就黯然失色了。巴尔博毫无疑问是在德意志帝国各地区最有影响的意大利教师。甚至在最初的阶段里，德意志人本身就已经对学术的新概念做出极大的贡献，特别是那些在意大利留过学的人。除了其他方面而外，这些德意志学者有助于创造一种对意大利人文主义著作的兴趣，皮科·德拉·米兰多拉、菲奇诺、瓦拉和巴蒂斯塔·曼托瓦诺的著作显然是最受人欢迎的。另一位外国学者勒费弗尔·戴塔普的著作在德意志不但流行，而且很有影响，这主要是由于在巴黎跟他念过书的比亚图斯·莱纳努斯，以及跟他有过交往的波廷戈尔、罗伊希林和阿莫巴赫家族。崇拜勒费弗尔的许多德意志人实际上采用了"复古派"的名称，因此，为了表示与奥康姆主义者对立而声称：他们，并且只有他们，才是亚里士多德哲学的真正代表。

在像德意志学术界这样一个环境里，业余爱好者也能够发生巨大的影响。像彼得·朔特（1458—1490年）这样一个学者，他是斯特拉斯堡的教士，写过拉丁文的诗和一篇谈韵律的论文，就给自己的城镇树立了一个榜样。赫尔曼·舍德尔（1410—1485年）和哈特曼·舍德尔（1440—1514年）给纽伦堡的文化生活留下了一个标志。但是在这些业余爱好者中，出类拔萃、影响最大的要算历任斯彭海姆和维尔茨堡修道院长的约翰内斯·特里特米乌斯（1462—1516年）。特里特米乌斯所写的东西，从神学到实际的虔行，从目录学到历史，范围极为广泛，篇篇都给人留下深刻的印象，1494年出版的《论传教士的著作》至今对于学者还是有用的。然而，他的最伟大的成就在于他对帝国各个角落的那些或是与他通信、或是与他结识的学者们所产生的强烈的影响。由于欧洲德语地区具有特殊的地理和政治结构，人文主义不可避免地要在这些地区的各个城镇同时繁荣起来。由于缺乏集中，一个结果就是出现了许多学者小集团，例如16世纪初期纽伦堡的以皮克海默为中心的小集团，或者斯特拉斯堡的以温普斐林为中心的小集团。另一个结果是成立了许多学会或学园，其中有几个是由于康拉德·采尔蒂斯（1459—1508年）的热情而存在的。采尔蒂斯所创立的学会之一是"莱茵文学会"。另一个是"多瑙学会"，这是1497年他应皇帝马克西米连一世之请定居维也纳之后创办的，这个学社在采尔蒂斯的继承人约翰内斯·库斯皮尼亚努斯（1473—1529年）的领导下，继续欣欣向荣。库斯皮尼亚努斯是个考古学家，首创罗马编年史学的研究。当采尔蒂斯住在维也纳的时候，他还劝请马克西米连一世建立了一个"诗学与数学学院"。皇帝于是派采尔蒂斯当院长，这个学院由于采尔蒂斯的热情而获得它的主要力量。所有这些学会主要是相互赞赏的团体，喜欢研究古代文物和用拉丁文赋诗。在德意志人文主义者当中，拉丁文诗作肯定是最普遍的活动。阿尔布雷希特·冯·艾勃和彼得·吕德尔最主要的是爱好诗学的修辞学家，温普斐林也是如此，虽然他还有另外的爱好。采尔蒂斯首先认为自己是一个诗人，他的诗虽然平凡已极，却为他赢得了桂冠，1487年在纽伦堡，皇帝弗里德里希三世赐给他"桂冠诗人"的称号。塞尔提斯和埃奥巴努斯·赫斯（1488—1540年）1517—1526年在埃尔福特讲授修辞学，他们的诗表明：德意志人文主义在这方面所能提供的哪怕是最上乘的作品，也还是多么平庸无奇。塞巴斯蒂安·布兰特的拉丁文诗也是同样平庸，他最成功的作品《愚人船》是用德文写成的。

修辞和作诗可能是德意志人文主义最惹人注目的活动，但肯定不是它的最重要的活动。那些致力于编印古代典籍的学者们对于学术做出了更为坚实的贡献，即便说他们所做的许多订正纯粹是无稽之谈。我们能够见到1472年出版的马尼利乌斯诗篇的初版，要感谢天文学家约翰·米勒（1436—1476年），他以雷乔蒙塔努斯的名字更为人所熟知。塞尔提斯在1489年编印了塞内卡的两部悲剧,在1500年编印了塔西佗的《日耳曼尼亚志》;库斯皮尼亚努斯编印了弗洛鲁斯和阿维亚努斯的著作;塞巴斯蒂安·布兰特则编印了维吉尔的诗篇。但是,德意志最重要的古典著作编印人是比亚图斯·莱纳努斯(1485—1547年),他的工作包括编印韦利奥斯·帕特库洛斯的罗马史的初版,这部书是1515年他自己在穆尔巴赫发现的。德意志人文主义的另一个重要活动就是在新的学术思想熏陶下产生了这样一种信心:德意志历史有其自己的伟大之处,丝毫也不次于古代的罗马。采尔蒂斯之刊印塔西佗的《日耳曼尼亚志》,即中世纪的讲述德国光荣历史的书籍的编印,以及对德意志早期历史和古代文物的调查研究,均出自这种浪漫主义的想法。在中世纪的研究中,采尔蒂斯在1500年刊印了赫罗斯维塔的剧本,7年之后又刊印了西多会士君特的《利古里亚人》,因而表明他是这方面的先驱。在比昂多·弗拉维奥的插图本《意大利图册》的范例的鼓舞下,采尔蒂斯也计划出版《日耳曼尼亚图册》,以反映德意志的真实面貌。他只完成了一本《日耳曼尼亚概观》,系该书的一部分,于1500年出版。翌年,雅各布·温普斐林(1450—1528年)的《日耳曼尼亚》问世,其中引用大量的历史资料证明阿尔萨斯是德意志的领土,这个题目当然引起了很多的论战。温普斐林的《日耳曼史简编》于1505年出版,其中叙述德意志自远古以来的历史。此后,在1518年,弗兰西斯库斯·伊列尼库斯出版了德意志中世纪历史概要。但是,在同类书中,最好的是约翰·图尔迈尔(别名阿文提努斯,1477—1534年)所著的《巴伐利亚编年史》,这部书在德意志历史编纂学的发展史上也是一个明确的路标。引起人们对德意志历史发生兴趣的还有比亚图斯·莱纳努斯对塔西佗《日耳曼尼亚志》的评论,1520年在巴塞尔出版。但是,在乌尔利希·冯·胡滕(1488—1523年)的著作中,特别是在他的拉丁文对话集《阿尔米纽斯》中,德意志历史才得到最充分的颂扬。《阿尔米纽斯》写于1520年,但到1528年才出版,这部作品把阿尔米纽斯写成一位民族英雄和日耳曼人在历代抵抗罗马的象征。

在15世纪后期和16世纪初期,有些德意志考古学家对碑铭学发生了兴趣,而且证明它是有点用处的。哈特曼·舍德尔搜集古典的和中世纪的铭文,他的大量收藏品现存慕尼黑;托马斯·沃尔夫

(1457—1509年）也耽迷于同类的工作。康拉德·波廷戈尔（奥格斯堡人，1465—1547年）表明是当时德国最卓越的碑铭学家和考古学家。他的收藏品包括钱币、徽章、雕刻、手稿，当然还有他从采尔蒂斯那里得来的著名的"波廷戈尔古地图"。但是，他不仅仅是一个古物收藏家；除了编印一些古典的和中世纪初期的著作家们的作品外，他还在1505年出版了一部重要的在奥格斯堡主教管区发现的罗马铭文集。正如他的许多同时代人一样，波廷戈尔懂希腊文，对希伯来语很感兴趣，并且把他的研究扩大到中世纪的遗物。在15世纪期间，欧洲德语地区已经认识到希腊语的价值。不过，应该指出：在这些地区，研究希腊语的主要目的是为了对《圣经》和早期基督教作家取得较好的知识；显而易见，这是早期德国人文主义和经院哲学发生密切联系的结果。在15世纪最后25年期间，阿格里科拉在海德尔堡，拜占庭的流亡学者安德罗尼库斯·坎托布拉卡斯在巴塞尔都曾教授一些希腊语，而罗伊希林即是后者的学生。稍后一个时期，约翰·库诺（1513年卒）也在巴塞尔教授过希腊语。在该城教授希腊语的另一位学者是约翰·奥科兰帕迪乌斯（1482—1531年），当伊拉斯谟编印希腊文《新约圣经》的时候，他的帮助显然是极为宝贵的。同一时期，在科隆和莱比锡，由于一个英国人理查德·克罗克（约1489—1558年）的教授，希腊语的学习取得一些显著的进展；克罗克原是阿莱安德罗的学生，他一直讲课到1517年回国为止。但是在他走后，又在1518年找到一个继承他的人，即彼得·莫塞拉努斯，这个人使克罗克所开创的传统在莱比锡继续了下去。同一年里，梅兰希顿（1497—1560年）在维滕贝格进行第一次讲课时，就强调指出古典语言，特别是希腊语的重要性，并且出版了一部希腊语法手册。虽然到了1520年，希腊语被公认为大学课程已经有了一个时期，但是，除了到国外留学，德意志人在16世纪以前想要掌握这种语言的知识可不是轻而易举的事情。库萨的尼古拉斯、雷乔蒙塔努斯、彼得·朔特、约翰·库诺和比亚图斯·莱纳努斯都是在德意志以外学的希腊语，他们之中的最后一位是在巴黎乔治·赫尔蒙尼莫斯的门下开始学习希腊语的；而罗伊希林，除了受教于坎托布拉卡斯和赫尔蒙尼莫斯而外，还留学意大利，在阿尔吉罗普洛斯和查尔科孔迪拉斯的课堂里待过一个时期。罗伊希林在1488年所译的普罗克鲁斯的拉丁文的布道词，表明他早年已经精通希腊语；他在反对伊拉斯谟在希腊语音方面的观点、而捍卫希腊语的传统读音方法的小册子中，特别显示出他后来在这一领域里的渊博知识。比亚图斯·莱纳努斯在他所译的纳西昂的圣格雷高里的两篇布道词中，也表现了他充分地掌握了希腊语，除此而外，他还不时地用希腊语写信，他在信中所用的希腊语要比采尔蒂斯在那些可怜的讽刺诗中所用的希腊语高明得多，虽然后者在讽刺诗中，本来是扬扬得意地要夸耀他的希腊语学识水平的。

由于研究神学，对希伯来语产生了强烈的兴趣，采尔蒂斯、特里谢米乌斯和波廷戈尔肯定爱上了这种语言。但是，正是约翰·罗伊希林（1455—1522年）成为同时是了不起的希伯来语学家的第一个德意志人文主义者。罗伊希林对于希伯来语具有极大的热情。他是在1493年左右，在雅各布·耶希尔·劳安斯的帮助下开始学习希伯来语的。罗伊希林之所以要学习希伯来语，是由于他想要通过原文研究《旧约圣经》，并且像皮科·德拉·米兰多拉在他之前做过的那样，去掌握犹太神秘主义的文学。1517年出版的《论犹太神秘主义艺术》就是此种研究的成果之一；另外一些成果是他在1506年和1518年所发表的关于希伯来语语法的著作。在那个时候，希伯来语在日耳曼人的土地上也得到另外一些非犹太籍的热心家，其中包括自修这种语言的康拉德·佩立坎（1478—1556年）和伊拉斯谟的朋友、在巴塞尔的合作者奥科兰帕迪乌斯。罗伊希林的名字跟关于希伯来语书籍的争论是一直联系在一起的，这场争论终于变成了经院哲学与人文主义之间的斗争。他对科隆多明我会士（他们在1509年弄到了禁止希伯来语书籍的教令）的战斗，导致德意志的人文主义与经院哲学之间的永久分裂。这时，罗赫林的支持者不仅猛烈攻击科隆的反动的托马斯主义，而且狠狠批判其他的传统的神学思想的表现。他们认为关于希伯来语书籍的禁令是对人文主义价值本身的一种威胁。《无名人物的书信》是人文主义者的感情的最明显的表现，它无情地嘲讽了经院哲学家们的方法。这些虚构的书信把矛头指向他们的方法，最终目的则在于打击经院哲学的真正核心。对希伯来语书籍的查禁好像一个火花，它加速了一场无论如何也要发生的危机的来临。到了16世纪20年代，德国的世俗文化已经发展到这样一个阶段，它再也不能够与传统的经院哲学家的学术妥协了。这时的倾向不再是把人文科学纳入神学的轨道,而是恰恰相反。这一点也可以部分地说明为什么有那么多的德意志人文主义者站在宗教改革运动的一边。

在德意志,到了15世纪末,人文主义已经得到充分的发展,但是斯堪的纳维亚各国,甚至一直到1520年,还没有受到人文主义的影响。这在挪威和冰岛是不足为奇的。但是,在瑞典和丹麦,当我们考虑到它们与欧洲其他部分有许多贸易往来的时候,就觉得很奇怪了。在1477年西克斯特四世下令批准在乌普萨拉建立一所大学之前,瑞典是不曾有过大学的。乌普萨拉大学创立后立即开始讲授文艺和神学,但是那里的教学严格遵循中世纪的体系。瑞典早期的印刷所在1478年开始印书,从1478年至1520年之间所刊印的书籍可以说明这个国家在学习方面的保守性质。丹麦的情况也是一样。1478年在哥本哈根建立的大学几乎并不比乌普萨拉的大学更为进步,而丹麦在1482年至1520年间所印刷的书籍的实际证据表明:该国对知识的兴趣,其范围也不比瑞典广阔。只是在宗教改革运动兴起之后,新学术才渗入斯堪的纳维亚。

在1470—1520年这半个世纪期间,西班牙的飞速发展也在知识领域中反映了出来。1470年以后不久,在西班牙就已经显然可见对于人文科学的新的兴趣了,这主要是来自意大利的人文主义影响的结果。西班牙所有的早期伟大人文主义者,其中包括内布里哈和埃尔南·努涅斯,都上过意大利的大学,而且主要是由于他们的热心传播,新的价值标准在卡斯蒂利亚王国建立起来。在15世纪最后25年期间,到西班牙来进行教学的那些意大利学者所起的作用,与上述的学者们所做的努力具有同样的价值。在意大利学者中,第一个是蓬波尼奥·曼托瓦诺,他在1473年就已经在萨拉曼卡讲授拉丁诗人的作品了。蓬波尼奥·莱托以前的两个学生:1484年到达西班牙的卢乔·马里内奥·西库洛(约1446—约1533年)和大约3年以后到达那里的彼得罗·马尔蒂雷·丹吉拉(1459—1526年),对西班牙的学术做出了更重要的贡献。马里内奥和马尔蒂雷两个作为人文科学的教师,都表明是无价之宝。不过,他们的最伟大的成就是在历史领域里,因为马里内奥在1495年所出版的《论受人称赞的西班牙》中就已经表现出他对于西班牙古代文物的兴趣,他还根据人文主义历史编纂学的原则写作了聘请他的国王的传记。而彼得罗·马尔蒂雷则以他的《新世界的几十年》变成了记述新世界和哥伦布的成就的历史学家。

在费迪南德和伊萨贝拉的宫廷里，以及在萨拉曼卡，人们对人文主义的兴趣十分浓厚，这必然对学校的教学产生影响。这种影响在宫廷附设的学校里特别明显，在那里，为了提高王室成员的文化水平，特别任命意大利的学者们去当教师。例如，安东尼奥·杰拉尔迪尼一直到他在1488年逝世为止，始终给一位公主做导师。马里内奥和马尔蒂雷也在这个宫廷学校的教师的队伍里。在亨利四世（1454—1474年在位）治下，由阿隆索·埃尔南德斯·德·帕伦西亚（约1423—1492年）任拉丁文秘书，这是一个在意大利培养起来的学者，他在那里吸收了一些人文主义的思想。而在费迪南德和伊萨贝拉治下，这个职位由彼得罗·马尔蒂雷担当了一个时期。这是官方欣赏优美的拉丁文的又一个标志。在宫廷里大张旗鼓地进行的人文主义教学，也扩展到了当时在整个王国中最重要的萨拉曼卡大学。在1484年，也就是说在蓬波尼奥·曼托瓦诺已经在萨拉曼卡讲授拉丁诗人课程的11年之后，马里内奥·西库洛也在那里讲授同样的课程，而彼得罗·马尔蒂雷则是从1488年开始的。这种人文主义的课程绝不是意大利人包办的。当时西班牙第一流的人文主义者安东尼奥·德·内布里哈在该大学占有一个语法的讲席；而到15世纪即将结束时，波利蒂安过去在佛罗伦萨教过的一个学生、葡萄牙人阿里亚斯·巴尔沃萨在大学里讲授希腊语。在萨拉曼卡，托马斯的神学占有崇高的地位，那里不容许像司各脱主义和奥康姆主义之类的敌对学说存在。由于反对萨拉曼卡的旧式的保守主义而产生的一个行动，就是托莱多大主教和西班牙大主教弗朗西斯科·希门尼斯·德·西斯内罗斯红衣主教（1437—1517年）于1508年在阿尔卡拉德埃纳雷斯创办了一所大学。他这样做的意图并不是要给"新学术"在西班牙找一个容身之地，而是要为基督教教义和邓斯·司各脱的哲学建立一个组织。但是，由于创办人的思想进步的结果，它不久就成为基督教人文主义在西班牙的大本营。在阿尔卡拉开办司各脱主义和唯名论的课程，毫无疑问是一个显著的革新。然而，除此而外，希门尼斯为了增进关于《圣经》的知识，还设置了希腊语和东方语言的课程。另外，这位创办人还把16世纪初期西班牙一些最伟大的人文主义者聘请到阿尔卡拉来教学。如果把这些事实加在一起，我们就几乎无法怀疑他的意图的根本性质了。

从迄至1520年卡斯蒂利亚王国所出版的一些书籍的性质来看，也能进一步证明这个王国是热衷于人文主义的。这些书籍包括几本拉丁文古典著作（最初一本是1475年出版的萨卢斯特的作品）的原文本，以及从意大利传来的几篇人文主义的文章。在15世纪晚期到16世纪早期之间所刊印的语法书籍的数量也是同样重要的，这表明自从伊比利亚半岛引进印刷术以来，人们在这方面的兴趣在不断增长。语法教学的主要革新来自安东尼奥·德·内布里哈，他在意大利得到瓦拉的真传，自从1473年回国以后，就对粗劣庸俗的拉丁语展开了猛烈的进攻。内布里哈的《拉丁语入门》很快就在中学和大学里代替了旧式的拉丁语法。像他这样的例子也并不是绝无仅有，因为安德列亚斯·古铁雷斯在1485年出版了他的《语法》，胡安·德·帕斯特拉尼亚在1492年出版了他的风行一时的《语法纲要》。大约在同一年，内布里哈的以及阿隆索·埃尔南德斯·德·帕伦西亚的拉丁—卡斯蒂利亚文词典相继问世。随后，马埃塞·罗德里戈·德·圣埃利亚（1444—1509年）的《基督教义词汇》也在1499年出版了，这部语汇的目的在于向那些不懂拉丁文的人解释基督教会的专门术语。

埃利奥·安东尼奥·德·内布里哈（1444—1522年）在西班牙人文主义的早期历史上具有十分重要的地位。他在意大利留学10年，不但精通各种人文科学，而且决心把意大利的文化财富介绍到本国来。他依靠教学、写作以及个人的影响，完成了自己的志愿。作为一位学者来说，他的兴趣是多方面的。除了编纂语法和辞典而外，他还编印和评注一些拉丁文古典作品。他是确定希腊语读音准则的第一位文艺复兴学者。他对西班牙古代文物和古代地理学家也进行了重要的研究工作，并且很喜欢希伯来语。他的历史著作《新世界的几十年》是用人文主义的传统所规定的方式叙述费迪南德和伊萨贝拉统治时代（迄1485年）的各种事件，这部书表明费迪南德和伊萨贝拉任命他为王家史官是完全正确的。但是，他最热心研究的是《圣经》。他在这方面具有独到的见解，即认为：只有以批评的眼光检查最古老的手稿，同时对拉丁文《圣经》的一些段落进行刨根问底的批评性的检查，才能确定真正的拉丁文《圣经》。对于萨拉曼卡的神学者来说，这种对待圣书的态度显然是太革命了；在萨拉曼卡大学任教多年之后，内布里哈终于在1512年左右被迫离开了他的讲席。他马上得到希门尼斯的解救，希门尼斯聘请他到阿尔卡拉讲学，在那里，他除了讲授古典作品而外，还参加编撰《康普鲁顿合参本圣经》的希腊语部分。

在15世纪最后几年，阿里亚斯·巴尔沃萨就已经在萨拉曼卡大学开始讲授希腊语研究的课程，他最优秀的学生埃尔南·努汪斯（1471—1522年）后来成为西班牙那一时代最杰出的希腊语学家。西班牙在这一时期的另外一些希腊语学者有费尔南多·德·科尔多瓦（1425—1486年），他主要致力于把亚里士多德的学说和柏拉图的学说调和一致；还有马埃塞·罗德里戈·德·圣埃利亚，他把圣瓦西里的一封信和罗马皇帝尤里安的一封信译成拉丁文和西班牙文。这两篇译文印在他的《基督教义词汇》第一版的最后，很可能是在文艺复兴时期一个西班牙人从希腊语翻译的最初的文件。在西班牙这些早期的希腊语研究中出现这样一种情况：希腊语之所以受到重视，主要不是因为它的古典文学作品，而是因为它是《新约圣经》和许多早期基督教作家使用的语言。这实际上也正是希门尼斯的看法，他认为如果没有希腊语的知识，任何一个人也不可能成为好的神学家。当然，他急切想使阿尔卡拉成为西班牙希腊语研究的主要中心，便是由于这样的原因。于是，克里特岛人德梅特里乌斯·杜卡斯从1512年到1518年在阿尔卡拉担任希腊语讲座，这个讲座于1519年由埃尔南·努涅斯接替。杜卡斯在阿尔卡拉的活动包括在1514年出版两部供学生使用的希腊语作品，一是拉斯卡里斯的语法，一是穆萨耶乌斯咏海洛和利安得的诗篇。这两部作品合成一卷，于1514年在阿尔卡拉出版。后来，埃尔南·努涅斯仿效这个榜样，他在任教的第一年就在阿尔卡拉刊印两篇希腊语的短文，在每行原文下面印上拉丁文的译文。大约在同一时期，希门尼斯的秘书胡安·德·贝尔加拉忙于把亚里士多德的3篇文章翻译成拉丁文。但是，阿尔卡拉的希腊语学家们的主要成就是他们共同编印的希腊语版的《新约圣经》，这个版本在1514年就已经付印，也就是说，比伊拉斯谟在巴塞尔出版的那个原文本要早两年左右。

在阿尔卡拉，由于热心研究《圣经》，也学习《圣经》的另外两种语言：希伯来语和阿拉米语。一个改信基督教的犹太人阿方索·德·萨莫拉在1512年已经在那里教希伯来语了。他和另一个改信基督教的同胞巴勃罗·德·科罗内尔也都参加了《康普鲁顿合参本圣经》希伯来文和阿拉米文部分的编纂工作。这种《圣经》之所以称为"康普鲁顿"本，是因为阿尔卡拉的拉丁文名称叫康普鲁顿。这是在希门尼斯的热情鼓舞之下，并且由他解囊出资所完成的一个光辉灿烂的成就。早在1502年，希门尼斯就开始采取措施，不但要出版拉丁文的《圣经》，而且要出版使用原来各种文字的全本《圣经》。在阿尔卡拉创立大学以后不久，他就在大学里聚集一群著名的学者，委托他们担任这个冒险事业的编辑工作，甚至找来了一个排印现成各卷的工人。第一部分包括《新约》，在1514年就已经付排，虽然没有出版。一年之后，又发排一部希腊语、希伯来语和阿拉米语的词典。此后，在1517年后又发排了四卷，包括《旧约》。可惜希门尼斯命中注定，永远也看不到这部堂皇巨著的问世，因为他在1517年溘然长逝，罗马教皇利奥十世直到1520年才终于批准它的出版。

毫无疑问，《康普鲁顿合参本圣经》是西班牙早期人文主义的最伟大的成就。希门尼斯的另一个同样野心勃勃的计划，是要出版亚里士多德的全部著作，既用原文，又用超过过去所有版本的新的拉丁文译文。当胡安·德·贝尔加拉还只把亚里士多德的3部著作译成拉丁文的时候，由于红衣主教的逝世，这个工作就被打断了。希门尼斯在逝世前不久邀请伊拉斯谟到西班牙来，这番努力也同样没有成功。当时，伊拉斯谟在那个国家的影响已经非常强烈。他不但没有前来，在1520年反倒成了迭戈·洛佩斯·苏尼加的一场攻击的目标。这个人虽然参加《康普鲁顿合参本圣经》的工作，但是，这一工作并没有阻止他怀着敌意疯狂地反对伊拉斯谟（在他所著《雅各比·洛皮迪斯·司徒尼卡耶反伊拉斯谟的注解》中，阿尔卡拉，1520年版）和勒费弗尔·戴塔普（在《雅各比·洛皮迪斯·司徒尼卡耶反雅各布·法布鲁·斯塔普伦斯的注解》中，阿尔卡拉，1519年版）两人。这种敌对行动主要是由害怕他们两人的观点引起的。

基督教人文主义虽然在卡斯蒂利亚王国引起如此巨大的兴趣和争论，但在阿拉贡的反映就少得多了。尽管阿拉贡与意大利南部以及与卡立克斯特三世（1455—1458年）和亚历山大六世（1492—1503

年）两位原姓博尔贾的教皇治下的罗马具有密切的关系，但是在整个15世纪，这里的教育依然完全是中世纪的。不过，赫罗尼莫·阿米盖特在1502年出版《同义词》，1514年在巴塞罗那出版《语法入门》，他的行动表明：在卡斯蒂利亚已经风行一时的拉丁语法，到16世纪初，在阿拉贡是怎样流行的。另一方面，这里所没有找到的是像内布里哈或埃尔南·努涅斯那样的学者。在阿拉贡，"新学术"的第一位代表人物是赫罗纳主教、红衣主教霍安·马加里特·伊·帕乌（1484年卒），他原来是个外交家，也写关于政治和伦理哲学的文章。不过，在他所著的《西班牙史补编》中无可否认地存在着人文主义的影响。从这部历史书中显然可以看出，它的著者在极力遵从15世纪初期列奥纳尔多·布鲁尼首先提出的人文主义的历史编纂学的概念。同时，这部书也在表明，著者对待西班牙古代文明的态度与内布里哈所持的态度并没有很大的不同。红衣主教的侄子杰罗尼·伊·帕乌，也像其叔一样对人文主义的学术心向往之，他除了精通希腊语和用拉丁文写一篇关于西班牙河山的论文（显然受到薄伽丘的《地理志》的启发）而外，还在教皇亚历山大六世时代出任罗马教廷的图书馆长。1500年在巴伦西亚创办大学的目的就在于促进人文主义的研究，这从大学创办命令中所列的条件可以看得很清楚。命令中规定：既要设各种传统的学科，又要教希腊语和拉丁语。然而，即便如此规定，也未能像在萨拉曼卡，特别是像在阿尔卡拉那样成功地掀起研究人文科学的普遍的热潮。

　　葡萄牙当时的文化动态与阿拉贡的文化情况并没有太大的不同。在那里，在15世纪最后几十年间，已经与佛罗伦萨的人文主义建立了一些联系。佛罗伦萨的修辞学家雅各布·普布里西奥在1465年至1480年期间漫游欧洲的时候，就已经在葡萄牙教过书。后来，波利蒂安曾经与葡萄牙国王约翰二世（1481—1495年在位）通信，他的学生中有阿里亚斯·巴尔沃萨，这个人在萨拉曼卡大学成为第一位希腊语教师。过去在帕维亚大学教授修辞学的卡塔尔多·帕里济奥，一直到1495年国王约翰二世召他入宫的时候为止，曾经在科英布拉教学。1502年在科英布拉出版的卢多维科·特谢拉对约翰二世所作的拉丁文演说，其观点已经完全是人文主义的了。1505年在里斯本出版的埃斯特万·卡维列罗的《韵律学》也是如此。4年以后，在该城又出现了帕斯特拉尼亚所著的一部拉丁语法。尽管如此，如果说到了1520年，人文主义已经成为葡萄牙文化的一个主要部分，那将是夸大其词了。直到1520年为止，学术和教育离开旧标准的程度还是微乎其微；只有在下一个10年期间，葡萄牙才能够产生像达米亚奥·德·戈伊斯这样一位誉满欧洲的学者。

　　回顾一下从1470年到1520年之间的西欧文化，就可以看出在这半个世纪中，人文主义是怎样逐渐成为它的不可分割的一部分。在意大利以外的地方，人文主义打进经院哲学的阵营，从而变成一种基督教人文主义，它在文艺复兴的漂亮外衣里面，依然保持着中世纪各学派的许多传统的形态。如果说在意大利，人文主义基本上是世俗的，而在西欧的其他国家里，在宗教改革运动的前夕，我们就不能说情况也是如此。在阿尔卑斯山以北所存在的是从基督教的立场吸收和改造人文科学的研究，其最终目的则是增进神学的和《圣经》的知识。像法国的比代或者英国的利纳克尔一类的学者，肯定不是他们的环境中的典型人物。毋宁说，还是在科利特、勒费弗尔·戴塔普、比亚图斯·莱纳努斯和内布里哈的身上，更能看出他们各自的国家对待人文主义的最典型的态度。如果说在实际上有一个人可以被称为意大利以外的人文主义各种思潮和理想的化身，那就是伊拉斯谟。在他身上，北方的人文主义达到了它的顶峰；而在被正确地称为伊拉斯谟时代期间，西欧的人文主义已经成功地使意大利人的过分偏重修辞与北方宗教信仰的狭隘视野调和到一起。宗教改革运动在某种程度上，既使人文主义达到鼎盛，又把人文主义破坏无遗。尽管在宗教改革运动过去以后，学者们和神学家们依然继续发展人文科学，但是，古典文物越来越不令人感到是一种活的东西和灵感的真正来源了。西欧宗教统一结束之日，亦即人文主义告终之时。

张文华　马　华　译

第 六 章
西欧的文艺

一　在意大利

　　本章所讲意大利文艺的时期，通常叫作"盛期文艺复兴"。在15世纪的过程中，一系列"早期文艺复兴"的艺术家们（主要是佛罗伦萨人），既专心从理论上、也注意从视觉上去征服大自然。他们的工作形成一种理想主义的伟大风格的基础，这种风格约从1490年起开始产生，而在1520年拉斐尔逝世时将近结束。它在1500年到1510年的10年期间得到最充分的表现。达·芬奇、米开朗琪罗、拉斐尔、布拉曼特、乔尔乔涅和提香的名字标志着它的顶峰。而在这些明星周围，还旋转着千千万万颗具有相当亮度的较小的繁星。现代的理论家们十分精辟地分析了这种风格的真正优美的性质，它像公元前5世纪和4世纪的希腊艺术一样，无论在精神上或形式上，都具有一种在古典时期以后的艺术史上空前绝后的庄严、和谐和匀称。对于这种现象，记述它要比解释它容易一些。同时，在这里也不能够作出一种解释。不过，老一代的著作家们主要地、而且过于简单地把这种现象看作是古代泛神教艺术的复活，而晚近的研究则是通过考察其创造者的意图，开始揭示风格的复杂性。我们在下文里遵循这样一种探索的方针，至于对风格的品评、人物传记的细节以及年表之类，就一概从略了。

　　文艺复兴的建筑艺术，一般被描述为古代建筑艺术的再生。这种说法从当时的建筑师本人的著作中可以得到证实，他们全都公开承认：他们是在一个很长的衰落时期之后，正在返回"古代的建筑方式"。但是，如果你把一座古罗马的神庙跟最优秀的、正中式结构的文艺复兴时代的教堂〔例如布拉曼特为圣彼得教堂所做的设计（1505年），大概也是由他设计的托迪的圣玛利亚·德拉·孔索拉齐奥内教堂（1508年动工），或者由安东尼奥·达·桑加洛设计的蒙特普尔齐亚诺的圣比亚焦圣母教堂（1518年动工）〕来加以比较，那么，要发现这两种建筑物之间的共同之处，就需要有牵强附会的真实本领了。不错，在15世纪期间，哥特结构体系已被一种源出古典建筑艺术形式的"语言"所代替，我们仅仅举出5种古典的柱式、罗马式的拱形圆屋顶和带镶嵌的天花板，以及令人回想古代的花卉和动物图案的装饰，就足以说明这个问题。但是，必须使这些装饰部件适应于古典文化所不曾遇到的建筑任务；在设计教堂或者公共的和私人的建筑物的平面图和立面图的时候，根本就不存在不作相当改变就能够使用的古典模型。另外，文艺复兴时代的建筑师们随心所欲地重新解释古典的法式。莱翁·巴蒂斯塔·阿尔贝蒂用古典式的壁柱来加强表现曼图亚的圣安德列亚教堂（1470—1493年）的墙面的虚实交替的节奏，而这样的极端非罗马处理手法，后来布拉曼特在梵蒂冈建筑上采用了，就成为文艺复兴建筑进程中最重要的表现方式。

而且，文艺复兴建筑的重要装饰是取自古代希腊、罗马后期、中世纪的和拜占庭的。布鲁内莱斯琪在佛罗伦萨的圣洛伦佐教堂中第一次采用的柱拱，后来，在比亚焦·罗塞蒂设计的弗拉拉的圣弗朗切斯科教堂（1494—1516年）中，在阿莱西奥·特拉梅利奥设计的皮亚琴察的圣西斯托教堂（1499—1511年）中，以及在其他许多教堂中，在庭院和柱廊中，也都可以见到；这种柱拱直接或间接地来自早期基督教长方平面大教堂，而长方平面大教堂则是依照古典后期建筑物营造的。具有圆筒形外观的正中式结构的教堂，周边围有一圈柱廊。这是意大利北部很普遍的一种样式（最著名的是乔万尼·迪·多梅尼科·巴塔吉奥的十字架圣玛利亚教堂，在克雷马，1490—1500年），它继承着中世纪洗礼所（12世纪帕尔马洗礼所）的传统。遵循同一传统，伦巴第的文艺复兴时期建筑同样地在穹顶外围圆筒体四周整齐地排列了一排柱子，使人联想起罗马式建筑风格。布拉曼特在米兰营造的圣玛利亚·德拉·格拉齐耶隐修院的穹顶（1492年动工）是其中一个主要的典范。文艺复兴时期的早期佛罗伦萨殿堂立面处理无非

第六章 西欧的文艺

是中古时期石砌墙面加以规格化的一种处理而已。固然这一开端可以追溯到阿尔贝蒂在佛罗伦萨的卢切莱府邸（1446年），新的和更古典式的殿堂风格在逐渐发展起来，但是，简朴的中古石砌墙面在很长一个时期没有消踪灭迹：本内代托·达·马亚诺的斯特罗吉宫（在佛罗伦萨，1489—1536年）、朱利亚诺·达·圣加洛的贡迪府邸（也在佛罗伦萨，1490—1494年）、锡耶纳的皮科洛米尼府邸（1469—1509年）、比亚焦·罗塞蒂的迪亚曼蒂府邸（在弗拉拉，1492—1493年）以及其他许多殿堂，都可以证明这一点。在威尼斯，传统式的中古宫殿立面加上古典式表面装饰而现代化了，毛罗·孔杜奇的科诺—斯皮内利府邸（1500年以前）和曼佐尼—安加兰府邸（1500年以后）就是很好的例子。

高高的穹顶连同圆筒体（也有不带圆筒体的）坐在穹隅上，从而使正方形的十字交叉过渡到上部的圆形穹顶，这是文艺复兴时期极为重要的穹顶做法，它的起源是在拜占庭时期。它是经由威尼斯（圣马可教堂，11世纪）传入意大利的。因此，这一风格到了米开朗琪罗的圣彼得教堂的圆顶，达到最高峰，所以文艺复兴时代的许多最漂亮的穹顶，追本溯源，是来自君士坦丁堡，而不是来自罗马。有一种希腊十字形教堂平面，也是起源于拜占庭：在正中央是一个主穹顶，架在很高的柱礅上面，东西南北各伸出一个短臂，并各设一个卫星式穹顶以抵消主穹顶下向的推力。毛罗·孔杜奇在威尼斯的圣乔万尼·克里索斯托莫教堂（1497—1504年）使这种样式复活了，而在乔治·斯帕文托的杰作威尼斯圣萨尔瓦托雷教堂（1506—1534年）中，又把3个这样的希腊十字平面连接起来，使之变成一个纵长的平面设计。布拉曼特在他为圣彼得教堂的设计中，把拜占庭的希腊十字平面与源出米兰的6世纪的圣洛伦佐教堂的粗大柱礅结合起来。最后，文艺复兴时代的建筑家们所研究的罗马建筑的遗迹，它们的颜色都是单一的。布鲁内莱斯基遵循佛罗伦萨的哥特式建筑的习惯（新圣玛利亚教堂、圣十字教堂），在他的建筑物中把颜色分开：结构部分的石料采用深色，而墙面用浅色；在这方面，有无数的文艺复兴建筑家学习他。

如果说，从起源方面来讲，文艺复兴的建筑艺术结合了古代的、早期基督教的、中世纪的和拜占庭的因素，如果说，我们所探讨的这个时期的建筑物与古罗马的建筑很少有相似之处，文艺复兴时代的建筑家们依然能够正确地声称他们复活了古代的建筑式样。文艺复兴建筑艺术，正如古代建筑艺术一样，甚至百尺竿头更进一步，是模拟人形的，或者，更可以说是依据了人体测量学的。我们之所以说是模拟人形的，是由于这些建筑家们按照新的有机自然观点进行思考，他们主张说：一个建筑物的各部分必须像人体的各器官一样，既相互依赖，又联合成为整体。我们之所以说是依据了人体测量学的，是因为他们的兴趣集中于人的身体的长短大小的比例关系。《圣经》教导他们：人是根据神的意志，按照上帝的形象创造的；而新柏拉图主义又教导他们：人体中的完美的比例则反映出某种宇宙的和谐。因此，应该把人体的比例作为人工建筑物的标准。这并不仅仅是一种隐喻。古典的柱子很清楚地区分为柱基、柱身、柱顶和顶盘四个部分，它适合于用人体来说明：现在残存的文艺复兴时代建筑师的图样表明他们用测量人体的方法来画柱式已经深入到怎样的程度。大概这样讲是正确的：在文艺复兴的建筑艺术中，各种柱式之所以占有重要地位，并不是由于想用它们作为结构的要素，而是由于它们在建筑物的度量结构方面具有至高无上的地位。建筑家们用圆柱或方柱的直径作为测量一个建筑物长、宽、高各个方面的尺寸的标准（"度"），并按这个标准进行乘和除，以此来把一个建筑物的所有细部以及一个建筑群的所有建筑物都结合成在度量上互相关联的有机体。他们的主要成就就在这里。而且，他们是在古代建筑艺术中，而不是在任何古典以后的风格中，找到这种把所有的组成部分在度量上结合为一体（正如手指和脚趾、脚和手在人体中一样）的"人文主义"原则。

维特鲁威的著作，唯一现存的古代论建筑的论文，包含有他们所要寻求的东西。他们在这部著作里找到了一个最普遍的原则，即美就在于把所有各个部分的大小和形体密切相互配合，使其达到不能增减一分，否则就会破坏整体的和谐。阿尔贝蒂首先复述了这个原则，后来又有其他人重复过上百遍。他们还见到这部著作在详细讨论柱式和它们的比例，建筑艺术的度和模拟人体的性质。另外，维特鲁威还论证说：一个体态匀称的人伸出臂和腿，会形成一个方形和圆形。建筑家们以此作为人的小天地与宇宙大天地在数学上一致的证据。他们遵循古老的传统，认为既没有开端又没有终点的圆形是上帝的象征；而且得出结论说：上面冠以圆顶的正中式结构的教堂保证了人与上帝最充分的结合。再者，在这些人看来，正中式建筑的教堂在度量上的完美就是宇宙的秩序与和谐在地球上的最恰当的体现。在这种教堂中，达到了完全的谐调、匀称和一致。无怪乎自从布鲁内莱斯基在佛罗伦萨营造安杰利圣母教堂（1434年）以来，正中式建筑的教堂竟像雨后春笋一般建立了起来，以致在1500年的前后各10年间，就几乎没有一年没有一个这样匀称美观的大建筑物开始动工。无怪乎布拉曼特把基督教最宏伟的教堂——新建的圣彼得教堂设计成一座正中式建筑物，上面冠以雄伟的穹顶。当布拉曼特的圣彼得教堂的设计只实现一小部分，而达·芬奇热心研究正中式建筑的教堂还停留在纸上的时候，像朱里亚诺·达·圣加洛设计的普拉托的卡尔切里圣玛利亚教堂（1485—1491年）、布拉曼特设计的罗马的坦庇埃脱小礼拜堂（1502年）、托迪的玛利亚·德拉·孔索齐奥内教堂（1508年）、拉斐尔设计的罗马的圣埃利焦·德利·奥雷菲奇教堂（1509年）和扎卡尼设计的帕尔马的斯特卡塔圣母教堂（1521—1539年）等十分完美的创造物，都实现了"盛期文艺复兴"的期望。

在15世纪中，维特鲁威的影响增长得很快，到了1500年，熟读和解释他的著作已经变成每一个建筑家不可违抗的义务了。如下的事实就证明了这一点：拉斐尔同安东尼奥·达·圣加洛一样，编印他的著作的意大利文版；在1515年逝世之前不久参加设计圣彼得大教堂的乔孔多修士，曾于1511年出版了第一个拉丁文的插图本；10年以后，切萨里亚诺的富丽堂皇的版本问世了，这个版本反映出布拉曼特和达·芬奇是如何专心研究那位古代著作家的。在研究维特鲁威的同时，还按部就班地测量古代建筑的遗迹和复制它的原图。在16世纪初期，随着巴尔达萨雷·佩鲁齐的大部头图案集的出版和拉斐尔在1515年被任命为罗马古代文物保管主任，又达到了一个新的高潮。但是，这些坚持不懈的努力并不单纯属于好古的性质：正如文艺复兴时代的美术家们从测量人体的经验方法中归纳出具有理想的比例的人体一样，测量和比较古代的建筑艺术已经成为人所共认的把最适当的比例与最完美的形式结合起来的方法了。建筑家们还把古代的遗迹当作可以看到的罗马的"成就"的证据，这种成就曾经使罗马称霸全世界；在复制古代遗迹的原图的时候，他们完成了一种几乎像奇迹一般的识别的工作,希望通过这一工作重获一些昔日的伟大的东西。

菲利波·布鲁内莱斯基(1377—1446年)是建筑艺术中的新风格的始祖。当他和比他年轻一些的同代人(最主要是米凯洛佐和阿尔贝蒂)开始把佛罗伦萨转变成一个文艺复兴的城市的时候,意大利的其余部分依然是哥特式的。佛罗伦萨的建筑家、画家和雕刻家们传播新的福音。但是,在佛罗伦萨以外,新风格被吸收得很慢,而在意大利的北部和南部,直到15世纪下半叶,它才取得完全的胜利。各地区依然有很大的差别,例如,威尼斯喜欢色彩鲜艳的表面装饰,而伦巴第则喜欢深色砖和陶砖的细部。15世纪末,整个意大利的文艺复兴建筑艺术是多种多样的,这只要比较一下下列的不同建筑物,就很容易看得出来。如佛罗伦萨的朴实无华的斯特罗齐府邸(1489年);罗马的精致高雅的高等法院(1486—1498年)和吉罗府邸(1496年),它们把粗犷的石砌墙面与柱式结合到一起;例如,孔杜奇在威尼斯营造的圣马可学院(1485年)的轻松而优美的立面以及帕维亚的加尔都西会隐修院的过分雕琢和过多装饰的立面(15世纪90年代)。尽管有如此的差异,所有这些建筑物都是以人体测量学为依据设计出来的。

当布拉曼特(1444—1514年)于1499年从米兰来到罗马定居的时候,这个既没有自己的艺术家,作为艺术中心又是一座无足轻重的城市,竟一跃而起,上升到此后维持繁荣达200来年之久的显著地位。艺术和文化的领导权从佛罗伦萨永久地转移到了罗马。很难说明这是由于什么原因。一方面是由于罗马教廷权势的增大和朱理亚二世个性的刚强,另一方面也由于布拉曼特的卓越天才以及因重建圣彼得教堂而提出的独一无二和令人激动的任务。在布拉曼特的指引下,文艺复兴建筑艺术进入了一个朴实而伟大的新阶段:"盛期文艺复兴"的"宏伟风格"获得了它自己应有的地位。由于不断加强研究维特鲁威的著作,又有古代遗迹赫然呈现在眼前,建筑家们就更坚决地吸收古典建筑的技法,并把它形成固定的程式。紧跟着布拉曼特,在罗马给予这种风格以永久性质的是乔孔多修士、佩鲁齐、拉斐尔、朱里亚诺和安东尼奥·达·圣加洛。

虽然地区的差异永远也没有完全消失,但是在这时候,由于影响很大的罗马古典主义的确立,这些差异就被一种意大利共同风格所代替了。布拉曼特设计的卡普里尼宫和拉斐尔设计的维多尼—卡法雷利宫（1525年）首层立面都用粗犷的石砌墙面，而在主层使用紧密排列的双柱，这是把合理、简洁和宏伟3个因素结合在一起的处理方法。这种新的式样由圣索维诺、圣米凯利、帕拉迪奥以及其他一些人发扬光大和加以改进，它不仅在整个16世纪在意大利各城镇留下自己的标志，而且一直到进入19世纪还在欧洲的建筑物上打上自己的烙印。文艺复兴的建筑理论非常关注府邸的内部结构，房间的布置、大小、比例和装饰。有些人企图按维特鲁威所叙述的古代住宅设想出一种绝对齐整的平面，但那只能是纸面上的理论性探讨。斯特洛齐府邸和拉斐尔未完成的在罗马近郊的马达马别墅的对称图形毋宁算作例外。一直到文艺复兴后期（1550年以后），对称的设计才成为常规（帕拉迪奥）。

　　文艺复兴时的别墅是中世纪期间所不知道的一种建筑类型，它是在古典城郊别墅遗址的刺激下出现和发展起来的。正如小普林尼在一天工作之余要到他的劳伦提努姆别墅去休息一样，15世纪佛罗伦萨的有钱人也到乡野中去寻求平静。美第奇家最初的一些别墅是简单而又自然的建筑物；但是，朱里亚诺·达·圣加洛为庄严的洛伦佐于1480年至1485年间在佛罗伦萨近郊波焦阿卡亚诺营造的别墅却是一座带古典柱廊大门的富丽堂皇的宅第。从那以后，别墅就更加讲究式样而在外表上具有古典建筑的特征了。16世纪初期最富丽堂皇的郊外别墅——罗马的法尔内西纳别墅，是拉斐尔和佩鲁齐在1509年为有钱的银行家阿戈斯蒂诺·基吉设计的，它包含着"盛期文艺复兴"艺术的最美妙的精华。在拉斐尔晚期为未来的教皇克莱门特七世开始营造的马达马别墅中，平面设计的扩大，讲究的装饰，以及把主体建筑与宽阔的阶梯式的整齐的花园结合起来，都达到了顶峰。此后在16世纪20年代和30年代，像朱利奥·罗马诺在曼图亚的泰府邸、吉罗拉莫·亘加在佩扎罗附近的帝国别墅等大规模的建筑，更使其达到登峰造极的地步。

　　文艺复兴时代的理论家们心目中的理想城市，具有按照几何图形设计的笔直道路，而且每个建筑物都放在指定的地方。阿尔贝蒂把城市比作一座满足居民各种需要的大房子。弗朗切斯科·迪·乔治在1482年以后写文章说，城市的所有部分都必须按比例与整体配合，

"正如人体的各个器官一样"。但是，意大利的大多数城镇，如佛罗伦萨和锡耶纳，维罗纳、皮亚琴察和佩鲁贾，在12世纪至14世纪期间，当在政治上声势赫赫的城邦繁荣昌盛的时候，它们的公共生活中心，它们的宽阔的广场、市政厅和公共建筑物，都已经建造起来了。文艺复兴几乎没有打乱这些中世纪城镇的有系统的格局。主要是在大小、式样和装饰方面各有不同的，建筑在已有的通衢大道上的文艺复兴的宫殿，改变了旧城市的风格。大规模的和密切结合的单元的创造，如比亚焦·罗塞蒂设计的弗拉拉新市区，威尼斯圣马可广场的布局（1496年开始施工），布拉曼特设计的米兰附近维杰瓦诺的中心（1475—1485年），朱理亚二世时代他在罗马修筑的笔直的新大街（朱理亚大道），安东尼奥·达·圣加洛为佛罗伦萨圣安农齐亚塔广场设计的对称图形（1516年开始施工），在当时都还算是大海中的孤立的例子。市政规划的伟大时期始于16世纪后半期。

　　文艺复兴关于对称和整齐的理想，关于简单几何图形的理想，以及关于各个建筑群的统一而又清晰有别的理想，只不过是昙花一现而已。在1520年以后，几乎就没有一座纯文艺复兴的建筑物了。在1520年和1530年之间，正是文艺复兴的伟大人物米开朗琪罗、佩鲁齐、安东尼奥·达·圣加洛、朱利奥·罗马诺，亲自动手抛弃了旧的价值法则，开始破坏"盛期文艺复兴"的均匀而和谐的风格。

　　雕刻和绘画的发展过程，与建筑艺术所走的道路是相同的。这种情况是不足为奇的，因为当时几乎不存在像今天这样的专业化。没有一位伟大的文艺复兴建筑家是受过专业训练的：布拉曼特开始是一位画家，弗朗切斯科·迪·乔治（1439—1502年）和达·芬奇也是如此。他们对所有三种艺术的理论和实践都是同样地精通。对于拉斐尔来说，建筑还是一种副业。米开朗琪罗是在41岁的时候才做他的第一个建筑图案——佛罗伦萨圣洛伦佐教堂的正面图（1516年），而且始终也没有按照这个图案施工。大约在15世纪末，在雕刻和绘画方面，也正如在建筑方面一样，对古典文化的解释发生了变化。15世纪艺术的精致和优雅被一种大尺度和大比例的英勇而崇高的理想取而代之了，这种理想的根子存在于古典艺术之中。1477年博提切利在他的《春》中所画的美惠三女神，就像用一种有节奏的美妙的线条联系在一起的绰约舞姬一样。大约在1500年，年轻的拉斐尔画了一小幅同样主题的画（现藏法国尚蒂伊博物馆），在这幅画里，他抓住了著名的古代大理石群像的神髓，即它的稳定和均衡。显然，使这种风格达到成熟的地方是罗马，而不是佛罗伦萨。在罗马，米开朗琪罗和拉斐尔在雕刻和绘画方面的成就，足以与布拉曼特在建筑方面的成就媲美。但是，不论确立新标准的是希腊美惠三女神或者是在1506年发现时受到艺术家们热烈欢呼的拉奥孔雕像，是观景殿的阿波罗雕像、梵蒂冈的人体躯干像或者尼禄的金黄屋的奇异风格图像（拉斐尔从这些图像得到启发，完成一种新式样的装饰：1515—1521年营造的梵蒂冈凉廊），这些古典式作品一般说来只不过是表达一种崭新内容的法式而已。

凡是研究文艺复兴时代坟墓的历史的人，都会清楚这一点。在任何时代，墓葬艺术都是衡量生者的信仰的尺度。早期文艺复兴时期佛罗伦萨的坟墓，虽然披上古典的外衣，依然是继承中世纪的传统，把横卧的雕像放在拱形门槽内的石棺上面，而雕像上方刻有赎罪的宗教象征。无论采取何种形式，每个文艺复兴的坟墓都着重于灵魂得救的概念上。安东尼奥·波拉约洛设计的英诺森八世墓也是如此。这座坟墓是1492年至1498年间在圣彼得教堂内建造的，根据那不勒斯安茹王室各坟墓的传统，在坟墓上两次出现教皇的栩栩如生的宏伟雕像，一个是横卧着，一个是坐着做祝福的姿势。米开朗琪罗设计的朱理亚二世墓也是一样，如果依照原来的图样完成，它会是"盛期文艺复兴"的最巨大的雕刻作品。米开朗琪罗的传记作者孔迪维在谈到这一作品时说：它使米开朗琪罗时断时续地耗费了整整40年时间（1505—1545年），简直是一出"坟墓的悲剧"。原来的设计是在圣彼得大教堂侧专门建造的小教堂中，在一个分3层叠起的独立结构的周围，放置40多个巨大的大理石雕像，但是结果大大缩小了计划，仅在温科利的圣彼得罗教堂内筑个"墙墓"，作为一个永久的家。第一个方案把两种思想交织在一起，一种是古典的思想，要有一个墓室，要表现神圣和胜利（胜利女神和奴隶的雕像）；另一种是来自中世纪墓葬艺术的观念，即把下界凡尘与上界天堂分开，人们可以见到教皇被一些天使簇拥着。另外，为了净化那胜利升天得到永生的灵魂，他设计一个中间区域，放置代表积极和静修生活的摩西和圣保罗的雕像。他把复杂结构统一起来的思想是新柏拉图主义的，这一点已经成为定论①，但是在许多细节上，学者们之间有不同的意见。在1513年教皇逝世后做了很大改变的第二方案中包括两个奴隶和摩西的雕像，奴隶的雕像现藏于卢浮宫，摩西的雕像既表现他是一个积极活动的领导者，又表明他是一个沉思默想的思想家，它总算在坟墓的最后安排中得到了一席之地。在较后得多的阶段（1532年），米开朗琪罗在佛罗伦萨雕刻了胜利者，还有4个未完成的俘虏雕像，这是他最有力、最悲怆的作品。

　　米开朗琪罗在佛罗伦萨的美第奇小教堂中，更充分地实现了他作为一个雕刻家的梦想。只有内行的人才会知道这个作品也是一个非常巨大设想（1520—1534年）中的片段。他雕刻的是美第奇家族的两个比较不重要的成员——内穆尔公爵朱里亚诺和乌尔比诺公爵洛伦佐，他们坐在石棺上方的壁龛里，而在石棺顶盖上则躺着代表昼夜晨暮的4个巨大雕像。这两个公爵穿着罗马的盔甲，在整个设计中有许多古典的观念。但是，小教堂的神圣中心则是圣母玛利亚像所在的第三道墙，她的两边是美第奇家的守护神。没有另外的纪念物曾经引起如此众多和如此矛盾的解释②。虽然我们不能怀疑这一作品所表现的是涂有新柏拉图主义色彩的基督教义，但是各个雕像的真正意义依然是没有确实根据的猜测而已。

　　在本章所探讨的时期，米开朗琪罗是唯一伟大的雕刻家。与他的万古长存的伟大天才相比，其他的任何事物都显得很渺小了。当他运用古典文化来创造他那宏伟壮丽、富有个性、波澜起伏的风格的时候，威尼斯的雕刻家们发展了一种古典化的"盛期文艺复兴"的风格，这种风格既有些枯燥，又几乎完全是学院式的，其最好的例证是安东尼奥和图里奥·隆巴尔迪在帕多瓦的圣安东尼教堂中所做的以圣安东尼的奇迹为题材的大型浮雕。当米开朗琪罗正在为朱理亚二世墓进行超人的设计的时候，富有才华的安德烈亚·圣索维诺在罗马大众圣玛利亚教堂的巴索墓和斯福尔扎墓（1505—1507年）中，创造了"盛期文艺复兴"时代最成功的墙墓。他改变佛罗伦萨墙墓的旧有形式，把雕刻的人像放在凯旋门式的背景中。他以基督教的美德和救世

---

① 在E. 潘诺夫斯基的《圣像学研究》（1939年）中作了极好的评述。
② 查理·德·托尔奈：《美第奇小教堂》（1948年）；潘诺夫斯基：《圣像学研究》；F. 哈特：《米开朗琪罗的美第奇小教堂的意义》，载《纪念乔治·斯瓦仁斯瓦基论文集》（1951年）。

的象征来表示人们所应理解的这些胜利场面的精神。从此以后，凯旋门的主题在坟墓中变得越来越重要了。

在中世纪期间，在大教堂的正门上和门楣中心的弧形部分，可以见到连环的雕刻装饰。随着文艺复兴运动的兴起，这种传统几乎完全中断了。"盛期文艺复兴"时代的两个最伟大的作品——朱理亚墓和美第奇小教堂的雕刻，都不采取比较旧的包罗万象的情节，而专心刻画凡人，刻画他们的荣华富贵、生死无常和得救升天，这也绝不是偶然的。这种改变证明（如果需要证明的话），布尔克哈特关于在文艺复兴时代"人的发现"的论断是有道理的，但是，这里所谓的"人"，是指意识到自己在赎罪的虔诚行动中的单独作用的人。具有与大教堂相类似的雕刻情节的唯一重要的文艺复兴纪念物，是帕维亚附近加尔都西会隐修院的正面。浮雕、圆雕人像、组雕和圆形浮雕构图，像五颜六色的壁毯一样，覆盖了整个正面。迄至1499年，主要的雕刻大师是乔瓦尼·安东尼奥·阿马代奥和安东尼奥·曼泰加扎（1493年卒），在此以后是贝内代托·布廖斯科，他在1506年完成了修道院正门的装饰。另外，还有大批的雕刻家协助他们。在伦巴第的文艺复兴雕刻中，古典主义的细部特别浸沉于晚期哥特式的感情主义之中。凡是想要研究这种雕刻的人，必须去考察帕维亚加尔都西会隐修院的立面，宁可不去看米兰大教堂。装饰的最下面的横带中雕刻着东方的君主、罗马的国王和皇帝，以及古代的神话人物和历史人物，这些图像是从古典时期的钱币和宝物上搜集来的。在这一横带里，古典世界的人物是作为基督教的历史前驱，作为基督帝国以前的各帝国的代表出现的，而在上面各横带的全部装饰都是专门表现基督帝国的。

在文艺复兴期间，建筑和雕刻之间并没有断绝联系，但是，这种联系与哥特式使雕刻从属于建筑的方法不同。在这时候，用壁龛代替雕像来作为建筑结构的一部分。把雕像从法国式大教堂移开，就造成一个结构的真空。早在13世纪，意大利的艺术家们就开始反对把雕刻与建筑合而为一。这种保持雕刻这一立体艺术的个性的朴素感情，是与千古不灭的罗马传统相一致的。壁龛中独立存在的雕像取得了重要地位，成为文艺复兴时代雕刻家的重要主题之一。在北方的国家里，艺术家们在被意大利的文艺复兴迷住以前，一直反对古罗马式意大利独立存在雕像的。从这种雕像再稍微前进一步，在古典时代司空见惯的公共广场上的独立式纪念像就复活了。在中世纪里，只有在极少的场合出现这种文艺复兴的萌芽；当1504年米开朗琪罗把巨大的大卫雕像放在韦基奥宫的前面的时候，它才取得自己应有的地位。这座雕像像古代英雄一样是裸体的，它是佛罗伦萨市区的一个庄严伟大的象征。韦罗基奥的科莱奥尼雕像（1479—1488年；1496年完成），是放在公共广场（威尼斯，圣乔瓦尼和圣保罗广场）上的第一座骑马的纪念像，恢复了在古典后期的罗马享有传奇式盛名的马尔库斯·奥雷利乌斯的骑马雕像的传统。达·芬奇为弗朗切斯科·斯福尔扎雕刻的骑马纪念像，在1493年做了一个陶土模型；为特里武尔齐奥元帅雕刻的骑马纪念像，是在1506年以后设计的；两者都没有完成。正如他的许多习作表明：这两个雕像一定会赛过以前的一切骑马的雕像，不过，它们如果完成，也将形成坟墓的一部分，因此是在继续中世纪维罗纳的斯卡利杰尔家族坟墓的传统。

与宗教作品的浩如烟海相比，异教主题在文艺复兴的雕刻中只不过是沧海一粟。米开朗琪罗的创作经历是典型的。他只有在创作《阶梯旁的圣母》的时期（1490—1492年）做过早期浮雕《半人半马怪之战》；在圣彼得教堂雕刻《圣母哀悼耶稣》时期（1497—1500年）在佛罗伦萨做过与人体一般大小的《醉中的酒神巴克斯》像；此后，在16世纪20年代和30年代，还采用过极少的其他的古典题材。大部分的古典题材见于小型雕刻、纪念章、小饰板、青铜浮雕和青铜小雕像。一方面，这些物件被认为适合于表现受过人文主义教育的顾客所好的用形象表现神秘的含义；在另一方面，它们成为起居室和书房的时髦装饰品。在古典时期，青铜小雕像是放在"家神龛"里，这是罗马人一家做祈祷的地方。意大利的青铜小品虽然采取古典的模型，而且往往是直接模仿，但是它已具有一种完全新的意义：它成为高尚趣味的标志了。人们对这些物件的需求日益增长。吉贝尔蒂的佛罗伦萨铸工作坊是所有这类艺术品的发祥地。多那泰罗在帕多瓦的时候开始创造北意大利风格的雕刻。威尼斯人安德烈亚·里乔（1470—1552年），在一种无穷无尽的想象力激发之下，从他的作坊里源源不断地生产出大量的古典式青铜小物件；他的积极活动使这些作品遐迩闻名。

显而易见，如果像人们所想的那样，以为文艺复兴产生了一种以世俗性为主的艺术，以为奥林匹斯山诸神代替了耶稣和一大群圣徒，那将是错误的。恰恰相反，文艺复兴艺术首先是，而且主要是一种宗教艺术。

拉斐尔的艺术生涯是从一系列描绘圣母和圣婴的画开始的，他一生所画的最精彩的作品都是采取这个主题的。他的老师佩鲁吉诺（1445—1523年）是一位杰出的圣母像画家。达·芬奇的《岩间的圣母》（卢浮宫和伦敦藏），他的《圣母与圣安娜》（草图，皇家艺术学会藏），特别是他的《最后的晚餐》（米兰藏），巴托洛缪修士（1475—1517年）的巨幅宗教史画，安德烈亚·德尔·萨尔托（1486—1531年）的富有感情的圣家族人物画，柯勒乔（1494—1534年）的圣母和圣徒大幅祭坛画，乔万尼·贝利尼（1430？—1515年）的许许多多以圣母为题材的各种美丽姿势的组画，提香的远远超过百幅的宗教题材画——所有这一切作品都表明，正如在中世纪时期一样，画家们的兴趣和活动依然主要集中于宗教的题材。但是，与中世纪那些往往令人望而生畏的祭祀神像不同，也与15世纪画家们的往往有些单调的写实主义不同，"盛期文艺复兴"的这些艺术家们给宗教的题材赋予一种富有人情味的、理想化的特质，一种把神变成人的崇高的想象，在这一点上，他们是独一无二的。拉斐尔在他的成熟时期的绘画里，如《阿尔巴圣母》（约1511年作，华盛顿藏）或者《座椅中的圣母》（1514—1515年作，佛罗伦萨藏），最完美地实现了这个理想。

宗教画的范围是极为广阔的。为了在邸宅和宫殿里进行私人祈祷，人们绘制了无数幅独幅小画；富裕人家、高级教士和公共团体争相用祭坛画和成组的壁画装饰教堂。每一个这样的大画和组画都是在赞助人支持的情况下，甚至是在神学顾问的帮助下制作出来的。"盛期文艺复兴"时代尽管继承了基督教圣像画的古老传统，但是永远有一种不可捉摸的，包括个人爱好、地方特色或者宗教信仰的因素存在，如果不从历史上进行细致的考察，对它是不可能理解的。例如，提香的《佩萨罗圣母像》（在威尼斯托钵修会教堂，1519—1526年作）是雅各布·佩萨罗为了纪念他战胜异教徒而呈献的供品；画上迎风招展的教会旗帜和一个土耳其人俘虏暗示着这一场胜利，而圣彼得、圣弗朗西斯和帕多瓦的圣安东尼在向圣母玛利亚请求给聚集的佩萨罗一家降福。

在大型的故事画中，对于暗含的意义和复杂的主题就难以理解得多。我们可以举几个比较重要的例子来讲。在佛罗伦萨的新圣玛利亚教堂的祭坛上，多梅尼科·吉兰达约把1486—1490年为有钱的银行家乔瓦尼·托尔纳博尼所画的圣母和圣约翰生活片段画成色彩丰富的当代佛罗伦萨生活的记事。在几年之后被萨沃纳罗拉斥责为不信上帝和亵渎宗教的，正是这一类典型的意大利15世纪文艺复兴的绘画。在同一教堂里，菲利皮诺·利比在1487年至1502年间为斯特罗齐家族画了一些取材于福音书作者圣约翰和使徒腓力的生活的神奇的场景，从这些画面中，可以感到萨沃纳罗拉的革命的高度宗教气息。从卢卡·西诺列里在奥尔维耶托大教堂中所作的富有戏剧性的启示录的壁画（1499—1502年）中，可以见到类似的宗教冲动和狂热的精神，但是不加精通此道的注释，对其中的奥妙就不可能理解。与此形成对照的是：索多马于1505年至1508年间在锡耶纳附近大橄榄山的本尼狄克会大修道院的走廊里所画的以圣本尼狄克的生活为题材的故事，则是极为朴素的平铺直叙，完全是描绘简单的寺院生活的清净和庄严。而真蒂莱·贝利尼（1429—1507年）和维托雷·卡尔帕乔（约1455—1526年）为威尼斯弟兄会的小礼拜堂所作的宗教组画，则反映出这个文艺复兴时代最富裕的国家的壮丽、豪华以及居民的平凡生活。1510年至1520年间佛罗伦萨绘画的倾向，从圣安农齐亚塔教堂的入口庭院的壁画中能够得到很好的研究。这里的壁画有安德烈亚·德尔·萨尔托所绘的玛利亚仆人会创立者圣菲利波·贝尼齐生活的片段，有弗兰恰比焦、蓬托尔莫和焦万·巴蒂斯塔·罗索所绘的圣母生活的场景，另加上萨尔托所绘的《圣母玛利亚的诞生》（1513年作）。如果把这些画与吉兰达约在新圣母教堂里所作的同一题材的画加以比较，就可以看出在相距25年之间，佛罗伦萨绘画的发展趋势，即从细致、典雅以及丰富的故事和装饰细节，演变为一种伟大而高贵的有节奏的风格，带有很少一些经过仔细安排的重点。另外，后一种绘画还显示出对于宗教题材的一种新的、富有幻想的探索：不画出天花板，而把屋顶画成是露天的，有一个天使在云端捧着香炉，以此来表明圣母诞生的奇迹。

萨沃纳罗拉的宗教学说的禁欲和神秘的性质以及他的个人人品的力量，对于一小群艺术家产生一种为时不长、但是非常有力的影响。正如博提切利（1444—1510年）的晚期作品（如《基督诞生图》，1500年作，伦敦国家美术馆藏）的狂热和激情的风格所显示的那样，没有一个人比这位多愁善感的画家更完全屈服于这种影响之下。新的宗教热情具有一种不同的性质，而且不那么激烈。它是在1510年以后，从天主教的中心罗马教廷传播起来的，与拉特兰公会议中所表现出来的改革热情有密切的关系。当时在梵蒂冈工作的拉斐尔，在他的作品中像地震仪一样记录了变化中的情绪。他的《华盖下的圣母玛利亚》（佛罗伦萨皮蒂府邸宫）是在1506年至1508年间以典型的古典风格绘制的，人物的表现和构图是完全均衡的，但是，他在仅仅3年之后所作的《福利尼奥的圣母玛利亚》（梵蒂冈，1511—1512年作）则是一个新的幻想风格的作品。圣母玛利亚不再坐在宝座上，周围有一群道貌岸然的圣徒（这是15世纪以来表现这种主题的通常方法），而是坐在云端，好像从天上下来显圣一般，受到怀着深情的捐助人和随从的圣徒们的崇敬。拉斐尔后来的《西斯廷圣母》（1513年作，德累斯顿藏）是用这种幻想风格来表现一个宗教题材的最伟大的一幅作品。

全意大利的最进步的艺术家们非常迅速地仿效拉斐尔。只要研究一下塞巴斯蒂亚诺·德尔·皮翁博（《圣母哀悼耶稣》，维特尔博，约1520年作）、洛伦佐·洛托、高登吉奥·费拉里等人的发展情况，就可以证明这一点。柯勒乔（1494—1534年）从他早期的、具有古典风格的《圣母玛利亚与圣弗朗西斯》（1514年作，德累斯顿藏）转变到帕尔马的《持汤盘的圣母》和德累斯顿的《基督诞生图》（1522年开始画）的大刀阔斧的构图和大胆地使用光线，画中把天和地混为一体；他在帕尔马圣的福音传教士圣乔瓦尼教堂所作的圆屋顶装饰（1520—1524年作），是幻觉手法的第一个不朽的典范，它把神奇的事迹变成强烈的、富有现实感的经验。威尼斯尽管具有长期的、独立的政治、商业和文化传统，也同样顺应整个的潮流。提香的《圣马可》（威尼斯藏，约1510年作）的画面上是一群和睦相处的圣徒，他们是按照多年来固定下来的"神圣交谈"的方式，井然有序地排列起来的。这幅画完成不久，他便画了一些生动活泼的和富于幻想的作品，例如托钵修会教堂的《圣母升天》（1516—1518 年作）和安科纳的祭台画（1520 年作），画面上出现的是一些得到灵感的圣徒，他们在虚幻的苍茫暮色中，为在云端的圣母玛利亚的显景深深感动。

米开朗琪罗为西斯廷小礼拜堂所作的屋顶画是文艺复兴宗教肖像画的集中体现。这些画是在 1508 年至 1512 年间绘制的，它们从神学方面来说也是无比深邃的。在西克斯特四世教皇的时代 1473 年至 1481 年间所建造的小礼拜堂的墙上，有一些描绘摩西和耶稣的生活情景的壁画。为了保持《旧约》和《新约》之间早已确定的一致，前者的事实成为后者的事实的伏线。因此，这些壁画不仅具有画面的意义，而且更主要的是具有一种象征的意义。它们的绘制者是当时的一些最著名的艺术家——博提切利、吉兰达约、佩鲁吉诺、西诺列里和稍逊一筹的科西莫·罗塞利。从历史上讲，先是从摩西的一生开始的法治的时代，随后就是从耶稣的一生开始的天恩时代。米开朗琪罗在屋顶上画了 9 幅表明律法时代以前时期的图景，用以补充墙上的历史组画。他所画的故事从创世到原罪，又从接着发生的大灾难——洪水到酩酊大醉的诺亚被他的儿子们嘲笑。中央的镶板则很悲观地以人类新种族的祖先的耻辱而告结束。在这些主要场景的下面，是先知和女预言家就位于宝座的图像；在他们的宝座的上方，是一些非常优美的裸体坐像，他们手里举着雕有列王纪中的片断故事的青铜色圆盘。这些片断故事，正如四角的拱肩上取材于犹太人历史的大幅解放的场景一样，代表着基督救世的不同的预兆。最后，在墙上 8 个拱肩和 14 个弧形窗中的耶稣的祖先，表明从诺亚直到耶稣的肉体的传承。这样一来，用先知和女预言家所表现的耶稣以前时代和耶稣时代之间的精神联系就与耶稣祖先们的肉体联系互相辉映了。

自从早期基督教时代起的《圣经》注释的历史表明：在从文字上阅读《圣经》时，必须以象征的解释来补充。在 13 世纪和 14 世纪期间，曾经制作出大量带插图的这类性质的东西，在整个 15 世纪和 16 世纪，这类简要的说明经过印制成书，依然非常广泛地流传。因此，我们必须作出这样一个结论，就是：正如西斯廷礼拜堂屋顶的角拱肩和圆形浮雕一样，中央的镶板也部分地启示着真理。事实上，一整套的宗教典故都是在证明：这些片断的图景是用象征的手法解释耶稣受难的深奥意义①。在文艺复兴时期的诠释家们看来，希伯来的和古典时代的先知们的预言所包含的意义，完全就是如此。所以，从象征的意义来说，整个屋顶形成一个密切结合的整体，而中央的镶板则是以"最后的晚餐"为结尾的旧时壁画所叙述的故事的继续。宗教象征的语言已经不再为人所理解，因而就需要用图例来表示它的意义。在屋顶的正中央，绘制了夏娃的产生。自从初期基督教著作家的时代起，就把这一事件当作教会的一个象征。圣奥古斯丁把耶稣的死与亚当的沉睡相比；正如把亚当的身体的一侧打开，取出他的一条肋骨造出夏娃一样，耶稣被钉在十字架上之后，从他的一侧流出鲜血，而教会就是在这圣体的血上建立起来的。把教会的创立与夏娃的产生相比，这是非常普遍地被人接受的一个明喻，在16世纪出版的大多数《圣经》中，都以这一情景作为卷头插图，不加任何的注释。

初看起来，西斯廷小礼拜堂屋顶画仿佛在风格上是一致的。但是，事实并不是这样。从原来的入口走向祭台，比例是在逐渐变化的。从诺亚被嘲弄开始，越接近创世的图景，人物的形象就越大，而且图景所放置的空间显得越不真实。在创造夏娃的图景中，圣父的形象超出了画面的框子。此后，这一形象就吸引了全部的兴趣，每一件事都集中到创世的生气蓬勃的行动上。正是这个横跃苍穹的圣父，大概比画上的任何一个形象都更加激发后世人们的想象力，因为无论在这以前或者以后，从来就没有以如此超自然的力量来表现太古创世的神迹的。从小礼拜堂的东端到西端，可以看出节奏的逐渐加强，而到这些创世的图景，则达到了它的顶峰。西斯廷屋顶画较早绘制的部分显示出1510年左右的形势所特有的平衡和稳静；而较晚时期壮烈的、生动和虚幻的部分，则是与我们已经谈到的风格的总的变化相一致的。实际上，正是绘制西斯廷屋顶的米开朗琪罗为新的发展定下了步调，他甚至对拉斐尔产生了影响。

在文艺复兴期间，没有按现代意义来讲的那种正确描绘过去的事件的非宗教性历史画。尽管如此，历史画在艺术的理论和实践中还是

---

① 关于西斯廷小礼拜堂屋顶的象征性的各种不同意见，参见：查理·德·托尔奈《米开朗琪罗》，第2卷，1945年；E. 温德《圣帕戈尼尼和米开朗琪罗》，《美术杂志》第86期，1944年；温德《诺亚的方舟》，《准绳》1950年第1期，第411页；温德在《艺术学报》第33期（1951年）的文章，第41页；F. 哈特《天堂中的生命之树》，《艺术学报》（1950年）第32期，第115页以下、第181页以下和第239页；哈特在《艺术学报》第33期（1951年）的文章，第262页。

起过重要的作用。对于历史题材的绘画的处理，其方式多种多样，无法用一个简单的公式来解释它们。不过，从总的方面来说，有两点是值得注意的：第一，画家们认为必须强调一个事件的永久性的特征，而不是一时的和偶然的特征；第二，这一类作品的绝大多数注重描绘基督教的历史，或者与这种历史有这样或那样联系的事件。达·芬奇和米开朗琪罗于 1503 年和 1504 年应佛罗伦萨国君之请，为韦基奥宫大会议厅两面墙壁所作的战争画，可以算作例外。但是，即便是这些理想化了的、纪念性的描绘佛罗伦萨战胜比萨人和米兰人的作品，如果政治局势容许完成全部计划的话，也要被放在一个巨大的救世主雕像的阴影之下，这个雕像是大厅的理想的中心。壁画也永远没有达到完工的阶段。尽管如此，文艺复兴的这两位巨人在这个不寻常的工作中你追我赶的场面，给人留下了深刻的和持久的印象。达·芬奇的《夺旗之战》草图依然是后世战争画的最佳范本；而米开朗琪罗的《洗澡的人们》，则为研究和描绘裸体画确立了标准。

平图里乔在锡耶纳大教堂图书馆中的 10 幅大壁画（1503—1508 年），用一种带有活泼天真的、倒退的风格描绘皮科洛米尼家族出身的教皇庇护二世的生平事迹，它比起其他任何历史组画来，可能更接近于直截了当地描绘历史事实。然而，他在描绘这些故事的时候，人物矫揉造作，布景虚无缥缈，而且充满古典主义的细节，这表明画家的意图在于给一些超人的事件赋予纯净的气氛。10 年之前，就是这位平图里乔曾在梵蒂冈宫中，为教皇亚历山大六世作了许多房间的壁画，在一个房间里，他非常细腻地描绘了埃及的公牛神阿匹斯的故事。他画的公牛神披着博尔贾家族的纹章。根据作画的计划，是要表明亚历山大一族就是由阿匹斯直接传下来的。在这个故事里显然有一种魔法的因素。因为，尽管公牛神被画成在耶稣的继承者的面前俯首，但是他把自己的生气和力量给予博尔贾家族，从而成为亚历山大在基督教世界升上最高地位的主要推动力。这个有些野蛮的"图腾式"的故事，依然是打不破的神话即历史论的一个环节，根据这种论点，古代的神和英雄是经过神话化的大家族的祖先和城镇与社区的创立者。

拉斐尔的"厅室"壁画，即梵蒂冈宫中教皇的几个相通的厅室的墙上装饰，距米开朗琪罗的西斯廷屋顶画只有几十米远，这是一套出类拔萃的最伟大的历史组画,就整个来说,也是"盛期文艺复兴"登峰造极的作品。拉斐尔几乎是单独一个人完成了第一个大厅（签字大厅）,大致与米开朗琪罗的壁画同时,共用3年的时间（1509—1512年）。大概这样讲是正确的:这个大厅四面墙壁的装饰简直就是文艺复兴时代对中世纪百科全书最完全的再版;我们对于拉斐尔的画风特别适宜于表现的想象的丰富、思绪的复杂和感觉的灵敏,只能三言两语概括地说上几句。一群群生动活泼的历史人物变成了人类社会各个组成力量的化身:他在表现精神领域的时候,描绘关于圣体的奇迹的神学争辩,即那幅有名的《教义的辩论》;在对面墙上的《雅典学派》这幅画里,他却是以柏拉图和亚里士多德所领导的哲学辩论来表现思想领域里的争论。理性的和形而上学的知识——用托马斯主义者的语言来说,为"求得的和启示的学问"——是支撑认识真理的基柱。第三面墙上的《法律》画的是法律领域,它使人间的一切事物有可能保持道德的秩序。第四面墙上的《帕尔纳苏斯山》画的是想象和热情的领域,它是在解说柏拉图的这样一个观念:如果没有音乐家和诗人们在他们的诗歌里所表现的那种灵感激发的体验,就既不可能有个人,也不可能有社会,甚至连宇宙都不可能存在。在这一个大厅里,拉斐尔光辉灿烂地把抽象的思想翻译成了视觉的语言。伟大而简单的形式,他那气象万千的明快风格,以及认真进行平衡对比的构图方法,三者合在一起,把教皇宫廷中饱学的顾问们所草拟的文字纲领提高到出神入化的境界。

从1512年夏天到1514年夏天这一期间,拉斐尔在学生们的协助下,在赫利奥多罗厅作壁画。作画的计划从一般性质的学术研究改变为直接反映引人注目的政治事件。不过,这4幅画——《赫利奥多罗被逐出神庙》、《波尔申纳的弥撒》、教皇利奥会见阿提拉图和圣彼得出狱图,意义隐晦,只有了解内情的人才看得懂。与阿提拉会见的教皇利奥一世被画成在位的教皇利奥十世的形象;正如他的伟大的先驱者奇迹一般地把罗马从匈奴的铁蹄下解救出来一样,利奥十世由于他在诺瓦拉的胜利而把法国侵略者从意大利清除出去。另外的几幅壁画也是以历史上和传说中的古老故事为媒介,描绘一些当代的事件。他不仅是借古代的事情来歌颂当前的事情,而且比这更进一步:每幅画都通过以一个事件表现另外事件的方法,变成教会的永恒伟大的象征。因此，这些图画乃是一种高贵的神秘事物的视觉象征，它们只能用这种寓言历史画的特殊形式来表达。拉斐尔使他的风格适应这种新的工作。在所有这些壁画里，凡是信仰上帝而且受上帝保护的人，都用平直的竖线条描绘，而对于未开化之民的害怕、恐怖和惊骇，则用迅速的、斜角线的动作和扭歪的身体来表现。

在第三个大厅，即火警厅，是1514年至1517年间，在拉斐尔的指导下，主要由学生们绘制的壁画，他们对当代事件与自古以来的教会历史之间的关系做了一些修改。所有四幅壁画都是以在位的教皇利奥十世的图像扮演他的前人利奥三世和利奥四世的角色。但是，这些画没有以类似的历史情况作鲜明的对比，它们暗指拉特兰公会议的进程，因此，必须理解为表明教会的基本信条的隐喻。《城镇火灾》画的是在849年，教皇用手画十字，消灭了一场大灾难，这是说明基督教会的神奇力量。《奥斯蒂亚之战》画的是利奥四世战胜萨拉森人，歌颂他无所不包的性格。《查理曼大帝加冕》表示罗马教廷的至高无上。《利奥三世的誓言》则说明神职人员仅对上帝负责。

君士坦丁大厅的4幅大壁画是1517年以后开始绘制的，但在拉斐尔逝世之后，于1523年至1524年间才完成。这几幅画说明基督教是怎样发展成为世界性的宗教的。它们的顺序是合乎逻辑的：第一幅是在君士坦丁大帝面前出现十字架，其次是他与马克森提乌斯作战，他的受洗，以及由君士坦丁赠献建立教皇的国家。尽管4个厅室的画题绝不是作为一个整体设计出来的，但是，它依然表现出一种连贯的思想。签字大厅的壁画反映教会与人类生活其他各种基本力量的关系，赫利奥多罗厅讴歌教会的胜利，火警厅宣传教会的信条，君士坦丁厅则讲述教会起源的故事。

在前3个大厅室中的每个大厅，拉斐尔都树立了一个极为重要的风格的榜样。签字大厅的壁画今后千秋万代都将被当作"古典的"文艺复兴洪流的最高浪头。在赫利奥多罗厅的富有戏剧性的风格中，他发展了特别是在百年之后当绘画反映天主教复兴的宗教狂热时所拾起的一些原则。这个大厅的风格，有时不无道理地被贴上"原始巴洛克式"的标签。火警厅的风格是完全适应画教条的题材的，拉斐尔以这种风格开创了16世纪画风的两种主要趋向。《城镇火灾》，特别是《奥斯蒂亚之战》发展出一种不协调的风格，瓦萨里在16世纪

第六章 西欧的文艺　159

中叶的复杂的构图，就是这种风格的典型；《查理曼大帝加冕》和《利奥三世的誓言》，在16世纪下半叶，由费代里戈·祖卡罗一类大师的有意识地简单化了的教条画风格继承了下来。

在历史画、寓言画和神话画之间，很不容易画出明确的界限。历史画似乎总是披上一件寓言的外衣，而寓言也可以罩上一层历史或神话的面纱来表现，神话也可能有一种寓言的意义。绘画的语言比文字更加含糊暧昧。文艺复兴的艺术家们继承着一个传统，他们很少使画面和意义完全一致。例如，当拉斐尔的老师佩鲁吉诺在1496年受委托在富有的贷款人行会——佩鲁贾的"交易所"的会议厅墙上画12个与活人一般大的古代英雄时，他对这些英雄的半寓言性质是交代得很清楚的，因为在画面上，这些英雄每3个人为一组，把他们作为榜样所应有的主要美德人格化了。自从彼特拉克写出他的关于古代著名人物的作品以后，这些人物的英勇和公正，他们的尚武精神和公民品德，就被当作后世学习的榜样。正因为如此，古代的范例是完全适合于基督教伦理的世界的。

以古典的神话为题材作画，并非像老一代谈论文艺复兴的著作家们所以为的那样，是异教思想突然复活。晚近的研究揭示出古代的诸神是如何地坚韧不拔、千载犹生①。中世纪给他们注入了新的生命。而正如薄伽丘的《异教诸神谱系》依然是一部主要资料这一事实所表明的那样，文艺复兴支配了那笔遗产。《异教诸神谱系》于1472年印第一版之后，在15世纪期间又因必要再版4次，而在16世纪期间，再版的次数就数不清了。薄伽丘与传统的解经学是一致的，他主张说：一个神话有4重意义——文字的、道德的、寓言的和玄奥的。在研究文艺复兴时代以神话为题材的绘画时，不应该忽视这一点，虽然对于每一张画都要探求它的优点，而且只有充分研究突出的细节，才能揭示它的意义。

当文艺复兴时代艺术作品的最热心的搜集家和有鉴别力的保护者之一伊萨贝拉·德·埃斯特决定要以一些大师们有连贯性的组画来装饰她在曼图亚的宅邸中的私人书斋的时候，她选择一些神话的图景，

---

① 特别请参看A. 沃伯格、F. 萨克斯尔和E. 帕诺夫斯基的文章，这些文章在J. 塞兹涅克的《古代诸神的继续存在》，1940年，英译本（1953年）中，都有引用。

但在一封信中写道,"我们想要在我们的书斋里有意大利最优秀的画家以寓言为题材的图画"。在那些图画中,有曼特尼亚的《帕尔纳苏斯山》(1497年作,现藏卢浮宫),这是表现寓言神话的最美好和最精湛的作品之一。这幅图画仿佛是在赞美诗歌和音乐所起的教化作用,而与此相对照的一幅画,也是同一大师所绘,于1502年完成,它以雅典娜和维纳斯为中心人物,所要给人的教训,翻译成普通的话来说,就是:邪恶必须由美德来驱逐。这些神话和同一组画中的另外一些神话,都是用千变万化的、大有学问的暗喻来加以修饰的。这个组画特别有趣,因为伊萨贝拉的人文主义者顾问帕立德·达·切列萨拉为其中一幅画所写的、充满非凡的学问的提纲得以保存下来。他要求画中表现帕拉斯和狄安娜与维纳斯和丘比特作战,以象征"爱情与贞洁的斗争"。画家佩鲁吉诺在最微小的细节上都受到约束,并明确地禁止他加入任何自己的想象。这幅画是1505年到达曼图亚的。它没有引起人们的热烈欢迎,很明显,这种艰难的工作已经超出那个专画可爱的圣母的温顺的画家的能力之外了。

伊萨贝拉的兄弟弗拉拉的阿方索公爵,在他姐妹的事业的鼓舞之下,决心将他城堡中的一个房间做同样的装饰。阿方索的宫廷拥有以阿廖斯托为首的许多文人学士,在这个宫廷的文雅高尚的气氛中,画的主题就跟伊萨贝拉的不一样了,它完全倾注于对爱情做出人文主义的表现。乔万尼·贝利尼老人在他辞世之前不久,开始画一幅奇异而有些讽刺意味,并且尚未得到充分解释的《诸神的宴会》,后来由提香完成(现藏华盛顿);提香画了3幅《酒神节》(1516—1523年),现藏马德里和伦敦,其中有2幅精确地绘出了希腊作家菲洛斯特拉托斯所描写的情景。在意大利北部文艺复兴的绘画中,再没有一幅对古典的作品内容作出如此炉火纯青的表达。提香的画把文字的概念转化成自由奔放的、无限丰富和谐调一致的画家特有的构图。但是在另一方面,它们又不仅仅是纯粹的描绘。菲洛斯特拉托斯本人就曾指出《儿童酒神节》的寓意。他解释说,以丘比特们的游戏象征着的爱情,主宰着所有的芸芸众生。维纳斯所主管的爱情是一种性爱,而这些丘比特们则表现爱情的所有阶段,"从它的情窦初开,一直到地久天长"。我们会记得,用基督教的话来说,永恒的爱情叫作仁爱。很可能是:提香和他的顾问们是企图在这些画里把基督教的概念与当时流行的新柏拉图恋爱主义观糅合在一起。

我们举出提香的所谓《神圣的爱和世俗的爱》（1515年左右作，在罗马），可以作为上一说法的佐证。这幅画是他所创作的最轻松愉快的作品之一，充满和平和至福的气氛。我们认为，这种论断①是正确的：裸体的维纳斯代表较高的原则；因为天堂的美，即永恒不变的美，是像真理一样赤裸裸的。而与她相对的另一个维纳斯，则具有人间的一切魅力，代表着可见、可触、而且转瞬易逝的地上的美的原则。但是，这两种柏拉图式的美的形象概括地代表基督教的爱的两条意旨——爱上帝和爱你的邻人，二者加在一起，就成为基督教的最高品德："仁爱"。提香所画的一对维纳斯的特点与传统的描绘"仁爱"的特点极其相似。现在，我们很不容易完全掌握文艺复兴的神话和半神话绘画的讽喻和含义。不过，这一类绘画总是独有的，专门为接受当时的哲学思想和人文主义思想的一位主顾绘制的。至于像达·芬奇的《丽达》（现只存摹本）、乔尔乔涅在德累斯顿的《维纳斯》或者提香晚期所绘的一些维纳斯像（藏佛罗伦萨、马德里）等名画，我们或多或少地是在五里雾中。不过，我们多半可以这样说：这些作品树立了"盛期文艺复兴"的女性美的理想：一种崇高、尊贵和无限优雅的美，而如果没有新柏拉图主义者几乎像信仰般的对美的灵魂寓于美的身体的渴求，就不可能发展起来这样的美。正是同样的精神，促使米开朗琪罗在圣彼得教堂中所绘的圣母哀悼耶稣一幅画中把圣母玛利亚表现为永久青春的状态，同时，把他在西斯廷屋顶上所绘的裸体青年的身体画得非常完美。

柯勒乔为帕尔马前圣保罗女修道院的一个房间所作的装饰（1518—1519年），可能是用神话和寓言为基督教的内容服务的最吸引人的作品。这里画的是狄安娜和她的侍从，农特神和灶神守护祭司，祭物和奠酒，美惠三女神和命运三女神，维纳斯和朱诺，同时还有表现单纯和贞洁、自然和永生的寓言。这是女修道院长焦万纳·皮亚琴察即女保护人的餐厅，她在大幅的狄安娜画像中得以传诸百代，永远作为贞操的十分警觉的监守人。在这幅画里，是用中世纪寓言的方法来表现贞操的胜利的，而那富有学术气氛的古色古香的细节以及

---

① 潘诺夫斯基：《圣像学研究集》。

古典的和充满美感的图画语言，则是"盛期文艺复兴"的典型代表。

拉斐尔约从1518年开始在法尔内西纳别墅所作的《丘比特和普赛克》组画，是与提香的《酒神节》相匹敌的罗马的不朽作品。这位大师从阿普列乌斯的迷人的故事中选择12个插曲，以装饰一度是开敞的凉廊的拱肩和顶棚。拉斐尔于1520年4月6日逝世，比请他作画的阿戈斯蒂诺·基吉早死5天，把那些壁画留给学生们去完成。这组画不仅在古人们那种把文字的和形式的传统和谐一致方面达到"盛期文艺复兴"的顶峰，而且，作为一首娓娓动听和宁静安详的爱的赞歌来说，也抓住了原来的神话故事的精神。拉斐尔如此地体会和揭示古代神话的诗情画意，就为探索古典文物开辟了新的途径。在这些壁画里，以及在一个毗邻房间中也许是在波利蒂安的《比武篇》中的几句诗的影响下所作的较早的壁画《伽拉忒亚的胜利》（1514年）里，拉斐尔的风格是古典的和雕刻式的，其中有几个人像是以古代雕刻的个别作品为模型的。只要与他当时所作的宗教画和后来所作的"厅室"画作一比较，就可以看出：这位大师在他的创作力达到顶峰的时候，为了适应主题素材而改变了自己的风格。

法尔内西纳别墅的装饰，就整个来说，能够使人清清楚楚地看出"盛期文艺复兴"的某些"异教的"情景。阿戈斯蒂诺·基吉的别墅第一层的卧室装饰得很适当，是索多马根据琉善（公元2世纪）的描述，用自由奔放的画笔所绘的亚历山大与罗克桑娜的婚礼；在另一些房间里，有佩鲁齐根据奥维德所叙述的神话故事所作的诸神的爱情的雕饰。但是，在画有《伽拉忒亚的胜利》的房间里也有佩鲁齐绘制的天花板，上面是用神话的表现方法很精确地画出1466年12月1日北方天空的天体图。这个日期是阿戈斯蒂诺·基吉的生日。所以，在天花板上描绘的是他的具有纪念意义的宿命星辰。这反映出占星术在当时是非常流行的。行星和星座之所以自古以来就能够预示吉凶祸福，那是因为古典诸神身居河汉的力量。在这些壁画里所出现的对基督教的反抗，不是用异教与基督教相对照的俗套子来表达，而是用一种宿命决定论的信仰与神的意志的对抗来揭示的。

为了充分理解阿戈斯蒂诺扶植艺术创作的慷慨大方的精神，我们不应忘记从他的解囊相助中，基督教会得到了多么大的利益。举主要的来说，拉斐尔在罗马圣阿戈斯蒂诺教堂所作的描绘先知和女预言家的壁画（1514年），以及由拉斐尔设计、由他和塞巴斯蒂亚诺·德尔·皮翁博共同装饰的大众圣玛利亚教堂中的阿戈斯蒂诺家族墓地小礼拜堂，将会永远与他的名字联结在一起。

自从但丁描写他的教会坐在"一辆凯旋车"上的幻想和彼特拉克写出他的寓言式史诗《胜利》以来，凯旋门和胜利大游行首先在文艺复兴的庆祝活动中占有越来越大的地位。在庆祝结婚的时候，在欢迎贵宾或者凯旋的将领的时候，都要表演和描绘神话、寓言和历史中的胜利故事。而把古典的胜利应用到教会的礼拜仪式上，这也是文艺复兴精神的特点。1491年，庄严的洛伦佐根据普卢塔克的记述，为庆祝圣约翰节演出了"艾米利乌斯·保罗斯的胜利"。1506年，朱理亚二世乘坐着凯旋车进入了波洛尼亚；在利奥十世进入佛罗伦萨时，表演了卡米卢斯的胜利。提香的木刻画《信仰的胜利》（1510年作）画着基督坐在一辆车上，拉车的是基督教神学家们，而主教与女预言者、殉教者与忏悔者则前呼后拥着。这个木刻画证明：古典的观念完全适合于歌颂基督教的胜利；同时还暗示出：基督教的胜利已经代替了古典时代的胜利。同样地，在文艺复兴的宗教画中司空见惯的异教徒的牺牲，其用意也是预示已经代替了它们的基督的牺牲。

正如安德烈亚·里乔在帕多瓦圣安东尼教堂的青铜烛台和他为德拉·托雷家族墓所作的浮雕（藏卢浮宫）中对祭祀显示出考古学的精确性一样，曼特尼亚在九张大幅草图《恺撒的胜利》（约1485—1494年作，现藏汉普顿宫）中，也把与古代文物相媲美当作名誉攸关的问题。在他之前，没有一个人以如此大规模的方式或者以如此精湛的考古学知识来发展一个胜利的主题。这些画上有战利品和雕像，有祭器和俘虏，所有的东西都是经过认真研究，从古代的纪念物和阿庇安、苏埃托尼乌斯与约瑟夫斯的著作中关于古典胜利的记述中搜集来的。意大利北部对于古代文物的探索总是比意大利中部更注重于考古的方面，从这一点来看，曼特尼亚的《恺撒的胜利》反映出北方的人文主义的特点。但是，这个作品中虽然显示出知识的渊博，却并不卖弄学问；它是具有极大个性的、富有想象力的、甚至是幻想的创造物，在这一创造物里，把古典的细节集中到一起，来形成一种崭新的东西——典型的文艺复兴的实体。曼特尼亚的《胜利》是为弗朗切斯科·贡扎加侯爵画的，后来，侯爵的儿子费代里戈在曼图亚宫的一个房间里对此做了这样的安排：用原画的框架装上洛伦佐·科斯塔所作的一幅画（1522年），这张画是记录费代里戈本人参加帕维亚战役时获胜的情况。这样一来，费代里戈把自己的锦绣前程与罗马帝国的伟大传统结合在一起，就给自己的作战胜利增添了光彩。

与曼特尼亚的仿古主义相对照，佩鲁吉诺在佩鲁贾的交易所中所画的古代英雄，都穿着奇装异服，这种打扮归根结底来自在整个15世纪流行于意大利的勃艮第宫廷风格。虽然在这幅画中，也正如在其他许多幅画中一样，是用富丽和奇异的服装来表明时间相隔的久远，而不是反映历史的真实性，但是在16世纪初，即当所有3种艺术中都出现了浓厚的古典主义的时候，遵从以考古学为依据的事实已变成了一条准则。的确，任何其他做法在当时看起来，都会被认为是歪曲真理。从那以后，这种真实性就属于文艺复兴艺术理论的主要论点之一"确切性"的必要条件了（见第151页）。

自从艺术理论作为美学的一个独立部门诞生以来，也就是说，从15世纪初一直到18世纪末，肖像画在模仿艺术中的地位，比从历史、神话的《圣经》中选取题材的绘画低一等。因此，如果做出推论说，赞助人和艺术家一定同样地避免作肖像画，这似乎是很合乎逻辑的。可是，事实恰好相反。从15世纪上半叶起，新型的画架肖像画就在艺术品的生产中占有重要的地位，对肖像画的需求也在不断增长。在16世纪头25年期间，最伟大的艺术家达·芬奇、拉斐尔、乔尔乔涅、提香、洛托，都创作了相当数量的肖像。只有米开朗琪罗是个令人不能忘记的例外。正是这些"盛期文艺复兴"的艺术家们解决了理论上否定肖像画和现实中应用肖像画之间的矛盾。达·芬奇的《蒙娜丽莎》（1502年作，藏卢浮宫）是肖像画中的一场真正革命的第一个伟大的范例。这幅肖像的形式要素——半身、3/4正身、眼睛直对看画的人，背后为远处风景——表示它们渊源于意大利15世纪的，还有佛兰芒的原型，但在这里，过去惯用的写实主义却被画中人的那种令人不可思议的肉体与精神的完美的神采所代替了。在这种神采面前，全世界的人都永远为之倾倒。拉斐尔定居佛罗伦萨以后不久，在1504年所作的早期肖像画《安杰洛·多尼》《马达莱娜·多尼》（藏佛罗伦萨），显示出达·芬奇的新的探求的影响。但是，他还没有像达·芬奇那样把所画的人精神化和理想化。对于拉斐尔从

《马达莱娜·多尼》到《戴面纱的夫人》（藏佛罗伦萨皮蒂府邸）或者从《安杰洛·多尼》到《巴尔代萨尔·卡斯蒂廖内像》（藏卢浮宫）的转变，我们不应该仅仅看作是一种风格上朝向更广阔、更完善和更有节奏的形式的发展，而更主要地，应该看作是朝向达·芬奇在他的《蒙娜丽莎》中所树立的崇高的人性的精神理想的发展。拉斐尔在1515年左右所作的一些肖像画表现了关于人的新的概念——温和、高尚、尊严，同样，他的朋友卡斯蒂廖内本人在其极有影响的《侍臣论》一书中树立了一座永世不朽的文学丰碑。

对于这种人道的理想，没有任何人比提香表达得更充分。在他所作的许多肖像中，他完全去掉了陪衬部分。头部体现出衣饰修整、谨言慎行和十分沉着的人物的理想。他往往画人体的3/4以代替传统的半身像，为的是表现人物的优雅举止，衣服的朴素精致——所有这一切，现在对于表现画中人的个性都是重要的了；而他那画家特有的粗犷的笔触所涂的温暖的色调，更使画中人与看画人之间容易产生感情的交融。

画家试图实现和人们要求他们实现的理想化，并不是要损害写实的形似。没有比拉斐尔所作的朱理亚二世像和利奥十世像，或者比提香为他的朋友阿雷蒂诺和当时的许多人文主义者所作的肖像在性格研究方面更出色的作品了。肖像画家的工作的微妙之处就在于将理想化的神采与现实的容貌相结合。只有当他凌驾自然，赋予画中人以内在神采的时候，也就是说，只有通过一个理想化的升华过程的时候，他才能够把肖像画——根据来源于柏拉图的文艺复兴理论——从单纯的模仿提高到"高度"艺术的水平。

文艺复兴的新型人物，渴望回到一个快活的乌托邦里去。正如中世纪人爱好骑士的传奇和行吟诗人的恋爱诗一样，文艺复兴以后的人们喜欢"阿卡迪亚"了。忒奥克里托斯的田园诗和维吉尔的牧歌在文艺复兴时期桑纳扎罗的《阿卡迪亚》（1502年）中达到了顶峰。当波利蒂安在佛罗伦萨、博亚尔多和以后塔索在弗拉拉，以及莫尔扎在罗马倾吐他们的哀歌的时候，当描写田园生活的戏剧和假面戏剧在1500年左右开始风行一时的时候，洛伦佐·德·美第奇在他的菲耶索莱别墅中使"阿卡迪亚"复活了。为此，西格诺列里可能绘制了他的富有怀旧感的《牧神潘》（已毁，原藏柏林，约1490年作），乔尔乔涅创作了一幅阿卡迪亚式的天真无邪的图像。

乔尔乔涅大概是文艺复兴时代最不可捉摸的天才。当他在1510年逝世的时候，大约是33岁。考虑到他在同代人中有极高的声誉，他应该留下了许多幅画，可是现在，关于哪些画属于他的问题，意见有很大的分歧。我们可以这样说：既然专家们不能就一个艺术家的作品取得一致意见，那么，这个艺术家就是一个不能明确肯定的人物。可是，情况恰好相反。乔尔乔涅的名字引起十分明确的联想，沃尔特·佩特在他的著名的论文中对此用美妙的词句做了论述。正是乔尔乔涅的艺术的独特的诗情画意把其他的艺术大师们吸引到这种程度，以致他们的作品就好像是他的作品的延伸。乔尔乔涅把他的人物放在广阔的风景中，使人物和风景表现同一的情调。风景本身，它那浓浓的树丛，它那轻缓的波动，以及它那奇妙的金光，都具有挽歌般忧郁的乐园阿卡迪亚那样感人的力量。把诗人们的阿卡迪亚这样变成视觉的语言，乃是一项头等重要的成就。乔尔乔涅的同时代人之所以把他的艺术当作一种迷人的启示，原因即在于此。乔尔乔涅使源出于威尼斯的画风达到完美的地步。威尼斯的艺术家们一向试图用颜色表示情调，这与佛罗伦萨的画风不同，在那里，颜色从属于线条和构图。在一些较早的艺术家的作品中，特别是在乔万尼·贝利尼和维托雷·卡尔帕乔的图画的风景背景中，我们可以追溯出乔尔乔涅的天才的基础是怎样形成的。另外，弗朗切斯科·科隆纳的《梦中爱情之战》（1499年由阿尔杜斯·马努蒂乌斯刊印，内有许多木刻插图）也有助于传播一种充满幻想的浪漫主义。但是，乔尔乔涅的艺术不应当被视为表现一种模糊的抒情的和哀伤的情绪。他的画总是依照当时的需要讲述很明确的故事。这位神秘的乔尔乔涅的未解之谜之一是：至今还无法解释他的一些最重要的绘画，如《暴风雨》（藏威尼斯）《三个哲学家》（藏维也纳）和《音乐会》（藏卢浮宫）等的精确意义。

在本书里曾经再三提到，艺术理论已成为一个独立的学科。自从文艺复兴的艺术家们把艺术的法则当作科学的时候起，自从阿尔贝蒂和达·芬奇提出实践必须以理论为基础的时候起，艺术家在社会中的地位、他与他的赞助人之间的关系以及他对自己的职业的概念，都开始发生变化了。正是理论给予各个艺术家与现实做斗争的武器。

艺术理论涉及两个主要问题：一是表现的正确性问题；二是美的

问题。前者是通过透视学的理论和实践，对人体、解剖学、植物学、动物学以及广泛的自然现象的研究来达到的。因此，阿尔贝蒂要求："首先画裸体人像，然后画穿衣服的。"文艺复兴的伟大艺术家们都接受了这个忠告，我们从达·芬奇、拉斐尔以及其他一些人的无数预备性的素描中就可以看出这一点。正因为如此，米开朗琪罗和达·芬奇孜孜不倦地、极端热心地研究解剖学和从事解剖人体。达·芬奇计划编定的《解剖学》，到16世纪末还存在着779页手稿。也正因为如此，达·芬奇付出大量的劳动，采取严格的实验方法，通过观察和试验，企图解开大自然的秘密。在另一方面，美是天工的回声和反映，只有用宇宙的和谐以其为基础的那些比例，才能够巧夺。"比例"，达·芬奇大声疾呼地说："不仅在数目和量度中有，而且在声音、重量、时间和地点中，以及在每一种力量中都有……"为了保证一个艺术作品的美，必须把表现和适度的理论同比例的理论结合起来。达·芬奇特别是以阿尔贝蒂的发现为基础，要求艺术家必须令人信服地表现热情和情绪，而这些热情和情绪又必然准确地符合故事的戏剧性内容。他的《最后的晚餐》为应用他的理论提供了一个实物教材。由于这些艺术家们相信他们的作品的道德目的，表现的理论就占有一个特别重要的地位。达·芬奇又应用阿贝尔蒂的定义，解释说：适度或者相称在于姿态、衣饰和位置的合宜。因此，适度也就等于历史的真实，而在古典主义的圈子里，从来就没有降低对这一点的要求。当拉斐尔为法尔内西纳别墅的天花板设计《古代群神的宴会》的时候，适度要求参加宴会的诸神必须躺在长榻或睡椅上，这是古代用餐时的风尚。

　　在所有关于表现、相称和历史的真实的讨论中，拿画与诗来作比较是很方便的。假若能证明绘画与诗歌是同一事物的两种表现方法，那么，绘画就会上升到诗歌的崇高地位了。贺拉斯在《诗艺》中有句名言："诗如画"，这提供了古典的论断。从15世纪末到18世纪末，人们的确认为诗歌与绘画之间有着极为密切的关系。他们主张说，绘画像诗歌一样，是模仿人类动作的东西；画家应该像诗人一样，从神圣的和凡俗的历史中，从过去的伟大榜样中，去选择他的主题。画家应该像诗人一样表现人类的感情，他不仅要取悦于观众，还要向他们传送知识——唤起他们的各种感情并使人类得到智慧聪明。

最后，像诗人一样，艺术家通过知识上升到灵感，即"使他的意念变成神的意念的写照的那种神圣的力量"（达·芬奇语）。

虽然在理论上，阿尔贝蒂已经把艺术家的行业从手工艺提高到"高级艺术"，但在实际上，甚至在佛罗伦萨，也是经过一个很长的时期才产生新的态度。在整个15世纪，艺术家们依然是从中下阶层补充新手的。知识分子、国家官员或者贵族阶级的子弟志愿当艺术家者，可谓凤毛麟角。如果一个上等家庭的子弟坚持干艺术家的行当，那么，让他当一个画家的徒弟比当一个雕刻家的徒弟更为体面一些，因为画家隶属药剂师的行会，而雕刻家则作为石匠，与泥水匠并列在一起。在米开朗琪罗的生平中有一段已经确切证明的逸话，表明在他那个时代，至少是在佛罗伦萨的进步集团中，人们已经放弃了古老的观念。他的家庭属于佛罗伦萨的老自由民贵族，因此，父亲反对儿子立志去当一个艺术家。最后，他终于允许儿子到画家吉兰达约那里去当学徒（1488年）。当庄严的洛伦佐发现米开朗琪罗作为一个雕刻家的天才的时候，父亲宣布说，他永远不会容许他的一个儿子去当石匠；只有在洛伦佐向他说明石匠与现代的雕刻家的概念之间的不同之后，他才应允了。

正是在这个时期，中世纪受雇的手艺人发展成为当时的艺术家，而雇主发展成为艺术的赞助人。庄严的洛伦佐是一位伟大的艺术赞助人和收藏家，同时也是当时的艺术赞助人最好的榜样。他首先在圣马可教堂的花园里开创了新式的艺术教育。在这里，青年艺术家们，其中包括米开朗琪罗，在老雕刻家贝托尔多的监督下进行工作。这个学习班大约只存在3年，到1492年洛伦佐逝世就停止了。我们虽然不知道它的真正性质，但是依然可以这样说：传统的学徒制度第一次被一种自由的、无拘无束的教育取而代之，从这种教育中可以看到后世的艺术学院的最初的萌芽。

在15世纪期间，仍然司空见惯的是：艺术家们，甚至是第一流的艺术家们，都得接受任何应时应景的工作。他们不但为节日这样的短暂活动设计图样，而且为箱子和窗帘、骑兵的燕尾旗和骏马的装饰品绘图。16世纪初，这一切都改变了。瓦萨里在1550年问世的《艺术家传》中，反复谈到要求艺术家去干这类低级的工作，有辱于职业的尊严。由此可见，艺术家们有了新的社会地位，他们的才能是受到尊重的了。有了新的自由以后,艺术家这一类人本身也开始变化,自从15世纪末起,我们就开始看到至今艺术家们还往往具有的那些特殊的性格。我们现在听说他们有超乎寻常的趣味和习惯。一度与达·芬奇合作的,似乎是为了自我满足而搞艺术的第一个贵族的范例雕刻家詹弗朗切斯科·鲁斯蒂奇(1474—1554年),画家索多马(1477—1549年)、皮耶罗·迪·科西莫(1462—1521年)和蓬托尔莫(1494—1556年)等一类的艺术家,全都是著名的古怪人物。皮耶罗·迪·科西莫像一个隐士似的生活在污秽和肮脏之中;他那描绘太古生活的奇异而隐晦的图画(藏纽约和牛津)好像在抒发他心中的一团块垒。蓬托尔莫完全与世隔绝。这也许不是偶然的,在1520年左右起来反对"盛期文艺复兴"的平衡状态的带头人,恰恰就是这位忧郁症患者。

　　艺术家们越来越坚持在孤独中创作,这是新时代的一个征兆。米开朗琪罗从来不允许任何人去看他正在作的作品。他们之中有许多人还开始时断时续地工作;紧张地创作一个时期,然后就休息一大阵。中世纪作坊连续工作的传统完全被打破了。为了容许新型艺术家的存在,就需要有认识和赞赏天才、从而准备忍受艺术家的怪僻和特性的新型赞助人。有一个传说说明这种新的关系:查理五世皇帝曾经弯下身体为提香拾起画笔,表示他对这位天才画家的尊敬。

　　教皇朱理亚二世对待米开朗琪罗的态度,也是所发生的变化的一个缩影。朱理亚是当时最伟大的艺术倡导者,他把布拉曼特、拉斐尔和米开朗琪罗聚集在自己的周围,决心使罗马成为世界的艺术中心。他对米开朗琪罗极为同情,非常欣赏米开朗琪罗的巨大魅力,这种魅力与他自己的魅力极其相似。有一次,教皇拒绝为陵墓的事情接见这位艺术大师。于是,米开朗琪罗写了一封信:"教皇大人:今天早晨,根据大人的命令,我被赶出您的宫廷;我现在奉告您,今后如果您想叫我效劳,您必须到罗马以外的地方找我。"写完信,他到佛罗伦萨去了。朱理亚耐心地试着劝说他回来。他给佛罗伦萨执政官写信说:"雕刻家米开朗琪罗毫无缘由地离开了我们,仅仅是由于任性。据我们得到的报告说,他害怕回来。其实在我们方面,我们理解这种有天才的人的心情,并不怪罪他。"这的确是一种新的语言。

　　没有另外一个艺术家对于整个艺术这个行业做出同样伟大的贡

献。米开朗琪罗是艺术家们的雄心壮志和他们对独立自主的愿望的先驱。当他开始干这一行的时候，他的家庭认为他在降低自己的社会地位。在他逝世以前很久，他就被敬为超人，被奉为神（divino）。葡萄牙画家弗朗西斯科·德·奥兰达关于这种情况的变化写道："在意大利，人们并不看重王公诸侯的声名；只有一位画家，他们敬若神明。"

二　在北欧

从1490年到1520年的时期，是北方艺术百花盛开的时期之一，在这一时期，德意志有丢勒、格吕内瓦尔德和霍尔拜因这样的人物正在积极活动，尼德兰的艺术作坊仍然大量生产。正是在这时候，这些国家的艺术家们发觉了意大利的文艺复兴，也感到了宗教改革的春雷响动。

154　　1494年春，当青年阿尔布雷希特·丢勒正在往西走，到莱茵河上的几个大城镇去作《光棍旅行》的时候，被他的父亲从旅途上叫了回来。他遵从父命，回故乡纽伦堡结婚，并开设了自己的作坊。但是几个月以后他又走了，不过这次是南下，到意大利去。这两次旅行是北方的艺术家们在世纪的转换时期不得不面临的危机的征兆。丢勒生于1471年，是一个金匠的儿子，在父亲的作坊里接受了最初的训练，后来到纽伦堡的主要画家米夏埃尔·沃尔格穆特（1434—1519年）那里去当学徒。这位大师，像他那个时代的大多数德意志画家一样，受到罗杰·范·德尔·韦登（1464年卒）的强烈影响。在韦登的作品里，传统的哥特式构图与描绘世界外貌的新的兴趣完全融合在一起。丢勒在他的学习漫游期本打算去见画家和雕版师马丁·施恩告尔（1445—1491年），这个人几乎被认为是罗杰的弟子。但是，突然到意大利去旅行，这表明丢勒具有完全不同的兴趣。当他在巴塞尔逗留的时期（约1491年），曾经与人文主义者和出版家密切来往，并为他们工作；在那里，他很可能见到了意大利的书籍和版画。回到纽伦堡以后，我们发现他十分仔细和精确地临摹意大利的版画。在他按照曼特尼亚和波拉约洛的原作所临摹的版画中，我们马上可以看出丢勒把全副精神贯注于人体的美和比例。正是这种兴趣驱使他两度访问意大利,第一次是在 1494 年,第二次是在 1505 年。他曾恳求可能是 1500 年来到纽伦堡的意大利画家雅各布·迪·巴尔巴里告诉他画人物结构的"秘诀"。当这位意大利画家表现出守口如瓶的时候,他开始研究维特鲁威。1504 年,丢勒发表了一幅版画《亚当和夏娃》,这具体表现出他研究比例的初步成果。然后,他又根据规范图样做进一步的研究,结果终于产生了采用同一主题的两幅大型版画(1508 年作,藏马德里)。稍后,他再一次用不同的方法来处理这个问题,结果就是著名的铜版画《骑士、死神和魔鬼》。这时,丢勒还在准备写一篇内容丰富的关于艺术的论文,但是他只完成了关于透视和比例的书籍,这表明了他的特性。在晚年,他又在《四圣图》(1526 年作,现藏慕尼黑)中阐明了自己的观点,这一出自毕生的研究,表现为宏大而充满自信的作品。

丢勒一旦开始探讨这些问题,他总要从意大利的艺术中寻求帮助。15 世纪的北方艺术家们已经很知道他们周围的世界,但是,他们对视觉美的追求纯粹是经验主义的。意大利人研究大自然后,应用数学来作画。然而,这些意大利艺术家们只不过是想返回他们本国的过去;对于他们来说,研究古代的纪念物、研究维特鲁威的法则以及研究大自然,只不过是同一问题的几个方面罢了。丢勒的情况却大不一样。他从来没有去过罗马或者佛罗伦萨;他只访问威尼斯就心满意足了,威尼斯是艺术家们正在从事他所要学习的东西的最近的中心。

大约到了 1500 年的时候,北方的艺术家们不能不注意在前 70 年间意大利所出现的发展情况了。丢勒的"学习"旅行可能是最初的这类旅行之一,但不久以后,这种旅行就较为常见了。30 年前,青年艺术家们经常到佛兰芒现实主义的发祥地去作《光棍旅行》,现在他们到南方去了。奥格斯堡的画家汉斯·布格迈尔在 1500 年稍前一点访问了威尼斯,纽伦堡的雕刻家小彼得·菲舍尔于 1508 年去意大利,汉斯·霍尔拜因于 1518 年在米兰。甚至低地国家的艺术家们现在也到南方去;马比斯于 1508 年在罗马,扬·范·斯科勒尔应该是 1520 年左右在那里。

不过,这些旅行有多种多样的目的。与丢勒同代的德意志人当中,似乎只有他一个人理解了文艺复兴的一个主要问题:达·芬奇用数字和比例来构筑宇宙的缩影。丢勒写道:"因为艺术确实是埋藏在大自然之中；谁能把它挖掘出来，谁就能掌握它。如果你能得到艺术的精华，你在自己的工作中就不会犯错误。通过几何学，你能够证明你的作品中的许多东西。"①

他的同时代人对文艺复兴的课程的接受程度，总地说来，水平比较低。汉斯·霍尔拜因（1497—1541年）确实没有多少丢勒的深度或者敏锐头脑，不过，他的才华可能更多地在于对艺术的直接理解，这种理解使他能够把去意大利旅行的经验完全与他的作品结合起来。因为他也是在一个晚期哥特式的作坊——他父亲老霍尔拜因是在奥格斯堡的作坊中成长起来的，所以，他也必须跟意大利的新艺术打交道。在米兰，他一定看见过达·芬奇的《最后的晚餐》和《岩间圣母》；他也许见过卢伊尼，他肯定看到过布拉曼特的某些早期作品。霍尔拜因给"舞厅"所作的正面装饰（1519年）和给巴塞尔市政厅所作的壁画（1522年），都充满了意大利的母题，尤其在它们布拉曼特式的建筑陪衬中更显得如此。但是，我们不能依靠指出借用的主题来说明他的风格；他与意大利艺术相汇合的结果是深刻得多的。他从最初的作品起，就以一种压倒一切的现实感和严格地注重实际的做法，来补偿在想象和诗意方面的某些不足。与达·芬奇等一群艺术家相接触，只能够使他的眼睛变得更加敏锐。单纯的晚期哥特式的现实主义变成一种由更严格的形式原则所规范的连续不断的观察记录。大批的具有几乎100%真实性和简单构图的肖像画，就是德意志因素与意大利因素如此交融的产物。

在艺术的一个重要中心奥格斯堡，我们还能够研究南北交流的另一个方面。奥格斯堡像纽伦堡一样，是一个富庶的商埠，它主要从事德意志和意大利之间的贸易，与威尼斯的关系特别密切。实际上，德意志商人在威尼斯有他们自己的居住区，即"德意志商栈"。这个德意志居民区具有非常强烈的意大利式的趣味，在1508年聘请两位意大利的巨匠——乔尔乔涅和他的青年助手提香去装饰"商栈"的正面。丢勒为德意志人礼拜堂所作的祭坛画《玫瑰园中的圣母》（1506年作，藏布拉格），也许更多地受他极为敬佩的乔万尼·贝利尼的影响，而不是承袭北方的传统。因此，奥格斯堡的商人们希望他们的主

---

① E. 潘诺夫斯基：《阿尔布雷希特·丢勒》，1943年，第242页以下，特别是第279页。

要画家汉斯·布格迈尔（1473—1531年）为他们画出像他们在威尼斯的同事们所得到的那一种画，这几乎是不足为奇的事情。特别在布格迈尔的肖像画中，但也在他的祭坛画中，我们从构图的要素和浓艳的色彩，可以很容易看出来自威尼斯的影响。正是委托作画者的趣味，使施恩告尔的弟子变成了威尼斯派的追随者。像这样的外部压力越强，对意大利文艺复兴的接受就越可能表面化。

我们从许多实例可以看出这种现象。但是没有任何地方比在卢卡斯·克拉纳赫（1473—1553年）的作品中看得更为清楚。在某些方面，克拉纳赫是他那个时代最重要的革新家之一。从1505年起直到他逝世为止，他曾经受萨克森的几代选侯雇用。他在维滕贝格的作坊生意兴隆，有许多德意志的王公光顾。在他的大量产品中，有一些奇异的神话作品，它们的题材诸如：《泉边仙女》（藏莱比锡）、《维纳斯与小爱神》（藏罗马市民美术馆）和《海克力斯的选择》。所有这些题材文艺复兴的艺术赞助人必然要求用"古典的裸体"来表现。克拉纳赫对于这一类的要求是认真执行的；虽然他所画的人物还保留着许多哥特式的流动线条和优雅神态，但并非这种风格的特点使他所画的人物看起来那么缺乏古典的味道。他所画的人物不是裸体的，他们只不过是没有穿衣服罢了。维纳斯仅仅戴个大帽子，美惠三女神炫耀闪闪发光的金项链，丘比特在腰上围一小块透明的轻纱。在这些画中，现在还有许多幅存在着两种或者两种以上的表现形式，因为它们是收藏家精选的作品。哥特式的遗风与古典式的重生的这种饶有兴味的结合，只不过是通过艺术而变得体面的放纵而已。

尼德兰的艺术家们经历了同样的两种传统的冲突。罗杰·范·德尔·韦登画派的势力正在衰退；他的最有影响和受人欢迎的徒弟之一汉斯·梅姆林于1494年去世。盖哈德·大卫（约1460—1523年）和海特亨（工作年代：约1490—1510年）把哥特式现实主义的传统继续了一个时期。一旦艺术倡导者和艺术家们都了解这种风格确实已经过时，丢勒的木刻和铜版画就开始产生相当的影响，这在卢卡斯·范·莱登（1494—1533年）的作品中表现得最清楚。当丢勒本人在1520年访问尼德兰的时候，他到处受到极为隆重的欢迎，人们推崇他是北方活着的最伟大的艺术家。在整个15世纪下半叶，北方与意大利的艺术始终发生直接的和重要的接触，但是，这主要是单方向的交往。尽管美第奇家族用佛兰芒的挂毯装饰他们的宫殿，托马索·波尔蒂纳里委托雨果·范·德尔·戈斯为一座佛罗伦萨的教堂作祭坛画，但是，荷兰和佛兰芒的艺术家们几乎没有由于他们所见到的意大利同代人的那些作品而动摇他们自己的传统。罗杰·范·德尔·韦登的绘画几乎没有显示出他在1450年左右到意大利去做过一次旅行。一个生活在50来年之后的艺术家的作品，通常立即会暴露出这位艺术家是否到过意大利，甚至不需要有什么文件作为佐证。马比斯可能是通过对意大利和古典艺术的经验形成自己风格的画家的最典型例证。在尼德兰，我们在克拉纳赫的绘画中所见到的那么奇怪地被歪曲了的古典传统，在马比斯的作品中却表现得纯正得多了。在马比斯的学习过程中，对丢勒的研究肯定起了重要的作用，尽管如此，他只有经过1508年根据他的保护人、极有教养的勃艮第的菲利普的建议到罗马小住以后，才得到引起他的同代人尊敬的那种特有的风格。1484年，布鲁日的一个出版社刊印了奥维德《变形记》的一个中世纪讽古喻今的本子，叫作《奥维德醒世谭》。这本书有许多木刻插图，图中画的是古典时代的英雄们披挂着中世纪的重型盔甲，仙女和女神们都穿上了当时贵妇人的服装。大约20年以后，马比斯为他的保护人画了一幅《海神夫妇》（1516年作，藏柏林）。两个与真人一般大小的裸体像，首先和最主要的是由于认真研究古典的雕像和浮雕才产生出来的；就连布景，一个巨大的神龛，也同样是纯古典的性质。瓦萨里告诉我们说：马比斯是把正确地处理的神话题材引进佛兰德的第一位艺术家[①]。甚至在北方，这些传说也向来没有被人完全忘记，而现在，意大利的文艺复兴又帮助艺术家和艺术倡导者们再一次把形式和内容统一起来。在这种"复兴"中，我们又可以看出一种社会学的强大动力，因为它是一种为受过良好教育的优秀人物所需要的艺术。

　　对于丢勒来说，古典复兴的问题就完全不同了。他在青年时代，迷恋于奇怪的神话主题，例如《尤萝芭被劫》《海妖》《海克力斯》，或者《一个学者的梦》，他在这幅画里画进去一个古典式的裸体维纳斯。但是，随着他日益成熟和充满自信，丢勒明确地意识到，他能够通过宗教的、具有明显基督教性质的作品来最完美地表达他的美的理

[①] G. 米拉内西编：《瓦萨里文集》，第7卷，第584页。

想。在心绪极为紧张的时期,例如在宗教改革的前几年,他偶而倒退回去,画一些对他说来是属于异教黑暗势力的东西(《独角兽背上的诱拐》,1516年作),但是,如果我们就丢勒的作品整体来说,在他1505—1506年的第二次意大利旅行之后,明显地不存在任何神话的题材,而且这并不是偶然的。丢勒本人在他的理论文章中讲得十分清楚:宗教艺术必须比其他一切艺术占有优先地位。寻求美的规律只有在一定限度内才是正确的。丢勒是同时采用传统宗教题材的画家兼铜版家,也是第一个抛弃掉晚期哥特艺术样式的德意志艺术家。

在1515年弗朗西斯一世登基以前,比较起来,意大利文艺复兴对于法国还没有发生多大影响。"穆兰画师"是具有传统哥特风格的一位典型艺术家。这位画家之所以被叫作"穆兰画师",是因为他的最重要作品是穆兰大教堂中的一幅祭坛画。"清澄、明晰、庄重"是他的艺术的主要特点①。让·佩雷阿尔(约1455—1530年)曾经陪同路易十二世去意大利,尽管如此,正如他的国王肖像(藏温泽)所表明的那样,他依然忠实于传统。至多在他的一些作品中,可以发现米兰绘画的一点微薄的影子。布尔狄雄(约1457—1521年)好像受到了佩鲁吉诺的影响。但是,就整个来说,在15世纪末,法国绘画显然处于停滞的状态②。

德意志的雕刻家们表明他们也意识到了画家们所面临的那些问题,虽然在程度上轻一些。蒂尔曼·里门施奈德(1468—1531年)主要在莱茵和美因两河之间的地区工作,他成功地继承了哥特式雕刻的传统。他对人体的解剖,不论是穿衣服的或裸体的,从来就不够认真,站立的姿势不稳定,头像很少表现真正的感情。但是,人体的轮廓总是生动的,衣服和头发的安排足以使光和影的变化获得最大的效果。亚当和夏娃的迷人的雕像(藏维尔茨堡)是他那颇有几分柔细的艺术的很好的范例。

维特·施托斯1493年所作的巨幅祭坛画(克拉科夫大教堂),也完全没有超出哥特式的传统。在这幅画中,佛兰芒的现实主义,像德意志雕刻那样地处理衣饰,以及对于富有表情的姿势和头像的显著

---

① G. 林格:《法国绘画一百年,1400—1500年》,1949年。
② A. F. 布伦特:《法国的艺术和建筑,1500—1700年》,1953年,第18页。

兴趣，结合起来创造出一种完全不受任何文艺复兴的条条框框限制的、具有独特性格的、高度戏剧化的风格。施托斯的其他作品也表现出同样的特点，这些作品大多数藏在纽伦堡及其周围，他曾在纽伦堡有自己的作坊。

我们又一次在纽伦堡和奥格斯堡找到为迎合意大利式的趣味而制作产品的作坊。老彼得·菲舍尔（约1455—1529年）的作坊曾经受到意大利文艺复兴的强烈影响，因为他有两个儿子——小彼得（1487—1528年）和汉斯（约1490—1549年）曾在意大利住过一个时期。他们的家庭作坊的最重要产品，罩在圣塞巴尔杜斯的遗骨上的神龛（1508—1517年作，在纽伦堡的塞巴尔杜斯教堂），总的设计依然是哥特式，形式遵循过去的传统。但是，它装饰了100多个小雕像，其中有许多很清楚地显示出是基于意大利的范本。在哥特式神龛根底下所出现的那些真正古典式的仙女们、小海神们和森林神们最清楚地表明了不同风格的这种奇异的混合。奥格斯堡的雕刻家阿道夫·道赫尔（约1465—1524年）为福格家族的一个成员装饰坟墓，雕刻悲伤的森林神和小天使骑在海豚身上，这可能来自威尼斯的范本。

当时，教堂建筑的活动很少，因而也就很少有人委托制作大型的艺术作品。宗教改革运动开始后不久，连雕刻的祭坛神龛也日暮途穷了。但是，在死亡与灾祸的思想占据了人们心灵的时期，还经常有人委托制作富丽堂皇的陵墓，文艺复兴的装饰物在陵墓的美术加工中起着越来越大的作用。喷泉有时也按照新的风格制作。1532年，汉斯·菲舍尔在纽伦堡市政厅的院子中的喷泉顶端装置了一个阿波罗像。这尊雕像的设计，很可能受到罗马著名的观景殿的阿波罗雕像的影响。但是，雕刻家们把他们的精力用于创作小型装饰作品和收藏家所需要的东西。因为这些东西是为既有钱又有教养、而且通常是亲身去过意大利的主顾制作的，因此必须适应当代的口味。在德意志，文艺复兴的雕刻主要是通过这种小型雕像为人所知。

用新风格处理的不仅仅是古典的神话。当在奥地利的玛格丽特那里受雇多年的沃尔姆斯的康拉德·梅特（约1475—约1550年）用雪花石膏制作犹滴的小雕像（藏慕尼黑巴伐利亚国立博物馆）的时候，他把她做成全裸体，就像古典的维纳斯雕像一样，充满强烈的性感。汉斯·道赫尔（约1485—1538年）把以纯哥特式的风格设计的圣母抱圣婴、另外有几个天使的雕像，放进了一个布拉曼特式的敞亮的大厅，这个大厅即便在最能吹毛求疵的意大利批评家的眼睛里，也会通得过的（浮雕，1518年作，藏维也纳）。

在这一时期的法国雕刻中，也可以见到同样的过渡风格。米歇尔·科隆贝为布列塔尼公爵弗朗西斯二世设计的陵墓（在南特大教堂，1502—1507年作）是最典型的例子。横卧着的逝者雕像和跪在他头部旁边的小天使们都是传统风格的，但是装饰的细部，特别是陵墓四角的海扇壳和寓言人物，则是别出心裁的。法国与德意志不同，在整个这一时期，有不少意大利雕刻家在那里积极工作。伦巴第雕刻家马佐尼所设计的查理八世的陵墓虽然已经不复存在，但是，朱斯蒂家族（在图尔落户后自称朱斯特）的一个成员所设计的路易十二世的陵墓（1516—1531年作，在圣德尼），可以说明在法国所流行的风格。个体装饰的样式是意大利的，但整个陵墓仍然是哥特式的类型。

在尼德兰，直到16世纪20年代晚期，几乎无法发现意大利文艺复兴对于雕刻的影响。在朗斯洛·布隆代尔为布鲁日的正义宫所雕刻的富丽堂皇的壁炉架之前，就没有真正重要的例证。

北欧的建筑艺术几乎没有受到15世纪期间意大利所发生的事情的影响。当建筑家想要吸收一种新风格的时候，他甚至比画家或者雕刻家更要依靠图样册和理论文章，可是当时根本就不存在这一类东西。阿尔贝蒂的《建筑十论》是在1485年出版的，但是，事情很明显：任何建筑师读了这部没有插图的书，也营造不出来与卢切莱府邸即使稍许相似的那样的建筑。另外，营造某些大教堂，例如乌尔姆、科隆和图尔的大教堂的工作仍在进行中，具有严格传统的砖瓦石工的小屋依然是青年建筑师的温床。如果说砖瓦石工确实前往意大利，他们不是去学习布鲁内莱斯基或者布拉曼特的艺术，而是去参加建造波洛尼亚的圣彼得罗尼奥教堂或者米兰大教堂等巨大的哥特式建筑物。正是由于这些原因，哥特式的传统在建筑艺术中存在的时期最长。1499年开始营造的安纳贝格（萨克森州）的安娜教堂和1518年开始营造的哈雷的圣玛利亚教堂都是哥特式边廊与中殿同高的教堂，但是穹顶下面的肋拱不再有任何功能的性质，而那八角形的凹面立柱十分奇妙，仿佛与穹顶无关似的。哥特式的形式依然为人所使用，但是，哥特式的宏伟大教堂的整个神韵，这时似乎已经荡然无存。法国的情况也是一样，不过在程度上稍小一些而已。在那里，火焰式曲线风格依然有强大的生命力，足以产生覆盖在14世纪鲁昂大教堂正面或者马丁·尚比瑞在1507年设计的特鲁瓦大教堂正面上的那种富丽堂皇的屏饰。实际上，查理八世1494年大动干戈远征意大利，在艺术方面所产生的影响似乎和在政治方面一样小。乔孔多修士和朱里亚诺·达·圣加洛1495年以后都在法国小住一个时期，但并没有留下可探索的作品，路易十二世在位期间所营造的布卢瓦城堡的侧翼，根本就看不出意大利的影响。直到弗朗西斯一世登基以后，才创造出一种非常意大利化的宫廷风格。他给布卢瓦城堡加上去的侧翼虽然是哥特式的建筑物，却展示出许多取自米兰建筑艺术、但并不显得不自然的文艺复兴的装饰。甚至1519年开始建造的尚博尔城堡也还是各种风格相杂的混合物。达·芬奇寄居法国时期（1516—1519年）所作的某些设计，后来对宫殿建筑艺术产生了影响。但是，大多数表现显著的意大利影响的建筑物，都不是建在本章所讨论的时期之内。

在16世纪最初20年间，建筑师们通常只满足于从南方借用一些装饰的母题，在哥特式的基本结构上薄薄加上一层文艺复兴的饰面。1507—1526年间在马林为奥地利的玛格丽特建造的宫殿（现为正义宫）是一个典型的例子。正门是文艺复兴式的装饰，窗户上冠以弧形拱，但是，陡斜的屋顶依然是哥特式的。

这种混合样式在德意志也很流行。早期的最好范例，又是在奥格斯堡。富有的福格家族是意大利文艺复兴的主要倡导者，他们雇用意大利工人在圣安娜教堂内建造一个小礼拜堂（1509—1518年），并且要使他们在城内的府邸具有意大利府邸的外观（1512—1515年）。在北方，各种形式和风格混合的最典型的产物是在雷根斯堡仁慈的玛利亚教堂的造型（1519年）。它的中心式底层平面图几乎是正确的意大利型，但带一个中堂和一个晚期哥特式的立面。

当时对艺术的鼓励倡导，很清楚地反映出这个不协调的过渡阶段。我们对几位法国国王在这方面所起的作用已经讲得很多，足以阐明这一点。在这里，我们可以讨论两个典型的德意志的例子。马克西米连皇帝（1459—1519年）看起来既是中世纪精神又是文艺复兴精神的化身。这位"最后的骑士"，本身就是一部旧式传奇小说《白色的国王》的作者，他喜好驰马比武，他把亚瑟王列为自己的祖先，同时他也渴望自己像真正的罗马皇帝一样，骑着马得意扬扬地从纪念他的丰功伟绩的凯旋门下走过；他把学者和人文主义者们聚集到自己的周围，并且与他们共同研究古代文物和文学；他喜欢亲自指导为他工作的艺术家们的设计图样。但是，所有这一切也只不过是一场纸上春梦而已。凯旋门始终没有真正造起来，它像胜利大游行一样，只留在一系列的木刻上，这些木刻是由许许多多德意志艺术家设计的，其中最主要的是丢勒。在这些木版画里，两个世界再一次相遇了。从1505年第一次出版的贺鲁斯·阿波罗的《象形文字》一书中摘录出来的古代人的奇巧图案，跟中世纪动物寓言中的母题混合在一起；意大利带翅膀的天使与德意志步兵并肩奔驰。《凯旋门》把意大利的装饰因素应用到一个非常不古典的哥特式建筑物上。但是，马克西米连的最古怪的一项事业，恐怕就是他在因斯布鲁克为他自己所设计的陵墓了（从1502年起建造）。这个陵墓像他的许多作品一样，一直没有完成。他召唤来德意志最优秀的雕刻家，其中有维特·施托斯和老彼得·菲舍尔。陵墓的正中心预备放置一个石棺，石棺上是跪着的皇帝青铜铸像，在他的周围约有140个代表他的祖先、他的重臣、所属各行省等的大小雕像。这个陵墓使人想起米开朗琪罗为朱理亚二世所设计的坟墓，但是我们立即可以看出两种方案之间的巨大差异。米开朗琪罗千方百计保持他的纪念物的形式的统一，而且，每个细部都服从于总的哲学观念（参见第134页）。马克西米连的陵墓最多只能成为上等雕像的集合体，因为雕像的整个安排缺乏统一性。骄傲、渴求不朽的荣耀、皇帝独一无二的地位，从这个陵墓中可以看出所有这些世俗的虚荣心。正如当时的任何意大利人一样，马克西米连希望自己能够万古流芳；他希望有一个可以令人看见的、表明万世长存的标记，但是，他依然是一个披戴着中世纪盔甲的骑士，跟那些在他的雕像周围的他的祖先一样。

如果马克西米连是把他自己打扮成罗马皇帝的角色，那么，勃兰登堡红衣主教，美因茨、马格德堡和哈尔伯施塔特大主教阿尔布雷希特则是企图与当代的意大利王公相比。他既是一位教会领袖，又是一位地区领袖，此外，还是选侯之一。他残酷无情、虚荣心强，不过，却是一个很有教养的人。他大规模地仿效意大利奖励艺术的行动，把丢勒、格吕内瓦尔德、克拉纳赫和其他许多艺术家召唤来为他工作。

实际上，格吕内瓦尔德曾在他的宫廷中任官多年。当他把红衣主教画为圣伊拉斯谟（约1518年作，藏慕尼黑）的时候，那种作寓言肖像画的流行的古典形式，肯定是根据主人的建议采取的，但是在构图和设计上，这幅画毫无疑问是北方风格的。

德国的历史学家们往往有这样一种趋向：他们对北方与南方之间的冲突痛心疾首，认为这是德意志艺术的一场灾难；他们叫嚷说，德意志艺术变成了外国侵略的牺牲品。本书不是批驳这类民族主义理论的场所。不过，有两个因素应该铭记于心。到了15世纪末，哥特式的艺术已经有山穷水尽的迹象了，这一点将会看得很清楚。过去曾经是一种风格的东西，现在有变成陈规旧套的危险了。另外，"文艺复兴"是一种欧洲的运动，并不局限于意大利，即便它是在意大利开始的。雅各布·布尔克哈特在一段著名的文章中曾经谈到"发现世界和发现人"是这一运动的主要特征。虽然我们现在倾向于修正这种提法，但是布尔克哈特的话基本上还是正确的。如果说在意大利，"发现世界"以达·芬奇的包罗万象的作品达到了顶峰，那么在德意志，或者更正确地说在奥地利，它在纯风景画中得到艺术的表现。即便是完全注意到了自然美的希腊人，也从来没有凭风景本身的地位把它当作题材。在中世纪，风景的成分只不过是宗教故事的象征性的陪衬而已。一直到中世纪晚期才进行精确的观察，例如，把植物正确地画在草本书册里。15世纪的佛兰芒艺术家和他们的德意志追随者们给予风景很多的注意和很大的地盘，虽然始终不过是作为远距离的背景。卢卡斯·克拉纳赫在维也纳工作的时候，曾经画了一幅《耶稣受难》（1503年作，藏慕尼黑）。在这幅画中，他对大自然没有表现出特殊的兴趣，但是，他在构图中作了两点极为重要的革新：在画整个的景色时，尽最大的可能求得地质学的和植物学的正确性；同时，所取的视点极低，仿佛我们就在这些林间空地和萋萋芳草的跟前观看，因而直接被引入风景之中。另外，风景部分在整个画面中的比例也开始增大了。在《逃亡埃及途中的休息》（1504年作，藏柏林）中，看起来布景与圣家族占有同样重要的地位。阿尔布雷希特·阿尔特多菲尔（约1475—1538年）可能亲自见过克拉纳赫，他对于这些革新肯定是充分了解的，而且将它们更向前推进了一步。他的《圣乔治和龙》（1510年作，藏慕尼黑）实际上是一幅带人物的风景画。另外,阿尔特多菲尔仿佛是第一个只画风景不加人物的欧洲艺术家(约1532年作,藏慕尼黑),在他的图画和铜版画中也有纯粹的风景。沃尔夫·胡贝尔(约1490—1553年)可能是在见过阿尔特多菲尔之后,继承了这种风格。

　　上面刚刚提到的3位艺术家,与几个二流的画家一起,有时被称为"多瑙画派",尽管按照这个名称的正确意义来说,并没有这样一个派别,而这一群人的风景画也不是独一无二的。丢勒在他的两次意大利旅行中,就曾经制作他的几幅最美好、最精致的阿尔卑斯山风景水彩画,甚至在此之后,他还偶尔画这一类的作品。最初,好像只有艺术家和鉴赏家欣赏绘画的这个新的支派。丢勒只把他的水彩画当作素描;素描、铜版画和水彩画都被用作媒介物;现存的很少几幅绘画都是小尺寸的。因为是画在皮纸上的,很难管它们叫作架上画,但是保持着细密画的性质。不论是用的什么媒介物,所有这些作品都显示出对大自然的诗情画景的热烈感情,有时候,像在阿尔特多菲尔的一些晚期图画中那样,反映出对不可思议的广阔世界怀有一种敬畏的感情。

　　在同一大师的宗教画中,也充满这种对自然的感情。在他的圣弗洛里安教堂大祭坛画(1518年作)中,是用风景衬托圣塞巴斯蒂安的故事,这些风景增添了感情的成分,最动人的一个场面是描绘在阴森可怕的黄昏里,在河边找到圣塞巴斯蒂安的遗体。

　　用这种方式来表达强烈的宗教感情,是宗教改革运动之前和运动期间,德意志艺术家们的许多作品的特点。在15世纪期间,德意志和佛兰芒的艺术家们为宗教的肖像画制成一种特殊的工具,这后来成为对宗教改革家的物质援助,这就是印刷版画。丢勒改进木刻和铜版画的技术,他用这些媒介物所制成的作品在欧洲是举世无双的,就连意大利的艺术家们也盗用他的印刷版画。丢勒的《圣母生平》,他的几组耶稣受难图,他的无数单张印制的版画,他在纽伦堡的画派的版画,彭茨、贝哈姆兄弟、汉斯·巴尔东·格里恩以及其他许多人的版画,全都证明艺术的这一分支是多么多产和生气勃勃。丢勒在世的时候,人们对他的版画的评价似乎就比对他的油画要高一些;甚至在他去世以后,伊拉斯谟还用人文主义的优雅笔法,称他为"黑线条的阿佩列斯"①。

汉斯·霍尔拜因的《死亡的舞蹈》(1523—1526年作,1538年出版)和丢勒的《启示录》(1498年作)使我们想起在本章所讨论的时期宗教反思的较忧郁的一面。萦绕于怀的对太平盛世的担忧,以及像病态性地专注于烦恼和苦难,这在本时期的两位最伟大的画家——布希和格吕内瓦尔德的作品中占有主要地位。希罗尼姆斯·布希(约1450—1516年)仍然属于15世纪他的故乡荷兰的传统,但是,他借助于晚期哥特式的表现形式,发展了一种至今还很少得到解释的画风。最近有人想把布希列为难解的亚当派的画家,但不能令人折服②。布希喜欢再三再四地描绘威胁圣安东尼的可怕的妖怪(藏马德里),以及令人毛骨悚然的地狱的阴惨情景,这是当时的人们的心理状态的一部分。自从布希用他的生花妙笔,以最高度的写实手法来描绘这些恐怖情景以后,它们就显得更可怕得多了。

马蒂亚斯·格吕内瓦尔德(约1480—1529年),真名为马西斯·尼萨特·戈特哈特,他对中世纪晚期神秘主义的宗教热情做出了真实的反映。他根据德意志的传统,作雄劲有力的宗教图像,只吸收很少一点意大利文艺复兴的因素。他的最伟大的作品,为伊森海姆的安东尼隐修院所作的祭坛画(约1512年完成,现藏科尔马博物馆),是所有哥特式祭坛画中最佳的作品之一。它包括一个神龛(里面有尼古拉斯·哈格瑙尔所作的雕像)和两对可以移动的、带有绘画的侧翼。其中一幅《圣安东尼的诱惑》具有咄咄逼人的极端可怕性质,其精神类似布希的最令人胆战心惊的作品。《耶稣被钉在十字架上》不再像15世纪的艺术家们经常描绘的那样是一出宗教剧中的引人入场面了。他把耶稣和施洗礼者都放在十字架下,以此强调这次牺牲的象征意义。他在描绘耶稣受难时所表达的强烈的想象气氛,使看画的人对影响当时大多数宗教思想的《效法基督篇》一书发生兴趣。

在这幅画里,我们能够感觉到与丢勒的作品所反映的和他在书信中所讨论的同样的宗教的烦恼③。丢勒和格吕内瓦尔德两人对路德的著作的反映方式,比他们的个人经验要重要得多。格吕内瓦尔德好像

---

① E. 潘诺夫斯基:《沃伯格和考陶尔德学院学报》,1951年,第14期,第34页以下。
② W. 弗拉恩格尔:《希罗尼姆斯·布希理想中的太平盛世》,1952年。
③ H. 鲁波里什:《丢勒遗书集》,第1卷,1956年,第85页以下。

深深地陷入了宗教改革运动所带来的宗教和社会的动荡之中,似乎积极参加了农民大起义。不管怎样,他在16世纪20年代初期肯定已经搁下了画笔,此后靠制造肥皂这样低贱的工作维持生活。他的神秘主义的艺术表现方式已经没有了地盘。另一方面,丢勒通过研究意大利的艺术,找到一种新的语言;根据他自己所讲,路德的著作大大解除了他的烦恼。1520年以后不久,在他的木刻中就出现新教的形象。他放弃了以描绘圣母和圣婴为中心画板的大祭坛画,而竭尽全力去作他的做供奉用的《四圣图》(1526年作,藏慕尼黑),作为一个有重要意义的表示,他于1526年将此画送给他的故乡纽伦堡。这不仅仅是一个自我意识很强的、热切希望百世流芳的艺术家的行动,而更多地是一个意识到自己的责任的新型艺术家的行动。丢勒运用自己曾经思索和研究过的一切,来描绘真正基督教的4个传道师,以警告世人要反对罗马教廷的弊病,但更要反对狂热的宗教改革分子的过火行为。在这幅画里,他的确是企图在艺术和宗教两方面,寻求一种新旧之间的新的有力平衡。德意志的许多艺术家为路德的战斗提供了有力的绘画武器,但是只有丢勒一个人找到了将文艺复兴和宗教改革完全融合在一起的途径。1520年左右,文艺复兴和宗教改革是笼罩北方艺术创作的两种巨大的力量。

三 在西班牙

在费迪南德和伊萨贝拉统治期间,西班牙的国家活动的许多成果之一,是促进各种艺术得到新的和普遍的发展。如果说按欧洲的标准,我们所考察的这个时期的西班牙艺术只算作次要的话,那么,它在许多方面却有显著的特色,同时,它后来在西班牙所攫取的新大陆领地上,产生了深远的影响。虽然艺术产品依然以宗教的目的为主,但是这时王室的倡导在鼓励其发展方面起了主要作用。伊萨贝拉亲自兴修和资助修道院、教堂和公共机构;在她的建筑物上,正如在她的手稿的边缘上一样,作为装饰的母题,出现天主教君主的表记轭和矢,以及他们的饰有纹章的盾。另外,伊萨贝拉用大部分是从外国买来的挂毯和绘画装饰她的居室,这为西班牙王室收藏宝物奠定了基础。另外一些主要的艺术倡导者是贵族和有钱有势的高级教士,如门多萨家族、丰塞卡和希门尼斯等，他们兴修府邸、礼拜堂、医院和大学，并且仿照王家的式样，为他们自己大造陵墓以流芳后世。新获得的财富和权力使这些人在摩尔人的榜样启发下，养成挥霍钱财进行装饰的趣味，在他们的装饰中，次要的艺术——细木工、金工、铁工等等占有重要的地位。

　　直到15世纪末，西班牙的艺术依然是在北方影响的支配之下。不仅如此，这种影响到了16世纪还是不减当年，为萨拉曼卡大教堂和塞戈维亚大教堂所选择的照旧是纯哥特式的风格。15世纪最后25年间，在绘画和雕刻中最初出现了意大利文艺复兴初期的模仿品，但是，它们大多只限于在建筑物上和装饰细部，并且不是变革而是修改当时风行的西班牙—佛兰芒风格和哥特风格。由于长期爱好北方的艺术和一向喜欢穆德哈尔人的风味（在建筑艺术和次要艺术中依然存在的臣服西班牙的穆罕默德教徒的艺术），西班牙对意大利文艺复兴的新事物接受得很慢。另外，异教的题材虽然在文学中已经司空见惯，但是，那些以他们的成功奉献于教会的基督教的英勇斗士们，作为艺术倡导者，对此并没有几分兴趣。绘画几乎完全限于祭坛画和以宗教为主题的架上画；壁画、甚至肖像画是很少见的。雕刻主要用于祭坛、陵墓以及建筑物的装饰；对于半身像、城市纪念碑或者任何其他种类的独立雕像的需求是极少的。

　　尽管紧紧依靠外国的模型，而且有许多外国艺术家介入，但是，在一个特定的领域，即建筑雕刻的领域里，西班牙艺术却发展一种属于它自己的独特的性格。因此，在伊萨贝拉统治时期曾经盛行一时的火焰式哥特风格的西班牙建筑式样，就被人称为伊萨贝拉式；以接受意大利影响为标志的下一个阶段，也用一个特殊的术语来表示，叫作银匠式风格（Plateresque），这个术语源出 Plateria（银饰品），到17世纪又被用来批评那些以"银匠式的狂想"① 破坏罗马（文艺复兴）建筑艺术法则的艺术家。伊萨贝拉式和银匠式的主要的和共同的特征是：以浅雕构成的许多装饰覆盖很大的表面，而且不大管下面的结构如何，利用这种装饰当作屏幕一样——这些特征与摩尔人的艺术极其相似。母题的重复和混合，从传统的哥特式或文艺复兴式图形一直到

---

① 参见奥尔蒂斯·德·苏尼加《基督教编年史》，马德里，1677年，第546页。

徽章、纹章、铭文和蔓藤花纹,产生一种始终是放任自由的、往往是稀奇古怪和异国情调的效果。由于建筑和雕刻的密切关系(许多艺术家身兼两种行业),伊萨贝拉式和银匠式这两个术语既适用于祭坛作品和墓碑,也适用于建筑本身的装饰,如墙壁、门道、拱门、窗户,等等。巴利阿多利德的圣格雷戈里奥教堂和圣巴勃罗教堂的雕刻的正面,看起来好像放大了的祭坛后面的石制装饰屏,而吉尔·德·西洛埃及其弟子们所作的巨大的彩色祭坛雕刻,几乎充满他们所装饰的教堂半圆形后殿。无论是独立的坟墓或者是墙墓,同样都有精心的结构和巨大的规模。

托莱多的圣胡安·德洛斯·雷耶斯修道院是在费迪南德和伊萨贝拉命令之下,为了纪念他们在托罗战胜葡萄牙人,于1476年开始建造的。尽管它的设计者、雕刻师兼建筑家胡安·瓜斯可能是法国血统,但是,这一修道院是伊萨贝拉风格的最早和最典型的范例之一。哥特式教堂内部,原来准备作为国王和王后的长眠之地,到处都是装饰性的雕刻品,有人像、饰品、刻有巨大哥特体文字铭文的雕带,而在所有这些雕刻物中占主要地位的是王家盾牌的巨大图形,并附有轭和矢的图形,它们在耳堂的周围重复出现。

大门和门楣中心部的雕刻装饰,是沿袭中世纪的宗教建筑而来的,它变成了伊萨贝拉式和银匠式建筑正面的主要形态。这时,这种装饰扩展到了住宅建筑,在住宅中,第一次像装饰内部一样来毫不吝啬地装饰它的外部。窗户、走廊、飞檐、栏杆,以及巴蒂奥(Patio,中世纪以来西班牙住宅所特有的内院)的连环拱廊,也都加上许多雕刻。房屋的正面往往点缀着雕琢成小平面的石材,而萨拉曼卡的孔查府邸的正面则镶满贝壳,以表现出宅主的"圣地亚哥骑士"的称号。胡安·瓜斯和他的助手们在瓜达拉哈拉所建造的王子宫(1480—1492年建,1936年大部被毁),其装饰丰富而复杂,使它成为贵族住宅的最豪华的榜样。正面的装饰有一个带连环柱的外廊,钟乳石状的飞檐,和由几个"野人"举着的门多萨家族盾形纹章。在内院里,一些托斯卡纳式柱支撑着三叶形拱,拱肩上满刻着有纹章的动物、盾牌和涡形花纹。顶棚属于穆德哈尔式的精致结构。

在15世纪末,虽然已经渗入意大利的影响,但是,它并没有妨碍伊斯兰教征服者和新世界发现者所表现的对浮夸气氛的追求;这种影响向艺术家又提供了一大套装饰的母题。他们也毫不迟疑地把称为"仿古式建筑"的新风格与"现代建筑"即哥特式混合到一起，而且并不遵循任何清晰的年代顺序。恩里克·德·埃加斯于格拉纳达陷落之后，在那里修筑了哥特式的王家礼拜堂（1506 年），他也是早期银匠式风格最重要的倡导者。他为费迪南德和伊萨贝拉修建的圣地亚哥的王家朝圣行宫（1501 年开始营造），以及他为门多萨红衣主教所设计的托莱多的圣十字医院（1504 年动工），都有以意大利装饰图案为主，也夹杂一点哥特形式的典型的银匠式正门。正如在西根萨大教堂的圣母领报礼拜堂入口处的彩画拉毛粉饰（1510 年）一样，文艺复兴的装饰也往往与莫德哈尔式混合在一起。在萨拉曼卡大学的正门（1529 年完成）上，皇帝查理五世的纹章与费迪南德和伊萨贝拉的纹章并列在一起。这个正门的细部完全是意大利式的，有圆雕饰人像和仿制的古代雕像；但它仍然是建在哥特式的框架里边，仿佛用来作为建筑物正面的屏幕。在查理五世的整个统治时期，无论是哥特式的建筑物还是文艺复兴式的建筑物，全都继续使用银匠式的装饰风格，这种风格有的是由意大利式和哥特式组成，有的是由意大利式和穆德哈尔式组成，也有的是由纯意大利的因素组成。而在巴洛克式建筑时期，它的许多特征都得到了反映。

  促进银匠式装饰的意大利影响的第一道波浪，是由雕刻品的输入和意大利艺术家到达西班牙引起的。1498 年旅居布尔戈斯的法国人菲利普·维加尼（德·博戈纳）对于传播新风格也做了很多贡献，特别是由于他把文艺复兴的设计应用于传统的西班牙多彩祭坛作品。同时，他的活动还从布尔戈斯扩展到格拉纳达。但是，在 16 世纪的头 25 年间，意大利影响的主要来源是在意大利委托建造陵墓的新风尚。访问西班牙的最重要的意大利艺术家是佛罗伦萨人多梅尼科·范切利，他于 1510 年到塞维利亚，安装他在热那亚为门多萨大主教的陵墓雕刻的装饰。这引起了王室一系列的订货，其中包括阿维拉的圣托马斯教堂中的胡安王子墓（513 年造），以及在格拉纳达的王家礼拜堂中费迪南德和伊萨贝拉本人的陵墓（1518 年造）。所有这 3 个墓都受到波拉约洛在圣彼得教堂中为西克斯特四世所做的陵墓的启发，而且符合当时在西班牙依然流行的独立坟墓的传统。正如建筑方面的情况一样，纪念性雕刻所接受的意大利的影响，起初只限于装饰细部，直至范切利逝世（1519年）以后，它才开花结果。当文艺复兴的形式终于扫尽哥特式的残余时，这主要归功于新一代的艺术家，如奥多涅斯、马丘卡、阿隆索·贝鲁格特和迭戈·德·西洛耶——热爱意大利和古典风格的葡萄牙人弗朗西斯科·德·奥兰达在他的"群鹰"即著名当代艺术家名录（1548年）中所列举的4个西班牙人。他们都在意大利学的技艺，把"盛期文艺复兴"的成熟的风格带回西班牙。直到1526年，西班牙才开始营造第一座古典的建筑物，即马丘卡在格拉纳达所建的查理五世的宫殿（未完成）。同一年，西班牙出版了第一部论述古典艺术的著作，迭戈·德·萨格雷多根据维特鲁威的《建筑十论》所写的《古罗马建筑法式》在托莱多问世。

在绘画中，也像在建筑和雕刻中一样，对于北方艺术的爱好，直至16世纪依然不曾衰减；伊萨贝拉女王的庇护，对此起了很大的作用。她所收藏的200多幅画的目录和她遗赠给格拉纳达王家小教堂的作品，都表明她特别喜爱尼德兰的艺术家们：范·德尔·韦登、梅姆林、布希和大卫。她还聘请几位北方人——梅尔乔·阿莱曼、米歇尔·西多、胡安·德·弗兰德斯——当宫廷画家，虽然她的主要画家是托莱多的弗朗西斯科·查孔，这个人也充当检查官，其职责是：如有任何犹太人或摩尔人胆敢描绘基督、圣母或随便哪一个圣徒的形象，就立即予以取缔。不过，伊萨贝拉也藏有一些意大利的绘画，其中有一张是博提切利的，有一张是佩鲁吉诺（？）的；而且，她所喜爱的佛兰芒艺术家中有一些人曾经与意大利有过接触。这样，当西班牙一佛兰芒风格在宫廷中盛极一时，并且由卡斯蒂利亚的加雷戈斯和阿拉贡的贝尔梅霍那样的艺术家广为运用时，意大利的因素就开始出现了，它们在绘画中出现的方式大体上与它们在造型艺术中出现的方式相同，也大体上与它们在当时的许多佛兰芒绘画中出现的方式相同。它们的产生既归功于这些画的影响，也归功于直接来自意大利的影响。

佩德罗·贝鲁格特是在15世纪访问意大利的寥寥无几的西班牙艺术家之一。1477年，他与梅洛佐·达·福尔利和根特的于斯特斯同在乌尔比诺。他回西班牙的时候，带来了对于叙事的、写实的细部和文艺复兴的装饰物的爱好，也带来了关于透视的知识。但是，由于他主要是为西班牙所流行的那种大祭坛画作小的镶板画，因此他的风格更接近于意大利化的佛兰芒画家的风格，而不是接近了任何意大利艺术家的风格。在安达卢西亚，阿莱霍·费尔南德斯（1543年卒）是把意大利影响和佛兰芒影响兼收并蓄的主要艺术家，他那理想化的样式比当时任何西班牙画家，都更能反映出意大利老前辈（例如平图里乔）的画风。但是给予哪怕是更意大利化的艺术家（如贝鲁格特和阿莱霍·费尔南德斯）的作品以特殊的西班牙性格的，则是模仿古式，运用金彩以及模式化的背景和服装。

意大利"盛期文艺复兴"对于绘画的直接影响，首先来到教皇亚历山大六世的出生地巴伦西亚，这个城市与意大利文化有着极密切的联系。早在1472年，这位未来的教皇就以红衣主教的身份，从意大利招聘3位艺术家到达巴伦西亚，其中之一是勒佐的保罗·达·圣莱奥卡迪奥，他为大教堂画了壁画。当地的艺术家们，例如罗德里戈·德·奥松纳父子，很快就开始把意大利的建筑艺术和装饰引进他们的佛兰芒式的构图了。1507—1510年，费尔南多·亚涅斯和曾经协助达·芬奇在佛罗伦萨大委员会会堂作画的费尔南多·利亚诺斯，通过他们为大教堂的祭坛后面的高架所作的组画，在巴伦西亚培植了达·芬奇的影响。几年之后，维森特·胡安·马西普创立了一个以16世纪意大利绘画为基础的画派，这一画派由他的儿子胡安·德·胡安内斯继承，一直延续到16世纪末。但是，这毫无疑问是地方性的；因为在西班牙的任何地方，意大利的影响都没有形成一种特殊的画风，甚至没有达到较早的佛兰芒的影响的程度。尽管查理五世对于提香的赞助是宫廷肖像画发展的一个重要因素，但一直到17世纪才有一个真正的民族画派出现。

四 1493—1520年西欧的本民族语言文学

在15世纪末和16世纪初，欧洲的文化、政治和宗教都处在一个十字路口。中世纪的传统已经奄奄一息，虽然还没有死亡。在许多年间，"现代"文学依然带有中世纪著作所产生的影响。其中最显著的是：在韵文故事、短篇小说或者闹剧中所体现的自由的、有时放纵的写实主义精神，这种写实主义以它的许多形式中的这种或那种，使马基雅弗利、福伦果、拉伯雷和塞万提斯这样一些人的作品妙趣横生；

还有骑士制度、繁文缛节和向女子大献殷勤的精神,尽管骑士团本身正在瓦解或者已经不复存在,但是这种精神却在抒情诗歌和传奇小说中依然得到越来越矫揉造作的表现,直到柏拉图思想的输入赋予它新的生命为止;再有劝善惩恶的精神,寓言和象征是与它形影相随的东西。然而,在欧洲不同地区所出现的另外一些现象是值得注意的。经院哲学下降到形式主义和诗歌下降到服从极为复杂的格律,两者之间不是没有联系的,最低限度也是互相平等的思想倾向。在某些国家里,干脆就把诗歌当作"第二修辞学",因此要服从与修辞学相似的规律;巧妙而灵活地运用单词,把它们填入一个十分复杂的、由短语、格律、韵脚组成的结构,是当时最理想的作品;它几乎毁灭了诗歌。这种形式主义不仅见于意大利人数不多的彼特拉克派、法兰西的大韵律家和尼德兰的修辞家,而且从德意志抒情诗歌的衰落和工匠诗歌的发展,以及从15世纪下半叶威尔士的吟游诗歌的兴盛,都可以看得出来。不过,这种不幸的发展倒有一个比较光彩的来源,那就是:在过去两个世纪中,磨炼个人技艺的精神成长起来;这种精神使以增添上帝的荣耀为目标的无名氏作品的数目减少,又使以增进作者的名誉为目标的署名作品的比例增加,从而促使一个艺术家愿意根据他的良知和时代风尚去完成自己的作品。因此,作家重技巧胜过重事实,胜过热烈的感情。与此同时,写作的对象以及事件可能也就范围狭窄了。中世纪作家有他们自己的一套,他们喜欢重大的、普遍的题材:基督教和基督教世界、人的善与恶、人与上帝的关系;而表现这些题材的作品,在手法上也许有些特殊,但仍然为群众所爱读,正如查理曼大帝和亚瑟王的事迹的广泛流传所表明的那样。不过,在这时候,由于写作变成一种谋生的手段,就需要寻求庇护和报酬,如果可能的话,在国王或诸侯的宫廷中得到,如果不可能的话,则到地方贵族或者富商巨贾的府邸中谋求。如果水平极低,这会形成纯地方文学;如果水平较高,这会形成"国家"文学,不论这国家是城邦还是在不断开疆辟土的王国。文学运动的兴起在时间上是与政治历史本身的发展一致的,而政治历史的发展则迫使作家和保护人同样去注意作为一个独立的、容易辨别的单位的"国家"的性质和要求。这个国家具有自己的利益并且不再仅仅是欧洲大家庭的一部分。可是,像达·芬奇或伊拉斯谟这样一些人,却经常越过这些国家的边界,而不论如何，伊拉斯谟能够看到这些边界在他的周围日益巩固起来。

171　　伊拉斯谟的名字使我们考虑到一个极为重要的情况，即各种本民族语言文学与正在方兴未艾而且经过革新的拉丁文学这时候共同存在并相互促进。在拉丁文学方面更为意味深长的是：人们依然认为，在写严肃作品的时候，非用这种文字不可。除了几种最通俗的形式而外，本民族语言文学越来越受到新拉丁文学的影响，以致任何要把二者截然分开的企图，归根结底是很勉强的。伊拉斯谟的《箴言集》对于整个文学所发生的影响，新拉丁文戏剧对于使用通俗语言的新"正规"剧院的发展所起的冲击作用——这仅仅是古典文化通过人文主义者的著作，错综复杂地使本民族语言文学欣欣向荣的两个例子而已。我们应该记住，许多作者既用拉丁文也用他们的本国语言写作。不可避免地产生这样一个问题：在学术性的著作中，就不能用本国语言代替拉丁文吗？在意大利，这并不是一个新问题，但是在这时候，它再一次尖锐化了。在其他国家里，到晚一些时候，也注定要对它认真研究和讨论。除了上述情况而外，还要加上：意大利人和一般人文主义者所提倡的对于古代文字的新态度，在研究拉丁和希腊作者的时候，不仅要了解他们的著作内容（往往是误解的或者臆造的"道德"内容），而且要了解那些著作的美学价值以及怎样将它们的形式美应用于所表现的题材；古典的神话与基督教的事迹并列在一起，甚至以前者代替后者；不仅揭示一个"新的"古典时代，而且发现一个整个的新世界；以及印刷术的发展加速和加强了这些因素的传播。这些因素，在各种不同的程度上，对欧洲所有重要的本民族语言文学发生了影响。

　　意大利的政治不统一，从文学和艺术活动的地方化上反映出来。这些活动围绕着一些中心：罗马教廷，以及佛罗伦萨、弗拉拉、威尼斯、乌尔比诺和曼图亚等公国或者共和国。由于使用雇佣军，公民就有自由去争权夺利，或者去从事文学艺术；权贵人物本身沉湎于文学创作，而当他们的宫室的富丽堂皇和门下文人骚客的数目众多反映出赫赫威风的时候，他们就感到了自己真正的光荣。但是，既然有众多的舞文弄墨的食客，其中也就有一些严肃的思想家和卓越的作家。有一件奇妙的事情是：尽管政治的混乱招来了一些贪婪的猛兽，法国的查理八世侵入意大利，进进退退进行过多少次拉锯战，但是意大利的

第六章 西欧的文艺

各个国家仍然比较繁荣,它们的作家写出大量的作品。意大利的大多数中心都设有自己的学园,一般来说,其最初的目的是为了鼓励人们学习希腊拉丁语言文学,但是,这些学园却促进了——纵然间接地——本民族语言文学的发展。

如果我们在这些地方性中心的范围内来记述这几十年间意大利的种种不同的文学,那就会破坏意大利文学在随后几个世代对其他地方所产生的影响的一致性;如果按照年代的顺序来记述,又会混乱了各种不同风格所经历的发展情况。因此,我们打算考察一下在抒情诗中,在各种散文作品中以及在戏剧中的主要成就。

意大利的各宫廷里都拥满了优秀的和蹩脚的诗人,他们互相竞争着写作所有各种体裁的诗歌;这时已经大为流行的抒情小唱和十四行诗;传统的形式,如民谣和狂欢节颂歌;比较新的形式,如诗节和八行体。另一些人则忙于改写主要是来自法国的,依然在社会各阶层普遍流传的传奇故事,不过,他们的精神主要是放在模仿彼特拉克上。洛伦佐·德·美第奇本人非常擅长于所有各种诗体。由于来回重复,好的题材已经陈腐不堪,于是只好在形式上做文章。因此,一种相反的运动是不可避免的。彼得罗·本博是一位坚持固有传统和严格要求自己的人,他针对这种堕落不堪的彼特拉克主义,提出一种更高尚的抒情诗的观念。正如一个世纪之后法国马莱伯的诗篇一样,他的《韵律诗集》(1530年第一次合为一集出版)形式极为完美,但是缺乏热情。他有一大群模仿者,他变成了一个"经典式的"样板。很有趣味的是:马莱伯后来斥之为过度放纵的法国七星诗社,竟会拿他的作品当作范本之一!彼特拉克派的夸张手法,也遭到弗朗切斯科·贝尔尼(1497—1535年)的嘲笑。贝尔尼像本博一样,很多时候居住在教皇的宫廷里。不过,他为了嘲笑而仿制的彼特拉克主义者的歪诗,仅仅是他的作品的一部分而已。他遵循浦尔契和布尔切洛的传统所写的幽默和讽刺的作品,在揶揄社会上的蠢人蠢事时,文笔是那样地生动,措辞是那样地巧妙,对荒唐的事物是那样地尖刻,以致整个一类幽默讽刺文体就以他的名字命名。他的前辈不仅有浦尔契和布尔切洛,而且还有伊尔·皮斯托亚(1436—1502年),这个人的讽刺诗里甚至有一篇是写法国入侵意大利的!我们也不该忘记:米开朗琪罗的几首铿锵有力的十四行诗,也完全有可能写于我们所讲的时期,与一群二、三流诗人的彼特拉克化的作品形成鲜明的对比。教诲诗也不缺乏,鲁切莱根据维吉尔的《农事诗》所写的《蜜蜂》就是证明。但是,如果说抒情诗已经兴盛起来,但当时最重要的成就还要到传奇诗和史诗中去寻求。

在中世纪结束的很久以前,史诗和传奇诗之间的区别就已经没有了。或者毋宁说,把查理曼大帝和他的贵族们的丰功伟绩与惊险小说和亚瑟王故事的奇异经历和骑士风度融合在一起,产生了一种不确定的类型,有时用诗体,然后又越来越多地用散文体,不过总是不断地重新处理。15世纪80年代,在意大利,桑纳扎罗用散文加诗体插曲写成的牧歌式的传奇《阿卡迪亚》强调温存体贴的因素,在勾画得很清楚的由一个虚构的阿卡迪亚和一个理想化的坎帕尼亚为背景,展开一些隐隐约约的、通常是凄恻或感伤的情节。其哀婉绮丽而往往虚浮的文辞,后来有很多人加以效法,而且不仅在意大利。不过,更接近于传统的传奇故事则是洛伦佐的亲密朋友路易吉·浦尔契(1432—1484年)的《巨人摩尔干提》。对于这篇以查理曼大帝为题材的诙谐史诗,有着种种不同的评价:有的认为是纯属打诨逗笑,也有的认为是嘲弄有教养的有产阶级;有的认为想象力非常丰富,也有的认为平凡得很,根本达不到幻想作品的水平;有的认为诗中含有邪恶的怀疑主义,也有的认为仅仅是投合群众的口味;有的认为作者通过恶魔阿斯塔罗蒂很有力地表现了当代人和他们的问题,也有的认为他连当代人究竟有些什么问题都没有搞清楚。这部疾风骤雨式的作品注定要影响许多人,包括拉伯雷在内。在我们所讲述的时期刚刚开始不久,在弗拉拉宫廷的影响下,出版了一部没有全部完成的、与浦尔契的作品截然不同的诗篇,即博亚尔多(约1440—1494年)的《热恋的罗兰》。它的题目表明史诗与传奇的融合,故事的处理具有想象力,表达了彬彬有礼的骑士精神的尊严。诗中人物所讲述的各种奇遇和佳话使全篇结构丰富多彩和错综复杂,这些小故事有时是正常传奇式的,有时与新小说相似,叙述极为巧妙,内容多有创新。不过,文体失于粗糙和不雅。16世纪初,尼科洛·德利·阿戈斯蒂尼把这部诗续完,但是,这个续篇,甚至博亚尔多的原诗,在贝尔尼用优美的托斯卡纳语重新写作的《热恋的罗兰》面前都黯然失色了。在讲述阿廖斯托之前,我们可以提一下弗朗切斯科·贝洛(伊尔·切科)

的《曼布里亚诺》，这是一部具有同样精神的诗篇，1509年作为遗著出版；它结构混乱，一向没有受到多少欢迎。

洛多维科·阿廖斯托（1474—1533年）毫无疑问是所有这些作家中最伟大的人物。像博亚尔多一样，他属于埃斯特集团，尽管他与这个家族的几个成员的关系不很融洽。我们不必多费笔墨去谈他的早期抒情诗了，不过，在他的《讽刺集》中，可以看出一种信笔所至的、谑而不虐的幽默性质。其中有几首是在我们所讲述的时期写作的。这是一些极度涉及私人的诗篇，作者可能并未打算发表。它们与贺拉斯的讽刺诗和书信如出一辙。关于他的喜剧，我们到后边再讲。阿廖斯托主要以《疯狂的罗兰》成名，这部作品是作为博亚尔多的诗的续篇来构思的。他在16世纪第一个10年内开始执笔，但是一直到1516年，才由他的庇护人伊波里托·德·埃斯特红衣主教出资，第一次出版其中的40篇。1521年出了第2版，随后于1532年出版了定本，包括46篇。在这部作品里，史诗的成分与传奇的成分再一次糅合到一起，故事的主要情节的背景是基督教徒与萨拉森人之间史诗般的斗争。罗兰的疯狂，病情的进展和治愈，中间夹杂着一系列千变万化的悲壮的、哀感的、甚至滑稽的插曲，包括有许许多多的人物。有一个次要的情节是罗杰与布拉达曼特的爱情，这是影射埃斯特家的开祖的，在现代读者看来，描写他们的爱情的某些段落，由于含有阿谀奉承而受到损害。除此而外，还有一些偶尔的瑕疵，如用词不当、比喻夸大或者矫揉造作，等等。但是，文笔的挥洒自如和清明流畅、风格的至善至美，以及语言的纯洁高尚，使所有的小小缺点都成为无关宏旨的东西。阿廖斯托不仅是比博亚尔多更为伟大的艺术家，而且他的态度和笔调也有所不同。他在描绘骑士和骑士精神的时候，并不像博亚尔多那样一本正经，的确有很多处，其笔锋似乎带嘲笑的意味。他并不避免运用讽刺语句，甚至像在形容英国骑士阿斯陀佛和叙述他的丰功伟绩的时候，还采取漫画式的和戏谑的手法。他既掇拾博亚尔多文笔洗练之长，又混入一点浦尔契的风格。通过他生动如绘的流畅诗句，我们见其诗如见其人：他行止有度，又富于幽默感，温文尔雅，又多嬉笑文章，洞察世事。虽然他的诗篇没有，也不能期待它们有很大的深度，从某种意义上讲，似乎还可以说有些肤浅，但是，它们毕竟帮助建立了意大利的文学语言，对后世产生了伟大而深远的影响。

　　大概正是泰奥菲洛·福伦果（1496—1544年）其人，在闹剧式的诗篇《巴尔杜斯》中，也获得了成功。早在1490年，帕多瓦的蒂菲·奥达西就在他的《马卡罗尼亚》中，使用意大利语和拉丁语的混合语言写的滑稽诗，嘲笑史诗与传奇融合的体裁。福伦果是个被开除的修士，后来又回到修道院去了。他也选用这种工具，作为打击同一对象的嬉笑怒骂的武器。他的其他作品也属于同一风格：《苍蝇战役》讲述苍蝇与蚂蚁之间的一场战争，是模仿《青蛙和老鼠之战》的；《萨尼托涅拉》是摹拟彼特拉克和《阿卡迪亚》，仍以田园为背景的爱情诗；《奥兰迪诺》直到1526年才出版，是以意大利的文学语言模仿滑稽的风格。《巴尔杜斯》，或者，如人们们更为熟知的那样，有一个拼音不同的题名《马卡罗尼亚》，共25卷，于1519年出版，著者署的是假名：梅林·乔采。这部令人惊异的滑稽史诗捉住了群众的心灵，4年间就出了6版。开头部分与《奥兰迪诺》非常相似，但是人物的名字改变了，不久，这些人物就去投入一系列荒唐的冒险，最后是进入地狱，在那里，作者发现他自己跟所有的欺名盗世之徒，其中包括占星家和诗人，都很气味相投，他在收场时对他所写的主人公、对他自己、对他自己的艺术大杂烩开了个玩笑，就向我们告辞了。他用强有力的滑稽史诗的风格表达最通俗的题材，但是，有一些描绘是很迷人的，还有一种更深刻的讽刺性质，仿佛他已经下定决心，迫切地，虽然有时猥琐地，要用他的粗俗的笑话来摧毁空洞的艺术、社会的体统和习惯、对已经消亡的骑士精神的表扬和崇拜、经院哲学以及他那个时代打着宗教招牌进行的欺骗。他看到自己周围尽是卑微琐事，但他基本上是个正人君子。在他的纯粹写实主义中，并没有把坏人坏事写得引人入胜。这种生动活泼的讽刺诗文，对拉伯雷以及萨缪尔·勃特勒都产生了重要的影响。

　　在15世纪末，意大利的戏剧已经出现一些古典影响的迹象，但是，尽管塞内卡、普劳图斯和泰伦提乌斯已经在学者们和某些贵族宫廷当中为人所知，但他们还没有能够改变戏剧的性质。旧式的闹剧依然十分流行，它们还会存在一个时期。在严肃的风格中，圣剧占有主要的地位。这种戏剧有时不仅有文艺的价值，而且是形成伟大场面的原因，因为每当上演时便引起一种狂热的气氛。上演地点主要在宫廷，也有时由市当局出资。人文主义者波利齐亚诺 1471 年在曼图亚所写的《俄耳甫斯》利用了圣剧的形式，但是注入了非宗教的主题和史诗的情调。庄严的洛伦佐本人写了一部《圣乔瓦尼和圣保罗的表演》，1489 年上演。这部作品像他的短诗一样，显示出优美的抒情情调。这一流派的进一步发展，为了文艺的目的，终于被日益流行的塞内卡的风格阻挡住了。在 15 世纪末以前，塞内卡的悲剧已经刊印，其中有几篇已有译本。在少数几部本民族语言剧本中可以看出塞内卡的特点，但是直到 1540 年以后；随着钦蒂奥的剧作的问世，塞内卡式悲剧的统治地位才完全建立起来。同时，皮斯托亚的《潘菲拉》（1499 年）取材于《十日谈》中的一篇故事，但是改变了人名，并且以塞内卡本人作为道开场白的角色。在卡雷托的枯燥无味的《索福尼斯巴》（1502 年）问世之后，又出现了特里西诺的《索福尼斯巴》（1515 年），这部作品是企图写成一个分幕的"古典"悲剧，带有抒情韵律的合唱。但是，它直到 1524 年才刊行，1562 年才重新搬上舞台。鲁切莱的《卢斯蒙达》（1515 年）虽然不无一些塞内卡的影响，但是由于它根据伦巴第历史中的一个事件写成，情节令人胆战心惊，就没有落入无动作的抒情剧的窠臼。

喜剧（正如 50 年后在法国一样）是比较有生气的，而且产生了更多的杰出作品，毫无疑问，这部分是由于喜剧有生气勃勃的闹剧作为后盾，部分是由于它可以从一些小说集中取材，但主要则是由于：归根结底，它更接近于生活，特别是接近于当时意大利的虚伪的、堕落的和奢侈的生活。1508 年左右，红衣主教比宾纳的《卡兰德里亚》先后在乌尔比诺和罗马上演，场面很大，有在乐池里的乐师，有类似芭蕾舞的古典主题幕间剧。喜剧中的人物是借用一篇小说中所写的人物：一个愚蠢的丈夫，一个机智灵敏和玩世不恭的、耍笑和愚弄这个男子的媒人，一对长得十分相似、由于男扮女装和女扮男装而给舞台增加许多疑云的兄妹，从表面形式来看，所有这一切都是模仿拉丁的喜剧，可是，它显然是活生生的意大利的东西。既没有心理的深度，也没有伏线的牵引，说明问题的只是事实本身，只是各个情节的交叉错综。马基雅弗利的《曼陀罗花》是在 1504 年至 1513 年之间的某个时候写成的，但是直到 1524 年才刊印出来。这并不是他的唯一戏剧作品。他翻译过泰伦提乌斯的《安德罗斯女子》。他的《克丽齐娅》

是采取拉丁喜剧的形式来描绘一个佛罗伦萨家庭的生活。《曼陀罗花》看起来可能像是比《克丽齐娅》距离公民的日常活动更远一些，但是，它具有深刻得多的性质。如果单单从情节上看（卡利马科在一个寄生虫的协助下哄骗愚蠢的尼齐亚并且玩弄尼齐亚的老婆），可以把这部喜剧与比宾纳的作品并列，然而，如果进一步认真考察，就会发现有两个特点，使它不但作为喜剧远远超过《卡兰德里亚》，而且超过16世纪的最优秀的喜剧。第一，它结构特别紧凑，每个动作都经过认真的计算和巧妙的安排；第二，这种计算是以对于人性的即使抱怀疑态度但是十分深入的观察为基础的。所有的人物都很生动，而其中有两个人物特别令人不能忘怀：一个是愚蠢而傲慢的丈夫尼齐亚，他顽固地相信自己头脑聪明，但是作者把他从一个场景带到另一个场景，每个场景都表明他原来是一个大笨蛋；另一个是贪财图利和玩世不恭的修士提莫列奥，他很痛苦地注意到自己行为的可耻（像泰伦提乌斯的《阉奴》中的帕尔梅诺一样），但是用自我剖白的方式来安抚自己的良心，结果成为使卡利马科爬上路克列茜亚的绣榻上的罪魁祸首。马基雅弗利嘲笑人们的愚痴和腐化，但是他没有显示出愤世嫉俗的样子。他冷静地、不动感情地解剖和分析他们。他偶尔也揭示出教皇和君主对于他所描绘的邪恶似乎会采取的态度。同时，他把情节的喜剧和性格的喜剧融合成为一部即便离经叛道也是伟大的作品。这部喜剧的对白写得十分生动，它使情节像流水一般发展下去，而且总是非常适合每个出场人物的身份，因此，虚构的剧情却显得像确有其事一样。

阿廖斯托也对意大利的舞台做出了贡献。他曾被任命为弗拉拉公爵剧院院长。自从1486年以后，那里就演出普劳图斯和泰伦提乌斯的拉丁文剧本。阿廖斯托以这些剧本为样板来写他自己的喜剧，这是不足为奇的。他一共写了5部喜剧，最后一部《学究》没有完成。第一部《卡萨里亚》是纯粹的模仿物，其中的人物是从普劳图斯和泰伦提乌斯的作品中取来的，只是改用了意大利的名字，同时照方抓药，使这些人物进入了错综复杂的情节。这个剧本的上演是成功的，因为它用本民族语言重复了观众通过拉丁文所已经熟悉的东西。《顶替》（1509年）是一部较好的喜剧，主题有所变换，但风格一如样板。这部喜剧像《巫术师》（1520年）一样，成为16世纪后半叶法国喜剧的一个范本。《巫术师》的情节和对白都比较生动,但是缺乏马基雅弗利的喜剧的现实感。剧中主角占星术士不是一个真正的占星术士,因而他的方术便成为笑料。他是一个毫无知识、骄傲自大的江湖骗子,不断暴露出他的愚蠢,并且被他自己的仆人当场揭穿。情节是俗套子,头绪也烦琐,然而,当阿廖斯托把他通过自己的观察所得到的一些妙言趣语加到泰伦提乌斯的样板里的时候,还是有他独到之处的。不过,这部喜剧以及《列娜》(1529年)依然逊色于《曼陀罗花》和阿雷蒂诺的《宫廷女侍》。精力充沛和放荡不羁的阿雷蒂诺(1492—1556年)在他的喜剧(严格说来,其中大多数不属于我们所讲的这个时期)中,搬出来他自己的酒色世界中的一些人物:妓女、老鸨、伪君子和流氓无赖。当他来了兴头的时候,他就不顾这一剧种的"规律",而且由于忽视"常规",反倒常常下笔有神。如果说他的作品缺乏《曼陀罗花》的紧密结构,那么,它们也具有自己的优点,即生气勃勃、淋漓尽致地再现了一个不知廉耻的、玩世不恭的、道德败坏的,但是十分滑稽的社会。有趣的是:阿廖斯托的早期喜剧是用散文写成的,但是后来又用三音节音步诗体改写,他认为这更接近于他的典型,足以表达日常会话的自由。

  在这个时代,散文是很繁荣的。我们可以选择几部重要作品来谈。首先来看看本博,他是两部颇有趣味的散文作品的著者。《阿索拉尼》(约1500—1502年作,1505年出版,是献给卢克雷齐亚·博尔贾的)是一部从好的意义来讲的通俗化作品,他用柏拉图的对话形式来解释柏拉图式爱情的原则,对于大约在这一时期为阿尔杜斯出版社编印彼特拉克诗集的本博来说,这个任务是非常适合的。对话纵然有些冗长和呆板,但还是十分动人的。《通俗语言探讨》也采取同样的形式,它是在16世纪初开始执笔,大概在1506年至1512年间完成,先以手稿流传,1525年才出版。在对话中讨论了并且大部分解决了人们争论不休的文学语言问题;本博站在本民族语言一边反对拉丁文,而在可以使用的通俗语言之处,他主张用托斯卡纳语。他的优雅,他的明智的论断,他作为学者和诗人的威信,对于托斯卡纳语的完全胜利做出了很大贡献。在另外一个领域内,巴尔代萨尔·卡斯蒂廖内(1478—1529年)的《侍臣论》产生了同样的影响。这位作家也写过优美的书信,雅致的拉丁文和意大利文诗篇和一篇戏剧式的牧歌《蒂尔西》。《侍臣论》是 1507 年左右在乌尔比诺开始写作的，1528 年出版。它是以对话的形式考察王公侍从的性质，而在这幅可能美化了乌尔比诺宫廷及其趣味的图景里所达到的理想境界，在法国和英国，也和在意大利一样产生了巨大而深远的影响。在西班牙公认的那种绅士的典型，堪与此相媲美。

在这个外交、阴谋和战争的年代里，书信、日记和回忆录可谓汗牛充栋。"严肃的"编年史等依然用拉丁文编写，但是用本民族语言写的也出现了。比斯蒂齐（1421—1498 年）留下了他的《十五世纪名人传》和同样一部关于贵夫人的著作。不过，在正式的本民族语言历史中，马基雅弗利（1469—1527 年）和圭恰迪尼（1483—1540 年）的名字是最主要的，尽管他们的主要著作的出版日期有时是属于本卷以后的时代。关于前者，我们在上面已经谈过他是一位戏剧家，但是，作为一位诗人，他写过十四行诗，单节诗、戏谑和讽刺的三行体诗，狂欢节歌，用三行诗节押韵法写的编年史（《十年》，1506—1509 年作）；作为讲故事的人，他写过《大恶魔巴力法格》（1515 年作），这是一篇用他的彩笔丰富起来的传统故事；作为论述语言的著者，他写过对话《论语言》（1514 年作）；他对 1499 年以后的政治和行政事务写过各种各样的观察敏锐而冷静客观的报告；在所有这些方面，他都是大名鼎鼎的。他借以名扬千古的几部著作：《君主论》（1513 年作）、《论李维》（1512 年及以后）和《论战争艺术》（1519—1520 年作），是他在圣卡夏诺暂时退隐的时候写成或者开始写作的。他的名著《佛罗伦萨史》是 1520 年受委托执笔，而到 1525 年才问世的。《君主论》是与他关于李维的论文无关的另一个主题。它简明扼要、实事求是地论述了君主之道的性质，以及如何来加以维护和发展。这篇文章引起猛烈的批判，特别是从道德的立场上。但是，它首先不是一部愤世嫉俗的"马基雅弗利主义"的作品。它是对现存的和可能出现的局势的评价。它是超越意大利的四分五裂，去寻求一个强盛的、统一的意大利的理想以及能达到这个理想的手段。马基雅弗利认为，达到这一理想比现存的道德或传统的法律具有更加刻不容缓的重要性。通过这部著作，正如通过《论李维》和《卡斯特鲁乔传》（1520 年作，马基雅弗利的理想人物的肖像），以及通过《佛罗伦萨史》一样，著者不仅开创了一种对公共事务的纯理性的和超道德的态度,而且提供了一种与内容相适应的散文风格的范例:清晰、简明、恬静甚至是深思熟虑、有条理而且十分现代化的。奎恰迪尼实际上属于下一个世代,他既受意大利的日益混乱腐败的政治的影响,也受到马基雅弗利思想的影响。我们在这里只需要提一下他的早期著作《佛罗伦萨史》(1508年),这是对萨沃纳罗拉统治佛罗伦萨的异常时期的生动记录,笔下富有创见,对事件的内在联系有精辟的分析。

中世纪和文艺复兴时代意大利的另一种重要的散文是小说,它在我们所讲述的时期内,除了作为资料而外,没有起什么重要作用。马苏乔·萨莱尼塔诺和乔瓦尼·萨巴迪诺的集子都是在15世纪70年代和80年代完成的,而班代洛的作品可能早已编成集子,但是在很久以后才出版,菲伦佐拉、彼得罗·阿雷蒂诺、本韦努托·切利尼等人的重要作品也是如此。

在西班牙半岛和在西属意大利,本卷所包括的30年是一个充满希望和大有成就的时期。卡斯蒂利亚与阿拉贡的联合,这个联合王国作为大国在欧洲和海外势力的增大,葡萄牙发展成为一个强大帝国,这一切都使当地居民产生一种力量和天命的感觉。由于长期与摩尔人进行斗争,就推迟了中世纪的结束;但是,新的光荣时期既激发了征服的野心,也鼓舞了艺术与文学的活动。尽管地中海的两大半岛之间有密切的接触,但是到这时还没有感觉到古典的和意大利的人文主义的猛烈冲击,因而在许多方面,西班牙文学长期带有极为明显的独特风格。甚至在我们所讲述时期的最进步的作品中,虽然追求和模仿新的样板,但是仍具有强烈的中世纪的味道。避免把这种文学截然分成卡斯蒂利亚文学、葡萄牙文学和加泰罗尼亚文学,这不仅为了方便,而且是很重要的。不单单是卡斯蒂利亚文学稳步前进,以取得"西班牙文学"的身份,并逐渐地消灭方言文学,而且有许多作家是用一种以上的语言写作,葡萄牙语和加泰罗尼亚语的作品往往被翻译成卡斯蒂利亚语。1492年,人文主义者内布里哈写成第一部卡斯蒂利亚语法,3年以后,这位学者又刊印了他的《拉丁—西班牙,西班牙—拉丁辞典》。同时,这里也和其他地方一样,创办了新的大学,成立了图书馆,翻译了古典的和意大利的文学。然而,乍看起来,总的背景对于文学或艺术的创作并不是有益的。不过,宗教裁判所的活动，驱逐犹太人（1492年）和驱逐摩尔人（1502年），可能大大有助于防止在意大利极为流行的玩世不恭、穷奢极欲和大摆排场的风气的发展，正如宗教改革运动的来临在法国、德意志和英国遏制了这些过火行为一样。大众文学有民谣，有传奇故事新编，如《贤者梅尔林的呼声》（1498年）或者《圣杯的要求》（1515年），有宗教的演唱和短剧，有牧歌和闹剧。一般来说，重要作品本身与老的作品总有千丝万缕的联系，因此，在时间上向前追溯是不可避免的；特别是有些相当重要的作品，虽然如今才初次出版，但是在好多年以前就已经成书，并且为人阅读和遐迩闻名了。

在抒情诗领域里有两个重大事件：一是在1511年出版埃尔南多·德尔·卡斯蒂略的《诗歌全集》，一是在1515年出版加西亚·德·雷森迪的《诗歌总集》。前者包括将近1000首诗，主要是过去时代的作品，但也包括一些当代的诗歌。这部诗选在16世纪内出了许多版。其中有一个部分是"诙谐诗"，1529年扩大为戏谑的和往往是淫秽的诗歌专集出版。雷森迪所编的《总集》主要包括用葡萄牙文写的诗，但是值得注目的是也包括一些用卡斯蒂利亚语写的作品。在两部诗选里，大多数作者都是遵循文雅的传统的吟诗能手，矫揉造作，缺乏灵感，但是文辞优美，刻意润色。实际上，这两部诗选都结束了此类歌集的传统。不久以后，新的形式就代替了它们，因为在它们的内容中已经有了彼特拉克的影响和古典文艺作品的痕迹。在1520年以前写作的诗人，能够列入很高位置的寥寥无几。不过，在1513年用卡斯蒂利亚语出版诗集的佩德罗·曼努埃尔·希门尼斯·德·乌雷亚写给他妻子和他母亲的私人诗歌，一般被公认为佳作；而他在一首田园诗中改写《塞莱斯蒂娜》的末尾一段和在他的散文《爱情的惩罚》（1514年）中改写《塞莱斯蒂娜》的全部内容，证明他对我们下面将要谈到的这部著名作品是很有兴趣的。讽刺诗也并不乏人写作，不过，正如汗牛充栋的宗教诗和祈祷诗一样，它是用不着我们多费笔墨的。

当时最重要的作品是用散文写成的。阿方索·马丁内斯·德·托莱多是塔拉韦拉的大司祭，他写了一部作品叫作《对世俗爱情的责难》，但是以《科尔巴乔》（从薄伽丘的《科尔巴乔》而来）的题名更为人所熟知。这部作品是1438年写成，然而直到1498年才出版。

这是一篇谈论男女风化问题的讽刺性和教诲性的文章，从加泰罗尼亚和意大利的资料中取材，也包含作者自己的经验；文体生动，想象丰富，讽刺有力，语言通俗。对于这种半说教、半小说式的文学，迭戈·德·圣·佩德罗提供了他的《论阿纳尔特和卢森达的爱情》（1491年），其中包括关于爱情的书信和感想；第二年，他又出版了《爱情的监牢》，这是一部较为人所熟知的作品，它以一种有些混乱但是激动人心的方式，把个人的回忆、心理的分析、奇异的遭遇和巧妙的比喻结合到一起。它继承和发展《菲娅梅塔的挽歌》的传统，出版后立即炙手可热，以后经常复印，并且译成其他许多文字。模仿它的有1508年至1512年间在那不勒斯就地取材写成的《爱情问题》，这部书据传为巴斯克斯所作，他写过同类的作品《爱情的典范》（约1510年）。《论格里马尔特和格拉迪萨》是继承《小小的火光》的另一部作品，著于15世纪最后的几年，而在16世纪20年代当它改换一个新书名的时候，依然为人们所爱读。不过，在我们所讲述的时代里，叙事体散文的杰作毫无疑问是《高卢的阿马迪斯》，它在欧洲小说史上注定要起很大的作用。这部作品的题材在半岛上已经流传几百年，最早取自法国的亚瑟王式传奇故事的传统。加尔西·罗德里格斯·德·蒙塔尔沃声称他仅仅是旧的材料的编辑人，但是第四和第五两卷几乎可以肯定是他自己的创作。前4卷是在1508年刊印的，虽然这几卷似乎在15年左右以前已经定稿。它大受群众欢迎，经常再版，几乎译成了欧洲的所有语言。书中详细说明当时最优美的骑士理想，举出忠君爱国和骑士行为的范例，从而体现了典型西班牙的（尽管故事的背景不在西班牙）浪漫式骑士精神。文体轻松而华丽，虽然偶有冗赘之处。这部作品对西班牙国内外的散文传奇故事的发展都产生了影响，尽管它的类型往往蜕化为愚蠢和造作的形式，受到塞万提斯的严厉谴责。不过，《堂吉诃德》的作者在早期加泰罗尼亚的讽刺性传奇故事、约翰诺特·马托雷利的《暴君布兰奇》中却找到了一些可以赞许的东西，这部作品是在1511年翻译成卡斯蒂利亚文的。此后一些年出现许多模仿和继承阿马迪斯题材的作品，并且形成类似的一套帕尔梅林传奇故事，其中之一《英国的帕尔梅林》最初是以葡萄牙文出版的。

从重要性来说，唯一能够与《高卢的阿马迪斯》相比的作品是

《卡里斯托与梅丽贝娅的悲喜剧》，又名《塞莱斯蒂娜》，这部作品很难把它列入哪一类。虽然它的题目是"悲喜剧"，但是把它说成是用戏剧形式写成的散文故事，也许更合适一些。我们所知道的最早的版本（布尔戈斯，1499年）包括有16"幕"，但是后来的版本又插入一些新的幕，总幕数达到22个。关于作者是谁的问题曾经有过很多的争论，但是现在大体上取得一致的意见：除第一幕而外，其他所有各幕的作者是一位皈依基督教的犹太人费尔南多·德·罗哈斯。他在安排这篇讲述两个青年人不幸的恋爱故事时，不断阐明自己的道德观念，并以完全的写实主义展示罪恶和腐化的背景，与那种田园诗式的、带有感伤情调的恋爱故事形成鲜明的对比。副标题之所以为群众所熟知，是因为他勾画了淫媒塞莱斯蒂娜的令人惊异的可怕嘴脸，这个家伙假装行善，以对上帝的虔诚来掩盖玩世不恭的阴谋。文学方面的来源很多，从泰伦提乌斯和奥维德一直到中世纪故事，皆有摄取；但是这部作品依然具有高度的独创性，其现实主义的心理描写远远凌驾于《高卢的阿马迪斯》之上。在150多年间，《塞莱斯蒂娜》对西班牙的小说和戏剧，并通过许多译本，对欧洲其他国家的小说和戏剧，都产生了极大的影响。

在前一时期编纂的本民族语言编年史中，有一些是在我们所讲述的时期第一次刊印的。其中必须提到的是费尔南·佩雷斯·德·古斯曼的《世代和人物志》，这是一组很有参考价值的当代人物传记，1450年左右编入《史海》。《史海》于1512年刊印，模仿它的有阿隆索·德·托莱多的《史鉴》。其他的历史著作有：迭戈·德·巴莱拉的《编年史》（1482年）和《英雄事迹记录》，后者是阿隆索·德·帕伦西亚早些时候的《几十年》的重编；恩里克斯·德·卡斯蒂略的《恩里克四世编年史》，这部书过分夸张和有所偏袒，但显示出敏锐的观察力；埃尔南多·德尔·普尔加的《名人传》（1500年）和他那歌功颂德的《信奉天主教国王编年史》，后者直到1565年才刊印，但是由内富里哈译成了拉丁文。这类著作的主要兴趣是传记，但并没有忽视历史的其他方面。当然，历史和哲学的鸿篇巨著依然是用拉丁文写作的。可是在我们所讲述的时期，也有一部值得注意的有影响的本民族语言作品，即阿方索·德·拉·托雷的《哲学与科学的喜人景象》，虽然它是在这个时期以前写成的。这部著作是中世纪最后的百科全书之一。正如题名所表明，它的结构是一个寓言，在这个寓言里，"理性""智慧""自然"以及类似的拟人手法，概括了那个时代的知识。

在戏剧方面，如果把《塞莱斯蒂娜》算作剧本的话，则除它之外，只有很少几个出名的作品。胡安·德尔·恩西纳（约1468—约1529年）在西班牙和西属意大利的剧院发展中都有所贡献，他使过去一直是宗教的形式丰富化和世俗化了。他注入了一种抒情的风格（他那以内布里哈的教导为基础的关于诗歌的概念，在其1496年出版的《诗艺》中有详细说明）。由于他是一位技艺纯熟的音乐家，就能够更好地做到这一点。他把令人喜欢的和勤劳多产的农民典型搬上了舞台。巴托洛梅·德·托雷斯·纳阿罗的《普罗帕利亚迪亚》（1517年）中包括在意大利写作的一些作品，从其情节的错综复杂以及分成序幕和5个"进程"（这是一种由神秘剧的"日"向贺拉斯规定的5幕的过渡），可以看出意大利和拉丁的影响。不过，那个时代的最伟大的戏剧家是葡萄牙人吉尔·维森特（约1465—约1536年），他是一位多才多艺的诗人和银匠，在他的44篇剧作中，有16篇是用葡萄牙文写的，11篇是用卡斯蒂利亚文写的，17篇是用混合语言写的。他的早期戏剧作品主要是与伟大节日有关的宗教性的东西，但是，从1508年起，他转向世俗的和幽默的类型。在他的晚年中，他的最伟大的作品包括一些闹剧以及他的3个讽喻死后和来生的短剧：《地狱》《炼狱》和《天堂》。他的抒情的灵感，他对人性的敏锐观察能力，以及他的幽默的广阔范围，都使他成为在两种语言的这一过渡时期的最有趣的人物。

在法国，这一世代的作家也可以、而且也许更清楚地证明中世纪传统的衰落（但不是死亡）和意大利与人文主义影响所产生的最初效果。《玫瑰传奇》以它用讽喻、色情和说教的方式所遗留下来的一切，依然起着主要的作用。维永的作品在出版和为人们所阅读；在1489年至1533年间，他的诗篇有20个或多或少有瑕疵的版本问世。但丁在前两个世纪内就为法国人所知，15世纪末，《地狱篇》翻译成了法国的三行押韵诗节。当查理八世于1494年侵入意大利的时候，法国人与意大利发生了直接的和令人激动的接触。侵略变成了对一个令人鼓舞的国家的发现。交往频繁起来。法国人如比代和拉扎尔·

德·巴富在意大利漫游或者留学。勒费弗尔·戴塔普会见了菲奇诺、皮科·德·米兰多拉和波利齐亚诺。意大利的军人、外交家、学者、艺术家们前来法国。具有各种工业、印刷所、作为故都的赫赫威名以及优越的战略位置的大都市里昂,不仅成为意大利流亡者的避难所,而且树立了人文主义和意大利文化这两个一脉相通的传统。意大利文学的译本在法国出现:《十日谈》在 1485 年,彼特拉克的《胜利》在 1514 年;《天堂篇》在 1515 年至 1524 年间;浦尔契的《巨人摩尔干提》在 1519 年;等等。与此同时,还刊印了古代作家的原本、译本和注释。约在 1500 年韦拉尔出版了一部泰伦提乌斯的散文和诗歌集;奥克托文·德·圣热莱在 1509 年翻译了《埃涅阿斯纪》;马罗在 1512 年翻译了维吉尔的第一首牧歌;另外还有许多。查理八世把希腊学者拉斯卡里斯带回法国。伊拉斯谟在蒙太古学院求学,1500 年在巴黎出版了他的《箴言集》。比代是伊拉斯谟的大敌手,他工作得十分勤恳。但是,这种活动的果实要到后来才能收获。这一世代的 3 个伟大名字是让·勒梅尔·德·贝尔热、科明和格兰戈尔。他们的身上都带有中世纪的桎梏,但是全都指出各自不同的前进方向。

  这是大修辞家的时代,他们是诗人并且常常是历史编纂家,也是 200 年来城镇自由民的抒情传统的文字冗长但是软弱无力的后代。他们最初是在勃艮第和佛兰德的宫廷中,在奥地利的玛格丽特个人周围得宠,只有当路易十一世的死亡给他们敞开大门的时候,他们才在法国宫廷中得到显著的地位。他们的诗歌的主题,正如他们的散文的主题一样,是多种多样的:爱情和骑士精神,政略和历史,宗教和道德,科学和艺术,但是他们的处理手法是呆板的和说教的,很少有一种真正个人的笔调使其生动活泼起来。他们把这些题材填塞到寓言、神话和拟人法里。他们的语言是不自然的,充满臆造的词句和没有消化好的拉丁语法,而他们的诗体则被诗歌是"第二修辞学"的观念破坏无遗。他们长于用固定的形式,这种形式由于采用费尽心思的押韵方法和过多地讲究抑扬顿挫而变得非常复杂。不过,还是有几位作家留下了声誉:梅希诺(约 1420—1491 年)用散文和诗歌写成的寓言式《王子们的眼镜》在 1493—1539 年间印了 20 版以上;莫利内(1435—1507 年)是为勃艮第王室服务的编年史家,用散文改写了《玫瑰传奇》,附有伦理性评注;科基利亚特(1490 年卒)以几篇辛辣的讽刺作品而为人所记忆；夏特兰是勃艮第人的教长；克列坦（约1525年卒）是巴黎人，名望极高，连克莱芒·马罗都会称之为"至尊的诗人"；让·马罗（约1465—1526年）曾教导他那更有名气的儿子如何作诗，他后来对于韵文的技巧运用自如。尽管他们有许多缺点，但这些能工巧匠还是做出一些贡献的。他们试图把诗歌与学术结合起来；他们根据自己的良知，援引古代的拉丁文学；他们坚持技巧的重要性。但是，他们过于迷恋表面的形式，而且他们除了近期对原作进行价值不高的改编外，对自己的民族遗产则一无所知。克莱芒·马罗后来使他自己从修辞派的桎梏中解放出来，不过在创作新的、生动的个人风格诗歌时，还是运用修辞派的一些技巧。但是，这时候他依然以他的老师们的风格进行写作，正如他的早期作品《丘比特的神庙》（1515年）所表明的那样。然而，在1519年，他进入阿朗松的（后为纳瓦尔的）玛格丽特的宫廷服务，直到他转而为弗朗西斯一世服务和得到解放之前，他在那里接受了他的真正诗学教育的初步课程。

除了小马罗以外，让·勒梅尔·德·贝尔热（约1473—约1515年）是最伟大的修辞家，因为他解放得最彻底。他在波旁公爵和卢森堡的路易那里服务之后，先后成为奥地利的玛格丽特和布列塔尼的安妮的侍从，并作为诗人、历史编纂家、外交家和旅行家而扬名。他是一个有独立判断能力和广泛的兴趣的人物。他那些登大雅之堂的诗篇是精雕细琢的，但是，他的3部主要作品都具有另外的性质。《绿色情人的书信》（1511年刊印）假托是奥地利的玛格丽特宠爱的鹦鹉所写，他以优美的诗句和生动的辞藻描绘小鸟由于女主人不在而悲恸自尽后奔赴动物的黄泉和乐土的故事，当然，也不是没有显示出相当的博学。《两种语言的合谐》（1511年作，1513年刊印，此后经常再版）采取三重寓言的形式：诗人访问维纳斯的神庙，但是没有找到和平，这一部分是用三行一节、每行十音节的诗体写成的；中间是一个用散文写的插曲，他去弥涅耳瓦的神庙，在那里可以找到荣誉和一切的美德，这一部分是用亚历山大诗体写成的；他将法语和意大利语相对比，但并不像题名所示在语言方面，而是在文字和学术方面，在这方面，它们是平等的，而且应该在有益的和高尚的竞争中相得益彰。《高卢的光荣和特洛伊的神奇》（共三卷，1510—1513年写作和出版）发展了关于赫克托耳的儿子法兰库斯创立法兰西的中世纪传说，以一种通史的形式，从诺亚时代的大洪水一直讲到法兰库斯在高卢安家立业。他任意搬用古典的东西，而一些章节描写得很动人，并且富有想象力，这立即表明在欣赏古代文学方面有了进步，以及对于一词一语的含蓄价值的感受性；这也表明为什么龙沙后来采取这个传说作为他的失败的史诗《法兰西亚德》的框架。勒梅尔依然是一位修辞家，有时好引经据典而且玉石杂陈，特别是在早期的充满寓言的作品中，但是随着他的进步，他运用经典更加灵活了，他的感觉能力更加敏锐了，他的诗的韵味和他的遣词造句都更富于和谐和明晰性了。

法国的散文是旧式的，代表作品有：修辞派所写的大批编年史、论文和讲稿；翻译作品；米歇尔·梅诺（1450—1518年）或者奥利维埃·马亚尔（约1450—1502年）等人的铿锵有力的、主要是通俗的讲道词；用散文改写的传奇故事和传奇化的史诗；故事或故事集，如《十五桩结婚喜事》、安托万·德·拉·萨尔的《小让·德·圣特列》，或者《新故事百篇》，最后这部书虽然自己宣称承袭《十日谈》的传统，但是除了表面的"故事"形式而外，并没有汲取到任何东西。以上的所有作品都是在我们所讲述的时期老早以前写成的。

只有一个接近第一流伟大作家的名字，这就是菲利普·德·科明（约1447—1511年）。他是佛兰德人的后裔，非常聪明又讲求实际。他是一位头脑明敏的心理学家，一位手腕灵活的政治家和外交家。他原来给勃艮第大公服务，后来转到路易十一世的宫廷，他发现路易十一世不仅能够赏识他，而且与他气味相投。他晚年的命运并不那么美好。他的《回忆录》有上、下两卷，上卷是1490年前后所写，记载从1464年到1483年之间的事情，1524年第一次刊印；下卷是在他风烛残年的时候所写，叙述查理八世的意大利远征，于1528年出版。《回忆录》是作为维也纳大主教编写拉丁文的路易十一世传记的原始资料而写的，并不要求文章优美，但是，它不缺乏笔致的秀逸。科明注重事实，他不屑于卖弄修辞派的文章技巧，他的风格朴实无华，有时显得沉闷，但是往往具有令人钦佩的精确性和贴切性。他的洞察能力，他的分析技巧，他对各种事件的相互关系的精辟认识，他对国王和国家的利益的忠诚拥护，他的冷静客观和表面上不关心道德的因素，都使人产生这样一种观念：科明是马基雅弗利的先驱。他肯定相信外交和权术，但是，当他有可能的时候，他宁愿道义和舆论在他的一边，而且当他考虑事件的进展情况时，他看到一种能够左右和导致预料不到的结局的力量。他认为这种力量是上帝的意志，而不仅仅是偶然的演化，因为，不管表面看起来如何，科明是一个基督教徒。他对于各种事件以及因果关系的理性的探索，他的抽象能力和概括能力，都使他成为第一位真正近代的历史学家，他的作品如果更注意于美词丽句，对于我们来说很可能是一种真正的损失。

　　法国这一时期的演剧历史几乎没有划时代的重要标志。没有几部作品可以很精确地确定年代，而它们只不过是从1450年到1550年以后的一个总的运动的一部分。大型神秘剧主要是从15世纪中叶开始的，在我们所讲述的时期依然上演。它们极少脱离宗教的范围，并且可以大规模地表现圣经历史的主要事件或者个别圣者的生平和事迹。它们可能在一个整个的村庄或城镇上演，时间经过几个星期，也许仅在一个小单位上演，时间只是一天；它们可能为了一个大的节日上演，或者为了瘟疫的熄灭，或者为了祈求丰收而演出。它们基本上是大众化的，因此它们一般缺少文学价值，虽然可以见到一些成功的段落，而且因为它们把严肃的场面与滑稽的场面混合起来，而后一种场面则蜕化为大开玩笑的恶作剧，使官方感到不悦。在巴黎，耶稣受难会主要上演这些东西，直至1548年下来一道禁令为止。其他一些团体既在巴黎又在各省进行演出。例如，巴黎最高法院的书记们组成一个名副其实的团体"巴索歇"，上演神秘剧、道德剧和闹剧；旧城堡法院的书记们有他们自己的"巴索歇"，审计法院的书记们有他们的"加利利帝国"；而在第戎、鲁昂、里昂和其他的重要城镇都存在着类似的团体。巴黎的另一个团体是"欢乐儿童会"或称"愚人"，有他们的"傻王子"和"傻妈妈"，这些人组织傻剧、闹剧和道德剧，通常是在圣会星期三的前一天上演。我们很难给这几种不同类的戏剧画清界限，但是可以指出一些大体上的不同点。总的来说，道德剧是戏剧化了的寓言，用拟人的方法达到教诲的目的，但是，滑稽的道德剧也是常见的，例如安德烈·德·拉·维涅的道德剧《圣马丁的神迹》加上一个令人发笑的场面：人们违反一个瞎子和一个瘸子的意愿把他们的残疾治好了，于是他们以不难想象得到的不同方式对此做出了反应；或者像尼古拉·德·拉·谢奈所作的《宴会的惩罚》（约1507年），用喜剧的方式来谴责暴饮暴食。指出这样一点是很有意味的：在1548年，塞比耶在讨论悲剧和喜剧的时候，发现在道德剧中两者是异曲同工的。到17世纪，闹剧依然盛行不衰。闹剧往往是把描写女人的水性杨花、男人的皮包或钱袋的容易损失，以及人类任何共同的弱点的情节加以痛快淋漓地戏剧化。正如在风格上与之相似的以前的韵文故事一样，闹剧有种种的不同：有的是巧妙的（纵使很简单的）心理描写，有的则淫秽不堪。闹剧的八音节诗是紧凑而有力的。著名的《帕泰兰律师的闹剧》（1470年）在它的篇幅长度、它的结构，以及它始终保持细心观察和文学技巧的高度水平方面，都是一个例外。傻剧往往与闹剧和道德剧一道演出，它有时取材于时事问题。《新大陆》的作者大概是安德烈·德·拉·维涅，1508年由"愚人"演出，以"国事诏书"为题材；格兰戈尔的《傻王子》（1512年作）攻击罗马教皇朱理亚二世，另外还以一个道德剧《法国人民、意大利人、顽固的人》加强火力。这篇道德剧刻画这位教皇与路易十二世之间的分歧，"顽固的人"当然指的是教皇。傻剧《世界、恶习、傻瓜们》（约1514年作）更具有普遍意义，它告诉观众说：尽管有些人想把世界重新建立在愚蠢和腐败之上，但是世界依然会跟它过去一样。不难看出，寓言在这些傻剧中占有重要的位置。皮埃尔·格兰戈尔是很突出的。他在1511—1512年扮演"傻妈妈"；他那大胆的《傻王子》在写作的时候，即便不是由国王或者他的大臣们授意，也一定得到了他们的默许。格兰戈尔在当时必然是个颇出风头的人物；他肯定是多才多艺，虽然他的许多作品都落入修辞学派的窠臼。他的《圣卢瓦阁下传》（约1514年作）看来似乎表明了真正的宗教感情。但是我们怀疑，是否值得像19世纪浪漫派作家那样把他敬若神明。

普罗旺斯文学在这时候处于衰落的状态。法国南方的作家几乎完全用法语写作，虽然用普罗旺斯语写的宗教剧留下了一点点痕迹，但是这些作品来源于法文的剧本。意味深长的是：像图卢兹百花诗赛那样的一个文学竞赛，在1513年已经允许用法语写的作品应征；15世纪末获得这种"学院"奖的最后一些作品，表明形式主义正在代替灵感。

从德意志诗歌的整个历史来看，德意志抒情诗中的同样动态乃是一种极为重要的现象：中世纪的抒情诗歌衰落了，取而代之的是日益兴旺的工匠诗歌。早期诗人的缠绵悱恻的情歌，在14世纪给"工匠"诗人们（例如弗劳恩洛布）的格律严谨和意义高深的作品让了路；而"工匠"诗人们的作品，又给德意志南方城市行会所组织的诗匠——技艺分成等级并定有死板规矩的工匠歌手的诗歌让出一条大道。能脱离一般流行的机械的作诗观念的诗人寥寥无几。杰出的工匠歌手汉斯·萨克斯（1494—1576年）的很多作品不属于工匠诗歌的风格，事实上，这些诗歌的绝大部分是在我们所讲述的时期之外的。他的重要性大概在于他发展了戒斋节剧或称忏悔节剧，这一剧种是在德意志大量拥有的为圣诞节和复活节上演的宗教剧的滑稽场面的影响之下，由原始的化装狂欢剧发展而来。汉斯·罗森普律特的剧本和迪特里希·舍尔恩贝格的《尤塔夫人的表演》（1480年作）已经指出用一些滑稽故事作戏剧题材的道路，这在汉斯·福尔兹的作品中得到了实践；1510年左右，福尔兹在纽伦堡曾经红极一时。潘菲鲁斯·格恩巴赫在1515年至1518年间写这一类的道德剧，后来，伯尔尼的尼科拉斯·曼努埃尔用同一形式攻击天主教的教义与实践。与此同时，民歌似乎繁荣起来，以《玫瑰传奇》的传统为基础的旧式寓言诗依然流行，但是它越来越矫揉造作，骑士传奇成了滑稽模仿的对象，或者越来越出现下流的改编，如菲特雷尔的《奇遇记》。因此，当我们看到马克西米连皇帝亲自出来大显身手的时候，是很有趣味的，他指导写作《图尔丹克骑士历险记》（1517年作），这是一部寓言式的作品，记述他向勃艮第的玛丽求婚的事迹，附有优美的木刻插图。

除了滑稽故事的发展而外，用旧题材重新编写的作品主要属于讽刺的一类，这一类在当时产生了一些杰作。按出版的日期排列，第一部是塞巴斯蒂安·布兰特（1457—1521年）的《愚人船》（1494年作），布兰特是斯特拉斯堡的一位法学家和权贵，他也写过拉丁文的诗，法学著作，编过传统的笑话集和13世纪流行的一部教诲性的作品——弗赖丹克的《谦逊》。《愚人船》用辛辣的讽刺笔调和令人难忘的生动的双行诗体讲述人类的愚蠢行为；形式是寓言式，主要情节是由愚人做船员和驾驶的一只船，乘客也是一些愚人，他们驶向愚人的天堂。这部作品附有动人而有趣的木刻插图，曾经印了许多版，并译成许多语言（包括拉丁文），到处发生直接的影响。在1509年以前，它已经有两种英文译本。在德意志，它导致出现了如盖勒·冯·凯泽斯贝格的作品那样的说教作品（1500年作，1511年以拉丁文出版），也导致模仿它的讽刺作品，如托马斯·穆尔纳的《愚人的咒语》（1512年作）。它既为人文主义者欣赏，也被不学无术的人喜爱。低地德语的《列那狐传》（吕贝克，1498年）是把在尼德兰、德意志、法国以及其他地方已经有长期历史的资料刊印出来；看起来，它所根据的是一个佛兰芒语的本子，而卡克斯顿的《列那狐》（1481年出版）也是以这个本子作为底本的。经过各种不同的重新整理，这部带有讽刺性的动物史诗从来没有失掉群众的普遍欢迎，曾出版了无数版本和改编本。《梯尔·欧伦施皮格尔》（1515年）与滑稽故事一脉相承；这是一部戏谑和诙谐的作品集，据说是14世纪初期一位农民所撰，写的是心地质朴的乡下人对头脑比较复杂的城里人的复仇。以前就有人将这些故事编成集子，但是没有保留下来。1515年在斯特拉斯堡刊印的这个本子翻译成许多语言，尽管它很粗糙，但是由于充满奔放的热情，它曾长期成为讽刺作家的资料来源和写作范本。在德意志的讽刺作家中，托马斯·穆尔纳（1475—约1527年）是一位重要人物。1515年出版的《梯尔·欧伦施皮格尔》，虽然证据不足，但确实有人认为是他所撰。他过着一种飘忽不定的流浪生活，有一个时期是马克西米连的桂冠诗人，但是他不能定居下来。在几部继承《愚人船》的传统的作品中，他痛骂社会的愚蠢和罪恶；其中最著名的是嘲笑情人们的愚蠢的《笨拙的一对》（1515年作，1519年出版）和题目本身就说明内容的《论路德派的愚人》（1522年出版）。工匠歌手格恩巴赫（1470—1524年）在1518年也写了一篇《笨拙的一对》。与此同时，也在进行着古代文学的翻译工作：寓言是受群众欢迎的，有一些寓言集出版了，包括拉丁文和德语的材料，其中最著名的是在斯特拉斯堡出版的一本（1508年），是约翰·阿德福斯所编；另一本由马丁努斯·多尔皮乌斯编的寓言集，重版了好几次。1499年出版德文的泰伦提乌斯全集。我们还不应该忘记，我们所讲述的整个时期乃是新拉丁语演剧十分活跃的时期，虽然严格说来，这不属于我们的论题范围之内，但是由于它对德意志内外的本民族语言戏剧

（特别是喜剧）的发展有过巨大贡献，我们必须提上一提。在这一方面，罗伊希林的名字是重要的；他的喜剧于1496年出版。

不过，罗伊希林的最重要的影响在于他作为学者和人文主义者对创造路德后来取得成功的那种气氛所做的贡献。当然，其他的一些影响也在起作用。1498年出版了14世纪神秘派作家约翰内斯·陶勒的说教作品。而从16世纪开始之前起，有"德国萨沃纳罗拉"之称的盖勒·冯·凯泽斯贝格（1445—1510年）的大胆的训诫作品就被他的朋友传抄并出版了，看起来很像没有得到他的同意；他利用手头所有的东西，如前所述，也包括《愚人船》。在1520年以前，路德就已经开始行动，他的95条论纲是1517年所写；1520年，他的3篇著名的"宗教改革论文"——《致德意志民族的基督教贵族》《论教会的巴比伦囚房时代》和《论一个基督教徒的自由》问世了，它们分别谈论德意志民族抗拒罗马巧取豪夺的责任、圣礼制度和因信称义的教义。1520年12月10日，路德邀请维滕堡大学和城内的人们前来观看他烧毁开除他教籍的教皇通谕以及其他"罗马的"东西。一件划时代的事情过去了，路德的其他作品，包括他翻译的《圣经》（1534年完成，《新约》是1522年出版的）在内，都属于一个新的时期。而他的《圣经》对于宗教改革运动以及对于标准德语散文风格的发展，都产生了巨大的影响。不过，我们可以回忆一下，他的译本并不是第一个德文译本。现在只提一下主要情况：1466年版是在斯特拉斯堡由门特林刊印的，这个版本所根据的是一个较早的版本。迄至1518年至少有13个另外的高地德语版本，迄至1522年有4个低地德语版本，都是从1466年的版本而来。这些版本毫不生动，枯燥无味，错误满篇，影响较小。

低地国家在这一时期的文学，除了中世纪遗留下来的传奇故事以及宗教和敬神作品之类而外，有盛极一时的修辞院（Rederijkerskamers）的作品，修辞院各具有稀奇古怪的名称，是一种行会式的合作组织，专门致力于诗歌和学术。当15世纪颇为盛行的宗教剧正在奄奄一息的时候（《圣礼剧》据传为斯米肯所作，但也有人主张是布鲁日修辞院成员安东尼斯·德·鲁维勒所作，1500年在布雷达上演，这大概是最后的宗教剧之一），修辞院的成员们发展了道德剧。最出名的道德剧是《每个死尸》，著者一般认为是彼得·多兰都斯，约在

1470年写成，1485年左右在安特卫普上演，1495年出版。这部作品可能是英国的《普通人》的底本。这些道德剧（abele spelen），主要以高尚的英武事迹为主题。修辞院在偶尔上演神迹剧（例如《内伊梅根的玛利亚》，大概是一位安特卫普的修辞院成员在1500年左右所作）以外，大抵献演这类道德剧和大开玩笑的闹剧。这些戏剧作品和一些美词丽句的抒情诗似乎是这一时期尼德兰人对于文学的主要贡献，但是它们与一些中世纪的作品（如《列那狐传》）不同，能达到可以称之为欧洲水平的真是凤毛麟角。

英国学者与伊拉斯谟和其他一些欧洲大陆的人文主义者的关系是人所共知的，在当时的一些英国本族语言文学作品中可以看到人文主义的若干情趣。然而，主要的传统依然是中世纪的；在诗歌中，还没有摆脱乔叟的以及寓言的魔力。我们很难相信对枯燥的说教寓言家斯蒂芬·霍斯（1475—1530年）来说，他在其中进行活动的骑士世界会是完全真实的；他的《道德范例》（约1503年作，1512年出版）和他的《快活的消遣》（约1505年作）都是枯燥无味的讲仁义道德的冒险故事，由于用拉丁化的语法和杂乱无章的风格而搞得一塌糊涂。亚历山大·巴克利（1474—1552年）是一个虔诚的方济各会士，他在1509年改编了布兰特的《愚人船》。早些时候，他为了教育的目的，曾经颇为生硬地模仿曼图安的田园诗。约翰·斯克尔顿（约1460—1529年）作为一个人文主义者，曾经受到伊拉斯谟的称赞；但是作为一个教区牧师，却并不令人满意。他给未来的亨利八世当过辅导教师。他以辛辣无比的讽刺和信口开河的诙谐而博得文名。在他的讽刺性寓言里，他放弃传统的英雄诗体，而采取一种不整齐的、不规则的，带有重韵的节奏，这种节奏，用他自己的话来说，"别有蹊径在其中"。他在《宫廷饮食》（1499年作）中，用乔叟的节律讽刺宫廷的生活。他的《科林·克劳特》（1519年作）攻击神职人员、甚至沃尔西本身。在《你为何不进宫？》（1522年作）中，他以极刻薄的字眼，再度发起一次进攻。他的早一些时候的《麻雀菲利普》是对珍妮·斯克鲁培的宠爱的动物之死所作的挽歌，这首挽歌以卡图卢斯的作品为基础，但是塞满了回忆和枝叶，拉得很长。他还写了一篇道德剧。这位奇特的人物令人想起拉伯雷，他有很丰富的骂人词汇，很活泼的文体，很多的斗争精神以及一点点人文主义的味道，但就整个说来，他仍然属于中世纪的而不是文艺复兴的传统。苏格兰的诗人们也保留着一种强烈的中世纪的气味。罗伯特·亨利森（约1425—1500年）活动在一个乔叟式的世界中。他在《克莱西德的遗嘱》中，给予特罗伊拉斯与克莱西德的故事以（在他看来）更圆满的结局。他的《寓言集》，故事讲得很好。他的《欧尔福斯与尤丽迪思》哀婉动人，有抒情的节奏。他的《罗本与马金》具有质朴无华的写实主义色彩。在整个苏格兰作家中，理所当然最为出名的是威廉·邓巴（约1460—约1520年）。尽管他的作品不多，他的诗通常都很短，但是，他的寓言诗，如为欢迎玛格丽特·都铎到苏格兰来而写的《蓟与玫瑰》，或者他的《七个死罪罪人的舞蹈》，以及他的讽刺诗，如以其写实主义而值得注目的《两个已婚女人和一个寡妇》，和《通兰德的芬尼耶特·弗赖尔》，都具有极精湛的技巧。他出众的地方在于语言和音韵的精巧，而不在于任何思想感情的创新，甚至在他的一首吟咏死亡的忧郁的抒情诗《哀悼造物主》中，也是如此；这首诗是悼念苏格兰过去的诗人的。加文·道格拉斯（约1475—约1522年）乍看起来，仿佛朝向较少中世纪色彩移动了一步，虽然他的早期寓言，以简洁著称的《荣耀之宫》（1501年作）和《国王哈特》，依然遵循古老的传统。他最令人难忘的作品是《埃涅阿斯纪》的第一个英译本（过去只有若干片段）。这个译本用的是十音节的押韵诗行，努力做到准确；但是，维吉尔的诗意几乎没有表达出来，倒是道格拉斯在每卷前面的引言写得有声有色，受到人们极大的称赞。戴维·林赛爵士的作品完全采取中世纪的形式和传统的结构，所以不在我们的讲述范围之内。几乎没有任何疑问，在英格兰和苏格兰，民谣形式的大众诗歌都是很流行的，但是我们不可能完全确定它们的年代。要想准确地指明在全国各地搬上舞台的许多宗教剧和世俗剧的写作日期或者演出日期，也是同样地困难。城镇的成套故事不仅依然流行，以后也继续受群众欢迎。一些道德剧为15世纪的作品，它们遵循标准的模式。《普通人》的优点是人所共知的。《四个元素》约在1519年出版，但现存只有残本，这部作品谈的是科学和新的发现。

　　如果严格按我们的时期来讲，要提到的散文是很少的。严肃的文章依然主要是用拉丁文写作。旧传奇小说印成廉价的小册子流传。伯纳斯勋爵（1467—1533年）翻译得很活的傅华萨的《闻见录》以及同一译者所译的《波尔多的于昂》虽然内容是追溯中世纪的事情，但英译本的出版属于下一个十年。我们必须记得，卡克斯顿1485年出版的马洛里的《亚瑟王之死》是大受群众欢迎的。卡克斯顿的另外一些出版物，例如温金·德·沃德的一些作品，使当时出现的许多最有价值的作品以及古典著作的译本得以保存下来。

在斯堪的纳维亚各国，正如其他地方一样，有一个大众文学的背景：有在晚些时候搜集起来的民歌和民谣；有英雄的、神话的或趣味性主题的叙事诗，或者像冰岛的《特里斯丹叙事歌谣》那样，利用过去广泛流传的"布列塔尼的"题材；在冰岛，还有取材于"萨迦"的诗体故事（rímur）。用丹麦文出版的第一部书据说是由修道士索洛的尼尔斯所著的《韵文编年史》（1495年）。约在同一时期产生的瑞典的编年史有《查理朝编年史》和《斯图勒家族编年史》（约1500年）。在冰岛，对传统的叙事诗也用散文体进行了重新改编。宗教诗并不缺乏，而且产生了新的作品，如欧登塞的米克尔的3首圣诗《圣母玛利亚的玫瑰花环》《创世》和《人生活》，均在1514年发表；而在冰岛，霍拉的最后一位天主教主教约翰·阿尔逊创办了第一家印刷所，在1550年他被斩首之前，曾经写过一些关于虔信上帝、爱国主义和政论的诗篇。1506年，曾经出版据说由彼得·拉拉所编的丹麦谚语集。在瑞典，瓦斯特纳的一位修女英格丽·珀斯多特写给一位青年贵族的《情书》（1498年），是脱离当时流行的类型的感人的作品。虽然很少有准确的证据，但是我们很难相信在这些国家里会找不到在其他地方普遍存在的那一类神秘剧和道德剧。

爱尔兰和苏格兰的盖尔语文学依然忠实于自己的古代传统。在爱尔兰，人们继续搜集原本，同时继续写阿尔斯特和芬尼亚的连续故事，有时用民谣的形式；编年史、宗教和敬神的文学继续存在，还从中世纪的古典文献中取材，翻译和改编小说。苏格兰的正式文学语言依然是爱尔兰语，正如写诗的主要技巧依然是爱尔兰的一样。在那里，杰出的文献是詹姆斯·麦格雷戈爵士弟兄在16世纪初期所编纂的《利斯莫尔教长的书》，其中有包括格莱诺基的坎贝尔（1513年卒）在内的一些新老诗人的诗篇以及几篇对女人的讽刺诗。袄相民谣也编成了集子。但是，苏格兰盖尔语文学的伟大时期是从1745年开始的。

布列塔尼凯尔特语文学有较大的进展。布列塔尼处在法国的影响之下，翻译和改编了许多法国作品。1499年出版了第一部布列塔尼文的作品，即让·拉加德克的《万灵全书》，他是在30来年以前编纂这部布列塔尼—拉丁—法语辞典的。1519年写成《死神之镜》，这是一首以死神和末世的事件为题材的长达3000行以上的长诗，直到1575年才得到出版。16世纪早期出现了两部诗体神秘剧，一部是《圣诺恩传》，这是根据一部拉丁文传记改编的，以布列塔尼为背景；另一部是《耶稣的伟大奇迹》，它属于法国神秘剧的传统。敬神文学取材于《黄金传奇》。在康沃尔，宗教剧继续流行。《我主的受难》是一部枯燥无味的戏剧，以见诸正典的和托古伪作的福音为基础。它像《奥尔丁纳利亚》一样，是15世纪的作品。《奥尔丁纳利亚》是三部宗教剧，一为创世，二为受难，三为复活，所用的格律各有不同。虽然有一些滑稽的场面，但总的效果很差，对白毫不生动。属于同一大类的是《圣梅里亚塞克传》，它将近5000行，格律和音调多有变化，但年代错误俯拾皆是，结构十分松散。这部戏剧源出布列塔尼，但是夹杂着英语的单词，如果不是"多米努斯·哈德顿"所编，也是他在1504年抄录下来的。在威尔士，正如在爱尔兰和苏格兰一样，吟唱诗人的时代并没有过去。威尔士的正牌吟唱诗人非常受人尊敬，他们以自己的技艺和所处的社会地位自豪。但是，还存在着一大群自封的吟唱诗人，他们比流浪的乞丐强不了多少，并且构成一种社会的、政治的和艺术的威胁。1451年的卡马森诗歌演唱大赛企图整顿这种情况，但只是通过作诗规则的严格化而取得一般的效果。虽然杜斐德·阿普·格威里姆的比较自由的风格依然有追随者，然而在15世纪末，由于有杜斐德·阿普·爱德蒙（约1480年卒）和他的弟子们，特别是以其警句式的诗歌而长期为人们所记忆的屠杜尔·阿莱德，更加形式化的诗歌流行一时。有一些诗人甚至在亨利·都铎赢得英国王位之前就为他大唱赞歌，而这种生动活泼的威尔士诗歌在评论时事方面的创作则可以以刘易斯·格林·柯蒂（1490年卒）对切斯特家族的辛辣讽刺为其代表。除了继续存在箴言式的三行诗而外，散文显得停滞不前。用威尔士语写作的第一本书直到16世纪中叶方才出版。

在欧洲本土西部以外的地区，据我们所知，文艺复兴发生的作用不大，虽然波兰的贵族青年有时是在意大利求学的。斯拉夫世界的总的传统依然是拜占庭式,采取地方题材。有一个值得注意的例外,这就是西塞尔维亚和达尔马提亚的信奉天主教的斯拉夫人,他们形成(特别是在拉古萨)一个以威尼斯和意大利为榜样的社会,而在早些时候,希腊学者从君士坦丁堡向这里逃来。西斯科·门切蒂奇(1457—1527年)和迪奥尔杰·德尔吉奇(1461—1501年)在情诗和哀歌方面,是上承奥维德和彼特拉克的。这些诗人无论如何应该包括在我们的论述里边。

对于本章的复杂的叙述,要想作一个总结是很不容易的。但是,在希望和成就、落后与保守的滚滚浪涛中,意大利光辉灿烂,占有独特的地位。的确,意大利在许多年间都成为一个样板和指南。尽管在其他地方有一位罗哈斯或者一位布兰特、一位邓巴或者一位勒梅尔·德·贝尔热、一位科明或者一位蒙塔尔沃的成就,但是没有任何地方像意大利那样远远地跑在前面,把中世纪丢到大后边。古代学术的复兴(甚至在意大利内部)以及意大利的榜样的巨大威力,尚有待于扩展到欧洲的其余部分,以后,一般是被改变,而且在某些情况下,受到路德派和加尔文派宗教改革的结果的制约。

张文华 马 华 译

第 七 章
马克西米连一世统治下的帝国

1493 年 8 月 19 日，老皇帝弗里德里希三世去世。在他自 1440 年即位以来漫长的统治期间，德意志民族意识开始上升。这种民族意识经过立宪主义对专制主义论争时期大辩论的哺育，受到了印刷术的发明在宫廷和城镇中日益富裕起来的德意志语读者之间影响的激励，体现为"德意志民族的神圣罗马帝国"这一个流行的口号。但是在他统治期间四面八方的国土却是频频丢失。霍尔施泰因的领地已经接受了丹麦国王的统治（1460 年）。条顿骑士团也处于波兰的控制之下（1466 年）。奥地利各公国频频遭到土耳其人的蹂躏。瑞士人已不再认为自己对神圣罗马帝国负有义务。随着勃艮第势力的衰落（1477 年），法兰西王国又重新开始向东扩张；法国的外交政策也造成了从尼德兰到阿尔卑斯山的离心运动。弗里德里希的儿子马克西米连接管的帝国却是国土缩小，四面受到威胁。

帝国的无能为力激起了人们的愤慨。但是办法何在呢？马基雅弗利写得很对："对于德意志的力量无人能表示怀疑，因为它富庶，而且人口众多，武器充足……但却不能加以使用。"[①] 最高的权力是国王，国王要根据国会的意见并取得其同意才能行事，而国会则是国王的领地或直接佃户的代表会议。国会全部人数最多时包括 6 名选侯，约 120 名高级主教，约 30 名世俗王公，140 名伯爵和领主，还有 85 个城镇。但是这个名单颇为杂乱，很不可靠；而且每届国会都有许多领地不包括在内。有的虽派遣了代表参加，但事实证明他们并不一定

[①] "论伟大的事业"，见《马基雅弗利文集》，G. 马佐尼和 M. 卡塞拉编，1929 年，第 740、742 页；或邦尼蒂尼编，1954 年，第 487、491 页。

具有约束他们委托人的全权。许多城镇、贵族和他们属下的农村人口都没有代表参加。国会建立了某些程序。国王提出了他的建议后就离开国会。选侯、王公贵族和城镇分别进行讨论。美因茨选侯随后主持联席会议，并将取得一致的意见呈报国王。国王与各领地取得的一致意见即成为法律。但是，未经本人同意不得将新的义务强加于人这一中世纪的原则仍未失去其作用。再者，那些对于某些提案在国会中本已表示附议的人，往往一再拖延迟迟拒不执行，直到时过境迁这些提案已不符合需要。弗里德里希在位期间，国会频频举行会议，提出了许多在有限的期间内解决争端和维护和平的计划，并大肆宣扬。但是，这些计划除了促使人们的思考并要求维持秩序以外，并没有产生什么实际效果。德意志仍然是一些大大小小的势力集团。德意志的百姓都把当地的统治者看作至高无上的权力。但是只是在较大的公国领地或较大的城镇中，百姓才相信他们的统治者在正常情况下具有足够维持治安和进行防卫的能力。

在英、法两国中，教会谆谆教诲人们在世俗事务方面要服从王室的权威，并且往往充当王室政策在宗教事务方面的工具。但是，德意志的100多名高级主教，上自美因茨、科隆、特里尔这3位兼任选侯的莱茵区大主教；下至各修道院院长和教堂执事，尤其在南部或西部，他们自己就是世俗的统治者；他们大多数是王公贵族世家的成员，具有王公贵族的政治观点。这些高级主教身兼各种有俸的神职，并且相沿成风。例如，巴拉丁的乔治伯爵在成为施佩耶尔的主教之后，又在1513年取得罗马教廷的许可仍兼任美因茨教长、科隆和特里尔大教堂公祷团的成员、布鲁日的圣多纳西安大教堂教长、霍克海姆和莱茵河畔洛尔希的教区神父。勃兰登堡选侯的兄弟阿尔贝特·冯·霍亨索伦，1514年当选为美因茨大主教时，经准许仍保留原来马格德堡大主教的职务，以及哈尔伯施塔特的主教区。这些高级主教们充斥着财产和权力的思想，而对辖区广大教徒们精神生活的福祉毫不关心。他们有些人很少履行教士的职务。一个极端的例子是鲁佩特·冯·西默恩，他在1440年到1478年任斯特拉斯堡主教期间，从来没有主持过一次弥撒，并和世俗人一样每年接受一次圣餐。

尽管如此，教会在履行开明教化这一伟大的任务，在德意志人中间传播责任、友好和谦让的美德。教会的永恒性令人仰之弥高。教会的法庭执行教会的法律，其判决是有效的。教育几乎仍然全部掌握在教会手中。各种慈善机构和宗教团体中洋溢着德意志人慷慨无私的虔诚情谊。艺术家和名工巧匠精心装点着教会的大礼拜堂、教堂和宗教会所。朝圣吸引着成千上万热心于瞻仰古迹和花钱赎罪的人，卖赎罪券的某些收入支持着各式各样的社会服务事业。

但是，在人们普遍接受传统的同时，许多正统派改革者对于教士们缺乏纪律和教育的情况日益感到不满；资产阶级的一些舆论对于教会的权力之大也不能容忍。同时，教士中的"无产者"中间也存在着很大的不满情绪。数以千计的世俗教士是收入微薄的教区神父，他们的上司却有薪俸可拿而且另住他处；有的不能担任拯救灵魂的职务，依靠在某些特定的祭坛上主持弥撒为生；有的为了收取一点费用而从事其他宗教活动。在15世纪末，有236名教士附属于布雷斯劳的两个教区教堂①。尽管再三实行改革并且取得了一些成绩，国内还有许多宗教会所管理不善并且不从事宗教活动；还有一大群到处流浪的托钵僧，其中有些是属于不见经传的或根本就不存在的什么兄弟会的骗子手。全国各地拥有大批资产的修道院和教士团组织到处林立。而这些组织的成员大都不是教士，而清一色地来自贵族世家（他们被称为上帝的贵族），他们除了没有结婚这一点以外，和他们的那些专事武斗和沉湎狩猎的兄长们毫无二致。教士中间有如此众多的没有基督教信念的人物混迹其中，要能够有一个有秩序的、和平的基督教社会是不可能的。没有成立什么神学院。只有追求教士薪俸和修士身份的小执事才去上大学。教士中很少有人在神学、布道或礼拜方面受过训练。没有一个主教着手解决教士教育这个根本问题。

在这种情况下，通俗的宗教读物的大量需求，路德以前德文版《圣经》再版次数之多，自然要引起人们的关注。无数出版物都为人的自由意志进行辩护，正好说明基督教关于人的教义的这个基本原则出了问题。斯特拉斯堡的一位大传道师盖勒·冯·凯泽斯贝格说过：让普通人来任意解释《圣经》，就像把切肉刀交给一个小孩让他去切面包一样地危险。美因茨大主教贝特霍尔德禁止未经批准即刊印并出售用本地语言写作的宗教著作，也是出于同样的担心。如果说在波希

---

① J. 洛茨：《德国的宗教改革》，第1卷，第86页。

米亚以外地区反对教会教义的规模仍然很小，它还没有张扬开去，或者仅限于少数几个异教徒的人文主义者，那么这种反对毕竟是在酝酿之中。

官方强制实行的改革，并不是来自那些漠不关心的高级教士，却是出自世俗的统治人物。教士中间极力主张改革的人们，对于他们自己的那个宗教界和遥远的罗马都已失去信心，而且又害怕反教权的情绪不住地高涨，于是便转向王公贵族请求支持。王公贵族对教会事务发号施令，对教会的各种教士团组织或改组或取缔，都不是罕见的事情。城镇也愈来愈多地接管在此以前一直由教士们经办的各项活动，如医院、学校、管理伦理道德的问题，甚至管理教会和修道院。值得注意的是，德意志在宗教改革前有 20 所大学，其中 18 所或是由世俗的王公贵族或是由市政议会创办的，只有最无足轻重的 2 所，即美因茨大学和维尔茨堡大学才是由教会当局兴办的。

但是，这种由世俗愈来愈多地控制教会的过程只能是靠强有力的人物实现。这个过程有助于少数的诸侯大家族巩固他们日益庞大的权力和财富。而这些大家族在 1495 年至 1504 年的 10 年中间，一心想要参加管理帝国，即管理那些无数的诸侯。而这些诸侯以及少数的大城镇在 16 世纪中都将成为实际上独立的国家。

经济上的变化打断了中世纪德意志生活的节奏。德意志的商人学会了意大利人的大规模资本主义经营的方法。在马丁·路德以前的那个世代中，大资本家这个新的势力已兴起；他们组织了贵金属和工业原料的生产，控制了价格的涨跌。统治者们通过收买或贿赂其他国家的大臣，或者通过战争的方法，奉行着种种有力的扩张政策。战争中越来越多地使用雇佣的职业兵，如果不按期发饷，他们就要开小差。这就需要有大量的现金，而资本家可以提供这些现金以换取生产上的垄断权，从而他们又可从垄断权中取得好处。关于这种垄断权，在马克西米连统治的末期有一个显著的例子，就是当时控制匈牙利铜矿的福格商行和主要经营蒂罗尔铜矿的霍赫施泰特尔商行之间的安排。根据这种安排，意大利北部和德意志南部的铜业市场完全要由蒂罗尔供货，而尼德兰的铜则由匈牙利供应。经济普遍动荡的结果，小规模生产者的旧式联营百业萧条，由于新发明的问世，专业的划分越来越细，靠工资收入为生的工业无产阶级在成长，而在较为成功的资产阶级中间财富和文化则迅速增长。这种结果反过来又促使农村中的小贵族加重了他们不自由的佃农的负担并且剥夺了他们的普通权利,除了巧取豪夺以外,又施加暴力,因为这是唯一能使这些小贵族向富裕的市民生活方式看齐的手段。每隔10年,德意志南部的某地总要发生一场严重的农民起义;随之而来的镇压往往提高了邻近地区的王公贵族的威信,因为这时证明他是唯一能够对付这次起义的强有力的人物。

促使变化的另一种影响是罗马法的传播,这是知识分子以牺牲人民的利益为代价所取得的胜利。德意志的法律是地方法,而且名目繁多。德意志法的根源莫衷一是。罗马法披荆斩棘在丛林中开辟了一条明确的、始终一贯的道路,这条道路对于权威和财富是有利的。在罗马的古迹受到人文主义者几乎是顶礼膜拜的时代里,罗马法的威信是崇高的。在意大利和德意志各大学培养出来的平民法学家越来越多地被诸侯用来充当行政官吏、法官和公断人。在1495年成立的帝国最高法院中,有半数的法官是由平民法学家担任的。从此以后,这种外来的、权力主义的并且把君主视为一切权利的源泉的法律,就更加迅速地引进了各地的司法和行政管理中去,以便进行正规的和系统的治理。但是中央政权并没有从中得到任何好处。尽管这些诸侯在其自己的领地内一心想要成为罗马法所说的君权的源泉,但是对于神圣罗马皇帝却仍然一直保持着他们传统的封建关系。

到15世纪末,较大的诸侯所取得的胜利还没有获得任何保障。较大的城镇乃是财富的主要中心,它们的力量还很强大足以自卫;如果说,它们必须作出抉择的话,它们宁愿接受帝国有效的治理,而不愿接受诸侯的统治。在西南地区,由诸侯、主教、伯爵、骑士和城镇组成的"施瓦本联盟"有正规的会议、法庭和一支起码的共同拥有的军队,计有步兵12000人和骑兵1200人;这个联盟在一个帝国观念最强而实际力量最分散的地区内,在维护和平和保卫现有秩序方面确实大有作为。这个联盟是由于斯瓦本的各阶层慑于瑞士的"革命"势力日益增长和巴伐利亚的维特尔斯巴赫家族各公爵采取了侵略政策而于1488年成立的。这个联盟是一个要求各加盟成员对其本身的自治权利作出一定牺牲而结成同盟的实例。马克西米连和美因茨的贝特霍尔德都依附于这个联盟,而且俩人都想设法争取联盟支持自己的关于"帝国"的观念。联盟在最初成立的几年中，确曾支持过贝特霍尔德所做的改革努力。但是，在 1499 年与瑞士议和、1504 年维特尔斯巴赫家族失败后，联盟已达到了它原来的要维持西南地区现状的目的。改革运动此时也就偃旗息鼓了。在符腾堡的埃贝哈德去世（1496 年）后，联盟再也没有一个有作为的和众望所归的领袖。这个联盟在 1519 年时，力量还相当强大，足以推翻符腾堡的野心勃勃的乌尔里希，并把他的领地卖给了查理五世。但是，联盟的成员往往只想分享联盟的好处，不愿尽力地去完成联盟的义务。宗教改革又使联盟进一步分裂，逐渐趋于解体。

从教会、经济、政治以及社会各方面来看，德意志处于混乱之中，经历着一场急剧的变革。人们渴望着秩序、和平和安全；渴望着有一位领袖能够实现这种愿望；渴望着有一位皇帝出世，他能够按照《启示录》流传极广的传说出来恢复过去的"黄金时代"。对于广大的德意志舆论界来说，马克西米连这位自 1486 年起就是德意志王，而在他的父亲去世后则是神圣罗马帝国及哈布斯堡各领地唯一的统治者，看来就是天赐的领袖。马克西米连具有为其各阶层人民所爱戴的品德，年方 34 岁，相貌堂堂。他为人敦厚，平易近人，对诸侯、教士、骑士、贵妇人、商人、农民一切人等一视同仁。他爱好运动，喜爱登山，在竞技和狩猎方面也是佼佼者。他又是一位学者和诗人，是人文主义者和艺术家的保护人。他在战争中则是一位胸有韬略的统帅，他是德意志步兵即雇佣兵的缔造者，炮兵技术的专家。他曾于 1479 年把法国人从尼德兰赶出去；近如 1493 年 1 月，他在兵力不足的情况下，在萨朗一战告捷，使西德意志免遭法国的侵略，继而在 5 月订立了森里斯和约。3 年前，他取得了蒂罗尔并把匈牙利人逐出下奥地利，从而将哈布斯堡家族所有的土地重新又置于他的父亲也就是他自己的管辖下。在他登上这独一无二的统治宝座的时刻，极尽荣耀之能事，而且深受人民大众的爱戴。

但是，马克西米连对于一个德意志王所要遇到的棘手困难深有体会。这些困难再加上他自己又无法对自己所面对着的种种可能性作出切合实际的估计，因而他的统治受到挫折，令人失望，最后归于失败。在法国、西班牙和奥斯曼帝国这些穷兵黩武的专制国家日益强大的时代中，马克西米连不免看出了四分五裂的德意志所面临的种种危险。"在你们的国王领导下团结起来,保卫德意志使之免遭法国和土耳其人的侵犯,否则就是灭亡",这就是他雄辩地向国会,向首要的诸侯们,向城镇议会不断提出的问题。他没有能够说服各个阶层的人物,德意志以后的三个世纪的历史证实了他所提出的警告。

马克西米连致力于建立一个强大的君主国家,可以不受约束地征税并拥有一支常备军。这些努力遭到美因茨的大主教、帝国大法官兼选侯团的主席亨内贝格的贝特霍尔德的反对。后者组织人们起来支持另一种主张改革国会。他显然是一个很有能力的人物,不达目的决不罢休,所以他能使选侯团中的他的同僚们,甚至马克西米连的好友萨克森—迈森的阿尔贝特和符腾堡的埃贝哈德等人改变主意而同意他的主张。因此,他们保持了某种程度的统一战线达10年之久。贝特霍尔德代表中世纪后期的贵族立宪主义。他和他的同僚们要求建立有力的中央政府机构,作为整治德意志当时无政府状态的根本补救办法。但是,最高的中央权力机关必须由一批较大的诸侯组成,其中各选帝侯以其传统和辅佐的经验应作为国王的参议而名列前茅。这些改革家们的目标是要建立一个联邦制的帝国,其中大诸侯们在自己的领地上可以处理自己的事务,但对于共同的事务则应和国王一道作为一个政府进行管理。不管帝国将来拥有什么样的武装力量,这支力量必须用以维持国内的秩序。必须避免对外战争,以便使新建立的机构有可能在和平的时期为人所接受并成长起来。因此,他们不同意马克西米连自以为有权可以自行控制军队和财权,可以自行决定战争与和平的问题。他们看到马克西米连在帝国边缘各地进行冒险,其所追求的目标也许可以扩大哈布斯堡家族的力量,但看来和德意志的中心利益却相去甚远。马克西米连曾替他的儿子菲利普担任尼德兰的摄政,他的对法战争激怒了佛兰德的各城镇,因此帝国不得不派遣一支军队去解救马克西米连,使他从布鲁日市民的监禁中脱身(1488年)。两年后他通过代表与布列塔尼女公爵安妮秘密结婚。这是一个疯狂的策划,目的是要使他能够从背后进攻法国。这时,虽然理由并不充足,他却又断然声称他的家族享有对匈牙利王位的继承权。无论他的父亲或是帝国议会都不支持这两个计划中的任何一个。

1493年夏天,马克西米连的注意力又一次转向东方。土耳其人此时已在克罗地亚和南施蒂里亚出现,马克西米连便前往格拉茨组织防御。在森里斯条约之后,西部平静无事。马克西米连任命的尼德兰执政萨克森—迈森的阿尔贝特已经使佛兰芒人各城镇降服(做得很成功,300多年来这些城镇一直忠于哈布斯堡家族)。1494年8月,他把权力交给了年轻的菲利普公爵。看来,法国从下莱茵兰进入德意志的门户已经被堵死了。其实,法国的查理八世和马克西米连两人都梦想着组织一支对付伊斯兰的欧洲十字军联军。

1494年9月,法国侵犯意大利。马克西米连对此未加反对。相反,他和查理八世在谈判中似乎确定:为了报答他对法国征服那不勒斯的默认,查理八世将支持他反对威尼斯。威尼斯是马克西米连一直忌恨的目标,它在过去的一个世纪里窃取了不少神圣罗马帝国的领土。这次会谈是1509年康布雷同盟的一次早期的预演,两位国王在会谈中划分了对意大利的控制权①。为了推进这项在意大利恢复神圣罗马帝国势力的计划,马克西米连又与米兰的摄政卢多维科(绰号摩尔人)建立了密切的联系,并把米兰公国授予卢多维科,而且还娶了他的侄女比安卡·玛丽亚·斯福尔扎为妻,以换取44万他求之不得的杜卡特金币。有了法国和米兰的支持,他就可以把威尼斯共和国赶出大陆,而大陆则将回到帝国的怀抱。然后再从亚得里亚海对巴尔干大事征伐,使东方得到解救。1494年11月24日,他号召议会于1495年2月2日在沃尔姆斯开会,与会者要各带一部分军队;此时,他仍然一直怀抱着这些希望。他的直接目的是要在德意志大军陪同下前往罗马举行皇帝加冕典礼。到夏季,便可进行对土耳其的十字军东征。

但是,法国在意大利取得的意想不到的完全胜利,使各国普遍感到震惊。西班牙、威尼斯、教皇和米兰不久便一致起来进行抵抗。尽管马克西米连对于查理八世无视帝国在中意大利的权利以及谣传查理提出要改革罗马教廷,甚至想要攫取帝国的皇位等甚感不满,然而,只是在西班牙的费迪南德一再告诫说法国有独霸意大利的危险,并且提出马克西米连的儿子菲利普和女儿玛格丽特与西班牙的胡安娜和胡安双双联姻,马克西米连才于1495年2月参加了威尼斯同盟,要把

---

① 这种见解见乌尔曼《神圣罗马皇帝马克西米连一世》,卷1,第271页和卡泽尔《德意志史,1486—1519年》,第55页。

法国人赶出意大利。

由于德意志的军队没有参加，威尼斯同盟1495年7月在福尔诺沃进行的对付法军的敷衍了事的战役也受到了削弱。马克西米连为什么没有在那里指挥同盟的军队作战呢？由于议会不同意他提出的供应要求，因此他滞留在沃尔姆斯。他原来指望议会只开一两个星期的会议，但却开了26个星期，因为马克西米连要求派出一支相当庞大的军队。美因茨的贝特霍尔德和改革派便乘机坚持要求马克西米连实现他在1489年和1491年曾答应过的体制改革（成立最高法院，永远禁止械斗），并采取进一步措施。马克西米连滔滔不绝地向各等级人士说明除了土耳其侵略这一经常性的威胁外，还有法国控制意大利以及法国从南方和西方进攻的危险。他要求立即拨付进行意大利战役的经费以及将来在10年至12年中为了保持一支军队所要花费的金钱。争论的双方都承认对方言之有理。但问题在于轻重缓急。改革派认为德意志当务之急是要有一个贯彻始终而又切实可行的法律和秩序的体制。他们提出了一个方案，其中除包括上述的要求外，还包括一个由17人组成的常设最高执政委员会（*Reichsrat*），负责国防事务和国内的和平，执行朝廷做出的决定，并管理王室的收入；不经该委员会同意，国王的法令将无效。委员会主席应代表国王，6个选帝侯可各提1名委员，宗教界贵族提4名，世俗贵族提4名，城镇提2名。重大问题包括对外关系和征收新的税收等问题则要提交国王（如国王视事）和选帝侯。

福尔诺沃战役，法国实际上取得了胜利。帝国议会在这一消息的推动下，批准了征收公共税（公共芬尼）以供应一支国防军的计划，各城镇立即贷款15万盾，以后再向准备预付公共税者收取15万盾。但是关于其他措施的辩论一直进行到8月。甚至有人提议建立一个不受罗马约束的德意志教会。最大的分歧是关于执政委员会的问题。国王不同意把他的地位降为选帝侯们控制下的一个委员会的一名行政官员。各等级赞成执政府的也寥寥无几。像维特尔斯巴赫家族那样的一些人物则公开表示反对。于是委员会的问题遂作罢。但是，贝特霍尔德坚持认为必须成立某种代议制的行政管理机构。最后决定还是应当授权帝国议会，每年召集一次会议或召开非常会议，颁布维持和平的措施，负责公共税的支付，执行对外政策，决定战争与和平的问题。

这样一来，一个长期证明不能采取决定性行动的机构变成了最高的行政权力机构。

同时还宣布永久的国内和平。这是一项成就。其实，和平与否，要看各诸侯是否支持集体安全而定。仍然有人违反和约，有些诸侯就不听约束，而强盗骑士们不可能要他们在一代之内就放弃他们的劫盗生涯，但已不如以前为烈了。同时还宣布了械斗为犯罪这一原则。帝国最高法院在法兰克福（在远离哈布斯堡势力范围的莱茵河畔的德意志选侯地区）开庭，将实行法治。国王将任命法院院长，院长将由议会批准的8名贵族和8名法学家襄助。马克西米连于10月31日正式为法院举行了成立典礼，这是沃尔姆斯议会决议成立的一个常设机构。但是，这个最高法院开始工作时就很不得力。它无法制约权势者。法官们领不到应由公共税中支付的薪金。诉讼者抱怨说，不行贿案件就无人受理。1497年5月，最高法院便迁往生活费用比较低的沃尔姆斯。

财政供给是一场失败。公共税经议决仅仅征收4年，是要用来支付帝国军队和帝国最高法院以及其他政府开支的。税款是要向7名由国王和各等级提名并常驻法兰克福的司库缴纳的。这7名司库每年将账目呈交议会，由议会分配各项开支。这项强调帝国统一的一大革新，即征收收入的2.5%或本金的0.1%的税收，是直接向所有年满15岁并有支付能力的人征收的，并由教区神父收集，因为这项税收原先主要是打算用于对土耳其的十字军东征。这是迈向真正联邦税制的第一步，虽然各个等级负有责任督促税收的收集工作。这不只是联邦向各地统治者提出的要求，这些统治者们是可以任意征税的。但是这笔钱并没有到手。许多诸侯、伯爵和城镇认为这项税收是横征暴敛。许多人拒绝接受一个他们既未出席、也没有派代表参加的议会所发布的命令。法兰克骑士的一次集会竟宣称，他们的职责是为帝国而战斗，不是向帝国纳税。两年之后，只有美因茨（理所当然）和其他两地的主教、勃兰登选侯和两个较小的诸侯以及西南部的一些城镇缴清了税款。没有钱，没有强制性的权威，在沃尔姆斯议会上提出的种种改革都是行不通的。

此后4年，马克西米连的种种活动都贯穿着一条线，这就是他继续不断地与法国争雄。1496年初一些法国军队越过了阿尔卑斯山，这件事似乎证实了查理八世不久即将回师意大利的传说。可能首当其冲的米兰的卢多维科劝说威尼斯人和他一道按月给马克西米连一笔津贴，让马克西米连充当他们的佣兵首领，带一支德意志军队进入意大利。此时马克西米连的宏图大略是让帝国的旗帜飘扬在意大利，把法国人赶走，然后和西班牙一道从南面侵入法国，同时英国人则从北面进兵法国。但是，他提出的帝国大军于7月和他会师的号召，却没有什么人响应。帝国没有一个诸侯率兵前来或赞同这次征伐。因此，他必须用钱来雇佣军队。福格家族同意拿出121600盾，以换取蒂罗尔银矿的专利开采权。但是这笔钱几乎全部用于偿还旧债和支付蒂罗尔官员们的开支。他不顾沃尔姆斯敕令的规定，把公共税中蒂罗尔缴纳的部分尽量搜刮过来，带领着一支由4000名步兵和骑兵组成的兵力不多的军队越过阿尔卑斯山，妄想用意大利人提供的津贴雇佣一支由瑞士人组成的声势浩大的雇佣军。但是，此时情况已经判明：法国不会侵入意大利，威尼斯人因而劝告马克西米连不必再前进。然而他不听劝阻；他是作为救苦救难的天使来到意大利的，可是现在却谁也不需要他。卢多维科替他想出了一个任务：解救佛罗伦萨进攻下的比萨。马克西米连遂从海上和陆地两面包围了佛罗伦萨的港口里窝那。马克西米连在里窝那敌不过秋季的气候，而且威尼斯的津贴又拿不到手，于是便赶忙放弃他的意大利计划，匆匆返回德意志，在整个意大利徒留下一片嘲笑声。

然而，就在马克西米连在意大利出尽洋相的时候，1496年10月21日却在安特卫普发生了一个事件，这个事件在将来几乎肯定要使哈布斯堡家族成为他梦寐以求的欧洲的君主国。这便是他的儿子勃艮第的菲利普和西班牙的胡安娜联姻。

从1496年夏天到1498年夏天，美因茨的贝特霍尔德几乎使议会在林道、沃尔姆斯和布赖斯高地区弗赖堡等地不停地举行会议，极力劝说参加会议的邦议会为共同的利益而放弃各邦自立的主张。马克西米连不闻不问，在他自己的蒂罗尔整顿行政机构。议会讨论并通过了节约和禁酒的条例。最后于1498年6月，马克西米连到弗赖堡出席会议。查理八世暴卒，奥尔良的路易继任法国国王。在路易尚未坐稳王位以前，马克西米连已在组织一场防患于未然的战争。公国领地勃艮第应予收复，法国在莱茵河一带的附庸小国应予制止不得与帝国对抗。他对着一群诸侯慷慨陈词说："伦巴第人叛我而去。德意志人弃我而去。但是，我决不能再像在沃尔姆斯那样被捆住手脚……我必须要进行战争……我必须这样做，即便是把皇冠掷于脚下加以践踏，也在所不惜。"①

议会认为进行战争没有任何意义。但是国王和各地诸侯达成了协议。公共税缴纳的情况有所好转，其中一小部分拨作战费。马克西米连批准了沃尔姆斯敕令。但是马克西米连的战争却烟消云散了。路易这时正在为征服米兰进行准备，因此对勃艮第问题却愿采取守势。同时，他又巧妙地使意大利同盟解体，与威尼斯和西班牙建立了友好关系，在布鲁塞尔和马克西米连的儿子菲利普订立了友好条约，与瑞士进行谈判，并怂恿已被废黜但仍不甘心的盖尔德斯公爵埃格蒙特的查理进行活动。1499年2月马克西米连忙于对付盖尔德斯的时候，听说在施瓦本—瑞士边界全线战争已经爆发。

当时的瑞士联邦包括原有的森林各州即乌里、施维茨和下瓦尔登；其他两个农业州即楚格和格拉鲁斯；城镇占优势的伯尔尼、卢塞恩和苏黎世各州；还有1477年后兼并的弗里堡和索洛图恩。此外还有几个由两三个州共管的地区以及附属的阿尔卑斯山区和联盟城镇。由10个农民和市民共和国的代表组成的议会，每年举行一次或几次会议。它是实行某些管理和决定共同政策的中央机构。

圭恰迪尼描写瑞士人"剽悍；由于土地贫瘠，多从事游牧而不务农……这些强悍而原始的民族以团结和武功著称，由于他们生性勇猛而严于军事纪律，因此在保卫国土时一贯英勇，在为外国雇佣作战时赢得声誉"。② 在从封建军队转向职业军队以骑马的武士为主体，转向以新式火器为主的过渡时期中，瑞士人由于纪律严格和英勇善战，因而战争便成为这个民族的事业。瑞士人除了从畜牧业中取得微薄的收入外，由于他们处于中心地带，还可从货物过境中牟利，也可从苏黎世和伯尔尼的工业中获取一部分利润。他们除了这些财源外，还有从在外国当雇佣兵获得的金钱和抢掠来的财物。而在外国当雇佣兵则是年轻人最喜爱不过的。出于其他方面的动机也会派出由这些剽

---

① 卡泽尔：《德意志史（1486—1519年）》，第77页，参阅乌尔曼：《神圣罗马皇帝马克西米连一世》，卷1，第592页。
② 圭恰迪尼：《意大利史》，第10卷。

悍的战士组成的军队前去作战,例如本国的独立受到了威胁,出于捍卫教会,或者由于某些领袖们(他们对欧洲只略知一二,因而被人收买)的言论。在外国的强国中,法国的国王一直是出价最好的雇主,所以在15世纪末,瑞士军队差不多一直是法国政策的一种工具,德意志的舆论为此表示愤慨不已。有时,瑞士方面的反应竟会令人啼笑皆非。例如查理八世在1495年8月派人从都灵前往瑞士招募12000名雇佣兵,应召而来的却在一倍以上,因此不得不派人把守各处关隘以制止妇女和儿童也来赚取法国的金币。

瑞士的弱点在于分裂,乡村各州和城镇各州互不信任,伯尔尼、苏黎世和卢塞恩彼此竞争,家族和个人之间的积怨颇深。各次勃艮第战争及其后果助长了伯尔尼的霸权,使大批说法语的人口沦于瑞士的统治之下,并且造成了为利润而纷争。只是经过了长期的谈判和妥协,瑞士在1481年才幸免于内战。接着而来的是一段和平时期,这时苏黎世的州长(1483—1489年)汉斯·瓦尔德曼在手工艺工人行会的帮助下,成了苏黎世州实际上的独裁者。他的目的是要使瑞士在抵抗他认为是来自东方的哈布斯堡危险中更紧密地团结起来。他后来被反对他的人逮捕并处决,瑞士从而陷于没有统一领导的局面。

瑞士之所以能够和它以东的各个附属地区永远联系在一起,是由于对哈布斯堡的仇恨。这种仇恨的起因是由于对过去历次的斗争记忆犹新,而哈布斯堡家族占领蒂罗尔和施瓦本、阿尔萨斯和勃艮第的许多土地,更使这种仇恨死灰复燃。自从1438年以来,帝国的元首就一直是哈布斯堡家族的成员。帝国的权威事实上已被认为消失。这种权威一旦恢复,瑞士人便立刻表示不满,因为在这种权威的背后却是哈布斯堡的利益以及瑞士人已经胜利地摆脱了的封建观念。瑞士人对于施瓦本联盟的建立并无好感,他们认为这是哈布斯堡设置的阻止瑞士扩张的一种障碍。莱茵河两岸交相谴责习以为常,边界上的形势一触即发。

如果倡议改革的寡头执政者们在他们的各级议会中给予组织良好的各个瑞士共和国以应得的席位,那么,1495年在沃尔姆斯通过的帝国改革方案是会受到瑞士的欢迎的。但实际情况却是瑞士将得不到一席之地。对于一个没有农民发言权的议会,瑞士有什么值得留恋的呢?他们的仲裁法庭的工作进行得相当令人满意,帝国最高法院对于他们毫无用处。至于缴纳公共税以供哈布斯堡的国王和选侯们挥霍，则更非所愿。帝国的改革派想把早已不起作用的宗主权改变为行之有效的主权。对此，瑞士不但加以拒绝，而且像一块磁铁那样，把企图摆脱帝国义务的邻邦一个一个地吸引到自己的体系中来。

1496年10月，瑞士人愤怒地拒绝了帝国最高法院的一项敌视瑞士圣高尔镇的判决。1497年期间，施瓦本联盟和瑞士双方各自磨剑砺矛。1498年，路易十二派人在瑞士人中间进行活动，广施金钱并散布反对神圣罗马帝国的言论，以防止米兰的卢多维科得到阿尔卑斯山北部的援助。点燃积怨这桶火药的星星之火是蒂罗尔和格劳尔之间一点微不足道的纠纷，格劳尔是阿尔卑斯山高原恩加丁谷地附近的一个部族。格劳尔人请求瑞士支援，蒂罗尔则向施瓦本联盟求助。1499年2月，沿莱茵河从巴塞尔到费尔德基尔希一带爆发了战争。这是一场野蛮而又不成体统的战争，只有一些小规模的英勇战斗，更多的却是抢掠和破坏。瑞士人为了捍卫自由，作战时表现出团结一致和忠诚不渝，这正是施瓦本方面所缺少的。施瓦本方面的某些骑士还拒绝和"低贱的乡下佬"作战。

瑞士的这场大发作非常不合马克西米连的口味。这不是他要打的战争。瑞士人是欧洲最优秀的军人，他经常需要他们为他服役。只要他能够获得他们的军事支持，他们事实上的独立大可以置之不理。这场内战带来的好处不多，却造成了德意志人力的大量伤亡。但是，马克西米连作为神圣罗马帝国的元首有其不可推卸的责任。于是，他任命自己的姻兄弟巴伐利亚的阿尔贝特为临时总司令，许多施瓦本骑士对此非常反感，他们不愿意在一名巴伐利亚人的统率下服役。他本人也慢慢地南下到康斯坦茨湖畔，拟订了一个包围瑞士军队的计划。计划尚未实行就出了一件大乱子。德意志人右翼的一支约16000人的部队，于7月22日在巴塞尔附近的多纳赫遭到突袭全军覆没。瑞士方面胜利已成定局。这场战争估计死亡20000人，200个城堡和村庄被毁，经过谈判于1499年9月22日订立巴塞尔和约，战争才告结束。

巴塞尔和约没有改变领土的现状，至于神圣罗马帝国要求对瑞士行使管辖权这个主要问题则避而不谈，不了了之。但是，帝国法庭上对瑞士的起诉则需撤销。马克西米连就这样接受了瑞士独立这一事实。1508年，当他和瑞士商谈雇佣瑞士军队的时候，就正式使瑞士联邦及其成员摆脱了帝国法庭司法管辖权的束缚。

战后，瑞士的地位进一步得到巩固。1501年，莱茵河上的两个要冲巴塞尔和沙夫豪森被接纳为瑞士联邦的正式成员。可能是为了抵销城市因素的增加，1513年阿彭策尔农村地区作为一个主权州又被接纳加入了联邦。在安全取得保障后，瑞士接着就向南扩张。1500年，卢多维科·斯福尔扎在8000名仓促之间征募到的瑞士人的支援下，从法国人手中夺回了米兰。但是另一支法国军队却出现在伦巴第，同来的还有一支人数更多的瑞士军队，这支军队是经过瑞士国会准许而应募来的。两支瑞士军队在诺瓦拉对阵。卢多维科手下的瑞士人，早已因为不能立即拿到钱和进行掳掠而失望，便拒绝和自己的同胞打仗，开回本国去了。于是米兰再度落入路易的手中。但是，法国国王和他的瑞士盟友之间又在与米兰的通商自由问题以及早已答应交给森林各州的贝林佐纳的归属问题上发生争端。1503年初，瑞士的一支军队越过了圣哥特哈德山口，路易十二此时正忙于那不勒斯事务，便把瑞士垂涎已久的这个地区交给森林各州。因此，瑞士森林各州便取得了对一个说意大利语地区的永久控制权。

与此同时，瑞士联邦的某些头脑比较清醒的领袖们却深深感觉到派军队为外国服役有害于本国人民的真正利益。1503年7月21日，有12个州参加的国会在巴登开会，一致同意放弃派军队为外国服役的做法，拒绝接受恤金以及其他募兵的引诱手段。但是国会并不能完全控制各州，而各州又不能完全控制本州的公民。所谓放弃的行为不过是侈谈而已。

直到1510年，瑞士或多或少还坚持着和法国的联盟。但是教皇朱理亚二世却决心要利用瑞士人把法国人赶出意大利。他的代理人马蒂亚斯·希内尔因为是瓦莱的德意志反法集团中的著名人物因而升任锡昂的主教。替教皇服役看来是件非常高尚的事业，因此，1510年3月14日瑞士的所有各州在卢塞恩举行的国会批准了一项条约，根据这项条约瑞士在5年内应按要求提供6000人为罗马教廷服役，而每个州每年可以得到1000盾。条约不久便超额地被履行了。路易十二由于拒绝增加定期付给瑞士人的金钱，召募了德意志的雇佣兵，并在比萨召开了分裂的教会公会议，这就引起了瑞士人的愤懑。1512年夏天，12000多名瑞士人直下阿迪杰河，把法国人赶出了意大利。这是瑞士人在强权政治中的极盛时刻。阿尔卑斯山从圣贝尔纳到斯蒂尔夫塞约赫的全部要隘,如今都在他们的控制之下,卢加诺和洛迦诺由森林各州镇守,基亚文纳和瓦尔泰利纳则由格劳尔部族扼守。斯福尔扎家族在瑞士人的保证下在米兰复国,这就是说,这个大伦巴第公国正在沦为瑞士的保护国。

1513年捷报又传。路易十二想要夺回米兰的努力,于6月间在诺瓦拉被瑞士人决定性地粉碎了。在英国侵犯法国北部的同时,瑞士的一支大军开进了勃艮第公国。第戎投降的条件中包括法国人最终要从伦巴第撤退,并向瑞士赔款40万克朗。这些瑞士山民不等条约批准,便凯旋回国去了。路易则拒绝接受这个条约。

弗朗西斯一世认为他在1515年要做的头等大事是克复米兰。马西米利亚诺·斯福尔扎向他的保证人求救。瑞士的大臣们意见分歧。亲法派和中立派重申他们的主张。西部各州虽然出兵,但却被弗朗西斯所收买。东部各州的军队在马里尼亚诺处于战术上不利的地位,结果全被打败(9月13日)。瑞士作为军事强国的历史结束了。1516年,有一些州仍然派出军队去为马克西米连和斯福尔扎服役。但不久他们的薪饷被扣留不发。法国军队也收留了一部分瑞士人。弗朗西斯准备让瑞士人保留他们在阿尔卑斯以南占领的地区。因此,当时流行一种说法,就是当雇佣兵滋长贪婪,引起争端并养成暴力习惯,人员的伤亡对于一个小国代价太大;比较妥当的政策还是找一个强大的靠山保持中立。1516年11月29日,瑞士联邦和法国缔结了一个"永久和约"。瑞士的军队将永远不被用来反对法国。法国国王有权招募16000名瑞士人,但仅用于防御。瑞士联邦还可以得到经济上宝贵的特惠权。于是,法国成了瑞士联邦的"头号朋友"和顾问。从此以后,瑞士内部极少发生内战,对外战争也绝迹,这都证明了法国的外交手腕的高明。神圣罗马帝国已无可挽回地失去了瑞士,瑞士人则建立了他们永久中立的传统。

在1499年瑞士战争期间,路易十二曾越过阿尔卑斯山,吞并了神圣罗马帝国的封邑米兰。帝国议会难道能够忍受这种耻辱吗?议会于1500年4月10日,即卢多维科最后被法军俘虏的那一天在奥格斯堡举行会议。受尽磨难的马克西米连出席了会议。自1495年以来,他一再置沃尔姆斯敕令于不顾,一心只想使帝国打仗。他打过佛罗伦

第七章 马克西米连一世统治下的帝国

萨、法兰西、盖尔德斯和瑞士,均未取胜。他可以争辩说,他之所以失败是由于得不到各个等级的支持,而那种行之无效的君主立宪的试验又使严重的后果变得更加不可收拾,其结果,正如他在 1495 年所预言的那样,在德意志的南面和西面法兰西虎视眈眈。在法国人、威尼斯人和土耳其人对神圣罗马帝国步步进逼的时候,德意志王却不得不应付混乱、不服从命令和背叛的局面。但是改革派仍然势力强大而且寸步不让。为了解除反对派的武装,马克西米连自己又提出了他曾在沃尔姆斯否决过的提案,即成立一个代议制的最高执行委员会,即帝国执政府。贝特霍尔德和他的同僚们便着手制订出一个适用于此后 6 年的方案。这个帝国执政府将由 21 名成员组成,国王或国王的代表任主席;成员中有 2 名代表奥地利和勃艮第;每个选侯可指派 1 名;其余 12 名由各等级按自己的阶层选出,代表除哈布斯堡及选侯领地以外的 6 个地区。方案还规定执政府将包括自由市公民、骑士和法学家在内。执政府每届会期 3 个月,1 名选侯必须亲自参加会议。他要首先投票表决,并对决议案副署。这个政府机构设在纽伦堡。其官员的薪金将从经议会批准征收的税款中支付。但是,如果国王或国王的代表都没有到会,这个执政府照常处理事务。而且,它几乎接管了帝国的全部职能。行政、财政、司法改革、维持秩序、执行对外政策、征集军队乃至指挥军队等一切权限皆归其所有。它的命令将以国王的名义发布,并加盖国王的印玺。执政府每年向议会提出报告,6 年届满时最高权力归还议会。

为了应付国防需要,遂采取了一项新的权宜办法。人人都得出力。贵族提供骑兵,各诸侯则向所属非贵族的平民征税以供养一支民兵。帝国执政府和帝国最高法院的开支靠教士和各城镇的捐献,人们相信他们可能懂得这两个机构的需要。这种办法由联邦制向邦联制倒退了一步,征税和组织军队的全部责任完全落到各个等级的身上。

这样,马克西米连建立帝国军队的愿望就要实现了。不过付出的代价却是多么重大!他已经不再是他所能承认的任何意义上的那种国王了。他已经沦为一个在贝特霍尔德和他的选侯同僚们左右下的执政府虚设的主席。对于神圣罗马帝国的事务他既没有否决权,也没有行动的自由权。甚至连军事指挥权都从他那里移交给巴伐利亚的阿尔贝特公爵。马克西米连不得不屈从于需要。但是他向帝国议会提出警告说，如果现在还不能使情况有所改善，他将不会等着被人废黜，他要拿起皇冠把它摔得粉碎。议会闭幕前，他就到蒂罗尔打小羚羊去了。

改革派管理中央政府并不比马克西米连高明，他这时没有给他们以任何帮助。他们不会用把米兰交给路易的办法来和法国讲和。但是，他们既然不愿从事战争，也就没有给路易十二留下什么印象。民兵没有组织起来。贝特霍尔德的健康状况开始欠佳。各个等级很少支持他。执政府出席的人数寥寥无几。收到的税款为数如此之少，以致执政府的成员入不敷出，1501年当罗马教皇使节红衣主教佩劳迪刚到来收取大赦年赎罪券的收入时，他们就曾劝说佩劳迪把一部分款项拨给他们，但未成功。执政府不过是一个毫无用处的累赘。

马克西米连很快就从屈辱中恢复过来，重新取得了行动的自由权。他作为未来十字军东征的统帅，不遗余力地争取将大赦年赎罪券的收入尽可能多地向他缴纳。他在自己的土地上，命令截留下赎罪券的款项，听候他进一步的指示。他不经帝国执政府，便召集德意志诸侯率领军队和他一道于1502年6月1日进行十字军东征。贝特霍尔德的政策是召集各选侯开会，考虑国王违反沃尔姆斯敕令和奥格斯堡敕令的问题。1502年3月，马克西米连要求帝国大法官贝特霍尔德交出帝国国玺。其实这就是帝国执政府的末日。帝国最高法院亦已停止开庭，因为官员们拿不到薪金，而且马克西米连又恢复了他的皇家法庭，并亲自任命了法官。6月30日各选侯在格尔恩豪森开会，决定每年开会4次，并且撇开国王径自行使帝国政府的职权。马克西米连和贝特霍尔德书信往还，彼此激烈攻击。马克西米连并向乌尔姆市议会公开控告贝特霍尔德为法国国王所收买。这时，德意志陷入了比以前更大的混乱和动荡之中。

马克西米连此时所进行的，不是耗费国帑的战争行动，而是事关哈布斯堡王朝今后伟大基业的曲折的外交活动。他的儿子菲利普已经通过妻子胡安娜的途径成为西班牙未来的统治者。1503年西班牙在南意大利彻底战胜了法国，这就加强了西班牙盟友马克西米连的地位。另一方面，菲利普和他的佛兰芒的臣僚们却和法国保持友好关系，并劝使马克西米连作为一方与路易十二缔结了一系列条约。这些条约在许多方面都有所不同，但都一再载明菲利普的男婴查理要与路易的女婴克洛德联姻。虽然法王和德意志王根本互不信任，但查理大公似乎有朝一日不仅可能成为西班牙的统治者，而且至少要兼为路易十二某些领地的主人。根据1504年9月的布卢瓦第约，路易将以20万杜卡特金币的代价取得米兰，并保证不再干涉神圣罗马帝国的事务。如果路易死后无子，查理和克洛德将承袭米兰、布卢瓦和布列塔尼。次年4月，红衣主教昂布瓦兹以路易十二名义，代表米兰前往哈格诺觐见马克西米连，举行了隆重的授权仪式。尽管德意志境内是一片无政府状态，马克西米连关于将来建立一个一统天下的哈布斯堡君主国家的美梦却得到了鼓励。

马克西米连同时还在他自己的领地上从事发展君主制的行政管理。他常说，他宁愿当有所作为的奥地利公爵，而不愿当一名无用的德意志王。虽然改革派正在把他在帝国的权力削减到几乎等于零，但是他却设法在哈布斯堡的土壤中寻求权力的根基（参见第219页）。

他还耐心地、孜孜不倦地积极争取诸侯们对他的支持。他的国王的地位和尊严使他能够对各修士会、豪门家族和城镇产生很大的影响，他成功地在许多主教区内安插了支持他的人。在世俗贵族中，除了那些一贯以拥护皇帝为己任的人以外，他还用分封采邑、授以征税权和其他权利的办法，培植了一批党羽。

马克西米连最可贵的是他的品格。那些好斗的、爱好打猎的年轻贵族们所有喜爱的东西，他都擅长。作家、艺术家和传教士为他歌功颂德。他在各城镇中也是备受欢迎的客人。他平易近人，长于口才，兴趣广泛，市民社会为之倾倒。

最后，他的主要反对者贝特霍尔德的健康日益恶化，终于在1504年12月21日去世。若不是因为贝特霍尔德不懈的努力和对原则的忠诚，宪政改革运动根本就不能有任何成就。

兰茨胡特继承权战争使形势突然改观，马克西米连在帝国内获得了短时期的胜利。1503年12月1日，巴伐利亚—兰茨胡特公爵"富人"乔治去世，死后没有男嗣。他曾和他的两个堂兄弟巴伐利亚—慕尼黑的阿尔贝特公爵和沃尔夫冈公爵在继承问题上有过协议。但是，他在遗嘱中却把他所有的领地都传给他的女儿、巴拉丁选侯之子鲁佩特的妻子伊丽莎白。这个遗嘱不但违背以前的协议，而且也违反帝国收回无人继承的采邑的权力。巴拉丁选侯一贯是法国的附庸，是他本人的敌人，因此马克西米连绝不会甘心让巴拉丁选侯取得如此之多的实力。于是马克西米连在奥格斯堡主持他自己的皇家法庭,对于双方提出的继承权的理由找出法律上的不足之处,并建议分治。但年轻的鲁佩特占领了兰茨胡特城镇,企图造成既成事实。马克西米连必须予以制止并惩治这种藐视皇权的行径;并且在此过程中为哈布斯堡家族捞到点好处。所以,他于1504年4月23日宣布了帝国对鲁佩特的禁令。施瓦本联盟以及巴拉丁的许多敌人都拿起武器支持国王,因此南德意志便陷入了战祸之中。法国并没有给予巴拉丁以支援,因为马克西米连此时施展外交手段,设法使法国保持中立。决定性的战役是9月12日马克西米连在雷根斯堡附近大败巴拉丁的波希米亚雇佣军。然后他转而保护自己在蒂罗尔的利益,包围了鲁佩特方面坚守的库夫施泰因要塞。3个星期后要塞投降。指挥官和17名守军被绞死,以示对叛逆者的警诫。于是马克西米连在蒂罗尔北部门户之处有了一个可贵的据点。

马克西米连乘巴伐利亚战争胜利之威,召集议会于1505年6月在科隆开会,这是他一生中光荣的时刻。选侯们的反对已经消逝。美因茨和特里尔如今都是他的拥护者。科隆方面从未对马克西米连本人表示不友好,对改革也从不积极。勃兰登堡年轻的选侯约阿希姆自愿在马克西米连的军中服役一年。打败了的巴拉丁的菲利普已无力坚持自己的权利要求了。3年前提出要行使帝国政府权力的选侯中,只有萨克森的弗里德里希还在小心翼翼地对建立君主权力的任何企图进行抵抗。另一方面,马克西米连享有极其隆盛的声誉和景仰。1505年4月,威尼斯的使节们向国内报告说:"皇帝陛下现在是帝国真正的皇帝和德意志的统治者。"①

兰茨胡特继承权的问题再次提交马克西米连裁决。他把多瑙河以北比较小的部分分给鲁佩特的三个儿子,他们的父亲鲁佩特已在战争中阵亡。多瑙河以南的比较大的部分则分给了慕尼黑家族。预料这种安排将会在维特尔斯巴赫家族两支后裔之间留下永远不和的根源。这位胜利者兼审判者的马克西米连取得了极其丰厚的酬劳。他兼并了库夫施泰因及其以南的山谷,在他的蒂罗尔周围筑起子屏障,同时巴拉丁选侯不得不把许多城镇和地区拱手让给哈布斯堡家族。

---

① 《奥地利档案》,第66卷,1885年,第77页。

第七章 马克西米连一世统治下的帝国

马克西米连在科隆着手建立帝国中央政府的各个机构。德意志应该有一个强有力的君主国家，不能陷于寡头执政者们侈谈治理的清谈之中而不能自拔。他提出了一些建议，这些建议与他 1495 年在沃尔姆斯提出来反对贝特霍尔德的执政府的建议非常相似。此后 6 年之中，应在纽伦堡成立一个常设的帝国执政府。执政府应由 12 名成员组成，从 6 个区选出，并且被授与议会的全部权力。但是，国王在任何时刻均有权召见执政府，在重要政策问题上必须执行国王的命令。有些条文规定执政府不应只是国王意志的工具（原来目的显然正是要这样的），马克西米连保证在他本人和执政府产生任何意见分歧时，他将召集选侯和其他诸侯共同做出决定。马克西米连还提议执政府拥有一支它前所未有的常备军队以备强制实行法律之用。德意志的 4 个行政区将分设 4 名司令官，每名司令官指挥一队 25 名骑士，作为某种形式的帝国警察。这种用小贼捉大贼的计划，实属别出心裁。骑士们也许会欣然从事这项差使，可以有机会对某些诸侯绳之以法。然而，这样一支人数不多的骑士队伍是否能够收效，是值得怀疑的。这项计划遭到由诸侯把持的议会的拒绝，是理所当然的。

如果说各个等级对于国王无限崇敬，他们实际上已不愿重新再来讨论改革问题了。他们对为立宪而做的种种努力已感到厌倦。他们很有礼貌地向马克西米连保证说，他的统治豁达大度，公正贤明，治国有方；而且他知道如何继续这样做。因此，他们并不希望限制或规定他的权力。事实上，他们已经开始认识到，建立一个德意志国家的计划是不实际的。不管这个国家如何立宪，诸侯们是不会接受作为一个臣民的地位的。国王也不会降低到联邦共和国总统的水平。除了目前混乱的情况继续存在下去，别无其他良策。谁也说不清楚这些年来议会的立法中究竟还有几条仍属有效，因此情形每况愈下。

马克西米连通常提出的要求是为战争要钱。这一次他提出的要求是，倘若匈牙利国王瓦迪斯瓦夫死后没有子嗣，哈布斯堡家族便可以承袭匈牙利的王位，因此要钱同马扎尔贵族的民族主义运动打仗（然后进军罗马举行皇帝加冕典礼）。这一次他的要求不算过高，因此便顺利地被接受了。他只向帝国要求 4000 人，另从自己的领地提供 1 万人。因此不存在以任何形式恢复公共芬尼的问题。于是根据传统的但已废止的每个等级应向帝国输纳兵员和金钱的花名册加以申报。

由于马克西米连的几乎清一色由奥地利人组成的军队在匈牙利的出现，但更重要的是由于1506年7月瓦迪斯瓦夫生下了一个儿子路易，遂导致双方签订了一个没有取得什么结果的和约（7月19日）。持有敌意的匈牙利贵族并未收回他们不让任何非匈牙利人继承王位的誓言（参见第222页）。但和约中却载明，一旦亚盖沃家系没有男嗣，哈布斯堡家族即可享有继承权。

出征匈牙利之后，马克西米连便在罗马加冕，于是神圣罗马帝国又在意大利复兴起来。但是，就在马克西米连的命运在帝国内部有所改善的时候，在国外的处境却每况愈下。路易十二宣告废除布卢瓦条约，同时还解除条约中规定的查理和克洛德的婚约，这原是预料中的事情。路易和阿拉贡的费迪南德现在已是盟友，各自统治着其所据有的意大利的一部分土地。1506年9月，继承伊萨贝拉而为卡斯蒂利亚国王的菲利普大公去世。费迪南德曾娶一个法国女子即路易十二的外甥女为妻；他再度成为整个西班牙的统治者，而且可能生下一个儿子，从而排斥菲利普之子查理使之不能继承西班牙的王位。马克西米连既没有盟友，进入意大利的道路又为法国和威尼斯所阻。他必须向议会要求给予充分的支持。

在1507年5月的康斯坦茨议会上，马克西米连仍然享有崇高的威望。继承法国和西班牙王朝世系的希望显然失败后，各个等级对于建立一个国际间的哈布斯堡君主国家的恐惧心理便消失了，从而使他的声望更高了。他娓娓动听地请求各个等级支持帝国。他要求提供3万人，并许诺伦巴第和威尼斯一旦为帝国收复，就将成为帝国领土，成为帝国的财库，从而大大解除德意志的财政困难。但是各个等级只是在一定程度上为之动容。他们不愿真的和法国及威尼斯进行战争。对于马克西米连的罗马之行，他们同意拨给3000骑兵，为期6个月，并以申报清册为基础拨款12万盾供应9000多步兵——对于一项必须遭到激烈抵抗的行动来说，这点供应完全是不够的。各个等级方面则要求正式恢复1495年成立的帝国最高法院。这件事得到了同意。国王将任命院长以及代表奥地利和勃艮第的2名陪审法官；每名选侯推举1名陪审法官；6个行政区的各个等级将提出其余的8名。2名诸侯作为视察员，每年检查法院工作，并向议会提出报告。这种法院的

第七章 马克西米连一世统治下的帝国

最大弱点仍然是没有制裁权。法院的判决一旦受到违抗，法院和视察员则将商讨采取适当的措施强制执行，并向国王报告。如此而已。因此，帝国的两项极不能令人满意的设施即花名册制度和帝国最高法院便在康斯坦茨议会上明确无疑地建立起来，并在今后持续了3个世纪。

马克西米连的关于意大利的宏伟计划又一次落了空。1508年初他在特伦托。但是答应拨给他的军队却不见踪影，金钱也只拿到了1/4。他不得不放弃他的罗马之行，却于1508年2月6日在特伦托大教堂宣布，经教皇朱理亚二世同意，他将采用"当选皇帝"这一称号①。但是，如果说罗马是不可及的，那么也要迫使目空一切的威尼斯资产阶级共和国交出一些它从帝国窃去的土地。因此，马克西米连便和威尼斯打仗，这场战斗断断续续地进行了8年，议会表决不给这场战争以必要的供应。德意志的各城镇也抱怨干涉它们和威尼斯的商业关系。马克西米连只得靠他从外国盟邦那里以及从他自己的长期以来多灾多难的领地中所能筹措到的津贴去作战，并将他的全部资产抵押出去，最后沦于一贫如洗的地步。

1508年春，威尼斯军队不但打败了马克西米连的人数不多的军队，而且长驱直入，吞并了戈里齐亚、的里雅斯特和伊斯特拉等哈布斯堡领地。马克西米连不得不休战议和，接受既成局势。但是等候着威尼斯的却是一场惩罚。路易十二对于威尼斯共和国停止对马克西米连的敌对行动不满，因此皇帝的聪明而有手腕的女儿、尼德兰的摄政玛格丽特在1508年12月经过谈判缔结了一个康布雷同盟，由法国和神圣罗马帝国对威尼斯采取联合行动。参加康布雷同盟的还有西班牙和教皇。4个列强一致对威尼斯发起进攻，每个国家不达到自己对威尼斯的要求决不罢和。皇帝应得的地盘是维罗纳和帕多瓦以东的全部陆地。马克西米连不得不再赴议会求告，议会慢慢吞吞地于1509年4月才在沃尔姆斯开会。他又一次滔滔不绝地要求他所需要的军队。可是，这一次他遇到的却是断然的拒绝。各个等级对于他们不感兴趣的战争，不愿出一兵一卒，不愿拿出一文钱；而且这次战争却是和他们常常听说乃是帝国头号敌人的法国结成同盟而进行的。所以，康布

---

① 此后提及马克西米连时不再称国王而称皇帝。

雷同盟对威尼斯发动总攻击时,未曾得到德意志盟友的协助,不过奥里雅斯特周围的哈布斯堡领地却被收复。马克西米连的唯一军事努力是和蒂罗尔、法国、意大利、西班牙军队一起包围帕多瓦(1509年8月10日),结果大败,他含羞忍辱地返回了德意志。4个盟邦之中,唯独他没有达到自己的目的。

在1510年3月奥格斯堡议会上,马克西米连提出了另一个关于国防和国内治安的方案。各等级应在10年内供养5万名常备军,由一个总司令统率,并由4名指挥官负责帝国的4个区。4个区的代表组成一个委员会,由皇帝派人主持,以决定在何时及在何种程度上使用这支军队来维护法律。这种制裁手段确系帝国之所必需。但是,各等级对于中央政府已不感兴趣,并且怀疑这支军队一旦成立,就将被用于对威尼斯的战争。他们把整个问题拖到下届议会再行解决,于是问题也就不了了之。

此后两年,马克西米连一直仰承法国的鼻息。在教皇朱理亚二世与西班牙、威尼斯和英国组织神圣同盟要把法国人赶出意大利的时候,马克西米连和路易十二一样,却在玩弄风行一时的宗教改革的主张。他极力劝告路易十二宗教改革大会不应在比萨召开,而应在特伦托或维罗纳召开。这样就可以像法国人一样,成立一个以民族为基础的德意志教会,实际上独立于罗马教廷之外。一名德意志出生的罗马教皇常驻使节就可以排除罗马教廷的管辖权。行政费和司法费以后将不再向罗马缴纳,而要捐献用来支持帝国政府。1511年8月朱理亚二世病重时,马克西米连又一次成为鳏夫,他甚至异想天开,打算提名自己竞选教皇。尽管女大公玛格丽特非常了解她父亲的为人,但当她读到他的来信获悉他有这一念头的时候,也不禁为之失色[①]。这位头脑清醒的贵夫人回信说,她宁肯看到她的父亲和玛丽·都铎结婚,也不愿意在已经使他感到苦恼的种种问题之外,再加上教皇位置这些

[①] 从1511年9月18日马克西米连致玛格丽特的信中幽默的语调来看,马克西米连的这个计划是否真有此想,很值得怀疑。但是从另一封他9月16日致蒂罗尔的地方长官保·冯·利希滕施泰因的信(我们只有一个副本)来看,则并无开玩笑的意思,信中讨论了如何为马克西米连竞选教皇筹款的方法问题。此信载于帕斯托:《教皇史》,第6卷,附录90。另见许尔特《教皇竞选人德意志皇帝马克西米连一世》,1906年;纳格尔《德意志皇帝马克西米连一世在1507年是否想当教皇?》,见《哥勒斯社历史年鉴》,1907年;乌尔曼(前引书卷2,第440页)认为,马克西米连就像在1507年时一样,只是在考虑如何取得信仰罗马天主教各国的世俗统治权,恰恰和这位皇帝所说的话的表面含义相反。

问题。无所不能的福格家族也不愿资助他的这个计划。不管怎样，教皇朱理亚二世却霍然痊愈，康复起来。经过一段时间以后，马克西米连也忘却了他对教会的其他主张。教皇和西班牙的费迪南德向他叙说参加神圣同盟的种种好处。他在法国和神圣同盟之间举棋不定达数月之久。最后，他于1512年允许教皇的瑞士雇佣兵经过蒂罗尔开入伦巴第，又撤回作为法军步兵骨干的德意志雇佣兵，从而为把法国人赶出意大利做出了决定性的贡献。1512年11月他庄严地宣布坚决支持朱理亚的拉特兰公会议，教皇答应对他进行的使人厌倦的与威尼斯的战争给予支持。

　　但是马克西米连未能利用由于瑞士人回国后在意大利北部形成的力量真空。他没有资源。1512年夏天，他向特里尔—特隆议会又一次提出了进行有效治理的计划。他要求恢复公共芬尼，并按1500年在奥格斯堡的规定成立一支德意志民兵。各等级原则上表示同意，但由于各贵族阶级已在其他方面为帝国效力，则免予纳税，其他人等应纳的税额则降到相当于本金的0.2%。他们说，超过此数，他们的百姓即不能负担。他的其他提议通过得比较顺利。议会应每年开会。在为了选举帝国最高法院而划分的现有各行政区内，邦议会均有义务参加对违法分子的"缉捕"，接受皇帝任命的司令指挥，从而确保集体安全。议会下设执行委员会，由8人至12人组成，常驻帝国朝廷，监督方案的执行，处理紧急事务和对外关系，并在当事者不愿向帝国最高法院呈诉的案件中充当调解人。这个方案等于恢复早已不存在的帝国执政府，不过处于皇帝的监督之下罢了。邦议会对此建议做了重要修改。他们要把6个行政区的体制扩大到整个帝国（波希米亚、瑞士和意大利边缘地带除外），把哈布斯堡家族和各选侯的领地也包括在内。萨克森和勃兰登堡，莱茵河地区四大选侯，上、下奥地利，勃艮第和尼德兰各自和其邻近土地结成一个区，于是全国总共形成10个行政区。但是他们坚持要由各行政区的邦议会自行推选指挥官，拒绝由中央来控制。他们赞同成立上述执行委员会，但它只能成为一个调解机构。

　　这一方案毫无结果。1513年6月在沃尔姆斯召集过一次议会，但与会者寥寥无几，结果失败，此后直到1517年再没有召开过议会。又过了很多年，在马克西米连死后，各行政区的成立才见端倪。德意志诸侯们的幻想破灭了。提高政府实效的运动已宣告死亡。唯一幸存的革新是帝国最高法院，它面对着丛林般众多的过去的权利要求和惯例，诸侯们管理政治的新力量竭力在其中披荆斩棘；结果帝国最高法院成了那些大诸侯的眼中钉，对于弱者很少能给予保护。德意志将要经历一场社会和宗教彻底改革的摧枯拉朽的大动荡，然后再在那些建立了地区性有效政府的诸侯的统治之下和在少数几个保持了共和独立现状的城镇的管理之下安定下来。

即使在1512年科隆的帝国议会之后，马克西米连仍然精神抖擞地投身到神圣同盟的计划之中。1513年，西班牙、教皇、瑞士、英国和神圣罗马帝国军队将多方汇合，进攻法国。马克西米连将得到英国的一笔津贴，用来给瑞士人装备骑兵和大炮。他的1496年旧梦即将实现。在西方的敌人将被打倒。之后，各基督教强国将团结一致，在他的统率之下献身于对伊斯兰教徒的十字军东征。但无论是西班牙，还是教皇利奥十世，对这场战争都不肯卖力。瑞士的确侵入勃艮第公国，但中途却被收买过去（见第207页）。马克西米连从帝国得不到支持。1513年8月他亲赴驻在塞洛昂前面的英国军营。他是作为军事专门顾问来的，随身不带军队。他来后发现亨利八世不愿单独和法军作战，已择定在10月间启碇归国。

神圣同盟解散。马克西米连又一次孤军奋斗，以他那民怨沸腾的奥地利各地资源对威尼斯作战。但是弗朗西斯一世的继位和1515年9月法国重新并吞米兰却使神圣同盟再度成立。马克西米连做出最后一次努力，以便在意大利大显身手。他用英国的金钱雇佣一些瑞士和德意志军队。他横渡阿达河，1516年3月25日甚至攻入米兰，但只占领一天。但是他手下的瑞士人在和法军中的瑞士人作战时是不可靠的。他的财源已经枯竭，领不到饷银的部队纷纷哗变瓦解，把马克西米连叫作"稻草国王"。这位皇帝赶紧越过阿尔卑斯山回国，正如1496年和1509年一样。他如今不名一文，也不知何处可以弄到钱。他不得不挖空心思想办法，骗取英国使节在银行汇票上签字。他的孙子尼德兰的查理大公从1516年1月起继位为西班牙国王，在1516年8月13日于努瓦荣与法国缔盟，马克西米连随即也参加了这一联盟。他在意大利的一切活动就此告终。伦巴第复入法国之手。对威尼斯的长期战争扰乱了德意志的贸易，破坏了奥地利的财政，结果他在这次

第七章　马克西米连一世统治下的帝国

战争中的全部所得，仅仅是里瓦、罗韦雷托和稀稀落落的几个村庄以及山谷而已。

1517年7月，帝国议会在美因茨开会。有一个委员会提出了关于暴力和无政府状态的令人痛心的报告。骑士阶级中的败类的恶行已经发展到了顶点。为非作歹的骑士把抢劫和绑票搞成了一门大规模的有组织的行业，往往还得到贵族官吏的默许。弗朗茨·冯·济金根是最著名的强盗，他私自组织了一支部分由法国资助的军队，竟然对沃尔姆斯市进行破坏性战争达3年之久（1514—1517年），使莱茵河上游的贸易陷于混乱，而没有受到任何干涉。1518年他进攻梅斯城，然后再进攻黑森的兰德格拉夫所领的地区。帝国议会请求皇帝采取应付这一局面的措施，但未作出任何决议便散会了。

到了第二年，又有一个新的因素把德意志人投入了一场大骚动之中。德意志人对他们所熟知的天主教社会制度的不满如聚集的洪水，突然被一所小小的维滕贝格大学中一位不出名的教授路德打开了闸门。如今这一位声如洪钟、笔锋犀利的修道士已经出现，看来他正是人们盼望已久的革命领袖，于是各种不满的因素：民族主义的、反教会的、社会的、经济的都要求有所行动。议会于1518年8月在奥格斯堡开会，听取教皇使节发言，并准备为拉特兰公会议所宣告的十字军东征筹集军饷。在教皇的紧急要求之下，马克西米连有可能在他的老年（当时59岁就算老年）实现他的十字军东征。红衣主教卡耶坦向帝国议会恳求德意志为了切身的利益，组织对匈牙利人、克罗地亚人和施蒂里亚人的军事支援，这些民族正起着他们不能胜任的基督教世界防护堤的作用。教士应捐献收入的1/10，世俗人士则由5%至2%不等。这位发言人颇为谨慎地说，这笔款项的管理纯属德意志自己的事情，任何款项都不必汇至罗马。但是教廷对德意志的呼吁来的最不是时候。各等级回答说他们将和本国人民商量，并附上一张"德意志民族对教廷的不满"的清单。

马克西米连年迈力衰，他在奥格斯堡的当务之急是使他的孙子查理（现为尼德兰、西班牙和那不勒斯的统治者）当选为德意志王即未来的神圣罗马帝国皇帝。这件事需要大量金钱。两位霍亨索伦选侯即勃兰登堡的约阿希姆和美因茨的阿尔贝特都已许诺如果帝国元首出现空缺将投票选举弗朗西斯一世，他们为此得到大批现金，以后还有年金。亲法的巴拉丁的路易得到弗朗西斯一世的允诺,将把他父亲在 1505 年的失地归还原主。特里尔选侯积极拥护弗朗西斯,并从弗朗西斯那里领取年金。还有一些显赫的德意志诸侯也被拉到了法国方面。皇帝和他的谋臣通知国王查理说,为了胜过法国的许诺,他所花的钱必须大大超出原来的预料,而且只有现金,不是诺言,才能办通事情,他必须授权给他们放手从各处借钱。马克西米连在奥格斯堡以比法国更高的代价争取了那两个霍亨索伦选侯,还有巴拉丁选侯,给予他以迟迟尚未到手的授职。马克西米连还答应科隆选侯一笔钱,为数不多但已满足他的要求。马克西米连本人和他的朋友波兰的西吉斯孟作为年轻国王路易的保护人,他们的波希米亚选票这时又可以使用,保证投给查理。这样,查理便可在 7 票之中获得 5 票。1518 年 8 月 27 日,皇帝和 4 名选侯订立一项条约,内容一如上述。只有特里尔选侯坚定不渝地站在弗朗西斯方面。而萨克森选侯弗里德里希则对拍卖帝国的整个买卖表示抗议,他根据 1356 年的黄金诏书,拒绝参加任何交易。在现任的德意志王尚未加冕为神圣罗马皇帝之前,不得选举德意志王;为了避免有人据此提出反对,马克西米连便要求教皇给他举行皇帝加冕典礼。实际上,他提出了他是否参加十字军东征要看是否举行加冕而定。但是利奥十世不愿加强任何一个外国征服者在意大利的地位,不论是统治着米兰的法国国王,还是统治着教皇采邑那不勒斯的西班牙国王,而对后者则更为不愿意。他保持罗马教廷反对将德意志和那不勒斯统一在一人之手的一贯态度,并表示他宁可让德高望重但实力不足的萨克森公爵弗里德里希当选。

马克西米连的逝世结束了他的加冕问题。由于帝国的元首出现空缺,局势起了变化。各个选侯认为他们对马克西米连许下的诺言已解除,于是重新开始了在瓦卢瓦王室和哈布斯堡王室之间进行拍卖。

奥格斯堡帝国议会之后,马克西米连朝东向他童年时代的故乡维也纳诺伊施塔特进发。他此时身无分文,因为前账未清,就连他的因斯布鲁克的乡亲们也拒绝收留他的随从。到了韦尔斯他就再也不能前进了。他在那里卧病 6 个星期,于 1519 年 1 月 12 日去世。他给人留下的记忆是品格出众,为后人所倾倒。然而他离世之际,帝国陷于极大的混乱之中,而德意志舆论界正为那些贪图贿赂的选侯们就要把这个君主国家出卖给法国国王的谣传所激怒。

第七章 马克西米连一世统治下的帝国

马克西米连作为德意志王其政绩一再受挫，秩序越来越混乱。可是他却被称为奥地利国家的奠基者。他的目标是统一，是创立纪律整饬的行政系统，是各司其职。当他父亲还在世的时候，他就于1490年在蒂罗尔开始实现这一目标，当时那里已有一个"上奥地利"执政府，"上奥地利"包括蒂罗尔和莱茵河上游的哈布斯堡领地。在当地各等级的善意协助之下，他让他们选举执政府的成员，而不由他本人任命，并把财权交给一个单独的4人财务委员会掌管。但是在"下奥地利"即奥地利恩斯河上下游、施蒂里亚、卡林西亚和卡尔尼奥拉等地，有些省份的邦议会桀骜不驯，他不得不把统一的、集权的制度强加在他们头上。1493年，他设立了一个"下奥地利"摄政委员会，后又设立一个财务委员会，该会在1496年附属于因斯布鲁克的财务委员会。

1498年，当马克西米连为反对在沃尔姆斯强加给他的限制而进行斗争时，他曾为整个帝国（包括他自己的领地在内）建立了两个政府机构：作为最高法院和行政委员会的皇家政务会，和总管他的全部财务的皇家财务署。但是在1499—1502年马克西米连最困难的几年里，任何使帝国得到整顿的希望都归于破灭。他便转而在"下奥地利"改组政府。全体摄政在林茨成立一个常设委员会，所有的人不问地位高低均可前去告状。在维也纳诺伊施塔特设立了一个皇家法院，作为中央法庭，有12名法官，大部分都是遵奉罗马法的法学家。财务委员会则设在维也纳。

这些措施遭到反对。各等级看到，一个由不关心地方传统的人们组成的不以个人为转移的机构，势必渐渐夺走他们的权力和财富。施蒂里亚人提出反对，因为在他们看来，林茨是外国的土地。马克西米连力排众议，宣称他代表的是一个新时代，是世界潮流之所趋。他们只要对他的革新抱有耐心，就将会看到其价值。他慈父般的训示并没有平息反对派，威尼斯战争所需的巨费使他最后不得不作出让步。马克西米连同意在各省恢复传统的地方长官的法庭，并将各省的习惯法编纂成文。除了财务审计局和林茨的委员会，他的各个共同行政机构暂时停止工作；林茨的委员会迁至维也纳，仍旧监督所有5个省的政府。各等级开始接受某种中央政府的存在，同时要求在其中分享一席之地，这样的改革很可能引起各方利益互相冲突的混乱局面。

马克西米连一生中最后一年,财源枯竭,于是他召集哈布斯堡所有邦议会到因斯布鲁克开会。他需要金钱来赎回他抵押出去的收入来源。邦议会为了进行威尼斯战争而被搜刮一空,他们曾把这场战争看作是帝国的事业,现在他们要求在哈布斯堡和帝国政府中都有他们一份。马克西米连建立成立一个常设的帝国委员会(皇家政务会)来治理哈布斯堡领地和整个帝国,因为1498年建立的两个机构早已停止工作。邦议会在原则上接受了这个建议,并加以修正。皇家政务会将包括18个成员:4名帝国官员、9名哈布斯堡领地的代表、5名帝国其他各地的代表。讨论哈布斯堡政务时5名其他各地代表将不列席。哈布斯堡邦议会的常设委员会将管理"奥地利"的全部财政。倘无邦议会的同意,不得进行战争,不得出让哈布斯堡的财产,不得增设新的负担。"下奥地利"的全部官员均归当地的邦议会管理。接受这些条件,这次会议将承担赎回上述抵押所需的费用。

马克西米连虽然年老有病,但也不肯接受对他的权力作如此的限制。他拒绝把皇家政务会一分为二,因为这就意味着哈布斯堡是独立于帝国的一个君主国家。他并以不懈的毅力驳斥了其他的要求。不管是由于他的外交手腕,还是由于邦议会之间意见不一,或者是由于当时流行的专制作风,会议结果给了他40万盾以赎回他的财产;他却什么也没有给,仅仅同意他的蒂罗尔财务主管当局将由"下奥地利"的本地官吏协助。

马克西米连在威尼斯战争中弄得民穷财尽,他的大部分行政管理试验均如昙花一现。但是他的"下奥地利"委员会经受住了他死后对中央集权制的反动,而为斐迪南一世所保留下来。他在因斯布鲁克的中央财务机构继续办事,并分设收入、支出、审计等部门。他千方百计想要执行的原则,即常设委员会的集体负责制及职能分工制,均为他的继任人和其他德意志诸侯所采用,并加速了德意志近代国家的创立。[①]

[①] 关于马克西米连曾否把勃艮第的行政管理方法引进德意志和引进的范围的争论,参见 F. 哈登《德意志政制史》,第21节。

袭。要完成这个任务,就要有一个各方力量的大联合。1500年前后,人们还看不清楚要在谁的领导下才能形成这样的大联合。马克西米连通过外交,有时也通过武力,经常不断地致力于为建立哈布斯堡王室统治下的大联合铺平道路。哈布斯堡王室对波希米亚和匈牙利拥有言之成理的主权要求。如果说这两个王国的各等级也和波兰一样,小心翼翼地维护他们自己选举国王的权利,那么,他们在投票时却也经常考虑到继承权、继承条约和需要支持等问题。1438年,神圣罗马帝国皇帝阿尔伯特二世曾一度在哈布斯堡王室统治下统一过奥地利、波希米亚和匈牙利。他当时有希望得到帝国的支持,而且还有一个有利条件,即在捷克族和马扎尔族的两个王国的城镇和农村矿区中均有日耳曼族的人口。那次的统一后来瓦解了。但是1463年的条约规定弗里德里希三世是匈牙利的名义国王,如果当政的国王匈牙利的马加什·科尔文身后无男嗣,将由哈布斯堡王室继承。弗里德里希三世处事谨慎,他把马加什收为养子,以表明这项条约是父亲对儿子的让步。

当马加什席卷摩拉维亚、西里西亚,后又征服奥地利之际,这个大联合的领导权看起来可能落入匈牙利的手中。马加什的疆域由勃兰登堡直到塞尔维亚。但是他在1490年死后并无男嗣,他的帝国四分五裂,恢复到了传统的单位。奥地利回到了哈布斯堡的怀抱。匈牙利的贵族们对德意志的统治者与对土耳其统治者几乎同样地不信任,他们把波兰国王的长子瓦迪斯瓦夫·亚盖沃推上王位,而他从1471年起就是波希米亚国王。波希米亚和匈牙利大有可能成为波兰领导下的一个大联合中的两个成员。这种大联合没有成立。波兰的贵族们接连推举了瓦迪斯瓦夫的三个兄弟。而且,这些东欧国家的君主们甚至还不如马克西米连,他们没有足够的收入、军队、行政管理和外交活动来有效地治理他们的王国。

1491年,马克西米连出兵匈牙利的结果是瓦迪斯瓦夫同意签订一项协定:如果他的世系今后没有直接的男裔,继承权将归哈布斯堡王室所有。这项协定为1492年2月在布达召开的匈牙利议会所接受。

自此以后,马克西米连和瓦迪斯瓦夫一直是盟友。但是,有一伙匈牙利贵族却设法使他们的议会在1505年10月宣称:如果国王身后并无男嗣,他们也绝不要一个外国人做他的继承人。马克西米连和瓦迪斯瓦夫的答复是在1506年3月签订了一项协定：瓦迪斯瓦夫的女儿安妮将和马克西米连的一个孙子结婚，他即将出生的孩子如系男孩则将和马克西米连的一个孙女结婚。为了把这个协定强加给那些犯上作乱的匈牙利贵族，马克西米连再度侵入匈牙利（参见213页）。在1506年的战役时，瓦迪斯瓦夫的儿子路易出生，随即签订了一项条约（1507年11月12日），条约确认以前各项关于继承的协定，并规定安妮应嫁给马克西米连那个将成为奥地利领地统治者的孙子。

匈牙利贵族中比较顽固的一派拒绝了这个条约，并共推扬·扎波利亚伊为他们的领袖，扎波利亚伊的妹妹巴尔巴拉在1512年嫁给波兰国王西吉斯孟，为了不让波兰—匈牙利同盟得以成立，马克西米连挑动莫斯科大公伊凡对波兰进行威胁，并嗾使条顿骑士团再显身手。但是瓦迪斯瓦夫警告他必须在对波兰友好和毁弃继承权协定二者之中作一抉择。马克西米连放弃了他的反波兰盟友，于是两位亚盖沃世系的国王，一个来自波兰，一个来自波希米亚—匈牙利，同于1515年在维也纳和皇帝会晤，并批准了各项继承权协定。年轻的路易和马克西米连的孙女玛丽订了婚。由于孙子们不在场，年已56岁的马克西米连本人有条件地与12岁的安妮订了婚。翌年他解除了第三次的婚约，而斐迪南大公正式通过代理人和安妮结了婚。最后，马克西米连把路易收作养子。

这一切人为的手段，包括继承权条约，联姻和过继，都未能使哈布斯堡王室取得波希米亚和匈牙利的继承权。1526年，土耳其在莫哈奇的惊人胜利和路易死于该地，终于使波希米亚各地的议会及匈牙利议会的一部分人面对现实，依附于当时已经出现的哈布斯堡大帝国。它们把两顶王冠都奉赠给斐迪南，他是奥地利的统治者，而且也是神圣罗马皇帝兼西班牙国王、帕维亚的胜利者的兄弟。

马克西米连生前没有看到有力量保卫帝国并最后把穆斯林侵略者赶出中欧的那种统一局面。但是他为了实现哈布斯堡统治下多瑙河地区大统一而做的不懈的努力，证明了他的确不愧为由奥地利—波希米亚—匈牙利组成的哈布斯堡君主国的奠基人。

张文华　马　华　译

第 八 章

勃艮第的尼德兰
(1477—1521年)

勃艮第的查理公爵死于南希战役（1477年1月5日）的消息尚未证实，但在由于他的战争而引起骚动的尼德兰却已经造成了混乱。1477年1月11日，查理遗孀约克的玛格丽特和他的独女玛丽召集联省议会到根特开会。当时必须招募一支新军，以防法国的入侵；尽管也有相反的谣传，但如果公爵确已身亡，玛丽作为查理的继承人，则应该得到构成勃艮第的尼德兰各地区的省议会的承认。

朝廷对即将召开的联省议会心怀疑虑，它们曾在1476年猛烈抨击公爵的政策，因此在召集这次会议的同时，许诺免交拖欠的税款。然而，联省议会和各地区的省议会不同，它们不是按照地方传统而是根据"好人菲利普"公爵的建制而设立的，所以直到查理公爵去世，它们一向把公爵的特权放在百姓的自由之上并为之效力。

2月3日，玛丽在根特向联省议会发表演说，它们通过承认玛丽是其父的全部领地的继承人，保持了尼德兰的精诚团结，但也要求玛丽发布"若干总则"。大特权敕令便是1477年联省议会的一座纪念碑。为了防止当权的公爵执行一项不能使他的各个领地感到满意的内外政策，上述条例授权联省议会和各省议会可以不经召集自行集会。宣战在1477年是头等大事，非经联省议会认可不得执行。大特权敕令对公爵的利益和百姓的利益加以区别。百姓获准和敌方通商，而佛兰德至少在14世纪就已经提出了这样的要求。

大特权敕令的宗旨在于保护每块领地的区域自由，而不是要制定一项通用的宪法。敕令把地方管辖权提高到了至高无上的地位，按照不传讯原则，除地方法院以外，任何人不受其他方面的传讯。但是，倘不改革中央政权，大特权敕令就不能保护各地的独立自主主义，而各省议会都主张对中央政权适当予以改组，但不得加以摧毁。大特权敕令自然赞成统一带来的经济利益；但是它虽废止了马林最高法院，却并没有使勃艮第各地取消高等法院，因为它新成立了一个大枢密院。

225　　大胆的查理的最高法院全部由法学家组成，他们大多数来自勃艮第公国或勃艮第伯爵领地；大枢密院将由女公爵全部领地的法学家和贵族组成，按比例选派代表。较大的单位如布拉邦特、勃艮第、佛兰德、荷兰和泽兰各派两名法学家和两名贵族，较小地区各派1名或2名代表。诉讼均用案件发生地区的语言进行。而且，血统贵族（即与女公爵有亲戚关系的贵族）可以进入大枢密院，大枢密院还须随侍女公爵；这些事实说明它的用途既是法院，又是政治枢密会议。

　　尽管有一项条文准许联省议会可以拒不听命，并以此作为对女公爵进行要挟的最后手段，但大特权敕令既是一个封建制的宪章，也是一个联邦制的宪章。大枢密院将包括荷兰、泽兰、卢森堡和勃艮第等地成员，这些地区在1477年2月11日玛丽赐颁大特权敕令的时候都还没有代表。虽然大特权敕令重申了传统的改革思想，禁止招人承揽司法职务，禁止用推荐办法任命重要神职人员，但其用意始终是要限制当权的公爵。

　　即便法国路易十一此时未曾发动侵略，在查理公爵垮台的时候趁火打劫，大特权敕令也仍然不切合实际情况。它试图使勃艮第领地的统治者处于被托管的地位，就像布拉邦特省议会1422年对其公爵所做的那样；但是这种在布拉邦特已告失败的实验被应用到已经成为欧洲列强之一的勃艮第，也没有多少成功的希望。埃诺存有收藏在蒙斯的敕令佛兰芒原本的法译本。勃艮第尼德兰的其他地方也各自取得了它们自己的大特权敕令，有的在它们承认玛丽是该地女伯爵或女公爵之时（例如佛兰德是1477年2月11日，与大特权敕令宣布同一日；布拉邦特的大特权敕令则在1477年5月29日），有的通过代理人（例如荷兰，1477年3月14日，其宪章亦称大特权敕令）。总地说来，大特权敕令是革命性的。这些特权符合立宪程序，而新的统治者则依靠这种程序与各个领地订立契约关系。

　　对查理公爵的反作用必然使各地方的特权将中央和地方的王权都

削弱到最低限度。各地都宣布在司法和任免官吏方面可以自行裁夺。这些特权不能被说成是纯粹反动的而不予考虑,因为它们接近现实;而荷兰的敕令中关于捞救溺水者和开掘堤内泥炭的规定是很开明的。玛丽制定的各项特权和大特权敕令不同,它们提出了其子于1495年及其孙于1515年必须进行谈判的实质问题。玛丽的各项特权基本上是相似的。①

从15世纪70年代到90年代,勃艮第阵营中有一些名流和明智人士都被法国方面吸引了过去。1477年,路易十一曾有机会获得低地国家,当地的贵族和官吏都憎恶已故公爵的恐法病,他们认为玛丽和法国联姻是恢复和平的办法。如果路易十一坚持使用贿赂和外交手腕,自然万无一失,但是他偏偏要采取两种策略。策略之一是让玛丽和法国皇太子结婚,其二是用武力夺取玛丽的继承权。结果是他虽然小有收获,但所争取的主要目标即与玛丽联姻,却被哈布斯堡皇族达到。

要征服大胆的查理以前统治的领地似乎是令人难以置信的轻而易举。尽管遇到了一些零散的抵抗,路易十一在南方侵占了勃艮第公国和帝国采邑勃艮第伯爵领地,在北方占领了索姆地区、阿图瓦的大部分和布洛涅全部地区。

1477年1月,玛丽个人试图与法国开始谈判,结果未成,但是联省议会并不甘心被排斥在外交活动之外。2月初组成了一个赴法使团,由已故公爵的大法官纪尧姆·于戈内特为团长,但也包括联省议会的代表。女公爵玛丽、约克的玛格丽特和低地国家军事长官克莱弗斯—拉文斯坦的阿道夫共同签署了一封致法国国王的信,并把该信交给大法官于戈内特和查理公爵另一位旧臣安贝尔库勋爵。这封信的原本现已不存,据科明称该信要求路易与于戈内特和安贝尔库两人谈判。使节和使团其他成员之间的区别是划得很清楚的,这封信大概是两位使节的证书,而不是用来排除联省议会代表的一种手段。不管怎样,这件事是秘密外交和公开外交两者的拙劣配合。

这个使团对于路易没有产生任何影响,他继续加紧这次侵略。约在1477年2月中旬,联省议会决定要在尼德兰全境招募一支联合军

---

① P.范·乌瑟尔:《玛丽统治勃艮第的朝代》,卢万,1943年,第49—65页。

队,并向路易十一再派一个新的使团,其中有贵族、神职人员和市民,但是没有朝廷官吏。

路易十一非以女公爵和皇太子的婚姻为条件不可,否则拒订和约。但是他对市民们却十分彬彬有礼,他把以前那封证明于戈内特和安贝尔库两人身份的信件交给他们,目的在于利用联省议会对已故公爵两位大臣的猜忌。这件事他做得非常成功。使团一回到根特,关于招募一支联合军队的提案就被放弃了,而于戈内特和安贝尔库则双双被捕。玛丽大胆地为他们说情,但两人终于在1477年4月3日被处决。关于他们的审判记录早已亡佚,但是含糊的叛国罪名至今未曾昭雪;他们倘非前朝之臣,恐也不致罹此苦难。在两人被处决后不久,根特获得了赦免书,原谅该城参与这一事件。蒙斯也仿效根特的先例,逮捕了公爵领地的收税官,并不顾女公爵的干预,依地方法院的判决将他处死。过去每隔一段时间就席卷尼德兰全境的暴动,在此后数月中,也在城镇中蜂拥而起。在布鲁塞尔,手工业工人来势更是凶猛,但总的情况到处如出一辙。各种较小的行业带头攻击城镇官吏和那些与政府沆瀣一气的富人。

在叛逃到法国的人中,最惹人注目的是安东尼,即"好人菲利普"的年龄最大的幸存私生子,外号"大杂种";还有一位是埃斯凯德勋爵菲利普·德克雷夫科尔,他后来在皮卡迪成为法国国王的副官,此后他的事业便是向北扩展法国的疆土。然而,埃诺等处地方上的反抗日益加剧,路易十一穷凶极恶地进行战争,因此再也无人敢提玛丽和法国联姻的事。

向玛丽求婚者多得不可胜数,但是和瓦卢瓦家族联姻一旦不能实现,则转而和哈布斯堡王朝结亲的方案便占上风。不管怎样,玛丽此时已和皇帝弗里德里希三世之子、哈布斯堡的马克西米连订婚;虽然玛丽还在根特地方的监护之下,但居孀的公爵夫人约克的玛格丽特却力主和哈布斯堡联姻。1477年3月以前,勃艮第的使臣来到奥地利,他们在1477年4月21日把哈布斯堡的使节带到布鲁日,以马克西米连的名义向玛丽求婚。

联省议会非常畏惧法国入侵,所以他们欢迎和哈布斯堡王朝联盟。他们在根特的会议散场后,布拉邦特便使用大特权敕令赋予各省议会可以自行集会的权利,召集佛兰德、埃诺、荷兰—泽兰和那慕尔

第八章 勃艮第的尼德兰（1477—1521年）

的代表于1477年5月到卢万开会。布拉邦特的大法官让·德·拉·布维里埃告诉代表们玛丽答应不获得联省议会的同意，她不能结婚，联省议会则认为马克西米连如能批准玛丽赋予他们的自由，他们现在就同意他俩的婚事。皇帝派来的一位使节详细地解释了议婚的条约，并为联省议会的方便将条约译成了法文和荷兰文。联省议会这次履行了大特权敕令事先为他们规定的任务。

约克的玛格丽特敦促皇帝使节火速行事，因为正当奥地利公爵马克西米连由于手头拮据而款款西行的时候，根特正准备找一个代替他的人，这人便是盖尔德斯的世袭后裔埃格蒙特的阿道夫，在1472年他父亲阿诺德公爵把盖尔德斯出售给大胆的查理之前，他就一直身陷囹圄。通过根特从中转圜，阿道夫被释后成为根特的名誉公民，根特的计划是使他成为玛丽的丈夫。根特在各行各业招募一支军队，在阿道夫的指挥下进攻图尔内周围的法军阵地，但一战即溃，阿道夫在掩护撤退时阵亡（1477年6月27日）。玛丽听到阿道夫的噩耗后并不遗憾；但是图尔内这个主教管区城市却始终是法国插在尼德兰身上的一根刺，直到1513年英国征服该城和1521年查理五世最后加以并吞时为止。布鲁日的城市民兵不久亦被法军打败；所以在评价马克西米连早期盛名的时候，人们必须记住他是在低地国家自卫力量已经招架不住的时候来到这里的。

奥地利公爵时年18，玛丽时年20，1477年8月19日在根特城内的普林森霍甫举行结婚典礼。没有多少理由使人认为这个婚姻今后就必然决定了独立的尼德兰的命运。瓦卢瓦的公爵们在法国的重要性不亚于哈布斯堡皇族之在德国，他们在智力上和体力上都要比哈布斯堡皇族高出一头，但尼德兰却已经归化了他们。婚约所制定的是一些总则，两方都遵循成文法而不顾习惯法。倘父母有一方死亡，只有其子女有继承权，而排除尚未死亡一方的权利。然而，这个婚约被玛丽的一个特许状（1477年9月17日）所推翻：如果她死后没有子女，将由奥地利公爵获得她的继承权。联省议会在玛丽死后拒不接受对婚约的任何补充；但暂时搁置了宪法上的防范措施。马克西米连当然不得不批准各地的特权，但是他始终没有在大特权敕令上盖印。

马克西米连作为防御法国的卫士受到了欢迎；他一直是个骁勇的骑士，但从未成为一员大将。何况路易十一的财力要胜于他在尼德兰所能聚敛的一切。他受到尼德兰厌恶战争的居民们的阻碍，使他不得不以骇人听闻的代价招募雇佣兵，主要是日耳曼人。这些雇佣兵很少关饷，他们的掳掠使爱好和平的尼德兰人对他一直怀恨在心。马克西米连没有能和法国谈判订立一项和约，或以武力强制法国接受一项和约，这就妨碍他在困难经常引起骚乱的低地国家中重建王室的威信。路易十一采用经济战为这种骚乱推波助澜。他的军队在斯凯尔特河上游地区毁坏农作物，使根特粮食匮乏，他的舰队袭击佛兰德捕鲱鱼的渔场，截获由波罗的海向荷兰运粮的船只，他对佛罗伦萨的钱庄施加影响，不准他们贷款给勃艮第朝廷。

两国的战争行动所采取的方式是中世纪式的袭击和奇袭，仅在1478年7月到1479年7月和在1480年8月到1481年3月有过两次稍长时间的停战。唯一一次双方对阵的激战是在根盖特（1479年8月7日），勃艮第取得了胜利，如果扩大战果，乘胜追击，本可望收复阿拉斯。如果说这次战争推迟了尼德兰从1477年的危机中复苏的过程，但是它却证明，尽管阿图瓦和皮卡迪未被收复，然而由英吉利海峡的格拉夫林到卢森堡的一要战线是可以成功地用来防范法国人的。

原先勃艮第的外交联系均已恢复。其中最主要的是和英国的联盟（1478年，1480年）以及和布列塔尼的联盟（1480年）；后者使奥地利公爵恢复到了相当于以前大胆的查理作为法国诸侯之首时的地位。

北部和东部各地有的是查理新近征服的，如盖尔德斯公国和列日主教管区；有的是间接控制的，如乌得勒支主教管区，其主教大卫是"好人菲利普"的一个私生子。在这些地区中，1477年危机触发了压制已久的家族世仇，路易十一也充分利用了这一情况。马克西米连正忙于法国边界的战事，在1481年前对于荷兰、乌得勒支和盖尔德斯没有加以重视；但是他的不予过问反而有利于保全勃艮第政权，因为保卫勃艮第的责任落到了当地志士仁人的肩上，不管市民和士绅中的地方独立主义分子怎样阻挠，勃艮第国家却有愿意与它共存亡的有势力的战士。于是，在荷兰，虽然由于胡克党和卡贝利奥党之间的世仇重又点燃而陷于四分五裂，但卡贝利奥党显然成为执政党。在乌得勒支，1477年大卫主教被迫作出的让步类似一个地方性的"大特权"，到了1481年5月，他重又暂时取得了权力。1477年盖尔德斯人一心想要恢复他们本地的朝廷，但是在盖尔德斯公爵阿道夫死在图尔内郊外后，公爵之子查理留在玛丽的宫廷长大成人；扬·范·埃格蒙特是盖尔德斯公爵家族幼系艾瑟尔斯坦家族的一员，他却在荷兰、乌得勒支和盖尔德斯为勃艮第的事业战斗，立下了大小功勋。

乌得勒支和列日这两个主教领地造成了最严重的问题，特别是后者，因为它邻近法国。1477年3月，玛丽不得不宣布放弃她父亲在1468年征服列日时所取得的权利。列日这个城市曾在查理手中大遭劫掠，还没有充分恢复元气；列日主教路易·德·波旁是玛丽的叔父和咨议，他希望使勃艮第和法国交战双方都承认列日中立，以便重新获得自己的权力。他没有足够的力量来实施这个解决方案，因为他在世俗权力方面受到拉马克封建家族的挑战，拉马克家族是阿登大部分土地的领主，曾被路易十一用作法国干涉默兹河流域的代理人。后来主教势力的削弱至少使马克西米连恢复了勃艮第对列日的某些传统影响。

玛丽所生子女活下来的有两个：1478年生的菲利普和1480年生的玛格丽特。由于她生下了子女，结果重新唤醒了人们对朝廷的忠诚，对玛丽和马克西米连在困难情况下顺利地恢复瓦卢瓦公爵的各种建制很有贡献。1478年4月，马克西米连恢复了作为瓦卢瓦公爵世系在欧洲地位象征的金羊毛骑士团。路易十一自从1477年征服勃艮第公国以来就一直议论要实现金羊毛骑士团的主权，可是在这方面他却被别人抢先了一步。

行政机构也经过重建。虽然于戈内特的被处决打断了勃艮第大法官即大公爵手下最高官吏的连续，但是在1480年3月任用让·卡朗多莱以后又恢复常规。值得注意的是让·卡朗多莱是勃艮第伯爵领地弗朗歇—孔泰的人，而勃艮第伯爵领地和勃艮第公国不同，从来没有被路易十一彻底征服过。弗朗歇—孔泰继续为哈布斯堡王朝提供司法官，这件事使低地国家很不满。

按大特权敕令而设立的大枢密院，实际上起着以前的马林最高法院的作用，并从该法院接收过来许多卓越的法学家，菲利普·威朗亦在其中。虽然大枢密院没有紧跟女公爵的行踪，而习惯于在原地工作，但是它还是跟着她各地迁徙，以便和她保持一定程度的接近。其实大枢密院也并非无所事事,仅在 1479 年一年就作出 107 件判决。它受理从地方法院移交的案件,显然违背了大特权敕令;在 1482 年,反对中央集权的人物都要求把法学家从大枢密院中清洗出去。

战争费用浩繁,再加上马克西米连早年挥金如土,积习始终未改,结果只好典当玛丽的许多祖传家产;不过国家的财政机器照旧不变。大胆的查理在马林建立的中央财政法庭一直未曾恢复,所以在里尔的审计署以及布鲁塞尔和海牙的审计院重新得到了独立。但是即便财政在地理上是分散了,然而行政上的统一却恢复了。因为查理赞赏法国的模式,引进了将普通收入与特殊收入加以区别的法国制度。查理的财政改革遭到破坏以后,"好人菲利普"的稳妥的勃艮第方法就得到了恢复,这个方法就是,领地收入和税务收入统由称作领地和财政事务官的同一官吏管理。

即使奥地利公爵做得更策略一些,在朝廷中少用一些德国人,重建整个中央行政机构之举也要和大特权敕令的精神以及各省特权的文字相冲突。在布拉邦特,马克西米连在恢复总检察官一职时就遇到了困难,因为总检察官所保护的是 1477 年大特权敕令所废除的特权;在荷兰,也有人反对他任命非本地人担任官职。

马克西米连在与法国订立休战协定(1478 年)并与英国缔结同盟(1480 年)时,并未通知各省议会;因此特别是在根特,人们批评他以专制君主的方式处理外交事务。1481 年 2 月在增加税收的时候,就有人要求削减公爵家属的开支,并要求从公国和伯爵领地驱逐勃艮第人,因为他们被认为是心甘情愿实行专制主义的代理人。

反对派又以 1477 年的姿态变得强硬起来,玛丽和马克西米连如果同心协力,也许能够把他们压下去,但在 1482 年 3 月 27 日,玛丽却由于在布鲁日郊外骑马出事而去世。

大胆的查理的去世引起了反对中央集权制的反应,而玛丽的去世则不但继续了这一反应,而且引起了一场影响到国家首脑的长期性的政体危机。

联省议会毫不犹豫地承认了玛丽的幼婴菲利普是名正言顺的世子,但是他们拒绝马克西米连要在菲利普未成年以前自动成为摄政的要求。他们有布拉邦特的先例可援:在安东尼公爵在阿让库尔阵亡后,他们曾任命一个摄政团以辅佐其子。联省议会强迫马克西米连和路易十一签订了一项条约,以法国国王作为他们所取得的优势地位的担保人,在这方面他们是更加革命的。佛兰德的各个成员(根特、布鲁日和伊普雷)在根特率领下发难,根特的元老威廉·里姆在1482年4月通告其他各省应由他们共同治理国家大政。佛兰德取得了布拉邦特的支持,因为布鲁塞尔和卢万都持有相似的观点,而安特卫普更是早已如此。1482年10月,佛兰德和布拉邦特结成同盟,表面上是为了防务,实际上是排斥奥地利公爵,并以联邦制取代他的权力。菲利普日后将轮流在他的每个领地居住;但目前他和他的妹妹玛格丽特都被根特扣留,根特是知道这两人的价值的。荷兰和埃诺拒绝参加这个同盟;但是只要布拉邦特和佛兰德同心协力,它们就是强者,确实比奥地利公爵强大。

阿拉斯和约于1482年12月23日签订;但是其中的条款几个月前就由联省议会的代表越过马克西米连大体上和路易十一谈妥了。奥地利的玛格丽特即玛丽的女儿将嫁给法国的王太子,玛格丽特本人和她的嫁妆包括阿图瓦和勃艮第伯爵领地均将立即交给法国。和约中毫不妥协地重申佛兰德伯爵领地在法律上是法兰西王国的一部分。菲利普一旦成年,就必须代表佛兰德前去觐见法国国王。在此以前,巴黎高等法院在佛兰德的司法权将予以恢复。路易十一履行宗主国的权利,批准自大胆的查理逝世以来颁给佛兰德的各项特权。条约中还有一项条款保障了其他各地区省议会的地位,该条款宣称倘若在菲利普身后继承权落入玛格丽特和法国王太子之手,则"各地政府将自行其是"。

路易十一排除了人们对于没收财产所抱的恐惧心理,自从查理七世统治时期采取剥夺财产措施以来,没收财产的事一直使富人谈虎色变。在阿图瓦和勃艮第,采邑和教会神职都不受扰乱,1477年以后授予贵族的特许均予承认。在转让给法国的地区内,前查理公爵以公爵领地作抵押出让的"租地",均保证照付利息。查理公爵曾经想为了卡昂的利益而搞垮安特卫普集市,如今路易十一均予以专利,他还负责保证捕捉鲱鱼的船队的安全。

1482年的和约完全改变了1435年的阿拉斯条约。路易十一挽回了他自己在大胆的查理死后所犯的错误,并破坏了马克西米连重建的各种勃艮第同盟,因为英国和布列塔尼都被排斥在这个和约之外。条约文本在法国和尼德兰两地印行，试图使双方关系建立在更稳固的基础上。只有把它与森里斯条约（1493年）和巴黎条约（1515年）联系起来，才能最好地理解这个条约的价值。

奥地利公爵只得袖手旁观，眼看着他的女儿玛格丽特远嫁法国，他的儿子菲利普在1483年1月被承认为佛兰德伯爵，而成为联省议会另行成立的政府的挂名首脑。一个枢密会议以菲利普的名义行使实权，其成员有克莱弗斯—拉文斯坦的阿道夫、"大杂种"安东尼之子贝韦伦勋爵菲利普、格鲁特豪斯的路易和拉森海姆勋爵阿德里昂·维兰。重要的是前面两人都是与勃艮第王朝有关系的血统贵族，而后面两人则是各自代表布鲁日和根特的城市化贵族。此后几年，相当大的一部分贵族，不仅是居住在城镇的贵族，一方面反对马克西米连，另一方面则假托菲利普的名义和联省议会一起设法和法国取得谅解。在背后推动菲利普政府的力量是根特；而1483年和1488年两次似乎是"佛兰芒分裂主义"的行动，只有被看成是根特最后一次企图在比佛兰芒更广泛的范围内以自己的权力取代君主的权力，才能得到最好的理解。

自从阿拉斯和约以来，马克西米连至少可以更放手地来对付列日和乌得勒支这两个主教教区；路易十一在这两个教区中抛弃了他的两个小盟友：在列日是拉马克家族，在乌得勒支是胡克党别。

纪尧姆·德·拉马克自任总管（mambour，大体相当于主教的军事和世俗事务助手），曾领导一次叛乱，在战斗中杀死主教路易·德·波旁（1482年8月20日）。纪尧姆只是没有能够强制圣朗贝尔大教堂的教士会议同意他的儿子担任列日主教。然而，布拉邦特却给马克西米连配备了一支干涉军，因为这个公爵领地一向认为列日地方在它自己的利益范围之内。1483年1月8日，拉马克家族被马克西米连部将克莱弗斯—拉文斯坦的菲利普（阿道夫之子）打败；霍恩的约翰是与勃艮第宫廷有联系的世族，保持了列日的主教管区。拉马克家族的势力虽未被摧毁，但已受到了抑制，而哈布斯堡王朝在列日的势力亦得免于衰亡。

奥地利公爵亲自参加激战，终于在1483年8月使勃艮第的大卫主教回到了他在乌得勒支的主教管区。马克西米连被承认为这个教区的世俗"赞助者"，他的勃艮第前辈们曾经占有和利用这个地位来间接控制乌得勒支的广大地盘。

在此以前，他曾对布拉邦特省议会的一派人进行了一次打击；1483年5月，遵照他的命令，在布拉邦特逮捕了安特卫普、布鲁塞尔和卢万的代表。其中4人以叛国罪名被处决，内有安特卫普和布鲁塞尔参加签订阿拉斯和约的全权代表。布拉邦特对于佛兰德正日益疑虑，并对菲利普被扣在根特感到厌烦，因此对奥地利公爵的高压行动并无反响。安特卫普对中央政权始终不渝的忠诚其实是从这一事件开始的。

路易十一去世（1483年8月30日），把法国王位传给年已13并与奥地利的玛格丽特订婚的查理八世。奥地利公爵因此加强了自己的地位。只要路易在世，则利用菲利普反对其父马克西米连的那一伙人肯定可以依靠法国实力的庇护。并不是说此后法国不再进行干涉，但是查理八世的摄政博热的安妮在国内困难重重，没有力量对国外的每个方面都提供援助。法国对低地国家的军事和外交干涉就越来越多地被委托给前勃艮第人埃斯凯德，他已升迁为法军元帅（1485年1月21日）。

在奥地利公爵看来，推翻他儿子周围那个另行成立的政府的时机已经成熟；1483年9月，他在安特卫普集市的大庭广众之前郑重宣布撤销菲利普的咨议人员的职务。接着双方互相论战，每方都重提过去财政方面的丑事来攻讦对方。马克西米连过高地估计了自己的力量，1484年4月金羊毛骑士团首次在他和持异议的尼德兰之间进行调停，以后又调停了好多次。金羊毛骑士团在两方阵营内部都各有自己的代表，他们通过承认马克西米连为摄政而避免了一次分裂，但并不掩饰他们的目的是为了维护菲利普的继承权。由于根特不让步，对佛兰德的调停半途而废，扬·柯本荷尔在根特利用他反对马克西米连的斗争使自己成为当地的暴君，直到1492年他逝世时止。

佛兰德对于内战并没有退缩，反而做好准备要对尼德兰的其余部分进行经济制裁：根特禁止粮食出口，布鲁日在斯凯尔特河上建立一个关卡，阻塞安特卫普的贸易。佛兰德的自我扩张促使其他地方的民意倾向奥地利公爵，他获得荷兰的支持。由于他的经济拮据，他的雇佣军只能试图达到有限的目的；结果发生了到斯凯尔特河对岸进行抢掠的袭击行动并将待赎的俘虏和缴获的牲口在安特卫普由官方予以拍卖。查理八世和佛兰德订立了一项军事同盟（1484年10月25日），并向奥地利公爵提出了一个实质上的最后通牒（1484年12月27日），要求他撤出佛兰德；但是法国的联盟并没有使佛兰德人免于被困，1485年6月28日法院和商业界的支持者让奥地利公爵进入布鲁日。

这种反应在根特也开始了，街道上有人高喊"奥地利人来了"，扬·柯本荷尔逃往法国。佛兰德成员和马克西米连订立了一项温和的条约，把菲利普交还给马克西米连，并为他敞开了根特的大门，但是德国雇佣军风纪败坏，几天就已在根特惹出轩然大波，武装的各行各业工人在自己的旗帜指挥下占领了旧市场。马克西米连正寻思是否应该破坏根特，就像他的岳父曾经毁灭列日那样，但是约克的玛格丽特和克莱弗斯的菲利普劝阻了他。根特不得不接受比上述与佛兰德订立的条约更加苛刻的屈辱条件。1485年7月22日，代表公爵接见的大臣公开撕毁了该城自1477年以来接受的特权。1453年加夫勒战役以后的局面实际上得到了恢复，因为手工业工人被排斥在外，公爵保留了更新法律之权（定期重新任命行政官吏），而民兵组织则已废除。年幼的菲利普迁往约克的玛格丽特的陪嫁城镇马林去居住，并由她监督他的教育。

奥地利公爵获得了胜利，但是他并不强大，因为尽管有佛兰德和根特的赔偿，他在财政方面仍然捉襟见肘。某些显要权贵因军功而获得职位、土地和金钱等报酬；他们比以前得到更好的好处。1485年至1488年是大胆的查理的朝臣转变为"美男子菲利普"及其以后各朝寡头政治集团的过渡时期。这些寡头政治集团仍然要比奥地利公爵更明了国家的需要；从1485年11月到1486年5月马克西米连在德国的期间（他在1486年2月16日当选为德意志王），他留下来的一个枢密会议主要因为保持对法国的和平而博得了很高的声誉，其成员有克莱弗斯的菲利普、拿骚的恩格尔贝特和专门处理法律事务的大法官让·卡朗多莱。

马克西米连和其父弗里德里希三世一起回来，当匈牙利人占领维也纳时，弗里德里希三世就来靠尼德兰赡养他。德意志王非但没有殚精竭虑使低地国家休养生息，首先让它们的财政得以复苏，却反而立即重启对法国的战端。他本想在大胆的查理遭受失败的方面获得成功，但最后却不得不在 1489 年不光彩地离开尼德兰。和查理一样，他想领导一个由法国的封建领主组成的反国王的同盟，而后大举地入侵法国。倘若马克西米连果真在 1486 年和 1487 年的两次侵略中获得更大的成功，那么，他也许可以得到法国封建领主的充分合作，从而恢复查理的全部遗产，因为这些封建领主们正迫不及待地想在查理八世尚未成年时期利用法国王室的虚弱。但正是在这些年中，马克西米连暴露出他没有作战才能，而埃斯凯德则胜利地保卫了法国的北部边疆，因此为法国做出了不可估价的贡献。马克西米连的失败使他这位德意志王在低地国家中完全威信扫地，这些国家为了发放他的雇佣军的薪饷而专设捐税，如荷兰的河运税，但这些雇佣军却反而对地方各省进行劫掠。贵族们像参加竞技比武那样进行战争；有一群贵族原来计划在 1487 年 8 月对贝顿发动奇袭，不料中了埋伏，盖尔德斯的继承人埃格蒙特的查理和拿骚的恩格尔贝特两人被法军生俘。

到 1487 年秋，战争使中央政权陷于 1482 年玛丽逝世后发生的那种混乱状态。拉森海姆勋爵从 1485 年起一直被囚禁在维尔沃德的国家监狱中，这时同情者把他救了出来。扬·柯本荷尔也从法国回到根特，根特的地方官署在 1487 年 11 月改组，一心一意和马克西米连作对，结果马克西米连的拥护者不得不逃到布鲁日。根特以佛兰德的名义行事，援引大特权敕令赋予各省议会有自行集会的权利，邀请布拉邦特和埃诺共同商议。为了先发制人，阻挠在根特的支持下召集一次对抗性的会议，马克西米连急忙把各省议会召集到布鲁日。

克莱弗斯的菲利普提议各省议会应在斯卢思要塞内集会，但是这位德意志王却没有汲取根特暴动的教训（1485 年），也忘却了他的父皇到达布鲁塞尔时的一场丑剧（1486 年），偏要居住在布鲁日的府邸而不用武装保护。等到他准备调进德国雇佣军的最后一刻，当地居民害怕将来由德国雇佣兵充任卫戍部队，便关闭了布鲁日的大门（1488 年 2 月 1 日），把马克西米连和他的朝廷都幽困在内。这次行动并不是事先预谋的，但是产生的后果却比破坏马克西米连召开联省议会的计划还要严重得多。由较小的行会控制的布鲁日各行业工人全副武装，驻在市场。他们不知道如何对待这位德意志王，却把自己的一腔怒火都发泄在他在当地的拥护者和官吏身上。官吏中的皮埃尔·朗夏尔是财务大臣，立即被处决。根特的政客们抓住布鲁日各行业工人给他们造成的机会,控制了局面,把幸存的马克西米连的廷臣一个个撤职,让他们在今后的谈判中充当根特的人质,其中就有大法官让·卡朗多莱。

布鲁日因为根特的莽撞而感到惶恐,这些行动激起了德意志的爱国主义,科隆的选侯发表了道义上的谴责,威胁要使佛兰德遭到严重的经济后果;1488 年 4 月,弗里德里希三世亲率皇家军队前来救援他的儿子。在尼德兰内部,遭到非难的是拘留马克西米连的方法,而不是原则。人们普遍认为,只有以制定一部与大特权敕令方针相同的宪法作为交换,德意志王才可以释放;这说明了根特为什么能够轻易地把召来谈判马克西米连自由问题的联省议会,转变成起草一个限制其权力的法案的会议。按照这种发展的情况,联省议会在 1488 年 2 月底到现已擢升为大公爵的菲利普的住地马林开会,最后又迁往根特闭会,并在 5 月 12 日通过了《联合、联盟和邦联》文件。这个文件在布鲁塞尔的拉文斯坦宾馆被提交给一个贵族委员会,其成员有克莱弗斯—拉文斯坦的阿道夫及其子菲利普、贝韦伦的菲利普、埃诺的大法官安托万·罗兰和布拉邦特新任的大法官让·布维里埃。

《联合、联盟和邦联》这个文件取消了马克西米连在佛兰德的摄政权,仅仅准许它在其他地区在血统贵族的治理下继续下去。在菲利普尚未成年期间,联省议会每年集会一次,第一年在布鲁塞尔,第二年在根特,第三年在蒙斯;因为这种一年一度的会议,除非已在其他两地至少已各开一次,否则不得在同一地区连开两次。联省议会的职权范围规定为改正各个地区的不利的一切新规定;由于文件对各省的自由显然比对全体的自由更为关心,所以《联合、联盟和邦联》不如大特权敕令有利。但是,这一文件的目的是为宪法打下永久的基础,因为它的绪言宣称,凡是文件中提到当然世子爵位的地方,仅仅适用于菲利普成年以前,而并不永久适用于所有与他有关的时间。文件不但提出在和德国君主谈判时要运用各省的共同力量,而且按照联邦制的精神向列日和乌得勒支两主教区以及其他不指名的"邻邦"发出了参加《联合、联盟和邦联》的邀请。

德意志王在 1488 年 5 月 16 日获释,释放前他在一项条约中宣誓不对佛兰德进行报复;这项条约包括了《联合、联盟和邦联》的内容,称作布鲁日和约。虽然克莱弗斯的菲利普被留在布鲁日做人质,而且必须宣誓,如果马克西米连背弃誓言,他将为《联合、联盟和邦联》作战,讨伐马克西米连;但是这位国王一回到卢万他的父亲弗里德里希三世和帝国军队那里,他就否定了这项和约。马克西米连声称自己必须恪守以前所宣布的效忠于皇帝的誓约;然而他的行动纯粹是政治性的,就道义上来说,是不可辩解的。克莱弗斯的菲利普后来拿起武器反对他,是因为这位菲利普比较懂得政治,所以他不相信马克西米连竟会信守誓言;同时也因为他很精明,所以他不让自己俯首听命地充当人质,除非他想找寻一个公开的事件来对这位国王挑战。

除了武装冲突以外,布鲁日和约曾大量印行流传,它引起了一次文字上的冲突。克莱弗斯的菲利普提出了辩护书,但是最犀利的一份宣言却是根特在法国的合作之下以"菲拉利特斯"的笔名发表的,它是对1488年7月马克西米连向埃诺省议会发出的备忘录所做的一个答复。

7月,帝国军队从根特城下撤退,根特建筑了一个设防的水闸以志纪念;1488年9月,克莱弗斯的菲利普进入布鲁塞尔,到处公布布鲁日和约。马克西米连的反对派大有胜利之势,亨利七世8月间接见了他们的使节。人们日益相信德意志王将接受一笔赔款,离开尼德兰。1488年的《联合、联盟和邦联》重建了1482—1483年的反马克西米连联盟。除了安特卫普是个明显的例外,布拉邦特的大小城镇几乎都倒向根特一边;和1482—1483年间的情况一样,根特是依靠一批形形色色的贵族和法学家支持的。

尽管克莱弗斯的菲利普既有军人气概而且和外国王朝如葡萄牙又有关系,但是要领导反对马克西米连的运动,他在政治上却不如根特的扬·柯本荷尔那么重要。1488年秋,扬·柯本荷尔前来强迫布鲁塞尔接受根特的权力,就像他在若干较小的城镇中已经做过的那样。

1489年2月,马克西米连撤回德意志,把萨克森公爵阿尔贝特作为他的副手留了下来,这个能干的雇佣军头目在整个内战期间十分巧妙地举行了各次谈判。即使在面临像萨克森公爵阿尔贝特这样一个难以制驭的对手以前,《联合、联盟和邦联》方面便已节节失利,因为布拉邦特各城镇挤满了乡村逃来的难民,如要获胜,只能速战速决。再者,尽管《联合、联盟和邦联》方面自称以菲利普大公爵的名义进行活动，但为了马克西米连的原因，这个当然世子仍被安全地保留在马林。他留在当地具有十分重要的意义，因为这就使人们不再对《联合、联盟和邦联》效忠。在荷兰，胡克党的首领们和克莱弗斯的菲利普携手合作，到海上共同进行海盗活动，但是荷兰发生的纷乱并没有像法国那样影响事态的发展。

布鲁日和约恢复了阿拉斯和约，《联合、联盟和邦联》被置于查理八世的个人担保之下；但由于法国对布列塔尼的图谋和对根特的怀疑，法国对马克西米连的干涉也是审慎的。布列塔尼公爵卒于1488年9月，在他去世前很久，法国的摄政安妮·德·博热和她的谋士们就决心为王室取得布列塔尼的继承权；因此，有鉴于自己的力量不足以在佛兰德和布列塔尼两地同时进行战争，他们保留了自己的力量用于布列塔尼。在布鲁日和约后，尼德兰已不能被马克西米连用作发动侵略的基地，因此在法国人的心目中它不过是一个次要的地方。然而，当时已可见到，马克西米连的失败有利于根特、而不是法国在低地国家中称雄。1489年2月的一次会议上，埃斯凯德和柯本荷尔之间的紧张关系已经到了严重关头。法国将继续援助根特，但同时也要求根特表面上以偿还债务的形式把一大笔款项拨交埃斯凯德，并且把马克西米连被拘在布鲁日时作为人质被俘的两名贵族转交给他。法国的要求并未得到满足，此时马克西米连和亨利七世结成联盟（1489年2月），萨克森公爵阿尔贝特在布拉邦特不断取得军事胜利，遂使法国不愿再让自己更深地陷于尼德兰的事务之中。拿骚的恩格尔贝特仍被扣押在法国，由他作为马克西米连的外交使节，经过几个月的谈判，查理八世和德意志王在法兰克福签订了一项条约（1489年7月22日）。

法国国王的宗旨是实现布列塔尼的中立化，并使这个公国为逐步渗透做好准备。作为交换，查理八世打算通过他的仲裁来促使根特及其盟友重新服从哈布斯堡王室。来自法兰克福的消息促使布拉邦特决定对萨克森的阿尔贝特公爵投诚并偿付赔款。根特虽未战败，但是就连它也向瓦卢瓦王朝俯首听命；按照法兰克福条约的条款，佛兰德派遣格鲁特豪斯、拉森海姆和扬·柯本荷尔前往图尔进行谈判。马克西米连也派去了一个人员众多的使节团，其中最重要的使节有拿骚的恩格尔贝特，他曾官至宫廷大臣，自从被俘囚禁在法国后，已为他本人及其家族在法国—勃艮第外交中赢得了一个举足轻重的地位；还有一个是弗朗斯·范·比斯莱登，他曾任行政法院审查官，是大公爵的导师，这时承担了他的第一个重大任务。

10月30日签订的蒙蒂尔斯—列兹—图尔条约废除了布鲁日和约。佛兰德成员将在三年内交付一项大宗赔款，并按低地国家政府今后可能采用的货币重新估价折算。在法兰克福仍予维持的阿拉斯条约，如今已由新条约代替；尽管佛兰德的代表团提出抗议，但从大胆的查理逝世后所给予的各项自由，将在查理八世和马克西米连两人亲自晤谈时加以考虑。

法国方面心中有数，这个和约只是一个形式上的和约，因为根特未被征服，柯本荷尔及其一派尚未和解，而克莱弗斯的菲利普虽自己请求加入和约，但是任何权威，只要是它没有使他恢复全部土地、官职和恩俸，尤其是没有使他恢复在他退居的斯卢思地方所担任的首领的职务，他是不会予以承认的。1489年12月14日关于币值重新调整的法令，极其严重地破坏了佛兰德和荷兰政权的恢复。自从大胆的查理去世以来，钱币贬值，使原已随着战争形势动荡的物价更加浮动，各省议会特别是在1488年就已关心改革方案。从技术上说，1489年的法令产生了一种稳定的货币，但这种货币的目的在于提高政府税收的价值，并如条约中所提到的那样使佛兰德的赔款增值。流通中已贬值的钱币丧失其价值约66%；此时正值圣诞节前各种租约、各省和各城镇租金均需付现之时，因该法令而引起的麻烦和诉讼延续了10年之久。在一年多的时间内，货币问题引起了对根特的反控，而有利于柯本荷尔保持他的地位，并静待国际形势的转变以便重新展开斗争。

事与愿违，由于克莱弗斯的菲利普和马克西米连之间的私怨，尽管这位菲利普再三敦促，他亦未被重新起用。由于镇守斯卢思，菲利普如今对于当局来说，是一个比柯本荷尔还要危险的对手。菲利普从斯卢思出发扩大海盗活动，扼杀了布鲁日的商业，并严重地干扰了荷兰的贸易，他在荷兰利用因此而造成的困境，成功地煽动了叛乱。布鲁日叛乱的死灰复燃从政治上说并不重要。富有的阶级自知在这场较量中必败无疑，纷纷逃出布鲁日。布鲁日在1490年11月29日投降。根特的富户遂与中央政府和解，其中就有拉森海姆勋爵阿德里昂·维兰；但是克莱弗斯给拉森海姆送去了一份决斗通知书，以致拉森海姆在 1490 年 6 月被杀。

马克西米连想要执行他早在 1486 年就已拟订的和布列塔尼女继承人结婚的计划，又和法国冲突起来，否则，根特在柯本荷尔率领之下的最后一次叛乱是不可能发生的。1490 年 12 月 19 日德意志王通过代理人和布列塔尼女公爵安妮结了婚。法国不可避免地重新对尼德兰进行干预，而一贯乐于利用法国的根特也在 1491 年 5 月公开反叛。

1491 年 12 月，查理八世和马克西米连的新婚妻子布列塔尼女公爵结了婚，却把马克西米连的女儿即根据 1482 年和约与查理订婚的玛格丽特退了婚；瓦卢瓦家族对哈布斯堡家族取得了一次卑鄙的胜利。1492 年 2 月联省议会不得不在马林开会，和根特谈判和平。从 1489 年以来，克莱弗斯的菲利普接连拒绝多次和谈请求，希望越过大公爵的咨议们直接和各省议会接洽，但是克莱弗斯的菲利普在 1492 年已经不合潮流了。金羊毛骑士团和大公爵枢密会议中博学多识之士拒不接受他那种和君主平起平坐的旧式态度；与枢密会议关系密切的联省议会，把他的辩护书当作了请愿书，把若干份呈交大法官。和 1488 年不同，联省议会想保存中央政权。大公爵是当然的世子，几年之后就要成年，这个事实很重要。

联省议会要求克莱弗斯的菲利普和柯本荷尔两人在战争与和平二者之间作出抉择，他们两人并没有给予政治上的答复，然而，仍然指望政府由于其他地方性叛乱而进退维谷。1492 年是从 1477 年以来最困难的年份之一，在荷兰发生了一次叛乱，而埃格蒙特的查理返回盖尔德斯更说明了勃艮第的继承权随时可能发生危险。

荷兰和西弗里斯兰的运动并不是农民起义。运动采用的旗帜不是犁或木鞋，那是起义农民的象征；它的旗帜是奶酪和面包，宣告国家不能被包税人吃光。这次起义是农村群众以及阿尔克马尔、哈勒姆这类城镇对现存制度的强烈抗议，当时各财团预先付款给政府，而政府则把税务包给这些财团。以面包和啤酒为旗帜的德国雇佣军荡平了这些"奶酪和面包叛乱分子"，叛乱到 1492 年 6 月便告平息。这次叛乱的重要后果是胡克党作为一个战斗派别已走向衰落，因为实现平定以后荷兰的政府控制更加严密，所以剩下的胡克党人都被吸收到了盖尔德斯的同盟者一边。

第八章 勃艮第的尼德兰（1477—1521年）

盖尔德斯直到1543年才肯定地被重新征服，而盖尔德斯的丧失乃是法国外交利用当地的地方自主主义的结果。1492年2月，按照法国在低地国家中为勃艮第人或哈布斯堡家族树敌的一贯计划，埃格蒙特的查理被派回盖尔德斯。这位查理对马克西米连的怨仇事出有因：自从1487年他被俘以来，马克西米连从未设法予以营救，而其家族幼系的艾瑟尔斯坦的埃格蒙特却从1484年至1517年担任荷兰执政。地方自主主义是个常被误用的词语，但却适用于盖尔德斯，因为它在1492年重又接受了关于在世袭领主之下保持自给自足的中世纪理想。盖尔德斯的省议会从一开始就和查理联合在一起共同奋斗，使盖尔德斯这个地方摆脱它从1473年以后所属的大尼德兰的范围，而回到它原先的采邑地位。

查理八世和布列塔尼的安妮成婚以后，不但紧紧控制住阿图瓦和弗朗歇—孔泰这两处作为已被退婚的奥地利的玛格丽特陪嫁的领地，而且还扣留玛格丽特作为人质，向她的家属勒索更多的权益。另一方面，欧洲的形势正变得对哈布斯堡王室有利。法国君主在布列塔尼所获的胜利局面是亨利七世和阿拉贡的费迪南德力图加以改变的，法国不得不对英国（1492年11月3日埃塔普勒条约）和西班牙（1493年1月19日巴塞罗那条约）让步，才免于它们的攻击。马克西米连遂与亨利七世和西班牙的天主教国王联盟；他和西班牙的联盟之所以值得记忆，是因为这个联盟是菲利普大公和一位西班牙公主结婚的前奏，虽然按巴塞罗那条约这件婚事已予以废除，但终于酿成了1496年的王朝联姻。

由于休弃奥地利的玛格丽特，法国国王就通过这一撕毁阿拉斯和约的行动而在勃艮第各地人民的心目中毁掉了自己的地位。在作为玛格丽特陪嫁地的城镇阿图瓦和弗朗歇—孔泰，经久不衰的对勃艮第的忠诚之情正在如火如荼地迸发出来；1492年11月，阿拉斯居民起来反抗法国卫戍部队，在"勃艮第万岁！"的呼声中重新加入了尼德兰。马克西米连在隆冬时节侵犯弗朗歇—孔泰而获得胜利，与其说是由于他在杜农对法国人小战告捷（1493年1月19日），不如说是由于各城镇给予他的合作。

对于这个勃艮第国家的生存力抱有信心，同时除了在盖尔德斯以外，任何可供选择的其他思想都在没落，这种状况对于和平的恢复起了决定性作用。根特在军事上虽然未被征服，却接受了相当于它在1453年和1485年失败后强加给它的条件。手工业者和农民之间的怨仇终于导致柯本荷尔被绰号为"耕田人"的农民首领所暗杀的事件（1492年6月16日）。尽管有这些内部纷争，根特还能对萨克森的阿尔贝特进行激烈的反击，但是认识到一个城镇不能无限期地公然对抗一个国家，于是开始了谈判。结果订立的卡赞特和约（1492年7月29日）把根特由一个自治城镇降为一个普通城镇。它的司法权从属于佛兰德法院的上诉权力，它安置外来市民的权力被缩小到最低限度。作为佛兰德伯爵，君主对于每年一度重新任用政府人选具有永久性的影响，这些官吏只能从贵族而不能从低等行会中吸收。正如皮雷纳所说："君主控制城镇，而城镇控制各行各业。"虽然大胆的查理兴修城堡以威慑根特的计划直到1539年的下次暴动以后才始执行，但是这个城镇在此后整整一个世代中一直没有起来造反。

从列日主教教区发生的事件来看，法国的干涉显然日趋衰落。在1485年一次短促的胜利之后，马克西米连纵容主教霍恩的约翰把总管纪尧姆·拉马克处死。这种草菅人命的裁判只能重新点燃霍恩和拉马克两个家族之间的世仇；1488年在《联合、联盟和邦联》声势最盛的时候，查理八世把列日置于法国保护之下，列日主教和拉马克派之间的局部内战，大致可以同马克西米连和《联合、联盟和邦联》之间的主要斗争相匹敌。中立的好处慢慢地被人们理解；直到敦奇利和约（1492年5月5日）以后，交战各方和省议会才同意列日保持中立并实行自由贸易。1492年7月查理八世承认了关于这个主教区地位的各项原则，一个月后菲利普大公爵也予以承认，不论列日的中立对于国际法的发展多么能引起人们的兴趣，在当时却表示一种妥协的解决办法，靠削弱法国外交而使列日地方和勃艮第各地的关系更加密切起来。

1492年10月12日，在斯卢思长期被围攻之后，克莱弗斯的菲利普投降了。政府的海上力量薄弱；海军提督贝韦伦的菲利普默许他自己的港口维尔的船只向斯卢思的私掠船购买通行证。但是亨利七世对于私掠船对英国贸易造成的损失难以忍受，在他和马克西米连结成联盟的情况下派出一支由爱德华·波伊宁斯爵士率领的舰队，帮助萨克森的阿尔贝特进行围攻。此后，克莱弗斯的菲利普不能无限期地坚持下去；然而他的出降实际上还是由于他父亲的去世引起的，他不得不进行谈判以保存他的祖传财产。由于和他同事的权贵们的团结，他官复原职；但是菲利普是个聪明人，从此不再攻击实行君主制的社会，虽然直到1528年去世时一直主张和法国维持和平关系，但他采用的却是更微妙的办法。

与法国重建正常关系一事受到了在法国宫廷的勃艮第流亡者的阻挠；然而森里斯条约（1493年5月23日）却保存了阿拉斯条约的主要内容。法国送回了玛格丽特和她的陪嫁城镇阿图瓦和弗朗歇—孔泰，这两个城镇如果不和勃艮第公国结合起来，对于法国的安全只有很小的危险。另一方面，哈布斯堡王朝绝对否认战争是收复勃艮第公国的合法手段；因为虽然双方都保留着阿拉斯和约所规定的权利，但他们都同意"通过友好方式"，"公正"地使彼此都得到圆满的解决，在大公爵统治下的所有法国采邑中，法国国王享有的永久宗主权和司法权得到了承认；在大公爵年满20岁时向法国国王行觐见礼以前，对于埃尔、贝顿和埃斯丹等战略要地实行一种共管制度，由埃斯凯德代表查理八世管理当地军政，而民政事务则归大公爵处理。因此，根据中世纪的分别管辖原则，直到1498年，法国驻扎一支占领军以保卫其北部边界。

1482年和约中有利于富豪（包括有俸的神职人员）的条款得到了扩充。双方的财产所有人均可恢复其财产，但没有权利收回1470年后为任何一方国家所处理的收入。16世纪初法国和尼德兰双方关系的这种稳定状态，在很大程度上要归功于1493年和约中的经济条款，这些条款规定在边界的任何一方地区内均可持有财产，并废除来往商人的安全通行证。森里斯和约和在它以前的阿拉斯和约一样，被刊印出来。鉴于这些条约对于个人利益牵涉极广，所以予以刊印也就不足为奇了。

森里斯和约预告了马克西米连摄政时期行将结束。他儿子的朝廷中的两名最显赫的大臣弗朗斯·范·比斯莱登和托马·德·普兰内襄助谈判事宜。奥地利的玛格丽特从法国归来，在瓦朗西安受到了欢迎，当时上演了一出牧歌式的戏剧，以表示这个国家正从一场浩劫中恢复过来。

皇帝弗里德里希三世在1493年8月逝世。各省议会派希埃弗莱勋爵纪尧姆·德·克罗伊为代表，他们发现马克西米连愿意接受他们开出的款数作为菲利普解除摄政的代价。1493年10月的法令规定以拿骚的恩格尔贝特代替萨克森的阿尔贝特主持大公爵的枢密会议，这标志着菲利普亲政的开端。司法和财政大权遵循勃艮第的惯例，仍被保留在大公爵家族的势力范围之内，而马克西米连关于菲利普在尼德兰的枢密会议和他自己的奥地利枢密会议保持联系的指示则并未执行。

菲利普的亲政不仅仅结束了1482年以来一直存在的政体危机，因为标志着他的统治开始的就任特许权在每个重要地区都收回了玛丽在1477年赐予它们的特权。1494年9月10日的大特权敕令是他接任布拉邦特公爵时颁布的，它只承认1477年以前通行的惯例，虽然他已同意增加一些该公国议会一致要求而他的枢密会议亦认为可行的补充条款。荷兰省议会被迫于1494年12月在交通不便的格尔特鲁登堡城镇和他见面。他几乎全部废除了从1477年开始实行的荷兰大特权敕令，但他愿意对该省的建议加以考虑，1495年增添了一些补充条款。佛兰德在1483年就已承认菲利普为该地的伯爵，但菲利普断然加以拒绝，并派了监管官员前去接管；在埃诺，他宣誓要做个好的统治者，要做当地的真正继承人和所有人，并撤回了蒙思从1477年以来所取得的特权。

托马·德·普兰内是大枢密院的主席（之所以称"大"，是指它的法律方面），他忙于在布拉邦特、荷兰和埃诺进行谈判，以致很可能负责制定了关于修改1477年各种特权的原则。君主不受他的前任所作的让步的约束，自由不是臣民生来就有的不可改变的权利；菲利普所作的各项补充条款，其目的在于提高效能而不是实行专制，因为不能永远强迫某一地区的各个成员承担共同责任。1494年12月菲利普同意荷兰重估税收，菲利普的特派员做了一次调查，把荷兰北部当时的人口和财产与1477年的状况进行了比较。多德雷赫特和荷兰其他城镇之间因税收问题而引起了一场诉讼：多德雷赫特根据它的特权要求降低税率；荷兰其他城镇则主张"在公共事务方面，小的城镇必须仿效大的城镇"，竭力强使多德雷赫特也按它们的税率付税。1497年，菲利普的大枢密院作出的一项非终审判决中多德雷赫特占了有利地位，而由国库承担了损失。

第八章 勃艮第的尼德兰（1477—1521年）

菲利普统治时期的外交政策以1500年为界分作两个阶段。在前一阶段，菲利普处于一连串有利的国际形势之下。1461年以来一直未断的法国压力已经转向意大利；埃斯凯德勋爵死于查理八世向意大利进军途中，临终时嘱咐把他的遗体埋葬在布洛涅，表示他对法国扩张主义新方向的抗议。

如何把与法国的政治和平和与英国的经济和平结合起来？这是尼德兰对外关系中的一个根本问题，这个问题被马克西米连所忽视（在这方面他不像瓦卢瓦家族的公爵们），而现在却有了解决的可能。在菲利普的枢密会议上，法国的观点和英国的观点都有其代表，因为，如果说希埃弗莱勋爵和弗朗斯·范·比斯莱登倾向法国，那么，贝尔根家族由于考虑到他们自己的城镇贝尔根奥佐姆的贸易而赞助英国的事业。

菲利普秉政伊始，就承认了森里斯条约，并通过巴黎条约（1498年8月2日）承担了这一条约的后果。1499年在阿拉斯，他以佛兰德和阿图瓦的名义向代表路易十二的法国大法官行了觐见礼。

马克西米连支持约克的玛格丽特所豢养的觊觎王位者珀金·沃贝克来反对亨利七世，这种支持在外交上是无效的，而在商业上造成了严重后果。当沃贝克的冒险事业正在进行的时候，菲利普政府在1495年便开始劝说亨利七世取消他对低地国家施加的经济制裁，1496年2月24日双方订立了一项贸易条约，一般称为"大通商协议"（Intercursus Mognus）。条约恢复了50年前对英国商人征收的税率，并授予菲利普以外交事务的绝对控制权，但禁止在约克的玛格丽特陪嫁城镇马林这类特区内发生反对亨利七世的不友好行动。

在1500年后开始实行的外交政策的第二个阶段中，尼德兰的利益服从于实现大公爵的西班牙继承权。菲利普同西班牙两位天主教国王的公主胡安娜结婚（1496年10月20日）以及奥地利的玛格丽特和西班牙王子在1497年结婚，本来都是马克西米连在外交上的胜利，也可以说是1477年以前的勃艮第和伊比利亚半岛关系的重建；但是当费迪南德和伊萨贝拉的最后一个继承人唐·米格尔在1500年去世后，菲利普大公爵就凭借他妻子的权利成为西班牙王位的继承人；而在伊萨贝拉本人逝世（1504年11月26日）后，他承袭了卡斯蒂利亚国王的称号。

发展对法、英两国的友好关系不再是为了低地国家的利益，而是为了使这些强国默认菲利普对西班牙天主教国王的继承权。大公爵对法国的态度变得唯唯诺诺，但这种态度至少在1505年夏天以前使得路易十二不至于严重地妨碍他的西班牙计划。

菲利普两次访问西班牙。第一次他在1501年11月离开尼德兰，直到1503年11月返国；第二次他在1506年1月乘船去西班牙，1506年9月25日死于该地。第一次访问是由安排菲利普和路易十二签订的里昂条约（1501年8月10日）的希埃弗莱和比斯莱登两人准备的。菲利普决定取道法国前往西班牙，这成为他的枢密会议中亲法派的一个胜利。他的到达巴黎令人回忆起他的曾祖父于1461年来到巴黎的情景，曾是一本刊印的故事和歌谣集的主题。作为法国贵族元老，他出席了巴黎最高法院，不但表明了他对这个王国的封建依附关系，而且表明了他个人在这个王国中的地位。

第二次对西班牙的访问是因为马克西米连、菲利普和路易十二签订的哈格诺条约（1505年4月8日）而作出的；但是法国国王醒悟过来，认识到一位哈布斯堡王室成员来到他的索姆和比利牛斯边界的用意。菲利普只得从海道前往西班牙；法国对低地国家进行干预的恶性反复并不始于菲利普死后马克西米连实行第二次摄政时期，而是始于1505年下半年。在司法方面，路易十二把巴黎最高法院的权力强加到对佛兰德的管辖上；在外交方面，他支持列日的拉马克家族；在军事方面，他援助法国从未完全打倒的盖尔德斯的查理公爵。西班牙继承权是勃艮第朝廷的一场赌博，所下的赌注比在意大利角逐的列强所下的赌注还多，但尼德兰在经济上给予支持并且承受了在法国引起的反应的冲击。

和在法国或英国一样，在低地国家中，政府的治理工作在16世纪初要比以前的几个世代容易，比16世纪后半叶更加容易得多，所以菲利普平易近人的风度使他获得了可与路易十二媲美的声誉。他在幼年时代就力求和谐，1492年在攻打斯卢思以前，曾先给克莱弗斯的菲利普送去一个口信："转告菲利普君，我不会做出任何日后会使我后悔的事。"仰慕独裁专制人物的后世人们认为他的外号"听信咨议者"具有贬义，但这在当时正好说明他是个明智的统治者，他不同于大胆的查理而善于采纳众议。

第八章 勃艮第的尼德兰（1477—1521年）

贵族们当然也扩大了他们在公众中的影响，但与此同时，尽管他们来自四面八方，这时却逐渐使自己和各个省份打成一片。贝尔根、克罗伊、拉拉印、拉努瓦和拿骚等家族簇拥在菲利普的周围，使他的政治枢密会议酷似一个金羊毛骑士团的会议。这个国家和威尼斯那样一个寡头共和国有许多共同点。

大公爵不仅恢复了他的勃艮第先辈们的气派，而且也回到了他们居住的旧址。他相信自己百姓的忠诚，1498年这一年他是在布鲁塞尔的库丹贝格度过的；他和佛兰芒人和解，亲自前往根特的普林森霍甫，他的儿子查理1500年2月生于该地。除了安特卫普等少数城镇以外，各城镇正在内战的劫灰中竭力挣扎，对于国家在处理他们债务方面给予的援助表示感激，因为从1494年到1500年间荷兰的多数城镇已告破产。

由于菲利普的观点和大胆的查理的不同，而是和平的，由于中央权力整个说来是要通过各省的机构而不是要钳制这些机构来予以执行，所以尽管有些措施就其专制精神来说，可以和查理时代的相比，但执行起来困难不大。一项关于收回产权的法令（1495年5月6日敕令），要求恢复荷兰和泽兰自1477年后停止的一切王室收入和权利，其中不但包括过去让与的土地和官职，还有包出去的全部税收；它们不但在财政上有重大价值（例如，在斯凯尔特河入口处的税收），而且对省与省之间的关系以及对列强（如英国）的关系均有政治上的重要意义。

菲利普政府在中央集权方面并不墨守教条。1496年，里尔的审计署以及布鲁塞尔和海牙的相同机构都被强制并入设在马林的总署，情形和1477年前一样；菲利普对布拉邦特的省议会说，他们的所谓审计院事实上都是他的。但到了1498年年底的时候，这些会计部门又回到了它们各省原来的地方，因为一旦君主的权力得到了承认，他很乐意照顾地方上的感情。菲利普的两位心腹大臣希埃弗莱和弗朗斯·范·比斯莱登（1502年8月卒）既擅长外交，也善于处理经济事务。

在马林设立大枢密院（1504年1月22日），表面看来最多不过是给菲利普的大枢密院（即他的枢密会议专司法律的部门）找个固定的地点；但是从他逐字地重复大胆的查理1473年设置马林最高法院的法案，却可以看出菲利普在马林设置高等法院不是出于权宜之计，而是根据他的治国之道。由于菲利普早死，遂使他在法制方面恢复中央集权的实验也中途夭折，而和马林抗衡的一个最重要的机构布拉邦特法院，也就摆脱了大枢密院对上诉权限的约束。

菲利普和联省议会的正式关系是令人满意的。由于菲利普与他祖父和父亲的做法不同，常常亲自和联省议会交往，所以它们对宫廷的疑虑消释了。1501年9月，他向联省议会告别，指定拿骚的恩格尔贝特在他即将访问西班牙期间作为他的代理人。联省议会是由各省派来的代表团组成的，尽管后来对间接税问题一拖再拖，并且讨价还价，政府还是对这些代表团给予时间回省请示。结果，在菲利普执政和查理尚未成年的时期以内，不管多么勉强，税收还是得到各省的同意而予以增加。联省议会已不再像菲利普未成年时期那样参加制定大政方针。即使在政策适合他们利益的时候（例如1498年巴黎条约），也是由菲利普的枢密会议先作决议，然后再提交给他们。1501年后，他们越来越不愿为菲利普的外交政策花钱；但是只要事情有关反对马克西米连的干预，则随时可以指望他们对菲利普给予支援。

无论在内政或对外事务方面，菲利普都完全摆脱了他父亲的控制。1496年，马克西米连把菲利普召到德国去的时候，比斯莱登一时失宠，但不久便恢复原职。翌年即1497年，菲利普将马克西米连原来的大法官让·卡朗多莱免职，而代之以托马·德·普兰内，后者也是亲法派，但完全效忠于菲利普的利益。在1498—1499年间和1503年初，德意志王企图征服盖尔德斯的时候，菲利普和联省议会对埃格蒙特的查理坚持中立立场，这是他们亲法联盟的必然结果，他们甚至允许法国援军过境前去盖尔德斯。

1505年夏天，菲利普已经取代他的父亲在哈布斯堡王室中的领导地位，只是在这时，他才进行了他一生中唯一的一次战役，与马克西米连一起入侵盖尔德斯，逼使埃格蒙特的查理投降（1505年7月），并使他降到在1487年前作为勃艮第宫廷人质的地位。如果对查理加以适当的看管，则这次宽大处理也就无可非议；但是查理没有跟随菲利普前往西班牙，却设法逃回了盖尔德斯，在那里他可以指望路易十二的全力支援。

当时路易十二控制着默兹河的全程，国内情况看起来比1493年以来的任何时候都更危急,然而菲利普还是急于到达西班牙,在 1506 年 1 月 10 日从弗勒兴乘船启程。除了埃格蒙特的查理逃回盖尔德斯以外,法国势力还趁主教霍恩的约翰去世的机会在列日取得了胜利。1505 年 12 月 30 日,埃拉尔·德·拉马克,即一度曾任总管的纪尧姆·拉马克之侄,路易十二内定的主教候选人,被圣朗贝尔教堂全体修士会议选为主教,而使哈布斯堡王室提名的雅克·德·克罗伊落选。菲利普在动身前的几个月中募集金钱来偿付这次航行费用,抵押了他的部分领地,并且把 1495 年 5 月恢复的斯凯尔特河上的税收,除了保留名义以外,全部卖给了安特卫普、米德尔堡和贝尔根奥佐姆。

在紧要关头,领地和税收被认为像皇冠上的宝石一样可以抵押;1499 年,菲利普以荷兰伯爵的名义把他对弗里斯兰的权利割让给萨克森的阿尔贝特,以清偿他欠阿尔贝特过去担任军事指挥官的酬劳。虽然奥地利的玛格丽特和查理五世没有费多大周折就收回了菲利普所典质的一切,但是他处理王室资产作为西班牙之行的经费,对于 1494 年以来他所执行的关于建立王室特权的政策来说,却是一种倒退。菲利普和亨利七世签订的两个条约中断了他的西班牙之行。第一个条约(1506 年 3 月 20 日)纯属王朝世系问题,菲利普在卡斯蒂利亚的权利得到了英国的支持。第二个条约(4 月 30 日)是在他离开英国以后签订的,从未得到他的批准。这个条约得到"不幸的协之议"(Intereursus Malus)之名,因为它对英国的贸易给予优惠。两项条约放在一起,就可以看出菲利普和他的咨议们为了在外交上和财政上取得对他的西班牙政策的支持,不惜代价到了何等地步。1506 年 9 月 25 日菲利普在西班牙突然去世,此时他的西班牙政策已取得了意外的成功。

把 1506—1515 年这一时期称为查理未成年时期,要比称作马克西米连第二次摄政时期更切合实际。1507 年后马克西米连自称皇帝,曾在 1508—1509 年和 1513 年两次访问低地国家,按月支取津贴,并保留任免官职之权以取得更多的好处。在菲利普未成年时期,马克西米连曾将各省卷入战祸;而在查理未成年时期,这个角色却由奥地利的玛格丽特来担任了。国内反对发动国外战争的抵抗力量过去来自各个城镇和各省议会,如今却出现在枢密院内部。社会更加趋于统一;

而国内一个强大的亲法派别的存在，意味着从外界施加的法国影响会减少。无论如何，路易十二为把各城镇拉到法国方面所做的努力，在1507年和1513年两度失败；而贵族和法学家们也已不像马克西米连第一次摄政时期那样，大批离国，逃往法国。

在枢密院和金羊毛骑士团中有一批人曾经反对玛格丽特的再征服战争，曾经使皇帝在1508年想把弗朗歇—孔泰立为一个王国以及1511年想要恢复已经消失的奥斯特拉西亚王国等企图遭到挫败，但如果把这批人称作一个民族性的派别，那就未免太简单了。相反地，这些人认为对法国保持和平是解决国内困难的办法，并要求对英国的关系应限于贸易方面，而不承担王室的（更不必说军事的）联盟，同时把查理的姐姐伊萨贝拉嫁给埃格蒙特的查理，以求解决盖尔德斯问题。主张这种观点的代表人物是希埃弗莱，他已经由一个封建的贵族和朝臣发展为一个欧洲的政治家。在枢密院和金羊毛骑士团中还有一个与它对抗的派别，由扬·范·贝尔根和艾瑟尔斯坦的弗洛里斯·范·埃格蒙特领导，他们主张用战争方法来解决盖尔德斯和法国问题；这一派也可以自称同样地爱国，因为他们主张的对英联盟在过去曾带来不少好处。亲法派以其家族利益主要在埃诺的希埃弗莱为首；亲英派则以在布拉邦特北部和荷兰的贝尔根和艾瑟尔斯坦为领导，两派似乎象征着北方和南方的抗衡。但是当时的贵族政治不是按这些路线发展的；拿骚家族在尼德兰的中心是布雷达，但在巴黎和约（1515年）以前和以后一贯亲法。希埃弗莱及其追随者们有一点可能符合爱国这个名称，那就是他们对当然世子非常重视。他们是维持现状派，旨在保持菲利普逝世时的状况，等待查理成年后接受他的继承权；他们也因此而得到联省议会的同情。

1506年没有可以同1477年相比的反对势力，这要归功于菲利普在恢复君主统治时所施用的方法。联省议会不再像以前那样企图另行颁布一项宪法，由于奥地利的玛格丽特的远见，后来的冲突得以避免，虽然情况往往不妙。1508年，各省宣誓，声称仍旧团结一致，互相支援，气势汹汹有如1488年，但是玛格丽特提出了康布雷和约，作为一剂镇静药。联省议会不仅反对战争政策，而且十分保守，被各省之间的猜忌所分裂。玛格丽特的首要任务之一是调解布拉邦特和佛兰德之间关于名次问题的纠纷，1508年贝尔根对她提出建议，劝她不要在联省大会上而是分别地对付各省。

以后的政治史要用玛格丽特的品格和希埃弗莱的个性来加以解释。玛格丽特学识渊博,对艺术的赞助范围十分广泛,无法扼要重述;但是她对政治最感兴趣;在她最后一个丈夫萨伏依公爵1504年去世后,她就急于回到尼德兰来代替菲利普或马克西米连治理国政。她对法国国王的敌意不仅仅是由于她曾被查理八世遗弃而造成的个人怨恨,而是来源于她的勃艮第家族世系,因为虽然她知道尼德兰使她的家族兴旺发达,但她把第戎看作它的首都。她起初对于低地国家的政治传统不大同情。她的办法是异乎寻常的,她所依靠的人如梅尔库里诺·迪·加蒂纳拉,是她从萨瓦带来的一个曾在意大利内阁经过培养的人物。

菲利普之子卢森堡伯爵查理,时年6岁,通称大公爵。被菲利普留下作为他的代表的希埃弗莱所领导的枢密院,很快就对查理的继承权的宪法问题作出了答复。1506年10月6日、7日两日,枢密院各咨议上书马克西米连,请求他接受摄政权,并明确指出这一解决办法将立即提交联省议会。他们仿照菲利普统治时的惯例来决定政策,然后再取得各省议会的信任。1506年10月27日马克西米连决定留用菲利普的咨议们,而他们也就可能暂时留用审计署和佛兰德法院的公务人员,从而使行政机构照常工作。

在1506年10月的联省议会上,枢密院只争取到部分省份接受马克西米连的摄政。布拉邦特和荷兰表示同意;佛兰德代表团要求给予时间以便向上峰请示,而埃诺和那慕尔则由于畏惧法国而踌躇不决。路易十二希望,也许期待,成为查理的保护人。直到1507年4月的联省议会上马克西米连才被承认为摄政,毫无疑问,这是因为他同时(1507年3月18日)授命他的女儿玛格丽特代他宣誓担任摄政之职的缘故。当时他仅仅赋予她以最低限度的独立权,直到1509年3月18日她才从他那里获得了摄政权。她所处的地位之所以更为微妙是因为她必须通过枢密院才能施政,当时枢密院仍保留着它在菲利普统治时期所取得的权力,从理论上说虽然是个咨询机构,实际上却和国家元首共享政权。在查理未成年期间,玛格丽特始终没有取得控制枢密院人事的权力。当年老的大法官托马·德·普兰内于1507年去世时,玛格丽特未能阻止让·勒·索瓦热成为枢密院首席咨议兼主席——这个职位在国王未成年期间相当于总理大臣。勒·索瓦热不是亲法派,而是一个佛兰芒法学家,从1494年起以办理对法外交而出名。

当路易十二还有希望成为查理的摄政时,他强令盖尔德斯公爵和列日主教埃拉尔·德·拉马克签订休战协定;但是一旦马克西米连担任摄政变成无法避免的事,他就重又向他们提供武器和军队。玛格丽特转向英国求助,1507年12月,枢密院主要的亲英派贝尔根代表她在加来和英国商谈联盟。但是亨利七世不是一个提供军事援助的国王,所以玛格丽特向法国挑战并想征服盖尔德斯的初次尝试归于失败,结果促使了布拉邦特省议会在1508年起来要求和平。她通过康布雷和约(1508年12月10日)建立了神圣罗马帝国皇帝和法国国王的联盟。尼德兰取得了一个喘息机会,因为盖尔德斯公爵不得不接受和约的条件,两国联盟转入了对威尼斯的战争。虽然玛格丽特在康布雷和约之外还和英国签订了一项条约,条约中包括了查理和玛丽·都铎的婚约(1508年12月7日),然而亲法派的力量不可避免地加强了,对于这些动向十分敏感的神圣罗马皇帝便任命希埃弗莱担任查理的宫廷大臣。玛格丽特曾多方设法为贝尔根谋取这一要职,结果白费心计,希埃弗莱终于大权在握,负责把这位当然世子培养成人。

对于维持现状派来说,康布雷和约和森里斯和约一样,是永久性的;但是对于担任摄政的玛格丽特来说,它不过是一时的权宜之计。所以,当亨利八世的继承王位可能使她获得一个同盟者的时候,她便借口埃格蒙特的查理违反和约而破坏了和盖尔德斯的谈判,并于1511年和英国结成军事同盟来反对盖尔德斯,结果把局部性的冲突酿成了国际冲突。英国军队前来援助玛格丽特的军队围攻文洛,但埃格蒙特的查理却去进攻荷兰,1511年11月,文洛之围被迫解除了。

引进英国军队是对维持现状派的一个挑战。1511年7月,摄政对于长袍和短袍贵族咨议官引退很是不满;同年年底,她的陆军长官拿骚的亨利和海军提督勃艮第的菲利普("好人菲利普"最小的私生子)都诈称有病,等候解除军权。虽然她劝谏皇帝撤销勒·索瓦热的职务,任命已故大法官之子热拉尔·德·普兰内为枢密院主席(1511年11月),但是维持现状派也显示他们有力量来阻挠官方的政策。

第八章 勃艮第的尼德兰（1477—1521年）

这位摄政的脱身之计是对贵族和一切拥护查理为国家元首的人作出让步。1512年4月她为大公爵设立了一个庞大的宫廷。皇帝的愿望是要让他的孙子周围有一批永久任职的官吏，但她对此予以蔑视，另一方面却根据所谓半年制来安排查理的扩大了的宫廷人员，这一办法只让地位最高的官吏持续不断地留在宫廷，其他官吏任职半年之后，再由另一批官吏接任半年。玛格丽特认识到要笼络贵族，就必须把在宫廷任职的好处，广泛分配。她在给侄儿选择导师时宁可要乌得勒支的阿德里安而不要伊拉斯谟，认为阿德里安不仅可以在将来当查理的大臣，同时也可对查理宗教和智力的发展发生潜移默化的作用。这位摄政之所以比较积极地作出这些让步，是因为她认为时机已经成熟，现在可以推翻康布雷和约，而把神圣罗马皇帝、英国国王和阿拉贡国王联合成一个军事同盟来反对法国了。

在1512年7月，她对她的父亲说：各省是靠贸易与和平而生存的；有鉴于各省将拒绝正面参加对法战争，她宁可宣布各省中立，而以外国的军队和金钱进行战争。中立在原则上已不新鲜，但是把中立扩大到把尼德兰和弗朗歇—孔泰（后者是玛格丽特的陪嫁城镇，已在1512年8月宣告中立）排除在重大战争之外，则和列日主教教区的那种中立有很大不同。1513年4月，神圣罗马皇帝在劝诱下参加了教皇、亨利八世和阿拉贡的费迪南德反对法国的神圣同盟。尼德兰的中立是由于一句妙语双关的遁辞而得以保全，因为马克西米连只是作为皇帝而不是作为他孙子的保护人而参加联盟的，所以他孙子的世袭领地应排除在同盟之外。路易十二对此评论说：倘若查理已经成年，他就应当作为藩属而应召保卫法国。

摄政玛格丽特进行侵略战争的不寻常的策略之所以获得成功，主要是因为瑞士向第戎挺进，迫使路易十二在两条战线上同时作战，而亨利八世也向皇帝提供军队和金钱。虽有许多亲英贵族为亨利八世服役，但尼德兰的主要任务还是供应军队给养；玛格丽特1515年声称尼德兰在战时牟取暴利达100万金币，这种说法也许接近事实。法国在斯凯尔特河上的设防城镇图尔内落入亨利八世之手（1513年9月21日），玛格丽特高兴地看到亨利八世扼守该地；因为图尔内使亨利八世与低地国家利害攸关，而英国则成为玛格丽特政策的基石。

1513年10月，在里尔宣布了一项关于大公爵查理的新的王室法令，由马克西米连、亨利八世和阿拉贡的费迪南德共同保护查理，结果使这位当然的世子国际化。对查理实行这种王朝国际共管，显而易见地掩盖着一个亲英联盟，其目的在于延长玛格丽特的摄政期限，并削弱查理身边的希埃弗莱及其亲法派。双方在里尔互相保证，决定在1514年5月举行查理和亨利八世的妹妹玛丽的婚礼；但是在枢密院和金羊毛骑士团内处于牢固地位的亲法派和亲卡斯蒂利亚派却把婚期拖延到预定日期以后。所以，当1514年8月亨利八世宣布玛丽和路易十二结婚的时候，整个形势改变了；玛格丽特显然已不能再长期维持她的摄政地位。希埃弗莱使大公爵离开马林这个以贵妇人和法学家著称的故乡，前往布鲁塞尔和一些新人相处。

布拉邦特省议会怨声载道，反对在宣布查理成年以前再支付任何间接税；但是到了1514年末，当联省议会向皇帝提出一大笔款项，要求对查理解除束缚的时候，马克西米连又和他在1493年类似的情况之下那样地顺从。按照他1514年12月23日的指示，查理1515年1月6日在布鲁塞尔的联省议会面前宣告成年。查理的成年是一次宫廷阴谋的结果，也是各省愿意为接受本国世子的统治而不惜付出代价的结果。

查理的即位开创了勃艮第的复兴。让·勒·索瓦热立即被任命为勃艮第大法官，事实证明他是担任这一官职的最后一人，因为1518年6月他去世后，接替他的加蒂纳拉仅是查理的私人事务大臣，而由审讯官接管了以前由大法官负责的尼德兰法律事务。但是勒·索瓦热在其任期内，对政府各个部门都进行监督，和15世纪时的尼古拉·罗兰如出一辙。而且，再一次按照勃艮第的传统，政府与大公爵变成两位一体。这种安排对于希埃弗莱和勒·索瓦热都是合适的，因为希埃弗莱作为宫廷大臣，是宫廷事务部门的负责人，和查理的关系最为密切；而勒·索瓦热作为大法官，则控制了各部门的秘书官员。枢密院由来自低地国家和弗朗歇—孔泰的贵族和法学家们组成，只有马克西米连的代言人伯爵和玛格丽特的代言人加蒂纳拉是例外。虽然个别的咨议如拿骚的亨利由于他们的财产而握有很大的势力，但是他们在政治上的重要性则决定于他们在宫廷内的地位。最高一级的决定权操在希埃弗莱、勒·索瓦热和乌得勒支的阿德里安三人手中，而在最后一人于1515年底被派往西班牙执行其不可告人的使命以后，则操在查理接受他的领地时的条件大体上和他父亲即位时相仿；但是其间许多年来的政局稳定却使查理的亲政成了庆祝典礼，而没有就地方自由问题进行反复磋商。1515年4月，查理对他在布拉邦特的"大特权"作了增补，它虽然排斥吉卜赛人，却扩大了该公国内其他臣民的个人自由。但是即便他风闻要强迫他作出让步，他也不能容忍；他在根特被接待后，听说有人谣传他已废除了卡赞特和约，他便责备该城镇不该对造谣生事者宽大处理，并在1515年4月重新公布了和约。这一事件表明各城镇动乱不安，而随着查理的统治不断进展，这种动乱变得更加显著；虽然早在1514年在齐里克泽就已发生过反对市镇官吏的暴动。穷人的怨怒不断增长，在布鲁塞尔（1532年）和根特（1539年）最后酿成暴动，矛头直指支持城镇统治阶级的中央政府。

奥地利的玛格丽特的对法政策遭到如此彻底的颠倒，以致人们对于希埃弗莱和她之间的裂痕产生了夸大的印象。路易十二于1515年1月1日去世，他的继承人弗朗西斯一世恰好和查理在同一个月内开始进行统治，这种巧合要求双方当局改弦易辙。这时谴责希埃弗莱在1515年向法国投降是轻而易举的，但是列日、盖尔德斯和弗里斯兰当时的局面都要求法国出面干涉，这种干涉已经在尼德兰推迟了国家在道义和政治方面的发展，并且威胁要把尼德兰的统一无限期地拖延下去。

由拿骚的亨利率领前往巴黎的使节团以查理的名义代表佛兰德和阿图瓦觐见，使节团也想代表勃艮第觐见，但未获成功。1515年3月24日缔结了巴黎条约。查理将和路易十二之女勒内结婚，她的嫁妆则是路途不便的贝里采邑；拿骚的亨利将和奥朗日—夏隆家族的女继承人结婚，这个家族一个世纪以来周旋于法国和勃艮第之间。和条约的大多数条款不同，这个封建婚姻却得以实现。弗朗西斯和查理之间建立了友好联盟，但是查理在反对盖尔德斯和列日主教的斗争中却没有获得丝毫保护，仅仅由缔约双方承担义务，绝不援助对方的敌人而已。

这项条约和一切对法条约一样受到了热烈的欢迎，然而向英国谋求谅解的大门仍然敞开着；同1496年和1508年的情况相似，在同法国订约以后很快就和英国订约。以后数年，在外交方面，这3个强国设法保持同一步调。1516年1月和英国签订了政治和贸易协定；努瓦荣条约（1516年8月13日）维持了对法友好关系，其代价是让弗朗西斯以他自己不到1岁的女儿代替勒内和查理订婚，但是在同1个月内又开始谈判另一项对英条约。1516年终，马克西米连对尼德兰进行了他生平最后一次访问；他没有像他答应亨利八世那样撤换希埃弗莱和勒·索瓦热，相反，这位皇帝却批准了努瓦荣条约。这些年的外交活动必须对照查理即将继承西班牙王位的背景才能理解。1516年1月23日阿拉贡的费迪南德去世，他把阿拉贡遗赠查理，并任命查理为其他西班牙王国的摄政。1516年3月查理在布鲁塞尔宣布继位。

富有者认为西班牙是勃艮第进行扩张的一个场所；西班牙人在低地国家的人数越来越多，和马克西米连的同胞相比，他们是很受欢迎的。金羊毛骑士团挫败了皇帝想把它变为奥地利—哈布斯堡骑士团的图谋，而1516年的米迦勒节教堂全体修士会赞同把金羊毛骑士团扩展到西班牙，并且为西班牙人保留了10个职位，等到他们的君主查理访问他的新领地的时候予以任命。

尽管伊比利亚半岛的情况迫切要求他亲自前去，但查理仍把他的西班牙之行推迟到1517年9月。也许是因为希埃弗莱想要尽可能长久地让他保持纯粹勃艮第君主的地位；1517年亨利八世的使节们也曾抱怨说查理的咨议们把他当作布拉邦特公爵而不把他当作国王。另一方面，查理的政府除了把注意力全部贯注在盖尔德斯、乌得勒支和弗里斯兰上面以外，在1515年初还开始进行需要花费时间的财政改革。1506年菲利普甚至不顾安危匆匆前往西班牙的急躁情绪再未出现。

1514年所做的比1494年更为详细的调查，表明荷兰比20年前更加富裕，人口也更多；但是1515年重新确定税额却惹出了激烈的反对，结果在1518年又有更改。在佛兰德，税制一有改革，就要和过时一个多世纪的税额发生冲突，这种税额大有可能成为永不改变的数额。重新对神职人员财产实行永久管业权本身就是一个足以测试中央政权力量的措施。

佛兰德的"运输税"是个额外收入的来源，从中可以看出每次整个伯爵领地缴纳间接税的时候，佛兰德各部分，较小城镇和乡村付出多大代价。但是"运输税"从1408年以来一直没有修订,财富方面的变化使它的更新成为迫切的任务,如果要把它作为一个君主国家的一种税收工具的话。1515年5月就任命了一个"运输税"改革委员会,但到1517年10月,委员会才完成了它的报告。

1515年的"运输税"收入比1408年的超出很多;过去城镇上交税款占总额的50%以上,但1515年所占的百分比却下降到44%。小城镇和乡村所占比重的增加过于一般,除了工业重点的转移以外无法解释。布鲁日在1408年曾提供税额的15.7%,到1515年仅占总数的14.4%;但格拉蒙和阿洛斯特则从1408年的7.4%增加到8.6%。对于伊普雷、弗纳斯和库尔特莱等设有乡间呢绒和亚麻纺织业的农村地区摊派的税额比例的上升甚至更加显著。

对神职人员的财产实行永久管业权,是查理统治时期把教会的神职任命权、财产和管辖权置于国家监督之下的政策的一个步骤。从理论上说,勃艮第公爵规定从间接税中抽取相当于神职人员年收入3倍的资财,作为分期偿还神职人员财产的费用;但直到1474年,各地区各不相同的永久管业权法令都未严格执行,1477年后,守法的神职人员数目更少。1515年4月,"大特权"增补了一条,禁止布拉邦特境外的神职人员未经许可在公国境内购置财产;1515年5月,又下令登记在过去40年内,即大胆的查理的永久管业权法令(1474年7月10日)颁布以来,佛兰德各教会所添置的一切财产。这道命令加上1515年12月发给在各省推行永久管业权的公爵代表的公函,不仅引起神职人员的反对,而且还遭到了掌握行善基金的市民们的反对。反对者向罗马上诉的行为被政府视为与叛国罪无异;而查理和利奥十世的交情也使反对者们不能从罗马得到支持,1520年10月19日的法令禁止在布拉邦特境内未经许可将财产转让给神职人员,因而在这方面又推进了一步。

查理在罗马的信誉也使他得以恢复对乌得勒支的控制,按照勃艮第的传统,地方主教教区常被当作赠给王室世系中私生子的采邑。巴登的弗里德里希主教对盖尔德斯公爵持中立态度,因而一直是布鲁塞尔关注的问题;1516年,弗里德里希经过劝导提出辞职,让位给任海军提督的私生子勃艮第的菲利普,使他在1517年3月担任乌得勒支主教。在罗马,事情在最高一级进行,地方上的派别诸如乌得勒支的省议会，甚至盖尔德斯公爵均无法企求达到这一等级。一直到1524年，菲利普去世后乌得勒支教会财产转归世俗所有为止，在尼德兰东北部的危急形势之下，人们都可以依赖菲利普来照顾王室的利益。

1515年5月，萨克森的乔治把他在弗里斯兰的权益出售给查理，所得只占"美男子菲利普"当初向他父亲萨克森的阿尔贝特抵押权利时所得的一小部分。阿尔贝特的儿子们和他们的对手东弗里斯兰伯爵爱德华·西克森纳都没有能建立对弗里斯兰的区域统治权，原因在于不论哪一方都不能和格罗宁根谈妥条件。格罗宁根这个城镇据说是整个弗里斯兰的依靠，即使它还没有足以支配全省的强大力量，它却可以防止任何其他人采取这种做法，除非条件对它合适。埃格蒙特的查理乐于接受格罗宁根的条件，1514年10月格罗宁根接受了他，不久以后这个城镇便置身于法国的保护之下。哈布斯堡的查理和埃格蒙特的查理又为另一片土地卷入了一次直接冲突。

利用盖尔德斯家族的幼系艾瑟尔斯坦来反对它的长系是勃艮第的传统手法。1515年，弗洛里斯·范·埃格蒙特继他的伯父担任荷兰执政后，又被任命为弗里斯兰执政以代表哈布斯堡的查理。从1516年至1517年，弗里斯兰在战争中的命运变幻不定；但是1517年夏，一支弗里斯兰舰队把荷兰船舶赶出了须德海，大批为盖尔德斯作战的雇佣兵在麦丹布立克登陆，在荷兰到处劫掠，向南直抵阿斯佩棱。1516年秋，议会曾同意出资装备4个符合建制的武装集团；但由于财政上和军事上的准备不足，他们不能立即服役。然而，恢复大胆的查理的军事改革对于主要由马克西米连提倡的依赖雇佣兵的办法是一次彻底的决裂；在查理访问西班牙期间，新恢复的武装集团把在莱茵河下游掳掠的雇佣兵帮伙全部肃清；因而使查理1521年归国后能够征服亨利八世于1519年2月已归还给弗朗西斯一世的图尔内。当时盖尔德斯公爵手头拮据，因此便受到了1517年6月在根特签订的一项条约的更加有效的约束，条约规定了东弗里斯兰伯爵爱德华·西克森纳为哈布斯堡王室所保护的人。

1517年6月至7月在根特召开的联省议会，表明了1517年9月8日查理从弗勒兴乘船前去西班牙以前已取得了多么强大的地位。根特市长祖祖辈辈都是反君主制舆论的代言人，如今这位市长却带头宣誓效忠，临别前声泪俱下，联省议会强要查理收下一份献金。作为交换条件，查理不在国内期间，政府的政治计划均向联省议会汇报。1517年7月23日成立的枢密会议还为皇帝保留着名誉首脑的地位。奥地利的玛格丽特在礼节上得到卓越地位，但对于枢密会议，不享有特殊权力。其实她如今比1507年，甚至比1509年还要自由得多，因为查理拒不指定副职，让她放手行动，而且查理签署公文的印玺也交给玛格丽特保管。直到1519年7月1日和16日，即查理执掌帝国大权之后不久，他才赋予她以摄政的权力。

在查理离国期间，玛格丽特在对待列日关系问题上取得了一个可行的（但不是永久性的）解决办法。当时存在着两个不同的问题：一个是列日地方在尼德兰内部的地位问题，另一个是埃拉特·德·拉马克主教及其家族在哈布斯堡势力和瓦卢瓦势力之间的地位问题。从1506年起，埃拉尔就显示他自己既是个灵活的外交家，又是个干练的统治者，如果没有他这样一个人，列日则很难作为一个公侯主管教区而幸存下来。查理在罗马的良好声望有助于他削弱这位主教在布拉邦特的教会管辖权（1515年7月），但是，这位主教在罗马教廷的交往中，有一位极其能干的中间人吉罗拉莫·阿莱安德罗；因此，在查理1520年由西班牙回国时，阿莱安德罗，后来还有埃拉尔，就收回了在低地国家镇压异教的广泛的管辖权。列日地区的省议会对任何与尼德兰其他地方加强联系的行动都产生猜疑，他们坚持中立作为自己区域独立的保证。早在1517年1月，查理就设法离间列日人和他们主教之间的关系，把列日人召来要他们在对待弗朗西斯一世和他自己之间表明立场；但当时哈布斯堡王室和拉马克家族达成协议是比较容易的，这是大家族和小家族之间的交易。

1518年4月27日在圣特隆德签订了两个条约：一个是公开的，还有一个是秘密的。前一个条约将由列日的省议会批准，后一个条约是关于哈布斯堡和拉马克两家族之间关系的。以年金为代价，并以在查理保护下的优先地位为钓饵，埃拉尔经过这种诱劝后，答应决不将他的教区传给他侄儿以外的任何继承人，并发誓拉马克家族将不顾一切为查理效劳。列日省议会只是在1518年11月14日才不得不接受了公开的条约，这个条约虽然或多或少澄清了管辖权问题上的混淆，促进了布拉邦特和列日之间的贸易，但由于它规定向布鲁塞尔政府提供军事援助，从而违反了他们关于中立的思想。1521年，查理对弗朗西斯一世进行第一次战役时，拉马克家族便不再考虑这项秘密条约；后来事态的发展就把列日并入尼德兰一事一直拖延到19世纪。

马克西米连的逝世（1519年1月12日）促成了一次皇帝选举，尼德兰成了1519年6月28日福格家族从选帝侯手中为查理购买帝国的抵押品。各省对1486年马克西米连的选举无动于衷，但是对1519年他孙子的登基大业却情绪激动，布拉邦特省议会还预先筹集了一笔献金，准备作为加冕典礼的费用。

查理从西班牙归来，1520年6月1日在弗勒兴上岸，他在前往亚琛加冕的途中对联省议会说"他的心永远是在这里的"。他在1522年立下的遗嘱是一个勃艮第人的遗嘱：指示如果他临终时第戎尚未收复，那么就把他葬在布鲁日他祖母墓的旁边；1524年，他支付124枚法国银币给乔治·夏特兰的儿子，购买其父所撰瓦卢瓦公爵世系纪年的全部手稿。各省还把查理看作是他们团结的纽带；当把哈布斯堡家族分开，以便为查理的兄弟斐迪南提供土地的问题发生时，以布拉邦特省议会为代表的舆论竭力抵制任何分割低地国家的图谋，结果促使斐迪南放弃了对低地国家的领土要求，而取得了奥地利的土地。

张文华　马　华　译

第 九 章

西方的国际关系：外交与战争

15世纪末年，人们原设想基督教徒之间的正常状态应该是和平，和衷共济，随时准备击退异教徒。实际上，在基督教徒之间更可能发生的却是战争，而且为了让自己腾出手来进行战争，主动向土耳其人乞求和平。

骑士文学的作家们仍在教导人们说战争是光荣的，意大利理论家们的科学观点则因对战争有浓厚的兴趣而看不见战争的恐怖。这两种观点都赞美取得成功的名将——一种观点是赞扬他们的勇敢，即他们的功勋；另一种则赞颂他们的天才和精力对于事态发展所产生的影响，即他们的德行。前者认为战争是合法的，因为它是高尚的；后者则认为武力乃是谈判的一个天然合法的组成部分。

教会也通过支持各骑士组织和集团，来称赞人们使用并非经常用来反抗压迫者或异教徒的武器；并准许人们发动正义的战争，实际上就是认可一切战争。一般认为，正义战争的标准是：它必须是经上级权威当局批准而发动的，为了正义事业并具有正当意图而进行的战争，而除了对那些最固执的讲良心的人之外，这样的标准是不难满足的。同时，教会也要用战争来维护它的权威，惩办那些竟敢亵渎它的人。因此，它在一定程度上形成这样一种观点：在伟大的事业中，战争是一种神圣的裁判，是裁决性决斗的延长，即由两军对垒代替两士厮杀来决定孰是孰非。此外，妨碍人们对战争加以谴责的，是很难把战争和夙怨区别开来，而夙怨被默认为是两派人或两个国家之间取得公正解决的合法手段。把战争和报复同等看待的法学家们又从宗教方面为战争辩护，说战争是上帝化干戈为玉帛的手段。约翰内斯·德·莱尼亚诺1360年在第一篇专门讨论战争的法律问题的论文《论战争、报复和决斗》中,强调战争是自然发生的,是医治人类脓肿的不可缺少的手术刀。耶稣赞许为正义事业而使用武器的说法,一直贯彻于16世纪初叶越来越科学化的战争中,结果大炮以使徒的名字命名,剑戟上刻有耶稣受难的情景,将军们先吻土地,然后以他们的守护神的名义发起进攻。在最正义的事业,即反抗异教徒侵略的战争中,当时直接受到土耳其威胁的威尼斯、阿尔巴尼亚、匈牙利、瓦拉几亚和摩尔多瓦等国的海、陆军,都经常处在战斗状态,即使在不稳定的短暂和平时期也处于半动员状态;而直到1492年西班牙军队才最后将摩尔人逐出格拉纳达。看到如此之多的合法战争,人们对整个战争的恐怖也就麻木不仁了。

此外,每个国家都是通过战争才在地理上形成它的疆域,而且在一定程度上是为了进行战争才形成它的社会;战争的势头不是一下子就能消失的。贵族受教育就是为了战争,在和平时期他们莫知所从。经营土地已不如过去那样有利可图,马上比武也抵不上实际的战斗。骑士们出于财产和感情方面的原因,渴望进行战争和国外的冒险事业,意大利战争在贵族的鼓动下旷日持久地进行下去,因为这些贵族在宫廷的职位被职业的行政官吏所取代,他们的地产往往不足以供养庞大的家族。对于非商业阶级来说,战争是他们靠掠夺和勒索赎金迅速发财的良机。战争一旦爆发,上述这些动机就会使战争继续下去。"我们该怎么办?"法国元帅蒙吕克曾设想有一位军官问他:"要是我们不积攒几个钱,要是我们不克扣士兵的薪饷,我们又该怎么办呢?战争一结束,我们就得进收养院,因为不论是国王还是别人都不再理睬我们,我们自然也就穷了。"①

在西班牙,由于连年对摩尔人作战,由于全国大部分土地贫瘠,由于贸易和工业大部分掌握在非基督教徒手里,就产生了一个比法国人更依赖军事冒险的贵族阶级;西班牙人也被当时人看成是好战的民族,认为荣誉主要建立在武功上。同样,在德意志,特别是南部和西部,工业和贸易的收入不敷迅速增长的人口所需要的进口粮食。无数仅有少量世袭产业、由于只受军事教育而在意大利受人讥笑的贵族,就非常热衷于战争。瑞士拥有当时最精锐的军队,那里的公共集会主

---

① 《布莱兹·蒙吕克将军评论集》,查尔斯·科顿英译,伦敦,1674年,第4页。

要是操练和检阅,它依靠战争为它唯一的出口商品——步兵提供市场。

15世纪下半叶,呼吁保持现状的声音根本无人理睬,在诸如法国和西班牙这样的王国起不了多大作用,因为这些国家的疆域因某一战役的胜负、某一采邑的被围或陷落而变迁很大;东方各国的国界也因土耳其进兵的压力大小而经常移动。在这半个世纪里,勃艮第的查理所统治的由北海直达莱芒湖地区的半独立帝国土崩瓦解,鲁西荣和塞尔当落入西班牙之手,法国的实际势力伸入地中海。在欧洲,各种错综复杂的封建义务和数百年来各王室之间联姻而产生的各种反要求交织在一起,经常由于幸运的王位嬗递,或由于某些古已有之而现在认为时机成熟应予实现的领土要求,而使现状发生变化。民族的情况仍然含混不清,土地的价值依占有土地而得的享受和利益而定,而不是根据该地使用的语言而定。各个国家甚至连自然边界都得不到满足,因为这样的概念当时还不存在。

土地由君主和其他地主享有,但君主对土地的欲望并不取决于国家是否同意给予满足。14世纪末,奥诺雷·博内写道:"人人皆知,在决定、宣布和进行战争的事情上,穷人是毫不相干的。"① 100年后,各王室通过把经常税用来应付紧急开支,从而使其权力进一步加强,情况就更加如此。没有一个国家的对外政策决定于议会,在拥有真正强大的行政机构的国家,例如法国,即使在税收方面,议会也不起什么作用;意大利战争的进程就没有受到交战国家议会活动的重大影响。同样,军队只占人口中极少的一部分,构成军队的大部分人,不是与统治者利益一致,就是由统治者出钱雇用的人。根本没有向全体国民提出要求他们武装对敌的情况,而且,随着战争越来越依靠职业军人,也就不去注意人口中的绝大部分了。战争是依照国王的意旨来进行的。

推动一些强国参加意大利战争的并不是经济压力。意大利战争的发起国法国是个自给自足的国家。法国有葡萄酒和粮食,不依靠进口食品,也不依赖进口的原料,仅仅购买一些制造大炮用的金属。它出口的葡萄酒、盐和粮食都有现成的市场,无须依靠强制手段。法国农

---

① 《战争的轴心》,G.W.库普兰编,利物浦联合出版社,1949年,问题48。

民生活富裕，不希望离开他们的土地去当兵。对于法国来说，战争是一种奢侈品。同样，西班牙的干涉不过是偶然为了保卫西西里，和保卫运送粮食给天主教各国国王的船只。马克西米连之所以加入1495年的神圣同盟，并不是因为法国的胜利威胁了他的收入。亨利八世并不是因为保护英国的商业利益而不得不参加1511年的神圣同盟并侵入吉昂①地区的。他和查理一样，为的是乘机攫取某些奢侈品。莫尔②曾想象他自己介入法国国王的御前会议，敦促在场的人"改弦更张，吸取新的教训，说道：我的忠告是不要干涉意大利的闲事，而是安安静静地留在本国；法兰西王国本身比一人所能统治的任何国家更加辽阔，国王不必一再筹划如何得到更多的土地。"然而这不过是《乌托邦》中的一段话。

　　西欧强国志在扩张。英、法两国已在百年战争之后恢复了元气，不过英国接着发生内战，不像法国那样立即打算奉行侵略性的对外政策；法国国王则因取得吉昂（1453年）、勃艮第（1477年）、普罗旺斯（1481年）和布列塔尼（1491年）而巩固了地位。到了1492年，西班牙已无内顾之忧。这种扩张的趋势并未由于任何认为必须举国一致行动这样的观念而妨碍其发展，也不受任何自然边界观念的指导。只要具备支持战争经济所必需的最低限度的国内秩序，各国就把眼光转向国外。究竟应征服哪里，并不决定于要求使经济的国界和民族的国界相一致，也不决定于要求达到某条山脉或河流的自然边界，更不决定于要求使边界与语言或风俗习惯相符合。法国扩张的途径，显然应是向东北越过平原到尼德兰，到布鲁塞尔和安特卫普，这些地方不仅从巴黎容易到达，而且又十分富庶。相反，查理八世却麾师南下，越过阿尔卑斯山，顺狭长的意大利半岛而到达那不勒斯。那不勒斯只盛产粮食，而法国并不需要；到达该地的交通只有靠海上力量才能保证，而法国又无此力量。尽管阿拉贡在地中海进行了扩张，但西班牙大部分地区的经济和政治利益却是在其西方的葡萄牙和新世界，而不在地中海；然而甚至在西班牙和奥地利建立王室的联系以前，西班牙就已使自己卷入意大利事务达3个世纪之久。值得注意的是，那些在

---

① 法国西南部相当于今纪龙德、多尔涅、洛特、洛特—加龙、阿韦龙各省的地区。——译者
② 即《乌托邦》的作者托马斯·莫尔。——译者

当时被公认并被称为民族国家的国家,却是靠外国雇佣兵的帮助进行战争。法国的一位王后竟在 1501 年提议将布列塔尼和勃艮第两大公国交出,作为哈布斯堡的查理和她女儿订婚的交换物。民族感情和民族外交政策是王室战争时代的结果,而不是其原因。同时,条约并非进行侵略时不可逾越的障碍。诚然,条约既以最严肃的态度保持其庄严性,并不是轻易就可撕毁的;对条约文字的违背,在宗教上是犯下了伪誓的重罪,从而名誉扫地,并受到更无情的开除教籍和褫夺教权的惩罚。因此,必须在条约的措辞或用意上找出某些法律上的破绽,必须利用布道坛、大学、街道化装表演、大幅招贴物、奖章和歌曲等大事宣传,才能使人们对背弃条约在思想上有所准备。由于原签约人的继任者是否应遵守该条约很难断定,背弃条约也就更加容易。莫尔对此也说得很明白:

> 订立同盟时礼仪愈繁多,愈神圣,就愈会由于在道义上任意找到借口而迅速遭到破坏;这些借口往往在事先就已巧妙安排,而不论条约的约束力多么牢固,也会找到漏洞……此种狡猾手法,……如果他们知道普通百姓在买卖和契约中玩弄的也是这套手法,他们却会忍无可忍,而疾言厉色地大声高呼此系最卑鄙的犯罪,应该处以可耻的死刑。

然而,也不应当完全相信对这种弄虚作假的指责。撕毁条约可以通过法律上的重新解释和教皇的批准来进行,而不让人感到个人的需要是通过不合法的途径来取得的。

除了在国内保持最低限度的稳定以外,战争的前提是金钱(除神圣罗马帝国外,各强国都有足够的金钱)和军队。困难就在于军队。瑞士人在格朗松和莫拉两次战役(1476 年)中战胜勃艮第重骑兵,确定了重步兵乃是战争中决定性的战术要素。但是这种情况仅适用于按瑞士方式训练出来的士兵。直到 16 世纪初德意志和西班牙重步兵袭用瑞士的战术之前,瑞士的独占地位一直没有受到挑战。这种独占地位被有意识地加以利用。雇佣兵的自由流动受到了限制,他们是十分宝贵的出口物,国家不能不加以控制。瑞士不仅仅是军队的储备库,而是具有自己的政治和经济抱负的国家。路易十二不听从瑞士提出的在米兰取得贸易自由的要求，结果在1503年把贝林佐纳丢给了瑞士。他对瑞士的要求继续充耳不闻，最后导致瑞士在1509年放弃了与他的联盟，从而使瑞士的军队为它的敌人服务。实际上，瑞士联邦尽管有它的特殊性，它的各州之间的联系也很松散，但必须把它当作一个盟国看待，而不能把它当作一个契约国。这并不是说瑞士议会的拒绝是最终的决定。议会自己所订的契约，所包括的是它挑选的最优秀的军队，但是挑剩下来而可以受雇的，更确切地说，可以单独收买的，也还大有人在。因此，当1499年洛多维科·斯福尔扎通过官方得到1万名军队对法作战时，路易十二也通过非官方途径得到2万人来与洛多维科作战。总之，任何强国都不会由于某一个议会调整瑞士联邦军事政策而放弃它的战争计划。

在热衷于战争而且有能力进行战争的各强国面前，有一个长期诱惑人的目标——意大利。它富庶，四分五裂，作为当时宗教世界和古代世俗世界的首都，仍然具有魅力，它已经与西班牙、神圣罗马帝国和法国通过封建和宗族的纽带而联系在一起。

要应付这种紧张局势，这种促成战争的潜在力量，旧时的国际仲裁机构已无能为力。固然，神圣罗马帝国还没有失去它的鼓吹者们为它赢得的威望。它是最高的世俗权威，只有皇帝能册封国王，只有他一人被尊称陛下。查理八世渴望取得皇帝的尊号，并进入那不勒斯夺取象征东欧各国帝王权力的宝球，而且传说他也觊觎着西欧各国帝王的宝球。但是，如今已不再有人祈求神圣罗马帝国皇帝充当国与国之间的仲裁人了。他的各项决定看来越来越是为了强调自己的权威。

罗马教廷的情况也是一样。守旧的人们仍然指望它阻止各世俗统治者互相残杀。伊拉斯谟在1514年写道："罗马教皇、红衣主教、教区主教和修道院长的正当职责就是平息各基督教君主之间的争端。"然而，虽然教廷的普遍权威还未完全受到非议，虽然在各地仍普遍交纳彼得便士，[①] 虽然教皇使节在百年战争末期还常常居间调停，但是教廷作为国际仲裁者的作用已每况愈下。签订条约时可能还要宣誓，要求天谴神罚，而且唯有教皇一人可以豁免受这些条款的惩罚；但条

---

① 旧时北欧和英国等国，每年圣彼得日每户教徒向罗马教皇交纳一便士献金，称彼得便士。——译者

约中逐渐加入一些条款，规定缔约双方不得请求豁免，并强调教皇不是根据职权，而是以私人身份行事。罗马教廷对战争的控制权更是确切无疑地已宣告结束。1139年第二次拉特兰公会议禁止把基督徒战俘作为奴隶，批准实行教会休战①，并禁止与异教徒进行作战物资的交易——所有这些措施均已名存实亡。在意大利境外，罗马教廷的训斥虽能使许多个人的良心感到不安，但已经被置之不理。教会权力的特殊性质，对战争的准备或进行战争的方式都不再发生重大的影响。

当教皇以基督教首领的名义呼吁基督徒团结起来抵御土耳其的时候，他对各好战国家的影响受到了决定性的考验。各强国再三申明他们愿意实行团结。弗朗西斯一世和亨利八世之间签订的伦敦条约（1518年）声称："基督教国家的首要责任是传播基督教的信念，消灭基督教的敌人。"弗朗西斯在1535年因缺少海军力量不得不与土耳其联盟，但曾因自己的这一行动而向教皇谢罪。而且，危险也十分明显。土耳其军队在1456年围困了贝尔格莱德，1480年占领奥特朗托，1521年侵入匈牙利，并猛烈攻下贝尔格莱德。大祸即将临头的一些国家高声呼救。1499年和1517年罗马教廷两度号召十字军东征。捐税征收了，人们的良知也被激发了起来。费迪南德与路易十二1507年在萨沃纳会晤时，人们都认为这次会晤将讨论来自土耳其方面的危险，而他们实际上讨论的却是瓜分意大利。伦敦条约签订前两年，阿勒颇失守的时候，亨利八世对向他求援的威尼斯使节谈到他的想法时说：

> 雄辩家先生！您是贤哲，以您的深思熟虑当可理解：只要这种背信弃义在基督教强国中间占上风，对土耳其人的共同讨伐就不会奏效，他们唯一所想的是互相残杀。②

一方面高喊团结起来反对土耳其，另一方面惧怕土耳其的各国则继续积极与之进行政治交易，或希望土耳其成为盟友帮助他们反对其

---

① 中世纪的教会在某些时期内规定的休战。——译者
② 《出使亨利八世宫廷的四年——威尼斯使节塞巴斯蒂安·朱斯蒂尼亚安呈文辑录》，布朗编，伦敦，1854年，第2卷，第57页。

他基督教国家——这就是摩里亚半岛①的一些当权者已经做出的榜样。从1490年到1494年，罗马教廷每年收到土耳其苏丹巴耶济德的一笔款项，作为监禁他的兄弟，也是他潜在的政敌杰姆的费用。教皇的这种行为使得土耳其在对付巴尔干基督徒和对付威尼斯时采取较强硬的政策。苏丹对西方商人的容忍（到1507年时，君士坦丁堡一地就有60多家佛罗伦萨商行的代理人），也使意大利各国对他很难存有恐惧之心，反而把他当作盟友。这些国家——米兰、弗拉拉、曼图亚和佛罗伦萨曾在1497年联合起来收买土耳其人，帮助它们进攻威尼斯。尽管当时仍存在着一种基督徒团结一致反对土耳其的情绪，但是罗马教廷无法利用这种情绪来扭转各国继续为私利而进行战争的局面，也就不足为奇了。

当时各国共同关心的，首先不是土耳其，而是意大利，结果是加深了政治上的角逐，而不是团结。然而，长期把注意力集中在一个共同的问题上虽然有助于确立民族间的敌对情绪，但同时也迫使各国更加注意彼此之间的关系。扩张的倾向使外交来往日渐频繁，对意大利共同关注，结果加深了彼此间的提防。现代历史学家的长处在于他们强调历史的连续性，而他们的缺点也在于过分强调这种连续性。在这个时期，外交史上发生了一个显著的变化。军队能够动员得愈迅速，受威胁国家的情报机关也就必须组织得愈好；由于外交政策变得更加复杂，更加包罗万象，更易起突然变化，每个国家，尤其是弱小国家，需要随时了解其他国家的动向。要做到这一点，只有在其他国家的宫廷中保持常设代表。常驻使馆之所以不断增加，还因为各国宁可通过外交途径而不愿通过国际仲裁来解决争端，这样做，各国更易于自行其是。此外，派驻使节往往是弱国畏惧强国的表现，意味着奉承对方。随着国际关系发展速度的加快，花费在谈判上的时间也增加了。新的结盟关系要求高度紧张的外交活动。尽管有少数几个主题是长期不变的：如英国利用它和佛兰德的联盟来对抗法国利用苏格兰；西班牙策划反对法国时依赖英国；英国受法国威胁时依靠神圣罗马帝国，马克西米连觊觎威尼托地区等——但是从整个来说这是一个动荡的时期。联盟并不意味着安全，也不意味着与其他国家进行的谈判可

---

① 奥斯曼人对伯罗奔尼撒半岛的称呼。——译者

以轻易地中断,正如亨利八世在1514年和1517年当他的盟国在暗中准备改变立场时所看到的那样。当时的情势所迫切要求的是经常的讨价还价,收集情报和保持警惕。

　　旧式的临时性的外交实际上已不能满足需要。过去是在册封骑士爵位,赠予金玫瑰①或圣诞节剑,递交婚约,宣战或休战时才派遣使团,都是随时任命,使命完成后即归国解散。在外交关系上,很少有连续性。各国君主设法通过贿赂,在外国宫廷中"聘请"某些重要官员照管他们在国外的利益。路易十一曾支付这样的费用给英国的大法官,以及案卷法官和宫廷大臣,据说他在德意志比马克西米连本人还要有势力。但是这些接受贿金的人只有在他们觉得合适的时候才忠实办事。君主自己充当外交代表的情形也不多见。虽然君主之间常常计划举行会晤,但真正举行的却为数甚少。1419年勃艮第公爵无畏者约翰在蒙特罗桥遇刺,是一个令人沮丧的先例。1475年路易十一和爱德华四世会晤时,在索姆河上搭成一座舟桥,桥上横立着像狮笼铁栅栏一般密的木格栅栏,两位国王就隔着栅栏互相拥抱。这些会晤所表现出来的疑虑和警惕,使亲切和坦率丧失净尽;所安排的会谈,如1507年费迪南德与路易十二在萨沃纳的会谈,1520年亨利八世与弗朗西斯一世的会谈,也只不过是作为常驻代表工作的补充,而不能代替他们的工作。

　　弱小国家向国外派遣常驻代表,是它们保持联盟的条件,而它们在这些联盟中不过是可有可无的伙伴。威尼斯之所以能加入某些没有它参加也行的条约,是由于它的驻外使节百折不挠地保护本国利益的结果。洛多维科·斯福尔扎也多亏他的常驻法国使节贝尔焦伊奥索伯爵的熟练手腕,把查理八世远征意大利时的几名随从拉到了自己一边。许多国家都极其迫切地想在一个具有潜在威胁的宫廷派驻代表,以致路易十二被这些争先恐后的代表们纠缠不休;他们全都希望每天至少见他一次。他们伴他打猎,陪他饮宴,当他不在的时候就觐见他的王后和大臣;他们甚至收买他的侍者,报告他饮食起居之间说过些什么。两国互派使节也可以在两个强有力但互相猜忌的统治者之间加强联盟并加深了解,特别是当他们之间订有秘密协定时,例如1520

---

① 教皇在四旬斋的第四个星期日赠给信奉天主教的君主或都市的袚邪物。——译者

年亨利八世与查理五世之间的协定。

常驻外交的目的之一是提供消息，以作为各国政府决定外交政策时的依据。在非常驻外交的初期就已为此做了准备。威尼斯1288年的一项法令，要求它的使节在归国后的15天以内就国家感兴趣的一切情况提出报告。从13世纪中叶起，在它派驻地中海东部各国的商务代理人中，就有事例说明定期报告产生了效果。驻君士坦丁堡的领事，驻亚历山大的领事，驻希俄斯、突尼斯和那不勒斯的副领事，都不知不觉地像关心威尼斯人在国外的贸易和法律地位一样关心起政治来；他们必须定期送发政治情报，而不管它是否直接和市场情况有关。

直到15世纪下半叶，形势的紧张才使纯粹的外交常驻代表大量增加，但在此之前也有一些孤立的事例，说明人们对在两国之间不断保持个人接触所起的作用仍是欣赏的。1341年前，曼图亚的路易吉·贡扎加就曾在神圣罗马帝国皇帝路易四世的宫廷派有驻节代表。1375年，米兰与曼图亚交换使节，以加强合作，共同反对维罗纳的斯卡利杰尔家族。菲利波·马里亚·维斯孔蒂有7年多时间在德意志王的宫廷中保持一位代表。在这个时期的大部分时间中，西吉斯孟派有驻米兰的代表，其目的也都是为了巩固联盟并使之保持警惕。

为了同样的目的，米兰公国爵位追求者弗朗切斯科·斯福尔扎在1446年派他的秘书尼科代莫·达·蓬特雷莫利，常驻在佛罗伦萨他的盟友科西莫·德·美第奇处。他参加了米兰、佛罗伦萨和法国三国联盟的谈判，该联盟经过多次战斗，通过1454年洛迪和约，从威尼斯手中挽救了斯福尔扎。洛迪和约之后，大约有40年之久的时期，意大利5个主要国家即那不勒斯、罗马教廷、威尼斯、佛罗伦萨和米兰的结盟非常恰当地得到了调整，对任何扩张的迹象反应极其迅速，而且总是由佛罗伦萨、那不勒斯、米兰来遏制威尼斯。因此，这一条约被看成是外交政策均势原则的范例——外交政策均势一词在该世纪结束前就已使用了。保持外交政策均势所要求的互相戒备和合作，使得常驻外交迅速发展起来。到1458年时，这4个国家都在对方宫廷中派有自己的代表。罗马的地位使这种发展进一步确立起来。派代理人常驻教廷，早已有之，因为教廷作为盟国所起的重要作用，以及罗马作为交换消息的场所，吸引了越来越多的使节。自从米兰于1445

年派遣马尔科利诺·巴尔巴瓦拉以来，使节人数增加得很快，以致庇护二世扬言，凡居留超过6个月以上者降级为一般代理人，从而将丧失其特权。他希望以此减少其人数，但亦无成效。随着阿尔卑斯山以北各国势力的强大，随着这些国家愈来愈引起意大利各国的注意，这种常驻外交的做法也扩展到了北方。当法国的战争准备达到登峰造极的地步，侵略的阴影开始笼罩意大利的时候，意大利各国便派遣使节常驻法国，设法防止这种威胁或将其引向别处。从1463年到1475年，米兰有大使常驻法国。威尼斯自1471年起在勃艮第派有代表，勃艮第失败后，自1485年起在法国派有代表。在双方敌对行动已迫在眉睫，或实际上已经开始后，这种情况更进一步发展。甚至罗马教廷也变得软弱，在1495年派遣两名代理人常驻在马克西米连的宫廷。威尼斯在1495年派代表到西班牙和神圣罗马帝国，1496年又派代表到英国。米兰自1490年起在西班牙派有常驻代表，大约在同时派人常驻英国，自1494年起派人驻马克西米连宫廷，从1493年起派贝尔焦伊奥索驻查理八世宫廷。那不勒斯在1490年派使节去英国，1494年派使节去西班牙和神圣罗马帝国。随着北方诸国由于它们共同专注于意大利事态而不得不保持密切而持续的接触，它们在彼此的宫廷中也保持常驻使节，于是这种做法就更进一步得到发展。自1495年起，西班牙在伦敦一直驻有代表。路易十二不但在罗马和威尼斯，而且在奥地利太子和奥地利的玛格丽特处，以及在西班牙均派有代表。例如1504年时，罗马教廷的态度由非议转为接受，朱理亚二世的典礼官发布了一道命令，宣告天主教的各国王、公爵和他们的代表享有优先权。

这并不是说，到了1504年左右，甚至30年以后，常驻外交已成为常规。只有对意大利感兴趣的国家才经常采用常驻外交。苏格兰、葡萄牙、波兰、斯堪的纳维亚、匈牙利和德意志各王侯都依靠旧式的临时外交；即使在其他国家，派遣常驻使节并不等于这个职位没有什么用处时还继续维持下去。以往依靠间谍的办法毕竟是相当有效的，亨利七世以他的大陆情报准确而闻名，这些情报几乎全部来自非官方的暗探。像托马斯·斯皮内利（一个从1509年起领取英国国王津贴的佛罗伦萨人）这样的人，不但因其能从安特卫普、布鲁日和里昂等重要商业新闻中心获得情报而成为最有价值的消息来源，而且可以被用来处理要求保守机密的事务。让这些暗探公开身份，给他们加上使节的头衔，未必能使他们发挥更大的作用，但是暗探们却热衷于得到官阶所带来的威望。而且，随着外交关系的紧迫性的增加，除了暗探以外，还有必要增加一些更负责任的、可用来进行公开谈判的人。甚至以前满足于在罗马保持代表的法国，也从1517年起在威尼斯，1522年起在瑞士和葡萄牙，1525年起在英国，1526年起在神圣罗马帝国派遣了其他人员。配合常驻外交，仍然采用派特使的办法。常驻使节主要从事调查和报告；一般来说，他们的级别和他们的国书都使他们没有资格就特别重要的问题进行谈判。要处理这些特别重要的问题，必须另派地位更高的使节，在这位使节离任以前，常驻使节处于下级的地位。

这类特使出行时，往往还很讲究排场，精选大批随员，包括教士、仪仗队和由法学家和文书等组成的庞大秘书处。常驻使节虽在呈递国书时有一定的正式礼仪，但生活简陋，有时有一位级别相同的或担任秘书职务的同事，但往往只是他一个人。一些重要人物也执行外交使命，他们不如上述两种使节那样具有官方性质。例如洛多维科·斯福尔扎的妻子贝亚特里切·德·埃斯特在1493年曾前往威尼斯表示米兰的友好。信使在这种新外交中也有一份地位。他们和纹章官一样，在互相猜疑或互相敌对的各宫廷是一种特殊的受欢迎的人，这些宫廷因他们享有骑士的声望和在职务上一向享有豁免权而予以接待。信使不仅用来作为战场上两军之间的谈判者（如在福尔诺沃战役中），或者是传递挑战书和宣战书的人（如1509年蒙儒瓦向威尼斯传递的），而且用来作为使节。蒙儒瓦作为法国的纹章官，确曾被派往欧洲许多国家的宫廷，并在1500年在阿德里安堡会见巴耶济德，不过他每次出使都是提出要求或通知某项决定，而不是去进行威胁利诱。

在这些官方谈判之外，还进行着一种由暗探、间谍和告密者从事的阴暗外交。意大利人特别喜欢利用商人和银行家；美第奇家族则利用他们在里昂的支系同宫廷的交往，这些人消息很灵通，比从他们的使节那里得到的还多。威尼斯则借重医生，因为医生可以在最无戒备的时刻接近君主。查理五世利用教派成员充任间谍，弗朗西斯一世则建立了一支暗探队伍，包括男女贵族以及无名的神职人员和冒险家。

各国使节千方百计在驻在国的宫廷中罗致告密者。塞巴斯蒂安·朱斯蒂安尼从教皇驻英国使节弗朗切斯科·基耶雷加托那里获得了大量情报。他在呈文中提到这个人时总是用"朋友"代替。他为此恳求城主给予他某些优遇,并且提醒他们要用密语,否则阴谋便会败露。

大量的外交文件说明各国政府通过他们的常驻代表十分密切地注视着国外的事态。除去护照、国书等正式文件外,这些文件可以分为三类:指示、呈文和报告。指示概括地规定出使的目的,使节应如何到达目的地,到后与哪些人接触,以何种口气提出本国政府的问题。由于这些指示往往是在使节到任时为表示亲善而拿出来的,所以大都是一些官样文章。但是使节往往同时带有秘密指示,这些秘密指示必须严加保管,只能给某些可靠的人看;它们往往措辞有力而强烈,指出在谈判时应运用的确切论点。

使节自到任之日起,便应定期把他的活动向国内汇报;既然情报是使馆最有用的业务之一,因此要求他尽可能经常地提供报告。马基雅弗利第一次出使罗马期间,50天之内就发回了49封报告,虽然这是特殊情况,但一般要求每周至少写一封,即使是长期驻在某国的使节亦如此。和重要人物的谈话必须逐字逐句汇报,还得加上可能与之有关的每件事或每个谣传。使节所得的印象也是宝贵的,各国政府唯有通过他的书面描写才能想象出他们正在与之打交道的是什么样的人,因为官方对这些人的描绘是没有多大用处的。马基雅弗利在写给他的年轻朋友、初次出任西班牙大使的拉法埃洛·吉罗拉米的一封信中,曾指出过所需情报的范围。他首先应报道自己到任的消息,并叙述他和国王会晤的经过。然后他应观察并报告与国王和他的国家有关的一切:查理(这封信写于1522年)是坚决果断的呢,还是他人的工具?是吝啬的呢,还是慷慨大度?是好战的呢,还是爱好和平?他最热衷的事业是追求荣誉,还是其他?他是否深得民心?他是否亲西班牙而疏尼德兰?能左右他的是哪些人?这些人怀抱什么目的?他们是否可以买通?全国上下对查理抱什么样的感情?——凡此种种,以及其他许多项目,如果言之有据并写成报告,就可以给使节带来荣誉。此外,各国政府还依靠它们的常驻使节提供那些未派驻代表的邻国的消息。当威尼斯和英国之间关系破裂时,威尼斯常驻法国的使节就必须同时报告英国的消息。当威尼斯在都灵没有派驻代表的时候,它通过米兰收集有关萨伏依的情报。

常驻使节归国后应作出报告,报告有时是书面的,尤其在意大利。在威尼斯,归国使节在元老院全体会议上宣读报告是一件大事,这已成为毫无例外的规矩。由于使节的任期一般是两年至三年,所以这种办法意味着元老院对于和它交往的每个国家中的政治、经济和社会情况都能得到定期的报告。这种报告必须是全面的,作报告的仪式也从不草率从事,报告的好坏对使节的名望有很大的影响。

从1425年左右开始,政府及其代表之间的文书越来越多地使用本国语言。到15世纪末,就连教皇使节的报告也是如此。外交家和政治家也愈来愈多地学习外国语。英国和意大利在法国的使节平时都说法语,瑞士的使节也是一样。王公们接见外国使节时使用该国的语言,以表示对他们的友好,虽然所说的不过是临时学会的几句话。由于路易十一和他的继任者们的外交活动,由于法语是马克西米连统治时期德意志宫廷所用的语言,法语开始逐渐成为第二外交语言,虽然拉丁文同时也正在恢复。拉丁文使用于条约和护照等国际文件,在没有更合适的语言的情况下,也用于国际交易,还被用来表示祝贺或致谢——但本国语言是用来迁就弱者,而拉丁文则是用来奉承强者;还有一种常见的情况是先用拉丁文发表正式讲话,然后再用本国语言继续交谈。拉丁文许多世纪以来受地方语言和地方口音的影响而失去其纯正,它虽然在人文主义的激励下仍然是真正的国际语言,但实际用途早已远不及它的名望。

拉丁文在用于会话的时候所具有的各种优点,在书信中自然都成了缺点,因为书信中需要的是隐秘,而不是人人都理解;由于驿邮和外交豁免权不一定靠得住,便往往采用密码作为本国语言的辅助。在这方面写有很多书籍。修道院长约翰内斯·特里特米乌斯所著《密码六论》是献给马克西米连一世的。通常只有最关键的段落才用密码,但是有些国家,特别是西班牙使馆的办公厅喜欢全部用密码写呈文。有些密码极其复杂,很难破译;编制密码也十分枯燥乏味(例如 enviando(送去)一词,有一种西班牙密码写成 DCCCCLXVIIII *le No r malus* 3'),根本不能译出。1504年,西班牙使馆办公厅认识到必须简化它的密码。

不管文件写得多么频繁、完满和秘密,实际作用如何还取决于驿站,而驿站当时仍然是不可靠的。也有私人办的邮务,著名的如塔西斯家族在北欧和中欧经营的邮路;在法国和意大利都有官办的邮政,虽是最廉价的通信工具,却最不安全。专门信使所费十分昂贵,因此往往积压信件,等凑够一个包裹后方始传递,从而使较早的文件在很大程度上失去了价值。如果能找到邮局、信使、行商或友好的外交官员的话,法国、意大利和德国之间的通信也不见得过分缓慢。标准的速度是:罗马和巴黎之间12天;罗马和威尼斯之间2—3天;都灵和威尼斯之间6—7天。凡需要渡海传递的文件,时间更不确定。从威尼斯到伦敦一般要用20—30天;虽然在1499年一名信使由塞维利亚渡海到威尼斯用了15天,但1504年伊萨贝拉逝世的消息经30天才传到罗马。

尽管有上述这些活动,许许多多的信使和数以百计的文件,但常驻使节在欧洲外交中还远远没有被认为是正规的和经常的因素。有关使馆工作的著作的作者们,往往忽视或缩小使节的作用。使节往往出身低微——后来用了相当的时间才通过上等教育培养出足够数量能担任常驻使节的人——这一点对他们不利。虽然外交豁免权是民法和教会法规中一条由来已久的原则,特派使节受到干扰的事例也鲜有发生,但常驻使节并不十分安全。他们的社会地位不能使他们得到上述保护,而且由于他们不断搜集情报,很容易被看成是间谍,他们的证书是值得怀疑的。沃尔西曾私拆过法国和威尼斯的文件,并截获过教皇使节基耶雷加托的文件和密码;威尼斯在君士坦丁堡的代表往往受到公开的敌对待遇;他们的住所受到监视,他们的人身受到污辱,有时甚至被监禁和被拷问。

这种差别从普通常驻代表经常处于贫困境况中表现得最为鲜明。在由行政官员、骑士或主教充当的特使身上大量滥用金钱,好让他们引起被访国家王公贵族的注意。但是,即使是最有势力的国王,也不觉得他们的常驻使节过着悲惨不堪的贫困生活(如像费迪南德驻伦敦大使德·普埃夫拉那样)会有损于他的名声。马基雅弗利从法国发来的呈文中对生活的拮据诉苦不已,说他不得不伴随到处巡游的国王而没钱备马,经常出入宫廷而无力添置洁净服装,频频发送文件而付不起信使的费用。

政府长时期不做任何指示,也是对国外常驻使节漠不关心的一种表现。由本国政府向驻在国朝廷写信致意并报告消息，对一个外交官是至关重要的，因为这些是他取得朝廷好感和各种消息的手段。除了对驻外使节的呈文置之不理外，更令人难忍的是对常驻使节的呈文经常不予信任。例如，威尼斯由于怀疑他们的外交官受到国外生活的腐蚀，就没有充分利用他们所提供的一切好处。

经过很长时间，常驻使节和特使之间的地位差别才渐渐缩小。在这段时间内，常驻使节不但在国外旅途危险，出入宫廷十分劳顿，而且还要在国内受到轻视和猜疑，因此境遇格外困难。经常有人请求离任，而且不得不对拒不赴任的新任使节严加处分。1500年威尼斯选派的驻匈牙利使节扎卡里奥·孔塔里尼曾请求免职，从这件事可以看到，由于意大利战争已经改变了的外交，却仍然在沿袭旧做法的条件下进行。他的请求之所以得到批准，仅仅是因为：他有一个患病的妻子和10个子女；他曾经出使10次，其中3次在阿尔卑斯山以北，在德意志时神圣罗马帝国皇帝让他住在一所一个死于瘟疫的人住过的房子里；他的父亲和另外两个亲属都曾因担任使节，死于生活的困苦。

各强国向外扩张的趋向使它们必须联合，但是既没有传统的友谊，也没有传统的轴心，也就不会有信任和保证。特别是它们全都想攫取同一个战利品——意大利，结果形成了一种对国际协定反复无常的诡诈外交和一种变化莫测、互相恐惧和互不信任的气氛。在最高一级，很难断定说这一时期的政治道德比以前或以后更坏。只要有适当的机会毁约，借口便可信手拈来。法国国王约翰二世并非有意地违背了他在普瓦蒂埃战役被俘后获释时所作的誓言，后来又谨慎地重返英国为囚，这样的例子毕竟不能代表他那个时代的特点①。在较低的一级，即在外交官中间，尤其是在新任的常驻使节之间，则互相猜忌，不受明文规定的豁免惯例的保护，也不因为属于某一可靠的特权阶级而得到支持，种种原因促使人们行动诡秘，采用一些狡诈而不正当的手段。

常设外交在当时尚未被认为是理所当然的事，这一事实使变化莫测和互相猜忌的气氛更加浓厚。有些君主乐意得到他们邻邦的情报，

---

① 法国国王约翰二世在1356年普瓦蒂埃战役中被英国俘虏，1360年根据布雷蒂尼和约，用赎金和人质作为交换获释。后人质之一逃跑，约翰为挽回荣誉，重返英国为囚。——译者

却痛恨别人来发现他们自己的隐私。此外，外交家的目的是斗智，是骗人而不受人骗——这是科明根据路易十一的所作所为而总结出来的目的。路易十一不但吹嘘他自己撒的谎很有用处，而且宁可任用临时使节，其理由是前一个使节许下的诺言可以由第二个使节加以否认。诡诈手段花样翻新，采用伪装、密告，君主们把某一使节隐藏起来，以便他能够窃听另一使节的谎言，几乎成为闹剧。外交官们往往也并不是单纯为一个国家效劳。法国国王的亲信顾问科明接受了希望改变法国政策的佛罗伦萨的金钱；而抱着这一目的派驻法国的佛罗伦萨使馆本身，也有敌视本国政府而拥护查理八世的分子。普遍的不安全感，再加上国际制裁的解体，结果产生了一种对待政治事务的态度，这种态度以一个亲身经受过这种不安全感，从中学习并将之编撰成书的人的名字命名——这个人就是马基雅弗利。

从1499年起，马基雅弗利屡次被派出使外国和其他意大利国家。《君主论》所表现的那种大胆反抗的非道德观，直接来源于他所接触的当代外交的无情和猜忌的特点。作为一个弱小国家的代表，他备受奚落和冷遇，因此他认识到国家唯有强大才会受人尊敬，而国家要强大全在于武装。由于主子的犹豫不决的政策，使他一再受到掣肘，所以他体会到折中办法无济于事，中立是自杀的一种形式。法国人讥笑佛罗伦萨是"无用先生"，他由此认识到，当今之世唯有金钱与武力才能算数，在生死搏斗中，弱小者有时必须使用不正当手段。他在1500年第一次出使法国时所得到的这些教训，于1502年会见强有力的切萨雷·博尔贾后更加深信不疑。翌年他把这些教训传给了他的同胞。佛罗伦萨当时受到切萨雷、比萨人和正向那不勒斯南进的法军的三方威胁，并正在辩论究竟是进行武装呢，还是和以往一样进行谈判。马基雅弗利提出了他的主要论点：没有武力，城市就会灭亡。不要相信朋友，当今敌对乃是常态。不要相信条约，对当今的君主只有靠战争威胁才能加以约束。"因为，我告诉你们，命运将不会帮助不愿自助的人，上天也不会——也不能——维持决定要自我毁灭的东西。"① 他后来几次出使，包括又3次出使法国在内，更加强了他的信念：佛罗伦萨必须强大起来，并且就像一个强大的君主制度在轻浮

---

① 关于金钱问题的谈话。

善变的法国人中缔造了一个战斗的强国一样，必须有一个坚强的领袖，最后，在这个领袖实行的政策中，不允许有丝毫的犹豫。这是马基雅弗利一生事业所得到的教训。他在1512年被免职后，决心通过《君主论》告诉意大利怎样才能强大起来，怎样才能在一个充满战争、权术和危机的世界中立于不败之地，于是他一再重述这些教训。虽然他希望意大利成为文化统一体的观点是理想主义的，他希望意大利成为一个可以治理和可以防御的整体的观点则是现实主义的。他希望看到的统一的意大利，以托斯卡纳和罗马涅为基地，抵抗力量将集中在这里以防止进一步的分裂。在这里，如果有一个君主能以大功垂成的切萨雷为榜样，坚决准备战争，并牢记当今那些寡廉鲜耻的政府所提供的教训，他就可以挽救意大利的崩溃。他后来忠告年轻的外交家拉法埃洛·吉罗拉米说：要光明正大，直言不讳，如果你做不到，也要掩饰你的谎言，至少也要准备好进行花言巧语的辩解。同样，君主不可因为保持自己的荣誉感而牺牲自己的国家，也不可因为遵守一项无人遵守的规约而接受"无用先生"这样的蔑称。

不仅仅是小国由于弱小而被迫进行谈判。在14世纪时即已捉襟见肘的战争耗费，如今又随着军队的装备和结构的变化而陡然上升，以致任何强国都不能经常拥有诸如足够数量的大炮和支付雇佣兵薪饷的现金。一再利用讹诈和智谋来弥补将威胁或诺言付诸实现的能力之不足。结果就夸大在谈判中人的作用，即一方对对方施加影响或引对方上圈套的能力。圭恰迪尼在他的《札记》中说：

> 在派遣使节与外国宫廷进行交涉时，有些君主会坦率地向使节们说出内心的想法和他们的谈判将要达到的目的。而另一些君主则认为较稳妥的办法是只告诉他们企图说服外国君主做什么事，他们认为，使臣是与外国君主办交涉的工具和代理人，若不能先骗过使臣，也就很难骗过那位君主。应该说，这两种方法各有其好处。

但是应该注意，不要受意大利著作家们这种很有说服力的文笔的影响，而将文艺复兴时期外交的这种微妙做法或现实主义加以夸大。相信十字军东征的可能性或召开宗教大会的作用，这些可用来象征保守的观点还继续存在,同时在方法上起了革命性的变化。人们仍然相信,能够带来戏剧性变化的个人干预可以有效地代替专家们旷日持久的谈判,雄辩可以代替常识,贿赂可以收买敌方的代理人,而敌人的金钱却不起作用。从许多方面看,文艺复兴时期的外交是迟钝的和不合理的。不要忘记,在圭恰迪尼和天主教徒费迪南德①的时代,天真的行为还起着作用。

圭恰迪尼认为意大利战争的最初30年是一个革命的时期。他在另一条《札记》中写道:

> 在1494年以前,战争是旷日持久的,战斗是不流血的,围攻城镇所遵循的方法,行动缓慢而变化不定;尽管大炮已经在使用,但操作者缺乏技术,杀伤力很小。因此要推翻一个国家的统治者颇为不易。但是法国人在侵犯意大利的时候给我们的战争注入了许多新生的东西,结果迄至1521年为止,旷野一旦丧失,国家也随之陷落。

1521年普罗斯佩罗·科隆纳指挥米兰保卫战,象征着防御重新对进攻占据了优势的一个转折点。这种重新恢复的优势的确是革命性的,因为它影响了战役的整个性质,使战役的进度减慢;强调战略和政治行动,而降低了战术、单纯的技术和勇敢这些因素的地位;要求在一次战役中获胜,而不要求取得一系列战斗的胜利;并且提出了补充兵员和给养等难以解决的问题。但是,如果说法国军队在米兰没有取得突出的战绩的话,同年,土耳其人则连连攻克了防守通往贝尔格莱德的道路的许多堡垒。总之,这是一个旧式的东西和先进的东西并存的时期,实际上是一个过渡时期。

有些城市已经学会了利用棱堡和低而厚实的围墙;但其他城市则仍然保留着城市引以为荣的塔楼和高而薄的幕墙。弩和火绳枪同时并用;火炮虽被用于战斗,但很少得到恰当的利用;面对着火器和野战工事的使用,战术正在改变,但有时仍由于盲目自信而忘却了经验;

---

① 曾任阿拉贡国王、卡斯蒂利亚和莱昂国王、西西里国王和那不勒斯国王的费迪南德二世的绰号。——译者

手执新式武器的沉着而老练的职业军队,与神经紧张的、由国家以廉价的、往往是陈旧武器装备起来的外行并肩作战;冷静而科学的作战准备仍有可能由于骑士式的冒险行为而遭到破坏。

变化的步子很迅速,因为战争差不多连续不断;变化的影响也广泛传播,因为牵连的人数之多是前所未有的。虽然出版了许多军事方面的书籍,但是这些变化完全不应归功于空谈理论的著作家们,而是时势逼迫一些聪明的指挥官如贡萨洛·德·科尔多瓦和佩斯卡拉侯爵等促成的。大部分书籍只不过重复了古典军事理论家如韦格提乌斯和弗朗蒂努斯[①]等人的教程。内容包括详细的技术见解的著作,如列奥纳多·达·芬奇的笔记,或弗朗切斯科·迪·乔治关于防御工事的著作,仍然还是手稿。固然,从1472年罗伯托斯·瓦尔托里厄斯的《论军事》在维罗纳出版之时起,这类书籍附有新武器的插图,但这些插图所根据的往往是对古典围城器械的错误描绘,与战场上的实际战事没有多少联系。此外,直到1528年问世的巴蒂斯塔·德拉·瓦莱的《统帅简明手册》,才在根据古典著作所描绘的军队队形图中加上了大炮。

以严肃的现实主义精神来论述战争的卓越范例是昂特拉格城主罗贝尔·德·巴尔萨克的《论君主与战争》。该书出版于1502年,反映了在路易十一进行的阿尔马尼亚克战役和布列塔尼战役以及查理八世进行的意大利战争中,作者亲身的军事经验。该书的第一部分是一些老生常谈的道德说教,因此不值一读;但第二部分则直率地提出一个君主怎样才能在战争中得到胜利。它充分地论述了炮兵的作用,详细描述了攻城作业,着重说明了轻型炮和手枪的用途。他建议君主在必要时毫不留情地实行焦土政策,并提出在战前和战时都应利用间谍。他强调军队灵活性的重要意义:对敌人不能同样对待,必须研究他们各自的特点,君主必须有针对性地部署自己的力量。他详细论述了纪律涣散和放纵军队劫掠的危险性,提出要故意散布鼓舞人心的谣言以振奋士气。他一面提出要恪守条约,但又警告说君主绝不可指望他人诚实,尤其在休战期间。最后他提出一个在古典军事著作中未曾提出的论点:"最重要的是:战争的胜利取决于是否有足够的金钱来

[①] 二人均为古罗马军事著作家。——译者

提供战争所需要的一切。"

此后大约30年间，由于谨慎比勇敢更受到赞赏，由于大规模使用了发射武器，骑兵也变得同古代的骑兵相似，罗马战争和当代战争的真正相似之处才更充分地显示了出来。但是在一个问题上，罗马人的主张和当代人已经是一致的，那就是纪律。由于缺乏纪律，一次又一次地使胜利化为泡影。科明在回顾查理八世向那不勒斯进军时出乎意料的胜利，以及这支军队曾多次濒于瓦解的情况时，得出结论说："必须承认，是万能的上帝左右了局势"。困难是双重的。雇佣军队不可靠：他们只为金钱而战，没有钱他们就拒绝服从命令，或者散伙。因紧急状态而应召入伍的本国军队比较容易控制，但他们缺乏职业军队的训练和耐力，在战斗中动辄惊慌失措。不单为了金钱而且也为了自己祖国而战的训练有素的常备军为数甚少。君主有贴身警卫，主要的堡垒有驻军防守，军需和炮兵一类的兵种的人员也经常保持着；但是一旦发生战争，依靠的还是本国的应征士兵、志愿兵和雇佣兵。骑兵的补充不是严重问题，贵族们都受过作战教育。但是，在战术上起决定作用的已不再是骑兵，主要问题是要有精良的步兵。

障碍一方面是行政管理上造成的，一方面是人的气质造成的。在不用兵的时候要拨出一大笔钱财来养活大批军队是很困难的，而且也没有一批经过训练的人来充当新部队的骨干，以便把这些部队很好地编制、训练和装备起来；以军事生涯的优点来打动人们也着实不易。不论是城市的资产者或富裕的农民都不愿放弃他们小康但有保障的生活，而去选择死亡或掠夺来的财富，就像法国和德意志几次试图召募国家军队时所一再遇到的情形一样。佛罗伦萨的著作家们曾哀叹贸易和奢侈有使人衰弱的作用，这种哀叹最终表现为马基雅弗利对使政治生活分成两个方面——平民和军事——的生活方式的谴责，而这两个方面的统一曾经保证了罗马的自由，并导致了罗马的伟大。

马基雅弗利在《论战争艺术》（1521年）中描述了理想的情况：战争不应由雇佣的外国职业兵，而应由公民自己来进行，"以便每个人均可为了争取和平而欣然赴战，任何人都不会为了挑动战争而破坏和平。"但是离开了军人的职业感就不可能有有效的训练和纪律；他既主张他的模范军队必须彻底忠诚，那么，他也就使他的军队不可能彻底有效能。1506年的佛罗伦萨民兵就体现了他的许多思想，例如，军官们频频从一个司令部调往另一个司令部,以免对个人的忠诚损害对国家的忠诚:设置政治委员会来防止军国主义统治的弊端。一个忠诚的佛罗伦萨人曾在自己的日记中写道:"这被认为是有史以来为佛罗伦萨安排得最好的事情",但是1512年美第奇家族卷土重来时民兵在普拉托的溃败,说明没有经过很好训练的军队是不足以应付现代战争的。比最高水准低得很多的步兵毫无用处,而最好的步兵——德意志和瑞士的长枪手、西班牙的和职业的意大利的火绳枪手——之所以具有效能,是因为他们生活的首要目标就是战争。西班牙和瑞士是当时仅有的产生既为本国效劳又是职业性的步兵的西欧国家。马克西米连起先是招募一支民兵,而在此举失败之后,又设法把海盗式的德意志雇佣兵的力量引上正轨,通过树立他们对皇帝的忠心来提高他们的士气。就像宗教对胡斯运动派成员、爱国主义对瑞士人所曾起过的作用那样,皇帝的理想将会对这些雇佣兵起作用。但是,无论是普通士兵也能得到擢升的新军阶的魅力也好,还是对之进行鼓吹的人们的努力也好,都不能动摇军队的信念:他们效忠的是自己选定的军官,而不是任何比按时关饷更重要的高尚情操的抽象概念。在战术方面,德意志雇佣兵改进到能够与瑞士雇佣兵相匹敌,但是他们在和平时期仍是令自己的国家害怕的一支力量,在战争时期准备替帝国的敌人打仗;而有时,如像1527年的"罗马大洗劫"那样,则表明马克西米连想以某种更高尚的东西代替他们那种狭隘的集团精神的种种尝试完全是徒劳无功。

在西欧强国中,法国拥有最大的常备军,但是除了炮兵以外,全部都由骑兵组成,包括国王的近卫队和精骑兵团:近卫队经常在役,精骑兵团则轮流担任卫戍任务,然后长期休假。在战时,可发布动员令和征召诏书,征集应对采邑服军役的佃农,组成素质参差不齐的骑兵,但名目繁多的免役规定,加之志愿从军的人又宁愿在精骑兵团中正式服役,就使这种征集在很大程度上失去作用。法国没有正规的步兵。虽然还可能存在着弓箭手,但是他们在根盖特战役(1479年)中的拙劣表现证明他们并不可靠,国王于是依赖由一些持国王委任书的军官在有合适的人自愿参军的地方,特别是加斯科涅和皮卡迪招募的团帮。路易十二遇到了1509年瑞士人的背信弃义,设法组织一支本国的步兵,并在1513年恢复自由弓箭手,但也和在德意志一样,

第九章 西方的国际关系:外交与战争

只有那些最无希望成才的人才肯去当兵,管理问题困难重重。在这个时期的其余时间,法国依靠外国雇佣兵,在可能利用瑞士人时利用瑞士人,在不可能利用瑞士人时利用德意志的雇佣兵。

在炮兵方面,法国没有一个须认真对待的对手。法国国王不惜耗费巨资进口金属和技术人员,1495年部队退却时冒着重大危险把他们的野战炮和攻城炮安全地撤过亚平宁山脉和阿尔卑斯山脉,从上述事实可以看出法国国王对这一兵种的特别重视。

在西班牙,虽然军队中唯一的常备部分是一个由2500名重骑兵组成的支队,即老禁卫军,但这不是这个国家的正规兵种。适于骑乘的马匹远不及骡子的数目,面对摩尔人的攻城战和小规模战斗中发展起来的不是重骑兵,而是轻骑兵;不是野战炮,而是攻城炮。有一支后备步兵,城镇民兵是其中最有用的部分,虽然事实证明这些民兵不适于长时期在国外作战,但是意大利战争很快却吸引了一批自愿兵,而且有现成的人员;不出一个世代,人们就发现卡斯蒂利亚能吃苦耐劳的贫穷的高原居民甚至比瑞士人还优越。事实上,由于伟大的将领贡萨洛·德·科尔多瓦善于适应各种形势的天才,他使一部分军队仿效瑞士的长枪手,另一部分仿效意大利的火绳枪手,并借鉴意大利利用野战工事消耗敌人攻势然后组织还击,击敌要害的办法,所以到1503年他在切里尼奥拉战胜法军时,西班牙军队已经发生了根本的变化。

瑞士各州的情况则与此相反。尽管出租雇佣兵有利可图,但瑞士本身既无常备兵亦无民兵。公民自备武器,由当地军官指挥并打着当地的旗帜自愿进行训练,但随时可以开拔的也只有这些人。当议会决定招募军队时,有关各州确定前去的人数——该国的农业经济可以放心地留给老年人和妇女——并招募志愿参军的人。队伍一经组成,兵士就选出自己的指挥官。这种制度有两个严重缺点。自愿训练的规定虽属健全,但不久即成为陈规旧套;瑞士的战术原封未动,而其他国家早已学会了战而胜之的办法。指挥官的权威受到严格限制,结果他们优柔寡断,有时还引起兵变。但是士兵们健壮的体魄,他们的自信和民族自豪感却使他们能够发挥自己在战争开始时所拥有的战术上的优势。

马基雅弗利赞赏并畏惧瑞士人,认为他们是理想的公民兼士兵;

他因此而贬低意大利军队，这就妨碍他对意大利军队作出正确的估价。事实上，15世纪的意大利战争并不是一次不流血的战争，意大利也并非毁于继承上述传统，在战斗中纯粹为了私利而背信弃义，拥兵不前的那些不负责任的雇佣兵首领。固然，已在他们征服的土地上安家落户的一些主要的雇佣兵帮伙，早已解甲归田，以致在这些地方严重短缺有经验的士兵。但米兰和威尼斯这两个国家，由于有定居于它们境内的前雇佣兵首领的帮伙，这时已成为常备军的中心。除此以外，米兰还有从国家封给采邑或与公爵有亲属关系的军官们那里招雇的军队。威尼斯在纯粹做买卖的基础上雇佣了一批骑兵和重步兵，因为它不想再培植起新的军人世家，但它还拥有一支人数众多、装备精良的农村民兵。从以上两种情况看，军队与国家的关系主要还不是靠现钱来维系的。在几乎完全依靠雇佣兵的国家，如佛罗伦萨、罗马和那不勒斯，指挥官们也往往与统治家族有关系，或受过统治家族的分封；例如，那不勒斯国王曾和威尼斯一样，因害怕武装自己的贵族，而把采邑分封给奥尔西尼家族和科隆纳家族。意大利的弱点并不在于它依赖雇佣兵，也不在于它进行的战争更像是在棋盘上对弈，而不像是在屠场上砍杀；意大利军队1487年在克雷沃拉角战役中就已经证明他们能打败瑞士人，他们的大炮的质量也不像一些刻薄的意大利史学家所说的那样大大劣于法国的大炮（意大利人曾是法国炮兵的教官）；意大利的弱点在于不团结，在于指挥分散，在于过分依赖政治行动——正如在福尔诺沃战役中的遭遇所表明的那样。

马基雅弗利认为利用雇佣兵是道义上软弱和政治上愚蠢的表现，这种见解毕竟很容易将人引入歧途。自从百年战争末期的一些战役、胡斯战争，以及瑞士与勃艮第之间的冲突以来，事实显然表明：军队必须各兵种协同作战，但没有一个国家能够培植所有兵种。例如，英国是最统一的国家，统治者也并非不明智，但亦不得不依靠外国人替它打仗。英国的马匹太矮太弱，支持不了人和马的铠甲，因此雇佣勃艮第的骑兵来代替。英国各郡征集的步兵只习惯于使用弓箭和钩戟，必然依靠德意志的长枪手作为步兵的骨干。缺点主要是财政方面的原因造成的，其实与士气没有多大关系；错误的指挥会在很大程度上抵消一支国家军队对一支由各国的雇佣兵组成的军队所占的优越性；而且，如果说一个士兵，除了在打防御战之外，是为他的国家而不是为了金钱而战斗，那也不一定正确。然而，虽然西欧国家在设法减少它们对雇佣兵的依赖并发展常备军，但在东方却恰恰相反。在摩尔多瓦，征兵是以土地所有权为根据的，武装反对土耳其人的号召，使地主和佃农在战场上结成一体，保持高度的纪律和昂扬的斗志，人人骑马行军，步行作战，在作战中不分什么阶级，从而更促进了他们的团结。但是在罗马尼亚，自由农民只有把财产权卖给地主才交得起土耳其人强征的赋税，因此这两个阶级之间发生了裂痕。农民们再也无力购买新式武器，他们不肯替剥削阶级打仗，贵族们也不想武装他们。结果，政府越来越转而依靠波兰、波罗的海沿岸和西欧的雇佣兵。

与基督教国家不同，土耳其不仅有一支庞大的、力量均衡的常备军，而且整个国家机器可以立即由平时转入战时状态。军队是从年轻的基督徒俘虏中间征集，他们经过长期的教育训练，誓愿效忠于苏丹和他的信仰。禁卫军（步兵）约1.2万人；西帕希（骑兵）1万至1.2万人，但每人尚须另带马夫2人至6人，总数约达4万至5万人。除西帕希外，在战时还从各采邑征调骑兵，至少在欧洲另征5万人，在亚洲另征3万人，因为册封土地的条件就是该地领主必须在平时维护秩序，在战时应召提供军队。此外还有大批非正规军队，其成员认为他们为信仰而死可以立刻得到幸福，因此可以把他们用来充当炮灰。在人数、训练和忠诚方面，土耳其军队都是无可匹敌的。对基督教世界来说，幸运的是这支军队也有弱点。骑兵的人数之多，这样庞大的一支常备军，在没有战争的时候是不会安宁的；每一个苏丹都是靠他们的支持才登上宝座的，他虽然一方面受到他们的崇拜，但是另一方面却又因他们要求打仗而深受其害；军队统一由苏丹领导，结果是不能分兵在两条战线上作战。在东方发动进攻时，必须在西方媾和。例如，1503年波斯人在国王易斯马仪率领下兴兵犯境，土耳其人就不得不和威尼斯讲和。

所有这些军队都有大群的随营人员，大部分是妇女和儿童，他们筹办粮秣、做饭、看护伤员、帮助修筑工事，等等；德意志人还专设一种随军车辆押运官来管理他们的事。其他许多平民的生活也和战争息息相关；伙食一般不是由军事当局提供，官兵都要从中间人手里自行购买，这些中间人则随着军队的移动在农村采购农产品。此外还有一种随军商人，他们把缴获的物品换成现钱，希望从中谋利。这些平民可以严重妨碍行军的速度,其数目之多,根据法国军队的随营人数可见其大概:法军进入意大利时随行的约有4万人,在1495年经过长途跋涉的退却后,仍有大约1万名非战斗人员。

这个时期在技术方面最重要的变化是筑城术的变化。战场上主要使用长枪,结果便改变了军队的结构;越来越多地使用火器,结果影响了军队的装备,并且渐渐地影响了战术;但是,正如圭恰迪尼阐明的那样:防御再一次显得比进攻重要,这一事实改变了战役的全部性质,从而也改变了战役的财政和外交背景。

15世纪初法国炮兵的成功,暴露出薄而高的城墙的缺点:这种城墙可以抵挡木制攻城武器的俯射,但敌不住大炮的平射火力,尤其是在使用金属炮弹的时候。在1494年突然遇到挑战以前,这方面做了一些努力。有几座法国城堡重新修筑了较厚的城墙,为防御一方的大炮修了炮眼,但其中大多数不过是一些圆洞,只有少数几个(例如在布拉耶的哨塔)呈现出朝外作八字形展开的样子。这种式样要到16世纪中叶才习以为常。但是最重大的革新——棱堡,此时还没有使用的迹象。一旦突破缺口的方法(这种方法破坏了幕墙防护工事、堞眼和防卫廊的作用)比云梯攻城的方法更加普遍采用后,城墙太厚会使守城者看不到紧靠脚下的地面动静,这时有效的侧翼火力就成为必要。棱堡是突出在幕墙之外的坚固建筑,高度大致和幕墙相同,有时呈曲线形,一般对战场的一边是一个棱角,内有支援作战的大炮,能从侧翼瞄准任何对幕墙的攻击,火力可达到邻近的棱堡的死角。在此以前曾采用过一些折中办法,把塔楼降低,用土加固,弗朗切斯科·迪·乔治也曾作过各种设计图,但是第一个真正的棱堡似乎是1496年在罗得岛的奥弗涅大道上建成的,该岛曾是土耳其侵略威胁首当其冲的地方。1494年前,意大利的建筑家们没有把角形棱堡的设想当成一回事,当看到防御阵地一个接一个地沦陷在法军手中之后才大吃一惊,迅速地发展了这种设计。但是此后30年中间,重点还是整修旧防御工事,并没有不惜工本地去修筑新的工事。市民们宁可用专门修筑的内部工事来防卫突破口,即挖掘壕沟,而在挖出后扔在内侧的土石上安装大炮防守。这种技术曾在法国证明可用,并于1509年在帕多瓦打败过神圣罗马帝国的精锐炮兵。大规模的工程只是到1520年重修维罗纳防御工事之时才开始进行,此后30年内这类工程只有在重要的战略重地才有所见。爆破性地雷在意大利战争的最初10年中得到改进，但到1520年时也已大都有了对付的办法，例如把铃子之类的报警物安放在沿城墙的鼓上；挖掘通气口以排除爆炸的冲击波；或者加深护城壕沟；等等。

15世纪最后30年和16世纪最初30年，炮兵技术发生了重大的变化。到意大利战争结束时，大炮发展到一种定型，此后300年没有重大的变更。到1494年，浪费金钱的实验时期已经过去，在这段时间内试验过一天只能发射几次的带有拧进去的炮尾的巨型炮。埃尔科莱·德·埃斯特和苏格兰国王詹姆斯四世等君主都是热心于炮术的人，马克西米连曾大力宣扬他的著作《白色的国王》和《图尔丹克骑士历险记》，而亨利八世的兴趣也不亚于他。制造大口径的长炮身大炮公认有许多结构上的困难，人们就不再考虑炮身的大小，而注意搬运的方便和准确性；炮架的改进和炮耳的发明大大提高了炮的性能。其实，能在行军中便于跟上部队，在战斗中又可以自由移动的轻型炮，最早是在勃艮第首创并为法国人所利用的。大炮对付砖石建筑十分有效，但对付人时，就不一定有效：在许多次交战中，和发射的炮弹相比，杀伤的比例小得可笑，虽然在拉文纳战役中大炮决定了战争的命运，把西班牙骑兵从他们筑有工事的阵地中轰出来，强行发动进攻，据说是役每发炮弹击倒33人之多。由于石弹容易碰碎，所以逐渐普遍使用铁弹来代替。由于大炮这时还没有统一的型号，加农炮和重炮等名词含混不清，君主们或铸工们一时兴之所至，想造什么样的炮就造什么样的炮。弗朗西斯一世继承了17种不同口径的炮，查理五世则继承了50种。这样，军火的供应和运输便成了一项复杂和浪费的任务。

可以随身携带的火器已不再是令人惊讶的珍宝，到这个时期结束时发射武器已占主要地位。大弓的有效射程约为250码，每分钟可射出6支箭；弩的杀伤射程是220—250码，如使用方头穿甲箭则是150—200码，每分钟能射出一箭。钢制的军用弓要用辘轳或吊车才能拉开。但是除英国以外，应用得最广的还是弩，因为在对付马匹和甲胄时，重量和命中率比射程和速度更加重要。这种情况有利于火绳枪的使用。它的有效射程，即使在意大利战争结束时还不到400码，但是它的子弹很重，结果使弩在16世纪20年代仅仅在海战和攻城时才使用。由于火绳的使用，已不需要一手握枪（枪必须小，但必须很重，因为要用它的重量来抵消后坐力），另一手以火柴轻扣火门；如今射手在开射时可以双手稳住火绳枪，注意力完全集中在目标上面，不必分一半神在火柴上。到这个时期末又出现了轮式枪机，这就使火绳枪成为效率还算不错的骑兵武器，而为手枪的发展开阔了路子。枪托用以顶在胸膛或髋部，有时也可顶在肩部，其中最重的几种则用一个支架插在地上，这样便可以发射得相当准确。枪支起初主要用于守护防御工事，但到1512年已使用于野战，在长枪兵的保护下，越过他们头顶射击，不久甚至连这种保护也不要，而成为一种独立武器，提供掩护或杀伤火力。枪支火力对队形的影响比对铠甲的影响要大。为了对付火力，队形必须疏散；铠甲则已经为了对付方镞弩箭而大大加固，至少已能挡住乏弹或流弹。军械工人所遇到的第一个美好时代，也正是铠甲制造者最美好的时代。

　　查理八世入侵意大利后的30年间，铠甲的式样经历了一次根本的改革，这是由于把意大利、德意志和法国的风格融为一体，结果产生了（至少是为有钱的人）精雕细刻的马克西米连式甲胄。有趣的是，在此火药最迅速发展的时期，甲胄的改进不是着眼于保护作用，却是去增加美观和舒适。有些君主，如查理八世和路易十二，不但赞赏甲胄，还收集甲胄。此时比武愈来愈趋复杂，各种不同方式的格斗需要特别坚固或用来替换的甲胄，这就像战争本身一样有力地给甲胄制造者以推动力。

　　甲胄和武器制造者的武器，如长矛、长枪、戟、剑等，继续决定着战争的胜负。在切里尼奥拉战役（1503年）中可以看到，进攻一个由火绳枪兵防守的设防阵地是多么的危险。在拉文纳战役（1512年）中，炮兵决定了部分战斗的打法，但并没有决定战斗怎样才能赢得胜利。在马里尼亚诺战役（1515年）中，炮兵打乱了被骑兵的冲锋截住的步兵纵队，使局势大大改观。在比科卡战役（1522年）和帕维亚战役（1525年）中，胜利是由于使用了大炮尤其是火绳枪而决定的；前一战役用于防御阵地，后一战役用于旷野。然而在这两次战役之前，火药虽已促使战术改变得面目全非，但人们仍未认识到必须认真改进设备使之赶上需要。最危险的威胁依然来自长枪纵队的密集进攻。

瑞士人于1476年在格朗松和莫拉两次战役中击败勃艮第骑兵，曾引起军界人士的普遍瞩目。他们的战法是由大约6000人组成密集方阵，横排85人，正面有100码长，纵列约70排。这种阵法要取得胜利，全靠严明的军纪和严格的操练。不能容许任何力量阻挡方阵的压力或抵抗，直到它或者被杀伤殆尽或者获得胜利为止，不可能有任何人被俘，伤员亦置之不理。骑兵冲向这种方阵，首先遇到的是前四排长枪兵枪尖的钢铁屏障，然后持戟的士兵趁着敌军队形已乱，与之短兵相接，或从侧面把骑兵钩下马来，然后在方阵的中央，挥着大砍刀的士兵可以砍杀仍骑在马上的人，或把已落马的人戳死。如系步兵冲向方阵，首先遇到的是戟兵把长枪尖打落在地，然后在正面是一排排长枪，侧翼是刀剑手，方阵的中心和后方则是弩和火绳枪。瑞士人同另一支曾战败过重骑兵的步兵即英国弓箭兵不同，他们是能够进攻的；他们士气很高，所以只穿很少的铠甲，能够迅速进攻，而且秩序井然。他们进攻时前有弓箭和大炮开路，以打乱敌人的部署，然后停止射击，让方阵通过。方阵枪矛如林，除非遭到强大火力大量杀伤，或因地形凹凸不平而受阻，否则势不可当。在人数允许的情况下，瑞士人用三个方阵组成梯队，以阻挡侧面包抄并保持后备兵力，这种方法在诺瓦拉战役（1513年）获得巨大成功，但那是最后一次。

这些战术不久就被仿效，起初是德意志的一些诸侯和法国人，后来是西班牙人和意大利人。德意志的雇佣兵最忠实地仿效这种战术，但是训练和领导却逊色，原因之一是充当军官的是那些出最高价买得军阶的人，而不是最干练的军人；直到16世纪20年代，前几排都由惯经沙场的老兵组成，才达到最强的时期。西班牙人和意大利人则比较审慎地以瑞士为榜样，他们没有丢掉自己以灵活机动见长的特点，因为瑞士的方法有严重的缺点。方阵是发射武器容易击中的目标，而且甚至在火力武器已经具有实效的时候，还保持着自己密集的队形。方阵不适合恶劣的地形，也不宜于攻坚战。方阵在布阵时行动麻烦，缺乏灵活性，只有在敌人以两军对垒的旧方式作战，以相同的武器攻打相同的武器的时候，才能发挥最大的作用。意大利的军队比较灵活，骑兵和步兵协同作战，不会因为地势崎岖而受到影响，而且能认真利用野战工事。在长枪与火绳枪系统地结合在一起以前，胜利总是属于比较善于变化的一方。他们可以先进行骚扰和迂回，然后再给对方以致命的一击。意大利人之所以直接被瑞士人的战术和直接被法国人的战略所击败，其过错在很大程度上不在于他们的军队，而在于他们的指挥官和他们的政府。

为对付瑞士式的士兵，使得重步兵和轻步兵日益明显地分开。例如，贡萨洛·德·科尔多瓦一方面加强他的长枪兵的甲胄，一方面越来越多地用枪炮武装他的其他步兵，随着这些步兵更加收到成效，他们愈来愈独立行动。在整个意大利战争期间，总的趋向是一方面发展重型突击部队，另一方面发展快速的轻型发射武器部队。

步兵的身价愈来愈高——贡萨洛的长枪兵中包括贵族，而法国的步兵则在1515年马里尼亚诺战役中由法国国王亲自率领——但并不意味着重骑兵已不再是战争中的尊贵者。1509年围攻帕多瓦时，马克西米连曾提议让法国重骑兵放弃坐骑而同步兵一起冲锋，打开缺口。骑士贝亚尔①回答说："皇帝陛下认为让这么多的贵族和他的步兵一起去冒险是正当而合理的事情吗？这些步兵中，这个是鞋匠，那个是掌蹄的铁匠，那个又是面包匠，以及诸如此类的工匠，他们不像我们这些绅士一样要保持自己的荣誉啊！"另外建议德、法两国重骑兵同时下马作战，遇到的也是同样的观点。德意志人拒绝的理由是："他们不是那种步行的人，不是去打开缺口的人，他们真正的地位是作为高贵的人在马背上打仗。"②

这种重骑兵骑着披甲的壮马，手执矛、斧或钉头锤，他们一成不变的战术是四五百骑一起猛打猛冲。这种组织的基本单位是长矛骑兵，包括一名重骑兵和他的扈从，扈从的人数各国不等。在法国，一名重骑兵配备一名随从、侍从和仆人；还有两名弩手，全部骑马，有时一起冲杀。和步兵一样，基本单位中的重装部分，即重骑兵和他的扈从，也有与轻装的骑马弓手相分开的趋势。

轻骑兵在搜索和突袭时的明显作用，更加促成了这种分开的趋势；1509年，阿尼亚德洛战役失败后，威尼斯所雇用的西班牙轻骑兵和巴尔干轻骑兵，以其机动灵活和奋不顾身而担当了防御该共和国的主要任务，他们以其效能完成了这个分离的过程。当时受到重视的

---

① 法国著名骑士，被称为"无畏无瑕的骑士"，在意大利战争中战功卓著。——译者
② 《忠实的仆从编辑的贝亚尔传》，L. 拉切译，伦敦，1883年，第196—197页。

是乘快马，戴头盔，披轻甲，手执剑、轻矛或弩的骑兵，此时火绳枪还难以使用。然而，这种轻骑兵虽然几乎是必不可少的兵种，但和重骑兵比较起来仍是次要的，因为只有重骑兵能够阻挡长枪兵纵队的进攻。这两种骑兵的人数和步兵相比都已相对地减少，但是这并不是因为它们在战术上用处越来越小，而是因为社会的和经济的原因，他们的补充都有一定的数字，而步兵则可以不断地增加其征集和装备的人数。

就交通、运输和供应来说，船只是军队的必要补充，交战各国的命运都受到它们所能得到的船只数目的影响。当时皇家的船只很少，也没有为创立皇家海军做过多少努力。正如瑞士人和德意志人被用来建立陆军一样，意大利各海上国家被用来建立舰队。因为当时战船和商船的差别甚小，两者都可以用于作战。人们也不认为平底战船和圆头战船的功能根本不同，以致不能同时在北方和南方的海域使用。当时大西洋国家和地中海国家都使用一种介乎两者之间的帆桨船。

查理八世只有21艘皇家船只，有两个因素使得利用商船颇为棘手：一是布列塔尼、吉昂和普罗旺斯各地的海军将领们由于猜忌而自行其是；二是在地中海没有法国本国的航运业，几乎全部贸易都掌握在外国人手中。所以，为了侵略意大利，查理八世不得不从热那亚租用船只，虽然他已在土伦着手建造平底战船；路易十二在布雷斯特建造皇家战舰，弗朗西斯一世开辟了勒尔港口，但法国从来没有离开过雇用的船只及由此引起的政治纠纷。

虽然西班牙同样缺少皇家船舰，而且海盗的危险日益增加，直到17世纪中叶才恢复大规模建造平底战船，但是它在商船方面的境况却好得多。国王根据商船的吨位给予补助，并严禁把可能在战时使用的船只售往国外；同时西班牙对西西里的粮食和对与北非的贸易十分关心，因此它拥有大批可供征用的船只。不过，这些船只一旦被征用之后，组织工作非常草率。船队没有统一指挥，士气低落。船长不配备足够的人员，为的是可以中饱他们所申报的"死魂灵"的薪饷，同时因为他们把搭载货物作为一宗合法的私人买卖，他们宁可多加小心，也不肯冒险丧失货物。

热那亚的舰队也存在同样的弊端。国家与私人签订提供船只为政府服务的合同。船只损坏或沉没均不予赔偿，付费甚低，所以人们千方百计避免同海军舰队作战，而是虏获商船以博得赏金。这些船队也允许军官保留货位；托斯卡纳和罗马教廷的舰队也是一样。在威尼斯，只有那些补充国家船队不足的船只才有这种情形，因为在意大利诸强国中唯独威尼斯才有一支常备舰队。土耳其在1495年拥有约250艘战船，所以来自土耳其的经常威胁使威尼斯必须保持舰队；在1499年的战争中因为战舰太少而吃了大亏之后，威尼斯经常备有一支由70艘到100艘专为作战使用的平底战船组成的舰队。此外威尼斯还有一个有利条件：它的大多数贵族都有航海经验，它的商船已经武装起来，在军火方面，它拥有欧洲最大的和管理最佳的工场。

亨利七世对和平的贸易比对战争更感兴趣。他在朴茨茅斯建立了船舶修造厂，该厂拥有英国第一个干船坞。除了他从理查三世手中继承下来的3艘战船外，又增添了8艘，但他主要依靠的是商船，对高吨位船只给予补助。他的继承人对航海的个人兴趣，他的推行扩张主义外交政策的意愿，来自西班牙和苏格兰的威胁（前者不久便和尼德兰联合；后者在玫瑰战争期间建造了庞大舰队），这种种原因终于使亨利八世的海军的船只增加到85艘：46艘是新造的，26艘是购买的，13艘是缴获的。为了这些船只的需要，在伍尔威奇和德特福新建了船坞，行政管理也集中统一，不像先前那样杂乱无章。例如，海军舰长不再负责管理他们舰上的伙食和装备。但是直到1533年前，除了确系战时而外，这支舰队的船只仍然出租给私商，分散在各地。

从15世纪初起，船上就安装了大炮，而且如同在陆上一样，16世纪初的发展趋势是缩小炮体，以便于搬运，并能较迅速地发射；同时实行口径标准化，以便于供应弹药。旧式的后膛炮仍然保留，因为它重新装炮弹的速度较快；但结构较佳的前装炮愈来愈多地被采用，这种炮装在双轮炮架上，炮架在甲板上的垫木之间来回反弹，可转入舰内重行装弹。法国、苏格兰、威尼斯和土耳其均拥有1000吨以上的战船，土耳其有两艘达1800吨。这些大战船各装有100多门大炮，从船前船后的舷窗以及甲板和船的上层都能开火，但这些大炮的效率不高。低效火药虽然在船上使用安全，但至多只能把一枚中型炮弹射出一英里多，有效命中距离不超过300码；不过它几乎完全用来对付帆缆和人，仅仅作为强行登船部队的一种辅助武器。虽然当时最好的大炮效率和纳尔逊时代的大炮也相差无几，但大炮不是决定性的因素，当时海战的战术目的仍然是登上敌船，而不是用炮火将其击沉。

在16世纪中叶舷侧火力占支配地位以前，战术是简单的，不需要复杂的布阵。圆顶战船进攻时齐头并进，设法占据上风位置，在近距离以重炮开火，然后登船。如果不能占据上风，就开炮制造烟幕，以便重行取得上风之利。两船一旦靠在一起，战斗就纯属陆战性质，虽然还可以放下小艇，以作一般接应，或沿敌船吃水线钻孔。平底战船也是排成一线齐头并进（进攻的方法更刻板，因它们的结构比较单薄，只能沿中心线开火），同时冲向敌船侧翼，以便用自己的撞角破坏对方支桨用的托架。战术并不是海军的专门战术。差不多全部指挥官都是陆军军人，船上士兵对水兵的比例是2:1。信号也和战术同样的简单。舰队司令可在发现敌情、登船举行会商、密集队形、发动进攻时发出信号，但战斗一经打响，就什么事也没有了。从此刻起，舰队司令对这场混战就再也无法控制了。

虽然战争的特点在改变，变得更加需要精密策划，更加专业化，但是骑士作风仍起一定作用。在百年战争之后，一些著作家如让·德·比埃尔在《青春》中力图表明：真正的骑士作风已不再是在骑马比武和在自己的事业中与个人有关；而是在军事服役中与个人有关的事。鲁莽行为必须让位给纪律，但个人仍能显示他的勇气和忠诚。虽然骑士作风的"条律"从来不适用于贵族阶级以外的人，但正如贝亚尔的传记作者所描写的那样，步兵的使用日益增多，仍然使英雄人物，即对强暴者嫉恶如仇，对卑微者豪侠仗义，对贫困者慷慨仁慈的人大有用武之地。在实际战斗中冲锋陷阵之时，根本没有考虑讲求公平比赛的理想的余地；战场上的骑士作风很少能反映出书本上的骑士作风。即使如此，骑士的习俗仍然常常打乱科学的作战计划，胜过战术和战略上的考虑。准备两军对阵的复杂部署仍然会因为要求进行两人的决斗而被放弃，例如加斯东·德·弗瓦在拉文纳战役前向西班牙总督提出的挑战。重要的战俘可以因为一时出现的高尚念头而释放，例如洛多维科·斯福尔扎不索取赎金就释放了贝亚尔。海陆军指挥官理应身先士卒，结果是进攻一开始他们就不能控制局面。由于个人争夺头功的荣誉，一次稳操胜券的进攻，结果反而很可能受到破坏。草率的建议仍有可能妨害审慎从事，大胆蛮干会胜过足智多谋，例如1494年拉巴洛的守卫者因不屑于固守自己的工事而遭到了惨败。

堂吉诃德式的行为仍有可能胜过政策考虑，例如在福尔诺沃战役中，法国军队越过亚平宁山脉后得到休整的机会；又如在马里尼亚诺战役中，弗朗西斯一世竟让瑞士败军逃走而不去追击。玩弄诡计和策略也不能说明骑士作风已寿终正寝。至少从14世纪起，什么是正当的计策，什么是不正当的计策已经有所区别。例如，一支军队可以伪装、伏击，让太阳光炫惑敌人的眼睛，但不应破坏停战协议和条约。但是，如何决定什么是可以容许的计谋呢？16世纪初，人们强调迅速结束战争是好人的目的，这种观点不久导致一位法国指挥官说出了这样的话："我主张任何有利于对付敌人的办法都是好的，就我来说（请上帝饶恕我），如果我能够召唤地狱里所有的魔鬼把敌人打得脑浆迸流，我也会心甘情愿去做，要不然敌人就会把我打得脑浆迸流。"[①]

  火药的使用是欧洲对战争的态度的一个考验。只是到这个时期，大炮的杀伤力才为人们所充分认识到，在此以前，大炮比中世纪攻城器械中的投石机和弩炮的效能强不了多少。那时大炮也主要是用于攻打防御工事，只是到了这时，加农炮在野战战场上的致命效果才为人们所认识。文艺复兴的欧洲实际上遇到的是一种新武器，一种空前残忍和具有空前破坏性的武器。人们从人道主义立场出发，对它提出了指责，攻击它不合基督教的教义，谩骂它使卑鄙者和懦怯者得以从远处击倒高贵者和无畏者。火药的使用违背了教会的教义，违背了大多数有势力的人所赞同的社会规约。尽管如此，大炮依然存在，实际上在抗议之声最强烈的时期，成为更加毁灭性的武器；而即使在抗议声中，也可以听到另外一些为之开脱、辩护和赞美的声音。这种新武器也和其他新武器一样被人们接受了下来，因为它迎合了人类的发明创造力量，人类对军事效能的赞赏以及人类的民族自尊心。是否拥有大型的、新式的和强有力的大炮，成为国家的威望的一个重要组成部分。从空想出发而提出的各种论点都敌不过这个正中要害的论点：大炮帮助统治者在战争中赢得胜利。唯一的一个宁愿拒绝最高限度地利用火器，从而使本国军事效率受到损害的国家，是一个非基督教国家。麦木鲁克人把骑兵奉为最优等的人，这种理想使它规定枪支仅限

---

① 前引《蒙克将军评论集》，第33页。

于专门招募来的黑奴部队使用（至少是直到枪支便于在马背上使用之前一直是这样），这种限制使麦木鲁克王国在同奥斯曼土耳其作战时处于严重的不利地位。

在南方，教皇和世俗君主们在理论上和实践上似乎都对战争使道德败坏的影响表示认可，但北方的基督教人文主义者则坚决表示反对。莫尔的乌托邦主义者对征服精神、战争的光荣均嗤之以鼻。伊拉斯谟一再写到他那个时代的战争是违反基督教教义的，写到战争的浪费和残酷。他的《箴言集》每条大都只占印张上一栏的一部分，他对"未经历过的甜蜜战争"这个痛苦的题目的诠释，却在1520年时铺叙而为一篇长文。他和莫尔都谴责作为解决国际争端的手段的常规外交，谴责每个联盟、每次联姻和每次互派使臣都加深了国与国之间利益的分歧，每个条约的本身都可以作为宣战的新理由。伊拉斯谟的同时代人约塞·克利克托夫也持这种观点，他在1523年的《论战争与和平》中宣称自己不是任何一个国家的公民。"我只承认基督教徒这个名字"。

但是这并不足以解决问题。战争并不能够靠诉诸基督徒的责任而受到节制。控制战争（就战争能够受到控制这一点而论）是由法学家们努力把战争的惯例编成法典，接受国家主权观念，不是诉诸神的法律而是诉诸国际法才逐步地做到的。这个时期出现的越轨行为本身引出了矫正的办法。战争的某些方面迫切需要加以节制：报复行为、私掠行为、中立国的权利和战俘的地位。

对战俘仍然是任意地加以对待，取决于抓获俘虏的人本人或他们的指挥官一时兴之所至。俘虏不是君主的财产，而是俘获他的那个人的财产（虽然英国的陆军法规规定必须把从战俘身上获得的利益的1/3上缴作为战争经费）；如果俘房是一个军阶很高的人，那么俘获他的人可以把他卖给一个中间人，中间人可以处于较有利的地位来勒索一笔相当的赎金。瑞士人和土耳其人一样，向不收留战俘；意大利战争突如其来地改变了该半岛仁慈的习惯，战俘受到监禁，被强制劳动，有时还被严刑拷打和被弄瞎眼睛。一般对正式投降的城市不予加害，对明显被打败的敌人予以宽恕，但这种命令往往得不到遵行，而当时在由外国人组成的军队中处罚违抗这种命令的人，不但从政治上讲不切合实际，而且从法律上讲也没有充足的理由。不分青红皂白地洗劫掠夺，在平民中间造成了严重破坏，而除非是军饷得到提高、给养得到改善、纪律得到整饬，否则无法制止。从14世纪晚期开始，偶尔也有人试图禁止抢劫，以便安抚平民百姓，并防止军队取得一次未必就是最后的胜利之后瓦解，但生效的只有关于禁止抢劫对国家至关紧要的战争物资，主要是枪炮弹药的命令。

西班牙在新世界进行征服活动的残酷进程，最尖锐地提出了"正义战争"这个有关道义的问题。这时人们根据上述这些实际问题对此进行了讨论，其结果是，中世纪国际关系中日益过时的各种法令，即根据在战时何事可做何事不可做的骑士准则，根据对民法的研究，以及根据教会法规中规定的基督教道德不断施加压力所产生的各种思想融汇在一起而形成的一套东西——渐渐地被一套国际法取而代之。

张文华　马　华　译

第 十 章

查理八世和路易十二统治下的法国

15世纪末年,法国在一个风云迭变的世界里,发现自己正面临一些前所未有的问题。这些问题将迫使法国政府采取调整政策的必要措施,还将对整个社会发生影响。百年战争的结局保证了法国的民族独立,这次战争也使它摆脱了由于佛兰德—勃艮第国家的存在而产生的威胁。战后,在路易十一统治时期部分重建起来的法兰西王国,必须在纷纷新建的国家中间确定它的政策方针,在国家的职能尚未十分明确之际使国家步入正轨,对由于天主教大分裂的冲击而仍在动荡不安的教会授予一定的地位,并使社会各阶级命运所系的经济恢复繁荣。

路易十一的政治错误由于偶而表现出的活动能力和几乎是奇迹一般的机遇而得到补救。继承路易十一的是一些智力低庸的国王,他们的事业心为愚蠢的野心所驱使,他们必然要被他们最精明的敌手所制服。除了极少的例外,法国的朝廷中,竟没有一个政治家能把政府的大权掌握在手中。就在这样的情况之下,已由于路易十一所犯的错误而陷于险境的法国政策,将进入一个今后许多年内影响欧洲未来的新方向。

在查理八世即位后的最初几年,虽然国王在法律上说已经成年,其实政府仍掌握在他姐姐和姐夫皮埃尔·德·博热手里。安妮的性格在有些方面很像她父亲。她处理国家大事既认真又勤奋,她父亲曾说她是"世界上最不愚笨的女人"。这些年头正是贵族和百姓都骚动不安的时期,她的有力的和有远见的指导对法国政府起了很大的影响。实际上这些美德被她目光短浅的自私自利之心所抵消,她的无止境的贪欲和经常只关心自己的利益,后来使她的波旁—博热家族和她任军事长官的女婿同和法兰西国王的利益发生冲突。但是查理八世在耐心忍受7年保护之后，现在就要独立行使自己的权力了。

如果我们依据他同时代人几乎一致的评价来对查理八世作出判断，那么他仅有庸碌之才，不堪担负他的使命。孔塔里尼说："无论在身体或思想方面，他都不具备巨大的价值"；科明证实了这种意见，把他描写为"非常年轻、软弱、任性，很少与聪明人为伍"，又说："他既无金钱，又无理智"。他只受过很少的教育，根本不懂拉丁文。他唯一欣赏的是"道德的和历史的"著作，尤其喜好能刺激他想象力的骑士侠义传奇。他能勉强在信件上签字，不能亲自写信。他对政府事务不感兴趣，把国事交给没有多大能力的顾问们去办，这些人甚至不去劝阻他从事那些最轻率的冒险。然而他的意图还是善良的，他迫切地想要"遵照上帝的十诫过善良的生活，把教会和司法办得井然有序"。他当真在出征意大利回来后想要着手这项任务，可是这时候死亡却结束了某些人曾预见其光辉结局的他的统治时期。

查理八世几个不成才的孩子都命中注定早夭，继位的是他的堂弟奥尔良公爵路易，他在国王敌人的营垒里度过了一个不平静的青年时期，随着年龄渐长继位的可能日益增大，人也随之变得聪明起来。他也不是一个很有才智的人，他的头部很小，"没有地方装下很多的脑髓"；但是他以某种尚武的英俊气派吸引住了当时的人，他也能说出一些显示他仁义和聪明的言论来为他的歌颂者提供材料。他安定人心的办法是表示自己关心经济，同情普通百姓，执法公正不阿，和"先知摩西一般"圣明。这一切都能骗过那些对他非常钦佩的朝臣，1506年议会中尊称他为"人民之父"的显要人物，以及那些替他歌功颂德的御用文人。然而，我们不能因此而看不到事实真相：路易十二是一个傲慢专横的国王，他从事耗资巨大的冒险事业，在发动时又毫无远见，其结果导致灾难。此外，他满朝文武没有一个为他效忠卖命。他的王后们也没有帮助他赢得声誉。他第一次结婚是和路易十一之女法兰西的让娜，王后很不得宠，终于离婚；由于一个道德败坏又声名狼藉的教皇参与了这件事，由此而引起的丑闻更是不胫而走。他第二次娶的是布列塔尼的安妮，结果使这位查理八世的遗孀重新恢复了王位。她在执政初期避免出头露面，但后来渐渐胆大，干预政事，竭力扩充她在布列塔尼的利益，从而损害了王国的利益。除了才能平庸的少数几名宠臣以外，掌握朝政的是鲁昂大主教乔治·昂布瓦兹，他是红衣主教兼教皇使节。一连10年他拥有几乎相当于君主的权力，左右对意大利的政策，向法国教会发号施令，并希望将其改组，纳入国教的范畴。"他乃是真正的法国国王"，当时有一个人这样说；但是他也是一个首先要实现自己野心的国王。

尽管这两个国王的统治时期都缺乏天才人物，也没有垂之后世的功勋业绩，却都留下了一些好的印象，因为贵族们完成了一些光荣的使命，人民得以在前一个世纪的天灾人祸之后休养生息。没有毁灭性的战争，没有饥荒，没有广为蔓延的致命的时疫；农业和贸易繁荣昌盛。在两个贫穷时期的中间，这些情况足以造成良好的舆论。和意大利的交往以及法国文艺复兴的开始使学者们的热情昂扬到了顶点，自此以后他们对这个时期的观点便压倒了一切。

中世纪的德意志帝国和罗马教廷已不再是无所不至的势力，因此法国的国家首脑必须在形势改变了的欧洲决定他们的政策。路易十一曾长期受到属下的王公们的威胁，尤其是其中最强大的勃艮第公爵；他在1477年对他们占了上风，1482年阿拉斯条约使他取得了勃艮第世袭领地的大部分。但是角逐者还不乏其人，由于哈布斯堡王室的马克西米连和大胆的查理的继承人、勃艮第的玛丽结婚，法国的政治问题和欧洲的政治问题便搅到一起了。如今一旦没有了亟欲把自己的"君主国"强加于基督教世界的皇帝，邻近各国的首脑就可能来干涉法国的封建领地，从而威胁法兰西王国的领土完整。有两个重大问题立待解决，一个是关于勃艮第各省的问题；另一个是关于布列塔尼的问题。在这个紧要关头，马克西米连和英国国王可能出面对两个问题都进行干预。

阿拉斯条约暂时解决了勃艮第继承权问题和那些不可靠的省份的命运，这些省份打算既不投靠德意志帝国也不依附法国而设法掌握自己的命运。它们的经济活动不断发展，遂使它们成为邻近各国垂涎的对象。法国取得了阿图瓦、弗朗歇—孔泰、查罗莱和奥塞尔州，这些地方都是奥地利的玛格丽特的陪嫁地，她当时只有两岁，以后将嫁给查理八世。这种媾和的条件极不稳定，所根据的是一件在遥远的未来才能实现的事实，它并不能终止各方面对这些省份的领土要求。

查理八世执政之初，布列塔尼曾是最主要的问题。路易十一统治时期的艰苦年代过后，贵族反对政府的危险便日益暴露，他们在布列塔尼公爵弗朗西斯二世周围纠合为一个集团。弗朗西斯得到全社会的支持，因为各个阶级都同样遭到恶遇，心怀不满。王公们还依靠他们自己与奥地利的马克西米连以及英国国王理查三世结盟，这两位国王都决心和法国国王较量一番。这个威胁之所以更加严重，是因为弗朗西斯二世年迈无子，他的省份的命运将取决于他的长女安妮的婚事。法国国王不得不采取预防措施，以免敌对的强国在这个公国中占据地位；因为布列塔尼十分珍视自己的独立，对于目前正注视着斯凯尔特河和默兹河地区的法国部队的后方是一种威胁。第一个联合行动——"疯狂的战争"——失败之后，1487—1488 年又发生新的叛乱，马克西米连和英国国王均派部队支援。法国国王的军队在圣奥班迪科米埃一战得胜（1488 年），结束了这次叛乱。萨布勒条约的解决办法使法兰西王国深感满意，外国军队一律自布列塔尼撤退，非经法王同意，安妮不得结婚。由于公爵弗朗西斯二世去世，12 岁的安妮继承了爵位，她结婚的可能性这时更大了一些。媾和条件看来似乎具有永久性，但是由于布列塔尼贵族的阻挠，以及那些想要和这位女公爵结婚的王公们的干扰，只得再度推迟进行。求婚的胜利者是马克西米连，虽然只是由代理人参加婚礼，他们却成婚了。结果引起一场非常严重的国际纠纷，几乎危及法兰西王国的独立（1490 年）。正是这个问题又导致一场新的冲突。这一次是查理八世本人想要娶得布列塔尼的安妮，他决心以武力来夺取。法国胜利的结果是订立了拉瓦尔条约：安妮同意嫁给这位新的求婚者，但他必须保证尊重布列塔尼的自治。

法国在克服了勃艮第方面来的危险之后，又摆脱了布列塔尼的威胁，同时，封建贵族们群龙无首，已经不足为惧。在国外，尽管马克西米连皇帝还口口声声要求勃艮第的继承权，但已经无力再启争端；英国国王亨利七世虽还在要求法国的王位，似乎也不能重新开始中断已达 40 年之久的敌对行动。法国已无任何近忧，法国的政策正经历着罕见的均衡时期，它既不需要被迫表态，也不需要应付任何敌人。但是这也为各种异想天开的事业扫清了道路，而国王和他的顾问们的想象力正诱使他们投身于这些事业。

正在这个时候，查理八世陶醉在他的骑士气概的狂热之中，进行了那不勒斯远征。他企图恢复安茹大公对两西西里王国的权力。这些权力是有问题的,因为所根据的是一次发生在很久以前的占领,而这次占领从来是不稳定的。但是他是应意大利方面即米兰大公洛多维科·斯福尔扎(别号摩尔人)的恳求才做此行的。这位国王的视界超越了那不勒斯,幻想征服耶路撒冷,实现十字军东征和在君士坦丁堡恢复基督教的帝国;罗马皇帝的头衔已不复存在,它不再是角逐的目标了。这些不着边际的冒险计划,或如科明所说的"意大利的荣耀和虚荣",将在半个多世纪之内使法国的政策脱离实际,耗尽法国的力量和财富,结果除了使它沦为意大利各国政府的马前卒之外,一无所得。但是,我们不能光是谴责这项政策,而不考虑到把法国引向这个新方向的一些实际的利益。在新世界的吸引力被人们感觉到以前,对东方的贸易、在地中海沿岸占领的战略据点、法兰西王国兼并普罗旺斯后使用该地区的港口,这一切都值得引起政治家的注意,鼓励他们想方设法在地中海盆地建立强大的地位。他们不可能预见到:至今一直没有获得这种有利地位的那些国家,竟会发现还有别的贸易路线可以畅通无阻,还有其他的富源可以唾手而得。

那不勒斯远征从一开始就使法国蒙受牺牲,耗尽了它近年来得到的一切收获。查理八世亲自创议,付出巨额赔偿,向英国买得了一项永久和平的诺言(埃塔普勒条约);更妙的是,他把鲁西荣和塞尔当归还给阿拉贡的费迪南德(巴塞罗那条约),把弗朗歇—孔泰、阿图瓦和查罗莱归还给马克西米连,同时因为拟议中的婚事不能实现,把马克西米连的女儿也交还给他(森里斯条约)。法国无偿地让出了它从勃艮第继承权中所得的大部利益,结果它的东北边界在两个世纪之内濒于危险境地。做出这些安排之后,查理八世便能够麾师远征那不勒斯了。但这次出征十分短促,因为他不久便被意大利各国联合起来赶走,幸而福尔诺沃一战未分胜负,才得以逃回。

但是,这次征伐的后果却不是短暂的:对意大利和地中海的命运密切关心的列强结成了一个反法联盟;对查理八世出征的回答是菲利普大公与阿拉贡和卡斯蒂利亚的继承人、西班牙的胡安娜结婚(1495年)。这样一来,作为对查理八世的回敬,哈布斯堡王室和西班牙王室之间的结合正在酝酿,同时形成日后查理五世所拥有的广大无比的权力,这将成为对法国生存的一种威胁。查理八世并不因为这些挫折和前景而感到气馁,他正在策划再度出征以确保意大利,但是却死于 1498 年。

他的继承人路易十二也并不比他更有远见，路易十二也投身于类似的甚至野心更大的冒险，因为他作为维斯孔蒂家族的后裔提出了对米兰领土的要求。半个世纪以来，米兰公国始终是瓦卢瓦王室和哈布斯堡王室之间激烈抗衡的原因，在一连串毫无结果的战争和谈判之间先后易手。法国的野心还超越米兰，指向西班牙也想染指的那不勒斯；但是阿拉贡的费迪南德和他的继承人如今是地中海西半部的主人，相形之下法国在地理上的遥远和海上军事力量的薄弱，使它在那不勒斯比在其他地方处于更为不利的地位。法国并不理解大大提高海军实力是在地中海东部海域实行扩张政策必不可少的条件。

法国的野心甚至引起了罗马教廷政府的不安。虽然路易十二曾通过把他的部队交给切萨雷·博尔贾调遣，得以和亚历山大六世达成一项协议，但是这时他所要对付的是一个更难驾驭得多的对手朱理亚二世，朱理亚二世对任何限制他独立的行动都是不能容忍的。路易十二为了表示他的顺从，曾参加了旨在反对威尼斯的康布雷同盟，现在他看到一个新的反对他的同盟正在形成，这个同盟此次的目的是把法国人赶出意大利（1512 年）。由于宗教争论，由于教会自立主义和改革教会的计划，形势更趋复杂。加斯东·德·弗瓦的军事才能和拉文纳大捷都没有产生预期的决定性效果。到 1512 年末，法国统治的痕迹便已完全消失了，米兰又一次回到了斯福尔扎家族手中。1513 年，法国又一次试图征服意大利，结果在诺瓦拉败北，而此时王国本身却遇到了来自各方的侵犯。英国的亨利七世攻打北部边境，从而表明英国的野心死灰复燃；就这一点来说，百年战争还没有最后结束。瑞士人长驱直入，进抵第戎，他们的撤退使法国付出了重大的代价。教皇以褫夺教权令威胁法国，法国不得不对敌人的要求作出让步。路易十二去世后，新政府应该采取的明智的政策就是竭力缩小以前轻率发动的各场战争所引起的后果。

在这一时期，西欧每个国家都扩大了政治活动的范围，并改组了国家机构，这个过程在法国的特点就是它的机构改革，这种改革为近代君主国家政府的建立做好了准备。从这种观点来看，15 世纪后半叶成绩卓著。

在过去几个世纪的封建君主国家里，权力建立在个人关系和履行封建义务上面,国王权力的大小在各省有所不同,而在大封建贵族的领地上就只有名义上的权力。由于百年战争这场浩劫的后果,由于在一段无政府状态之后恢复正常的需要,就要以国家的行政管理和公共服务事业来代替上述的安排。军队、财政和司法都必须在枢密院的最高权威领导下,并在一群对君主忠心耿耿的法律专家的手中,进行初步的组织工作。当然,这些机构都不是按照非常明确的原则设计出来的,也不是按部就班地成立起来的。查理八世和路易十二都没有很大的治国才能,在他们的朝廷中巧取豪夺的权贵很多,政治家却很少。纵然如此,在他们的统治时期显然实施了一些改革,采取了一些措施,综合起来,预示了一个新制度的出现。

此时发生了一个巨大的变化,这个变化可以看作是君主制度本身的变化。一个多世纪以来,全国三级会议经常开会,成为王国必不可少的机构:三级会议被认为有权批准税收,提名枢密院的成员,而且在国王未成年时,还有权提名摄政的人选。政府有的时候看来正向着以英国为榜样的议会制度演进。1484年召开的为查理八世组织政府的全国三级会议,看起来也是承袭这个传统的。但是事情发展到后来却完全变了样。国王的权力一旦巩固下来,他立刻摆脱了各种方式的监督,再也没有召集全国三级会议。此后三级会议只成为临时的会议,它的权力没有明确的规定,只有在极其难以做出决定的情况下才征询其意见。

政府最稳定的常设机构和国王的行政管理中心现在是枢密院,国王的大臣们都参加枢密院,并领导各主要行政部门。当时正是旧制度君主国家形成其行政结构的最关键的年代。从这时候开始,大法官和财政总监以及下设办事官员即财务官和国库官等职务均有一定的永久性,由惯例,有时还由文件(例如1499年的重大改革法令)加以保障。同时,还吸收出身较寒微的新行政人员来补充这些官员,这些人不像高级官吏那样因为朝廷帮派体系的浮沉而容易变迁。尤其是,这些新的行政人员都是些财务签押秘书,他们按本人的业务能力担任专门工作,以后可以升任国务秘书。高级法院也渐渐脱离国王的朝廷,体制与枢密院平行,通过各种法令确定了更明确的职责。1498年的一项法令承认了大枢密院的存在。最高法院仍是最高的司法机关,从15世纪中叶起一些条例明确规定了它的权限和程序。与此并行,审计院和税务法院监督整个财务系统。

这样一来，在继英法战争一场动乱之后的和平时期内，法国中央政府的组织逐步定型。这个体系看来是正向明显的中央集权方向发展，但并未排除若干离心的倾向。王国的地域广袤，新并入的封建领地又各自为政，因此这种中央集权不可能是完整的或永久的。全国三级会议已失去作用，取而代之的是各省的三级会议，除了在巴黎市政大厅办公的最高法院外，各省也成立了拥有最高权力的高级法院，这些法院使向巴黎最高法院上诉成为不必要。在以前的各个朝代里，这种动向已在图卢兹、波尔多、格勒诺布尔的高等法院开始，在路易十二统治期间又批准了鲁昂、第戎和埃克斯等地大法院的存在，而布列塔尼公国在雷恩也成立了一个类似的机构，与国王有某种直接的联系。同时，整个王国划分为4个大财政区：即朗格多尔、朗格多克、诺曼底和外塞纳—荣纳，不久又加上了新并入的省份皮卡迪、勃艮第、多菲内、普罗旺斯、布列塔尼和吉延内。这种措施是应历史的需要而采取的，必须加以改组，才能使之更加整齐划一，更易于为中央政府所监督。但是这种临时措施预示了今后还要在财政体制方面进行改革。如果我们观察一下各省组织的详细情况，我们就可以看到还有其他的变化也能说明新的时代即将到来。数世纪以来各城镇均设有城镇公所和由特许状保证真正宪政体制，这时农村也自行组织起居民村社。为了便于分摊和收集人头税，越来越多的村庄召集会议，成立了某种雏形的自治机构。此外，还赋予少数几种公民权利，特别是在司法方面。地方政权得到这些初期的发展，在后来将变得更加活跃。

在立法问题上也可以看到同样的趋向。国王想要整理并统一王国现行的法典，首先用文字把各地方大部分靠口头和惯例沿袭下来的习惯法记载下来。1454年全国三级会议命令王国所有实施习惯法的省份都必须进行这项工作，记载和修订习惯法是查理八世和路易十二统治时期法学家的主要职责之一。显然，这些法律体制需要在日后加以统一调整，从而创立一部全国通用的统一法典，但这项工作从来没有完成。结果这方面的差异依然存在，同时习惯法的各种惯例更加根深蒂固。

在这种情况之下，产生了旧制度结束以前法国政府所特有的政体：仍容许区域自治的中央集权制。

第十章　查理八世和路易十二统治下的法国　　　331

　　在这两朝稳固地建立起来的两个新工具：财政和军队，现在都掌握在国王手中。在这两个方面，查理七世的法令早已规定了大致的原则。从这些试验性的办法开始，制定了一系列专门的法规，把这两件必不可少的工具置于国王手中。

　　从王室领地上取得的普通税收，已不足以应付国家日益增长的开支。在此之外，探索了其他开源办法。起初，这些还仅被认为是在特殊情况下才可使用的办法，但后来它们为王室的财政提供了最稳定和最易取得的进项。在这些办法之中，人头税的收入最大，也最便于为国王所使用。人头税是一种直接税，每年征收一次，原先要由全国三级会议授命，并决定征收的总额。1484年的会议又重申了这项原则，但是由查理七世统治时期的末年起，就再也不需要全国三级会议从中参与，税额总数每年由枢密院根据预计的开支加以确定。路易十一曾把人头税提高到骇人听闻的数字，340万里弗尔；路易十一去世后法国政府不得不约束这方面的要求，以免引起1484年全国三级会议的反对。因此，税率降低了一半以上，尽管意大利战争引起支出增加，这个新的数字上下波动不大。然而这种克制之所以可能实行，是因为用一系列的借款，抵押王室领地以及其他经济上的权宜办法来弥补不足；因此到了路易十二统治时期末年，尽管他有节约开支的美名，也不得不增加直接税的税率，最后超过了路易十一所课的税率。这种财政组织在15世纪末已臻完善，使国王手中有一个极度灵活的财政制度和各种财源，后来的国王们在困难情况之下大量利用了它们。这些财源首先用于维持国王的军队，如今领饷的士兵永远代替了以兵役作为部分封建义务的部队。查理七世召募的正规部队，是在意大利作战的军队的主要组成部分。这些重装备的骑兵部队几乎全部都由贵族组成。路易十二又给他们配备了一支炮兵，这支炮兵既强大有力而又机动灵活，可以越过阿尔卑斯山运送到意大利。这一代价昂贵的措施大大有助于国王军队在战场上的胜利。他们在历次出征意大利中都是常胜的，直到后来由于携带式火器的使用、防御手段的变化和新战术的引进，使得整个军事体系必须重新改组为止。

　　同时，国王的行政机构中出现了一个新的部门。这就是外交部门，路易十一首先模仿意大利各国政府加以试行。从1484年起，有一位红衣主教代表法国国王常驻罗马，并已成为惯例；与外国政府进行谈判的特派使节人数陡增。从 16 世纪初起，对意大利的战争和与瑞士的关系使外交活动范围更形扩大，到后来的朝代便以有组织的方式来进行了。

法国数世纪宗教史的一个特点是教会在行政和教义方面的变革，我们只有在查理八世和路易十二的统治时期中才能找到这些变革的渊源。教会当时正在设法重新保持自己的稳定，但是它仍能感到天主教大分裂所引起的动荡的余波，到处可以看到改革者为恢复教义和教规所做的种种努力。

宗教危机在法国是以教会自立运动的面目出现的；这次宗教危机把基督教世界投入了一个多世纪的混乱之中，并使公会议的权力和教皇的权力发生争执。教会自立的运动忠于公会议主义，而对教皇仅给以礼节性的优先地位。在法兰西王国境内，教会将被作为一个本国的单位来对待，在法国主教的领导下按法国特有的习俗和法国的公会议的决议进行管理。教皇被褫夺了一切司法权力，并被禁止征收什一税、神职人员捐献的第一年度年俸以及教皇在发放神职人员薪俸时回扣的其他费用。教会自立运动是 15 世纪某些著名的神学家提出来的，并不是一种一经规定以后不再变更的教条。在运动的支持者中间，因各集团的利害关系不同而有显著的意见分歧。在神职人员中，教会自立运动是比较纯正的，因此不同于国王的教会自立运动，国王的首要目的是捍卫君主的权益；也不同于最高法院的即法学家们的教会自立运动，他们首先考虑的是尊重法律原则。

1438 年的布尔日国事诏书未经教皇同意，便规定了法国教会的地位。这一诏书规定带薪的神职应由自由选举或由指定捐赠薪俸的施主确定；教皇所课的捐税一律废除，同时在宗教诉讼中向罗马法庭的上诉也予以废除。教皇们从天主教大分裂结束之日起便一直致力于恢复他们的专制主义，因此对这个诏书大加谴责。与此同时，国王们被互相对立的政治动机拉过来又推过去，一直在执行诏书和撤销诏书之间摇摆不定。路易十一尤其反复无常，在他想利用教皇的时候废除了这个诏书，而当他和罗马发生龃龉的时候又以发布限制教皇职权命令的形式予以恢复。查理八世的政府也同样善于变化。1484 年的全国三级会议曾要求恢复这个国事诏书，但过了不久，与教皇进行谈判以订立政教协定的呼声却喧嚣起来。

若不是意大利战争对于这场争执起了火上添油的作用，那么推托拖延的政策还可以悄悄地进行很长一段时间。查理八世以教会改革家的面貌在意大利出现，他相信这样做就会加强自己在那里的地位。当时罗马教廷已因亚历山大六世的宫廷丑闻而信誉扫地，查理八世便故意散布他有意罢黜教皇，并以亲自召开宗教大会作为威胁。1493年他在图尔召集了一批人，准备改革的纲领；他的意大利远征更具有同时对土耳其和罗马进行十字军东征的性质。但是这些昙花一现的计划正在他处在可以付诸实施的地位时收场了：他对亚历山大六世呈上了效忠誓言，而不久亚历山大六世便愚弄了他，拒绝把那不勒斯王国授予他。

路易十二利用了教会自立运动，作为打击罗马教廷的手段。他是有鉴于意大利政治的混乱才这样做的，其中教皇朱理亚二世每回都充当了反法联盟的带头人。除了教会教规而外，还应该考虑到经常起着和国王平行作用的红衣主教昂布瓦兹的个人野心。这位红衣主教经常从教士们的薪俸中饱私囊，并有一个贪得无厌的大家族替他推波助澜。他的野心转而指向意大利，他是路易十二意大利冒险的主要策划人。他所瞩望的是在这些冒险胜利之后为自己加上教皇的冠冕。当他的野心受挫之后，他企图至少要加强他对法国教会的控制，成立一个国教，而他将以教皇一般的权力来治理这个教会。任命教皇使节的敕令使这个计划如愿以偿，敕令任命乔治·昂布瓦兹为教皇代表，拥有无限制的权力以实现法国教会的改革（1501年）。这种安排将令人不安地蔓延开去，妨碍教会的统一，并预示英国教会也必将终于建立。此外，这也使真正的教会自立派感到不安，因为他们看到的不是传统自由的恢复，而是以服从国王取代服从教皇的危险。

这种政策发展下去，引起了一场激烈的冲突，路易十二与红衣主教布里松内和德·普里合作，在他执政的最后几年间毫无顾忌地煽起这场冲突。作为对朱理亚二世的威胁的回答，路易十二于1510年在里昂召集了一次法学家大会：他们将草拟一项以限制教皇职权的原则为基础的法令，局部地恢复国事诏书。不久，在图尔召集的神职人员会议又宣称国王有权在任何情况下保卫国家，可以向公会议请示，不必将问题提交教皇审议。后来冲突愈演愈烈，路易十二便在一小撮红衣主教的拥护之下想碰一碰他的运气，于1511年通过分裂派的红衣主教们所下的一道命令，召开一次全基督教的公会议。大会在比萨举行，参加人数极少，大部分都是法国人。这就使这次公会议失去了普遍性。会议刚一开始，就不得不为安全起见逃到米兰，后又移至里昂，在装腔作势地宣读了一些公会议的传统教条之后散会。会议的失败是由于在意大利的军事失利而引起的，同时也由于朱理亚二世的反戈一击：在比萨公会议召开的同时，教皇也召开了一次公会议，大多数基督教国家立刻承认了这次会议的权威性（1512年）。

这次公会议所采取的政策旨在改革教会的法规和戒律，不免有被广大人民误解的危险。所以政府希望通过法律和文学的宣传，深入到社会各个阶层以影响舆论。作家们以各种不同的读者为对象。让·勒梅尔·贝尔热出版了一篇题为《天主教分裂和公会议之区别》的历史论文，在其中发表了关于教皇历史的有倾向性的观点。让·布歇写了一篇《哀悼战斗的教会》。皮埃尔·格兰戈尔为普通百姓写了一个题作《鹿与鹿的追逐》的粗俗的闹剧，并且在《傻子的王侯》中描写了教会和教皇被一群邪恶的化身包围的情景。法学家和教规研究家则设法影响受过教育的公众，他们重印了国事诏书，并附有科斯梅·基密尔的法学注释，提出了法国教会自立派的全部论证。图卢兹的M.贝特朗出版了一本《论高级主教间的斗争》，索邦神学院一位神学家雅克·阿尔曼写了无数关于教义的论文，如《教会权力论》《自然的主人》《宗教专制论》等。这些文字都是对维护教皇绝对专制制度的那些人的一个回答，也是对那位把论文交给神学院听候审查的托马索·达·维奥（天主教多明我会会长卡耶坦）的一个回答。这场论战使争论双方都掀起了一场波澜。

虽然争论往往以最激烈的言辞进行，其实还是比较温和的，因为这场论战的宗教感情色彩很浓，争辩双方不得不谨慎从事。国王明白他的臣民希望和平，在他的主张教会自立的公会议失败后，他看到由于新的军事败绩，他必须和敌方达成谅解。在罗马拉特兰宫召开的公会议谴责了比萨的"公会议"。教廷敕令将法兰西王国逐出教会，使法国有被开除教籍的可能。路易十二再三碰壁，走投无路，只好屈服，此时朱理亚二世去世，也有助于谈判和平。倡议召开分裂大会的那些红衣主教们已和新任教皇和解，国王也就投靠了罗马拉特兰宫的公会议，派一个郑重其事的使节团前往。这都是为了使教会自立主义的一场纠纷宣告结束，但是拉特兰宫大会提出了对国事诏书的控诉，法国政府被召出席以辨明其无罪。1515年，弗朗西斯一世不得不商谈一项折中协议，除非军事上的胜利能使他重新提出争论并强行贯彻他的意志。

教会自立这场长期的剧烈运动使法国教会遭受了痛苦的考验。法国教会非但没有受到国事诏书的保护，反而遭到了教皇和国王们的任意干涉。国事诏书所规定的授予有俸圣职的条款从未得到执行。对教会枢机职务（主教辖区和修道院）的人选要经过选举，而选拔高级教士的责任则交给适当级别的教士或修士全体大会执行。但国王强迫教会接受自己的候选人，或是向选举者推荐他们，或是用恐吓威胁的手段强使他们当选。在各个封建主的领地上亦复如此，贵族们竭力设法替他们的心腹之人谋得职务。选举人只得唯命是从地接受君主所指定的人选，如果违抗，按照教规选出的候选人和他的竞选者之间便有打不完的官司。这种官司打到后来，双方候选人都弄得名誉扫地，使得教区内混乱不堪。因此，在查理八世和路易十二的统治时期，仅巴黎高等法院直辖区内便有55个主教辖区的人选发生了争端。国事诏书也为较低的神职人员作了同样严格的规定，包括副神父、神父和教士。这些人的通常的保护人也都被剥夺了权力，在国王企图和教皇言归于好的时候是教皇剥夺了他们的权力，而在国王滥用自己王权的时候则是国王本人。

这样一来，在法国教会生活中根本就谈不到任何纪律秩序。反对法国教会的人错误地认为国事诏书是这种堕落的原因，其实这一切不正当的现象正是由于践踏国事诏书的规定而引起的。主教教区和修道院都虚席以待，专供那些豪门和权贵，他们既不必放弃自己的世俗活动，同时又可大发横财。某些家族对教会特别矢忠，他们垄断了各省的神职，仿佛这些职务是专为他们而设的。他们是布里松内家族、萨拉查家族、蓬歇家族；还有昂布瓦兹家族，这个家族的成员一度同时占有5个主教辖区和好几个修道院。更有甚者，即便最有利可图的神职还不能使他们心满意足，他们便不顾一切地大事兼职，违反了有关不可兼职的一切教规。有钱的神职占有者彼此交换买卖职位，安排收益办法，套取向教廷上交的款项和其他各种财务收入，这一切全都是买卖圣职的行为。而且这些权贵们并不一概履行他们的职责。他们在宫廷、府邸、军队或使馆中安度一生，只有在接收教区时才去教区视事，有的要到死后埋在大教堂内时才去教区。他们把自己的权力交给主教辖区司教总代理人，或交给受托征集收益的代办人。在修道院的神职人员中间，做法有所不同但结果完全一样，因为谁也不能设想这些显贵们甘心恪守修道院的清规：他们掌管这些修道院的教会财产用益权，把管理工作交由代理人去进行。这些凡俗事的神职人员虽没有放弃信仰，但他们充满了世俗精神，他们关心得更多的是人文主义和艺术，而不是虔诚。即使这些神职人员还没有以道德败坏的行为以及主教和应听命于他们的教士、修道士之间的激烈冲突而耸人视听，他们也以自己违背传统的行径而使信徒们大失所望。

下级神职人员，即不计其数的神父、副神父、教士、教区神父等，都同样地毫无秩序，而且不顾国事诏书的要求，始终如此。这类有薪神职中有许多已为显赫的权贵所占，以补充他们的收入。余下来的名额还要分配给出身较低微的传教士、大学毕业生和法官，这些人对履行职责也并不比自己的上司热心。最后，还是由从事实际工作的大批教士来执行这些职务。他们没有受过教育，没有受过神父的训练，不知经义和礼拜，有时候甚至不懂拉丁文，只会照搬仪式而不明白是什么含义。他们由于生活贫苦而不知荣辱，因为他们教会收入的大部分要被挂名的有薪神职人员夺去，往往只能靠一点额外补贴生活，而募集这些补贴又不免和教区居民发生冲突。像这样没有俸职，只靠布施和偶然不可靠的收入朝不保夕地过活的教士，又何其多呢？

修道院患的也是同样的病症。修道院的收入都留给荐引修士的院长，而修士则处于极度贫困之中，以致有些修士无可忍耐，只得控告他们的院长。院址建筑失修毁坏，院内生活已不再按照规矩进行。其中最有能耐的人放弃静修生活，在修道院中过着有如诗人的自在生活，而另有一些人则耽于尘世间最快乐的享受，例如跳舞和打猎，也不回避一些更严重的放荡生活。于是，修士团体纷纷解体，到处游荡的修士成为当时社会上经常出现的人物。

下级神职人员出身平民，过着和平民一样的生活，和他们同时代人一样地落魄潦倒。但是像他们的上级一样，他们和广大的信徒没有区别，他们已经看不到宗教生活的意义。

对实现改革表示关心的人们，都认为这种衰落的原因出于国事诏书，后来，大法官迪普拉为了要使政教协议能够被接受下来，声称有必要改革立法制度。但是事实上这些反常现象之所以出现，是因为国事诏书被人轻视，国王和高级神职人员非法干预教会事务。一切均已积重难返，即便政教协议正在执行的期间，道德风气也并未发生变化，反常现象更变本加厉。

然而，随着在查理八世和路易十二时代举足轻重的某些人物的出现，又出现了可能好转的迹象。所谓严守教规者竭尽全力，设法恢复秩序，恪守教规，重申修道院清规，学习神学科目，并在神职人员中间提倡 15 世纪时在佛兰德和莱茵兰从未间断过的神秘主义传统。在此以前的几个朝代也做过某些改革的尝试：某些修道院院长曾致力于重新控制本尼狄克教派的修道院和托钵修会。但这些改革引起了争论，在争论中每个组织都力求独树一帜。这种改革精神也影响了 1484 年的三级会议，其结果是召开了桑斯会议（1485 年），并且在图尔的神职人员大会（1493 年）上发布了改革法令，这批法令规定恢复教规，实际上不过是重申国事诏书所规定的各种要求而已。

查理八世和继承他的路易十二，以及控制了全国所有神职人员的昂布瓦兹红衣主教都抱着良好的动机。但是利用教会和教会的财富来为世俗的目的服务却有很大的诱惑力，所以，只有少数个别的改革者才能担负起这种恢复教规的工作。这些改革者中间最著名的有方济各会传教士奥利维埃·马亚尔、帕奥拉的修士圣·弗朗西斯（他创立了米尼姆教派）和昂热的主教让·德·莱利。同时，来自低地国家的神秘主义者让·斯坦敦克充满着苦行主义的愿望，热心地不折不扣地执行教规，重新创办了蒙太古派，不遗余力地推行清规戒律。同样来自低地国家的让·蒙巴尔改革了兰登堡和圣维克托的修道院。这些人都得到司法当局支持，因为他们的改革有时需要实行强制。这就使他们承担的工作具有危险性，而且很难和推动神职人员的宗教精神相一致。

当时各个大学的学术研究正陷于经院哲学的泥潭而不能自拔，拘泥于训诂注释而不见古代和中世纪伟大作家的思想；由于大学学术研究的中落，振兴基督教的思想就同样是不可或缺的了。以意大利的文艺复兴为样本，一个既注意古代哲学又重视经文研究的运动正在形成，目的是恢复这些著作的本来面目，并深入探索其作者的思想。

这一运动的缔造者是雅克·勒费弗尔·戴塔普，他活动的时期是法国宗教改革出现前的半个世纪。他活动的中心是红衣主教勒穆瓦纳的神学院，他在该院讲学，吸引了那些和他一样潜心研究经文的人。勒费弗尔受过意大利人文主义方法的训练，并把这个方法和莱茵兰的神秘主义思想相结合。他以研究亚里士多德开始自己的生涯，编辑出版过亚里士多德的著作。但是他不信古代人的哲学，不久便把它只作为通向基督教思想的台阶。于是他转而研究《圣经》，认为应该用古典学派的方法加以编订。经过大量辛勤劳动，他在1509年出版了《诗篇》，该书附有一篇释文，诠释词义并对经文作出神秘主义的解释。1512年他出版了圣保罗的《使徒书》，这本书是关于基督教某些基本教义的：它们经过改革者的解释，引申出因信仰耶稣而获释罪的学说。勒费弗尔只对圣保罗的思想作了极其简单的评述，并没有提出要讨论救世、谢恩和天命等恼人的问题。勒费弗尔的一生颇负盛名，他的著作为神学对传统教义的解释开阔了新的视野。他的著作仍饱含着中世纪的神秘主义并且尊重既定的惯例，但同时也为以后将由改革者来实行的变革鸣锣开道。

勒费弗尔是对人文主义表示了应有的敬仰的第一个人，人文主义渐而渐之在社会文化各界、修道院和巴黎各神学院中得到尊敬。一些心胸开阔的人也致力于研究古代、研究希腊和研究意大利人文主义者的著述。罗贝尔·加圭安和后来的纪尧姆·比代都是复兴这方面研究的先驱。但是伊拉斯谟是这些人中最负盛名的，他在巴黎数次居留，和学术界人士互相通信，成为巴黎人文主义者中影响最大的导师。伊拉斯谟的影响也许可以和勒费弗尔相比，但他们对道德和传统宗教的态度各不相同。勒费弗尔的神秘主义和伊拉斯谟的基督教圣理名言和尊崇宗教理想恰成鲜明的对比，而伊拉斯谟的尊宗宗教理想把形式服从和严守清规视为不足为训。

在他们两人的双重影响下，古典原作一版再版，诠释文字表现了对古代人思想的越来越确切的认识。索邦神学院和纳瓦尔学院的教学已经革命化，"前文艺复兴运动"就此开始，在路易十二统治年间，巴黎也如牛津、巴塞尔和莱茵河流域其他城市一样，成为这一运动最活跃的中心之一。这是一场气势磅礴的运动，席卷了最知名的学者，但这时还仅仅涉及人数有限的佼佼者。大多数人的宗教观点和知识眼界仍属于中世纪。那些宣扬对信仰虔诚、对偶像和圣物崇拜、朝圣以及传播剧烈的受难感和死亡感的书本使人们头脑中保留着一种形式主义,这种形式主义便以耶稣被钉于十字架、安放在墓中和死神的舞蹈等主题表现在宗教艺术上面。

普通百姓置身于学术复兴的潮流之外,主要关心的是他们肉体生活的物质需要和他们每天的面包,就这方面来说,查理八世和路易十二的统治时代也是一个独一无二的时期,有许多新的建树。百年战争带来了类似中世纪初最悲惨年代的天灾人祸。农村中人口下降、土地荒芜,以及因时疫而加重的经济危机,甚至影响了各个城镇。自从15世纪中叶起,复苏步履艰难,军队的烧杀劫掠和路易十一时期的战争扑灭了任何复兴运动抬头的可能。

查理八世登基的时候,人口的下降还是十分显著。在影响最严重的省份里,乡村荒无人烟,居民或已绝迹,或已背井离乡,逃往危险较小的地方。许多文献都指出有些村庄被遗弃后再也无人居住。许多土地再度变成一片荒原;林莽草泽侵蚀耕地,农村有些地段荒芜之后直到19世纪才又有人耕种。领地的边界自行消失,财产权混淆不清。由于土地所有权而产生的封建赋税和收入,也随着划分征收权利的边界的消失而消失。人们不知哪片田产属于哪个贵族,此种情形早已司空见惯;因而过去曾经详细加以规定的封建制度,根基已经动摇。这种情况还不限于少数偏僻的地区。相反地,过去最繁华的地方,如法兰西岛、诺曼底、加斯科涅等地,受到士兵的掠夺也最严重,它们的命运是重新成为不毛之地。即使是城镇也逃脱不了这样的浩劫。到处庐舍为墟,不见重建。农民们虽避难其间,但到处可见城镇人口稀少,劳力昂贵。

法国得在半个多世纪的时间内为复苏而做出不懈的努力。在这段时间内,意大利战争结束后国内的和平没有受到干扰,财政的需索也不如以前苛重。同时,一连串的好运使国家免除了致命的时疫和引起普遍饥荒的恶劣气候。在这段相对繁荣的时期内,人口增加,乡村也慢慢重建起来。到15世纪末,人们又出现在过去离弃过的地方,重新耕种土地。时常有新的居民来自远方,城市中有许多新来的人,农村地区也有不少,同时还有许多移民从一省迁至他省。

依靠耕种领地取得收入的贵族,千方百计地吸引新的佃户。对于他们来说，当务之急是把土地重新耕种起来，即使做出牺牲也在所不惜。最突出的措施是解放农奴，并对自由农民做出种种让步。由于劳力缺乏，他们完全由自己经营田产要冒风险，所以他们宁可把田产永久租给别人，每年收固定租金，每旧法亩不超过4个苏。就以当时的通货计算，这点钱也是微不足道的，后来货币贬值，就更微乎其微了。过去规定期限并可予以伸缩的那种租佃制度也被放弃，那些原来可以把全部没有佃户的土地都归为己有的贵族们也和别人一样把土地分开，希望重建自己的庄园并招揽大批人口。农民还得了其他一些好处，例如暂时免去封建义务，并可借得工具和种子。结果是在一个特别艰苦的时期结束之后，农民们重又经历了一段表面繁荣。有些得到恩惠较多的农民果然致富发家，买进空地，建立占地甚广的家业，既有牧场又经营农业。这些新发家的农民社会地位不断上升，后来与某些居住城镇的手工业者和商人一起，置身于中产阶级的上层分子之间。过去的佃农现在对他们所使用土地的所有权可以有继承之权，但仍要听凭货币价值涨落及其所产生的长期后果的摆布。

在15世纪末年，货币的含金量显著下降（过去几个世纪几乎接连不断地都是如此），但货币的购买力却明显地上升。从封建领地按规定收取固定租金的贵族当然要受到不利的影响，因为规定以货币计算的租金不变，他收入的现金就相应减少了。但是他收到的钱可以买进数量越来越多的货物，结果收支仍然相抵，他可以保持相当的富足，而且今后还将如此。佃农从这种情况下也能得到利益，因为他得到保证不致有人任意抬高租金，尤其是不必向他的领主交付过多的人头税。当时真正的农业经济繁荣为佃农提供了充足的生活资料。毫无疑问，在这个时期中农村人口的幸福生活达到了历史上罕见的水平。但是在16世纪的最初30多年里，这一切就都要接受再度侵略的挑战，并且经历一个货币价值波动比任何时候都更猛烈的阶段。

各个城镇也相似地在重建中做出了成绩。随着安全重新有了保障，工商业再度活跃起来，并且由于和其他国家建立了新的关系而发生了变化。和意大利的交往带来了以前未曾使用过的贸易方式和贸易方法。由于把普罗旺斯并入法国王家领地，地中海各国正在逐一开放；不久之后，随着新世界的发现，大西洋沿岸的海上活动也日益频繁起来。在城镇中人口的增长特别明显。路易十一曾号召外国人来各工业中心居住，路易十一以后，特别是随着意大利手工业者和商人的到来，这种活动更加广泛。外国人长期定居下来之后，就加入到16世纪的法国社会的各个阶级中来。因此，里昂成了一个国际中心，不断地居住着来自各国的居民，其中有佛兰芒人、瑞士各州和莱茵兰来的日耳曼人，而居于首位的是意大利人。在传统的行业公会中可以非常显著地看到这种重整旗鼓的活动，但同时也给行业公会带来了一种前所未有的精神。

当中世纪生活的某些方面正在渐渐逝去的时候，行业公会的生命却似乎正在苏醒。过去行业公会仅仅存在于某些地区，在西部各省，甚至像里昂这样的工业大城市也很少有人知道公会，这些城市仍然遵循着各行各业中的自由原则。但是如今行业公会到处纷纷成立，这一点既由于手工业者自己的努力，也多亏想要趁机利用这些组织的国王的权威。一连几代国王发布给行业公会规定的各种条例，并批准管理已成立公会的各个行业的规则，结果大量地增加了行业公会的数目。行业公会成了公共团体，它们参加市政生活，并提供值更的巡逻人员；也可以依靠它们来交纳额外的税收，或支付强制性的借款。由于市政当局尤其在财政方面的深谋远虑，行业公会制度的发展得到鼓励，并得到国王的积极支持。同时，行业公会的精神也发生了一个转变；它们现在已把大部分精力放在业务活动上面，不像早年各朝代时那样沉溺在政治煽动之中。行业公会内部的争吵减少，东家和伙计之间的纠纷也不那么严重。无疑这是经济形势相对稳定的结果，它暂时地缓和了利害关系的冲突。

但是在这表面和平底下，仍可以察觉到动乱的迹象。主人变得富有了，他们就愈来愈想要强调工人和他们之间的区别。主人们取得社会名誉、物质报酬以及他们在市政机关中的优越地位，而工人们则以兄弟会和手工业行会（散工的行会）的形式结成了越来越多的集社。这一切撒下了敌对的种子，在经济情况恶化的时候就会引起剧烈冲突和镇压手段。在由于新技术的采用应运而生的行业中，这种趋向更是显而易见。从意大利引进的丝织业在图尔扎下根，南方各省养育的蚕茧供应该地。虽然谈不上什么大规模工业，但是已有一批批使用贵重原料的手工人，如纺丝工、拈丝工、织绸工和染工。他们使用复杂的设备，因此必须投入相当多的资本，给工人准备工具和原料，并设办事人员在商人的经常指挥下监督各个工人的工作。

印刷业显然要依靠造纸业，它吸收了更多的劳力和资本。印刷业在路易十一时代引进以后即迅速发展。巴黎在1470年，里昂在1473年成立第一家印刷所以后，两个城市中印刷所的数目大大增加。这两个城市在16世纪成为主要的出版业中心。在里昂，15世纪末有55家印刷所，在1515年已有百家以上。如果把不可缺少的辅助性行业也算在内（包括造纸、铸字、装帧、镌版、装订），雇佣工人的数目非常众多。起先，和使用的原料一样，这种工人都来自德意志，但后来就招收本地工人。印刷业飞速发展，遍及全国各省；到15世纪末年，在30多个城镇中均有印刷所，在当时出版了非常之多的书籍。

印刷业比任何其他行业都更需要付与大批资金，设备本身（包括活字和印刷机在内）价值昂贵。专门工人（排字和校对）工资很高，出一本书所要垫支的款项超过其他任何行业所花的费用，特别是因推销书籍而必须做出各样安排。印刷商同时是书商和出版家，因此必须参加集市，并找寻出口市场。当时最大的印刷商如约多库斯·巴迪乌斯、马尔内夫家族及艾蒂安家族，都必须一身兼为学者和实业巨子。此外，这一门新的行业给劳工界带来了其他的变化。印刷商招请的工人，尤其是校对工人，往往慕大出版业中心重要印刷所之名来自遥远的他乡。他们成群结伙，往往发生事端，为新思想的传播造成了有利的条件。

同样，贸易也在较为安定的条件下向着以前还未探索过的路线发展。当战争正在热火朝天地进行的时候，大宗贸易的路线都绕开法国，但从此时起法国又恢复了它在国际贸易中的地位。里昂是最大的贸易中心。1420年，查理七世就在该地设立集市，但是直到1489年后集市才定期举行，开始真正活跃起来。从那时起，集市获得很大的成功，参加集市的商人被赐以特权，有的还永久定居该地。由于接近外国的大商业城镇（日内瓦和莱茵河流域各城镇），由于意大利的贸易在战后不断增加并继续扩大直到1567年，该地成交的贸易额极大。每年举行集市4次，每次长达两个星期，集市前后各有一段时间予以特惠，并延长期限以清理账目。因为里昂有许多畅通无阻的航路，是联结北方诸国与地中海的通道上的码头，所以这些集市在里昂保持了几乎经常性的活动。

其他城镇也经营类似的活动,但不及里昂。一年举行数次集市的办法传至各地,单是查理八世时期就颁发了400份特许状。与王国其他重镇(鲁昂、图尔、特鲁瓦、第戎和蒙彼利埃)一样,巴黎在圣但尼和圣日耳曼德普雷均设置集市。这些集市是工业需要的某些产品的真正国际市场——如盐(实际上由少数海洋国家垄断),明矾(织布业不能缺少)、丝、香料、金属(法国的自然资源很缺),尤其是铜;铜用于铸造大炮,但要从波希米亚和上德意志的铜矿进口。

随着不断增加的贸易,货币也大量流动,贵重金属和各种钱币大批转移,然而由于途中可能发生危险,运输颇为不便。货币的稀缺不适应于日益增长的商业要求。到15世纪末,法国也和其他国家一样痛感贵重金属的短缺,因此不得不使用信贷,并借重银行的干预。自13世纪以来,法国即有银行存在,假如不是更早的话。但是政治危机中断了它们的活动,直到此时还只主要经营兑换货币和短期借款。百年战争后,银行再露头角,但为意大利人所控制,美第奇家族便在里昂设有分行。其他银行亦随之而起,到即将进入16世纪时,便已为数很多了。这些银行总行大抵设在里昂,在王国各主要城镇,尤其在巴黎添设分行支行,但巴黎无疑是从属于里昂的。

这些银行都掌握在外国人手中,有来自佛罗伦萨或卢卡的意大利人,如卡波尼家族、加达尼家族和邦维奇家族;也有德国人,他们的活动要受奥格斯堡或纽伦堡的银行控制。法国银行为数甚少并且相距很远,偶或进行银钱交易,但这也是和它们的商业活动结合在一起的,因此很难在银行本身业务和一般性大规模贸易之间划分界限。它们几乎把"罗马宫廷"的银行业务全部掌握到自己手里,在罗马以中间人的身份出现,借钱给教士俸禄的接受人,或借给与教廷打官司的人。

这类经营牵涉到作为集市贸易和国际商业基础的较为复杂的业务:汇兑、划款、信贷结算、存款和借款。这样才可能结清账目,否则由于货币流通不畅将会发生不可克服的困难。甚至政府的事业需要预先付出大批款项时,也得寻求银行家的帮助。查理八世远征意大利,就是靠里昂的意大利银行家提供的贷款来开支的。这种情况继续下去,此后每一件政治行动都在暗中伴随着一桩财政方面的交易,例如1519年的神圣罗马帝国皇帝选举便说明了这一点。

如此，某些家族积聚了大量财富，形成了他们权力的基础。这些家族和旧时的土地世家显著不同。商业中产阶级与行政当局关系密切，在查理八世及其后继者的时代突飞猛进。这种情况固然不乏先例，其中最著名的莫如雅克·科尔；但是这个新阶级的成长在15世纪末以前很少被人察觉，博纳家族、布希尔家族、于罗家族和布里松内家族都直到此时才遐迩闻名。他们同时身兼商人、金融家和王室财产的经管人，没有他们的帮助国家就不能生存。他们以此作为进身之阶，历任政府和教会要职，他们还希望把自己提高到大地主的地位，甚至进入贵族的行列。

重视金钱，在某些工业和大规模贸易中不能缺少金钱，这个事实标志了法国经济生活中资本主义的到来，在丝织业中，资本家购买和进口原料，让一批工人加工，工人所用的设备系资本家所有；而制造完成以后，资本家出售绸缎。拥有资本、担当风险并享受利润的资本家和他付给工资的工人之间，差别变得更加显著。在印刷业中也可以见到同样的差别。拥有资本的同一个商人，往往还出借金钱谋取利息，这可能违背教会的规定，但是他采取了掩盖他交易本质的各式各样形式上的提防措施。这样一来，他就成了手工业工人和农民的债主，直到后来拿他们的土地抵债。这就是土地所有制大规模变动的开端。

资本家甚至还借款给国王，国王支出巨费，负债日多。但是国王的信用异常低落，他借钱还要由朝廷的大人物替他担保，利息也比普通商人之间借贷高出许多。政府开始把行政官职作为一种收入来源，暴发户的中产阶级收买官职之事也时有所闻。因此公职，甚至国家权力的一部分，就转入平民之手，仿佛这是他们的继承权的一部分。国王首先出售的是财务官职，后来是司法官职；起初还有点扭扭捏捏，做得小心翼翼，出售时装作借款，但国王有借无还。这种情况愈演愈烈，尤其是路易十二在朝的时候和他身后，国库需要增加，而行政官职又数量增多，情况就更其如此。这些都是国家经济生活中的新情况，对国家的社会结构有严重影响。随着对英战争结束后贸易活动的恢复，这些情况引起的种种变化都清清楚楚地表现出来。

张文华　马　华　译

第 十 一 章
西班牙诸王国与天主教国王

1492年是西班牙出现奇迹的一年。西班牙取得了格拉纳达，结束了8个世纪的对穆斯林战争；犹太人被逐出西班牙，新世界已经发现。中世纪时一向在半岛中央闭关自守的卡斯蒂利亚，突然一跃而为世界强国。卡斯蒂利亚的崛起，可以说是命运和偶然，而不是精心谋划的结果。卡斯蒂利亚人一见机会来到，立即紧紧抓住不放，只有经济因素才是主要的限制。命运把大宗财富放到一个民族的手中，这个民族虽有雄心壮志，却缺少经济头脑。这个伟大的帝国一出现就遇到重重经济问题，原是意料中事。真正奇怪的是这个帝国竟延续了那么多年。

卡斯蒂利亚王国统治下的半岛人口不多。1482年为军事目的做过一次统计，总数达750万。这次统计十分粗略，数字似乎太高。1530年为征税目的而做的另一次统计，就只有343300。但这次统计不包括加利西亚（约有60万人），也不包括人口也很密集的格拉纳达王国和穆尔西亚王国。1541年为征税而做的第三次统计，人口约为6272000人。1530—1570年可能是人口的最高峰时期，因此1482年的数字应大大低于1541年，但可能超过4500000人。至于阿拉贡王国治下的各个小国，其大概数字是：阿拉贡270000人（1495年），巴伦西亚270000人（1510年），加泰罗尼亚307000人（1512年）。

卡斯蒂利亚人民主要经营农业，也有的过着游牧生活。大部分可耕地为贵族、军人、教会、修士和王室所有，或者是城镇和乡村的公地。税赋由农民负担，贵族一概豁免。谷物是最主要的作物，但往往不敷供应，必须进口小麦。费迪南德认为他可以用西西里的粮食供应卡斯蒂利亚，因而大力发展养羊业和羊毛业，输往佛兰德市场。查理五世需要征召农民入伍，便从尼德兰、丹麦和德国运来小麦供应卡斯蒂利亚。阿拉贡王国在半岛上的各个小国从地中海其他小国如西西里和撒丁进口粮食；巴伦西亚有时还从罗马尼亚或土耳其进口。卡斯蒂利亚人认为阿拉贡可以成为他们的粮食市场，宣布对阿拉贡的出口一律免税（1480年）。穆尔西亚新开发的土地原先用来为阿拉贡种植小麦，但是牧民需要土地放牧，群起反对。伊萨贝拉死后卡斯蒂利亚和费迪南德发生摩擦，卡斯蒂利亚国会便千方百计停止对阿拉贡出口粮食。尽管连年丰收，该国会在1518年重申禁令，在1525年完全禁止出口。这个禁令最后为查理所解除（1537年）。阿拉贡依靠朗格多克和普罗旺斯的粮食进口，加泰罗尼亚有时也是如此。巴斯克诸省则由南特供应从布列塔尼和法国西部来的小麦。对西印度群岛的小麦供应又是一笔负担。这批小麦要由德意志、佛兰德、法国和北非国家运去。

1509—1520年间的收成虽比1503—1507年时为佳，但是卡斯蒂利亚的小麦产量始终不足。自1502年起，国王不得不控制价格，但官价一直没有得到遵循。如以1511年小麦价格指数为100，到1530年便达273；虽然美洲白银的流入当时对此还未发生影响。农民穷困潦倒，食不果腹。据官方记载，此时农民负债累累，不得不在晒场上就卖掉新粮，而中间商却利用他们的贫困大发横财。直到1535年左右情况才起了变化，这场变化历时约30年。由于美洲的白银，又有人收购土地，但那时土地用于种植葡萄，不种小麦；到16世纪中期，葡萄酒的价格不断上涨。

在卡斯蒂利亚的经济中，养羊业最为重要。逐水草而居的牧羊主和他们的活动均由王国牧民荣誉会管理，这个全国性的牧羊主行会组织在13世纪时即已成立。据不完全统计，从1512年到1521年，每年平均羊只数目约为284万头。牧羊主租用南部的牧场供羊群过冬，这种牧场大部分属于军人，但这些军人的产业均已为伊萨贝拉和费迪南德王室所兼并。王国牧民荣誉会财源极其兴旺，查理一有困难便前往求助。1518年、1519年、1525年、1526年、1528年和以后多年，王国牧民荣誉会都曾贷款给王室。查理相应地通过了许多法律，这些法律照顾养羊业而不利于农业，强逼荒废耕地而供羊群放牧。国家的经济生活和王室的大部分收入都靠羊群维持。牧羊主们除了有几次借款给国王以外，每年还交纳牧场租金；这些牧场名义上为军人所有，事实上直接控制在王室手中。查理五世往往把牧场包给外国银行收取租金，作为对借款的抵押。例如在1525年，牧场就被发放给福格家族经营，因为他们曾经为查理的皇帝选票预支了款项。

国王保护羊毛贸易的政策也出于同样的原因。在费迪南德和伊萨贝拉治下，实行的还是1462年的命令，即为卡斯蒂利亚的毛织业留下1/3的羊毛。查理后来试图把这个比额提到1/2，但这种旨在发展本国工业的措施却受到出口商和王国牧民荣誉会反对，只得加以收回。热那亚的商人控制了约40%的羊毛贸易，结果他们在西班牙的贸易界和金融界中起着极活跃的作用。卡斯蒂利亚的羊毛在马拉加和卡塔赫纳装船运往意大利；阿拉贡、马埃斯特拉特和巴伦西亚的卡斯蒂利亚腹地出产的羊毛，则从托尔托萨和巴伦西亚启运。对佛兰德的出口是其中最重要的，在布尔戈斯和麦迪纳德坎波均有极大的羊毛市场。1494年，费迪南德和伊萨贝拉授权布尔戈斯的商人组织他们的行会，这是一个以加泰罗尼亚各海运事务处（1283年在巴伦西亚，1343年在马略尔卡，1347年在巴塞罗那）为样板的同业组织，经办国内和对外的一切贸易。布尔戈斯行会有权核定运费和海上保险费。它管理比斯开湾内的船只运输，并和实际上经营大部分船运的港口毕尔巴鄂达成协定（1495年），每年有7000或8000骡马来往于布尔戈斯和毕尔巴鄂之间，驮运羊毛12000捆至15000捆（约900吨）。根据需要，每年有一个或两个船队由毕尔巴鄂开往安特卫普。

这时候，塞维利亚成为对美洲贸易的巨大中心。经管对西印度群岛全部贸易的贸易署，1503年设在塞维利亚，稍后（1543年）又成立了一个与布尔戈斯行会类似的机构。同时，塞维利亚垄断对美洲的全部进出口贸易，吸引着所有的外商，在16世纪迅猛地发展起来，成为西班牙最大的都市（1517年居民2.5万人，1594年居民达9万人）。

在说加泰罗尼亚语的国家中，情况迥然不同。巴伦西亚光辉灿烂的时期已经过去，现在正处在衰落之中，巴塞罗那更是这样。它们在政治上的扩张已经超出它们在地中海的贸易扩张：巴利阿里群岛、西西里、马耳他、希腊、撒丁和那不勒斯等地一个接一个落到了加泰罗尼亚的统治或势力之下（在北非沿岸、黑海和埃塞俄比亚均有贸易点）。加泰罗尼亚这个早期帝国中心的形成，连同加泰罗尼亚和阿拉贡之间的友好传统，以及欧洲外交棋盘上的敌对关系，都是费迪南德对后来成立帝国所留下的贡献。然而，在另一方面，后来成立的帝国却没有借鉴加泰罗尼亚人建立帝国和治理海外属地的经验（只是借用了他们成立海运事务处和设总督的经验），也没有使用他们所擅长的理财能力。这里有两个原因：一是卡斯蒂利亚人把帝国看作仅属他们所有，这种民族主义倾向并得到王室的支持；另一个原因则是加泰罗尼亚的衰落。

加泰罗尼亚衰落的生物学方面的原因要追溯到14世纪，这个小民族在地中海扩张和黑死病之后，又在14世纪50年代至70年代远征撒丁时贵族伤亡极重，已经元气大伤。14世纪末欧洲经济危机波及加泰罗尼亚，贸易、财政和金融方面都产生了一系列的不利条件，加泰罗尼亚人一向采用十分死板的传统办法，因此往往不能对这种情况做出适当的调整。1381—1383年巴塞罗那金融危机后，阿拉贡王国的财政中心迁至巴伦西亚，巴伦西亚的繁荣是建立在农业（以大米和糖为主）、阿拉贡羊毛出口的吸引力及其对热那亚资本和商人提供的便利之上的。

1430年后，巴塞罗那以商人和手工业者为一方与富有市民和地产所有人为另一方发生了意见分歧，农村中则在封建地主和农民之间发生了意见分歧。阿方索五世此时离开他半岛上的领土，前往新开拓的那不勒斯王国定居（1432—1458年）；由于他不闻不问，这些问题愈演愈烈。官府和商人多方设法试图挽回这一局面，如果他们能像巴塞罗那王室过去历届君主时那样得到王室政策的一贯同情支持，他们的种种努力是稳可以如愿以偿的。

1458年的钱币贬值，对商人是一桩鼓励贸易的措施，因而受到欢迎，但为地产所有者和食利者所不满。这些人破坏这项措施，在社会各阶级间制造敌对和骚乱，由此为一场大戏提供了舞台。这就是主要由巴塞罗那商人领导的反对费迪南德之父约翰二世的加泰罗尼亚革命（1462—1472年）。就加泰罗尼亚人所争取的民族和民主自由来说，国王和全国人民之间的最后和议还算较为满意，然而这场革命之后加泰罗尼亚疲惫不堪，社会动荡不已，结果农民起义，反抗封建地主。许多商人在战时纷纷离开巴塞罗那，移居巴伦西亚，但后来针对加泰罗尼亚的反抗（1484—1487年）而设立了宗教裁判所，最后的打击便到来了。此后，大部分商人，不论是犹太人或改宗基督教的犹太人，便携带他们的资本和货物离开这个国家，所以巴塞罗那官方曾很恰当地说该城"已经完全毁弃"。

16世纪初，即1505—1510年对凯比尔港、奥兰、阿尔及尔和的黎波里进行远征后，加泰罗尼亚与北非的贸易稍稍复苏；红衣主教希门尼斯·德·西斯内罗斯对组织这几次远征起过很大的作用，但加泰罗尼亚提供了大量财政援助、武装部队和船只。当被占领的城市被并入希门尼斯的托莱多大主教区时，加泰罗尼亚人取得了和新领地通商的权利（1512年），以及向这些地区出口纺织品的优惠条件。16世纪前半个世纪，加泰罗尼亚继续与西西里、那不勒斯、北非、埃及进行贸易，但已经大非昔比。地中海是土耳其和柏柏尔海盗出没之地，如今欧洲经济生活中心移往西方和北方，其重要性便丧失殆半。加泰罗尼亚人被排斥在美洲贸易之外，这就使他们失掉了重振旗鼓的最后机会。自此以往到16世纪中叶，巴塞罗那也就湮没无闻了。

在费迪南德和伊萨贝拉举行婚礼（1469年10月19日）的那个时期，加泰罗尼亚统治权不属于新郎的父王约翰二世；直到1472年约翰二世才重新得到承认。直到1492年，格拉纳达这一阿拉伯王国才被征服。在伊萨贝拉死后，费迪南德独自一人不以国王身份而仅以总督身份治理卡斯蒂利亚，他在1512年征服了纳瓦尔王国。因此，整个半岛除葡萄牙以外，后来全部归入查理五世一人的统治之下。

因此，以费迪南德和伊萨贝拉为首的卡斯蒂利亚和阿拉贡两王室的结合，是这一演变过程中的一块重要里程碑，其政制方面的问题是值得我们研究的。阿拉贡善于机巧权术的约翰二世围绕着亨利四世继承人的问题，密切注意卡斯蒂利亚事态的发展，精心策划了费迪南德和伊萨贝拉的婚事。当时宫廷传出流言，据说王后之女胡安娜公主不是国王亨利（称为"无生育能力者"）之女，而为葡萄牙的一个贵族贝尔特朗·德·拉·奎瓦所生，胡安娜便被蔑称为"贝尔特朗氏"。贵族和主教中反亨利的一派利用这种流言作为资本进行阴谋活动。国王在反对派的压力下有时承认胡安娜非由己出，但临终之际却申明她确系自己的女儿（在我们今天，马拉尼翁医生搜集了所有医学方面的证据，得出结论说她大概是国王的女儿）。然而反对派最后设法宣布她为不合法，而把阿方索王子捧上太子的宝座。阿方索王子和亨利都是卡斯蒂利亚的约翰二世（1406—1454年）的儿子，但阿方索王子和未来的天主教徒伊萨贝拉都是约翰的第二个妻子葡萄牙的伊萨贝拉所生。这位葡萄牙籍的王后神经错乱，就像伊萨贝拉之女、查理五世之母"疯女"胡安娜一样。西班牙哈布斯堡家族中一脉相承的那种病态遗传，可能是渊源于她。阿方索王子早逝（1464年）。阿拉贡的约翰二世一听到这个消息，就派遣心腹前往卡斯蒂利亚，在伊萨贝拉跟前假献殷勤，劝诱她嫁给他的儿子。第一步，尽管托罗斯德基桑多协定（1468年）如今看来纯系伪造，但亨利承认了伊萨贝拉是他的继承人。接着其他的求婚者均遭谢绝，其中有路易十一的兄弟法国的吉昂公爵，和葡萄牙的阿方索五世。伊萨贝拉和费迪南德的婚姻是约翰二世暗中许多活动的最终结果，包括他串通托莱多大主教阿方索·卡里略，和他收买卡斯蒂利亚贵族，尤其是那些负责监护那位年轻公主（时年约18岁）的贵族，让他们劝导伊萨贝拉和费迪南德结婚。在这一切往返磋商之中，约翰二世受到两地犹太籍最大的名门望族的支援（在卡斯蒂利亚是本维尼斯特家族和亚伯拉罕·塞尼奥；在阿拉贡是拉卡瓦列里亚），这些人彼此间有共同商业利益的联系，他们相信两位年轻的君主将保护他们的种族，而抑制1391年以来在卡斯蒂利亚日渐加剧的反犹主义。

　　约翰二世出自卡斯蒂利亚非婚生世系的特拉斯塔马拉家族，虽是阿拉贡王室的君主，但他始终认为自己是卡斯蒂利亚的王子，并不亚于他的第二个妻子卡斯蒂利亚的胡安娜·恩里克斯。他年年岁岁忧虑的是他在卡斯蒂利亚和埃什特雷马杜拉的大宗田产，这些田产曾使和他竞争的贵族垂涎不止。除此以外，半岛上王位的宝座已全部由他和他的姊妹们占据。他的兄长阿方索五世是阿拉贡王国的君主，并已把一个新王国那不勒斯并入版图，而约翰二世则是其继承人。他的姐姐玛丽亚曾是卡斯蒂利亚约翰二世的第一个妻子，也是现今卡斯蒂利亚国王亨利四世的母亲。他的另一个姊妹埃莉诺是葡萄牙爱德华一世的妻子。他第一次和纳瓦尔王国的布兰卡女王结婚，成为该王国女王的丈夫，在女王去世后仍为该国国王。这一切使得约翰二世那样一个野心勃勃的人欲壑难填，想把所有这一切王国全都一统到他本人或他幼子的治下。他正考虑如何掌握权力并施展外交。其中最重要的问题是他和法国路易十一两雄争霸，他需要在半岛上建立一支能和比利牛斯山以北相匹敌的兵力。

卡斯蒂利亚和阿拉贡的结合留下一件使人惊异的事实：费迪南德当时18岁，伊萨贝拉19岁，但除这一对青年夫妇的婚约之外，双方国王或双方国会之间对此事却没有签订一项协定。婚约是伊萨贝拉的代表和费迪南德1469年1月7日在塞尔维拉签订的，此时约翰二世正率兵和加泰罗尼亚作战，他军队的大本营正在塞尔维拉。婚约达到了两个目的：卡斯蒂利亚要求费迪南德和阿拉贡人保证不干涉卡斯蒂利亚政府；约翰二世则决心不惜任何代价也要使伊萨贝拉和他的儿子结婚。婚约规定费迪南德必须和伊萨贝拉居住在卡斯蒂利亚，非经伊萨贝拉同意不得离境或遣送他们的子女出境。一切信件和契约必须在一方的王国内由王后和国王共同签发。倘非卡斯蒂利亚国籍，并未经王后许可，国王不得任命任何人参加枢密会议，或担任其他官职。卡斯蒂利亚所有城市和设防地点都必须对王后一人宣誓表示忠诚。非经王后许可，国王不得和其他国王或贵族交战、议和或联盟。为了表示和卡斯蒂利亚王国"结盟"，并增添王后的妆奁，费迪南德在阿拉贡、巴伦西亚和西西里三王国中各将两个城市（在婚约中指名）交给王后，此后还将由王后在此三王国中各选择一个城市（婚约中未提及加泰罗尼亚，那个国家这时正以武力反对约翰二世）。立约后4个月内，费迪南德将付给伊萨贝拉10万金弗罗林；在卡斯蒂利亚发生紧急情况时，费迪南德将亲领4000名长枪兵实行镇压。

费迪南德和他那诡计多端的父亲竟然唯命是从地接受这些条件，这要到卡斯蒂利亚的亨利四世逝世（1474年）时才真相大白，当时费迪南德进行突然袭击，声言他是特拉斯塔马拉家族的唯一男性后裔，因此合法的继承人是他，而不是伊萨贝拉。这件事纯属卡斯蒂利亚的内部事务，因此被提交红衣主教佩德罗·冈萨雷斯·德·门多萨和托莱多大主教阿方索·卡里略两人审议。两人裁定的要点如下：在一切法律、钱币和印章上费迪南德的名字应在伊萨贝拉之前；但卡斯蒂利亚的纹章应在阿拉贡之前。卡斯蒂利亚的收入应用于支付其全部行政费用，余下之数由国王和王后按他们自行商定的份额公分。费迪南德一方的收入也按同样的条件处理。主教空缺的候补人姓名应由国王和王后共同呈交教皇审批，但仅由王后一方提名。国王和王后同在一地时，宫廷大小决议均由两人共同签署。国王和王后如不在同一个省内，则各自在所在的省内执掌司法大权；国王或王后的一方和枢密会议同在一地时，则应审理由各省上交的一切案件。但是，这一切裁定当时只能适用于卡斯蒂利亚，因为约翰二世尚在人世，费迪南德直到1479年才成为阿拉贡的国王。

撇开这些技术性的细节不谈，西班牙各王国的统一体，即后来的哈布斯堡帝国或称君主国的基本体制，不过是个结构松散的邦联。这个体系的基本要点是：各王国都保留着各自的国会、政体、法律、法院、军队、税制和货币，不受其他国家支配。没有一个国家的国民同时又是其他国家的国民。直到很久以后，才设置引渡罪犯的制度；卡斯蒂利亚和纳瓦尔之间、卡斯蒂利亚和阿拉贡之间当时还互征关税。后来有位政治学者索洛萨诺·佩雷拉曾简要地说明当时国王的权力："维系所有这些国家的那位君主，是每一个国家的国君，但不是所有国家的国王"。尽管有些作家偶而也在笔下提及"西班牙国王"，但从国家体制来说这一称号并不存在。这位君主按他属下各小国的情况而使用不同的称号。尼德兰的17个省都承认这位君主，但每个省各自赋予他以不同的称号和不同的权力。

国君在每一个小国里均由一名总督代行君主的权力。哈布斯堡君主国家的总督制发源于中世纪加泰罗尼亚和阿拉贡的联合。两国的这次联合是联邦性质的，所以国君在他所不在的那个国家里要派驻一名副手作为他的代表；这名副手不是他的子嗣，便是王室中一名显要的成员。14世纪时，在雅典曾有过一个司教总代理，后来在撒丁有过总督。克里斯托弗·哥伦布是接受西印度总督称号的第一个人。费迪南德去世后，他的遗孀热尔梅娜·德·弗瓦仍领巴伦西亚女总督之衔，他的私生子萨拉戈萨大主教阿方索·德·阿拉贡则是阿拉贡的总督。查理五世即位之初，在阿拉贡王国所属各小国内任总督的必须是王室成员；菲利普二世兼并葡萄牙时也做过同样内容的许诺。但是情况逐渐发生变化，总督先从加泰罗尼亚和阿拉贡的高级贵族中选拔，后来也起用卡斯蒂利亚的贵族。从查理的朝代以后，王国的每个属国：阿拉贡、巴伦西亚、加泰罗尼亚、西西里、那不勒斯、撒丁、纳瓦尔以及美洲的秘鲁和新西班牙（即墨西哥）均设有总督。尼德兰也有一名总督。

国君的周围，犹如群星拱卫，有卡斯蒂利亚、阿拉贡（暨意大利领地）和西印度群岛等各国政府的顾问班子。这些顾问班子不是地区性的，而是个人性质的——即他们不在他们所管理的国家坐镇，而是经常陪伴在国君左右。因此，自加泰罗尼亚和阿拉贡联合（1137年）之时起牢固建立的阿拉贡王国联邦制传统，胜过了卡斯蒂利亚的合并和集中的体制，在1230年莱昂和卡斯蒂利亚两王国最终联合后两国不断变化的关系中，在卡斯蒂利亚对西安达卢西亚、格拉纳达和美洲的扩张中，这种传统都发挥了作用。勃艮第的传统也是联邦制，也许这可以说明为什么查理五世一直推崇联邦制。

西印度群岛被视作卡斯蒂利亚自己的属地，管理方式一直按照卡斯蒂利亚的传统，而不是联邦制。该地的君主是卡斯蒂利亚的国王，总督所代表的是国王本人。该地从未试图设置自治或代议制机构，殖民地概由卡斯蒂利亚通过西印度事务委员会治理。伊萨贝拉在遗嘱中曾明确声明：这些国家的发现和征服"是由我的各个王国出钱，并由这些王国的国民居住，因此那里的贸易和交往就应归属于我的卡斯蒂利亚和莱昂诸王国，并由它们经办。由西印度取得的一切，应归于它们并为它们谋利益"。只有卡斯蒂利亚各王国本国的国民才能在美洲居住或从事贸易，一切贸易和船运均通过塞维利亚港口。这条原则一直沿用下来，尽管费迪南德在伊萨贝拉死后对阿拉贡各属国臣民作过临时的让步（1505年）；查理对德国银行家韦尔瑟家族和福格家族也作过同样的让步。巴塞罗那城曾请求和美洲通商（1522年），但未获批准。

扩充卡斯蒂利亚统治范围的另一个实例是征服格拉纳达这个阿拉伯王国。投降条约（1491年11月25日）的条款是宽大的。该王国将由一名卡斯蒂利亚总督主管，但居民可以保留他们的穆斯林宗教信仰、法律和法官、古代习俗、语言和服装，享有他们原来的财产，并向他们保证税收绝不超过他们向摩尔人君王缴纳的数额。这些条款在格拉纳达大主教埃尔南多·德·塔拉韦拉企图劝导穆斯林改宗基督教的期间（1493—1507年）曾经得到遵守，但不久即被废止。伊萨贝拉嫌进度太慢，便派弗朗西斯科·希门尼斯·德·西斯内罗斯去和大主教一齐加速推行，并在压力之下实行集体改宗。这种压力，加上公开焚毁伊斯兰教经书，最后逼使摩尔人造反。接着年满14岁而不接受洗礼的穆斯林一律被逐出格拉纳达王国（1502年2月12日）。他们一概不得前往北非或阿拉贡王国属下各国（虽然费迪南德许可他们中的许多人在巴伦西亚避难）；只准去埃及或经过卡斯蒂利亚和比斯开的边界离境。这些新改宗者称摩里斯科人后来就自动处于宗教裁判所的认真管理之下。据查理五世后来颁布的一条法令（1525年），他们不得使用阿拉伯姓名，不得佩戴阿拉伯式样的首饰，只许悬挂十字架和基督像。他们不得按自己旧时的法律书写婚约，1556年明文强制推行卡斯蒂利亚语，禁止使用阿拉伯语，违者重罚。这些和后来增加的严厉措施引起了1571年的新暴动，在卡斯蒂利亚各国将摩尔人疏散出境，最后在1610年把他们全部驱逐出西班牙。

上面所说的这个联邦制君主国的大概轮廓，需要再从两方面加以补充，才能看得清楚它的实际情况。虽然在原则上一个国家绝不从属于另一个国家，但是美洲的财宝，以及军队主要在卡斯蒂利亚征募，和国王和他身边的朝臣顾问均在卡斯蒂利亚居住这些因素，便使卡斯蒂利亚处在盟主的地位。再加上卡斯蒂利亚人怀有民族主义的野心，他们不断地在其他国家中谋求文职和神职的位置。正因为如此，所以加泰罗尼亚人和阿拉贡人不久便被排斥在他们意大利属地的行政机关之外。尽管王室的政策助长这种趋向，尽管圭恰迪尼曾记载过伊萨贝拉说"阿拉贡不是我们的，我们要去征服它"，但无论是费迪南德或查理在位期间都没有发生过践踏其他小国家自由的行动；以后的政策可就大不一样了。即使在1512年被征服和1515年被并入卡斯蒂利亚王国的纳瓦尔，也保持着它的独立和它的政治组织机构；当时费迪南德遵循的是加泰罗尼亚—阿拉贡的联邦体制。推动帝国中央集权的另一个重大的势力是一个机构，一个对帝国内大部分国家来说是公共的、极其强大有力的机构——宗教裁判所，它由宫廷通过"神圣至上的宗教裁判事务委员会"而加以控制，一而再、再而三地被用于政治上的目的（见后面第334—338页）。

费迪南德和伊萨贝拉的联姻所形成的阿拉贡和卡斯蒂利亚的统一，遇到了一连串的危机。第一次危机发生在卡斯蒂利亚的亨利四世去世之时（1474年），当时葡萄牙的阿方索五世提出了由胡安娜公主即"贝特朗氏"继承卡斯蒂利亚王位的要求，并侵犯该国。此时也和过去几年的情况一样，卡斯蒂利亚朝廷的亲葡萄牙派很得势，因此统一的西班牙是否能够形成就成了问题。卡斯蒂利亚是走向大西洋，还是走向地中海呢？从地理上和文化上来讲，葡萄牙和卡斯蒂利亚较卡斯蒂利亚和加泰罗尼亚语系国家更为接近。当时卡斯蒂利亚和葡萄牙的统一大有成功的希望，西班牙也就有可能免去后来因卡斯蒂利亚和加泰罗尼亚诸国的统一而产生的许多内讧；然而这种统一到了菲利普手里即葡萄牙及其殖民帝国更为强盛之时也必然解体。不过，葡萄牙曾在阿尔儒巴罗塔打败过卡斯蒂利亚军队（1385年），而保卫了自己的独立；所以当时卡斯蒂利亚在托罗的胜利（1476年）也就保持了两国间的分裂状态。

伊萨贝拉去世（1504年）之后，卡斯蒂利亚和阿拉贡两王国的统一遭到了又一次危机。伊萨贝拉在遗嘱中指定她那精神错乱的女儿胡安娜公主为卡斯蒂利亚女王（各王国当然的女主人）。纵有过去那些冠冕堂皇的协议，费迪南德还是因此被剥夺了王位，伊萨贝拉在身后又一次使卡斯蒂利亚从阿拉贡怀抱中分离出来。当时如果胡安娜离国出洋，不愿或不能问政（实际情况如此），费迪南德就可以被召回担任"总督和行政长官"；当时如果费迪南德肯于宣誓必使王国励精图治，绝不分裂割据，形势也会改观。胡安娜的丈夫即奥地利的菲利普被承认为王夫。这些不明智的手段不久便产生了可想而知的结果。以菲利普为首的反费迪南德派得到了王公贵族的支持。尽管在胡安娜偕其丈夫自尼德兰渡海登陆之时，费迪南德曾建议卡斯蒂利亚由胡安娜、菲利普和他本人共同治理（1505年11月24日），但菲利普不久便得到卡斯蒂利亚的大军的支援，于是翁婿双方商定费迪南德撤回到他自己的各个王国（1506年6月27日）。如此，为统一西班牙国家所做的种种努力，又重归于泡影。

阿拉贡国会（1502年）和加泰罗尼亚国会（1503年）曾宣誓对胡安娜效忠，但有一个条件：国王一有合法的男性后嗣，这个宣誓即归于无效。当时伊萨贝拉虽尚在世，但已染病（她可能死于子宫癌），不可能再有子嗣，所以这一条件的意义就更为明显。善于随机应变的费迪南德，既对菲利普没有好感，又不想看到外国王朝统治西班牙，便决心再婚，作为他政治和外交新方略的一步棋子。为了对抗菲利普及乃父马克西米连皇帝（菲利普以卡斯蒂利亚军队曾参与征服那不勒斯为口实，已经提出了对那不勒斯王国领土的要求），费迪南德灵敏地来了个180度大转弯，和他以前的死敌法国的路易十二签订盟约（1505年10月12日布卢瓦条约），并答应迎娶这位法国国王的甥女热尔梅娜·德·弗瓦。由于莱里达大主教加泰罗尼亚人霍安·恩格拉的从中斡旋，当菲利普由尼德兰来到西班牙登陆之时，婚礼已经举行（1506年3月18日）。费迪南德和他的新王后移居那不勒斯。为了保证这个王国确是他的属地，他开革了当地的卡斯蒂利亚官员，代之以亲信的加泰罗尼亚人。他的亲侄儿阿拉贡的约翰，代替了卡斯蒂利亚总督、伟大的将领贡萨洛·德·科尔多瓦的职务。

菲利普猝然死亡（1506年9月25日），整个局势又忽然大变。以红衣主教希门尼斯·德·西斯内罗斯为首的摄政委员会成立。不安分的卡斯蒂利亚贵族再度蠢蠢思动，过去支持过菲利普的人如今请求菲利普的父亲马克西米连皇帝出面干涉。然而希门尼斯和摄政者们力主费迪南德回国，相信费迪南德会采取坚决手段对付这些难以控制的贵族们。但是费迪南德从容不迫，先去巩固他的意大利属地，并与他的新交路易十二会晤（1507年6月）。直到夏末，费迪南德才去卡斯蒂利亚，着手对付叛逆分子，恢复人民对他的信任。最后，这位前任国王在马德里国会（1510年10月）宣誓以他疯女儿的名义就任王国的行政长官。

热尔梅娜·德·弗瓦生下的一个男孩仅活了几个小时，因此由她得子的希望遂又烟消云散。年老的国王在晚年期间把他的慈爱都转而寄托在他的小外孙费迪南德身上。费迪南德后来是奥地利的统治者，在他外祖父的心胸和谋划中，他都比他哥哥、未来的神圣罗马皇帝查理处于优先的位置。外祖父死后，红衣主教希门尼斯密切注意小费迪南德的朋友们，及其反对查理的密谋，小费迪南德父亲的继母热尔梅娜也从中推波助澜。查理前往萨拉戈萨接受阿拉贡国会承认为国王时（1518年），他所遇到的是一个分裂主义运动，其宗旨是要查理承认费迪南德是他的阿拉贡王位的继承人（而不传给他以后的子女）。

最后加入统一的西班牙王国的国家是纳瓦尔。阿拉贡的约翰二世通过他第一次和纳瓦尔女王布兰卡的婚姻，一直领有这个王国，直到他逝世为止。他们两人所生之女埃莉诺嫁与弗瓦家族的加斯东第四，王权便经由埃莉诺传给她的儿子加斯东及其后代。加斯东之子弗朗西斯·菲布斯早卒无嗣，王位便传给女儿凯瑟琳，即让·阿尔夫雷特的妻子。但弗瓦家族方面却认为阿尔夫雷特家族是外族，声称王权已经由埃莉诺之子加斯东传给了他的弟弟约翰。这位约翰又娶法国路易十二之妹玛丽为妻，他是费迪南德后妻热尔梅娜·德·弗瓦的父亲。换句话说，费迪南德通过他妻子的关系，有理由对纳瓦尔王国提出严正的要求。其他还有一些情况，也使这场宗室纷争更加错综复杂。首先，纳瓦尔内部四分五裂，各派争雄。其次，当费迪南德和路易十二互争短长的时候，法国曾替弗瓦家族撑腰以反对阿尔夫雷特家族；但费迪南德一旦和弗瓦家族成婚，就再无此种必要，路易也就更换了他所保护的人。纳瓦尔问题也反映在外交动态方面。当费迪南德用布卢瓦条约来博取法国国王青睐的时候，纳瓦尔暂且被搁到了一边。但是到了费迪南德又一次在卡斯蒂利亚稳定了大局的时候（1510年），和法国的联盟对他就不再有任何用处。费迪南德此时已踏上了他最后的也是最光辉夺目的外交活动阶段，正在西欧霸权的问题上和法国一决雌雄。纳瓦尔介于双方领土之间的比利牛斯山脉的位置，对两国都有生死攸关的重大战略意义。

热尔梅娜·弗瓦的兄弟加斯东·弗瓦在拉文纳之战（1512年4月11日）中阵亡，立刻引起了局势的变化。费迪南德发现他的妻子出乎意料地得到了纳瓦尔的继承权利，便决心迅速而充分地利用这一事实。他还像以前一样，十分细心谨慎地策划这次政变。他一面秘密调集卡斯蒂利亚和阿拉贡军队，一面佯作诱兵之计，继续和纳瓦尔的让·阿尔夫雷特谈判；然而心中却明白在他（费迪南德）和弗瓦家族通婚之后法国国王已被拉到了阿尔夫雷特那边。同时，他劝说亨利八世兴兵前往吉昂，表面上是要收复古代的英国领地，实际上是胁迫法国不敢去救援纳瓦尔，从而使自己避免卷入一场重大的战争。费迪南德扬言纳瓦尔国王组织分裂教会的小派别，因为他奉行路易十二在比萨召集的反对教皇的公会议路线；费迪南德从他反法的神圣同盟的帮手朱理亚二世那里弄到一张开革教籍的敕令（1512年7月21日），褫夺阿尔夫雷特家族的一切权利，除纳瓦尔人对阿尔夫雷特家族的忠诚誓言。同时费迪南德的间谍获得路易十二与让·阿尔夫雷特谈判的情报。费迪南德巧妙地将他得到的情报东拼西凑，草拟了一份他的两个政敌誓言进攻卡斯蒂利亚的假条约。他利用这个条约（1512年7月17日）作为借口，扬言自卫，亲自进攻纳瓦尔。第二天法国和纳瓦尔在布卢瓦签订了真的条约，根据条约让·阿尔夫雷特将支持法国国王抵抗费迪南德和亨利八世的进攻。

7月21日，阿尔瓦公爵率领卡斯蒂利亚军队从西面侵犯纳瓦尔，数日后阿拉贡军队又自南面入境。武力和诈术齐施，9月初纳瓦尔便被征服。费迪南德对他新王国的政治前途举棋不定。他先把纳瓦尔并入阿拉贡王国，但（据苏里塔的说法）为了不使纳瓦尔人和阿拉贡人团结起来要求更多的自由和豁免权，他最后把纳瓦尔归入卡斯蒂利亚（1515年布尔戈斯国会）。然而在此种情况下，遵照的是阿拉贡的而不是卡斯蒂利亚的传统。新王朝的国王在潘普洛纳派有一名总督，作为他的代表；但在休会期间代表国会的常务会议、国内行政管理、法律以及审计局职权内的币制、税制和财政等一律不变；唯一的变化是在国王跟前设立了一个以阿拉贡的顾问班子为样板的纳瓦尔顾问班子，就治理这个新合并王国的问题向国王提供咨询。

费迪南德和伊萨贝拉的伟大成就，在于他们使自己创立的卡斯蒂利亚由乱入治，并建立了半岛各国政府赖以建立的新体制。通过长期的、稳步前进的过程，中世纪的行政组织变成了文艺复兴时期的国家组织，并且经过扩充和整顿，成为一个世界范围君主国家的统治工具。据称有一次菲利普二世曾站在费迪南德的画像前喃喃自语：" 我们的一切均他所赐。"

一切改革所环绕的中心原则是王室的中央集权。由于国家政治传统各异，居民和地方当局态度不同，卡斯蒂利亚中央集权的程度超过阿拉贡；虽然在大多数场合王家权力占优势，阻挠抵抗无济于事，例如费迪南德尽管遇到3年抵抗，还是在加泰罗尼亚成立了宗教裁判所。王室首先打击的是那些只谋私利，不肯安分守己的贵族，这些人随时准备叛乱，并从日益亏空的王室财产捞取恩赐（封地和赏钱）。如何使王室财产重新充盈起来，乃是费迪南德和伊萨贝拉最首要的任务。为了这个目的，他们还以王室的名义兼任3个军功骑士团的大首领，兼并了其广大的田产。

对人数众多的具有爵位的人，只要他们默认王室的权力，同意提高王室的经济地位，费迪南德和伊萨贝拉是不反对的。在他们即位之时，卡斯蒂利亚共有7个公爵，到他们统治的末年达到15个，而在查理五世即位初期共有25名大公。但他们并没有削减贵族的权力，这种政策是在查理五世时才执行的。16世纪初，贵族的收入估计是140万杜卡特。至于等而下之的卡斯蒂利亚贵族，即缙绅，更是多得不可胜数。据我们手头看到的最早统计，1541年分配补助金时，有缙绅（免于纳税的）108358户，平民（纳税的）784578户。这些数字仅是户数，每个阶层的总人数约为缙绅54万人，平民3923000人。

费迪南德和伊萨贝拉针对着高级贵族采取了行动。他们非常老练周到地把问题提交1480年的托莱多国会，但是让各个城市的代表提出建议。他们呼吁王室的收入应恢复到原来法定的比例，为了不致增加税收，以前没有适当的理由赠给贵族的产业应予复查和撤回。女王的忏悔神父埃尔南多·德·塔拉韦拉受命执行这项复查工作，结果每年值3000万马拉维迪的收入从贵族那里流进了王室财库。从伊萨贝拉遗嘱中一项特殊条款，可以看出她对此心犹未已，她认为自己身为女王，应对王室财产负责，命令贵族们将并非他们本分应得而赐给他们或由他们保留的一切全部交回王室。许多王公贵族，如阿尔瓦公爵、梅迪纳·西多尼亚公爵、比列纳侯爵等人在女王死后遇到了一纸不受欢迎的命令，要他们把她生前赐予或批准的赏赐交回王室财库。叛变贵族所筑的大批堡垒和要塞一律分批拆毁，1480年，国会禁止新修城堡，同时禁绝私斗。在采取这些强制办法的同时，这两位天主教国王还实行了一种吸收贵族望门参与朝政的政策。在贵族们被逐渐调离地方上的行政职务后，他们的职位便为出身低微的律师所代替；贵族们被允许保留特权（如不受肉刑、不因债务监禁）和他们的爵位，甚至还颁给新的爵位。同时，他们鼓励贵族们让自己的子女受到精心的培育，往往延聘意大利的教师，这些教师便前来卡斯蒂利亚传播文艺复兴的思潮。国王的全家率先提倡：伊萨贝拉学习过拉丁文，她的女儿如葡萄牙的伊萨贝拉和亨利八世的王后凯瑟琳也都学习过拉丁文。

强化王权和充实国库的另一个重要步骤是兼并富有的军功骑士团的田产。1476年，圣地亚哥骑士团的大首领去世，从罗马得到敕令，将此职位授给费迪南德国王，因为问题既涉及宗教又涉及军界，所以此事必须征得教皇同意。但是费迪南德十分谨慎从事，先让骑士团推选一名骑士担任此职，直到1499年那人死后这才执行教皇敕令，替他自己办事。在此期间，他兼任卡拉特拉瓦骑士团（1487年）和阿尔坎塔拉骑士团（1494年）的大首领。大首领的竞选一向引起各大贵族之间的角逐。国王亲自出马担任三地骑士团的大首领既免除了争吵，并把骑士团田产的大宗收入归王室所有。其实教皇敕令已把骑士团的收入赐给女王伊萨贝拉，她又在遗嘱中转赠给费迪南德。直到1523年，教皇才另下一道敕令，由查理五世终身担任大首领之职，经营骑士团人员的田产。不幸的是查理五世一直都是财政负担沉重，在1529年左右出现了另一种相反的趋向，就是抵押、出售和分割骑士团的田产及其收益。1519年，骑士团田产收益的稽征就以133000杜卡特之数包给了王室财政总管马德里的古铁雷斯。

为了维持地方上的秩序，同时钳制那些蠢蠢思动的贵族，两位天主教国王利用了一个古已有之的组织"兄弟会"。中世纪时兄弟会是一种城市联盟，有定期召集的理事会议，有公印和民兵，并有一系列规章制度，规定会员义务、该会的职能和职司、对犯罪的刑罚以及对违犯者的检察起诉。一句话，它是个"国中之国"。如我们在1480年国会会议上见到的情况，这两位国王依靠各城市的支持，早在马德里加尔国会（1476年）上便通过了在国王督导下改组"兄弟会"。卡斯蒂利亚王国各城镇代表大会为新的"兄弟会"制定了章程，成立了一个各省代表参加的委员会（Junta），由国王委派一人担任主席。"兄弟会"有全权揭发和处罚抢劫、纵火和反抗王室的叛乱等当时不属于普通法院管辖范围的罪行。"兄弟会"的旧式武装部队得以恢复，成为一种乡村警察队。所有城镇均需捐款维持"兄弟会"及其武装，而在每个城镇之内，无论平民、神职人员和贵族，人人都得出钱。弓箭队在道路上和乡村里来往巡逻，对犯罪者铁面无情。断肢或死刑都是寻常的处罚。贵族们恨之入骨，但他们的申诉没人理睬。"兄弟会"的工作大奏成效，它镇压犯罪和破坏治安分子，保护商旅安全。贵族们过去使卡斯蒂利亚陷入了无政府状态，如今他们却不敢作恶。最重要的是，王室的权力愈益巩固，威信普及四方。20年间，"兄弟会"实现了自己的宗旨。1498年下达的法令停止了理事会和筹措"兄弟会"经费的摊派。量刑减轻，对其判决不服者许可向普通法院上诉。

两位国王在利用城市对抗贵族之后，又着手把城市置于王室的控制之下。到了15世纪，中世纪的市政自治原则已经过时。市政府中贪污横行，卖官鬻爵的人物大权在握，他们不但可以在自己所在的城市中而且可以在他们活动所及的边远城市中买卖和出赁官职。这就是费迪南德和伊萨贝拉所遇到的和他们想要挽救的局面。局面的澄清要靠镇压这种不正之风，可惜的是市政的自由也受到了镇压。市政机关的职位现在不经选举，而用抽签的方式补充缺额，候补人的名字从一个口袋拈出，口袋里装的全是经过国王认可的人的名字。市政机关派有国王任命的官员，其中最主要的是市长，他们自1480年起由国王派往卡斯蒂利亚每个城市的市政府。梅里曼称这些市长是"专制君王的万能臣仆"。他们监督城市财政、城市公地并研究增加收益的妥善办法。摩尔人和基督徒的关系、赌博、地方苛捐杂税、司法机关等，也统归市长管理。通过这些市长，国内每一个人都置身在中央政权直接监督之下。

国会作为代议制国民大会的性质这时已经丧失殆尽，更不用说卡斯蒂利亚国会根本不同于阿拉贡、加泰罗尼亚和巴伦西亚，它一向就没有多大的财政权或立法权。费迪南德和伊萨贝拉从不定期召开卡斯蒂利亚国会；1483年前开过4次，1497年后开过12次。前面4次也是为了国王需要国会作为反贵族的同盟军才召开的，由上面提到过的1476年和1480年国会即可见一斑。但王室的权力一经成为绝对专制，这个同盟军就再也用不着了。14年无国会（1483—1497年）的事实，就可说明当时国会已无多大用处。1497年后虽重行召开，但国会仅被用来承认王位的继承人和对意大利战争拨款。卡斯蒂利亚国会的议员没有一个是有名有实的代表。国王可以召集他喜欢的任何人，想什么时候开会就什么时候开会，虽然按照惯例某些人士应被邀之列。贵族和神职人员渐渐不去参加会议，原因是国会开会仅是为了筹款，而他们又不缴税纳赋。结果只剩下了36名城市代表，18个城市每城2名——有人说这一数字作为委员会来说人数太大，作为国民大会则又嫌太少。

决定天主教国王和罗马教廷关系的是两项原则：互相支持对方的政治利益；在西班牙和西印度的教会事务归入国王权力范围。在亚历山大六世即巴伦西亚人罗德里戈·博尔贾担任教皇期间（1492—1503年），双方关系特别友好，是西班牙在罗马有很大影响的时期。国王和教皇相知甚深，奉行相仿的政策，结果王室和教皇的权力同时增强。亚历山大六世的"主要事项"通谕（1493年5月3日），把海外将来发现而尚未属于其他基督教君主的大陆和岛屿一概永久赐给卡斯蒂利亚国王。次日，他又下了一道"至高的虔诚"通谕，在佛得角和亚速尔群岛以西100里格处画一条分界线，以划分卡斯蒂利亚和葡萄牙新发现的土地。当法国的查理八世派兵到意大利征服那不勒斯，并威胁教皇国家的时候，亚历山大六世在1494年底授予费迪南德和伊萨贝拉二人"天主教国王"的称号，以表彰他们对宗教的功绩。其实这件事掩盖着一个外交上的动向，即鼓励费迪南德出面结成一个反对法国国王的同盟。这个同盟最后于1495年3月31日签订，称为威尼斯同盟，包括威尼斯共和国、马克西米连皇帝、米兰公爵、费迪南德和教皇，其目的是"保障意大利的和平安定、全体基督教国家的福祉，保卫罗马教廷的荣誉威信和神圣罗马帝国的权利……"从此之后爆发了一连串事件，结果把那不勒斯王国又一次置于阿拉贡的国王的统治之下。

亚历山大六世和朱理亚二世所下的几道通谕，几乎把西印度的全部教会事务都交给两位君主。国王承担义务派遣传教士和建筑教堂，作为交换条件，他们征取全部什一税（1501年），并享有提名权，即对西班牙美洲全部教区和教会办事机构人选有向教皇提名的权利。经国王内定的主教往往在得到教皇批准以前即前往辖区视事。由于国王处于保护者的地位，他直接主管美洲的教会事务。只有一件事罗马坚持自己的观点。当时费迪南德和伊萨贝拉请求授权他们提名一位西印度最高主教，该主教有权不通过罗马处理多种事务。由于危险性十分明显，罗马教廷拒绝让步。到1524年即查理五世年代，教皇克莱门特七世任命了一个西印度大主教，但这个头衔不过是一种荣誉，没有任何实权。

在西班牙各王国内，国王一贯执行的也是这样的政策，目的是在除教义以外的各个方面成立一种本国的教会体制。对神职人员和宗教团体实行两条基本路线，即服从和改革。原来和大贵族一样不肯俯首听命的高级主教，结果也遇到了曾使大贵族们循规蹈矩的各样措施。由于提名权的运用，久而久之仅有忠于费迪南德和伊萨贝拉的高级主教才能到教区补缺。提名权是在略经讨论之后由西克斯特四世在1482年授予的，这位教皇还承认了新的宗教裁判所和兼并骑士团的

第十一章 西班牙诸王国与天主教国王

产业。

各个教派,尤其是寺院外的教士,在宗教改革前一段时期内的处境,在西班牙也并不比其他国家强。1494年,教皇亚历山大六世授予两位天主教国王以改革本国一切修女和修士团体的全权。红衣主教希门尼斯·德·西斯内罗斯奉命执行这项工作。希门尼斯是这个时期最卓越的人才之一。他有炽烈的热情和无穷的精力,以一种奇特的方式兼有圣芳济会修士的谦逊和政治家刚强的意志。他是许多教派和院外修士中的改革者。他创办阿尔卡拉大学(1498年),使他们接受教育和进修;他两度担任摄政,治理卡斯蒂利亚国政:一次是费迪南德不在卡斯蒂利亚国内(1506—1507年)期间,另一次是费迪南德死后,查理因菲利普去世而在尼德兰尚未到来之时(1516—1517年)。从1492年起他是伊萨贝拉的忏悔神父,尽管他对女王影响甚大,他并不是唯一替天主教国王出谋划策的人物。当时大多数教派分为两支:"严守教规派"严格遵守旧有的戒律,"圣芳济会修士"则纪律趋于松弛。希门尼斯则不懈不怠地强制所有教士严格遵守各种规定。希门尼斯自己的教派圣芳济会率先改革,至1506年完成,多明我会、本尼狄克会和哲罗姆派也随之改革。这些教派,尤其是圣芳济会,会众多至无数。前往西印度群岛的传教士,大都是他们派去的。圣芳济会和多明我会中出现了一群优秀分子,他们既有文化修养,又笃信宗教,同情伊拉斯谟的思想;在以后的年代里,伊拉斯谟的思想就影响到了反宗教改革的某些方面。

西班牙的国王从本土各王国的教会取得大宗财政援助。教皇西克斯特四世(1471—1484年)认为对格拉纳达的征讨是对不信教者的一次十字军行动,所以对做出财政贡献的信徒颁发赎罪券(1482年)。这种办法时断时续,一直保持到对阿拉伯人的战争结束之后。查理五世对土耳其作战时重予采用,到后来成为一种永久性的制度。教士、十字军传教士遍访每个教区,到处游说教廷颁发赎罪券的谕示,并准许在四旬斋期间食肉,其代价为每人施舍约68个马拉维迪。卡斯蒂利亚国会(1518年、1520年、1525年和1548年)曾多次指控此种陋规:有时人们不得不连续两天前往教堂,听取无休无止的说教,耽误日常工作,直到他们答应购买赎罪券时才算罢休。这种制度还传布到半岛和意大利的各个王国,1523年初次在美洲应用,但到

1538年才正式推行。

费迪南德摄政（1510—1515年）期间，成立了一个十字军委员会，专司规定和征收每个主教区应纳的贡赋。正如查理五世统治时期兼并军功骑士团田产的情况一样，人们看到，无处不在的德国银行家福格和韦尔瑟（1530年），热那亚的萨尔瓦焦和洛梅利诺（1538年）控制了十字军的收入，作为他们预支给国王款项的押金。在每人所交的68个马拉维迪中，1/4留给教会，余下51个马拉维迪扣除征收时的费用后全部上交王室财库，再由王室财库支付除实际上不存在的十字军以外的一切开支。希望每个人都应有一张赎罪券。在卡斯蒂利亚国王统治下应有赎罪券的人数，按教区分配（1523年？）总数在142万以上，但这个数字可能指的是户数。据估计1523—1525年的收入金额约为45万杜卡特。

经教皇利奥十世同意，神职人员都上缴一笔特别款项，称补助费。凡凭教会产业收取租金的神职人员、所有的教堂和修道院（1532年卡斯蒂利亚有470个修道院）均须完纳。一如前例，这笔费用的征收也往往包给热那亚银行家琴图廖内和格里马尔多。1536年，为装备22艘抗击土耳其人的兵船而征收的补助费，估计在193000杜卡特左右。

宗教裁判所是在天主教国王手中政教权力合一的一个最有代表性的机构。为了恰当地评价它在国王改组国家计划中的地位，应该提一提1478年成立该机构以对付改宗基督教的犹太人的教皇通谕，这个通谕发布于1476年将骑士团田产兼并为王室财产的教皇通谕之后，和在1480年国会通过的把以前赏给贵族的恩赐归还王室财库的法令之前。我们已知当时国王们头脑里所考虑的是什么问题，所以可想而知宗教裁判所的使命不纯粹是精神方面的使命。倘若它只有宗教上的目的，那么像中世纪的宗教裁判所一样，教会应该是最合格的负责当局；也就很难说明费迪南德和伊萨贝拉硬要把控制它的权柄从教皇手中夺过来是什么原因了。

自1391年可怕的对犹太人大屠杀以来，犹太人问题在卡斯蒂利亚一直是个严重问题。使犹太人问题在15世纪更加尖锐化的是那些改教的犹太人或新入教的基督徒，他们虽在国家中占着显要的地位，但是既得不到自己的教友也得不到基督徒的信任，他们被控在新信仰的外衣下保留旧的信仰，犹太教徒为保持其信仰的纯洁性，在犹太会堂中采取严酷手段对待叛教者。另一方面，许多改教的教徒为了在基督徒面前表白和捍卫他们自己，又激烈地反对犹太人。出身于犹太人和改教者的有一批著名的作家和医生，还有大部分商人。许多贵族世家委托犹太人经营他们的田产，相当多的主教也照样仿效，雇用犹太人替他们征收教区进项。国王也把税收、铸币、租金、营业执照、盐的专卖等包给卡斯蒂利亚最出名的犹太家族。由于他们所处的地位，犹太人在很多地方不孚众望，但是在国王们考虑改组政府机构的时候，却往往要想到他们。这并不是说天主教国王就一点不受宗教的影响（他们生活在那个时代，又是在宗教人士的包围之中，不可能不受影响），也并不是说他们不想统一人民，解决改教者的社会问题及日益高涨的反犹浪潮。

红衣主教罗德里戈·博尔贾（未来的教皇亚历山大六世）干练地往返磋商，结果从西克斯特四世那里得到了一道通谕，按照国王的意图设立宗教裁判所（1478年11月）。中世纪时期法国和阿拉贡的宗教裁判所，裁判官服从主教的权威，而在新的宗教裁判所却服从国王，事实上它就是卡斯蒂利亚国王的皇家宗教裁判所。渐渐地，国王过问裁判官的任命，由他们对管理和调整薪俸问题颁发指令，并监督将没收的财产全部交入王室财库。宗教裁判所实际上直到1480年才成立，这说明它当时受到过阻力。

宗教裁判所自1480年秋起在塞维利亚初施暴虐，结果改教的犹太人纷纷狼狈逃窜。罗马接到了报告，西克斯特四世见到这种危险，便收回他以前所作的各种让步（1482年1—4月），他设法把宗教裁判所拉回到中世纪的样板上来，亲自任命裁判官，并拒绝了费迪南德把皇家宗教裁判所引进阿拉贡王国的请求。同时，这位教皇对于因贪得无厌而造成的各种倒行逆施不胜感慨，于是对改教的犹太人实行大赦，以后又规定了宗教裁判所的诉讼程序：必须公开举行审判，并有向罗马教廷上诉之权。费迪南德报以一封怒不可遏的回信（1482年5月13日）：有人向他报告了教皇的决定，但他并不相信这是真的，因为教皇陛下的责任是以适当的方法实行宗教裁判；即使教皇对皈依基督教的人作出此种让步，他也不打算接受。所以，他认为"应按我的意旨在本王国土地上"建立宗教裁判所。

与西克斯特四世进行的这些谈判,应和关于意大利问题的其他谈判联系起来看。1480年,土耳其人占领奥特朗托,费迪南德是次年驱逐土耳其人的那个联盟的主要发起人。但是在1482年情况起了很大变化:威尼斯正和弗拉拉公爵埃尔科莱·德·埃斯特为敌,但埃尔科莱·德·埃斯特又是那不勒斯国王费兰特的女婿,天主教国王费迪南德的表兄。威尼斯在5月2日进攻弗拉拉,在是夏侵入;西克斯特四世不但支持威尼斯,并向路易十一乞援,允诺以支持他夺取阿拉贡家族的那不勒斯作为酬劳。费兰特遂向费迪南德告急,费迪南德虽无意在海外进行军事上的远征,也以贸易战恐吓威尼斯,并以武装干涉教皇国家威胁教廷,教皇慑于威力,立刻转向那不勒斯和弗拉拉一方。同年年底,威尼斯众叛亲离,只剩下热那亚一个盟国,但仍设法寻求法国干涉。在费迪南德的威胁下,西克斯特四世对意大利事务的态度完全改变,这种转变也许可以解释他在宗教裁判所问题上的变化。1482年10月10日,教皇终于向国王彻底投降。1483年2月23日他写信给伊萨贝拉,说由几位红衣主教组成的代表团正在研究她的请求。她的请求是让她和她的丈夫有权自行任命宗教裁判官和一名上诉法官,他则向她保证,他从来不认为这件事是一时的权宜之计。然而,应该指出在西班牙,特别在阿拉贡,为宗教裁判所审理的案件做证的人都一再述说他们认为裁判所的目的是在剥夺被告的财产,他们对伊萨贝拉的责难多于对费迪南德。

费迪南德企图把宗教裁判所引进阿拉贡,却遇到了强烈的反对。在阿拉贡本国,反对的高潮是宗教裁判官佩德罗·德·阿韦斯在萨拉戈萨大教堂遇刺(1485年),这一暴行自然引起了对一些首要的犹太家族进行迫害,但是那些和国王接近的人物几乎没有遇到丝毫伤害。在加泰罗尼亚,宗教界和非宗教界的所有权威人士,包括旧时宗教裁判所的成员,对费迪南德和他的新宗教裁判所对抗了3年(1484—1487年)。对加泰罗尼亚的民主传统来说,宗教裁判所着实有些令人憎恶的地方。同时犹太籍的和改教的商人携带货物和资本逃往法国,使加泰罗尼亚的贸易遭到严重的打击。但是面对罗马的敌对态度和费迪南德不可改变的决心,加泰罗尼亚只好屈服。宗教裁判所还被引进到了西西里,撒丁和美洲殖民地。由国王身边的一个委员会控制的宗教裁判所是唯一能使国王在王国的全部土地行使其权力的机构。

第十一章 西班牙诸王国与天主教国王

1483年8月2日教皇敕令任命托马斯·德·托克马达神父为卡斯蒂利亚的总裁判官，10月17日又任命他为阿拉贡王国总裁判官。他的继任者迭戈·德·德萨是塞维利亚的大主教，被费迪南德和伊萨贝拉任命为卡斯蒂利亚的总裁判官（1498年），后为教皇批准。9个月后他又被任命为阿拉贡王国的总裁判官。伊萨贝拉去世，两王国分立，各自分设宗教裁判所和裁判官。乌得勒支的红衣主教阿德里安，即未来的教皇阿德里安六世，再度成为两地的裁判官（1518年），当西克斯特四世最后承认国王的宗教裁判所的时候（1483年），国王的宗教裁判事务委员会，更确切地说是卡斯蒂利亚的宗教裁判事务委员会早就已经成立。后来以同样形式成立了卡斯蒂利亚的另一个宗教裁判事务委员会，稍后又成立阿拉贡宗教裁判事务委员会，不过两者往往同由一人主持。后来两会均并入"神圣至上的宗教裁判事务委员会"。

犹太人问题的结局是最后把犹太人全部驱逐出境（1492年）。这不是个突如其来的步骤。早在1480年，伊萨贝拉就打算把犹太人赶出安达卢西亚。宗教裁判所开始活动后，各地就下令驱逐：在塞维利亚和科尔多瓦两教区犹太人被逐（1483年1月1日）、在昆卡犹太人不得居留3天以上（1483年12月12日）、在布尔戈斯所有年轻的犹太人均被赶走（1486年3月）、在毕尔巴鄂犹太人不得过夜（1490年8月12日），等等。这些都还是在同格拉纳达作战时期采取的措施，当时有名的犹太人如阿布勒凡纳和亚伯拉罕·塞尼奥均签有供应基督教徒军队的合同。但攻下格拉纳达后，犹太人就再也用不着了。3个月以后（1492年3月30日）发布了驱逐令，显然是宗教性的狂热在这里起了极大的作用：穆斯林已经被赶走，现在该轮到犹太人了。若干年后又发生了一个类似的事件：为表示他在帕维亚反法战争的胜利（1525年）而向上帝感恩，查理五世逐走了所有留在那不勒斯的犹太人。约35000个家庭离开了卡斯蒂利亚各王国，也有少数人离开加泰罗尼亚，因为那里留下的本来不多。问题还不在他们的数字，而在于人们所遭受的苦难和辛酸。从另一方面看，通过宗教裁判所，驱逐犹太人和后来驱逐穆斯林，西班牙的宗教统一是保持下来了。西班牙扮演了罗马天主教会急先锋的角色，但是在别的方面付出了重大的代价。犹太人是唯一有经济才能的公民，驱走了他们就使卡斯蒂利亚帝国在诞生以前就注定了自己的厄运。这是一个文艺复兴正在传扬自由讨论的原则以促进科学和思想的时代，对这个时代的宗教裁判所，不仅要从它在人身迫害方面做了些什么，而且要从它防止做了些什么这两个方面来进行评价。

人们认为，建立一系列的委员会是哈布斯堡君主政府的特色，而费迪南德则是这种制度的创始人。中世纪时的卡斯蒂利亚王国枢密院，先是由马德里加尔国会（1476年）加以改组，后又在托莱多国会（1480年）最后加以改组。其最根本的变化是由法学家代替了贵族（1名高级教士、3名贵族和八九名法学家），变成了宫廷的常设机构。或者说，原来贵族向国王提供咨询的会议，成了执行国王政策的文职人员的衙门。

费迪南德还领导着一个旧式的阿拉贡王国枢密院，该机构在阿拉贡的彼得四世时代即已组织完备，设有大法官法庭、财务部和王室总管办公厅，在略经暂时调整后，1494年重行改组。由1名副大法官领导，5名摄政或称枢密官（一般为法学博士），1名庭长主管大法官法庭，他的副手是1名财政方面的律师，代表政府和王室的利益，1名总财务官（无权对司法问题进行表决）和4名秘书分别主管阿拉贡、巴伦西亚、加泰罗尼亚和意大利事务的办公室。副大法官和5名摄政必须是本国人，由阿拉贡在半岛上的3个省各出2名。总财务官不一定是本国人，后来国王的政策是任命卡斯蒂利亚人担任此职。还有一些委员会上面已经提到："兄弟会"的委员会成立于1476年，到1498年便已废除；财务委员会（1480年仅初具规模，很久以后方完备），宗教裁判事务委员会（1483年）和军功骑士团事务委员会（1489年）。

这些委员会中，卡斯蒂利亚和阿拉贡的枢密院，以及宗教裁判事务委员会均系最高机构，也就是说除国王外不从属于任何其他委员会或任何权力机构。西印度和意大利两个事务委员会，后来也属于这类最高机构。先后次序的复杂问题均在详加讨论以后加以规定：卡斯蒂利亚和阿拉贡两个枢密院地位相等，分列国王的右边和左边；宗教裁判事务委员会紧跟在国王身后，其他各会相随。各委员会按它们职司所属国家和职权范围就政策问题向国王提出意见和建议，提出请求任命的王家官员，分别就王国政府与该国当地政府的事务作出决议请求国王批准，同时还起上诉法庭的作用。

由大审计官和会计官管理的财政，被当作国王财产的一部分，而并非国家的财源。这种制度一直延续到卡斯蒂利亚公社起义失败、查理回到西班牙为止。后来查理任命尼德兰财政总监的拿骚的亨利，作为6人委员会的主席（1523年），监督卡斯蒂利亚的审计局。虽然查理皇帝把这个单位看作一个"财务委员会"，但1568年前的卡斯蒂利亚立法中没有正式使用过这个名称。在费迪南德摄政期间，审议局内有一部分人负责征集十字军的收入，由此产生了十字军委员会。

在费迪南德和伊萨贝拉统治期间，卡斯蒂利亚枢密院兼管西印度事务。查理即位之初，卡斯蒂利亚枢密院中似曾附设一个委员会专管西印度事务；至少在拉科鲁尼亚国会（1520年）时期的一个文件中曾含糊地提到过"西印度事务"，然而西印度事务委员会到1524年方始正式成立。

我们姑且离开西班牙各国的内政，把范围扩大一些，对费迪南德的外交活动稍稍做一考察。直到他的晚年，即女王死后，他虽然仍是阿拉贡国王但仅仅是卡斯蒂利亚摄政的时候，他多年来处心积虑的密谋策划才达到顶峰，他在各方面播下的种子得到了收成。

费迪南德的大部分外交活动是以前几个世纪加泰罗尼亚—阿拉贡外交活动的发展。他联合北非对抗土耳其人的地中海政策是沿袭以往的路线。对意大利进行干涉以及在意大利同法国发生利害冲突，始于1281年加泰罗尼亚人在西西里登陆，但此时仍是费迪南德国际关系中的两个主要问题。法国比意大利各国更难于应付，费迪南德大部分外交活动的目的都是要包围法国：他同英王及神圣罗马皇帝之子联盟，并以自己的女儿和他们联姻，就是其中的一些例子。卡斯蒂利亚在整个中世纪时期一向比较闭关自守，它在外交方面独一无二的重要贡献是它和葡萄牙的关系。

葡萄牙国王阿方索五世在位期间以及他在（1476年及1479年）战败之后，西、葡两王国的关系是友好的，这种友好主要建筑在两国联姻上面。费迪南德的长女伊萨贝拉先嫁给被打败的国王的孙子阿方索（1490年），阿方索死后再嫁给贝哈尔公爵曼努埃尔（1497年），后来他成为国王。这一位伊萨贝拉死于产褥，她的婴儿本来可以统一阿拉贡、卡斯蒂利亚和葡萄牙3个王国，却亦在两年后死去（1500

年7月20日)。同一期间,两位天主教国王的独子王子约翰也病故(1497年),他死后不久,他的妻子马克西米连皇帝之女玛格丽特生下一个死胎。承袭王位的唯一希望,现在放到了公主疯女胡安娜和皇帝的儿子、美男子菲利普大公爵的婚姻上面。看来,西班牙各王国及其属地将落到一个外国王子的手里,这种前景并不使两位天主教国王乐观,但是却注定要出现。所以当仍旧志在统一整个半岛的曼努埃尔晋见费迪南德和伊萨贝拉向他们第4个女儿玛丽亚求婚的时候,他的请求得到允许(1500年10月)。玛丽亚死后(1517年),他又一次和西班牙王室通婚,这一次娶的是埃莉诺,她是胡安娜和菲利普的长女,查理五世之姐。玛丽亚的儿子是葡萄牙国王约翰三世,从未实现他父亲素来的宏愿,但是这些婚姻关系,加上后来几次通婚,终于使菲利普二世在要求继承葡萄牙王位时处于有利的地位。

这些西、葡友好关系中,还包括对阿尔卡索瓦斯协定(1479年9月4日)的恪守。这一协定规定阿方索五世放弃对卡斯蒂利亚的领土要求,并规定了两王国划分北非和大西洋的领地。加那利群岛被认为是卡斯蒂利亚属地,而葡萄牙则被承认领有佛得角群岛、马德拉群岛、亚速尔群岛以及非洲的非斯和几内亚地区。1494年,即征服格拉纳达两年之后,教皇将非斯王国以东的全部北非穆斯林地区赐予天主教国王。在费迪南德担任卡斯蒂利亚行政长官(1506—1511年)的早期,曾对北非进行过数次远征,先攻下戈梅拉岛的皮农(1508年),后征服奥兰、布吉亚、的黎波里、特内斯和阿尔及尔(1509—1510年)。这些地方都拨给了阿拉贡王国,并由加泰罗尼亚进行贸易。后来在两国联合的总国会上(1510年蒙松)讨论过派一支十字军讨伐埃及和耶路撒冷的问题,为此阿拉贡王国所属小国家议决拨款50万镑。

地中海的关系使费迪南德和土耳其对立,而土耳其和那不勒斯的领土只相隔一个奥特朗托海峡。法国和土耳其同费迪南德的敌对,最后使两国结成联盟,成为基督教界的一件丑闻。

整个来说,中世纪的卡斯蒂利亚传统是对法国友好,但是在费迪南德手中,加泰罗尼亚传统却成了他所有王国的政策。法国并吞过鲁西荣和塞尔当的几个加泰罗尼亚的城镇,他先要和法国算这一笔账。费迪南德的父亲约翰二世在加泰罗尼亚革命时的财政困难期间,曾拿这些城镇向路易十一抵押过 30 万克朗，后约翰二世无力付款，法国国王尚未到期就以抵押品抵销了债款。当法王查理八世进行布列塔尼战争（1485—1491 年）的时候，费迪南德便使他陷入自己的罗网，拉拢马克西米连皇帝、英国亨利七世一起反对他。1488 年春，英王建议两国密切联盟，他的长子阿瑟和这两位天主教国王的女儿凯瑟琳结婚，费迪南德接受婚约的条件之一就是反对法国。

布列塔尼战争期间并没有对联盟国家提出很高的军事上的需求。但是，查理八世意识到他这次是怎样被围的，所以在筹划征讨那不勒斯的时候，他首先设法打破被围的局面，归还鲁西荣和塞尔当各城镇（巴塞罗那条约，1493 年），而与费迪南德和解，同时要求费迪南德认为自己是法国一切交战国的敌人。查理果真要夺取那不勒斯，费迪南德自然不会赞同这个条件。于是费迪南德拼凑了一个反对法王的同盟——威尼斯同盟，参加的有威尼斯共和国、他本人、教皇亚历山大六世（罗德里戈·德·博尔贾）、马克西米连皇帝、米兰公爵还有他的表兄、前那不勒斯国王费兰特（1495 年）。费迪南德的计划如愿以偿，他的军队保卫并占领了那不勒斯，查理八世撤兵。此时费兰特去世，由他年老体弱的叔叔费代里戈接替（1496 年）。费迪南德的伯父阿方索五世让位给约翰二世的遗嘱中，包括了西西里和阿拉贡王国，但是没有包括那不勒斯王国，于是费迪南德看到了恢复那不勒斯的机会。他的第一步棋是争取当时已陷入英、德两国围困中的法国国王。1496 年到 1497 年的那个冬天，举行了王室和帝室之间的两个婚礼：胡安娜公主嫁与菲利普大公爵（1496 年 10 月），女公爵玛格丽特嫁与胡安亲王（1497 年 4 月）。同时威尔士亲王即太子阿瑟和公主凯瑟琳的婚事也重开谈判。

于是查理八世对停止在意大利的敌对行动表示欢迎，他通过秘密洽商被费迪南德拉进了两国分割那不勒斯的计划（1497 年），他的继任者路易十二批准了这一计划（1498 年）。威尼斯和土耳其的战争，使费迪南德有了派兵直至那不勒斯附近地区的口实（1500 年）。国王费代里戈向费迪南德求援，费迪南德不理；现在费代里戈明白了危险来自何方，仓卒与土耳其联盟。这正是费迪南德早就等待着的借口。他和法王同时进兵那不勒斯王国（1501—1502 年），瓜分了这个国家。最后一幕戏是可以预期的：胜利者之间发生了争吵。费迪南德再度施展外交策略，至少使神圣罗马帝国、威尼斯和罗马教皇保持中立，其余问题一概武力解决。法国失败了，不得不在一个条约（1504年3月）中承认费迪南德对那不勒斯的所有权。

　　费迪南德的外交手腕相当圆滑，所以他能在愚弄和打败法国之后又取得法国的欢心，同时保持和英国的联系。伊萨贝拉死后，面临菲利普的野心和神圣罗马帝国的可能威胁，他不能不保护自己，因此他更加靠拢法国。一场风云过去，他下一步关心的是恢复那不勒斯王国仍留在威尼斯手中的亚得里亚海各港口。趁列强均与威尼斯对垒的时机，他加入了一个新的同盟——康布雷同盟（1508年），加盟的除他自己以外，还有教皇朱理亚二世、佛罗伦萨、神圣罗马皇帝和路易十二。亚得里亚各海港唾手可得。这时法国在北意大利的地位变得相当强大，以致使旧时的盟友担心。同时，费迪南德作为卡斯蒂利亚摄政的位置也已十分稳定，不再需要法国。结果威尼斯、教皇、神圣罗马帝国皇帝、费迪南德和他的女婿亨利八世结成了反法的神圣同盟（1511—1513年）。费迪南德的一贯做法是设法参加胜利者方面。他在意大利没有得到更多的利益，可是他得心应手地调动了法国，使它处在有利于他征服纳瓦尔的地位。在他临终之前，费迪南德尚能支援英国反对法国弗朗西斯一世的同盟（1515年10月）。他的这一政策在布列塔尼战争，尤其在征服纳瓦尔的活动中开花结果。查理五世继续维持这个同盟，结果菲利普与玛丽·都铎结婚。此后两国又各自分道扬镳。

　　与神圣罗马帝国友好原本是费迪南德用来反对法国的一步棋，结果却给西班牙带来他没有料到的发展。他的继承人查理在东西两半球均取得前所未有的地位、中世纪闭关自守的卡斯蒂利亚如今跃身而为世界强国，享有无与伦比的光荣。然而同时它的周围也积累了许多不可解决的难题，耗尽它的人力、物力，逼着它做出无尽无休的牺牲。费迪南德播下了种子，却由查理来收获果实。这位年迈的国王虽然奠定了一个帝国的根基，但是他很难预料这个帝国日后发展的规模。在查理即位和当选神圣罗马皇帝之初，人们幸运地见到了的仅是未来的光明一面。

张文华　马　华　译

第 十 二 章
对意大利的侵略

查理八世入侵以来，不到 20 年的时光，意大利人就已不胜感慨地谈论法国人到来以前那些快乐的日子了。他们缅怀 1494 年前那些和平与繁荣的年代，那时才能出众的人有广阔的用武之地，宫廷和城市的生活充满新奇和高尚的娱乐。虽然他们留恋过去，然而 15 世纪后半叶确实可视为意大利文明的鼎盛时期。由洛迪和约（1454 年）到法国的入侵，40 年来意大利统治者致力于建设国内的和平与秩序，并与邻国发展友好关系。与把各个国家团结在一起的共同利益相比，它们之间的争执仅居次要地位。小规模的战事不足以对他们追求富裕和扶植艺术造成严重的障碍。虽然当时对意大利的商业优势的挑战已十分激烈，商人们仍有钱财用于绘画、图书和建筑，而王公贵族更以他们充任雇佣兵首领的收入，把他们的都城装扮成文艺复兴的艺术和学术中心。各个国家在它们还享有独立与和平的时候对人类文明做出的贡献，在 16 世纪初结出了光辉灿烂的硕果。从反面看，国外列强对意大利事务愈来愈感兴趣。意大利统治者们在发生内争时总是寻求法国支持；正是由于这种恶习，才使安茹家族和奥尔良家族对那不勒斯和米兰的领土要求常常成为突出的问题。西班牙迅速发展成为地中海的强国，对于意大利的独立是个还未充分表现出来的隐患。神圣罗马帝国对意大利中部和北部的宗主权这个政治因素，由于威尼斯和奥地利王室之间因意大利东部边界问题造成的紧张局势而更显示出了实际的重要性。正在此时，川流不息的知识探求者越过阿尔卑斯山而来，其中不仅有穷苦的学者，而且有在本国位居要津有权有势的人物。此外还有前来各主要宫廷的外交人士和为商务而来的客人。所有这些人都在他们自己的国家制造了一种印象：意大利是个艺术的宝库,它富庶然而四分五裂,军事力量薄弱——是个可以战而胜之并且不难到手的战利品。

在意大利,15世纪前半叶是一个战争、扩张和巩固的时期,出现了5个旗鼓相当的国家。米兰、威尼斯、佛罗伦萨、罗马教廷和那不勒斯尽管规模和性质都相当不同,但大致上保持着政治势力上的均势。米兰的几代维斯孔蒂公爵使一大批各有强烈的分裂主义传统的城市结合为一个单一的国家,而由一个有效的中央政府所产生的各种实际效益维系着它。最后一代维斯孔蒂公爵死后(1447年),试行了一段共和政体,但归于失败,于是当时最主要的雇佣兵首领弗朗切斯科·斯福尔扎成为米兰公爵。他上台的原因主要不在于他和维斯孔蒂公爵的私生女的婚姻,而是在于拥他为公爵的公民的民意,还在于意大利各国认为维斯孔蒂家系的延续合乎它们的共同利益。控制法意之间几条主要通道的一个强大而统一的公国,是抵御外国侵略的屏障,同时也是对威尼斯领土扩张的一种钳制。随着洛迪和约使威尼斯垂涎已久的克雷莫纳落入米兰之手,斯福尔扎东征西战的日子便告结束。但是他保留着优越于意大利任何一个国家的军事组织,也许只有那不勒斯除外。公爵家族的骑兵,加上一支步兵和若干炮兵,是常备军的核心;而雇佣兵则大部分是戚族和仆从,他们在本地招兵买马,把米兰看作自己的祖国。米兰在历代斯福尔扎公爵统治之下繁荣昌盛起来。公国由于大兴水利灌溉,使农业资源得到开发,种植桑树,使丝绸业迅速发展。在维斯孔蒂时代建立起两座纪念碑式的建筑物——米兰的多莫大教堂和帕维亚的加尔都西会隐修院,此外还有斯福尔扎城堡,弗朗切斯科·斯福尔扎在米兰修建的大医院,以及遍布全国各地的教堂和公共建筑。斯福尔扎家族由于未能得到神圣罗马皇帝的正式授权,便千方百计取宠于民,使他们能进行统治。虽然那些自称教皇党的人在反对派中形成一股不满的暗流,但直到洛多维科·斯福尔扎成为他侄子吉安·加莱亚佐的监护人时为止,米兰公国大部分时间是统一而安定的。洛多维科·斯福尔扎当权(1480年)以后,米兰进入了它最伟大的光荣时期,而它的困难也由此开始。

15世纪前半叶,威尼斯在意大利半岛不断取得土地,打破了它历来的孤立。它的疆域由阿尔卑斯山直至波河,由阿达河直至伊松佐河,成了意大利政治中的重要因素。马基雅弗利认为威尼斯衰落的原因在于它在意大利半岛上拥有了领地,从而不得不招募雇佣兵扩充军队,而它以前的军队只是由本国公民组成的海军。事实上,威尼斯在对付雇佣兵首领和管理所属城市方面都是内行,很是成功。对于严厉但公正,并按时关饷的雇主,雇佣兵是敬重的,并且大多数能忠诚地为他效力。威尼斯用从所属城市征得的税款来供养的步兵,曾在对康布雷同盟军队的作战中声名卓著。威尼斯以盟友的态度对待境内城市,不把它们当作下属,并且以此自豪。下等阶级尤其受益于威尼斯高水平的司法和低税收,即按从东方进口货物的购买价格征收间接税。即便贵族们对在他们自认为居于首要地位的城市中派驻威尼斯的总督表示不满,他们还是承认威尼斯统治的优点,对此并无异言。在威尼斯国内,贵族独揽政权,因而获得非常方便的进身之阶。然而统治阶级中财富分配相当均匀,因为政府控制不让任何一个家族单独积累大量钱财。非贵族出身的人可以通过经营自己的行业公会和参加文职工作来表现自己的行政能力。政府的政策是保障每个阶级的利益:由工商业者起直到国营兵工厂工人和划船的桨手。市民方面受到的是一种传统教育的熏陶,这种传统认为圣马可的共和国①是世界上有史以来除了罗马以外最伟大的国家,并把国家利益置于个人利益之上。威尼斯的弱点主要是它引起了邻国的忌妒和猜忌。作为意大利半岛的新兴国家,它的利益是靠占其他国家的便宜得来的。罗马教皇、神圣罗马帝国皇帝、米兰、曼图亚和弗拉拉都因它的兴起而日益穷蹙,全都因它贪得无厌的领土欲望而感到惶惶不安。它的海外利益以及它与土耳其的斗争,使它迟迟不与意大利各国结盟,还以自私自利而闻名。正由于它讲究效率,因此它在那些不善于经营管理的国家中更不受欢迎。正在此时,它与土耳其的对峙削弱了它对地中海东部地区的控制,危及它的商船的安全通航;而随着绕道好望角到印度的航线的发现,出现了它的香料独占贸易可能遭到致命打击的前景。尽管如此,当菲利普·德·科明②在1494年前去访问的时候,威尼斯从外表上看来正在繁荣的顶峰,是一个建筑富丽堂皇,娱乐不惜靡费,政治清明,公民团结的城市。

---

① 即威尼斯。圣马可是威尼斯的守护神。——译者
② 菲利普·德·科明,法国历史学家和外交家。曾任驻威尼斯大使。——译者

在早年美第奇家族上升的时候（1434—1494 年），佛罗伦萨政府老练地迎合了市民的性格和理想。全民一致献身于共和国的事业，但是阶级与阶级、家族与家族之间的倾轧，使顺应民意的政府不能有效地施政。组成城市统治阶级的是那些大行业公会的成员，即与纺织业有关的商人，他们在全欧各地都有商业利益。在 9 个主要的市政官中他们占 7 个，因此他们能够左右佛罗伦萨的政策。他们之所以未能做到这一点，是因为他们的内部纠纷使政府软弱而分裂，并使那些处境不如他们的阶级得到发泄不满情绪的机会。美第奇家族在法律上虽然仍系普通公民，他们却给政府注入了它先前所缺少的力量和连续性。宪法上某些条款的修改使他们更易于对国家进行控制。在每两月一次的市政官员选举中取消了抽签的选举办法，改由专门小组遴选，这就大大地保证了主要市政官员一律由他们的亲友充任。1480 年成立了一个 70 人委员会，其职责包括从它的 70 人中遴选主管财政和外交的各委员会的成员，表明权力更进一步集中到美第奇家族的一小撮人手里。这些变化虽然重要，但效果如何取决于统治阶级中大多数人的支持，而他们自愿地先后接受了柯西莫、皮耶罗和洛伦佐等美第奇家族成员的领导。美第奇家族这种凌驾一切的地位，其实是大多数市民所欢迎的。事实证明，与大银行合作，会对商人有利。城市内食品供应充足，为慈善事业开支大量金钱，娱乐享受人人有份，这一切都使下层阶级感到满足。学者和艺术家受到慷慨的赞助，美第奇家族的府邸成了各地游客前来欣赏的宝库。由于他们与银行界有着广泛的联系，和他们在外交方面的天才，美第奇家族把佛罗伦萨提高到很有影响的地位，与它军事力量的软弱形成鲜明的对比。洛伦佐在晚年成了意大利和平的保护人，其他国家都要请求他帮助和提供意见。他和王公贵族结为朋友，平起平坐，但由于他从小在佛罗伦萨学习，言谈、举止和写作都显出他是个共和国公民和公仆。美第奇家族登上统治地位的资本，就是他们提高了佛罗伦萨的名声，至少在名义上保持了佛罗伦萨的自由，但是他们的地位自始至终是不稳定的。

自从天主教大分裂结束，马丁五世回到罗马之时起，罗马教廷即致力于将在教皇宗主权控制的整个意大利领土置于教廷直接统治之下。在实现这一目标的过程中，教廷遇到了很多方面的反对。罗马城在内心里还是共和主义的，即使在它由于作为教廷所在地而获得威信的时候也是这样。罗马的名门望族在红衣主教团有自己的代表，在城市中有房屋，在城外有大批田产，他们有许多机会来阻挠教廷的政策，而他们也没有放过这些机会。佩鲁贾和波洛尼亚之类城市、罗马涅①那些作为教廷代理人而进行统治的专制者，几乎都是各自为政。教廷对那不勒斯的宗主权，只不过是一些怀有二心的那不勒斯贵族和争夺王位的人们手中一件可资利用的工具。教皇主要依靠自己的亲戚来扩大自己的权威，这些人有的是他们提升为红衣主教的神父，有的是他们授予土地和官职的世俗人士。西克斯特四世尤其把族阀关系变成了一门高明的艺术。里亚里奥和德拉·罗韦雷两个家族的子侄不是当上红衣主教，就是被封为城市贵族。吉罗拉莫·里亚里奥一度几乎主宰了整个罗马涅，甚至想征服弗拉拉。意大利主要强国都想充当罗马涅当地统治者的保护人以维护它们自己在罗马涅的势力，由于这些国家的一贯反对，吉罗拉莫·里亚里奥的这些计划受到了挫折。尽管存在所有这些阻碍，罗马教廷的精神权威仍然有利于世俗权威的发展。意大利的统治者是半心半意的基督徒，而且有很强的反教权情绪，但是他们仍然认识到褫夺教权和开除教籍对于他们对人民不太牢靠的统治会起恶劣的影响。属于教会国家的专制君主和共和国从来没有想到要否认教皇的宗主权，他们的目的一向是与罗马教廷和解，这样，教廷就会尽一切可能来保障他们的安定和行动自由。因此，罗马教廷一直保持着原来的要求，等待时机将其实现。

那不勒斯在15世纪还是一个封建王国，还保留着诺曼征服者强迫它接受的那种国家组织的烙印。法国、西班牙和意大利出生的贵族都在那里拥有广大的田产，这些贵族向往的是在自己的领地上过小国王的日子而不受王国的干预。15世纪两个卓越的君主——阿拉贡的阿方索和费兰特尽其所能来扩充王室的权力。约安纳二世去世（1435年）后，阿方索提出应由他继位，但是过了7年他的权威才建立起来。他和他的继任者改革了财政，靠佛罗伦萨资本的帮助扩大了贸易，并课征重税。反对他们苛政的人受到无情镇压，谋反的贵族或被处死，或被监禁、流放。阿方索（1458年卒）是典型的文艺复兴

---

① 罗马涅（Romagna），历史上意大利中北部地区名称，拜占庭帝国时期统治意大利的中心。——译者

时代王公，是个建筑者和学术爱好者，他的宫廷中聚集了从意大利中部和北部来的人才。费兰特（1494年卒）仿效他的父亲，倒不是因为他个人对艺术的爱好，而是因为他认识到保护艺术具有政治价值。由于他是私生子，他不能要求继承西西里的王位，西西里便和阿拉贡王位一起在他父亲去世后传给了他的叔父约翰。法国安茹的雷内也自称为那不勒斯的继承人，经过与雷内的长期斗争，费兰特才取得了那不勒斯。他的王国只限于意大利半岛本身，他的王储和斯福尔扎家族联姻，他的女儿嫁给弗拉拉公爵，他也就加入了意大利王公贵族的圈子。阿拉贡国王治下的那不勒斯往往成为意大利政治中一个骚扰不安的因素。在宗主权问题上与罗马教廷经常发生摩擦。费兰特每年按例向教皇赠送白色坐骑一匹，以示他的藩属关系，但他拒绝此外再附加任何贡品。他一向是罗马贵族的盟友，而教皇则支持受压制的那不勒斯贵族。费兰特的儿子、卡拉布里亚公爵阿方索是个野心很大的好战分子，他抓紧一切机会在意大利扩充势力，他也没有忘记菲利波·马里亚·维斯孔蒂曾指定他的祖父为米兰的继承人。威尼斯和那不勒斯是亚得里亚海上竞争的对手，威尼斯竭力想取得阿普利亚的几个港口。这些局部性质的冲突对于阿拉贡王朝的外敌倒是一种鼓励。威尼斯和罗马教廷都鼓励安茹王朝的王公们重申他们对那不勒斯的要求，而那不勒斯国内和流亡在外的安茹派也一直不断请求法国出兵。阿拉贡的国王们此时正十分忙于西班牙事务，但是他们希望旧西西里王国的海岛部分和半岛部分归于统一，所以他们乘人之危，立即利用他们的表兄弟们在那不勒斯的困境。1480年8月，土耳其军队占领奥特朗托，费兰特呼吁意大利各国帮助驱逐敌人，但未得响应。第二年穆罕默德二世去世，危险才算过去，然而这提醒人们，意大利是有隙可乘的。

小国之中最主要的一个是弗拉拉，统治者是埃斯特家族，该家族同时领有神圣罗马帝国的采邑摩德纳。弗拉拉属于教会统治范围的国家，虽然博尔索·埃斯特在1471年被封为公爵，但历任教皇并未放弃他们直接统治这个城市的目的。威尼斯也想侵犯弗拉拉以扩大它的领土。在这双重威胁之下，埃斯特家族请求米兰保护，在米兰公国沦于法国人之手后仍然如此。弗拉拉的长期独立，不仅要归功于它的盟国，也归功于埃斯特家族长时间深得民心的统治。埃斯特侯爵在12

世纪末成为弗拉拉领主，他的继承人在弗拉拉统治了400年。与这个古老的统治世族相比，斯福尔扎和美第奇家族都是些暴发户。正是埃斯特家族奠定了意大利的社会风尚，骑士精神传统和自由城市传统融为一体，社交礼仪具有古典文化的色彩。弗拉拉的宫廷为文艺复兴时代最伟大的诗人阿廖斯托的作品提供了相匹配的背景。曼图亚是个又穷又小的国家，是它的强邻米兰和威尼斯两国野心的牺牲品。由于它位于明乔河畔沼泽和湖泊间，地形宜于固守，也由于统治它的贡萨加家族的领主们英勇善战的素质，它才得以保全自己。1403年，神圣罗马帝国皇帝文策尔封其在位领主为曼图亚侯爵，侯爵的两个继承人又和德意志王公贵族通婚，更加强了它和神圣罗马帝国的关系。贡萨加家族的政策取决于他们充当雇佣兵首领这种职业。他们在各个时期曾为各主要的意大利国家征战，用他们挣来的钱把曼图亚的城堡变成了一座宏伟的文艺复兴宫殿，以后各代人又增添了一些新的点缀。贡萨加家族和乌尔比诺的蒙泰费尔特罗公爵关系密切，两家的情谊在费代里戈·达·蒙泰费尔特罗到曼图亚的维托里诺·达·费尔特雷的学校上学时开始，后来又通过联姻使之更加巩固。这位费代里戈是他那个时代军人兼学者的突出典型。他在乌尔比诺创办了一所很大的图书馆，并兴建了一所府邸，在外国入侵的时候成了许多逃难的家族的避难所，卡斯蒂廖内的《侍臣论》一书中关于礼节理论的议论就是以此作为背景的。由于西克斯特四世安排的婚姻，乌尔比诺公国在费代里戈之子去世之后传给了罗韦雷家族。波洛尼亚在15世纪下半叶仍然是一个共和国，在理论上，政府由教皇使节和市政官员共管。实际上，真正的权柄操在乔瓦尼·本蒂沃利奥手里，这位第一公民能够把自己的意志强加给共和国，并使教皇使节的权力名存实亡。本蒂沃利奥当过米兰的雇佣兵首领，他在米兰的支持下努力使罗马涅诸城市保持自由，受地方贵族治理，而无视教廷的要求。他兴建的府邸与曼图亚和乌尔比诺等地的府邸一样富丽堂皇，但在朱理亚二世占领波洛尼亚后被他的敌人夷为平地。佩鲁贾和锡耶纳也顺应时尚，把共和国政府交给一个居首要地位的公民家族掌握，作为对它们的和平与独立的最可靠的保证。所有这些较小的国家各有自己当地的绘画流派，有自己独特的文学爱好，都对丰富多彩的意大利文明做过贡献，实际上也都是意大利统一的障碍。

在这些年代里,1455年意大利同盟所规定的各项原则一直是维持和平的因素。为了建立一个抵抗无论来自意大利或外部强国的侵略的防御体系,意大利同盟曾制定过一套复杂的机构,但从未得到实现,对其成员提出了强制条件,也在提出来后旋即遭到破坏。同盟虽未能防止战争,但是表达了一种信念:共同的利益和各国的利益都要求意大利境内实现和平团结。它一直是政治家们呼吁实现的理想,较小的国家则认为这是他们继续生存的保证。同盟于1480年正式续订25年之后,和平的保持主要依靠米兰、佛罗伦萨和那不勒斯之间的密切谅解,和洛沦佐·德·美第奇排解争端的不懈努力。当罗马教廷和威尼斯对弗拉拉发动进攻的时候,3个强国的干涉为埃斯特家族保全了这个城市。主要是由于洛伦佐·德·美第奇的调停,罗马教廷和那不勒斯间的局部战争没有扩大,不久即告结束。正当米兰和那不勒斯关系恶化,法国国王查理八世也经不起出兵意大利的诱惑的时候,洛伦佐于1492年4月去世,这加速了危机的到来。

法国的政权由精明练达的博热的安妮[①]之手转入查理八世之手后,各种互相矛盾的意见向这位年轻的君主提出。一些人极力促使他进军意大利,以维护安茹王朝对那不勒斯的领土要求,其中有萨莱诺亲王安东内利·迪·圣塞韦里诺。作为1486年叛乱中叛变贵族的首领,他害怕费兰特的报复而逃到了法国宫廷,绘声绘色地叙述了安茹派在那不勒斯的悲惨遭遇和他们愿为查理效命的热情。虽然查理八世继承那不勒斯王位的要求毫无根据,但按照安茹的雷内的遗嘱,他是安茹家族的事业的公认代理人。查理八世少年时多病,深受骑士浪漫传奇的熏陶,梦想自己成为英勇的征服者,在取得那不勒斯后,可以用它作为基地,向土耳其进行十字军东征。他拥有久欲一试锋芒的法国精锐陆军,认为这次征伐将对国家的荣耀和统一做出贡献。查理八世的谋臣之中,财政官员纪尧姆·布里松内和博凯尔司法总管艾蒂安·德·维斯克热心表示支持。另一方面,由路易十一的传统培养出来的老臣如菲利普·德·科明则认为远征意大利是一场仅是为了荣誉的战争,并不符合法国的利益。据一位佛罗伦萨的使节记述,查理八世一向是按照最后一个和他一起的人的意见改变主意。这一回在两种

[①] 博热的安妮为查理八世之姊和摄政。——译者

第十二章　对意大利的侵略　　　　　　　　　　　　381

意见之间久久地举棋不定。要不是意大利方面又有人怂恿，入侵也许根本不会发生。

自从阿拉贡的伊萨贝拉嫁给米兰公爵吉安·加莱亚佐·斯福尔扎之时起，她就一再向她在那不勒斯的父亲和祖父抱怨说，她和她的丈夫凡事都得听从摄政洛多维科，她本人则被洛多维科的妻子贝亚特里切·埃斯特剥夺了宫廷第一夫人的合法地位。卡拉布里亚的阿方索找到了一个机会重申自己对米兰的权利，从那不勒斯方面来的进攻似乎即在旦夕。洛多维科更加恐惧，于是决定利用法国入侵的威胁作为自卫手段。1493年4月，在调解失败之后，他公开宣布自己是法国的盟友和支持者。根据过去的先例，他可能以为这种威胁未必会成为现实，他也可以像其他意大利国家一样，利用这种威胁来为自己的目的服务。不幸的是这次法国人真的来了。米兰的合作给查理打开了进入意大利的门户，现在的形势对主张入侵的一派有利。红衣主教圭利亚诺·德拉·罗韦雷来到法国宫廷后，更是火上加油。在英诺森八世死后的选举中，他为罗德里戈·博尔贾即现任教皇亚历山大六世所击败。他想查理八世的到来一定会使他又怕又恨的敌手陷入困境，便以他特有的那种热情促成这次侵略。查理八世原想说服亚历山大六世把那不勒斯封给他，但是有了罗韦雷在他身边，他的十字军精神一有机会就可能重新昂扬起来，使他幻想召开一次宗教大会，在会上罢黜这位教皇。在进攻意大利之前，查理八世又通过巴塞罗那和森里斯两个条约取得阿拉贡王费迪南德和神圣罗马帝国皇帝马克西米连的默许。巴塞罗那条约把鲁西荣和塞尔当归还西班牙；森里斯条约则将弗朗歇—孔泰和阿图瓦交还给勃艮第。于是，路易十一旨在加强法国在比利牛斯山脉和莱茵河的边界而取得的一切成就，均因为征服意大利这个幻影而前功尽弃。

由于法国对意大利的侵略迫在眉睫，意大利各个强国不得不决定何去何从。米兰主意已定，但罗马教廷和佛罗伦萨却彷徨歧途。亚历山大认识到反对法国将会危及他作为基督教世界首脑的地位，但是他也知道自己是无能力保卫教廷领地反抗那不勒斯的。他认为最近的危险是最可怕的危险。于是承认费兰特死后王位由阿方索继承，同时告诫查理八世不要扰乱意大利的和平。在佛罗伦萨，与法国结盟是以长期的传统为基础，并且通过贸易往来而巩固的，但是1480年以来洛

351

伦佐·德·美第奇的政策的基调是与那不勒斯友好并阻挠法国干涉。一个政策的两个方面再也无法统一，做出抉择的任务落在了美第奇家族愚笨的孩子皮耶罗·德·美第奇的身上。有勇无谋的皮耶罗决定站在那不勒斯朋友一边。威尼斯如果坚持抵抗法国，很可能会改变事态的发展，但是这个共和国按照习惯采取了严守中立的立场。波洛尼亚的乔瓦尼·本蒂沃利奥曾向米兰的使节示意，要他的主人好好考虑一下法国人进入意大利的问题。他说，他本人的意见是意大利人应找到一种更好的办法来对敌人进行报复，而不能让野蛮人插足他们之间。波洛尼亚扼艾米利亚大道要冲，本可以成为法军南下途中不可逾越的障碍。尽管嘴上说得很巧妙，但乔瓦尼·本蒂沃利奥既怕得罪米兰又想从教皇那里弄一个红衣主教头衔给他儿子，所以摇摆不定，直到事情发展到他已无力对其施加影响的时候。这些小国的典型立场，就是像这样只顾地方和个人的利益，这是意大利人的根本弱点，也是法国人胜利的原因。

　　阿拉贡的阿方索从他父亲那里继承了一个切实可行的防御计划，并拥有足够的军队执行这一计划。国王的兄弟费代里戈将率领那不勒斯舰队封锁热那亚，陆军主力则在罗马涅固守阵地，这样，再由皮耶罗·德·美第奇在托斯卡纳配合作战，即可阻止法军跨越亚平宁山脉。实际上无论哪一个环节都遭到惨败。由于延误了动员，所以在阿拉贡舰队开到热那亚之前，奥尔良公爵就进入热那亚。拉巴洛本来是由阿拉贡支持下的一个热那亚流亡者所占据，但当法国舰队在拉巴洛海岸出现的时候，费代里戈宁可撤退也不愿和法国海军接火，让拉巴洛去听天由命。在佛罗伦萨，由于皮耶罗·德·美第奇支持那不勒斯，结果引起各阶层人士的反对，尤其是布匹业中的工人，他们因法国对佛罗伦萨货物的禁运而没有工作可做。当查理八世通过米兰领土进抵皮亚琴察的时候，欢迎他的是美第奇家族旁系的代表，他们向查理八世保证佛罗伦萨完全支持法国。当他到达托斯卡纳时，皮耶罗·德·美第奇秘密前往法国军营，请求查理八世予以保护。萨尔察纳、皮埃特拉桑塔、里窝那、比萨等地的要塞都拱手交给了法国人，通往佛罗伦萨的道路于是畅通无阻。这就意味着皮耶罗的大权宣告结束。在皮耶罗弃城逃亡国外之后一个星期，查理八世于1494年11月17日入城，备受尊崇，宛如萨沃纳罗拉在讲道中所预言的上帝派来复兴意大利的使者。他在离开佛罗伦萨前签订了一项条约，规定该城承认查理是佛罗伦萨自由的保护人，同意对他进军那不勒斯提供财政上的捐献。从此以后，直到1512年法军被逐出意大利，佛罗伦萨除名义而外，在各方面都是法国的藩属。与此同时，法军沿艾米利亚大道长驱直入，由阿方索的王储费兰蒂诺指挥的在罗马涅的那不勒斯军队望风而退。据守在罗马以北各要塞的奥尔西尼家族，丝毫也没有阻挡侵略军的胜利前进。查理八世进入罗马，也和他进入佛罗伦萨时一样未遇到反抗。他离开罗马前和亚历山大签订一个条约，取得了通过教廷领土进兵的权利。阿方索见弃于盟国，遂让位给他年轻而又深孚众望的儿子费兰蒂诺，然而费兰蒂诺也抵挡不住法国的进军。1495年2月22日，查理攻进那不勒斯。不久，椭圆堡和新堡两个要塞投降，费兰蒂诺逃往伊斯基亚岛，整个王国几乎都陷于法军手中。查理八世未经一战就取得了那不勒斯。法国炮兵证明自己对轰击外围的堡垒有它的优越性，而攻占堡垒之后洗劫抢掠之凶吓得人们不敢抵抗。盟国的军队四处溃逃，各大城市见救援无望，纷纷向敌人敞开了门户。

查理八世在意大利失掉他所得土地，正和他取得这些土地时同样神速，这里有许多原因。原因之一是法国人在那不勒斯的所作所为。土地和官职都归法国人占有，支持他们的安茹派并没有比阿拉贡的追随者得到更好的处境，因此愤愤不平。供应久缺，行政腐败，占领军以他们的残暴、放纵和肮脏而恶名远扬。查理离开那不勒斯前各地即已发生起义，不久费兰蒂诺和阿拉贡的费代里戈便成为他们的首领。他们由西西里偷渡入境，而以西西里作为重新收复意大利半岛本土的根据地。天主教国王费迪南德决心阻止法国在那不勒斯建立统治。他的军队由贡萨洛·德·科尔多瓦指挥，在西西里集结，待命前往那不勒斯，重立费兰蒂诺为国王。他通过外交将互相敌对的各派结合为威尼斯同盟。该同盟于1495年3月31日订立，缔约各方有罗马教皇、神圣罗马帝国皇帝、西班牙、威尼斯和米兰，其目的是共同防御它们的国家，反对侵略。从形式上看，威尼斯同盟一如过去40年内意大利各国间为了维护和平而签订的各种协定。威尼斯同盟受到了欢迎，因为它标志着导致法军入侵的那种意见分歧已经结束；但是这个包括西班牙和神圣罗马帝国的同盟的真正意义在于，它说明意大利已不能控制自己的命运。

1495年7月6日,在查理八世返回本国的途中,弗兰切斯科·贡扎加统率的威尼斯同盟军在塔罗河谷与法军交战。福尔诺沃战役的双方都声称自己方面获胜;不过意大利人损失远为沉重,而查理则安然无恙地回到了伦巴第,这些事实说明法国方面占了上风。然而意大利人作战英勇,贡扎加的包围行动几乎得到成功。同盟军纪律松弛,各方面的力量不能通力合作,以及法国精骑兵团无与伦比的效率,这些因素决定了战争的胜负。米兰驻波洛尼亚的使节写道:"我们最满意的,是法国人在意大利遇到了敢于与他们较量的军队,知道了意大利的武器和他们的一样锐利。"① 这一点,再加上意大利人截获了整个法国辎重车队,促使贡扎加向曼特尼亚定制了一幅维多利亚圣母像,以纪念他在塔罗河的功勋。由于米兰参加了威尼斯同盟,奥尔良的路易便得到一个要求拥有米兰公国的机会,因为他是瓦伦蒂娜·维斯孔蒂的孙子。自从查理第一次来到意大利以来,路易一直待在他祖母的陪嫁城镇阿斯蒂,他从阿斯蒂占领了诺瓦拉,被同盟方面的军队紧紧围困。但是,查理八世无意帮助路易的事业,他急于回国,而洛多维科·斯福尔扎同样急于让他快走。两人终于签订了维切利和约(1495年10月10日),而引起双方阵营中要求把战事继续进行下去的那些人的愤懑。和约规定把诺瓦拉归还给米兰,洛多维科还允诺在法国再进行远征时支持查理。这时,法国的总督蒙庞西埃在那不勒斯作战节节败退。到1496年春,费兰蒂诺已完全收复了他的都城。蒙庞西埃本人和他部下许多人都死于法国人称为那不勒斯症的时疫。剩下来的少数人首先关心的是如何回国。查理八世后来继续计划新的远征,直到1498年4月7日逝世,才结束了他的征服美梦。

　　在意大利各国中,没有一个国家像佛罗伦萨那样由于法国人的到来而产生了如此重大的后果。若不是法国人的到来,吉罗拉莫·萨沃纳罗拉的声名也许仅仅是一位伟大的传道者、基督教信仰的阐述者和罪行的斥责者。作为亲法联盟和佛罗伦萨新宪法的拥护者,他在政治上的重要性从查理八世的到来和皮耶罗·德·美第奇的垮台开始。在危急关头,各阶层的人们都颂扬他是自由、和平和繁荣新时代的先驱;通过他的影响,革命才得以不流血地进行。以威尼斯为样板的大

---

① 1495年7月的信,米兰,国家档案馆《外来的强国》,第187页。

议院,也主要是由于他的鼓吹才成立的。这个大议院拥有3000名议员,使数目更多的佛罗伦萨人能够有效地行使公民权利。大议院得到政治评论家的好评,在开始时亦能深得民心。比萨在法军占领其城堡的时候叛离佛罗伦萨,收回它的最大希望在于同法国友好。幻想旋即破灭。比萨战争使佛罗伦萨财源异常枯竭,而同情比萨人的法国司令官又把该城堡交还给他们,使情况更为恶化。当佛罗伦萨拒绝参加威尼斯同盟的时候,同盟即通过派军援助比萨,而对佛罗伦萨施加压力;教皇也禁止萨沃纳罗拉传教,最后将他开除教籍。在佛罗伦萨宗派为患,使大议院无地发挥作用。萨沃纳罗拉一贯宣称他的政治纲领代表上帝的意志,不服从是一种罪恶,而且他的追随者生活奢靡,因此招致了各方面的反对,加剧了他本来想调解的公民之间的敌对情绪。查理八世之死使得到法国援助的希望渺茫,消息传来之时正是佛罗伦萨人们起来反对教会复兴主义和发生尖锐财政危机之际。于是,作为教廷许可对神职人员征收什一税的交换条件,佛罗伦萨把萨沃纳罗拉交给教廷特派人员,将他处死(1498年5月23日)。他的垮台并不意味着政策有任何变化。共和国的体制和亲法联盟依然存在,对比萨的战争仍在进行,直到1509年比萨城沦于佛罗伦萨手中。在最后一个共和国(1527—1530年)期间,这位修道士的精神又重新得到发扬,宗教热忱和爱国热情相结合,鼓舞佛罗伦萨人为争取自由而做最后的斗争。

随着法军的撤退,洛多维科·斯福尔扎似乎以较低的代价取得了他所需要的一切。吉安·加莱亚佐死于1494年10月。他究竟死于他叔父所下的毒药,还是死于他身体虚弱而又荒淫无度,至今仍是一个谜,但后一原因更为可信。洛多维科从而被一个由主要公民组成的会议宣布为公爵,次年,神圣罗马帝国皇帝的使节们庄严地授予他公爵职位。他是斯福尔扎家族中受到皇帝册封的第一个人。马克西米连随时需要钱花,因此他甘心出卖弗里德里希三世坚决不肯出卖的特权。洛多维科与查理八世订立和约之后,那不勒斯已不足为惧,于是他可以随个人的兴趣花费时间和金钱了。在米兰宫廷,文艺复兴时代生活的每个方面都得到了表现。宫廷人物之中,有画家、建筑家、雕塑家、音乐家、学者和军人,他们都是自己专业领域中的能手,又各以自己的工作使宫廷生活大放光彩。在盛时佳节的假面舞会、竞技比武和宴乐聚会上,在宫廷闲暇时刻的各种简易文娱节目中,他们全都各显其能。关于文学和艺术问题的讨论,即席引吭高歌并以七弦琴伴奏,各类游戏和恶作剧,各种消遣不一而足。陶醉在这种快乐和高度文明的生活之中,洛多维科已将他的军队和要塞置诸脑后,对未来危险的警告也无动于衷。尽管他真心实意地关心造福民众的计划,但赋税繁重和专制独裁在公国内部引起了日益高涨的不满;他在法国占领期间执行的政策已使他在意大利无一友邦。奥尔良的路易登上法国王位后打击随之而来,这时洛多维科发现自己没有任何抵抗的办法。

路易十二一方面念念不忘征服意大利,另一方面从他的国内政策又可以看出他深深地意识到法国和法国人民的需要,这两者极为不一致。他没有更多的爱好,着意于家庭生活、爱好和平、注意节俭,但对他自己的权利却总是紧紧抓住不放。他相信自己对米兰的领土要求是正当的,他认为在查理八世远征期间自己未能征服米兰,是一个必须洗雪的耻辱。他进攻意大利的计划受到他的首席顾问、鲁昂大主教乔治·德·昂布瓦兹的热烈支持,此人野心勃勃,其志不在红衣主教,而在罗马教皇,所以路易刚刚即位,他就着手进行准备。从意大利各国对发生第二次法国入侵的前景的反应,可以看出查理八世的远征使人心涣散到何等的程度。1494年以前,各国满以为法国人不会前来;在查理撤兵后他们又自相庆幸法国人没有留下;它们心中首先考虑的是如何利用路易的干涉来更好地为它们自己谋利益。亚历山大六世立刻和法国的新国王谈判,他认为这位新国王是一个可贵的同盟者,可以协助实现他扩大教廷世俗权力和使他自己的家族发迹的计划。他的儿子切萨雷·博尔贾这时正竭力设法从教会职务改任世俗职务。切萨雷正在物色妻子和寻求取得封邑,路易答应为他办这两件事,只要亚历山大六世提供方便,让他和法兰西的让娜离婚,并和孀居的王后布列塔尼的安娜结婚。1498年,切萨雷已不再是巴伦西亚红衣主教,而成为瓦朗斯公爵,他带领一队威风凛凛的随从,乘法国船只离开意大利前往法国,随身携带着路易十二第二次结婚的特许证,并给德·昂布瓦兹带去一顶红衣主教的法帽。他求婚的对象是那不勒斯国王费代里戈的女儿卡洛塔,她是在法国宫廷长大的,但是她坚决不肯嫁给这位前红衣主教,费代里戈支持他的女儿,这保持了他的荣誉,也导致了他的灭亡。于是,切萨雷另娶了纳瓦尔国王之妹查洛特·德·阿尔夫雷特,引着法国侵略军回到了意大利。他从米兰出发,趾高气扬地使用法国名字,率领一队法国骑兵和若干瑞士步兵,对罗马涅进行第一次征服战役。佛罗伦萨欢迎路易十二的到来,因为这结束了它在意大利的孤立地位,并重新燃起收复比萨的希望;而威尼斯则是经过一再拖延的谈判,才与法国订立了联盟。由于痛恨洛多维科·斯福尔扎瞒着它在维切利签订了合约,由于路易允诺在胜利后把威尼斯的西部边界扩展到包括克雷莫纳和吉亚拉达达,威尼斯终于改变了传统的中立政策,转而积极支持侵略者。站在米兰一方面的,而今只有那不勒斯的费代里戈和罗马涅的几个小统治者,前者是因为路易要求得到他的王位,后者则是因为害怕切萨雷·博尔贾。

大军压境,洛多维科·斯福尔扎处境极为不利。贝亚特里切·德·埃斯特已不在他的身边以她的聪明才智替他排解疑难;他似乎已不知所措,他所做的一切准备为时已晚。他把主要的希望寄托在他和神圣罗马皇帝的友谊上面,但马克西米连所能给予的帮助却和以往一样力不从心。由于马克西米连与瑞士联邦发生争执,而洛多维科也卷入其中,从而促使瑞士否定了它的几个州与米兰的联盟,并与路易订立一个10年条约,允许路易在瑞士境内招募步兵。在国内,洛多维科也尝到了他的错误造成的恶果。由于恣意挥霍,他所承袭的健全的财政体制已经陷入混乱。由于他对杰出的比武猛士、但并非将才的加莱亚佐·圣塞韦里诺恩宠有加,从而疏远了两位久经沙场的司令官。吉安·贾科莫·特里武尔齐奥是教皇党贵族的成员,对这样的人本应用心安抚,但是洛多维科没有这样做。当特里武尔齐奥发现自己在军队中的位置已为圣塞韦里诺取而代之时,他开始支持伊萨贝拉女公爵,替她到那不勒斯去向她父亲告状。他在那不勒斯参加了法军,这时带领路易的侵略军返回米兰。曾在福尔诺沃战役中率领米兰部队的卡亚佐伯爵,也因为他的弟弟反被优先提拔而心怀不满,一见机会来到,就立即投靠法国。圣塞韦里诺未能守住米兰防御线上的重镇亚历山大里亚,接着各城市接二连三向法国投降,抵抗已属无望,洛多维科于1499年9月退到蒂罗尔,他和两个小儿子在蒂罗尔受到马克西米连的热情接待。他把迅速回国的希望寄托在米兰城堡上面,因为该城堡深沟高垒,贮有足供一年的粮草,并且由一个他完全信赖的城堡主驻守。但最大的不幸降临:在公爵离国后12天,这个"新犹大"

就把米兰城堡拱手让给法国。

然而，洛多维科的前途也并非全无希望。瑞士的那几个州不满法国人对他们的态度，同意向他提供1万人，他带着这些人马在第二年春天出发前往米兰。在米兰，贵族中一个派别的首脑特里武尔齐奥的独裁统治受到他政敌的激烈反对。赋税比以前更加苛重，割让克雷莫纳给威尼斯一事引起了公愤，洛多维科的不孚众望已被忘却，人们对这个统治世家的忠诚重新恢复。米兰人听到他将到来的消息，便起而占领了各个城门。连每一个刚会说话的孩子都上街高喊"摩尔人"①，在欢呼声中，特里武尔齐奥弃城而走，洛多维科在欣喜若狂的人们拥戴之中进城。但是，洛多维科的事业就此中落。法国人顽强地坚守米兰城堡和公国中其他据点。法军得到援兵，洛多维科的人力物力都已枯竭。1500年4月8日，他在诺瓦拉不战而溃，从而决定了斯福尔扎家族的命运。瑞士人放下武器，拒绝和自己的同胞作战，洛多维科企图逃走未遂，被法军俘获。他作为阶下囚在法国度过了晚年，"身陷四壁围立的寸室之中，而他过去的雄心壮志却是连整个意大利几乎都容纳不下。"②

路易十二既得米兰，下一个目标就指向那不勒斯。费代里戈提出把他的王国作为法国的采邑；路易十二本应明智地采纳这个建议，但是他却宁愿采取1500年11月格拉纳达条约所规定的冒险方针，即他和西班牙国王费迪南德商定征服并瓜分各自所觊觎的土地。可怜的费代里戈直到入侵开始前尚不知道这宗买卖，以为贡萨洛是来援助自己的，便准备与法军交战。当他发现费迪南德也反对他的时候，知道大势已去，在法军占领并洗劫卡普亚后，便向路易无条件投降，宁可相信公开的敌人，也不相信出卖了他的亲戚了。他受到宽大对待，被送往法国，授以安茹公国，以补偿他失去的王国。这时，路易拥有那不勒斯的北半部，包括首府在内，费迪南德则占据了阿普利亚和卡拉布里亚。费迪南德比路易更能干，更不择手段，在军事上和政治上都获得更大的利益。不久，两个盟国之间的争执引起了战争，战争的结局是把法国人逐出了他们所占的那不勒斯王国的领土。问题出在两国分

---

① 洛多维科被人们广泛称为"摩尔人"。他采用桑木和摩尔人的头作为他的标志。
② 圭恰迪尼：《意大利史》，第4卷。

割土地的条约中未提及的某些地区，特别是法国的阿布鲁齐和西班牙的阿普利亚之间的卡皮塔纳塔，双方都认为它属于自己一方。该地方之所以重要是因为它土地肥沃，并有税收之利，牛群来往于冬、夏牧场，均须缴纳通行税。法国人凭借武力强制实现他们的要求，在开始时取得了一些成功。贡萨洛退到巴列塔，在1502年底到1503年初的那个冬季一直被围困在该地，依靠从西班牙和西西里岛由海上运来的供应来支持。次年春，援兵源源而至，贡萨洛重新开始作战，在切里尼奥拉获胜，为他打开了通向首府的道路。法军退至加埃塔，待到有足够力量后才向那不勒斯南进；但由于种种原因耽误了时间，到隆冬时分两军才在加里利亚诺河两岸对阵。贡萨洛用舟桥偷渡过河，对法军进行突然袭击。经激战后，法军向加埃塔溃退，1504年1月1日，加埃塔这个法军在那不勒斯领土上最后的据点，落到了西班牙人手里。整个王国重新统一，受阿拉贡国王的统治。就意大利来说，阿拉贡在那不勒斯的统治并非新鲜事。法国国王是外来的侵略者，而阿拉贡国王则是已适应了意大利情况的公认的君主。所以，王位由非正统的世系传到正统的世系，也就没有引起什么忧虑。那不勒斯王国的居民当时还不了解围绕在那不勒斯第一位阿拉贡国王左右的加泰罗尼亚人和巴伦西亚人与卡斯蒂利亚官员之间的区别：前者很随和，而后者则是前来把费迪南德和伊萨贝拉在西班牙实行的中央集权政策扩展到新近取得的土地。本地的当权者之中，很少有人了解，为什么一个早已在西西里和撒丁站稳了脚跟的地中海强国竟会对控制意大利有如此强烈的兴趣，并具备有效的手段来达到这个目的；他们也不了解阿拉贡人过去在意大利打下的基础竟会使他们成为比法国人远为难以对付的扼杀意大利独立的敌人。

　　在路易十二的盟友之中，从他征服意大利获益最大的莫过于罗马教廷；在路易统治米兰期间，罗马教廷几乎把所有的教会国家都纳入它的直接统治之下。这一过程的第一阶段是由切萨雷·博尔贾完成的。经过3次毫无喘息机会的战役，他成为罗马涅的主人，把当地的贵族逐出他们所在的城市，在这一区域内建立了秩序和统一。他组织了一支只效忠于他的军队，成立了中央法院，不遗余力地为他统治下的各个阶级谋利益。由于路易十二与佛罗伦萨联盟，使他在托斯卡纳扩充势力的计划受挫，当他正在考虑离弃法国倒向西班牙的时候，亚历山大六世去世（1503年8月），于是他的政治生涯也告结束。他的突出特点是极端残忍，具有吸引人的魅力和某些善于治理的才能。因此，马基雅弗利认为他有可能成为意大利的救世主，但是他反复无常，残酷无情，自私自利，因而为邻国所厌恶，难以充当这样的角色。①

切萨雷·博尔贾的成就，结束了罗马涅小国分治的局面。他下台后，很少有哪个城市愿意重新接受原来的统治家族，在庇护三世短期担任教皇之后，圭利亚诺·德拉·罗韦雷继任教皇，称朱理亚二世，享受了切萨雷所创事业的果实。朱理亚二世野心勃勃，精力充沛。他首先的目的是收复教会的全部领土，然后企图担任一个旨在驱逐外国统治的意大利联盟的领袖。路易十二勉强答应对教皇当前的目标给予援助，经过两年准备，朱理亚二世从罗马出发，率兵征伐，强迫红衣主教中除身体极弱者外，都要随军出征。兵至佩鲁贾，该地的当权者巴廖尼出门迎降，把城市交到他的手上。接着乔瓦尼·本蒂沃利奥弃波洛尼亚逃走，教皇军队凯旋入城。波洛尼亚这个大城始终未被切萨雷·博尔贾所征服，如今成为朱理亚二世最大的战利品。朱理亚二世在波洛尼亚设立教廷，度过了1506年底至1507年初的冬季，对自己的功绩十分得意。此时热那亚起义反抗法国，路易十二亲自进行镇压，得到这个令人不安的消息，他回到了罗马。因法国显示实力而提心吊胆的不仅是朱理亚二世一人。马克西米连抱怨说，路易本人垂涎于神圣罗马帝国，并想为昂布瓦兹谋取罗马教皇职位，于是宣布他本人将前往意大利加冕，并坚持他对热那亚和米兰的宗主权。西班牙国王费迪南德前往萨沃纳与路易会晤，两国君主在礼节性访问的掩盖下就两国未来的意大利政策取得了谅解。1508年，马克西米连要求让他的军队通过威尼斯领土，在遭到拒绝后照样进兵。他的军队在弗留利战败，他只得同意休战，把迄至那时为止属于哈布斯堡王朝的阜姆、的里雅斯特等城市割给威尼斯。此时，马克西米连和路易决定停止争吵，合力对付威尼斯。奥地利的玛格丽特和德·昂布瓦兹作为他们的全权代表被派往康布雷，草拟和约条件，并筹建同盟，该同盟将

---

① 佩佩的《博尔贾家族的政策》（1946年）一书否认切萨雷在罗马涅的统治有任何好处，但他实施的各种改革，以及他同时代人如圭恰迪尼等人的评述也不容忽视。

全部剥夺威尼斯在过去 100 年内并吞的意大利各国土地。马克西米连所得部分将向西扩张到明乔河,包括重要城市维罗纳。明乔河与阿达河之间的各城市将归还给米兰。那不勒斯将收回布林迪西和威尼斯在帮助它把查理八世赶出意大利时所占据的其他阿普利亚港口。曾遭受损失的曼图亚和弗拉拉都参加了康布雷同盟,并得到允诺;它们过去的领土均将归还它们。

朱理亚二世与威尼斯之间的争端,既是宗教的,又是领土的。威尼斯曾趁切萨雷·博尔贾下台的机会增加了它在罗马涅占有的城市的数目,对教皇断然要求归还这些城市不予理睬。它拒绝将教区财产收入交给由教皇提名的非威尼斯籍主教。有一个故事记述威尼斯使节和朱理亚二世的一场舌战。教皇说:"我若不使你们成为你们原来那样的卑贱渔民,决不罢休。"那位使节回答道:"神父,如果你不自检点,我们能更容易地使你成为一个小小的教士。"① 朱理亚二世最初的用意只是以康布雷同盟作为威胁,诱使威尼斯接受他的要求,他本人直到战争爆发的前夕才加入该同盟。1509 年 5 月 10 日路易十二的军队强渡阿达河,几天之后,在法国 10 年前割让给威尼斯的阿尼亚德洛进行了唯一的一次重要战役。由于两位主将缺乏配合,只有一部分威尼斯军队和法国的密集大军相遇。威尼斯步兵作战虽然十分勇猛,但是兵力相差过分悬殊,寡不敌众,结果威尼斯大败,随之他们丧失了全部领地。各城市争先恐后地与他们的新主人媾和,威尼斯元老院内还有人主张最后放弃他们在大陆上的领土,回到海上去。但是威尼斯也有两个非常有利的条件:一是它的敌人内部互相忌妒和猜疑;二是它从属的城市都知道在它的统治下可得到好处。维琴察的贵族路易吉·达·波尔托此时扮演的角色典型地说明了局势的转变,他以书信方式撰成的战争回忆录生动地描写了当时的情况。他率领全家欢迎马克西米连占领维琴察,声称他们愿意依附胜利者一方,但后来机会一来到,他们就出力为威尼斯收复了他们的城市;此后路易吉在威尼斯旗帜下作战,直到负伤致残。1510 年,朱理亚二世改变了立场。在把威尼斯人赶出罗马涅各城市后,他只需赢取弗拉拉,就可以把教皇国家都置于他的控制之下。弗拉拉的历代公爵均依靠法国维持

---

① 达·波尔托:《历史文献》,布雷桑编,1857 年,第 30 页。

自己的独立，所以，朱理亚二世对弗拉拉的进攻就成为他对法战争的一段插曲。此后两年发生的事情有：教皇强加给威尼斯一项条约，而威尼斯不承认该条约对它有约束力；教廷对弗拉拉作战失利；本蒂沃利奥凭借法国的武力一度在波洛尼亚复辟。在法国支持下，在比萨召开了一个分裂主义的天主教公会议，后来会址迁往米兰，从而使斗争扩大到宗教领域；此时朱理亚二世费尽心机，终于把法国所有的敌人都拉进了神圣同盟。阿拉贡国王费迪南德未经一战，便从威尼斯手中收复了他在阿普利亚的各港口，他欣然参加神圣同盟，并派那不勒斯总督围攻波洛尼亚。加斯东·德·弗瓦从米兰前来防守该城。他解了波洛尼亚之围，但这时传来布雷西亚由于当地某些市民首领采取行动又回到威尼斯手中的消息，他又赶回伦巴第。布雷西亚再次被法军征服，遭到无情洗劫。加斯东又回师，在拉文纳迎战神圣同盟的军队。拉文纳战役（1512年4月11日）是势均力敌的双方之间的一场殊死苦战，双方死伤极为惨重。西班牙和教廷的军队一度几占上风，但法国骑兵在弗拉拉炮兵的有力支持下，最后取得了胜利。加斯东·德·弗瓦这位具有杰出军事天才的青年将领，也于此次战役中阵亡。法军失去首领，使胜利者由欢乐陷入悲哀。次月，瑞士袭击米兰，发生了新的危机，法国便没有力量来应付了。

　　瑞士在意大利战争中的作用，是瑞士和米兰公国之间的经济关系所造成的结果，也是瑞士以充当雇佣兵为其国家的事业而造成的结果。如果说，通向米兰的交通便利对于瑞士城市地区各州的贸易很重要的话，那么，对于林区各州就更是生死攸关，因为粮食和葡萄酒主要依靠米兰公国供应。当瑞士步兵的最大雇主法国国王成为米兰公爵后，瑞士联邦就希望从贸易和提供兵源两方面同时获利。实际上，路易十二和瑞士的关系是争吵迭起。双方就贸易问题、瑞士林区各州居民移居贝林佐纳问题、瑞士步兵薪饷问题，以及未经许可即雇用瑞士步兵攻击热那亚问题等都互有争执，彼此产生恶感。由于这种紧张关系，法瑞联盟在1509年未再续订。在锡昂红衣主教马蒂亚斯·希内尔的领导下，瑞士准备以独立国家的资格在意大利行动。这位爱国勇士正合朱理亚二世的心意，在二人通力合作之下，瑞士作为神圣同盟的成员，成为把法国人赶出意大利的主要工具。经马克西米连许可，希内尔的军队通过布伦内罗山口进入意大利，随行的有洛多维科·斯

第十二章 对意大利的侵略

福尔扎的长子马西米利亚诺。法军突曹袭击，不战而退。一直在策划另选对立教皇的公会议也随法军退却，在里昂无声无息了。1513年法国企图卷土重来，在诺瓦拉被瑞士人击溃。神圣同盟承认马西米利亚诺为米兰公爵，但瑞士人继续控制这个公国。在法国，对失去米兰很少有人抱憾，因为法国人认为这样反而卸掉了一个无利可图的负担。马基雅弗利认为路易在意大利所犯的错误是他失败的原因，但是比所有这些错误更大的一个错误乃是他出兵意大利的决定。

驱逐了法国人，结果使斯福尔扎家族重新登上米兰公爵的宝座，同时也使美第奇家族回到了佛罗伦萨。佛罗伦萨共和国与路易十二联盟，并没有带给它什么好处。法国在比萨战争中所给的军事援助，不值佛罗伦萨为它付出的大批款项，而且与法国的敌人给予比萨的援助两相抵销。1509年，比萨最后不得不投降的时候，所有其他军队正在参加康布雷同盟与威尼斯之间的战争，胜利是由佛罗伦萨的军队独自取得的。选举皮耶罗·索代里尼为终身职的大法官（Gonfaloniere di Giustizia），虽使共和国有了一个长期的元首，但未平息派别之间的纷争，或使佛罗伦萨的财政摆脱已陷入的混乱。索代里尼拒绝参加神圣同盟，使佛罗伦萨遭到朱理亚二世的攻击，引起各界市民的不满，这等于帮了美第奇家族的忙。1512年8月，末日终于来到。西班牙军队进攻普拉托，防守该地的佛罗伦萨民兵逃跑，普拉托被占领并遭洗劫。数日后，索代里尼被罢黜，美第奇家族被请了回来。当时该家族的首要成员是洛伦佐·德·美第奇的两个幼子和他的孙子，即皮耶罗的儿子，名字也叫洛伦佐。1513年，已经成为这些人中间最活跃人物的红衣主教乔瓦尼·德·美第奇成为教皇利奥十世。美第奇家族作为佛罗伦萨的真正统治者，继承了在托斯卡纳的支配地位，而这曾是切萨雷·博尔贾在下台前想要谋取而未得到手的；这样一来，从海岸到海岸横亘意大利中部的大片领土都落到了一个家族的控制之下。如若这个家族的成员中有一人具有切萨雷的才能，他一定会有绝好的机会将全意大利统一在他的领导之下，并把外国人赶出去。正是在这种形势的鼓舞下，马基雅弗利写下了《君主论》，先把它献给圭利亚诺，后又把它献给皮耶罗·德·美第奇之子洛伦佐。但这两个人都没有能力和抱负担当这个任务。和蔼可亲而颇得人心的圭利亚诺宁可在佛罗伦萨做一个平民，他应利奥十世的请求，不久就把国家元首的位置让给了他的侄子。洛伦佐有魄力也有雄心，但是他不是个合格的军人。他一味追求贵族的仪表气派，因此不宜于治理一个共和国。利奥十世主要关心的是给他的家族加官晋爵，其次是如何扩大教皇权力。为了达到这些目的，他既可以把外国统治者赶走，也随时可以与他们媾和。他把弗朗切斯科·德拉·罗韦雷赶出乌尔比诺，而立洛伦佐·德·美第奇取代其公爵爵位。他甚至扬言要让圭利亚诺接替那不勒斯王位，然而他本人生来却是个艺术爱好者，罗马生活中的种种乐事耗尽了他的精力，在他的保护下文艺复兴在罗马发展到了顶点。在意大利全境，法国人的离去标志着旧日生活方式的恢复，在宫廷内欢乐而又有文化教养的生活中，听任外国侵略过后的暂息时机度过而对未来丝毫不加考虑。法国的第三次进军所进入的是一个既无防备又四分五裂的意大利。

　　1515年8月弗朗西斯一世率军翻越阿尔卑斯山，这支军队是由法兰西民族的精华组成的。波旁公爵和阿朗松公爵等大贵族都在第一线，有3000余名所向无敌的骑兵，虽然步兵大部分是德意志雇佣兵，但有加斯科涅人作为后援。弗朗西斯也和查理八世一样，以君士坦丁堡作为他的最终目标，但是他出征的动机既不是推动查理远征的骑士式浪漫主义，也不是路易十二那种赢得自己合法权利的决心，而是为他本人和法国争取光荣。他是一个典型的文艺复兴时代的君主，他需要广阔的天地来施展他身心方面的多种才能。威尼斯再度成为法国的盟邦，曾在阿尼亚德洛战役中被俘的巴尔托洛梅奥·德·阿尔维亚诺率领的威尼斯军队，在这次征战中起了举足轻重的作用。还有一个从前是敌人而如今为法军效劳的是著名的工程专家和地雷专家佩德罗·纳瓦拉，他曾经在那不勒斯战争中帮助阿拉贡人夺取过许多城堡，如今主管法国炮兵。和法军对垒的是神圣同盟的联军。利奥十世曾为双方斡旋，但最后决定支持他的盟友，他派洛伦佐·德·美第奇率领一支队伍前往皮亚琴察，并借调军队给米兰。那不勒斯的一支军队匆匆北上，在仍由马克西米连占据的维罗纳建立阵地。在米兰保卫战中首当其冲的是瑞士人，但是瑞士人还没有十分牢靠地把这个公国掌握在自己手中。如果瑞士人把目光放远大一点，不是首先竭泽而渔地提出自己的各种财政要求，而是给予时间让这个公国恢复繁荣的话，马西米利亚诺和瑞士联邦之间签订的条约本来是会给瑞士经济和政治的发展提供一个大好机会的。但是，一个雇佣兵国家首先考虑的是立即对他们的服役给予报酬，希内尔虽千方百计约束他们的贪得无厌，却未见多大成效。马西米利亚诺的挥霍无度，又给已被搜刮殆尽的人民进一步加重了财政负担，人们最后甚至公开谈论他们宁要法国的统治，也不要目前的政府。瑞士的各州中还出现了一个亲法派，他们宁愿恢复旧时的制度，由法国赏给一些诱饵和津贴，也不主张瑞士联邦独立行动。就这样，米兰人的不满和瑞士人内部的分歧导致了在战场上的失败。

原估计弗朗西斯一世很可能从塞尼山口或热内夫尔山口进入意大利，所以瑞士军队驻守苏萨，等他进入平原后进行堵截。但他取道不常为人通行的阿尔让蒂埃尔山口，从而包抄了瑞士人的阵地，迫使他们向米兰后退。法军在比利亚弗兰卡击溃瑞士军队之后，在米兰东南数英里处的马里尼亚诺扎营，9月14—15两日两军在马里尼亚诺交战。瑞士步兵一再以重兵冲击法军，法军付出重大的代价才将其击退。吉安·贾科莫·特里武尔齐奥身经18次战役，这是其中最后一次，他觉得这场战役不是人和人的交锋，而是巨人和巨人的搏斗。正当法军开始不支的时候，特里武尔齐奥放水淹没瑞士人作战的草原，使之阵营混乱，这时阿尔维亚诺率所部威尼斯军队来到，决定了战争的结局。威尼斯军队又把西班牙军队牵制在维罗纳，对法军的胜利做出了进一步的贡献。罗马教廷的军队一直在皮亚琴察按兵不动。

马里尼亚诺战役标志着一个时代的结束。其直接后果是瑞士已不再成为意大利政治中的一个独立因素。即使在瑞士不可战胜的神话破产以前，对于体制松散的瑞士联邦来说，占据米兰公国这样的任务，对它说来也未免太重了。马里尼亚诺战役证明马基雅弗利所说法国不是瑞士的对手这句名言是不正确的。1516年春进攻米兰失利之后，希内尔和法国订立了弗里堡永久和约。瑞士不得不割让控制辛普朗山口的多莫多索拉，但保有贝林佐纳和提契诺河谷，还有卢加诺湖大部以及马乔列湖的洛迦诺一端。这样一来，瑞士和米兰之间的边界就基本上确定下来，至今保持原状。条约恢复了瑞士人替法国服役的津贴制度。自此以后，瑞士人在欧洲纠纷中只充当雇佣兵的角色；他们的国策是，而且现在还是，严守中立。这次战役对意大利各国也起了决定性的影响。弗朗西斯一世成为米兰公爵，马西米利亚诺引退，靠年金在法国闲居。米兰再也没有保持其独立的希望了。尽管后来还有一位斯福尔扎公爵,但他的爵位得之于查理五世皇帝,他的统治是西班牙直接统治的前奏。利奥十世与弗朗西斯一世媾和,把米兰和教廷之间长期争执未决的城市帕尔马和皮亚琴察交给法国,而弗朗西斯一世则保证美第奇家族继续统治佛罗伦萨。圭利亚诺和洛伦佐·德·美第奇死后,佛罗伦萨事务主要由罗马指挥,因而佛罗伦萨保持自由共和国的幻想更属渺茫。1515年12月,利奥十世和弗朗西斯一世在波洛尼亚会晤。双方会谈的结果,解决了80年来一直不和的法国教会和罗马教廷之间的关系。教皇得到的是废止1438年的布尔日国事诏书①,但是他承认法国国王有提名法国教区主教和修道院院长之权,并同意对他的圣职任命权加以限制。波洛尼亚政教协议具有胜利者和战败者之间签订的协议的特征,高卢派教会的权力和教皇的特权都在至高无上的王权前做出了牺牲。对威尼斯来说,马里尼亚诺战役为康布雷同盟引起的各种纠纷的彻底解决铺平了道路。1509年,马克西米连曾因迟迟不占领维罗纳而得罪了该城居民,但他一经占领该城,就没有人能说服他予以放弃了。现在他不得不同弗朗西斯一世达成协议,将该城交给弗朗西斯一世,但达成谅解,必须将该城交还威尼斯。威尼斯在收复维罗纳后,就重新拥有其大陆领土的大部。它不久前取得的领土,如克雷莫纳和从马克西米连手中夺得的伊松佐河彼岸的各城镇均已丧失,它过去在罗马涅和阿普利亚所占的城市也已丢失,但是伦巴第平原的绝大部分仍在它的手中。伦巴第平原在拿破仑到来之前一直是威尼斯所有,在威尼斯共和国存在期间,这里也一直是意大利最自由、最繁华的地方。说来似乎有些荒谬,但事实是从法国的胜利获益最多的国家是西班牙。只要瑞士人留在米兰,他们就从反对法国的每一行动中获得实利。如今西班牙成为法国在意大利的唯一劲敌。在连续三次入侵的过程中,意大利的独立已经遭到破坏。下一阶段的斗争便是欧洲两大强国的争霸,在这场斗争中,意大利各国设法在两强之间挑拨离间,坐收渔利,从而为自己保持一定程度的自由。

意大利未能抵御入侵的原因,首先不在于它在军事上没有能力。比它的武装力量的薄弱更为严重得多的原因是造成各国四分五裂的那

---

① 1438年法国国王查理七世颁布,严格限制罗马教皇在法国教会的权力。——译者

第十二章 对意大利的侵略

种狂妄的地方爱国主义。分离主义的祸患由于破坏各国政府稳定的内部分裂而更形加剧,并增添了各国对其邻国的畏惧和怀疑。首先受到查理八世打击的是一些装备不及法国精良的军队,而炮兵尤其如此;而且这些军队也不习惯于敌方久经征战的军队如此神速和无情地廓清他们路上的障碍。在战争进行的过程中,意大利人使自己适应新的作战方法,表现了很大的主动精神。切萨雷·博尔贾在列奥纳多·达·芬奇的帮助下①,装备起一支精良的炮兵,战争接近尾声时阿方索·德·埃斯特曾使弗拉拉的大炮超越了其他各国。在几次入侵之前,都大批增招步兵,并加紧步兵的发展。在卡斯泰洛城,著名的雇佣兵首领维泰利史弟按瑞士的模式训练步兵。几次战争中,个别的意大利人在作战技能和英勇冲杀方面有众多范例。著名的有1503年在巴列塔由13名意大利人对13名法国人进行的战斗,自诩高人一等的法国人结果大败。这个英勇事迹一直活在人们心中。意大利复兴运动初期,一位意大利爱国者曾以此作为一部小说的题材。虽然意大利没有产生过可与贡萨洛·德·科尔多瓦和加斯东·德·弗瓦相伯仲的军事天才,但它还是拥有卓越的将领。罗马的奥尔西尼和科隆纳等大家族的子弟从幼年就受军事训练,转战意大利各地。普罗斯佩罗·科隆纳在加里利亚诺河沿岸曾为击败法军做出过贡献,后又在查理五世军中服役,证明自己不愧为贡萨洛的门生。巴尔托洛梅奥·德·阿尔维亚诺是奥尔西尼家族的养子,善于运用法军迅雷不及掩耳的攻击方法。他在阿尼亚德洛战役中的失败,是因为他的同僚没有支援他,而且威尼斯人没有做到统一指挥。被俘后居留法国期间,他一直忠心耿耿为威尼斯出力,使威尼斯和法国继续结盟,回来后又在马里尼亚诺战役中获得了荣誉。佩德罗·纳瓦拉虽不是出生在意大利,但一生有为之年都在意大利度过;他作为地雷专家在佛罗伦萨军队中服役,1488年在萨尔察纳包围战中崭露头角。据说雇佣兵首领们指挥无能,不讲信义,贪得无厌,逃避战斗;这种传说即使仍然存在,也显然是荒谬的。在文艺复兴时代的意大利,战争也和其他许多事物一样,被那些学习这一专业的,热衷于在征战中建立功勋的人作为一门艺术。固然,雇佣兵首领中有背叛者,但牺牲个人利益而忠于雇主的也大有人

---

① 1502年,达·芬奇曾在切萨雷·博尔贾军中任军事工程师。——译者

在。雇佣兵首领由一方转向他方，大都不是出于贪图金钱，而是出于希望得到更重要的用武之地，或者由于气愤而去。在这个时期的历次主要战役中，意大利人英勇善战，但他们各据一方，利害不一，不能作为一支统一的军队共同战斗。福尔诺沃战役中，米兰和威尼斯之间的关系十分不友好，以致人们怀疑卡亚佐奉雇主命令，故意阻止米兰军队前进。这种怀疑显然没有根据，但当时有很多人信以为真，自然就不能不妨害盟国的事业。当各国吁请佛罗伦萨为了意大利的利益而参加为赶走法国人而结成的联盟时，这个共和国奉行的路线却是并不关心意大利的利益而只关心收复比萨。各国之间四分五裂，同时，各国统治者又都得对付大门之内的敌人。那不勒斯国内贵族分为许多对立的派别，只有在共同削弱王权这一点上才意见一致，政局之不稳显而易见。意大利其他地方都是些城邦，各自都认为本城邦就是罗马共和国的缩影，要求它的市民享有主权。各君主的统治权，首先是由民众授予他们的，虽然有些人在民众选举之外还加上从罗马教皇或神圣罗马帝国皇帝那里取得授权他们统治某城市的授权令，但他们是否能继续统治下去，还要以民意为转移。即使在米兰这样一个根基稳固的君主国家里，也有一个共和派一向与斯福尔扎公爵们对立，他们在对政府不满的时候就欢迎法国人的到来。没有合法称号的统治者，只不过是公民中的头面人物，地位就更加不稳。在佛罗伦萨还有一些富有的家族，他们认为自己也有资格与美第奇家族一样，在该城占有领导地位，等待着时机反对美第奇家族。在反对威尼斯的战争中，各从属城市和这个共和国保持关系仅是权宜之计，而不是出于忠诚。市民的爱国主义局限在城垣之内，他们首先考虑的是本城的福利。那些热切希望完成维护本国独立和统一这一艰巨任务的意大利人，莫不根据自己的需要而向外邦寻求援助，或者转而排外。1510年，当弗朗切斯科·贡扎加作为教会军事首领对法国人作战的时候，他的妻子伊萨贝拉·德·埃斯特在曼图亚为他担任摄政。她命令曼图亚境内各城堡主，让法国军队过境前往弗拉拉保卫她的兄弟，并让他们以敌不过优势兵力作为借口。在她的眼里，法国是朋友，朱理亚二世是敌人；她是一个还无力采取统一政治行动的国家的一位典型代表人物。

张文华　马　华　译

第 十 三 章
东　欧

东欧在受到莫哈奇战役的影响而发生变化以前的35年间，这块位于神圣罗马帝国边界以东和当时土耳其军队达到的界线以北的土地，在政治方面，甚至在心理方面，都十分明显地划分为两个部分：一部分是俄罗斯的土地，莫斯科的历代大公使这片土地变成了一个严密的、有纪律的和重视自身利益的天下；另一部分包括波兰—立陶宛、匈牙利和波希米亚3个王国在内的辽阔而复杂的地区。因为在这个时期内，波希米亚和神圣罗马帝国之间的关系不过纯粹是从法律上而言，它却和匈牙利紧密地联系在一起，并且和波兰的关系也密切。这3个王国是以王室的纽带结合在一起的，虽然这种结合是松散的，而且未来的事实也将证明这种结合是短暂的。匈牙利和波希米亚的王室是两位一体的，而波兰的王位则为匈牙利国王的兄弟或叔伯所拥有，所有这些统治者都属于波兰—立陶宛的亚盖沃家族。摩尔多瓦小公国则处于半独立或藩属的地位，时而从属于土耳其，时而从属于匈牙利或波兰。

我们不妨仅用三言两语来叙述这两大地区最东一端的情况，因为莫斯科的兴起和以莫斯科为核心的俄罗斯国家的成长（这个地区的全部历史即在于此）是一个在1490年很久以前就已开始，但一直到1526年以后很久才告完成的过程。本书所论述的时期不过只是不断发展过程中的一个阶段而已。这的确是一个灿烂辉煌的阶段。伊凡大帝是1462年至1505年的莫斯科大公，他是他的那个世系之中成果最著的一个。他实际上可以被看作是俄罗斯国家的真正的缔造者。他在1465年至1488年间逐步完成了兼并诺夫哥罗德及其广大领土的任务，不但使他的实力大增，而且也一劳永逸地解决了基辅最终应由莫斯科或立陶宛继承的问题。1472年被征服的彼尔姆，虽然战略地位不算重要，却使莫斯科的领土面积进一步增大。维亚特卡、特维尔和梁赞在1485年前后也相继被并入版图。与此同时，伊凡于1480年摆脱了鞑靼人的最后羁绊；此后，鞑靼人的部落有时虽然不免依然为敌，但大多的时间则是他的附庸和盟友，至少已不再是他的主子了。

伊凡在位时期新的特点，不在于他登基以来领土的扩张和独立的加强（这方面他不过继续了几个前任者的工作而已），而是他在为自己的侵略做辩护时有意识地、并且非常自信地提出了他的权力要求。

随着领土的扩大和地位的巩固，伊凡多半由于妻子佐约·巴利奥洛格（索菲娅）的影响，开始提出更大的要求，不仅要作为基辅的继承人，而且要充当拜占庭、甚至罗马的继承人。他采用双头鹰的纹章以及"独裁者"和"全俄罗斯君主"的称号。神圣罗马帝国皇帝弗里德里希提出赐给他以国王的称号，他傲慢地拒不接受，说："我们过去不想从任何人那里得到这一称号，现在也不想。""承上帝保佑，我们从一开始，从我们的第一代祖先起，就君临自己的土地，我们是受命于天的"。1501年，波兰的卡吉米日抱怨说，伊凡掠夺了他的祖先遗产，当时他就回答说："他们所说的祖先遗产是什么？从我们古代的祖先起，俄罗斯的土地就是我们的祖先遗产"。1503年，他又一次描写自己的"祖先遗产"是"在立陶宛手中的俄罗斯土地——基辅，斯摩棱斯克和其他城镇……我们的祖先遗产并不仅是我们现在拥有的城镇和地区，而且还有所有亘古以来我们祖先遗留下来的俄罗斯土地"。而且，这种从王朝世系提出来的要求是与从宗教方面提出的要求相辅相成的。自从君士坦丁堡陷落以来，莫斯科便一直是"第三个罗马"，甚至是"第二个耶路撒冷"。莫斯科的大主教当时还不是一个教长；但是，无疑地他会得到君士坦丁堡的任命，而且只能由一个俄国人出任。发动对立陶宛和波兰的战争，原因之一是要收复"圣弗拉基米尔的世袭遗产"，而立陶宛的亚历山大竭力在他的东正教徒臣民中间散布"佛罗伦萨联盟"的思想又足以成为伊凡开战的借口。

在上述种种的情况下，莫斯科与波兰—立陶宛之间是不可能有持久和平的。伊凡曾亲自对他的盟友克里米亚鞑靼人的汗王说过：和平是不可能有的，只能有"喘息的间隙"。这几句话恰如其分地说明了伊凡和他的西方邻国之间的一部关系史。其中主要的事件，我们将在下面从另一个方面加以叙述。虽然时运起伏不定，但从长远权衡，发展的趋势是对伊凡有利的。这里应该提到，这种优势并不是完全凭借武力的。在立陶宛主权管辖下的俄罗斯人的城镇，对于莫斯科和东正教的召唤，也不是无动于衷的；其中有几个城镇——佩列米斯尔、谢列斯克和科泽尔斯克就自愿地改变了效忠的方向。诺夫哥罗德虽然特别反对被人称为"世袭遗产"，但是这个城镇中仍有一大批人认为，与莫斯科联合要比与立陶宛联合更加顺理成章。

1503年伊凡去世，莫斯科扩张的步伐自然要放慢下来。他的儿子瓦西里继位后（1505—1533年）在西方的唯一重大成就，是夺取了斯摩棱斯克要塞。此外，他又兼并了梁赞的其他地区，取消普斯科夫的特权，从而完成了平定莫斯科附近土地的任务。但是，他的政策所要达到的目的一如其父，而他的儿子伊凡雷帝的政策目的亦复如此。他的对内政策也如出一辙。伊凡取走了象征诺夫哥罗德自治的诺夫哥罗德大钟；瓦西里也取走了普斯科夫的大钟。这是一个不断实现中央集权和服从个人意志的过程，这个过程是通过一种尚属原始但此时开始定型的官僚机构来进行的。

至于莫斯科以西各个国家的兴衰，则需要而且也应该做更详细的叙述，不仅因为这些国家的情况比较复杂，而且也因为这些国家和莫斯科不同，它们在这一时期的历史构成了本国历史中独特的一页。1290年在波兰、匈牙利和波希米亚三国之间建立的亲密无间的关系，在当时看来似乎是一种发展过程中的一个部分；这个过程必然要继续下去，并且最终将在这个具有这么多共同特点和共同利益的地区出现一种真正的统一。但是历史表明，这却是一场彻底解体大变动的前兆，这场变动把波希米亚和匈牙利的一部分纳入了以维也纳为中心的西方体系；而匈牙利的其余部分则被纳入由奥斯曼帝国左右的东方世界；只剩下波兰作为早先的集团中尚保持独立的唯一代表。正如我们下面将要看到的那样，这种解体并不完全与这个时期为将来所准备的各种条件背道而驰；就哈布斯堡的势力向东扩张来说，却正是实现了这些条件。然而，离心的倾向胜过了向心的倾向究竟在多大程度上代表着比较强大的自然力的必然胜利，或者说，这一胜利究竟在多大程度上是由那些既可轻易地起着正面作用、也可轻而易举地起着反面作用的那些琐细的个人动机所促成的,这些问题不免要引起人们的揣测。历史为此种揣测提供了种种可能性,因此,人们对此特别感兴趣而且煞费苦心。

1490年,亚盖沃家族拥有所有的三个王位;而哈布斯堡家族却是其中两个王位的重要角逐者,他们在这场角逐中虽然暂时落后,但在实力上远为雄厚。然而,不可否认,这种形势的造成,完全可以说主要是出于偶然的机会,即6个家族的成员的出生和死亡。一直到14世纪初,波兰、匈牙利和波希米亚的发展路线是类似的,而且是自然的(如果可以这样称为的话):都是在本地血统的王朝统治下,王室成员所奉行的政策,始终是以本民族为基础,通常是与民族的利益和愿望相一致的。波兰的皮亚斯特王室虽然延绵不绝(如果说他们的繁殖率也下降到无传宗接代的地步,这完全对波兰有利;因为自从波列斯瓦夫三世生下17个子女以来,皮亚斯特王室的成员为数过多),但是,阿尔帕德和普热美斯尔两王室却几乎同时绝灭,匈牙利和波希米亚便成了欧洲各个竞争的王朝争夺的对象。原来夺得魁首的两家王族的男系末了也先后绝嗣,匈牙利的安茹家族两世而绝,波希米亚的卢森堡王室三传而绝。只是由于王室的父辈们为他们的女儿们着想,才促成哈布斯堡家族的阿尔伯特三世于1437年接替了两国的王位,① 这一点在两个王室彼此之间以及他们和哈布斯堡邻邦所订立的一系列约定中均有所反映。

哈布斯堡王室的好景不长,阿尔伯特接位不到3年,便于1439年去世,死时没有子嗣,不过他的妻子此时已经怀孕。与此同时,波兰人却以一种奇特的方式保全了自己。皮亚斯特王室近支的嫡系男嗣在伟大的卡吉米日之后中断(虽有远房堂兄弟,但要继承王位却得不到支持),遂由匈牙利的路易来波兰接位。但是,这位来自国外的国王的统治是非常不得人心的(据回忆,捷克国王文策尔二世当年也是不受欢迎的),他死后只留下几个女儿,其中一个将接替波兰王位的女儿已和另一位哈布斯堡的王子订婚;因此,当路易去世时,全国发生叛乱,婚约被废除,并将这位小公主嫁给了一位严峻的立陶宛人亚盖沃。亚盖沃也是一个外国人,但却没有那些比较上流的王室之

---

① 原文如此,疑为阿尔伯特二世之误。——译者

间所有的那种错综复杂的国际纠葛。亚盖沃作为雅德维格女王的丈夫来说是很良好的，但是她没有为他生下子女；他的第二个妻子生下一个女儿，但却夭折了；他的第三个妻子亦无儿女。他晚年娶的妻子是一个立陶宛女子，但与欧洲各王室毫无瓜葛。她为他生了3个儿子，他死后余下二子，从而又重新建立了一个以民族为世系的王朝，这个王朝不但排除了任何方面对波兰王位提出的权利要求，而且在必要时还可以向其他国家输出国王。

亚盖沃王子中第一个接受去他国为王请求的是亚盖沃的幼子卡吉米日王子。1437年，一群捷克贵族提出了这项请求，这是由于选择什么样的国王比较合适而引起的，因为主张迎立卡吉米日的捷克人反对迎请阿尔伯特为国王，因为他出生于德意志人家庭，而且他的姻亲多信奉天主教。但是，即使如此，所以要拥立卡吉米日的原因是因为他身上没有这些缺点，而不是因为他有什么良好的品德；主张拥立他为王的那些捷克人中，也无人想要建立一个波兰—捷克联盟。因此，1439年阿尔伯特逝世时，匈牙利人便立即选立亚盖沃的长子瓦迪斯瓦夫（称乌拉斯洛一世），这完全是因为拥立他比较不用费事，按照当时的标准，他多少可以说将届成年（他当时16岁）；再加上此时土耳其人入侵的危险迫在眉睫，他们再也不能等待阿尔伯特的孩子出世了，而且那孩子也未必一定是男嗣。诚然，瓦迪斯瓦夫向他的拥立者许诺要用匈牙利和波兰两国的军队保卫匈牙利；但是，哈布斯堡王室大概也能召集一支同样有力的军队。后来，瓦迪斯瓦夫率领军队出征，于1444年在瓦尔纳阵亡时，军队中实际上几乎没有波兰人参加。结果，阿尔伯特之子拉迪斯拉斯·波斯图穆斯居然一人兼领两国王位。但是，他在1457年去世时尚未结婚，这两个国家便分别建立了由马加什·科尔文和乔治·波迪布拉德为国王的民族王国，这无疑是一切可能的解决方案中对两国来说最得人心的办法。

这种解决办法一度似乎是长治久安之计。哈布斯堡王室和亚盖沃王室（且不提其他次要的王室）都认为自己有权继承这两个王位，他们的理由因为下列的情况而变得更加复杂起来：继承兄长王位的卡吉米日·亚盖沃娶的是哈布斯堡的伊丽莎白（阿尔伯特的女儿和拉迪斯拉斯·波斯图穆斯的妹妹），因此他提出伊丽莎白所生的亚盖沃家族的子女有权作为她哈布斯堡兄长的继承人而取得王位；而弗里德里希皇帝却根据1362—1364年间他的家族和波希米亚的查理四世之间的契约提出了对这些王位的要求。但是，由于弗里德里希懒散成性，波希米亚王国的王位对他并没有什么特别的吸引力；最后，他自己以皇帝的身份将王权授予了乔治。如果说他曾经极力要求拥有匈牙利的王位，这样做主要是出于匈牙利的一帮反对马加什的权贵的怂恿；1463年他放弃了直接拥有王位的要求，作为回报的是他得到应诺（还有其他的事项），马加什一旦死后没有男嗣，他或他的继承人便可继承王位。而卡吉米日的孩子们此时尚在孩提时代，他本人正忙于普鲁士和立陶宛的事务，无暇顾及南方。他和乔治保持极为良好的关系，甚至拒绝了教皇邀请他参加对乔治的十字军东征，理由是"他不明白怎么能把一个行过涂油礼和加冕礼的国王推翻"。如果说他和马加什之间关系不是那么亲密，但无论如何，他通常总是谨慎从事，不去触动那个有才能的人物的财产，尽管后来他为了自己的儿子而在西里西亚进行了干涉。

这两个民族王国之所以在其缔造者去世前即不存在，这是咎由自取，马加什的过错更大，简直无法比较：即使乔治对某些相当可疑的阴谋并非毫无干系，但这些阴谋从来没有达到成熟的地步，因此不足为患。然而马加什的秉性却是，不管是好是坏，只要意义重大就干；尽管他在许多方面来说都是一个伟大的国王，但他并没有能够给多瑙河带来和平或团结。他开始时贿买神圣罗马帝国皇帝，培植和乔治的友谊（他娶了乔治的女儿为妻），积极从事对土耳其人的战争，但他不久即沉湎于征服西方的梦想之中，而他本国的历史学家们却要把这种赤裸裸的野心欲盖弥彰地说成是一种长期战略行动，其目的是积蓄力量以便更为有力地进行对土耳其人的战争。他在位期间，匈牙利的居民和他所征服的奥地利和波希米亚各省居民之间的感情一直不融洽；而波兰的卡吉米日的长子瓦迪斯瓦夫·亚盖沃1479年继承了波希米亚的王位，便是马加什进攻波迪布拉德的直接结果。因为乔治原来想要他自己的长子继承王位，但是到了最后关头，为了取得波兰的卡吉米日的支持以反对马加什和教皇，他在1469年提出由卡吉米日的长子继承波希米亚的王位。两年后乔治去世，除了瓦迪斯瓦夫和马加什以外没有一人能够出来继承王位。马加什坚持认为他的人选应仍属有效，但一伙以国家为重的人却推选了15岁的瓦迪斯瓦夫。正如以前议会推选他的父亲时一样,瓦迪斯瓦夫的当选是由于他消极方面的因素。因为人们指望他对波希米亚的独立或其宗教不致为患;他们在这两方面都可以得到保障,即要求瓦迪斯瓦夫恪守契约,保证波希米亚的宗教和平,并且不得把国家的任何官职授予外国人。

与此同时,在马加什方面,无论卡特琳·波迪布拉德或在卡特琳死后于1476年所娶的美貌而薄命的阿拉贡的贝阿特丽克斯都没有给他留下继承匈牙利王位的后裔。他唯一的子嗣约翰·科尔文是个私生子,系布雷斯劳的一个市民的女儿所生。他在晚年期间曾费了不少时间,力图保证约翰成为他的继承人。他曾向马克西米连(现已和勃艮第的玛丽结婚)提出,如果马克西米连放弃1463年条约,并接受约翰为匈牙利国王,那么他将归还他在1477年至1485年间占领的奥地利各省;然后,约翰将娶马克西米连的女儿为妻。1489年秋,在原则上达成了协议(虽然尚未正式签订),于是马加什便强迫王室各自由城镇及匈牙利的世俗和教会各界的权贵宣誓接受约翰为匈牙利国王;他还设法通过了"巴拉丁选侯法"(这一措施虽然当时没有达到它的直接目的,但在以后的数百年间却一直具有重要意义),这一法令赋予巴拉丁选侯在"一旦王室无人承祧"时对王位继承问题有决定之权,并在王位空位期间由巴拉丁选侯担任幼主的保护人兼任总督;这样马加什便扶植自己的亲信伊姆雷·扎波利亚伊为巴拉丁选侯。

但是,1490年4月6日,当马加什前去参加一次会议(在这次会议上,他指望和马克西米连达成肯定的协议)的时候,突然在途中过早地去世了。这时,伊姆雷·扎波利亚伊已经在他之前去世,其继承人也尚未指定。过去曾经拥立马加什为国王的那些小贵族们,此时都拥戴他的儿子,但是那些显要人物,撇开别的想法不谈(为他们说句公道话,他们之中有许多人认为约翰是私生子这一点确实是个障碍),都认为马加什的强力统治不合他们的心愿,不如那种各自为政的局面,可以在自己的统治地区内称王称霸。

除了约翰以外,还有三个可能的人选:马克西米连,以及波兰的卡吉米日的两个儿子,当时已是波希米亚国王的瓦迪斯瓦夫和活下来的年龄比他稍小的兄弟扬·奥尔布拉赫特。马克西米连和奥尔布拉赫特都是坚强和有才干的人物,而且两人都有自己的党羽。但是,大贵族中大多数都赞成瓦迪斯瓦夫，这恰恰是因为他是以既不坚强又无才干而著称。瓦迪斯瓦夫是位与世无争、息事宁人的好好先生，对于政治既无兴趣也不理解，他在波希米亚的绰号是"多布热"国王（"多布热"系捷克语，意即"好吧"——译注），因为向他提出任何建议，他都习惯地说"好吧"，表示同意。匈牙利有一个权贵就讥笑他是"一个可以把他的辫子攥在他们手掌中的国王"，这正符合他们的心意。各派进行了长时间的争论，进行了贿赂以及一些战斗，但是瓦迪斯瓦夫的党羽事先早有准备，他们筹措金钱，收买了附近的一支有实力的军队，即当时驻扎在西里西亚的马加什的"黑军"，暂时为他们服务。纳杰瓦拉德主教约翰·菲利佩斯可能由于他出身于摩拉维亚，因而竭力为瓦迪斯瓦夫的事业奔走。他匆匆赶到西里西亚，用他在仓促之间筹集的金钱把这支军队拉了过来。约翰·科尔文的党羽不久便被击败。约翰既没有他父亲的精力，又缺少他父亲的雄才大略，便放弃了他的要求，以换取斯洛文尼亚公爵的头衔和波斯尼亚国王的前途（在可能的时候）。扬·奥尔布拉赫特因为自己的兄长于1491年成为另一个候选人，便不急于提出自己的要求。马克西米连在收复了失去的奥地利各省之后，便带领一支雇佣军侵入匈牙利，但是他付不起军饷，这支军队便解散了。此时他便根据普雷斯堡条约（1491年11月7日）同意承认瓦迪斯瓦夫为国王，以换取对方承认奥地利各省归他所有，并许诺瓦迪斯瓦夫死后若无子嗣时，王位由他或他的子孙继承。

然而，这项协定在匈牙利实际上从来没有获得批准。与哈布斯堡建立关系在匈牙利是十分不得人心的，在同意瓦迪斯瓦夫继承王位时他曾被迫做出的许多许诺中，有一项就是不经匈牙利国会的同意不得和弗里德里希或马克西米连订立任何协定。当瓦迪斯瓦夫于1492年向国会提出普雷斯堡条约的时候，小贵族们拒不接受；但是瓦迪斯瓦夫本人则认为该条约对他具有约束力，而且有67位显赫的贵族还签署了一项庄严的宣言，宣称如果瓦迪斯瓦夫死后无子嗣，他们将投票赞成由马克西米连或他的后裔继位。马克西米连对此表示满意，瓦迪斯瓦夫的王位如今也不怕任何外来人的觊觎了。

1492年，波兰的卡吉米日去世。这一次瓦迪斯瓦夫退出竞争而支持他的兄弟，他的兄弟显然是波兰选侯们中意的人选。于是扬·奥尔布拉赫特便成为波兰的国王，但与他的父亲有所不同，他不兼任立陶宛大公。在卡吉米日统治期间，往往由于所谓的他同情波兰人的利益而忽视立陶宛的利益（特别是他在诺夫哥罗德反对伊凡时没有给以切实的支援）因而在立陶宛引起相当大的不满，因此卡吉米日不得不答应另由他人担任立陶宛大公驻节维尔纽斯进行统治。此时这一肥缺便落到了他们的第3个兄弟亚历山大头上。他们的第5个兄弟弗里德里希是位红衣主教；而第4个兄弟西吉斯孟此时尚无任何特殊的职衔。

匈牙利和波希米亚如今至少在对外政策方面实际上是处在一人控制之下，虽然两国的国会各以不同的决议（以后将要详述）来捍卫自己，但这些决议并不能够影响作为当时真正外交政策主要部分的各种王室协定。瓦迪斯瓦夫和扬·奥尔布拉赫特在1494年5月5日的一次会晤中商定，如果两国中的任何一国的臣民反叛，或擅自动用王室收入，则两国均将倾全力相互进行干涉。这个协定并没有责成协定双方执行一项共同的对外政策，但是在这次会议上和以后的场合中，双方在这一问题上都协调一致。所以，把此后25年间的波兰和匈牙利—波希米亚的外交关系作为一个问题来叙述，并不是不可能的，即便是这种叙述不仅揭示出它们之间的一致，同时也暴露出它们的分歧，而且，有许多事态仅和其中的一方有关。在开始叙说这些事实之前，我们不妨在这里先提及这些情况作为前提：在这整整25年期间，瓦迪斯瓦夫一直统治着匈牙利和波希米亚；扬·奥尔布拉赫特死于1501年6月17日；而亚历山大已经继承了他的波兰王位，同时仍兼领立陶宛大公，他也于1506年8月19日去世。于是，西吉斯孟便开始长期统治波兰和立陶宛，直至1548年。

瓦迪斯瓦夫和奥尔布拉赫特即位后，除了只是对波兰有影响的一个方面而外，全部历史过程一时相对来说是简单而平静的。巴尔干半岛各国在这一时期相安无事。诚然，波斯尼亚和塞尔维亚的当地土耳其人的首领们曾在瓦迪斯瓦夫即位初期对匈牙利的边境进行几度骚扰，但当时边防工事仍然相当完整，而边防将领如约翰·科尔文、克罗地亚的弗朗盖巴家族和久经沙场的名将帕尔·金尼茨等人都能击退来犯的敌人，没有失去一寸土地。幸而巴耶济德苏丹秉性和平，不愿大事冒险，这乃是匈牙利的幸事；他对欧洲唯一重大的战争（即在

16世纪初他与威尼斯的一次作战），其动机与其说是出于进攻，不如说是出于防御。匈牙利方面也不可能考虑采取攻势（1500年威尼斯曾请求匈牙利采取攻势，但匈牙利予以拒绝），因此威尼斯战争结束时，匈牙利即与这位苏丹订立了7年休战条约，后又于1510年和1513年两次续订。这时，好战的谢里姆苏丹已经继承他父亲的王位，但是在他继位后的最初几年里他却全神贯注于南方和东方，无暇顾及匈牙利。

1483年至1484年间，土耳其攻占了基利亚和阿克曼，并且确立了奥斯曼帝国对克里米亚鞑靼人（有时也对摩尔多瓦）的宗主权。波兰统治者认为局势永远对自己不利，因而一心想要扭转这种局势。卡吉米日在1483年至1489年间曾3次派遣远征部队越过南部边境，但是这些部队都没有成功。1489年他签订了一项以保有占领地原则为基础的休战协定，扬·奥尔布拉赫特在1494年又将此协定延长3年。他并不把这一协定看作是最终的解决办法，而是要利用这个喘息机会，准备在休战协定期满时大举进攻，以便收复两个要塞，切断土耳其人和他们的鞑靼卫星国家之间的通路。这一企图也未得逞。奥尔布拉赫特便和瓦迪斯瓦夫举行会谈，想要采取联合行动。但是，他在谈判过程中轻率地提出要撤去他认为不可靠的摩尔多瓦大公斯特凡的职务，由亚盖沃王室的第四个兄弟西吉斯孟担任。瓦迪斯瓦夫认为摩尔多瓦是匈牙利的藩属，拒绝对斯特凡采取行动。因此，奥尔布拉赫特不得不撤回他的建议，但这一建议已被透露给斯特凡。后来，休战协定期满，1497年远征开始时，波兰人和立陶宛人进行合作，但匈牙利却袖手旁观。斯特凡相信这一行动是针对他的，便宣布自己是苏丹的藩属，并向波兰军队进攻，波兰军队被迫退却；立陶宛人也未能达到自己的目的。土耳其人和鞑靼人也大肆袭扰波兰，作为报复行动。奥尔布拉赫特只得和斯特凡重修旧好，承认他的独立，并和苏丹另行谈判休战协定；该项协定终于在1501年签订，苏丹更是欣然同意这个协定，因为这样就避免了波兰和此时正在与土耳其作战的威尼斯联合起来的危险。威尼斯的代表们在双方开始敌对行动的时候，实际上曾极力要求波兰参加教皇所宣布的十字军东征。从这个休战协定开始以后，波兰也和匈牙利一样，按期和苏丹续订休战协定，直到1521年卡吉米日拒绝续订时为止。

第十三章　东欧

波兰几乎不断地和莫斯科处于交战状态，这是前面曾提到的莫斯科扩张政策的结果。卡吉米日死后波兰和立陶宛分裂。分裂的第一个后果就是瓦西里和克里米亚鞑靼人联合进犯立陶宛。亚历山大不得不提出议和，并提出要娶伊凡的女儿叶琳娜为妻以巩固和议。伊凡表示同意，但有一个条件，即亚历山大必须承认他最近征服的全部土地和他的"全俄罗斯君主"这一称号。这也没有带来持久的和平或稳定，因为有更多的边境地区纷纷向伊凡表示效忠，伊凡一一接受，因此在1500年又以亚历山大支持希腊教会和罗马教会的统一运动为借口再度宣战。这次战争延续到1503年（直到亚历山大即波兰王位后），伊凡又再次同意议和，条件仍是承认他的既得利益。随后形势便由于伊凡和亚历山大两人去世而起变化。鞑靼人此时也彻底被击败，实际上他们已经改变立场，变成了波兰的盟友。这种局势便促使西吉斯孟趁伊凡死后莫斯科公国出现的混乱局面，要求归还被伊凡征服的土地。两国都调动军队（其实俄罗斯军队首先离开基地），波兰方面在战斗中最初占上风，但波兰军中一个名叫格林斯基的信奉基督教的鞑靼人叛变，打乱了波兰军队的行动。因此，1508年10月8日西吉斯孟便和莫斯科缔结"永久的和约"，承认伊凡所征服的土地。他从中取得的好处主要是他现在可以转而对付进犯加利西亚的摩尔多瓦的斯特凡；然而他又不得不承认匈牙利对摩尔多瓦的宗主权。

在这一时期的大部分时间里，波兰与神圣罗马帝国或其任何一个组成部分之间，不论是友好的或不友好的，都很少有交往。而在匈牙利，却由于本国的内讧造成了一种值得注意的局势，其规模足以危及王位的稳定，从而影响国际上的形势。正如我们在上文所说的，小贵族们曾经希望约翰·科尔文能继承父位而为国王。甚至在1492年以后，他们仍然没有完全放弃这种希望。事实证明约翰也没有能力和瓦迪斯瓦夫竞争，他显然相当满意地接受了对他所做的安排，并且忠诚地为瓦迪斯瓦夫效劳（只有一次当他被无耻地骗去了一些产业时，他似乎有过反叛的念头）。但是反对瓦迪斯瓦夫的情绪仍存在着，这时已经拥有极大权力的扎波利亚伊家族攫取了这一伙人的领导权。伊姆雷·扎波利亚伊的兄弟斯特凡在1490年被选为巴拉丁选侯，担任此职达10年，使他原已巨富的家财更为增多。他后来也于1500年去世。但是，他那活动能力很强而又具有野心的遗孀，即切申女公爵，毫不隐讳地声称她要使自己的一个儿子登上王位。

与此同时，匈牙利王位的继承问题，主要由于瓦迪斯瓦夫秉性软弱，陷入了一种荒谬的僵局。1475 年他 20 岁时曾由人代理与勃兰登堡的阿尔贝特·阿奇勒斯的女儿巴尔巴拉结婚，但却一直没有迎娶新娘。1478 年，他在征服奥尔米茨时遇见了马加什的年轻的第二个妻子阿拉贡的贝阿特丽克斯，据说两人均为对方非常的美貌所吸引，马加什一死，贝阿特丽克斯提出瓦迪斯瓦夫应该和她结婚，这样她既可得到一个漂亮的丈夫，又可得到一顶王后的冠冕。红衣大主教鲍科茨在贝阿特丽克斯的住处为两人秘密举行了婚礼，但是瓦迪斯瓦夫当时即提出异议说，这种做法是无效的，因为他已经结过婚。他这时已经牢牢地被束住手脚，不可能指望日后有任何合法的子女了。

在这种情势下，对马克西米连最有利的就是使瓦迪斯瓦夫保住王位，而瓦迪斯瓦夫本人也转向这位至少愿意等待他终其天年的人物寻求支持和鼓励，以对付他的那些野心太大的臣僚。正如当时的一位编年史家所写的，到 1510 年，马克西米连"早已不是这位国王的敌人，却已成了他的朋友和顾问"。神圣罗马皇帝的使节接连不断地来到布达，给这位国王带来忠告和帮助，同时也在匈牙利的权贵中间搜集了一批亲哈布斯堡的人物；他们在这一任务中取得了相当可观的成功。

1499 年，波兰、匈牙利两国与神圣罗马帝国的关系奇妙地交织在一起，由此产生了一些奇怪的结果。到此时为止，条顿骑士团已有多年未曾对波兰进行骚扰，也未受到神圣罗马帝国方面的怂恿。卡吉米日晚年时期，条顿骑士团的首领梯也芬一直是波兰国王任劳任怨的藩属和忠心耿耿的合作者，在卡吉米日去世后仍向扬·奥尔布拉赫特效忠。但并非整个骑士团的成员都对这种关系表示满意，因此在梯也芬 1498 年去世后，他们就决定设法加强自己的地位，从神圣罗马帝国方面取得支持，并提出由神圣罗马帝国主要的诸侯之一萨克森的弗里德里希继承梯也芬的位置。弗里德里希拒绝向扬·奥尔布拉赫特效忠。

1499 年 12 月在普雷斯堡举行了亚盖沃家族会议。瓦迪斯瓦夫、西吉斯孟（他住在布达他的兄弟处）和红衣主教弗里德里希参加了会议。会议计划寻求和法国结成联盟；为了巩固这一联盟，由瓦迪斯瓦夫和布列塔尼的安妮之侄女坎戴勒的安妮结婚，奥尔布拉赫特则和这位安妮的妹妹热尔梅娜结婚。路易十二接受了这个建议,因此1500年7月18日法国的使节便在布达和波兰、匈牙利两国订立了一个泛泛的永久性联盟,反对土耳其人以及目前和将来的一切敌人,但教皇、神圣罗马皇帝和德意志王则除外。

这样安排妥当后,扬·奥尔布拉赫特便转向条顿骑士团,要求骑士团效忠,并且准备动员兵力。在此情况下,无论神圣罗马皇帝或帝国议会都不愿帮助骑士团;再者,皇帝与议会之间由于相互争吵而严重分裂。于是骑士团首领做了让步,同意宣誓效忠。但是,在他宣誓之前,也在奥尔布拉赫特举行婚礼之前,奥尔布拉赫特却溘然而逝。骑士团首领此时便迟迟不去向亚历山大宣誓效忠。所以,事态发展的唯一直接后果仅仅是瓦迪斯瓦夫得到一位法国妻子,因为教皇最后终于为他解决了难题,宣布他以前的两次婚姻均无效,于是他便派人迎娶这位新娘,及时和她完婚。

这并没有影响瓦迪斯瓦夫和马克西米连的关系。但是,波兰此时却与神圣罗马帝国发生龃龉,因为弗里德里希坚决拒绝效忠;而且,马克西米连由于对奥尔布拉赫特的行动极为不满,也对弗里德里希进行煽动;在亚历山大向教皇求助并从教皇那里获得一封责令骑士团服从的信件之后,马克西米连却使教皇收回了这封信。与此同时,匈牙利的王后生了一个女儿,也和她的生母一样取名安妮。1504年,约翰·科尔文去世,留下两个孩子,儿子叫克里斯托弗,女儿叫伊丽莎白。切申女公爵眼见机会来到,便立即让她的幼子乔治和伊丽莎白·科尔文订婚,同时又向瓦迪斯瓦夫发动攻势,要求将小公主许聘给她的当时正担任特兰西瓦尼亚总督这一要职的长子约翰。西吉斯孟促成了这些婚事,这时他正全力倾注在从事反德意志的政策上面。

整个事情就像是瓦迪斯瓦夫的那些比较有力的兄弟们强加于他似的,但是他至少可以下定决心不让扎波利亚伊家族得逞。他便一面对他们敷衍拖延,一面向马克西米连求助。1505年发生了一些非同寻常的事件。约翰·扎波利亚伊这时把他的事业和小贵族们的事业结合起来,形成了反对哈布斯堡的民族独立事业。2月,议会以废除王位对瓦迪斯瓦夫相威胁,但也仅止于威胁而已。在7月召开的第二届议会上问题可望有所分晓。在此次会议之前,瓦迪斯瓦夫向马克西米连要求军事援助,神圣罗马帝国议会投票赞成。但是,德意志的军队姗姗来迟，而率领 2000 名士兵的扎波利亚伊却准时到达，于是议会通过决议，虽没有触动瓦迪斯瓦夫本人（如扎波利亚伊事先和王后所商定的），却把匈牙利所遭受的一切罪恶都归咎于匈牙利的国王是外来的，因此发誓以后决不再要外来的国王了。

第二年，王后生下一个男孩，名叫路易，因而直接危机总算过去，而马克西米连则以订立这样一个协定为满足：这两个孩子都要和马克西米连自己的两个后裔结婚。因此，匈牙利—波希米亚和神圣罗马帝国间的关系仍像过去一样亲密。但是，由西吉斯孟于 1507 年 1 月 24 日加冕为王的波兰，却不在这个集团之内，而且仍和条顿骑士团时相摩擦。弗里德里希仍然拒绝效忠，条顿骑士团在马林堡会议（1506 年 8 月）上制订了一项计划：废止东普鲁士对波兰国王的宣誓效忠，东普鲁士与王室所辖的普鲁士合并，合并后的行省将作为波兰国王的一个采邑，由骑士团首领进行治理。谈判旷日持久地进行下去，匈牙利企图从中斡旋，而西吉斯孟此时正要把全部兵力用于反对瓦西里的行动，因而不愿急于得出结果。在整个波兰与莫斯科的战争期间和签订永久的和约后的最初两年，谈判一直拖延下去。这时，普鲁士的弗里德里希去世（1510 年 12 月 14 日），条顿骑士团选举了霍亨索伦—安施帕赫侯爵阿尔布莱希特为自己的新首领。此人一向默默无闻，而且贫困潦倒，但却富有进取心，而且野心勃勃。他不仅立即和马克西米连而且也和瓦西里开始谈判。西吉斯孟闻悉此讯，便转向匈牙利这个对立面，他娶扎波利亚伊的姐妹巴尔巴拉为妻，并和扎波利亚伊家族签署了一项秘密协定，要互相援助以反击一切敌人（意指哈布斯堡王室）。这是在 1512 年，这年较晚的时候，瓦西里进攻立陶宛。

整个 1513 年，战争一直在进行。与此同时，马克西米连获悉西吉斯孟和扎波利亚伊家族订有密约。鉴于这一密约对于他取得匈牙利和波希米亚的整个王朝计划有危险，于是亲自派遣 1 名使节前往莫斯科（1513 年 12 月）。这位使节（超越了他所奉的指示）缔结了一个有深远意义的进攻性的联盟，可是事实证明这件事在德意志并不受人欢迎。德意志有好几个诸侯不愿意为哈布斯堡王室扩张势力而进攻波兰。后来，在 1514 年 9 月 8 日，波兰—立陶宛军队在奥尔萨彻底打败了俄罗斯人。因此，马克西米连便决定与西吉斯孟讲和，而西吉斯孟由于不愿意面对着俄罗斯、神圣罗马帝国和条顿骑士团联合起来对付他的这一前景，因此他也愿意和解。经过一番磋商后，于1515年5月20日在普雷斯堡就条顿骑士团问题签订了一项初步协议，7月22日在维也纳签订了正式条约。根据初步协议，神圣罗马皇帝承认托伦条约；而西吉斯孟则同意不得吸收波兰人加入骑士团，而且今后5年内波兰人与骑士团之间发生的一切冲突均须提请神圣罗马皇帝和匈牙利国王进行仲裁。整个会议最终解决了匈牙利—波希米亚的继承权问题。年幼的国王路易（已于1508年加冕为国王）和马克西米连的孙女玛丽结婚，而安妮·亚盖沃则和马克西米连的一个孙子斐迪南订婚，神圣罗马皇帝亲自作为代理人，并许诺倘若斐迪南执意不从，他本人将娶那个女孩子为妻（这个婚姻实际上于1521年结成）。

这次交易的重要意义，怎样估计都不为过分。正如事实所证实的，仅仅过了11年，匈牙利和波希米亚的两国王位都归于哈布斯堡王室了。某些匈牙利的史学家说：这是上述协定的一个直接后果，如果路易十二不认为匈牙利是哈布斯堡的一个卫星国，他就不会挑动苏丹进攻匈牙利了；而1515年以后的情况的确是这样。这种情形在未来的一段很长时间内，也改变了波兰和神圣罗马帝国之间的关系，因为西吉斯孟这时放弃了他的反德意志的政策，而凑巧巴尔巴拉·扎波利亚伊逝世，这种改变实行起来也就比较容易了。1518年4月12日，西吉斯孟娶博纳·斯福尔扎为妻（这次联姻是由德意志人安排的），所以，在建筑、艺术和文学中意大利影响的扩大，人们公认在很大程度上是由于博纳王后的个人影响，这在未来的岁月中是波兰生活的一种显著的特色，这也可以算作维也纳会议的一种结果。西吉斯孟拒绝兼并西波美拉尼亚（他本来不久后即可这样做）和他拒绝瑞典民族派要他兼任瑞典国王的请求，无疑也是这一会议的结果。

吃了亏的是匈牙利的扎波利亚伊派、条顿骑士团和莫斯科公国。约翰·扎波利亚伊这时却通情达理，自甘失败；而且公平而论，他在以后的几年里并没有制造事端。骑士团和波兰之间又重新开始令人生厌的谈判。骑士团首领似乎受到了神圣罗马皇帝的某种暗中怂恿，因为他说话时的口气非常无礼，要求不但归还王室所辖的普鲁士领地，并且提出波兰应为占领50年而付给赔偿，以此作为签订协定的代价。1517年3月10日，他和莫斯科订立一项攻守同盟，并于次年要求神圣罗马皇帝在波兰拒绝接受他的条件时给予军事援助。他还接近丹麦，收到比较大的效果。1519年12月，西吉斯孟宣战，战斗激烈。但是，1521年4月5日，通过神圣罗马皇帝和匈牙利国王从中调停，签订了一个4年休战协定；在休战期满之前由他们决定骑士团首领是否应宣誓。但在期满以前，整个形势改观，因为阿尔布莱希特接受马丁·路德关于他应改奉新教，结了婚，并把他的教士身份改变为世俗人身份的建议。既然神圣罗马皇帝对宗教改革持敌对态度，这件事除了联合波兰否则就做不到，而西吉斯孟既由于国内的原因，又鉴于土耳其方面的威胁会再起，便接受了阿尔布莱希特的建议。1525年4月8日，在克拉科夫签订了一项条约。阿尔布莱希特在效忠于波兰国王的条件下接受了东普鲁士。对这个新建立的公国的继承权则归于他本人和他的3个弟兄以及他们的继承人；倘若他们世系中断，该公国则仍归于波兰。3日后，阿尔布莱希特在克拉科夫的市集上公开举行效忠礼。

在此期间，与莫斯科的战斗时断时续。瓦西里终于恢复了与克里米亚鞑靼人的联盟。双方均未取得决定性的胜利，于是在1520年9月2日签订了停战协定，继而在1522年9月14日又签订了5年的休战条约。条约是以占领地保有原则为基础，因而莫斯科便拥有斯摩棱斯克要塞，该地虽小但战略意义却非常重要。1526年休战条约又续订。

瓦迪斯瓦夫和扬·奥尔布拉赫特之间的家族协约在内政方面仅仅涉及防止实际上的叛乱和防止（国王所属臣民）挥霍王室岁入。可以这样说，前一种情况并未发生过，或者至少并未公开发生可以称为条款中所指的那种情况；而后一种情况却经常发生，但是也从未被用来作为兄弟之邦进行干涉的口实。没有任何史料说明他们兄弟两人或他们的继承人在协调国内政策方面曾超越这些做法。其他政治因素相互结合起来或协调一致起来的情况，则更加稀少。我们甚至也没有发现过波希米亚和匈牙利两国议会曾经联合起来反对过它们共同的统治者。然而，在这个时期内，制度和形势在所有这三个国家中的发展路线却极其相似，这一事实只能部分地用这样一个观点来加以解释，即相同的原因产生相同的结果。但不可避免主要是由于两国互相影响和互相模仿的缘故。具体地进行比较研究是可以从这一最有趣味的角度

第十三章 东欧

来处理这3个国家的内政史的,但是令人遗憾,这样的研究工作仍然有待进行,而本章只能分别扼要地指出各个国家中的主要发展情况。

波兰在体制结构方面更加原始,而其发展也比较晚。实际上它主要是在追赶匈牙利。此时波兰正在匆匆经历匈牙利已经经历过的某些演变阶段。我们在这里提出匈牙利,因为不管波兰的"兹拉启塔"(szlachta)来源于何种实际情况,毫无疑问至少到13世纪时,这一人数众多的小贵族阶级,无论在政治方面或社会方面,都更类似匈牙利当时的"柯兹内梅什克"(köznemesség),① 而不像波希米亚的贵族阶级。如果对匈牙利的族系做更加周密而细致的研究,这种相似的地方就更加清楚了。1374年,由于匈牙利国王路易向波兰贵族颁布了"科希策特典","兹拉启塔"的地位就进一步明显地和"柯兹内梅什克"的地位相同;它基本上是匈牙利1223年"黄金诏书"的翻版。此后不久,随着"沃迪克"(wlodykes)这一较低阶层的最后消失和波兰各省的相互同化作用,"兹拉启塔"便成了一个由性质类似的人构成的阶级,其成员的各种个人自由和豁免权都一再得到认可。由于这些权利的存在,国王的权力显然受到了限制,即国王在国内或国外都不得采取与这些权利相抵触的行动;但除此之外,"兹拉启塔"对于政策的决定是没有发言权的。唯一供国王咨询的机构是国王的枢密院,这是一个由少数几个高级官吏组成的小型机构;但是国王甚至并不一定要听取它的意见,更不必说采纳它的意见了。

但是在14世纪,"兹拉启塔"的阶级意识不断增长,因此它便开始产生了一种愿望,要在管理国家事务方面拥有更多的发言权;而且,许多因素加在一起,就使人们感到他们有这种愿望。特别是军事技术的发展使旧有的义务兵(insurrectio)变得几乎毫无用处;国王要打仗,就需要有比较训练有素的军队,不管是本国的或外国的,都是要给钱的。但是,如果"兹拉启塔"不同意,国王就不能从他们那里取得"科希策特权条例"所规定的每户不得减免的二格罗申以外的金钱。这就使"兹拉启塔"讨价还价的地位大为增强,因为国王确实需要征得它的同意而解囊,才能办事。由于波兰王位继承问题无法决定,这又进一步削弱了国王的地位。亚盖沃以后的每任波兰国

---

① "兹拉启塔"和"柯兹内梅什克"均系指权贵以外的普通贵族。——译者

王要想保住自己的以及后代的王位，就必须和他的臣民进行讨价还价。

因此，"兹拉启塔"的地位在15世纪上升很快，在处理国家事务方面达到和国王平分秋色的地步。早在1404年就已开始实行某种类似普遍代议制的制度，当国王需要征收非常税收时，就要派遣枢密院的成员前去和各地的"兹拉启塔"机构磋商。这里只举出其发展中的几个主要阶段：1454年国王在"策雷克维策特权条例"中，重申大波兰的"兹拉启塔"的各项原则，并且许诺不改变这些原则；国王未经与各地的地方议会（Seymniki），即地方上的"兹拉启塔"会议协商，不得征召义务兵。① 这些诺言后来也适用于波兰其他各地，并在"涅沙瓦特权条例"中加以保证。至迟到了1493年，在法律上的安排终于成形，波兰拥有三级代议制：地方议会；由地方议会的代表组成的省议会；和全国议会（包括三个"阶层"，即国王、枢密院和众议院，众议院由各地方议会的代表组成）。

从理论上说，这丝毫不会影响国王的特权，因为只是在涉及议会显然有权可以否决的事项时才不得不征询其意见②。著名的1505年的"毫无新内容"（nihil novi）的法规也没有改变这种情况，国王只不过在这里再次重申先前的保证而已。甚至在此以后，国王未经与议会磋商即进行了许多重大的事务，如和条顿骑士团取得协议，规定城市和犹太人的地位。但是，只要有议会的存在，国王想要通过采取片面行动而践踏"兹拉启塔"的权利，显然是比较困难的。再者，随着情况日趋复杂，国王不需要支持即可自行决定的问题的范围也日益缩小。议会因而就每次进一步视国王方面所做的让步而做出自己的让步，结果国王可以自行其是的范围就更小了。

新的发展形势使小贵族的力量增加了，结果不但削弱了国王的权力，也削弱了权贵们的势力。这些权贵们实际上并不是一个合法的单独阶级。但是一小撮大家族事实上形成了朝廷中的一批扈从，他们之间分享高官厚禄，这些窃据高位者便组成了过去的枢密院，这时称为

---

① 这个条例中的词句只是说"除非召开地区代表全体会议并经批准，否则将不制定任何新的条例，也不命令本国人参战"。本文作者认为问题很清楚，"战争"一词必理解为波兰边境以外的战争，因为"兹拉启塔"保卫祖国、抵抗侵略的义务是从来不成问题的。

② 1501年的"梅尔尼克特权法"曾规定国王必须接受参政院的决议，但后来认为该法并不具有法律约束力。

第十三章 东欧

参政院。众议院纯粹由小贵族组成,自然就成为与参政院相抗衡的砝码,而且由于议会通过任何决议都需要全体一致,因此众议院甚至掌握"最后的手段";不过,实际上并没有由于有某个人或某个小集团的否决因而使重大的决议不得通过的情况。

在这段时间内,"兹拉启塔"的力量也靠牺牲城市,特别是牺牲农民的利益而大为增加。15世纪初期,波兰农民的处境并不坏。许多村镇起源于移民。它们对于自己的事务拥有一定程度的有保障的自治权。它们缴纳固定的赋税,但随着货币贬值,这种赋税已变得和贵族向国库缴纳的贡俸一样少得可怜。地主在转向商品化耕作之前,无意强迫农民生产比所能消费的更多的农产品。首先,农民有自由迁移权,这一点是最主要的,因为在劳动力求过于供的那个时代,没有一个地主敢于过分地进行盘剥;否则,他的农民可以干脆离他而去,到其他条件比较好的地方劳作。在15世纪的晚些时候,由于种种原因,情况有所改变。原因之一是此时逐渐可以通过但泽输出谷物,虽然这也许并不是某些人有时所说的决定性的原因。但是,由于这种或那种原因(包括国防兵役的改变,由他们亲自参加转变为他们花钱雇人参加),地主们正在转变为从事商品化生产的农场主,他们最关心的是为他们的土地取得大量的廉价劳动力,因为他们这时开始以日益扩大的规模直接经营这些土地。1493年的议会重申过去的规定。根据这些规定,农民只可在一定的日期离开农场,除了引荐新的佃户外,否则必须完好无损地交出土地和财产。但是,这时通过了一系列的法律(1496年、1501年、1503年、1510年、1511年),禁止农民或他的儿子们(起初这种禁律仅适用于有一个以上儿子的情况)未经主人同意擅自离去,并且简化手续,规定擅自离去者可以追回。同时,农民的法律地位被贬低。原有的自治权利已被取消,地主的管家代替了从前的村长。农民们长期以来在许多方面都要服从地主的传统家法,但是在某些情况下仍有可能向国王法庭上诉。1496年和1501年的法律对此大加限制,1518年西吉斯孟最后终于放弃了裁决农民对其主人(如系普通平民)上诉的权利(在王室和教会的土地上则仍可上诉)。田赋和劳役都有增加,地主如今为了自己农场的利益可以大量侵占过去农民的土地,虽然他们在法律上是无权这样做的。

城镇仍然保持其自治和权利,国王和各城镇分别谈判供应的问题。因此，城镇不受议会发展的直接影响，只有克拉科夫一地按惯例有代表参加议会。但议会的发展自然也增加了"兹拉启塔"的政治力量，从而削弱了城镇的政治力量；"兹拉启塔"还取得某些其他特权，尤其是免去关税的特权（1406年实行，1504年、1541年和以后几次重订），也对城镇不利。地方上的制造业无法和不纳关税的德意志进口货相竞争。土耳其人在黑海北岸立定脚跟，旧时来自东方的转口贸易中断了，这也使城镇的地位进一步下降。

在波兰，许多事态发展日后所产生的恶果在当时并不很明显。亚盖沃时代的各任波兰国王都是恪尽其职的，他们把自己的国家团结得相当牢固。我们从研究波兰的对外关系中可以看出，波兰实际上损失甚微（假定和条顿骑士团的和解仍有可能产生良好结果的话）。为了弥补这些损失，西吉斯孟于1526年在一直统治马佐夫舍的皮亚斯特王朝的最后一批王公去世后，把马佐夫舍并入了波兰。波兰和立陶宛之间的关系有起有落，在扬·奥尔布拉赫特去世后波兰王国和立陶宛大公国重又落入一人之手时，波兰人即打算实行一种新的联合（即梅尔尼克联合），规定联合选举国王兼大公。由于波兰并没有必须选举亚盖沃家族成员的规定，这就等于说，该家族对大公国的世袭权利消失了。但是，立陶宛人拒不同意这种联合，虽然他们后来接受西吉斯孟为他们的大公（尽管他同时又是波兰国王）。这个问题只是到以后才又提出。

匈牙利事态的发展比波兰更动荡。波兰15世纪90年代事态的发展是70年代事态发展的自然结果，而70年代事态发展又是前数十年事态发展的自然结果。但是，在匈牙利却插进了一个马加什·科尔文生机蓬勃的朝代。而马加什·科尔文无论在政策目的和施政方法上都更接近于与他同时代的中欧和西欧新一代的王公们，而不是他的各个斯拉夫邻国。尽管他尊重匈牙利宪法的形式，但实际上却非常不重视它，所以他的统治和开明的专制相接近，匈牙利的社会和政治的发展因此往往模仿西方的形式。

匈牙利在他去世后立即产生了一股强烈的反动潮流。这种反动潮流也许并不像后来的匈牙利学者往往认为的那样，是毫无道理的。匈牙利的主要过错出在马加什为了豢养他的"黑军"而向匈牙利人征收税金。如果这支军队能够保存下来，匈牙利有可能避免莫哈奇的惨败，这种说法固然不错。但是，马加什组织他的常备军主要不是用来防备土耳其人，而且也没有用于这个目的。他在南部边界只用少数雇佣军补充民团；而且他在该地（在他即位最初几年之后）只是采取防御行动，使用这支小部队即可应付。他把自己的雇佣军扩充为一支庞大的部队并课征重税来养活这支军队，其目的则是为了他的西方战役，而这些战役不能为他的匈牙利臣民带来任何好处，而且他们在法律上也不是必须要承担捐献义务的。至于他的其他措施，虽然有很多是符合国家的长远利益的，但也有很多措施就其直接效果来说，无疑是压制性的。

然而，他的统治却得到人民的拥戴。拥戴他的不仅有长期悼念他的农民，还有那些他（和波兰的卡吉米日一样）曾向之讨好的小贵族。他讨好的做法不是给予他们以实际的让步，而是沉重地打击那些显贵们。这些显贵是一群人数不多的教会的和世俗的富人。他们就是借助这支他们视为眼中钉的常备军把瓦迪斯瓦夫扶上了王位。这些人对新王朝的第一个要求就是，这个王朝应该是软弱无力的。他们在找到了一个其一般性格符合这一要求的人物之后，便着手大大限制国王的权力。瓦迪斯瓦夫不得不在加冕宣誓以外又颁发一个书面的"即位特许状"，其中除重申关于尊重一切权利、特权和豁免权等一般惯常的保证外，又不得不就外交、内政各个方面做出特殊的保证。外交方面，尤其是如上面所说，倘无高级主教和王侯们"明确、自由和自愿的同意"不得与弗里德里希三世或马克西米连订立协定。内政方面，在发行新钱币和实行其他各种措施之前，必须征得大主教和王侯的同意。他还不得不同意取消马加什的"新政"，特别是要取消用以维持"黑军"的弗罗林税。国会要定期开会，国王必须在开会前1个月发出通知，并事先通知他要在国会上提出讨论的问题。1507年终于确立了一项原则：国王颁布的法令未经国务会议批准，不具有法律效力。1504年又宣布，任何地区违背王国古代规定的自由权利，不经整个国会同意而向国王提交任何补助金或献金是非法的。这就堵塞了一个最重要的漏洞。

国王的权力即使在法律上也受到严格的限制，实际上又由于瓦迪斯瓦夫的软弱而降到零。国王仍然可以通过节俭而又明智地使用从王室的土地、矿产和其他王室财产所取得的重大收入而操纵大权。但是瓦迪斯瓦夫却让控制这些收入的大权旁落到了一帮朝臣的手中,他们便无情地巧取豪夺,中饱私囊,结果收益上达国库时,只有马加什时代的一半,有时仅及 1/4。有些收入则包给了匈牙利和外国的投机商们,以便预先换取现金。当这些现金也花完了的时候,这位穷困潦倒的国王只得出售马加什收藏的书籍和绘画。有时候,他简直是靠乞求施舍才能使他的朝廷酒食两足。

 国王已经完全不是一个有效的政治因素,于是小贵族和大贵族之间便出现了激烈的斗争。从表面上看,小贵族在这场斗争中占了上风。大贵族开始时便把国务会议成员限定为 4 名高级官吏、4 名主教和 4 名贵族。但国会却通过一项措施,在这个数字之外增加了 16 名小贵族的代表。小贵族在国会中当然占有绝大多数,因为一切贵族都有权参加国会,而实际上也必须出席国会。1495 年经批准大贵族的地产也必须置于县当局的管辖之下。按规定,"福司班"(föispan,即地方长官)由县议会选举并对县议会负责(县的所有贵族在选举中各有一票),全县任何人均不得在该地方长官的管辖之外。1514年,小贵族的地位在理论上又得到了一次显著的肯定。1498 年的国会决定统一编纂匈牙利的法规。这项工作几年之中一直进展不大,但后来由法学家维尔伯齐接手。维尔伯齐本人出身于小贵族家庭,而且他个人的致富之术也不亚于任何人。维尔伯齐的著作称为《三章法》,这是在匈牙利农民起义(我们在下文中将谈到这次起义)之后不久问世的,记载了起义后农民状况恶化的情况。这部著作着重地阐述了匈牙利人所享有的自由和政治权利全部为贵族——即相对于"苦难的庶民"而言的"匈牙利平民"——所独享。这部著作接着又着重地指出"平民"中所有的成员之间的地位则完全平等。他们享有"同样的自由";全部法律和惯例对于他们都是平等的,只是在"领主"犯法时课以较高的补偿金而已。但是,这并不是"根据自由,而是按照官职和级别而来的"。这一著作还发展了著名的君权神圣说,即君权是以王冠本身为象征的神秘实体;但从政治意义来说,它是由两种人所组成:一种是戴王冠的国王,另一种是全体平民,而每一个贵族则是整个平民中的一员。这两种人是相辅相成而不可分离的,因为贵族选举国王,而国王又是贵族的渊源;没有另一方的同意,任何一方的决定都是无效的。维尔伯齐的著作(该书声称系根

第十三章 东欧

据匈牙利的习惯法编纂而成，而且可能比公认的在更大程度上依据真正的古代传统）从未得到法律上的认可，但是数百年来一直被作为匈牙利宪法的权威性阐述而加以引证；该书的问世大大加强了小贵族的地位，不但在他们对农民和市民的关系上是这样，而且在他们对大贵族的关系上也是这样。值得着重说明的是，根据宪法大贵族不但不能成为一个独立的阶级（如在波兰那样），而且在其他许多方面也不能自成一体。他们中间有很多是新人：红衣大主教鲍科茨的父亲论社会地位是个农奴，论职业是个蜡烛匠人；后来的财务大臣在历史上用三种语言分别名为福钦纳图斯、塞莱切什或格鲁克，他是一个受过洗礼的犹太人。在这些年月中，一些人所掌握的大权，不过是由于在混乱的局面下那些有本领的人物乘机浑水摸鱼而捞到的。但是这种情况实际上就使权贵们掌握了实权，这种实权的分量超过了小贵族根据宪法所享有的权力。所以，这些年中匈牙利的事务是由权贵们所控制，而事态的发展方向则要视权贵中各派之间层出不穷的钩心斗角的进程而定。小贵族们所享有的权利本身并不是他们力量的真正源泉，因为参加国会这一义务把他们弄得民穷财尽，他们不能够长时期地离开自己的田庄，而权贵们却可以利用使争论的问题无休止地争论下去的办法使他们挨饿，从而迫使他们就范。

匈牙利农民的状况也和波兰农民的状况一样每况愈下，尽管开始时要比波兰缓慢得多。1492年的国会仍然批准了农民自由迁移的权利，但却以减少农民迁移的诱因这种间接办法来加以限制。国会使用的办法是把各地入境者的所有生活水平都降低到所能容许的最低程度；包括国王在内的所有地主都必须征收各种允许征收的税款，并在以前不收此种费用的免税地区和市集城镇一律征收。到1498年，国王所属的免税城镇也开始征收。1504年又禁止农民猎取禽兽。1514年爆发了多萨起义这一个可怕的非常事件。红衣大主教鲍科茨·托马什对于教皇的职位梦寐以求，因此想要有所建树。他在教皇利奥十世的要求下，鼓吹组织十字军东征，大约有10万名农民和其他贫苦阶级的成员志愿参加了这支十字军。由于没有一位高级将领愿意指挥这批乌合之众，鲍科茨遂任命一名塞克勒人的职业军人乔治·多萨担任指挥官，但后来心有悸恐，又想解散十字军。多萨便趁机率领他手下的人掉过头来反对"贵族老爷们"。经过一场浴血战斗之后，他战败被擒。在这次战斗中，他的手下人犯下了许多可怕的罪行。他本人身受难以描述的折磨之后被处死。因此国会对国王所属免税城镇以外的全体匈牙利农民一律判处"实际的长期苦役"，并进一步把比以前远为沉重得多的赋税和劳役强加到他们头上。

尽管匈牙利的反农民立法比较耸人听闻而且不是逐步实施的，但是这种立法并不比其他国家的更为苛刻，身受其苦的农民的状况也并不比其他国家更差。但是，匈牙利四面楚歌的形势使它更经不起这种折磨，就国家的防务问题而论，更是如此。"黑军"取消后，国家又恢复了原先的民团制度，除非有外国侵略时才能实行大规模的征兵。后来在"弗洛林税"终于不得不再次恢复的时候，负责提供民团的贵族宣布他们应免此税。因此，尽管通过种种办法，税收征入仍然甚少，养育民团不多。匈牙利全境唯一没有完全忽略防务体系的地方是南部边境地区，国王在这个地区派驻有卫戍部队，这些部队实际上通常是由教皇或威尼斯给予津贴而支付的。

1490年以后，摩拉维亚、西里西亚和卢萨蒂亚实际上已与波希米亚重新合并（匈牙利国会坚持保留其权利并保留其要求补偿的权利，但这种补偿从未兑现）。波希米亚的主要特殊问题是宗教问题。天主教派和酒饼同领派之间根据库特纳霍拉条约建立的和平措施，并不是十分完善的。酒饼同领派一直拒绝放弃规约（Compactata），也拒绝放弃把他们与天主教派分裂开来的任何教义方面或组织方面的论点。同时，虽经多方努力进行调停，教皇也同样坚持拒绝继续执行规约。这是一次休战，甚至本来就不是要它成为一个长期的休战，因为路德的教义一经传播，敌对行动又要重新点燃起来。与此同时，一个名叫"弟兄联盟"的教派却不断迅速地发展起来。不知什么原因，瓦迪斯瓦夫对这个教派却有一定的好感，而该教派在贵族和酒饼同领派的高级教士中间也有几个很有势力的保护人。1496年，其中有一个比较激进的派别分裂出来，称为"阿莫西特派"。这一教派中的大部分人在卢卡斯长老的领导下，逐渐转而信奉禁欲主义成分较少的教义，他们的信徒如今可以参与世俗事务，担任各种官职。有相当多的捷克贵族此时参加了这个教派，它在两个主要的敌对派别之间居于一种举足轻重的地位。

波希米亚贵族自然和匈牙利贵族一样，也利用了"多布热"国王的软弱无能。他们在1500年通过了一部完整的宪法，这部宪法规定国会有权投票决定征收赋税，有权控制赋税收入的用途，并决定国防所必需的现役人数。国王只能在外国进攻的情况下才有权调动军队。各省的官员则由贵族选举，并对宪法宣誓。国王甚至失去了赦免之权，最高法院的法官不得撤换，他们的判决不得取消。1508年国会接管国王的债务，但条件是由他们管理王室的收入。

这样一来，波希米亚除了名义上而外，在各个方面都是一个贵族共和国。与匈牙利和波兰的国内情况一样，贵族认为自己才是个人权利或政治权力的唯一代表。宪法阐明的原则是，唯独他们才有自由，而居民中的其他各阶级都命中注定处于被奴役的地位，他们所享受的任何利益都是出于恩典，而不是他们的权利。波希米亚农民的地位和邻国一样每况愈下。一直到胡斯战争时还继续存在的为数相当众多的自由农民和半自由农民阶级，在胡斯战争之后由于采取了"凡没有领主者，必须有一个领主"这一原则而被消灭。在瓦迪斯瓦夫即位后的最初几年里，议会通过法令规定，农民不经自己领主同意不得离开住地；领主们又彼此相约不得收容由其他庄园迁移来的农民。1497年，农民被奴役的地位已经法律确认，在1500年的宪法中又重新作了规定。和其他地方一样，领主们愈来愈多地转向直接经营农场和从事农业工业，摊到农民头上的赋税和劳役也随之大量增加。

贵族也对城镇展开了攻势，在这方面的冲突往往因为宗教和民族的对立而尖锐起来。城镇被置于贵族的监督之下，其特许权或被削弱，或被取消。城镇居民被禁止在乡间地区进行交易，商人甚至在路途中遭到扣留。1500年的宪法取消了城镇居民在议会中的代表权。然而，城镇居民所代表的是一支相当可观的力量，他们为自由而英勇斗争，这种斗争有时简直和一场内战相等同。他们在1508年恢复了在议会中的代表权，1517年又签订了一项休战协定（即所谓圣文策斯拉斯条约），其中规定城镇放弃他们根据乔治·波迪布拉德的法令取得的酿造和出售啤酒的专利权，而贵族则承认他们自治，并准许他们在议会中有代表权。

与波兰和匈牙利相比较，波希米亚社会结构很大的不同之处是它没有一个相当于波兰"兹拉启塔"或匈牙利"柯兹内梅什克"的庞大而有力的阶级。在这3个国家中，波希米亚受到的西方影响最深，在这种影响之下少数大家族（1480年在摩拉维亚只有15个）被认为是一个单独的世袭阶层，这个阶层的成员不但在自己的庄园上几乎是绝对专制的君主，而且独霸了国家所有的要职。小贵族则笼统地被称为骑士团，处于大贵族和非自由人阶级之间的中间地位。

在瓦迪斯瓦夫执政期间，波希米亚的骑士也和其他国家的骑士一样，不但侵犯非自由居民，而且也冒犯大贵族。1487年（波希米亚）和1492年（摩拉维亚）他们都有一定数目的代表进入了高等法院。1497年国王瓦迪斯瓦夫规定了一个一致同意的比例名额，由大贵族和骑士团二者分担国家的要职。这是骑士方面的胜利，因为他们如今也有份担任这些职务，但是大贵族仍占多数，并把持了其中比较重要的职务。因此，波希米亚的寡头（因为国王懦弱无能，他们的实权当然就更大了）合法地享有，甚至在更大程度上享有匈牙利寡头们只是在事实上享有的无上权力。

波希米亚人在见机行事方面并不比匈牙利人高明。在这里，这个时期的内政史也是一部各斗争集团之间尔虞我诈，争权夺利的肮脏历史。如果说这种自私自利和无法无天的状态之所以还没有给国家带来致命的后果，这是因为它幸而远离土耳其军队。波希米亚的大贵族和骑士团已经从瓦迪斯瓦夫那里取得了一项保证，即他们不必派遣士兵在自己的边境以外的地方服役，因此他们便能够超然地甚至心安理得地坐视一场席卷匈牙利的风暴即将来临。

国王瓦迪斯瓦夫于1516年3月13日死于布达。10岁的路易已在匈牙利和波希米亚两国加冕，两国朝廷中各个权贵集团对于他的继位问题均无异议，只是反对这样的意见，即被指定为路易的共同保护人的神圣罗马皇帝和西吉斯孟无论如何都无权干涉两国的事务，因为两国的事务已经完全掌握在这些权贵们的手中。波希米亚局势的发展造成了两派的争权夺利。两派首领是瓦迪斯瓦夫曾指定为自己儿子导师的两个人：罗兹米达的日丹涅克·列夫（布拉格的第一任城主，代表酒饼同领派）和罗森贝格的布莱梯斯拉夫·斯维霍夫斯基（天主教派领袖）。罗兹米达在开始时势力较大，但是他鱼肉人民，引起人民深为不满，因此当年轻的国王于1522年第一次来到这个国家时，即以符腾堡的约翰取代了罗兹米达，并任命乔治·波迪布拉德之孙明斯特尔贝格公爵查理担任摄政，一时人心大快。但是，罗兹米达仍有足够的力量，终于使国王收回成命，于是波希米亚此后独立存在的不多几年的历史便成了天主教派和酒饼同领派两派领袖和信徒之间自相残杀的历史。

匈牙利的情况至少也是同样的不妙，朝廷中的权贵们（其中最有势力的是路易的堂兄弟勃兰登堡的乔治侯爵）肆意掠夺国家的收入，同时置办奢华靡费的庄园，结果国家所需要的金钱更加短缺了。路易实际上解散了他的民团，几个权贵也仿效他的做法。反对朝廷的只是那些争权夺利企图分得一杯羹的敌对的权贵们，因为小贵族们这时又是群龙无首。约翰·扎波利亚伊已和这些小贵族脱离关系，退至特兰西瓦尼亚，切实地巩固自己的独立的准公国。小贵族的代表甚至也被排斥在枢密会议之外。此时巴尔干各地的形势再一次险恶起来。1520年苏里曼大帝接替了父亲谢里姆的王位后，立刻转向北方。1520年他派遣使节去见路易要求朝贡。在遭到拒绝后，他准备向布达进军，但是这必须首先攻下萨夫河和多瑙河畔的要塞。沙巴茨和贝尔格莱德的守军在孤立无援的情况下英勇自卫，最后终于陷落；因为国王命令率军驰援的巴拉丁选侯和扎波利亚伊行动迟缓，战斗在他们尚未到达之前即已结束。

如今全国上下觉悟到国防的重要，缅怀马加什的伟大时代，1521年12月的国会因而通过一条法律，接受了为建立一支常备雇佣军而普遍征税的原则；不过这是取代了过去的兵役制，而不是它的补充。同时，领主们解除了维持民团的义务，而小贵族们也摆脱了服劳役的义务。然而征收的金额毕竟很少，就连这么一点税金，其中大部分也落入了巴拉丁选侯和其他官员的腰包，或者落入了经管和操纵国王的许多财政事务的塞莱切什的腰包。

苏里曼决定先攻取罗得岛然后继续北进，这就给予匈牙利一个意外的喘息时间。但是，匈牙利并没有就此加强自己的防务，而是乘机侵犯瓦拉几亚，并在那里建立了它的宗主权。

匈牙利派遣使者前往国外乞援。神圣罗马帝国在纽伦堡的议会深为贝尔格莱德的陷落所动，便派出使团前往维也纳和斐迪南大公（此时已娶安妮·亚盖沃为妻）以及波希米亚和匈牙利的代表进行会谈。但是，哈布斯堡和法国之间的重大冲突刚刚爆发。德意志人兵力不足，只向斐迪南提供3000人，斐迪南便把他们派往克罗地亚。

1523 年、1524 年和 1525 年虽经一再求援，也未产生更好的结果。至于路易自己方面的波希米亚人，罗森贝格的天主教派愿意提供少量的援助，但是，正如我们所知的，一向维护自己宪法权利的国会却对路易的求援回答说："即使他送来一车这种信件，用金字大书特书，他们也不会听命的"。唯一的真正的援助（也是微乎其微的）是来自教皇的；教皇派遣一位使节前往匈牙利（安东尼奥·布尔焦男爵），这位使节亲自出资成立了一支人数不多的从摩拉维亚招募的雇佣军。波兰的西吉斯孟也想提供援助，他拒绝与苏丹继续订立休战条约，并派遣一支人数不多的部队前往匈牙利；但是，土耳其人在鞑靼人帮助下残酷地洗劫罗塞尼亚、沃利尼亚和波多利亚，他需要以所有的兵力来防护自己。正是由于这些洗劫，遂开始形成哥萨克的组织，成为波兰和立陶宛南部和东南边疆的一支特别的防御力量；哥萨克第一批应召入伍的花名册始于 1524 年。

1525 年和 1526 两年，匈牙利的权贵中各敌对集团之间以及大贵族和小贵族之间进行着激烈的斗争，各方都指责说国家的现状是由对方造成的。1525 年，小贵族们极力使维尔伯齐被任命为巴拉丁选侯，但次年他又被推翻。平心而论，他也并不比他的对手更有建树。同年又发生了弗朗西斯一世向苏丹靠拢这一著名的事件，这件事就决定了匈牙利的命运。

1526 年初，布达方面十分可靠地获悉，苏丹正在准备出动，4 月他便率领 10 万大军和 300 门大炮徐徐北上。4 月间匈牙利国会结束时，议员纷纷叫嚷如果国王再不筹措并动用据说国家所能拿出的一切资源，他们将不负任何责任；而国王则答复说，由于国家资源不足，因此一旦灾难临头他不能负责。苏丹本人则缓缓前进，却派首相易卜拉欣率先前去攻打扼守多瑙河上渡口的彼得沃拉丁要塞。要塞顽强地进行防守，但在 7 月底终于陷落。在此几天以前宣布了一次全体早朝之后，路易本人即带领 3000 人的军队由布达出发，这是当时在首都可以调集的全部兵力。他沿着多瑙河右岸缓缓进军，以便各县来的民团和小部队能有时间赶来和他会合。但是，由于他发出的一些命令含混不清和前后矛盾，结果事情弄得更糟。扎波利亚伊率领他的特兰西瓦尼亚队伍来得太迟，不及参加决战；后来人们纷纷指责他故意拖延，其实他一连接到了四道命令，第一道命令要他侵犯瓦拉几亚，而后来的几道要他和国王的军队会合的命令却又到得太迟了。指挥由德意志军队增援的克罗地亚军队的克里斯托弗·弗朗盖巴，也遇到同样的情形。但他和扎波利亚伊都曾请求国王在他们到达之前不要接战。和国王在一起的匈牙利军队拒绝离开国王单独行动，苏丹因而在埃塞克便毫无阻拦地渡过了德拉瓦河。当国王听说土耳其军队在莫哈奇前面停下来时，他为了防范有人临阵脱逃，便决定不等待援兵到达即行开仗，虽然他的全部兵力仅有约16000名匈牙利人和仅及其半数的波兰、德意志和捷克的雇佣兵。8月29日，这一支兵力不多的军队便在莫哈奇以南布阵，等候土耳其人前来。这位年轻的国王为了鼓舞部下，便和全体政府官员在战线的中央亲自指挥。被迫担任指挥的考洛乔大主教保罗·托莫里认为迅速攻打苏丹的罗迈连人前卫部队就可以在其主力到达之前将其击溃。但是，主力非常靠近，出乎他的预料，因此当匈牙利人把鲁梅利亚人赶回去而自己的队伍在战斗中也发生混乱时，他们发现自己已经完全置身于苏丹的炮火之下。这支人数不多的部队约有15000人丧命，其中有许多是部队的指挥官。路易本人也受伤。他的两名副官把他从战场上抢救出来。但是，当他们渡过一条沼泽般的小河时，国王和一名副官溺毙，另一名副官回到了布达向国人报告全军覆没和国王死亡的噩耗。

张文华　马　华　译

第 十 四 章

奥斯曼帝国
(1481—1520 年)

　　苏丹穆罕默德二世在位时期（1451—1481 年），一直努力实现一个主要目标：巩固奥斯曼国家。他在 1453 年征服君士坦丁堡。在希腊人统治的最后年代里，该城被弄得贫困不堪，人口也大大减少，但后来在他的领导下再次成为一个帝国的值得夸耀的首都。苏丹修整古代的城墙，并从他治下的所有地区迁移成批的穆斯林、基督教徒和犹太人，使其居住城中的空闲地点。一些公共建筑兴建起来，例如他所建立的大清真寺还设有沐浴室、医院、客舍以及向学生们教授伊斯兰法律的学院。君士坦丁堡更名为伊斯坦布尔。这个帝都本身就反映出奥斯曼国家的富裕而复杂的性质，它把安纳托利亚的各行省和巴尔干的土地都联结在一起，而这是帝国的旧都阿德里安堡所做不到的。

　　巩固国家也是苏丹连年不断征战的目的所在。1459 年，独立的塞尔维亚的最后残余部分变成了奥斯曼的边境省份塞门德里亚，不过穆罕默德在 1456 年围攻强固的桥头堡贝尔格莱德未克，该地仍留在匈牙利人手中。1463—1464 年占领波斯尼亚。波斯尼亚的贵族大部分皈依了伊斯兰教，此后在保卫边疆以及对匈牙利和奥地利发动进攻中都起了很大的作用。在希腊，1458—1460 年征服了由佛罗伦萨的阿奇亚约里家族所据有的雅典公国和帕莱奥洛格家族统治的希腊摩里亚君主国①；而在爱琴海上，1455—1456 年占领了萨索斯岛和萨莫色雷斯岛，伊姆罗兹岛和利姆诺斯岛，1462 年占领了莱斯博斯岛。在

---

① 摩里亚是奥斯曼人对伯罗奔尼撒半岛的称呼。——译者

第十四章　奥斯曼帝国（1481—1520 年）　　429

与威尼斯的长期战争期间（1463—1479 年），尼格罗庞特①于 1470 年落入苏丹之手；不过，一直到威尼斯的盟友阿尔巴尼亚人在他们的领袖斯坎德培于 1468 年逝世之后减弱了抵抗，奥斯曼人才通过 1478—1479 年攻占克鲁亚和斯库台，在亚得里亚海沿岸地区得到一个牢固的据点。

黑海变成了奥斯曼帝国的内湖。热那亚人集聚的加拉塔（君士坦丁堡市郊的一个区）于 1453 年被迫向穆罕默德降服，这样一来，热那亚就与它在这一带水域的海上帝国切断了联系。1461 年，奥斯曼帝国建立了对黑海南岸的控制权，在那里，热那亚人的利益中心阿马斯特里斯，连同土耳其人的卡斯塔莫努酋长国（包括它的锡诺普港在内）以及希腊人的特拉布松"帝国"，都归属了苏丹。1475 年，奥斯曼舰队占领了热那亚人在克里米亚的古老商业中心卡法②，从而取得黑海的北岸。甚至克里米亚鞑靼人的汗国，这时都变成了奥斯曼人的一个臣藩。在安纳托利亚，长期以来成为奥斯曼国家背后的一个危险敌人的土耳其人的卡拉曼公国，在其统治者易卜拉欣贝伊于 1464 年逝世后的年代里，大部分被占领了。旧的统治家族的王公们继续在领地的山区负隅抵抗，从而迫使奥斯曼人进行更多的战役，例如 1470 年和 1474 年的战役；但是，在这些事件之后，尽管独立的传统还维持了一个世代以上，卡拉曼终于成为苏丹领土的一个组成部分。

虽然取得这样一些成就，但当穆罕默德在 1481 年逝世时，还没有完成巩固江山的大业。在欧洲，奥斯曼人对瓦拉几亚③和摩尔多瓦两个基督教公国的控制尚未巩固。1462 年遭奥斯曼人蹂躏的瓦拉几亚造成的麻烦比摩尔多瓦还少一些，而摩尔多瓦在其精明强干的统治者斯特凡大公（1457—1504 年在位）的领导下，1475 年在拉科瓦河畔打败了奥斯曼多瑙河各行省的边防战士。尽管 1476 年穆罕默德在瓦列亚阿尔巴击溃了摩尔多瓦人，报了这次失败之仇，但是奥斯曼人为了建立通往克里米亚的安全的陆路交通线，后来还不得不控制多瑙河和德涅斯特河的入海口。在帝国的西北边疆，匈牙利人仍占有贝尔

---

① 即今希腊埃夫维亚（尤比亚）岛。——译者
② 即苏联费奥多西亚。——译者
③ 今罗马尼亚境内南喀尔巴阡山脉与多瑙河之间的地区。——译者

格莱德以及波斯尼亚的部分地区；而威尼斯的舰队则仍然支配着亚得里亚海和摩里亚半岛的一些强固的基地。

在东方，在穆罕默德统治的晚期，与两个相邻的穆斯林强国的关系更加紧张起来，一个是麦木鲁克王朝的埃及，争执的原因是由祖尔—卡德尔王室统治，而被麦木鲁克人看作他们的保护国的缓冲国家阿尔比斯坦；另一个是波斯，因为乌宗·哈桑最近在那里建立的国家对于奥斯曼的安纳托利亚是一个严重的威胁。乌宗·哈桑（1423？—1478年）原是据有迪亚尔巴克尔周围地区的通称为阿克科雍鲁（白牧羊人）的土库曼部落的酋长，他开始征战生涯，在1453年之后的一些年成为波斯西部、阿塞拜疆和库尔德斯坦的主人。当威尼斯与穆罕默德进行战争期间，他作为威尼斯的盟友曾经侵入安纳托利亚，只是1473年在特尔詹战役中才被击退。尽管如此，奥斯曼与阿克科雍鲁国家之间的边界在1481年还没有明确划定，与麦木鲁克王朝的叙利亚之间的边界也是如此。

穆罕默德把奥斯曼的旧风俗提高到法律的地位，即一位苏丹在即王位后，必须将他的弟兄以及弟兄的男孩子处死，以消灭一切可能争夺王位的对手；但是，他并没有解决王位继承本身的问题。当他在1481年5月3日死去的时候，遗有两个儿子——巴耶济德和杰姆，他们每一个都遵循王子从早年起就必须学习治国之道的奥斯曼传统做法，各自管理安纳托利亚的一个省。长子巴耶济德在阿马西亚，杰姆则在卡拉曼的故都科尼亚。他们之间的冲突是不可避免的。究竟鹿死谁手，要看哪个王子有足够的幸运赢得禁卫军和国家重臣们的效忠。高官显宦之间是有分歧的，但其中有几个人，包括安纳托利亚总督，以及据某些史料称统率禁卫军的阿加（将军），均与巴耶济德的姊妹或女儿结婚，因而坚决支持他对王位的要求。固然，杰姆一党为首的是首相穆罕默德帕夏这样的大人物，但此人极其不得人心。

苏丹穆罕默德是在一次新战役开始的时候，在距离伊斯坦布尔对岸的于斯屈达尔不远的马尔泰培死去的。首相秘而不发苏丹的死讯，向阿马西亚和科尼亚派出使者，希望杰姆能够在巴耶济德之前到来。为了防止依然在马尔泰培驻扎的禁卫军渡过海峡开赴首都，他回到伊斯坦布尔，下令封锁博斯普鲁斯海峡沿岸的码头并扣留一切可用的船只。但他枉费心机，因为秘密泄露了出去，禁卫军起来造反，在安纳

第十四章 奥斯曼帝国（1481—1520 年）

托利亚海岸夺得船只，从于斯屈达尔渡过海峡，把他杀死了。与此同时，派往科尼亚的使者被安纳托利亚总督下令抓获。为了保证巴耶济德即位，拥护他的一党把他的一个儿子考尔库德扶上王座，作为巴耶济德本人从阿马西亚回来之前的临时国君。于是，巴耶济德在1481年5月20日到达伊斯坦布尔后，立即被宣布成为苏丹。

杰姆被迫进行武装抵抗。他在卡拉曼，从托罗斯山区的土库曼部族——瓦萨克族和托古德族中聚集一支强大的兵力，使他能够夺取他的先祖的故都布鲁萨，在那里自加苏丹的称号。不过，他的军队并不能与禁卫军匹敌。他在邻近布鲁萨的耶尼谢希尔战败（1481年6月20日）之后逃往埃及，到麦木鲁克王朝的苏丹卡耶特贝伊（1468—1495年在位）那里去避难。正在这一时期，以前在大不里士的乌宗·哈桑之子亚库布贝伊（1478—1490年在位）的宫廷中过流亡生活的、已被废黜的卡拉曼王室的卡西姆贝伊入侵他祖先的土地，但被赶到吉里吉亚去了。1482年春，他和杰姆合兵一起，6月，猛袭科尼亚，但以失败告终。杰姆成功无望，逃往罗得岛，去寻求圣约翰骑士团的庇护（1482年7月26日）。

骑士们了解巴耶济德多么急切地要捕获那么危险的一个奥斯曼帝位要求者，就于1482年9月把杰姆送到法国。当巴耶济德应允不对罗得岛采取一切敌对行动，并且在1482年12月进一步商谈之后，又答应每年付给骑士们45000威尼斯杜卡特的报酬后，他们保证把王子万无一失地幽囚起来。为了取得对杰姆的控制，基督教强国，甚至还有麦木鲁克王朝的苏丹，开始一系列旷日持久的谈判和密谋，在这一过程中，骑士们于1486年同意把杰姆交由教皇英诺森八世看管。英诺森八世在这位王子由他监护（1489年）后，便在1490年11月与巴耶济德达成谅解，从此以后接受了过去付给罗得岛的骑士们的年金。1494年，教皇亚历山大六世派遣密使向巴耶济德告警说，当时即将入侵意大利（见第十二章）的法王查理八世很可能利用杰姆发动一次反奥斯曼人的十字军。但是，苏丹的担心很快就消失了，因为，尽管教皇的确在1495年1月被迫把杰姆引渡给了查理八世，但这位王子在同年2月便死去。

巴耶济德在位近14年，几乎经常处于基督教强国可能利用杰姆作为他们的工具而入侵奥斯曼帝国的危险之中。无论在西方还是在东方，苏丹都不能将他的军队投入某一条明确的战线。固然曾经有各种各样的军事行动，但是这些行动不是边境省份的总督们发动的袭击，就是范围极其有限的战役。杰姆在世期间，奥斯曼的军事机器始终没有进行过一次有进无退的大规模战争。

在欧洲，沿着以萨瓦河和多瑙河为标志的边界线，从波斯尼亚到黑海，穆斯林和基督教国家边境上的领主们相互之间进行了无休止的游击战争，双方的中央政权都无力加以制止。波斯尼亚和塞门德里亚的奥斯曼贝伊们一定是把苏丹穆罕默德之死看作是一个特别有利的机会，因为在1481年，他们对匈牙利的入寇是如此的凶恶，以致匈牙利在特梅斯瓦尔的总督帕尔·金尼茨于同年11月把塞门德里亚省夷为废墟以示报复。1483年春，苏丹修复并加固了摩拉瓦河一线的边防工事。同一时期，他使黑塞哥维那完全处于奥斯曼的控制之下。在波斯尼亚的全部领土中，只有北部在匈牙利人据有的亚伊采要塞保护之下的一小块地方依然没有纳入奥斯曼的版图。巴耶济德和匈牙利国王马加什·科尔文（1458—1490年在位）都不希望发生严重的冲突，战争状态于1483年以5年停战协定宣告结束，后来又把这一协定延长到1491年。

马加什的逝世以及随后匈牙利人在选择新王问题上的纠纷（见第十三章），导致奥斯曼人在停战协定期满后再度开始进攻。战斗采取大规模袭击的形式，不仅指向匈牙利，而且还指向克罗地亚和奥地利的土地——施蒂里亚、卡尔尼奥拉和卡林西亚。1492年的大举入侵，迅即使基督教徒遭到可怕的毁灭。尽管如此，当一个袭击纵队携带掠夺品和俘虏满载而归的时候，在菲拉赫附近遭到卡林西亚士兵们的伏击。双方在这里展开一场鏖战，据说有1万名穆斯林战士和7000名基督教徒战死。而另外几次对匈牙利的入侵也在索赖尼和特兰西瓦尼亚的红塔山隘被击退。1493年更加凶猛地重新开始侵略。克罗地亚和下施蒂里亚再一次遭受蹂躏，9月9日，克罗地亚的贵族在阿德宾纳几乎被斩尽杀绝。1494年又对施蒂里亚和特梅斯瓦尔发动进攻，匈牙利人作为报复，于11月洗劫了塞门德里亚周围的地区。1495年，苏丹担心意大利最近的事态发展，遂与匈牙利缔结为期3年的停战协定，恢复了和平。

当杰姆在基督教徒手中做俘虏的时候，巴耶济德本人对摩尔多瓦的斯特凡大公发动了一场著名的战役（见第396页）。1484年7月15日，他占领了多瑙河入海口的基利亚要塞；8月9日，当克里米亚鞑靼人的可汗蒙里·吉莱率领大队骑兵前来支援之后，他夺取了德涅斯特河口的阿克曼。这时，斯特凡转向波兰求援，1485年9月15日承认卡吉米日四世是他在科洛梅亚的宗主；不过，尽管同年11月在比萨拉比亚南部的卡特拉布格附近，他在一支波兰军队的帮助下打退了由马尔科奇-奥卢·巴里贝伊统率的奥斯曼多瑙河边防军，但未能收复基利亚和阿克曼。波兰因受伏尔加河一带鞑靼人的骚扰，无法给予他有效的援助。所以，在1487年，他再次向苏丹进贡。波兰自己也于1489年与巴耶济德以签订停战协定而媾和，1492年延长期限，1494年又延长3年。

在东方，由于沿托罗斯山脉的边境一直处于动乱状态，曾引起与埃及的一场战争，埃及要求对吉里吉亚和邻近的阿尔比斯坦公国实行一种没有明确规定权限的保护制度。由于统治这个"无主地带"的地方王朝时而与埃及，时而又与奥斯曼人策划阴谋并结盟，致使奥斯曼人与麦木鲁克王朝之间的潜在的敌意尖锐起来。在吉里吉亚西面的阿达纳和塔尔苏斯周围地区，拉马赞奥卢是麦木鲁克苏丹的臣藩。麦木鲁克王朝甚至对托罗斯山脉以南的领土也提出了要求，因为在1464年，即奥斯曼征服（见第396页）的前夕，原来统治卡拉曼的王室的一位王子伊沙克曾经在很晚的时候将自己置于埃及的保护之下。在吉里吉亚东面，缓冲国阿尔比斯坦控制了通往幼发拉底河下游的水路。因为这个公国具有重大的战略意义，麦木鲁克王朝为牢牢掌握对它的统治权而进行了长期的努力，但是没有取得持久的成功。在整个吉里吉亚和阿尔比斯坦，始终追求战争和掠夺的强大的土库曼部落瓦萨克人和托古德人使托罗斯边境地区更加动荡不宁。

1465年，阿尔比斯坦的君主阿尔斯兰贝伊死后，他的两个兄弟布达克和沙苏瓦尔为争夺王位而相互战斗，这时麦木鲁克王朝和奥斯曼人之间发生了摩擦。起初，布达克在麦木鲁克苏丹胡什盖德木（1461—1467年在位）的帮助下得到了成功。胡什盖德木还在卡拉曼诸王公对奥斯曼人的冲突中给他们以鼓励。但是在1467年，沙苏瓦尔向与阿尔比斯坦的一位公主结婚的穆罕默德二世求援，他由穆罕默德二世封为领地的统治者，赶走了布达克贝伊。沙苏瓦尔对于埃及苏丹卡耶特贝伊企图把他赶跑的努力抗拒了几年，但在最后他终于就擒，后于1472年在开罗被处死。于是，布达克贝伊又重返公国的首府马拉什，在那里作为麦木鲁克王朝的臣藩进行统治。为了能够放手对付阿尔比斯坦，卡耶特贝伊不再支持卡拉曼奥卢抵抗奥斯曼人，并向穆罕默德保证，他决不是想完全控制阿尔比斯坦，他所采取的行动只是由于个人对沙苏瓦尔的不满。不过很清楚，他意欲排除奥斯曼人在这块土地上的一切影响，直到1480年穆罕默德再次悍然进行干涉，立布达克贝伊的弟弟阿拉杜拉为阿尔比斯坦国君为止，这一政策是很成功的。

苏丹穆罕默德死后，奥斯曼与埃及的关系更加恶化，因为如前所述，卡耶特贝伊在1481—1482年曾支持杰姆反对巴耶济德。奥斯曼人还抱怨说，麦木鲁克人煽动土库曼诸部族入侵卡拉曼，前往麦加朝圣的旅队在吉里吉亚的山隘受到骚扰。

直到1485年奥斯曼的卡拉曼总督卡拉格兹帕夏进军吉里吉亚，占领了阿达纳和塔尔苏斯，才开启严重的战端。为了进行报复，卡耶特贝伊以土库曼人袭击卡拉曼，并且派遣麦木鲁克人的一支军队前往吉里吉亚，对奥斯曼军队进行了出其不意的猛攻。这时被任命为这次战役总指挥的安纳托利亚总督赫尔塞克奥卢·艾哈迈德帕夏率军前来援救。卡拉格兹没有与总督配合作战，而是袖手旁观，因此，由于他的按兵不动，造成艾哈迈德帕夏的败北和被俘。在听到受挫的消息后，巴耶济德就认真地准备一场新的战役。1487年，首相达乌德帕夏没有遇到抵抗就占领了吉里吉亚，麦木鲁克人在他的优势兵力面前撤走了。首相听从了站在奥斯曼一边的阿拉杜拉的劝告，开始膺惩土库曼的瓦萨克人和托克德人。第二年，阿里帕夏在吉里吉亚指挥一支强大的军队，其中包括鲁梅利和安纳托利亚的西帕希（即封建骑兵）以及禁卫军的一支大分遣队。为了排除这种威胁，一支麦木鲁克的军队在由来自大马士革、阿勒颇和特里波利的军队以及由拉马赞奥卢和托古德族酋长们指挥的土库曼战士的增援下，向阿达纳进军。1488年8月17日在该城附近打了一仗，战斗结束后，阿里帕夏被迫撤出吉里吉亚。由于奥斯曼这次进一步的败北，阿拉杜拉逃亡到麦木鲁克人那里；自从1480年起便亡命大马士革的他的兄长布达克贝伊也因此逃往伊斯坦布尔。巴耶济德命令阿马西亚、开塞利和卡拉曼的军队

第十四章 奥斯曼帝国（1481—1520年）

支持他在阿尔比斯坦复位；但由于布达克贝伊在1489年被俘押往埃及，这一企图未能实现。1490年，阿拉杜拉在一支强大的麦木鲁克军队的支持下侵入奥斯曼领土，包围了开塞利。麦木鲁克人未能攻克这个城防牢固的城镇，就蹂躏周围的地区，直至他们由于缺乏给养和奥斯曼的一支大军的到来而被迫撤退。

这时，双方都希望媾和。巴耶济德再一次把注意力转向匈牙利，那里的马加什·科尔文已于1490年4月死去；而卡耶特贝伊则急于结束一场仅仅依靠在埃及引起群众不满的横征暴敛来维持的代价高昂的战争。在这种情况下，很快就在1491年达成协议。经过6年毫无结果的战争以后，承认埃及据有吉里吉亚，但阿达纳和塔尔苏斯的岁入则要献给麦加和麦地那的各个寺院。

从表面上看，苏丹巴耶济德未能夺取吉里吉亚，遭到巨大的挫折。不过，在战争的任何阶段，他都未曾全部投入他的军事力量——因为杰姆依然活在人间。他派往吉里吉亚的军队大部分是安纳托利亚各省的西帕希，由禁卫军的分遣队以及巴尔干地区的西帕希在必要时加以支援。与这样有限地动用奥斯曼的武力相比，麦木鲁克人在他们的战争努力中却是大动干戈了。在1488—1489年的几次战役中，动用了他们的资源的一大部分。尽管如此，1491年托罗斯边境的形势，对于麦木鲁克人来说绝不比它在战前更为有利，虽然他们在吉里吉亚打了胜仗。有一个事实是很清楚的：奥斯曼人认真谋求解决这个边境问题的日子已经迫近了。一旦最后关头到来，麦木鲁克人将不得不面对奥斯曼战争机器的全部可怕的力量。

1495年，杰姆死去，使巴耶济德终于可以放手采取比较大胆的政策；但是，在他还没有利用这个新的自由之前，他又不得不应付来自波兰的威胁。波兰国王扬·奥尔布拉赫特（1492—1501年在位）不愿接受奥斯曼人和克里米亚的鞑靼人一起从克里米亚到多瑙河封锁波兰通往黑海的道路这样一个事实，希望在摩尔多瓦的协助下打破这道樊篱。摩尔多瓦的斯特凡大公在1485年丧失基利亚和阿克曼之后曾宣誓效忠于波兰，但波兰未能满足他的希望，后来就再次向苏丹纳贡，因而不愿在名义上或者在事实上成为波兰的臣藩。另外，匈牙利人也要求对摩尔多瓦行使保护权，因此很可能也对波兰的干涉不满。

这些错综复杂的情况，对于1497年波兰发动的战役的失败起了很大作用。这次战役的目的在于征服基利亚和阿克曼，但是在实际上，当斯特凡怀疑扬·奥尔布拉赫特的真正意图而向苏丹求援后，就变成对摩尔多瓦的入侵。波兰进攻摩尔多瓦的苏恰瓦要塞未克，之后由于缺乏给养和严冬的来临而被迫撤退。1497年10月26日摩尔多瓦人在布科维纳地区的科兹敏击溃他们，使之狼狈逃窜。

巴耶济德被波兰人这次对他的臣藩的进攻惹恼，遂命令多瑙河地区的锡利斯特拉省的总督、著名的边防勇士马尔科奇奥卢·巴里贝伊入侵波兰。1498年春夏，巴里贝伊在摩尔多瓦和鞑靼的骑兵增援之下，先后蹂躏波多利亚和加利西亚，直抵伦贝格；但是同年晚秋对加利西亚发动的第二次侵犯却在喀尔巴阡山的狂风暴雪中惨遭败北。在罗马尼亚的民歌中对巴里贝伊凄惨溃退景象的描述流传至今。1499年4月扬·奥尔布拉赫特与摩尔多瓦大公媾和，才算终止了进一步攻击。不过，巴耶济德这时正在与威尼斯处在战争的边缘，他也不愿再拖长敌对状态，因而答应续订以前与波兰的停战协定。

杰姆死后，巴耶济德的一些顾问极力主张，重新开始对基督教徒发动进攻的时机已经到来。他不能忽视这些人的日益增长的压力。结果，尽管自从1482年巴耶济德由于在与杰姆发生冲突期间急欲在西方保持和平，而以比过去更为有利的条件确认威尼斯在奥斯曼帝国境内的贸易特权以来，苏丹与城主之间的关系一直风平浪静，然而不得不面临奥斯曼大举进攻的恰恰正是威尼斯。当战争来临的时候，与其说它起因于某种明确的争端，不如说起因于两个强国之间在一般结盟中所固有的紧张关系。只要威尼斯在达尔马提亚和阿尔巴尼亚占据着诸如塞本尼科和斯帕拉托、扎拉、布杜瓦和安蒂瓦里、杜尔奇诺和都拉斯等重要的地区，奥斯曼对亚得里亚海沿岸的统治权就不会是完全的。摩里亚的情况也是一样，在那里，威尼斯是莱潘托、莫敦和科伦、纳瓦里诺、罗马涅的那波利和莫南瓦西亚的霸主。

为了保卫这些领地，威尼斯使用了希腊、克里特岛，特别是阿尔巴尼亚的雇佣军，这些人的掠夺成性，绝不亚于他们的对手奥斯曼边防战士。因此，"意外事件"层出不穷。另外，海上也有摩擦。在海上，利用威尼斯各港口的基督教徒海盗以及来自奥斯曼的海岸和岛屿的穆斯林海盗人数都很多，而且十分活跃。威尼斯对奥斯曼舰队的壮大感到惊恐，因为在1496年之后的年代里，在爱琴海和亚得里亚海的各港口，苏丹建造了许多战船，并且招募海盗充当船员。

1498—1499年，在从达尔马提亚到摩里亚的边界线上，战云密布，日甚一日，一场大战已经迫在眉睫。威尼斯抱怨奥斯曼人袭击塞本尼科和斯帕拉托；而巴耶济德得悉威尼斯的雇佣军在罗马涅的那波利伏击500名奥斯曼士兵后，也勃然大怒。1498年11月，威尼斯决定派遣安德烈亚·赞卡尼前往伊斯坦布尔，送上它为赞特岛支付的贡金，并保证说它并不愿意打仗。然而，赞卡尼1499年3月的出使未能防止日益临近的冲突。苏丹为威尼斯刚刚与法王路易十二世结成反对米兰公爵洛多维科·斯福尔扎的联盟（见第十二章）感到不安。斯福尔扎派密使去伊斯坦布尔通报说，如果入侵米兰得逞，法国打算组织征讨奥斯曼帝国的十字军；意大利其他与威尼斯敌对的国家也向苏丹提出这样的论断。巴耶济德认为威尼斯人必然会由于他们在意大利承担的义务而受到严重阻碍，于是在1499年夏天发动了战争。

8月12日，威尼斯舰队企图阻止奥斯曼舰队驶向科林思湾的莱潘托的时候，在距莫敦不远的萨皮恩扎岛外的海面上被击败。虽然有法国的一个分舰队来增援，威尼斯人此后在贝尔威德尔和基亚伦扎的海面上的几次较小的战斗中（8月23—25日）战况亦不佳，于是弃守科林思港口，撤退到赞特岛的炮火掩护之下。莱潘托被苏丹从陆地上包围，这时又失去了海上来的一切救援，于8月29日降服。与此同时，米卡尔奥卢·伊斯坎德尔帕夏为了分散威尼斯的兵力，率领波斯尼亚的边防战士大举进攻弗留利。6月，他把的里雅斯特和莱巴赫之间的地区夷为废墟，然后，在莱潘托陷落以后得到增援，在9月最末几天跨过伊松佐河和塔利亚门托河，蹂躏威尼斯的土地，一直达到维琴察。

1500年，由于城主的财政困难因而人员不足和装备不良的威尼斯舰队，又一次未能击败在摩里亚海岸外作战的奥斯曼海军，在那里，巨大的莫敦要塞受陆海两方的围攻，于8月9日落入苏丹之手。6天以后，科伦和纳瓦里诺向奥斯曼人投降。在整个战役期间，边防战士们袭击了威尼斯在阿尔巴尼亚和达尔马提亚的领土。威尼斯不顾一切争取盟友，通过提供大量的补助金极力寻求匈牙利人的支援，最后终于把匈牙利人拖入战争，虽然直到1501年5月才正式结盟，这次结盟还包括教皇亚历山大六世在内。在同一时期，威尼斯舰队在由名将贡萨洛·德·科尔多瓦指挥的、由身经百战的老兵组成的西班牙分舰队的帮助下，于1500年12月攻占了克法利尼亚岛。威尼斯和匈牙利之间的同盟未能阻止住奥斯曼人沿亚得里亚海沿岸发动的进攻，在那里，1501年夏天，爱尔巴桑总督穆罕默德贝伊占领了都拉斯。同年10月，威尼斯和法国的军舰驶往爱琴海，进攻莱斯博斯岛但未攻克。不过，这几乎是这次战争的最后一件值得注意的大事，因为威尼斯发现这场冲突耗资过大，遂急欲求和，而苏丹由于安纳托利亚的事态已经开始需要他密切注意，对威尼斯的愿望更加欢迎。尽管如此，零星战斗还继续了1502年的大半年。威尼斯于8月30日夺取圣毛拉岛，得到最后的一次胜利；而在战争中所起的作用只局限于对塞尔维亚和波斯尼亚进行无效袭击的匈牙利人，这时侵入了奥斯曼的维丁和尼科波利斯两个行省。

这时，和平已经在望。主要条款在1502年12月14日得到双方同意，虽然直到1503年8月才完成正式批准手续。威尼斯完全放弃对莱潘托、莫敦、科伦、纳瓦里诺和都拉斯的主权要求；同意继续为赞特岛纳贡；并且允诺从圣毛拉岛撤兵。作为交换条件，它保有克法利尼亚，并且恢复了它在奥斯曼帝国的商业特权。至于亚得里亚海沿岸地区的边界划分，则留待日后讨论，后来讨论的结果是：威尼斯于1504年把卡塔罗附近的若干有争议的领土、1506年又把阿尔巴尼亚的阿列西奥要塞割让给了苏丹。这次战争，即使并非轰轰烈烈，对于巴耶济德也是一次伟大的胜利。在亚得里亚海沿岸地区以及摩里亚，他已经大大接近于完成穆罕默德二世所开始的统一大业。威尼斯这时在摩里亚只保有罗马涅的那波利和莫南瓦西亚两地。更值得注意的是这样一个事实：奥斯曼人在穆斯林海盗的帮助下，正在变成令人生畏的海上强国，因为预示着他们后来对地中海的控制权。和平不仅限于对威尼斯。在1503年8月20日，匈牙利人从苏丹那里得到一项为期7年的停战协定，这个协定也包括直接或间接卷入战争的其他基督教国家。巴耶济德急欲摆脱在欧洲的一切纠纷，因为他必须去处理东方的一些咄咄逼人的事件。

在奥斯曼与威尼斯进行战争的年代里，在波斯崛起了一个新的强国。自称是先知穆罕默德的女婿阿里的后裔的舍赫·萨菲艾丁（1252—1334年）在阿塞拜疆的阿达比勒创立了一个教派，根据他的名字，通称为"萨法威亚"。这个山区长期以来成为什叶派信徒的避难地，他们又分有不同的宗派，分别拥立阿里的这个或那个子孙为哈里发。"萨法威亚"在它的创立者的家族领导之下，自从舍赫·火者阿里（1392—1429年在位）的时代起，展开一场广泛的宗教宣传，结果阿达比勒变成了朝圣者络绎不绝的朝圣中心。野心勃勃的舍赫·朱奈德（1447—1460年在位）除宗教权威外还想取得政治权力，就把"萨法威亚"锻造成一个军事工具，这引起邻近地区的王公们对他的仇视，因此，他不得不逃往安纳托利亚。1449年至1456年这几年，他在卡拉曼，在安塔利亚周围的泰克省，在叙利亚北部阿尔苏斯山脉的吉里吉亚和托罗斯山区的土库曼人瓦萨克族和托古德族中间，在安纳托利亚北部的山区贾尼克和卡斯塔莫努等地进行教导和传道取得很大的成功。1456年至1459年，他由迪亚尔巴克尔大力展开自己的宣传活动；在那里，他得到阿克科雍鲁王朝的统治者乌宗·哈桑（见第396页）的庇护，1458年与哈桑的妹妹结婚。这次联姻所生的儿子舍赫·哈伊达尔后来与乌宗·哈桑的女儿阿勒姆沙·贝吉姆成亲，贝吉姆成为后来的波斯国王易司马仪（即沙易斯马仪）的母后。事态的发展继续有利于"萨法威亚"的日益抬头的权势，因为在乌宗·哈桑的儿子和继任人亚库布贝伊（1478—1490年）死后，王朝的争吵导致阿克科雍鲁政权的迅速崩溃。这时，在波斯西部和阿塞拜疆出现了一个只有"萨法威亚"有足够的力量来填补的政治真空。1499年，当时已是这个教派的首领的沙易司马仪发动一场征服战争，通过他在舒鲁尔（1501年）和哈马丹（1503年）对阿克科雍鲁王朝各据一方的王公们的胜利，使他成了波斯的主人。

舍赫·朱奈德死后，萨法威人以始终不懈的精力在安纳托利亚进行宣传，特别是在土库曼人中间，取得了非常显著的成功；构成波斯新国家主要军事力量的，正是这些安纳托利亚的"萨法威亚"追随者们。为沙易司马仪服役的一些最强大的土库曼部落所取的名称，诸如鲁木吕（即来自阿马西亚—瑟瓦斯地区的人们，这个地区称为鲁木）、卡拉曼吕和泰克吕，即可说明这一点。

奥斯曼人是严格的正统派穆斯林，他们非常讨厌"萨法威亚"的教义，把它当作异端邪说。不过，他们很正确地认为这一派人远远超过一种宗教的危险，对于他们来说，它还是一个严重的政治威胁。

即使在正常时期，安纳托利亚各省当局也很难控制各土库曼部落，这些部落像游牧民惯有的情况一样，总是喜欢给村庄和城镇定居的人口制造麻烦。由萨法威人的宣传争取过来的部落已经变成被他们奉若神明的一位外国主子的盲目的和狂热的奴仆。存在着一种真正的危险是：如果容许"萨法威亚"放开手脚去组织土库曼人的话，就可能逐渐摧毁奥斯曼对安纳托利亚所有省份的统治。这还不是问题的全部。在麦木鲁克和奥斯曼的主权要求发生冲突的那些地区，什叶派的信仰是很强烈的。那么，如果奥斯曼人企图粉碎托罗斯山区的萨法威运动，麦木鲁克人会做出怎样的反应呢？这一类的干涉将意味着边界线上的力量均衡发生急剧的变化，并且可能驱使麦木鲁克人去与什叶派的波斯国家结盟，尽管他们坚持正教的信仰。如果发生这种情况的话，奥斯曼人就会面临很大的危机。

甚至在与威尼斯媾和之前，巴耶济德就已经对"萨法威亚"的进展感到惊慌了。1502年，他下令把大批什叶派信徒从泰克省驱赶到他在摩里亚半岛新占领的莫敦和科伦；沙易司马仪抱怨说他在奥斯曼领土内的拥护者要去波斯受到了阻碍，这一抗议也遭到巴耶济德的拒绝。

沙易司马仪在波斯西部树立了自己的权势以后，就开始在托罗斯边境上动起干戈来了。1503年，沙易司马仪在哈马丹附近击溃阿克科雍鲁王朝的法尔斯和波斯伊拉克领主穆拉德，而阿尔比斯坦的君主阿拉杜拉却收容穆拉德避难。不仅如此，阿拉杜拉还试图去夺取沙易司马仪作为阿克科雍鲁王朝的继承者而提出主权要求的迪亚尔巴克尔地区，并且拒绝把自己的女儿嫁给沙易司马仪。1507年至1508年，萨法威的军队打败阿拉杜拉，征服了哈尔普特和迪亚尔巴克尔，并且占领了库尔德斯坦。沙易司马仪小心翼翼地向麦木鲁克人和奥斯曼人保证说，他对他们并没有敌对的意图。尽管如此，巴耶济德和麦木鲁克苏丹甘萨伍赫·高里（1501—1516年在位）都以大批的兵力镇守自己的边疆，一方面阻止沙易司马仪，一方面使边境的土库曼人就范。

1510年，与波斯人发生冲突的危险已经过去，因为河间地带的乌兹别克汗已经占领波斯的呼罗珊省，沙易司马仪不得不把他的注意力转向东方。对于奥斯曼人来说，这一转变并未带来什么宽慰，因为

第十四章 奥斯曼帝国（1481—1520年）

第二年在泰克省的"萨法威亚"的拥护者中间就发生了大规模的叛乱。他们的领袖是一个长期活跃在泰克的叫作沙库利的人，他大肆鼓吹结束奥斯曼的统治，声称沙易司马仪是真主的化身，而他本人则是将恢复真正信徒的统治的"马赫迪"即"得道者"。1511年春，叛乱者们在阿菲翁卡拉希萨尔附近打败安纳托利亚总督，劫掠了屈塔希亚，然后向布鲁萨进军。首相阿里帕夏率领包括4000名禁卫军的一支军队，与巴耶济德的儿子艾哈迈德所指挥的阿马西亚军队会合，把沙库利向开塞利的方向赶去。1511年6月在这个城镇附近打了一仗，阿里帕夏和沙库利均阵亡。叛乱者溃不成军，无人统率，逃奔沙易司马仪，其中某些人由于在逃往大不里士途中犯有暴行而被沙易司马仪处死。沙易司马仪企图以这种方式推卸他对叛乱的责任，因为乌兹别克战争依然在进行中，他不能激起奥斯曼人的愤怒。而巴耶济德即便想进攻波斯，亦无暇进行，因为他的儿子们正在为继承帝位相互争吵，奥斯曼帝国正濒临内战的边缘。

在1511年，巴耶济德有3个儿子在世，根据奥斯曼的习惯，分派他们每人掌管安纳托利亚的一个省。长子考尔库德被任命为泰克省总督。他担心两个弟弟的势力日益增长，又在关于泰克省某些领土的争执中败给首相阿里帕夏。1509年，他乘船前往埃及，在那里为自己对王位的要求寻求支持。他在开罗虽受到礼遇，但未达到目的，因为麦木鲁克苏丹甘萨伍赫·高里当时正在红海和印度洋上与葡萄牙人作战，不愿意得罪巴耶济德。因此，考尔库德别无他法，只好与他的父亲谋求和解，1510年，他的父亲再一次恢复他在泰克省的地位。每个王子都希望得到一个离伊斯坦布尔尽可能近的省份，因为，一旦为争夺帝位发生冲突，能否首先到达伊斯坦布尔将是成败的关键。考尔库德以泰克做交换，从巴耶济德那里得到了离伊斯坦布尔近得多的、以马尼萨为中心的萨鲁罕省，于是，他在这方面比两个弟弟处于优越的地位。然而，尽管他曾在1481年穆罕默德二世死后当过几天苏丹（见第397页），但他继承巴耶济德的可能性是很小的。在国家的高官和禁卫军中间，他博得的是学者和诗人的声誉，不适合即奥斯曼王位。在平定沙库利的叛乱中，他亦无出色表现，丝毫未能冲淡这样一种印象。在此后发生的各种事件中，考尔库德只起到无足轻重的作用。

事实上，争端后来发生在阿马西亚总督艾哈迈德与3个王子中年纪最轻、掌管遥远的特拉布松省的谢里姆之间。显然，艾哈迈德到时将成为苏丹。巴耶济德似乎更属意于他而不是谢里姆，一部分有权势的高级官员也倾向于他。然而，谢里姆比艾哈迈德有一个很大的有利条件：由于他的好战和果断的性格，他受到禁卫军的爱戴。结果，正是禁卫军的拥护，甚至比他自己的胆略更有力地把他送上了王位。

谢里姆远见卓识，对关键时刻的到来早有准备。他在特拉布松建立了一支军队，他曾率领这支军队袭击萨法威人的领土，结果使沙易司马仪于1505年和1508年两次向巴耶济德提出抗议。谢里姆不顾这些抗议，进一步入侵埃尔津詹地区。为此，沙易司马仪在1510年威胁说要进行报复；但巴耶济德派遣使臣携带礼品到达，他才平息下来。谢里姆不但拥有在战争中久经锻炼并忠于他个人的军队，而且还巧妙地利用他在宫廷中的影响，设法任命据说是他的女婿的伊斯坎德尔贝伊为奥斯曼舰队司令；如果事情的发展对谢里姆有利的话，伊斯坎德尔贝伊就能够阻止艾哈迈德跨过海峡到达伊斯坦布尔。为了给艾哈迈德进一步设置障碍，谢里姆给他自己的儿子苏莱曼谋求到波利总督的位置。波利是安纳托利亚西北部的一个省份，它控制着阿马西亚与首都之间的交通线。但是这个计谋失败了，因为艾哈迈德看出这对他自身的危险，就劝谏苏丹收回成命。这时谢里姆作出大胆的决定，要把他的活动从特拉布松转移到巴尔干半岛。为了给这一计划做准备，他请求让他的儿子苏莱曼掌管克里米亚的卡法省，并且得到了批准。这里是渡过多瑙河作战的一个良好的出发基地。与此同时，他又争取到与克里米亚鞑靼人可汗蒙里·吉莱结成联盟，这位可汗答应向他提供骑兵，情况就更加对他有利。

行动的时间已经到来。谢里姆未征得巴耶济德的同意，就率领他的军队乘船从特拉布松前往卡法，在那里他又招募了更多的兵员和扩充了他的舰队。他不理睬他父亲叫他返回特拉布松的命令，宣称他之所以离开那里是由于他想对基督教徒作战，并且为此目的，希望授予他一个欧洲的省份。他请求的是哪个地区不太清楚。他似乎要求的是塞门德里亚，但是某些历史资料也提到波斯尼亚和锡利斯特拉。当巴耶济德拒绝这一要求后，谢里姆派他的舰艇开往多瑙河口，并且率领一支大部分由鞑靼骑兵组成的军队，于1511年3月渡过多瑙河。

第十四章 奥斯曼帝国（1481—1520年）

在当时宫廷驻地阿德里安堡，艾哈迈德的一党极力使苏丹感到谢里姆的过失的严重性；但是，巴耶济德不愿对他的儿子发动一场战争，并且对已经在安纳托利亚爆发的沙库利的叛乱忧心忡忡，结果决定授予谢里姆要求得到的东西。在一个正式的协定中，他把塞门德利亚省授予谢里姆，并且还保证他不把王位让给艾哈迈德。这样把多瑙河中游的一个巨大省份交给一位以武士自居并且公开主张对基督教徒作战的王子，是完全符合塞尔维亚和波斯尼亚的边境酋长们的愿望的，例如马尔科奇奥卢，他对巴耶济德自从1503年以来对基督教国家所持的和平态度显然是不满意的。

一时之间，谢里姆对于他的成功是扬扬自得的。但是，当他向塞门德利亚进军的时候，消息传来：沙库利打败了安纳托利亚总督，艾哈迈德的忠实朋友阿里帕夏首相已经受命率领由禁卫军及其他部队组成的一支强大的兵力去镇压叛乱分子。谢里姆猜想（而且这种猜想是十分有道理的）：如果阿里帕夏能够粉碎叛乱的话，他会利用在他指挥之下的强大军队为艾哈迈德夺得王位。甚至在进攻沙库利之前，首相就试图争取他本人从伊斯坦布尔带来的军队从事这样的计划。不过，由于他的禁卫军坚决不肯放弃他们对谢里姆的支持，这一企图遭到了失败。与此同时，谢里姆为了预先防止艾哈迈德与阿里帕夏把他们的军队联合起来可能产生的危险，再次向阿德里安堡进军。该城市未经抵抗即向他投降，因为巴耶济德认为他的儿子是要将他废黜，于是匆匆撤往伊斯坦布尔。当谢里姆乘胜追击的时候，苏丹在他的顾问们的紧急要求下，在乔尔鲁进行了抵抗。1511年8月3日，巴耶济德的禁卫军尽管强烈地倾向于谢里姆一方，但他们在这里还是忠诚地为他们的合法主人进行了战斗，而且由于他们训练有素，表明比蜂拥在他们周围的鞑靼骑兵胜过一筹。谢里姆一败涂地，没有别的出路，只好逃到停在黑海岸边的他的舰艇上，驶还卡法。有些历史资料记载说：他并无意向他的父亲挑战，只是，由于谣传巴耶济德已死，他才为了夺取王位而匆忙向伊斯坦布尔进军。究竟他是受骗，听信了这个谣言，还是出于政治动机而自己制造的这个谣言，这一点我们不清楚；但是不容怀疑的是：艾哈迈德的追随者们是在竭尽一切力量来促使他垮台的。当时有一位威尼斯观察家写道："统治国土和在那里作威作福的"是一些高官显宦，他们之中很少有人想要谢里姆做他们的主子,因为他是一个自行其是而不会任凭他们摆布的人①。

与此同时,沙库利和阿里帕夏1511年6月都在开塞利附近的战斗中阵亡。艾哈迈德虽然丧失了他的最可靠的拥护者,但仍可指望宫廷中许许多多有权势的朋友们的帮助。另外,首相的阵亡使他得以指挥曾经平定安纳托利亚叛乱的强大军队。因此,他率军向首都进发,希望能够渡过海峡,尽管由伊斯坎德尔帕夏指挥的奥斯曼舰队可能进行抵抗。然而,当1511年9月他在宫廷中的盟友们设法帮助他渡过海峡到达伊斯坦布尔的时候,由于他在对沙库利作战时表现无能而对他比以往更加离心离德的禁卫军举行叛变,洗劫了他的这些盟友的住宅。这明白无误地警告:禁卫军不会拥立艾哈迈德为苏丹。

这个事件是决定性的。这时,他的同党已被镇压下去,艾哈迈德别无他途,只有加强和扩充他在安纳托利亚的力量,准备进行武装抵抗。他把安纳托利亚西部的大部分置于自己的控制之下,并进一步接管了卡拉曼,这一行动并未请求他父亲的许可。苏丹令他立即从卡拉曼退回到他自己的阿马西亚省,他拒绝接受这一命令,实际上已经表明这是一场公开的叛乱。

巴耶济德为艾哈迈德的行为所震怒,于是同意恢复谢里姆对塞门德利亚的管辖权。谢里姆自从在乔尔鲁败北后后,一直在卡法聚集新的兵力。由于艾哈迈德在可汗的宫廷中策划阴谋,谢里姆与克里米亚鞑靼人的同盟似乎曾一度处在危险之中,但最后表明蒙里·吉莱是信守自己的诺言的。当1512年1月底谢里姆渡过多瑙河的时候,鞑靼骑兵再次随他征战。他的事业已经取得了胜利。据传,艾哈迈德企图与沙易司马仪结盟。由于这引起了人们对萨法威可能进行干涉的恐惧心,仅这件事就足以使谢里姆登上王位了。显然,必须立即对艾哈迈德展开一场武力战斗。1512年3月,禁卫军要求召回谢里姆领导他们。如果默认这一要求,那就等于让位,但是老苏丹被迫同意了。在这时候,萨鲁罕总督考尔库德王子也企图得到王位。他来到伊斯坦布尔,前往禁卫军的营房,希望以他曾经做过他们的苏丹为由取得他们的支持。禁卫军拒绝帮助他。与此同时,谢里姆急如星火地兼程赶

---

① 马里诺·萨努托:《日记》(威尼斯,1879—1903年),第14卷,第293页(安德烈亚·福斯科洛致皮耶罗·福斯科洛信,1512年3月28日,佩拉)和第12卷,第515—516页(安德烈亚·福斯科洛致皮耶罗·福斯科洛信,1511年7月21日,佩拉)。

第十四章　奥斯曼帝国（1481—1520年）

来，4月19日在首都城外设立营地。一星期后，他成为苏丹。巴耶济德被允许退居他出生的城镇德莫提卡，但尚未到达目的地，即于1512年5月26日死去。关于他，马基雅弗利写道：他受惠于穆罕默德二世的伟大成就，得以用和平的方式而不是战争手段来维护帝国；但是，如果谢里姆是一位像巴耶济德那样的苏丹的话，奥斯曼国家就会为人所灭[①]。

只要谢里姆的弟兄以及侄儿们活在世上，他就不可能感到高枕无忧。因此，他第一件关心的事情就是除掉他们。危险迫在眉睫，因为消息传来，艾哈迈德的儿子阿拉丁已经占领了布鲁萨。1512年夏，一方面，舰队为防止任何一个王子像杰姆那样逃到国外避难而监视着安纳托利亚的海岸；一方面，谢里姆把艾哈迈德的军队从布鲁萨驱回阿马西亚，然后又赶往波斯和叙利亚的边境。当他班师布鲁萨的时候，下令处死住在那里的5个侄子（1512年11月）。不久以后，企图越海逃亡而从萨鲁罕跑到泰克的考尔库德被擒，也落得同样下场。与此同时，艾哈迈德收复了阿马西亚，在那里过冬，准备对谢里姆发动一场新的进攻。不过，他的事业是希望渺茫的，因为沙易司马仪依然忙于从事他对乌兹别克人的战争（见第406页），不能给予他有效的援助。1513年春，艾哈迈德开始他夺取王位的最后一次努力。虽然他在埃尔梅尼德尔本特挫败了谢里姆军的前锋，但在4月24日当他在距布鲁萨不远的耶尼谢希尔孤注一掷进行决战的时候，末日终于来临。他的军队在禁卫军的强大威力和谢里姆的鞑靼骑兵的勇猛攻击面前溃逃。艾哈迈德在途中被擒，根据谢里姆的命令立即被处死。

艾哈迈德的死并没有缓和奥斯曼人与萨法威人之间的紧张局势。1512年，沙易司马仪命令埃尔津詹总督率领几千名安纳托利亚的"萨法威亚"信徒进入波斯。这一行动挑起了边界上的战争，在战争的过程中，埃尔津詹军队占领了托卡特镇。就在这时，即1513年，沙易斯马仪在大不里士盛情接待了艾哈迈德的一个儿子、从耶尼谢希尔战役中逃出的穆拉德王子。这些事件使谢里姆确信：对沙易司马仪的战争是不可避免的。为了预防在他亲征波斯时后方发生叛乱，他下令对安纳托利亚全境进行一次讨伐，在这次讨伐中，据说有4万名什

[①] 马基雅弗利：《论蒂托·李维的最初十年》，第1卷，第19章。

叶派信徒遭到屠杀或者监禁。

1514年4月24日，谢里姆开始远征波斯，通过耶尼谢希尔和阿克谢希尔先向科尼亚、然后向开塞利进军。在这里，他请求阿尔比斯坦君主阿拉杜拉供应粮食和补充人员，而这位君主百般推诿，而且丝毫也不阻止他的土库曼人骚扰奥斯曼的部队。苏丹从开塞利进至瑟瓦斯，在此检阅了他的全部军队，留下一支强大的兵力镇守边境地区。当他通过埃尔津詹和埃尔祖鲁姆进军时，发现所经之处饲料和粮食都被波斯的司令官们劫掠一空，因此，他的士兵备尝艰难困苦，只能靠从海上运到特拉布松，然后再由陆路用骆驼千辛万苦运来的一些军需品来部分地解燃眉之急。谢里姆不顾禁卫军怨声四起，强行向前推进，直到沙易司马仪终于被迫进行保卫大不里士的战斗。1514年8月23日，两军在查尔德兰相遇。奥斯曼军的右翼是由安纳托利亚总督息南帕夏指挥的安纳托利亚骑兵；左翼是鲁梅利总督哈桑帕夏指挥的鲁梅利骑兵；而在每一翼的末端则是用铁链联结在一起的大炮。禁卫军在辎重和骆驼的掩护之下居中锋，苏丹本人带领他的大臣们和他的近卫骑兵在他们后边督阵。经过艰苦的行军已经精疲力尽的奥斯曼人，不得不面对着大概是最大限度地集结的萨法威军队。从骑兵的人数来讲，沙易司马仪大概不少于谢里姆；但是，他没有炮兵，也没有能与禁卫军相匹敌的步兵。沙易司马仪企图摧毁奥斯曼的大炮和从背后袭击禁卫军，向战场左右两翼的末端展开了进攻。他的骑兵突破了鲁梅利骑兵（西帕希）的防线，但被禁卫军的火枪杀伤大半。对安纳托利亚骑兵的冲袭也被粉碎，因为息南帕夏命令他的部队退到大炮的后边，从而使大炮得到毫无障碍的射界。

这次压倒性的胜利给谢里姆打开了通往大不里士的道路，他在9月5日进入该城。他打算在邻近的卡拉巴赫地区①过冬，那里可以找到足够的饲料和供应品；但是禁卫军以兵变相威胁，迫使他经由卡尔斯和埃尔祖鲁姆撤退到阿马西亚和安卡拉周围的冬季营区，1514年11月，在那里把军队疏散。查尔德兰战役的结果虽未征服波斯，但它仍然是一次决定性的战役。沙易司马仪从此再也不敢攻击奥斯曼人，即使在谢里姆卷入他与埃及的冒险战争的时候也未敢造次。

---

① 前苏联纳戈尔诺—卡拉巴赫自治区。——译者

第十四章　奥斯曼帝国（1481—1520 年）　　447

查尔德兰战役使谢里姆成为埃尔津詹和巴伊布尔特的主人。这时，他把这两个地区与贾尼克、特拉布松和卡拉希萨尔合并，形成帝国东北部的一个强固的边境省份，由比伊克利·穆罕默德帕夏统治。为了巩固他在这个地区的势力，谢里姆还在阿马西亚冬季营地时，就命令穆罕默德帕夏围攻距离埃尔津詹不远的卡马赫大要塞。不过，一直到 1515 年 5 月，在苏丹亲临督促围攻之后，这个要塞才陷落。对卡马赫的征服意味着阿拉杜拉的最后审判日已经到来，谢里姆对他在查尔德兰战役期间的敌对行为是不会宽恕的。在 1514 年 11 月，谢里姆就已经任命阿拉杜拉的一个侄子沙苏瓦尔奥卢·阿里为开塞利总督，并且派他去袭击他叔父的领土。1515 年 6 月，息南帕夏统率 1 万名禁卫军打败并且杀死阿拉杜拉以及他的 4 个儿子。阿尔比斯坦公国如今被赐给了沙苏瓦尔奥卢·阿里，他作为奥斯曼的臣藩来统治这个地区。

与此同时，谢里姆也在扩大奥斯曼对库尔德斯坦的控制。那里的土著封建领主生怕丧失他们的独立，对沙易司马仪 1508 年以后通过从自己的土库曼酋长中选拔总督来统治他们的企图感到不满（见第 406 页）。在查尔德兰战役以后，迪亚尔巴克尔地方自发地发生了反对沙易司马仪的叛乱。而且，有 25 名库尔德族贝伊请求谢里姆给予援助，他随即派遣一位著名的库尔德贵族、后来以奥斯曼史学家闻名于世的易德里斯前去接受他们称臣的宣誓，并组织对萨法威人的抵抗。易德里斯和库尔德人虽然在战场上并未失败，但是没有得到进一步的支援，未能解救被萨法威人在库尔德斯坦的主力部队紧紧包围的迪亚尔巴克尔。对阿拉杜拉的作战一结束，当时驻在巴伊布尔特的比伊克利·穆罕默德帕夏便立即被派遣率几千人去与易德里斯合力解围，他在 1515 年 10 月完成了这个任务。虽然如此，萨法威人在库尔德斯坦的司令官卡拉汗继续顽抗，一直到卡拉曼总督胡斯列甫帕夏前来增援穆罕默德帕夏和易德里斯，终于也于 1516 年在科奇希萨尔把他打败为止。这时，乌尔法、马尔丁和摩苏尔已被奥斯曼人攻占，因而几乎整个库尔德斯坦都落入他们的手中。谢里姆授给易德里斯确定新征服地区未来地位的全权，他很明智地避免试图把奥斯曼的直接统治强加于每个地区的任何做法，而是将这一地区划分为 24 个行政单位，其中 5 个实行由库尔德族酋长领导的完全自治，另外 8 个同样由土著家族治理，但奥斯曼官员保有监督权；其他11个地区则变成奥斯曼正式行省。这一眼光远大的政策，为苏丹取得了库尔德人的继续效忠。

1514—1515年的各种事件，深刻地改变了托罗斯边界线上的力量对比，这对埃及不利。麦木鲁克苏丹甘萨伍赫·高里在1514年希望奥斯曼人败北，这样就能够使他以很少的代价改善他在托罗斯山脉的地位。即使说他没有煽动阿拉杜拉对奥斯曼人采取敌对行为，他对此显然是表示赞许的；因为当谢里姆进军波斯时曾派一位大使火速前往开罗，迫切要求埃及制止阿拉杜拉的行动，而甘萨伍赫所给予的却是一个客气但不能令人满意的回答。后来暴露出来，他曾经秘密地对这位阿尔比斯坦国君表示祝贺，赐给他一件光荣长袍，并且力劝他对奥斯曼人坚持不友好的态度。甘萨伍赫·高里对查尔德兰战役后威胁着阿拉杜拉的危险感到不安，抱怨谢里姆任命沙苏瓦尔奥卢·阿里为开塞利的总督，硬说这个省是阿尔比斯坦的一部分，因而属于麦木鲁克的势力范围。这个抗议是1515年4月当谢里姆正在进军围攻卡马赫的时候提出的，没有收到效果。如前所述，卡马赫一陷落，阿拉杜拉就在同年6月被击败和杀死。这时，甘萨伍赫·高里不得不采取果断的行动。当沙易司马仪的密使到达开罗请求麦木鲁克王朝协助抵御奥斯曼人可能重新开始的对波斯的进攻时，他答应一旦出现这种情况，就倾自己的全部兵力亲临叙利亚边境。

他相信只要一显示武力，就能够阻止住奥斯曼人的前进，真正的战事不会发生。但这只不过是痴心梦想而已。麦木鲁克人肯定会知道他们自己与奥斯曼人相比之下的弱点。各个大埃米尔相互之间和他们与苏丹之间的宿怨，属于各方的麦木鲁克人都已卷了进去，一旦发生危机，必然会带来灾难性的后果。作为兵士，麦木鲁克人现在也不如过去训练良好，已经失掉他们以前的许多优点。另外，他们轻视火器的使用，而对曾在查尔德兰大显威力的炮兵的价值茫然不知，这就暴露了他们是一支在军事技术方面已经相当落后的力量。同样严重的事实是：埃及和叙利亚的人民对麦木鲁克政权完全离心离德，甚至实际上抱着敌对态度——而这又是理所当然的。当时的历史学家伊本·伊雅斯曾一再着重叙述麦木鲁克人巧取豪夺的情景。横征暴敛和军人的恣行无忌，长期以来是他们的统治的痼疾。甘萨伍赫·高里由于葡萄牙人封锁红海而失去对印度贸易的大量收入，不得不采取严厉的财政措施，其结果，正如伊本·伊雅斯所写的，在他的统治下，老百姓真是度一日犹如千年。① 麦木鲁克人一旦有事，是不可能指望他们的臣民提供援助的。

谢里姆虽然知道甘萨伍赫·高里支持沙易斯马仪的意图，仍然下定决心重新开始对波斯的进攻，他认为波斯是更危险的敌人。因此，他派遣这时任首相的息南帕夏前往库尔德斯坦。息南于1516年4月28日出发，6月13日在开塞利与鲁梅利总督和禁卫军的阿加（将军）会师。但是在7月4日，侦探报告他说，甘萨伍赫正在向阿勒颇挺进，马拉提亚的麦木鲁克总督已奉令不准奥斯曼人通过他的省境，因此，他不得不在阿尔比斯坦停止前进。

早在4月21日，甘萨伍赫就已经发出在托罗斯边境作战的命令。从5月9日起，麦木鲁克的分遣队每天都开入叙利亚，苏丹亲率主力部队于5月24日由他在开罗附近的里达尼亚的营地开拔。他携带着在国库中所能得到的几乎全部的钱款和他的先王新聚集的大部分宝贵战争物资。他在6月5日抵加沙，两周后抵大马士革，7月10日到达阿勒颇。谢里姆依然希望麦木鲁克的干涉可能避免，或者至少是推迟。他于6月4日从伊斯坦布尔派遣的密使在这里等候着甘萨伍赫，保证说他们的主人并不愿意与埃及发生冲突。甘萨伍赫猛烈斥责他们占领阿尔比斯坦，并把他们投入了牢狱。

与此同时，谢里姆于6月5日从伊斯坦布尔渡过海峡到达于斯屈达尔。他经由屈塔希亚（6月20日），然后经由阿菲翁卡拉希萨尔和阿克谢希尔进军到科尼亚（7月1日）和开塞利，于7月23日率领强大援军与息南帕夏会合。在这时候，甘萨伍赫·高里从阿勒颇派出的一位大使到来，警告谢里姆不要继续反对波斯，并且如奥斯曼的一部历史资料所述，要求把阿尔比斯坦归还埃及。谢里姆简短回答道：如果坚持这些要求，那么他除了侵入叙利亚外别无他途。

这个意想不到的挑衅一定使甘萨伍赫·高里突然大失所望。为了最后避免战争，他下令释放关押在阿勒颇的奥斯曼密使，并且派遣他

---

① 伊本·伊雅斯：《奥斯曼对埃及的征服》，W. H. 萨蒙翻译（东方翻译基金会新编丛书，第25卷），伦敦，1921年，第58页。

的一位埃米尔穆古耳贝伊去见谢里姆。但为时已经太晚。7月28日，谢里姆进入马拉提亚平原，他在这里取很好的地利，必要时既可向阿勒颇，也可向迪亚尔贝克尔进军。在这里，由比伊克利·穆罕默德帕夏率领的库尔德斯坦军队与他会合。8月3日，当了解到甘萨伍赫·高里向沙易司马仪求援后，谢里姆不得不立即做出决定。8月4日，他与他的大臣们商量，决定放弃进攻波斯，立即挥师攻击叙利亚。几天以后，他想必是接见了麦木鲁克的使臣穆古耳贝伊。谢里姆对甘萨伍赫选派一个军人来做大使十分恼怒，将这位埃米尔的随员杀掉，而将穆古耳贝伊本人加以羞辱送回阿勒颇。奥斯曼人向西南方进军，于8月20日，即麦木鲁克人开出来迎战他们的次日，到达艾因塔布；麦木鲁克人把他们的大部分辎重和财宝留在阿勒颇的城堡，因为情势很明显，决战将在该城附近的某处进行。1516年8月24日，两军在达比克草原会战。

　　奥斯曼军队全部投入多少兵力，现在没有充分的证据可以说明。但是，他们的战斗序列有很清楚的记载：在正中央，是谢里姆率领首相和禁卫军；在他的右翼是安纳托利亚骑兵，紧接着骑兵是由沙苏瓦尔奥卢·阿里和拉马赞奥卢的一位王子马哈穆德贝伊指挥的来自阿尔比斯坦和吉里吉亚的土库曼人；在他的左翼是鲁梅利骑兵，再左是比伊克利·穆罕默德统率的库尔德人。与奥斯曼人相对阵，甘萨伍赫·高里大概有60000名，其中12000名至15000名是麦木鲁克人。其余是埃及和叙利亚的分遣队，一部分由贝杜因人、土库曼人和库尔德人的骑兵组成。麦木鲁克的战斗序列的详细情况不明，但是我们知道苏丹本人在中央，阿勒颇的部队在他的右翼，大马士革的部队在他的左翼。

　　即使在这时候，甘萨伍赫·高里仍未能摆脱使他的军队四分五裂的长期倾轧而造成的派系偏见。他为了保存嫡系麦木鲁克军队的实力，命令他的前任的部下进行第一次冲锋。这些老战士约2000人，他们由阿勒颇和大马士革的骑兵殿后，把奥斯曼人阵列在左右两端的库尔德人和土库曼人赶了回去，只是敌方的大炮和禁卫军的火力才给他们以很大的杀伤。这时如果坚决前进还有可能取得胜利，但在此关键时刻，甘萨伍赫·高里和他的嫡系麦木鲁克人依然按兵不动。当奥斯曼人向麦木鲁克中央阵地开始猛烈攻击时，长期以来怀有二心并与

第十四章 奥斯曼帝国（1481—1520年）

谢里姆密通情报的阿勒颇总督哈伊尔贝伊散布甘萨伍赫已经被杀死的谣言。麦木鲁克人发生动摇，经短暂的抵抗后即溃逃。甘萨伍赫·高里在混乱中死去。在战斗之前的几个星期，他们在阿勒颇恣意妄行而引得怨声载道。现在这些逃跑的麦木鲁克人发现城门大关，拒不接纳他们。这场祸患意味着他们失掉了国家金库和存放在城堡里的一切战争物资。叙利亚再也无法保卫。他们除了继续逃往大马士革，然后再逃回埃及外，已经别无他途。

叙利亚未做进一步抵抗，就向奥斯曼人投降。谢里姆于8月28日进入阿勒颇。一个月以后，他到达大马士革，决定让他的疲劳的军队在那里休息一下。这时向每一个比较重要的城市，如阿勒颇、特里波利、大马士革和耶路撒冷，都指派了奥斯曼的总督；并派一支强大的卫戍部队驻守加沙，监视穿过西奈沙漠进入埃及的道路。即使到这时，谢里姆还不能确定继续进行战争是否得策。他的主要目的已经达到。他无须再担心埃及与波斯结成联盟，因为叙利亚已经牢牢掌握在奥斯曼人手中，使这两个国家远远隔离开来。固然，他能够有足够的时间入侵埃及，因为沙易司马仪不会在安纳托利亚的严冬之际发动进攻，至少要等到1517年春天。尽管如此，进攻埃及还会是一桩危险的事业。首先是要穿过沙漠，那里必然缺水，阿拉伯人的部落将会千方百计骚扰奥斯曼人；其次，毫无疑问，麦木鲁克人为了保卫他们最后的阵地会拼命进行抵抗。经过百般考虑，尽管哈伊尔贝伊请求继续进行战争，谢里姆还是派遣一位大使前去开罗提议媾和，如果麦木鲁克的新苏丹，已经于10月16日登基的突曼贝伊能够同意作为奥斯曼的一个臣属治理埃及的话。

这次出使的结果尚未得知，就听到消息说，突曼贝伊虽然处在麦木鲁克人的不满以及缺乏资金和装备的沉重压力之下，但已经派遣约1万人，由占勃第·加扎里埃米尔指挥去收复加沙。为了对付这一威胁，首相息南帕夏于12月1日率领5000人（包括禁卫军的一个分遣队）从大马士革进军，正当麦木鲁克人从西奈沙漠露头的时候与加沙卫戍部队会合。他佯作撤退，在夜间北移，旋又急转向南，迫使占勃第停止前进，于12月21日交战。禁卫军的火力把麦木鲁克人从他们在一个险峻的干河床边缘上的强固阵地中赶了出去。息南帕夏跨过河床，重整队伍，发动一次猛烈的冲锋，结果以麦木鲁克人的溃败而告终。

　　与此同时，谢里姆除了留守叙利亚的卫成部队外，率领他的全部兵力于12月14日从大马士革向南进发。由于麦木鲁克人企图收复加沙，而且在12月末又传来他派往开罗的大使被杀的噩耗，终于使他打定主意必须征服埃及。他于1517年1月3日在加沙与息南帕夏会师，6天后开始穿越沙漠的进军。虽然在突曼贝伊的煽动下，阿拉伯部落一再进行骚扰，奥斯曼人于1月17日踏上埃及的土地，又行军两天后，到达开罗东北约30英里的贝勒贝斯。通过麦木鲁克埃米尔占勃第·加扎里的背叛，发现突曼贝伊在里达尼亚构筑了一个设防的炮台，周围挖有壕沟，配备了他所能集中的全部大炮。1月23日，谢里姆从背后攻击这些防御工事，用炮火予以摧毁。虽然如此，直到击退麦木鲁克的一次孤注一掷的冲锋后，战斗才获得胜利，在这次冲锋中，首相息南帕夏阵亡。接着在开罗进行了4天（1月27—30日）顽强的巷战，才粉碎了麦木鲁克人的抵抗。27日夜，突曼贝伊率领约7000人进行突然袭击，战胜了自从里达尼亚战役以后驻在开罗的奥斯曼分遣队，但在第二天夜里，当谢里姆为了摧毁麦木鲁克的路障而把炮兵调进城内后，突曼贝伊的失败已不可避免。他在城堡附近做最后的坚持之后，带着很少一部分残部逃走。他得到一些阿拉伯部落的支援，继续骚扰奥斯曼人，直到最后于1517年3月在尼罗河畔再一次被打败为止。不久以后，他落到奥斯曼人手中，于4月13日在开罗被处决。

　　已经在对基督教徒的战争中以伊斯兰的头等战士闻名于世的奥斯曼人，由于征服叙利亚和埃及而大大增加了他们的威望。这时，一位奥斯曼的苏丹第一次获得了"两大圣地麦加和麦地那的仆人"的荣誉，这个称号使他在穆斯林世界的统治者中间处于超越他人的地位。在埃及，谢里姆只留下一位奥斯曼帕夏和一支强大的卫成部队为最高领导，而容许麦木鲁克的旧秩序继续存在，实施他们自己的法律，保持他们自己的军事采邑和行政体系。而在叙利亚，他建立了按照帝国其他部分的方式组织起来的行省，虽然在这里也在很大的程度上允许麦木鲁克的法律和地方的风俗习惯继续保存。同时，他还承认了阿拉伯酋长们、黎巴嫩的德鲁兹派和基督教派领主以及托罗斯边境的土库曼王朝（例如拉马赞奥卢）的特权。尽管做了这些安排，在过去的

第十四章 奥斯曼帝国（1481—1520年）

麦木鲁克领地中，有几年时间是很不安定的；一直到谢里姆的儿子苏莱曼在位时期奥斯曼的政治体制以一种更稳定和更永久的方式加以改组为止。

1517年9月10日，谢里姆任命非常熟悉当地情况的前麦木鲁克埃米尔哈伊尔贝伊为埃及帕夏后，开始长途跋涉，从开罗返回安纳托利亚。到10月7日，他已抵达大马士革城外，在那里用了一个冬季进一步安排叙利亚的行政机构和处理一个叫作伊本·哈努什的阿拉伯酋长的叛乱。当谢里姆还在大马士革的时候，他接见了一位波斯大使，这个大使是前来对他征服麦木鲁克王国表示祝贺的。在奥斯曼人整个作战时期，沙易司马仪一直保持沉默，这一方面是由于他害怕再冒失败的危险，另外也因为波斯东部发生骚乱要求他予以注意。他派遣一位大使去叙利亚，意味着他无意再与奥斯曼人兵戎相见。尽管如此，在安纳托利亚的托卡特周围，由一个叫作沙韦利的人领导的什叶派信徒发动了一场新的叛乱。1518年，这场叛乱被臣附奥斯曼的阿尔比斯坦君主沙苏瓦尔奥卢所粉碎。与此同时，谢里姆把大马士革委托给前麦木鲁克埃米尔占勃第·加扎里，于1518年3月到达阿勒颇。在这里，他得到消息说，大马士革的新帕夏已经打败并且杀死了阿拉伯酋长伊本·哈努什。在阿勒颇停留两个月后，这位苏丹继续向伊斯坦布尔进发，7月25日抵达，距他1516年离开这里，时间正好过了两年。

自从1503年以来，一直与基督教徒保持和平。威尼斯于1513年重新恢复了它在奥斯曼帝国的商业特权。在叙利亚和埃及被征服以后，它请求谢里姆承认它在麦木鲁克苏丹统治时期在那两个国家所取得的权利。这在1517年9月17日的协定中得以实现。威尼斯答应按它过去为占有塞浦路斯向麦木鲁克人交纳的贡赋数额，每年向奥斯曼人纳贡8000杜卡特。匈牙利人和波兰人，也能够与苏丹相安无事，尽管在边界线上不断发生骚乱。1519年，谢里姆与它们续订了自从1503年以来几度延长的停战协定。由这种在西方保持和平的局面，并不能认为意味着谢里姆没有在将来进行侵略的意图。1515年，他就已开始在伊斯坦布尔建立一座大兵工厂。这时，在1518年至1520年，他大力建造一支新的和更加强大的舰队。他似乎是想要进攻穆罕默德二世在1480年没有能够夺得的罗得岛；但是，他没有来得及着手进行这番事业，便于1520年9月20日，在从伊斯坦布尔前往阿德里安堡的旅途中，死于乔尔鲁附近。

甚至在他那个时代，他的性格即已使人们产生种种不同的评断。对于从表面上看问题的观察家来说，由于他的严厉，他不过是一位暴君。但是，尽管由于他狂热地好战和脾气暴躁，使他赢得了包含敬畏之意的"亚武兹苏丹谢里姆"，即"残酷的苏丹"的称号，但他还是一位学术和文艺的保护人，他本人也用波斯文写诗。当他的名誉和光荣达到顶峰的时候，在开罗见到他那战胜者姿态的威尼斯人路易吉·莫切尼戈，对他的伟大保留着一种长久不变的印象。① 在5年残酷无情的战争中，谢里姆解决了他的父亲遗留给他的严重问题，现在，他把一个幅员大大增加，由新的资源加以充实，而且能够以空前未有的庞大规模向基督教徒重新发动进攻的帝国传给他自己的儿子苏莱曼。曾随谢里姆出征埃及的奥斯曼诗人和历史学家凯末尔帕夏扎德，在哀悼这位伟大的苏丹的逝世的一篇挽歌中并非夸张地写道：他在短短的时间里建树甚多，正如夕阳一样，在地球的表面上投下了一道长长的阴影。②

张文华　马　华　译

---

① 保罗·焦维奥：《土耳其问题评论》，威尼斯，1541年，第25—26页："当时驻开罗大使尊敬的路易吉·莫切尼戈先生曾对我说：他曾见到过谢里姆苏丹，认为没有一个人比他经验更丰富，更具有高尚的情操和伟大的精神，与北非人的特点完全不同。……"
② 见 E. J. W. 吉布《奥斯曼诗歌史》，第3卷，E. G. 布劳恩编，伦敦，1904年，第19页。

第 十 五 章
新 世 界

一 葡萄牙的扩张

历史学家选择美洲的发现作为划分中世纪和近代的一个方便的时间，对于古往今来的不同编辑和各种学派来说，这也是一个沿袭的观点。但是科学史或思想史，尤其是欧洲的扩张史却都告诉我们这种划分是武断的。托勒密①的地球不是突然间就变成了默尔卡托②的地球的。相反，传统的宇宙志是根据日益扩大的经历而逐步校准的，甚至哥伦布的伟大发现也是深深扎根于中世纪的一个漫长过程的组成部分。在他横渡大西洋的壮举背后，是葡萄牙在15世纪的一系列发现，最后找到了直达印度的航线。首先是1415年葡萄牙人征服休达，在该地建立他们的第一批海外领地，从此开始了欧洲的向外扩张运动。这种扩张的方向恰和穆斯林对伊比利亚半岛的征服相反。因此，半岛中世纪史的各个主要阶段便为这些发现提供了时代背景，这些主要阶段是：1002年后伍麦叶哈里发国灭亡，结果立刻让基督徒进入半岛中央，并最后进入南部；1147年征服里斯本，里斯本是联结哥特人的北方和穆扎赖卜人的南方的第一个大西洋口岸；夺取塞维利亚，开放直布罗陀海峡供北欧和南欧贸易；伊比利亚半岛国家对穆斯林北非事务的干涉；意大利的商务从地中海扩大到大西洋；意大利同北欧的企业和资本在葡萄牙汇合。

---

① 古希腊天文学家，公元2世纪时最负盛名。——译者
② 真名为格哈特·克雷默（Gerhard Kremer, 1512—1594年），中世纪佛兰德的地理学家。—译者

关于葡萄牙的中世纪经济史，我们还不了解全貌，但是对于亨利王子擘划的宏图，我们的看法却十分明显地不能和他全力赢得的那种商业和航海方面的卓著经验分割开来。从1415年占领休达到1460年王子去世为止，葡萄牙人在航海学、造船以及探险与殖民方法等方面均已取得一定的领先地位。他们已经移居亚速尔群岛和马德拉群岛，耕种从前很少有欧洲人涉足的土地。他们驾驶新发明的轻帆船沿西非海岸南下，到达赤道八度以内的地方，甚至更远一些，并陆续和该地的土人通商，如柏柏尔人、阿塞内克人、贾洛夫人和曼丁加人。在这些活动中，塞维利亚以西安达卢西亚各渔港的水手接踵而至，他们占领了加那利群岛。

12世纪政治家们可能考虑过把非洲的再征服变成对非洲的扩张运动。甚至在占领塞维利亚前，费迪南德三世就曾对摩洛哥进行干预，到1280年时突尼斯成为加泰罗尼亚的保护地。不久，卡斯蒂利亚和阿拉贡按条约划分势力范围。所以，欧洲对非洲的有限扩张至少在13世纪就开始了。但究竟在什么时候，葡萄牙的这位王子和他的同伙把视线转向更广阔和更重要的扩张的呢？那就很难说了。15世纪前半叶对亚速尔群岛和马德拉群岛的占领明显地超出了再征服的有限扩张的范围（虽然其殖民方法仍是在伊比利亚半岛移民时学到的方法）；亨利王子找寻神秘的基督教国王祭司王约翰的计划也超出了这个范围，起初认为这位国王在亚洲，后来却发现他原来就是阿比西尼亚的统治者。当亨利在位时期，关于祭司王约翰的古老神话和马可·波罗的奇妙见闻都被视为未来的远景，两者的结合产生了寻找一条通往东方的海路的想法，后来这就成为葡萄牙国家政策的目标。亨利的动机是复杂的，忽略这一点当然是错误的。他有可能领导一次反对伊斯兰国家的新的十字军东征；他希望在非洲找到一个基督教盟国；他探索地理知识；他企图攫取香料贸易；他渴望传播基督教福音——所有这些目的全都兼备，而在不同时期占有不同的比例。有时关于进行一次十字军东征的愿望超过了一切其他设想，同时对摩洛哥发动一场宗教战争的计划被置于开展探险活动之上。由于葡萄牙历代国王的人力物力有限，因此，在摩洛哥进行任何一次旷日持久的战争都至少必须暂时中断航海活动。由于这种情况和那些宁愿在摩洛哥实行扩张的国王们（即阿方索五世以及由于摩洛哥政策的破产而和阿

第十五章 新世界

维斯王朝一同垮台的那位不幸的塞巴斯蒂昂）的软弱无能，人们往往忽视这样一个事实：在非洲西北部存在一个强大的海上国家，则会使整个探险计划受到挫折，所以征服摩洛哥各港口对这一计划的实现非常重要。15世纪最后25年，寻找通往印度的航线便明显地成为葡萄牙海外政策的主要目的，直到塞巴斯蒂昂毁灭性的游侠骑士行为改变了葡萄牙整个历史进程时止。

对东方的这种关注究竟是什么时候开始的，这点很难断定。我们知道亨利的弟弟即未来的摄政佩德罗于1425年至1429年曾在国外旅行4年，并曾参加对土耳其人的战争，在威尼斯时该共和国总督赠给他一部马可·波罗的著作和一本不知何人所作的世界地舆图。这些礼品的意义不仅仅是以志留念。欧洲市场对香料的需求日益增加而埃及对于转口的东方货物征税很高，这种情况自然使发现一条直接通往东方的航路具有新的价值。但是我们对于这些经济力量究竟通过什么途径影响了葡萄牙的地理发现运动，却从没有得到确切的资料。

关于祭司王约翰的传说此时已经失去以前的重要性。14世纪时，欧洲旅行家就已到达阿比西尼亚，15世纪时，有几个阿比西尼亚使节团来到欧洲，其中之一于1452年到达里斯本。10年前，亨利王子曾命令他的一名侍从出航非洲，探听关于祭司王约翰的土地以及关于印度的消息。后来陆续有几位船长直下几内亚海岸，徒劳地寻找尼罗河支流，甚至寻找半个世纪后哥伦布认为在奥里诺科河源头的"人间天堂"。卡达莫斯多在西非土人中间孜孜不倦地探询他们的宗教和邻居，由此明显地可以看出他希望他们会提供关于基督教国王的消息，可是结果却一无所获。1460年亨利王子去世时，他的探险队向南只到达塞拉利昂。他的侄儿费尔南王子多完成了对佛得角群岛的探险，但死于1470年。国王阿方索五世偏爱骑士武功，他镇压摩洛哥异教徒，而对旷日持久的航行不感兴趣，这些航行看来只能导致和非洲土人无休止的讨价还价。但是地理发现也没有完全遭到漠视。这时实行了一个颇有成效的临时变通办法，西非的贸易被国王包给里斯本一名富商费尔南·戈麦斯去经营，而他作为交换条件，则连续5年以塞拉利昂为起点每年沿海岸探险100里格。当时人们自然希望就在这范围以内找到印度，而这些希望则以地理学家托勒密和弗拉·毛罗的论述作为依据。按照这一合同进行的航行，史书上并无记载，但费尔南·戈麦斯手下的船长们曾驶进几内亚湾，航经尼日利亚，到达喀麦隆。但是1474年合同期满，却未予续订，关于地理发现的活动便由阿方索的那个精力充沛而又有能力的儿子，即未来的约翰二世接替。约翰二世在1481年继承王位。国王对航海事业继续予以控制，从新颁布的保护国王利益的严峻法律便可见一斑。对于插手非洲贸易的外来者采取了严厉的手段；阿尔古因要塞的工事得到了加强，并在米纳兴建了一座新城堡。这个基地建立后，接着就由迪奥戈·卡奥进行两次航行。航行从1482年开始，这年他到达刚果，对现为安哥拉的部分海岸进行了探险，于1486年或1487年结束，当时他已到达西南非洲的克罗斯角。这些航行把葡萄牙人带到了更南的地方，超过了他们猜想在转向东北去寻找祭司王约翰的土地和印度群岛以前需要经历的航程。鉴于路途遥远，约翰二世便考虑前往印度的其他途径，同时派遣探险队从陆路去查证阿比西尼亚和印度的具体位置。他可能就向西航行，从海路到达印度的问题，与意大利地理学家托斯卡内利商议。当然，唯一的证据是托斯卡内利后来答复哥伦布询问的一封信，但是也没有充足的理由作为反证。大多数人认为，约翰二世当时拒绝了托斯卡内利的忠告。看来更加可能的情况是约翰二世确曾派出或批准探险队向西航行，但是船只或是丧失，或是未到达陆地即行返航。无论如何，大约在1484年哥伦布向约翰二世提出他的计划的时候，葡萄牙御前会议拒不接受，这是因为他们不相信哥伦布本人，或者当时已有证据，认为真正通向印度的航路是取道非洲。

1486年葡萄牙人从一名贝宁土人那里得到了令人鼓舞的消息：据称有一个名叫奥格涅的伟大国王在位。这位国王核准贝宁各酋长的权力，并赐予十字架给他们每人佩戴。人们从来没有见过他，但他却从帷幕后面伸出脚来，让晋见者亲吻。他住在贝宁以东20"蒙"远的地方。奥格涅无疑就是祭司王约翰，而20"蒙"就是弗拉·毛罗所说的300里格。看来，这个消息促使约翰二世决心派遣个别的探险家前往阿比西尼亚和印度，以检验所说是否确实。探险家之一是佩洛·达·柯维哈，他是约翰二世的身边警卫，曾在西班牙和摩洛哥充当过间谍。他顺利地到达了坎纳诺尔、卡利卡特和果阿，4年后回到开罗，遇见了约翰二世派遣的其他使臣，并向他们汇报。他的同伴阿丰索·派瓦被派往阿比西尼亚，结果死于途中，因此柯维哈奉命再由

第十五章 新世界

开罗前往该地。他沿途一切顺利,后来定居在阿比西尼亚,度过了他的余年。大约在 30 年后,他遇见了董·罗德里戈·德·利马的探险队成员。约翰二世在瓦斯科·达·迦马启程前是否已经得到柯维哈关于印度的消息,虽然各方意见不一,但很可能是他已经得到了消息。

同时,巴托洛缪·迪亚士奉命由海上进行大规模的探险。他的 3 艘船于 1487 年 8 月启碇离开里斯本,随船携带一批黑人,他们将带着香料和稀有金属的标本深入陆地,探询寻找祭司王约翰和印度的道路。在沿海岸航行到小安格拉以后,他的船最后被风暴卷入海洋,只是在风暴平息后才掉头东驶,但未能找到陆地,便往北航行,发现了他称之为瓦奎洛斯湾的地方。这是欧洲船只第一次驶进了东方水域。虽然迪亚士又向前航行了一段路程,而他本人仍想继续前进,但是他手下的船员不肯从命,由于供应短缺,坚决要求返航,途中经过他们以前未曾发现的好望角。1488 年底,迪亚士回到了里斯本。他围绕非洲大陆顺利航行和打开通往印度的航路的消息,促使约翰二世下令准备一次适当规模的探险,以便这一伟大事业得到圆满结束。

由于一些至今尚未弄清的原因,船队经过了长期的拖延才终于出发。情况可能如下:在迪亚士企图绕道好望角到达印度的同一时期,另一个弗朗西斯科·杜尔莫率领的葡萄牙探险队试图横渡大西洋去寻找一条通往印度的航线,但是没有成功。大约与此同时,哥伦布劝说约翰二世提供他所需要的设备,但是约翰使他失望,于是他便退至卡斯蒂利亚,以他的理论向伊萨贝拉和费迪南德进行游说。虽然供建造前往印度的船队使用的木材已经采伐,并任命一名船队队长专管其事,但是到 1493 年 3 月初,哥伦布完成了他的伟大业绩后突然出现在里斯本附近海面的时候,探险队却还没有准备就绪。虽然约翰二世殷勤地接待了哥伦布,但是看来不能隐藏心中的不悦,据说这是因为他没有首先到达印度。虽然他给这位发现家提供了清理和整修"尼尼亚号"的条件,但是他已决定抵制费迪南德和伊萨贝拉提出的领土要求,引用阿尔卡索瓦斯条约和 1481 年的"永恒的王"通谕,二者都规定在加那利群岛以南和非洲以西发现的土地均属于葡萄牙。

因此,在哥伦布的航行结束后,葡萄牙和西班牙之间进行了持续不断的谈判。起初,西班牙通过 1493 年 5 月 3 日的"主要事项"通谕,取得教皇对他们的支持;而葡萄牙则下令准备一支舰队,在弗朗西斯科·德·阿尔梅达的指挥下横渡大西洋。直到1494年6月签订了托德西利亚斯条约，这个悬而未决的局面才告结束。这个条约确定了著名的分界线，即由北往南，在佛得角以西的370里格处。这种安排为葡萄牙保留了对巴西的发现权（据说约翰二世对巴西是否存在，此时仍表示怀疑），同时也允许卡斯蒂利亚的船只横渡大西洋而不受更强大的葡萄牙舰队的干扰。谈判是在哥伦布的第二次航行以前进行的，当时这位发现家正准备一支庞大的舰队，希望舰队的声势足以震惊日本、中国和印度的君主们。约翰二世在这笔交易中得到了许多他当时并不了解的好处。他在1495年10月去世，距此仅有一年多时间。如果哥伦布在他的第二次航行中成功地到达了印度，葡萄牙就不得不放弃它长期以来梦寐以求的地理发现的目标，因为卡斯蒂利亚人将它从东方排挤出去，就和它曾经把卡斯蒂利亚人排挤出非洲一样。但是，哥伦布的第二次航行没有能确切证明他到达了或正在驶近印度，1496年仲夏他返回时，他的事业正陷于深沉的失望之中。他本人继续确认他所发现的土地距离亚洲不远，但是当时持有同样想法的人却为数寥寥。

正是在这种情况之下，葡萄牙的新君主曼努埃尔在即位第一年即1496年的12月，在御前会议上提出了继续探险的问题。有些大臣鉴于摩洛哥战争的耗费，同时考虑卡斯蒂利亚和阿拉贡联合后卡斯蒂利亚的实力大大增强，面对这一形势，必须保存某些力量，并且也由于听说卡斯蒂利亚已发现亚洲的外围岛屿而无疑地深感不安，所以愿意放弃这一伟大的壮举；但是也有一些大臣却主张继续把这一活动进行下去，而曼努埃尔则表示赞同他们。一个新的探险队将沿着传统的路线尽快前往印度。约翰二世委派的船队长这时已死去，他的儿子瓦斯科·达·迦马接任指挥，他的领导才能、坚决意志和勇敢都是毋庸置疑的。瓦斯科·达·迦马的4艘船于1497年7月由里斯本启航，在海上航行3个月未见陆地，终于在好望角附近的海岸登陆，1498年初在莫桑比克接触到穆斯林文化在东非的前哨，并找到1名领港做向导。他们在蒙巴萨靠岸，后又到达马林迪，达·迦马在马林迪受到了热情的款待，并且遇到了印度的航海者，起初他还以为他们是基督徒。4月24日船队从马林迪启航，5月15日瞥见印度，两日后驶入卡利卡特附近的海港。

第十五章 新世界

在达·迦马声明他的来临后，卡利卡特土王随即派人表示欢迎，达·迦马率领着13名同伴上岸，递交国王曼努埃尔的信件。他被带到一座他认为是教堂的建筑，在他猜想是圣母玛利亚的女神前祈祷，在街上，广大的人群击鼓、吹喇叭和放炮，对他表示欢迎。达·迦马穿过熙攘的群众来到王宫，被带到土王面前，向土王叙述了葡萄牙长期寻找该地的经过，并代表曼努埃尔表示友好。可惜，他手中所能奉献的礼物如织物、珊瑚、糖和蜂蜜，均被认为不宜馈赠土王。达·迦马丢了面子，但被允许通商。

当时马拉巴尔海岸各土邦由几名印度王公统治，其中首脑是卡利卡特土王。对外贸易系由阿拉伯人或本地的穆斯林经营。这些商人眼见葡萄牙人是印度贸易中的高强对手，便开始制造麻烦，予以刁难。他们给葡萄牙人送去一张征收巨额关税的税单，并扣留货物以及几名船员。后来，被扣者被及时释放，但达·迦马收到了土王最后一封表示愿意进一步通商的信件后决定离去。1499年7月10日，经过了两年的别离后，达·迦马的第一艘船返抵里斯本。达·迦马本人受到了凯旋式的接待。他使100年来的努力圆满结束。他带回的大部分印度货物样品成为大规模扩张运动的推动力。他和哥伦布不同：哥伦布是为了自己的满足而去证实他的理论，但是未能满足他的雇主们的更加实际的利益；而达·迦马却证明了王子和约翰二世的估计正确无误，并且也证明了托德西利亚斯条约对卡斯蒂利亚人所做的让步没有被违反，但这种让步是微不足道的。难怪曼努埃尔迫不及待地自己采用了"对埃塞俄比亚、阿拉伯、波斯和印度进行征服、通航和通商之王"的称号。

达·迦马刚刚归国，曼努埃尔国王便派一支新船队去印度。船队由13艘船组成，指挥者是一名年轻的朝廷大臣佩德罗·阿尔瓦雷斯·卡布拉尔，而久经考验的探险家巴托洛缪·迪亚士和杜阿尔特·帕切科等随行。有1艘船在佛得角群岛附近海面分道而行；其余船只折向西南，直到发现陆地迹象为止；结果在1500年4月22日发现了巴西海岸现称圣埃斯皮里图州的地方，把它命名为"真正十字架国土"。巴西的发现究竟是事出偶然还是按照计划，这个问题一直有很多争论。没有任何证据可以证明卡布拉尔曾经遇到恶劣气候或逆风，以致他非出于自愿而远远向西驶去；巴托洛缪·迪亚士和瓦斯科·

达·迦马可能都向他提出过要和非洲海岸保持相当距离，他的航线就在人们建议那些寻找好望角的船只采取的路线以西，距离并不太远。有人强调，曼努埃尔当时已知南大西洋对岸有陆地存在，因此卡布拉尔奉命寻找该地。当然，我们没有理由认为曼努埃尔或任何人不应当对这片陆地是否存在表示怀疑：关于卡布拉尔这次航行的记载在这个问题上向无定论，是颇为耐人寻味的。

当时有一艘船奉命回国报告消息，其余船只继续开往印度。其中4艘连同全体船员在途中失踪，不知去向，但其余的船只安然抵达卡利卡特。卡布拉尔为人精明，给土王带来了合适的礼品，但是穆斯林商人采取有效的手段，不让葡萄牙人获得他们寻求的商品；当卡布拉尔扣留了穆斯林的1艘载有香料的船，他的贸易站遭到了袭击，代理商及其助手们被杀。于是，卡布拉尔强行夺走了10艘穆斯林船，驶往科钦和坎纳诺尔，在当地载满货物。他的13艘船中仅有6艘在1501年7月到达里斯本，不过所载货物足以补偿整个探险活动的全部费用。

以前早已做出决定，要开展经常的贸易活动，每年3月均有一支船队自里斯本启程。关于卡布拉尔遭遇困难的消息，引起了新的讨论，考虑对印度继续进行探险活动是否明智。但是这时大多数人都表示赞同，于是决定派出武装部队，在必要时可与穆斯林决一雌雄。如果穆斯林一旦被消灭，则印度人的王公们没有其他出路，只好和葡萄牙进行贸易。于是，1502年达·迦马率领15艘船出发，随后将有由5艘船组成的第二支船队开来。这些船中有一部分将截住来往于红海和印度之间的穆斯林船只，并为科钦和坎纳诺尔的商行代理处提供海上保护；其余船只则作为通常的贸易船队，达·迦马在赴印度途中曾在基尔瓦停留，向当地酋长勒索大量黄金作为纳贡，而他到达印度后的第一个行动就是向卡利卡特开炮轰击，作为对杀害卡布拉尔代理商的行为的一种惩罚。到了这时，葡萄牙人势必要对印度事务进行干预：他们已成为科钦酋长的朋友，同时却是卡利卡特土王的敌人，在此后几年内他们一面进行贸易活动，一面又穿插着建筑碉堡和替他们的盟友打仗等活动。1505年，葡萄牙第一任印度总督弗朗西斯科·德·阿尔梅达出征，结果在东非以及科钦、安杰迪瓦和坎纳诺尔等地修筑了要塞，葡萄牙人在这些地方便以石头碉堡进行自卫，同时发现

第十五章 新世界

了大量胡椒和其他货物。

葡萄牙人在东方海域出现后，埃及便立刻建立一支舰队，企图打开一条通往印度的道路，结果使自己惨遭大祸，因为该舰队于1509年2月在第乌岛被弗朗西斯科·德·阿尔梅达打得惨败。同年阿丰索·德·阿尔布克尔克被任命为印度总督，在此后的6年中葡萄牙奠定了它在东方的贸易基础。东方的全部交通运输将由少数用作军事基地和贸易中心的设防港口来实行控制。其中第一个最重要的港口是果阿，它是阿尔布克尔克在1510年从比贾普尔苏丹手中夺取来的，如今代替卡利卡特，作为葡萄牙在东方一切活动的总部。两年后马六甲被占，成为葡萄牙与爪哇、暹逻和勃固贸易的前哨站；马六甲俯临马来海峡，使葡萄牙人得以控制近东和远东之间的大部分贸易。由于侵占亚丁的计划失败，葡萄牙仍没有对印度洋海路取得全部控制。但1515年对霍尔木兹海峡实行占领，使它控制了波斯湾的门户。对来往于印度东西两面的外洋轮船实行了严格的和相当有效的执照制度，葡萄牙的强大昌盛主要归功于它对运输业的这种控制。在这些年中，葡萄牙人成了欧洲善于经商的民族之一：里斯本奇迹似的暴富起来，曼努埃尔成了专制君主，冒险家们成群结队地前去里斯本，靠占有富饶的东方而使自己致富。

葡萄牙对印度的"发现"引起十分巨大的反响，支持这一"发现"又耗费如此巨大力量，以致对巴西的占领起初反而没有得到多少重视。从哥伦布的第二次航行直到墨西哥的被征服，一片失望的气氛笼罩着大西洋彼岸的这块土地。亚洲大陆尚未找到，从加勒比群岛取得的黄金数量很少。在哥伦布对航海的垄断地位被打破后，卡斯蒂利亚的水手们继续寻找难以捉摸的印度航路，逐步探索南北海洋线，并确定哥伦布在1498年报告他所发现的那个大陆实际上是一片接连不断的陆地，和亚洲没有直接的联系。甚至在卡布拉尔探险前的一两年，哥伦布的后继者曾经从委内瑞拉到达过现为巴西北部的海岸。尽管证明材料混乱，而且不是当时的记载，但维森特·亚涅斯·平松所发现的杜尔塞海（与卡布拉尔到达维拉克鲁斯同时）很可能就是亚马孙河河口。在头一年的6月，大概由奥赫达指挥的另一个卡斯蒂利亚探险队，曾在被认为是阿苏三角洲（北里奥格朗德）的地方登岸，这次探险很可能就是韦斯普奇的第一次航行。看来十分可能，1499

年的卡斯蒂利亚探险队首先看到的土地就是今天的巴西，而平松则是第一个沿着巴西很长一段海岸线航行的航海者，但卡布拉尔却首先把巴西定为一次单独的发现，并且首先在巴西登陆。

坎蒂诺和卡内里奥所绘的地图表明巴西沿岸的大片土地都是在1500年和1504年之间发现的，虽然个别探险队的记载混淆不清。卡布拉尔派回报信的船只到达后，国王曼努埃尔派出了3艘帆船前去巴西探险，它们在佛得角和从印度归来的卡布拉尔的剩余舰队相遇。这支舰队可能沿巴西海岸由南纬8°航行到32°，据安东尼奥·加尔旺（约1550年）的记述，因寒冷和风暴被迫返回，而这次航行却被韦斯普奇称为他的第二次航行。关于从南纬8°到32°的这次漫长的航行韦斯普奇仅仅说他"除了望不到边的颜料树、肉桂树、制造黑色颜料的树以及无法形容的其他稀奇古怪之物"以外，没有发现任何有价值的东西。叙述很简略，这正说明航行的主要目的是尽可能地向南航行，以便发现一条通往印度的西海道。由于这条海道根本没有找到，而卡布拉尔的"维拉克鲁斯岛"又被证明是一块连续的大陆，这就使韦斯普奇有理由提出以他的名字给美洲命名的主要要求。他确实没有发现美洲，但他可能是第一个证明美洲是一个新大陆的人。

1503年曾被达米亚奥·德·戈伊斯提到并为韦斯普奇描述过的那次航行，其明确的目的就是要发现一条西南海道，结果在巴西的南部筑成一个城堡，并装载了一批染料木运往里斯本。这个探险队回来后，葡萄牙国王似乎认为西南海路虽不失为可取，但不是近期的目标。道理很清楚：沿这条海岸一带居住的是一些稀稀落落的原始的印第安人部落，有些还是食人生番，因此，对于一个贸易国家来说，这个海岸除了提供大量的染料木（巴西这时因此得名）和猴子、鹦鹉等玩赏动物外，没有多大的吸引力。于是曼努埃尔采取了阿方索五世在几内亚采取的那种做法：把染料木贸易租给一个改信基督教的商人费尔南·德·洛隆哈（又名诺隆哈），条件是他每年应派船沿海岸探险300里格，期限3年。

早在1503年，一艘法国船在两名葡萄牙人的协助下，由哈尔弗勒到达巴西中部海岸。虽然当时曾采取了一些紧急措施：禁止输出地图和航海图，不准葡萄牙海员搭乘外国船，并使教皇重申托尔德西拉斯条约所规定的葡萄牙权利，但是此时法国人已了解到他们所要了解的一切，而且不顾对方再三抗议仍旧砍伐染料木，并和巴西土人贸易。侵扰、冲突和抗议持续了好些年，最后事情已经变得非常明显：葡萄牙必须占领巴西，否则必将永远和外来者分享巴西。1526年约翰三世开始派遣武装舰队驱逐法国人，不久又移民防卫各个贸易据点。

在与法国发生冲突的同时，葡萄牙和西班牙也发生了意见分歧。虽然托德西利亚斯条约处理的土地尚未划分界线，但在订约后的25年内，葡萄牙和西班牙对于地区的分界没有发生过重大的纠纷。此时西班牙人主要忙于在伊斯帕尼奥拉岛设立行政机构，并对附近岛屿进行勘探和征服，这些地方距葡萄牙人的势力范围很远。误入加勒比海的葡萄牙船员可能被拘禁，而寻找西南航路的西班牙人倘在巴西上岸也会遭到同等待遇。但是，只是由于麦哲伦叛逃到卡斯蒂利亚和他顺利到达菲律宾，才又重新提出了通往真正印度的航路归属的问题。按照托德西利亚斯条约的规定，西班牙有权占有向西航行所发现的地方，而葡萄牙则有权占有向东航行所发现的地方。但现在却需要在东方也划定一条和托尔德西拉斯条约界线相应的界线。争执的焦点在于香料群岛，这是某些最贵重的东方产品来源地，不少国家渴望予以占领。经过多年的讨价还价，1529年的萨拉戈萨条约规定：香料群岛归葡萄牙所有，但必须向西班牙交付赔款35万杜卡特。这样，新近发现但尚未被勘探完毕的世界，便在这两个伊比利亚半岛国家之间被瓜分了。

二 西班牙人在新世界

对西属美洲进行移民是哥伦布第二次航行时开始的。第一次航行是一次成功的勘察，计划周密而且执行得很出色。哥伦布十分幸运，他充分利用了北大西洋的风系；他在东北贸易风开始前从加那利群岛航行到巴哈马群岛，而回到亚速尔群岛时又进入了冬季的西风带。他发现了安的列斯群岛中两个最大的岛：古巴和伊斯帕尼奥拉。他声称他所发现的岛屿位于亚洲东部沿海，可能还发现了亚洲大陆的一部分，而且直到逝世前仍抱着这种信念。我们无从肯定哥伦布的这些声明是否符合他的初衷和诺言，也不知道费迪南德和伊萨贝拉是否全盘地予以接受——当时某些有识之士是没有全盘接受的。但是毫无疑问，哥伦布发现了一个由一些未知的岛屿所组成的面积广袤的群岛，这个群岛出产一些黄金，并居住着和平温驯而又极端原始的人民。这些岛屿是否和亚洲人烟稠密的部分仅有一衣带水之遥，当时尚未见分晓，但毫无疑问，对它们值得仔细地进行调查研究。

第一次航行虽然成功，但耗资颇巨。哥伦布损失了旗舰，被迫将一半人员留在伊斯帕尼奥拉岛上，让他们听命运摆布。他所掠夺的财宝和这次航行的费用相比，少得可怜。这时必须在发现之后再跟紧一步，使投资能产生收益。刚收到哥伦布的第一个报告，甚至在哥伦布回国朝见以前，两位君主便命令他开始准备第二次航行。此后不久，他们就同罗马教廷和葡萄牙开始谈判，以便对哥伦布所发现的海洋和土地取得独占的航行与移民权利。

和罗马教廷进行谈判，没有遇到多大困难。亚历山大六世本人就是西班牙人。他对两位天主教君主感恩戴德，当时他正设法为儿子在意大利成立一个侯国，所以寻求这两君主的支持。在他以前的历任教皇已授权葡萄牙，让它在西非独占探险和传教活动，因此，亚历山大巴不得也给西班牙同样的待遇。他按照费迪南德和伊萨贝拉根据哥伦布意见所提出的一连串要求，陆续发表了4个通谕，每一通谕逐次加强和扩充前一通谕的规定。前两个通谕指明凡哥伦布探险所至的区域内一切已发现和未发现的土地均赐给卡斯蒂利亚的国王。第三个通谕即有名的"主要事项"通谕，在亚速尔群岛和佛得角群岛以西100里格之处由北到南划定一道假想的界线，并规定在这条界线以外的土地和海洋均属西班牙的探险范围。第四个通谕即"早先的"通谕，扩充了过去赐赠的范围，使之包括"向西或向南航海或旅行中所发现的和未发现的一切岛屿和陆地，而且不论它们所在地区是在西方，或子午线上、东方或印度"；此外，在上面提到的地区内，以前所做的赐赠一律作废，即使赐赠以后，继之以实际占领也是如此。不论这些规定在国际上的效力如何（天主教界对于这个问题意见分歧），这4个通谕对于西班牙人来说，便是西班牙国王取得新世界土地的基本法律根据。

但是，葡萄牙方面提出的反要求也是不容轻视的。约翰二世对于意大利人的言过其实表示怀疑，从来没有接受哥伦布对这些发现所做的解释。对他来说,"印度群岛"是大西洋中的另一组岛屿,最初他根据1479年阿尔卡索瓦斯条约的条款提出了对这些岛屿的领土要求。显然,葡萄牙不管当地是否产有黄金,也不愿为了占据几个仅有裸体的野蛮人居住的远方岛屿而进行战争;但"早先的"通谕却引起了严重的惊恐。通谕条件甚宽,又特别提到印度,这对于葡萄牙多年来梦寐以求的计划造成了一种威胁。因此,一切外交手腕和地理学的论据都被用来限制这一通谕的效力。约翰二世未能打动教皇,便直接同费迪南德和伊萨贝拉进行谈判。他接受关于分界线的"主要事项"通谕,作为双方讨论的基础,但要求把分界线再向西移动270里格。两位西班牙君主仍被哥伦布提出的关于通往印度的西航路的谬论所迷惑,便表示同意;双方无论如何想必都认识到,这种含糊的边界线是无法确切地加以划定的,因此各方都认为对方受骗了。此外,双方都竭力避免公开的冲突。托德西利亚斯条约于1494年正式签字。这是葡萄牙外交上的一次辉煌胜利。条约确认葡萄牙不仅拥有真正的印度航线,而且拥有整个南大西洋,包括想象中的土地安蒂利亚和真实的土地巴西在内,虽然这种情形当时即使在里斯本也是无人知道的。

在条约签订以前很久,哥伦布就已回到西印度群岛。他在1493年9月率领一支大舰队离开加的斯,舰队有三桅船、轻帆船和双桅船,总共17艘。舰队的结构和舰队长身负的命令,全都指明了它被派遣的目的。舰队中没有全副武装的战舰,也没有装载贸易货物,只有少量通常运往西非和土著交换的实物。船只装载的主要是人(总共1200名,有教士、军人、工匠、农夫)和农业用品(农具、种子、牲畜),它是整个社会的一个缩影。这次航行的直接目的不是开辟新的贸易市场,也不是征服东方的王国,而是去伊斯帕尼奥拉岛定居,建立一个既开采矿藏又从事农业的殖民地。这个殖民地将使该地的食物自给自足,把黄金解往西班牙以支付这次航行的费用,同时成为进一步朝着印度或中国方向探险的基地。自愿参加的不乏其人。关于黄金的议论本身就足以吸引他们。对于那些由于私人战斗衰落和格拉纳达陷落而无所事事的士兵们来说,西印度群岛提供了冒险的事业、掠夺的机会,以及可能享有舒适的地主生活。对于地位卑微的百姓来说,他们可以有希望脱离被牧民荣誉会的特权羊群踩躏得一片荒凉的卡斯蒂利亚高地,而逃往土壤肥沃、气候宜人、当地劳动力既多而又便宜的地方。舰队是在塞维利亚副主教胡安·罗德里格斯·德·丰塞卡的命令下装备起来的，此人同西印度群岛将保持长期的和影响极大的关系。哥伦布对丰塞卡有很多怨言，认为后者既碍手碍脚又办事拖拉。主持出海的航海家对码头行政机关的文牍主义往往不耐烦，他们两人之间好像互相厌恶。其实，这次为航行所做的装备工作效率很高而且速度极快：在15世纪的西班牙，就准备如此巨大规模的一支舰队来说，5个月是很短的时间。丰塞卡的唯一严重错误是他没有为在殖民地度过第一年准备充足的食物。对于欧洲人在热带国家中能够依靠当地出产维持生活的程度过分乐观，是这些早期探险具有的普遍特点，也是造成哥伦布后来遇到的困难的主要原因之一。

舰队经过顺利的航行，在多米尼加岛安然靠岸，然后沿着形成一个美丽的弧形的小安的列斯群岛续航，穿过维尔京群岛，行经波多黎各，到达伊斯帕尼奥拉岛北海岸。哥伦布的好运也就到此为止。第一次航行时期建立的圣诞节移民地已经荡然无存；他选择了一块没有隐蔽、不宜居住的海滩作为移民地，命名为伊萨贝拉，在这一点上，哥伦布铸成了第一个严重错误。伊萨贝拉殖民地始终没有兴旺起来。这时要有一个具备指挥天才的领导人，才能在这批早期的西班牙移民（这些人一向脾气暴躁、爱好冒险和贪婪成性）中间维持秩序，强迫他们开发森林、建造房屋并种植作物，而不在岛上到处漫游，寻找黄金或奴隶。哥伦布是位伟大的探险家和航海指挥者，尽管有卓越的航海才能，却不具备作为一个成功的殖民地总督所必须具备的经验和气质。再者，他是外国人，并且是一个手艺人的儿子，只有一个空头衔和一副新纹章。他和他的下属是否能控制这些人直到换防的舰队到来，不久就成为一个问题。

然而，寻找印度的航行是不容延缓的，哥伦布把一些最调皮捣蛋的水手打发到内陆去探险后，便率领3艘轻帆船启航，前往古巴南海岸探险，并发现了牙买加。他回到伊萨贝拉的时候，发现他的水手们病弱不堪，并和土人处于公开敌对状态。泰诺人是以采集树根和贝类为生的和平居民，几乎连最根本的农业也没有，他们只有很不耐用的木制或石制工具和武器，但由于不断地被勒索食物和妇女，已被惹怒到了不惜一战的地步。哥伦布袭击这些印第安人，派武装人员携带凶猛的猎狗穿越丛林追赶他们，迫使他们以金砂交付人头税，但他们都付不起。在这种可怜的战争中，俘房都被变作奴隶。哥伦布把数百名奴隶用船运到西班牙，其中大多数在西班牙死去。其余的奴隶奉女王命令释放，遣返原地，所以甚至奴隶贸易也未能获利。同时，在伊萨贝拉殖民地，惨遭浩劫后的印第安人弃地不种，留在热病流行的破旧营房中的西班牙人受到了饥饿的威胁。

当1496年春哥伦布乘船回到西班牙，亲自去处理在伊萨贝拉对他不满时人们提出的申诉时，情况就是这样。当他出差的时候，在他的同意下，他的兄弟巴托罗梅代他负责，组织了移民地的迁移工作，从伊萨贝拉搬到南海岸一个较好的地点，1496年或1497年，殖民者在该地开始兴建圣多明各城镇，圣多明各在以后的半个世纪中一直是西属西印度群岛的首府，直到今天仍是一个兴旺不衰的城市。

两位天主教国王仍旧信任哥伦布，在他们的支持和资助下，他在1498年回到了西印度群岛。但是，这一次自愿参加者不多，跟随这位舰长出海的水手，有的是被强迫的，有的则是从监狱释放出来的。哥伦布航行到他以前航程以南的海洋，发现了特立尼达岛和奥里诺科河的出海口。这是当时欧洲人所知的最长的一条河，河中的大量淡水证明新发现的海岸线是一个庞大的大陆的一部分。哥伦布运气不佳，没有见到委内瑞拉沿海盛产珍珠的牡蛎场，但是他以高超的航海技术，从玛格丽塔岛直接北上，航往伊斯帕尼奥拉岛，抵达他兄弟新建的城市。

哥伦布在圣多明各发现他的移民中有半数在镇长弗朗西斯科·罗尔丹的带领下，公开反抗巴托洛梅的权威。哥伦布既不能而且也没有用武力镇压这次反叛，但是用让步的方式（赦免、恢复官职、赠送土地）收买了罗尔丹和他手下的人。除了同意这些屈辱的条件以外，这位舰长此时又一次对反叛者做出更重大的让步，把岛上的印第安人分给西班牙移民充当奴仆和庄园劳工。这种分派劳役制后来稍加修改，便成为西属西印度群岛的普遍制度。强迫劳动再加上天花和麻疹加速了大安的列斯群岛土人人数的下降，但在当时这种安排却起了安抚叛乱首领的作用，而哥伦布就有可能去镇压后来发生的规模较小的西班牙人叛乱，但严厉的程度可能有些过分。然而，这样一来，就把事情搞坏了。在哥伦布实行的政策比较软弱的地方，心怀不满者回到西班牙后则把他的政策说成是暴政。1499年春，两位国王委派弗朗西斯科·德·博瓦迪利亚去替代哥伦布，并调查对他的控诉。博瓦迪利亚对这位舰队长施加镣铐，遣返国内。虽然两位国王恢复了他的爵位，发还了他的财产，并始终对他表示礼遇，但是再也不准他担任舰队长或总督的职务，也不准他对他的伊斯帕尼奥拉岛所实行的统治进行干预。

从博瓦迪利亚的继任者弗雷·尼古拉斯·德·奥万多到来起，西印度群岛的移民政府真正开始实行统治了。奥万多是阿尔坎塔拉的骑士指挥官，他对伊斯帕尼奥拉统治6年，采取的严厉措施绝不是哥伦布所敢实行的。其实，纪律尤其是殖民者所需要的东西。倒于印第安人，奥万多在1503年取得国王的敕令，遂使哥伦布所开始实行的分派劳役制具备合法的形式。外来的殖民者向被征服的印第安人强征贡物和强制劳动，然后让他们改信基督教并给予保护。对于野蛮的印第安人则进行无情的战争。泰诺人也许此时已濒于危亡，而奥万多的苛政则更加快了他们的灭绝。然而在他统治时期，西班牙土地所有者达到了小康水平，在露天的牧场上放牧大批的猪和牛群，种植山芋和木薯，甚至少量甘蔗。他们用马拉磨或用水力磨把甘蔗辗碎制糖。奥万多说当时有24个这种磨坊，这是一笔相当大的基本投资。伊斯帕尼奥拉岛的溪流的产金量也逐步上升，在16世纪20年代时所达到的数量已足以引起费迪南德及其朝臣的兴趣和垂涎。

伊斯帕尼奥拉岛发展中的主要障碍是劳力不足。殖民者采取在巴哈马群岛劫掠奴隶的办法来代替即将绝种的泰诺人，稍后，又从西非的葡萄牙代理处进口少数黑奴，但劳力始终缺乏。对于那些气质和早期西班牙殖民者相同的人们来说，如果没有劳力，土地就毫无用处；即使开掘金矿，也是一种令人厌烦的工作，它需要非熟练劳工。由于缺乏劳力，同样也由于淘金热、传教热忱，或单纯地是由于不得安宁，于是驱使许多西班牙人从伊斯帕尼奥拉岛移往其他岛屿或陆地定居，而这些地方的土著居民可能人数更多也更能吃苦。像它的创始人所计划的那样，伊斯帕尼奥拉岛变成了进一步探险的基地，也是向探险队供应咸肉、干牛肉和木薯粉面包的产地；在奥万多的继任人、老舰队长哥伦布之子迭戈·科隆在任期间，这种远航的探险队数目日益增多。

1509年，胡安·德·埃斯基维尔开始向牙买加移民，或至少是向新塞利维亚周围地区,即现在的圣安娜湾的附近移民。5年前,哥伦布曾使他那几艘虫蛀的轻帆船停靠在岸滩。牙买加不出产贵重金属。它供养少量的西班牙人口,这些人靠放牧牲畜为生,但在西班牙人统治时期,他们无足轻重。1511年迭戈·贝拉斯克斯移民古巴,是一件规模较大的事业。贝拉斯克斯是奥万多手下伊斯帕尼奥拉岛副总督,他和奥万多一样,是一个实施纪律者和能力很强的行政官吏。他率领一小支亲信队伍,在3年内镇压了土著的抵抗并占领了全岛。在选择最佳地点建立西班牙移民地方面,他显示了非凡的才能和远见;在他担任总督的最初5年中,共建立了7个城镇,尽管有些城镇的名称和确实地点改变了不止一次,但它们都在建立的地区内被保存了下来。古巴盛产黄金,比伊斯帕尼奥拉岛土地肥沃而山岳较少,提供了放牧、种植烟草和甘蔗的良好条件。和在伊斯帕尼奥拉岛一样,矿山和农业所需的劳力是通过早年对土著居民的再分配取得的。古巴从伊斯帕尼奥拉岛吸引来许多移民,贝拉斯克斯至少曾经一度使他自己事实上对旧殖民地的总督保持独立。

第四个重要的海岛移民地是波多黎各,这一活动始于1512年,但不很成功。从小安的列斯群岛流窜到此的加勒比人已在波多黎各定居,他们对西班牙人的抵抗比伊斯帕尼奥拉岛土人更加凶猛。而且,第一任总督胡安·庞塞·德·莱昂又必须兼管该岛与佛罗里达半岛,因而分散了注意力。他在1514年试图向佛罗里达移民,但未成功。结果,和其他岛屿相较,波多黎各的移民活动更加迟缓,流血更多,也更不完整。这个殖民地在16世纪从未吸引过很多的西班牙人。

正当以此种方式对大安的列斯群岛进行征服和移民的时候,其他时间更长、危险更大和获利更多的探险活动则由伊斯帕尼奥拉岛出发,沿加勒比海陆地的海岸探险。即使在哥伦布生前,他对"海岛和大陆"探险的垄断,也在国王的默许下,数次遭到了破坏。1499年,维森特·亚涅斯·平松,原轻帆船"尼尼亚号"船长和哥伦布的伙伴,在一次著名的勇敢的航行中,沿巴西的北海岸上溯,发现了亚马孙河三角洲。同年,阿隆索·德·奥赫达(他也是哥伦布的老伙伴并经常给哥伦布带来烦恼),也继哥伦布的第三次航行而到达了帕里亚湾,在委内瑞拉沿岸进行勘探,发现了玛格丽塔岛宝贵的珍珠采集场。和他同船航行的是阿梅里戈·韦斯普奇；他的精彩文笔和正确的地理判断给他带来的声誉，曾一度使哥伦布的名字黯然失色。库巴瓜这一小岛成为西班牙的新加的斯移民地，它的建立就是为了开发这个珍珠采集场。大概有25年时间，新加的斯一直是加勒比海最繁荣的地点之一，也是以奴隶充当潜水者这项兴旺而又十分残酷的贸易的中心，直到竭泽而渔的采珠方法使资源归于毁灭时止。

更具有长期性而对未来更有意义的是对中美洲的几次移民，地点是哥伦布第4次航行中所发现的地峡，也就是哥伦布家族后来仍保持的唯一大陆领地，即很小的贝拉瓜公爵领地。1500年，罗德里戈·德·巴斯蒂塔斯曾访问达里安湾的海滩，陪同前往的是哥伦布的前向导和地图测绘师胡安·德·拉·科萨。1504年，德·拉·科萨做了一次更彻底的勘探，阿梅里戈·韦斯普奇也参加了。他们的报告使国王决心鼓励大陆移民，而且不顾迭戈·科隆再三抗议，发出了两张许可证书，一张准许迭戈·德·尼奎萨向贝拉瓜移民，另一张则批准阿隆索·德·奥赫达向现为哥伦比亚北海岸的地方移民。这两支移民队伍于1509年年底启航，共有1000余人，但饥饿、疾病和射来的毒箭不久就使这支队伍只剩下几十人了。这是直到此时西班牙人在美洲遭到最严重的损失，最早的死者之一是胡安·德·拉·科萨，而西班牙所器重的正是他这样的人。后援队伍终于到达，率领者是伊斯帕尼奥拉岛的一位法官马丁·费尔南德斯·德·恩西索；但是经过众人同意，实际的领导权落到了人所共知的一名无赖巴斯科·努涅斯·巴尔沃亚的手中。巴尔沃亚曾于1500年和巴斯蒂塔斯一起航海，对当地情况十分熟悉；他很果断、胆大妄为、不通人情。他用船把恩西索送回伊斯帕尼奥拉岛（奥赫达已离去），把尼奎萨投入大海，听其漂流以至淹死。他独自掌握了全部探险活动的大权。巴尔沃亚是美洲大陆的伟大的征服者中的最早的一位。奥维多对他十分了解，并令人信服地证实了他的勇敢、他的才能以及按当时当地的野蛮人的标准来说，他的人道行为。巴尔沃亚建立了达里安城，并使用武力、恐怖、安抚和外交等手段，压服了地峡的印第安人；他从这些印第安人那里搜集了大量的食物和黄金，同时又强迫自己的人建筑房屋，种植庄稼，以供未来需用。最重要的是在1513年，他接到印第安人报告后，即率领一支探险队穿越湿漉漉的丛林，经过地峡，来到了太平洋岸边。

第十五章 新世界

巴尔沃亚的发现不但向欧洲人证明了"南太平洋"的存在,也证明了两洋之间相隔的一条陆地是多么狭窄,因此,对于那些希望在中美洲发现一个海峡由西通往东方的海路的人们来说,这是一个新的鼓舞。正是这种希望,驱使人们在地峡的加勒比海沿岸进行勘探,而且只要船只造好,也就立即在地峡的太平洋沿岸探险。因此,对中美洲的征服从某种意义上来说,是西葡两国在到达东方的竞赛中发生的一个事件。在巴尔沃亚穿越地峡的当年(1513年),葡萄牙的首批船只到达了摩鹿加,在科尔特斯在墨西哥登陆的同年(1579年),麦哲伦所做的航行将揭示出由西面到达东方的真正航线以及太平洋浩瀚无际的洋面,麦哲伦的航行也表明了西班牙人在这场竞赛中已告失败;但是他们在中美洲却得到了另一种报酬。西班牙人未能发现海峡,但他们却建立了一个庞大的帝国。

巴尔沃亚既是发现家又是帝国缔造者,因此,对于他的同伙和他的国王都是有功的;但是他也和哥伦布一样,因为他的仇人返回西班牙后搬弄是非而吃了苦头。人们不难理解国王对尼奎萨和胡安·德·拉·科萨的死亡的关切,但他不能容忍代表他的权威的恩西索受到冒犯。巴尔沃亚关于发现太平洋的报告,并附有珠宝黄金等实物做证,但它到达太晚,来不及改变国王的决定。1513年,国王任命的达里安总督不是巴尔沃亚,而是佩德罗·阿里亚斯·德·阿维拉,一个可怕的老家伙,当时的人们把他叫作"残暴的统治者"。佩德拉里亚斯(即阿维拉)以极大的精力开展探险和移民工作,但是他完全背弃了巴尔沃亚安抚印第安人的政策,使巴尔沃亚的大部建设性工作前功尽弃。他和他手下的船长们统治、剥削和蹂躏这个地峡长达16年之久。巴尔沃亚因为佩德拉里亚斯的嫉妒而受害,1519年因被控叛国罪而受审并被斩首。

佩德拉里亚斯受任为达里安总督,此事本身虽然带来严重后果,但却标志着国王对于控制其在西印度群岛的臣民的活动,有了新的决心。费迪南德早已撤销哥伦布家属对大陆的土地要求;他现在更明确地宣布这些移民地的权力掌握在国王所任命的官员手中,而不在自封的头目手中。在各海岛上已经出现了执行国王意旨的公认机构。1511年,在圣多明各设立了一个上诉法院,它是后来对殖民地的治理影响至深,由经过学校训练的法学家组成的检审法院的前身;尽管迭戈·

科隆的权力对大陆鞭长莫及，但检审法院的上诉权却可以直达大陆。在1511年同一年，西班牙任命了卡斯蒂利亚议会的一个常设委员会，就西印度群岛的治理问题向国王提出咨询。该机构的主席是胡安·罗德里格斯·德·丰塞卡，他的官僚作风曾使哥伦布非常恼火。在财政方面，早在1503年就在塞维利亚设立了贸易署，以调节对美洲的贸易。每当一个新的移民地成立，便任命王室官员以保护国王的财政利益。奥维多便是以这种官员身份随佩德拉里亚斯去巴拿马的。

这个新成立的机构最迫切的任务之一是调整西班牙征服者和被征服的印第安人之间的关系。对海岛上土人遭受残酷剥削提出抗议，以1511年安东尼奥·德·蒙特西诺斯神父在圣多明各所做的圣诞节传道作为开端。这次传道大大触犯了岛上的一些西班牙人，并在西班牙引起轩然大波。蒙特西诺斯被他在圣多明各的同伙派回国去，在朝廷为印第安人提出申诉。国王的咨议大臣们详加研究后，制定了1512年的布尔戈斯法；这是欧洲第一部殖民地法典，其中除有许多详细规章外，并阐明了三项明确的原则：印第安人是自由人而不是奴隶；必须采取和平方法使印第安人信奉基督教，而不得使用武力；印第安人必须参加劳动。由哥伦布首倡并为奥万多使之合法化的分派劳役制或监护征赋制将继续施行，但西班牙人对印第安人勒索的劳役和贡赋则予以限制；监护人方面也必须完成他们的职责（给予保护和传教），并遵守一切旨在防止施加虐待的规则。对于多米尼加的鼓动者们说来，关于土人权利的规定是不充分的，也是不能令人满意的；但至少国王已通过正式的立法，承认印第安人享有权利，以后不准国王泯灭良知。据我们所知，蒙特西诺斯在提出抗议后，便默默无闻了；但是其他宗教界人士继续了他的工作，要求对印第安人给予较好的待遇和更多的自由，并对西班牙人加强监督。蒙特西诺斯信徒中最有名望的是多米尼加的伟大的传教士和政论家巴托洛梅·德·拉斯·卡萨斯，他的著作和讲道将在此后的半个多世纪中影响西班牙的殖民政策。

因此，当巴尔沃亚被佩德拉里亚斯处死的时候，就已经有了殖民地行政机构的初步体系，对当地土人的政策也有了初步规定。但是这个体系和这种政策不久便要以意想不到的规模运用到比西班牙人在美洲所曾遇到的民族人数更多、组织更加完善的一些民族身上。当时有一些优秀的民族，他们散居在美洲热带地区，主要是在高山地带，虽然没有运输工具,也没有驮载的牲畜,并使用木器或石器,但是他们却在某些艺术(雕塑和建筑)和手工艺方面具有异常卓越的技巧,包括对某些软金属的加工在内。他们的主要作物是玉米,这种粮食作物比海岛上的木薯产量更高,营养更足;他们通过组织周密的共同劳动制度,使锄种玉米的产量达到很高的水平。他们的主要居留地,规模宏大,堪称城市,其中有石头筑的和砖坯筑的庙宇和公用房屋。至少在两个中心地点(墨西哥的峡谷和安第斯中部高原),一些好战的部落称雄称霸,向广大地区内被征服的人民勒取贡物和强迫劳役,并且建立了与旧世界的帝国或王国表面上相仿的政治组织。这些民族的财富和权力对于西班牙人是美不胜收,他们的宗教对虔敬的基督徒来说,具有一种恐怖的魅力,在某些情况下美丽动听的救世普济的传说往往是和活祭殉葬及同类相食等令人发指的仪式交织在一起的。

新世界的这些古代的城市建设者之中,没有一个以航海为生的民族。他们的主要中心都在内陆,正是由于这个原因,西班牙人好多年来都不知道他们的存在。就连玛雅人在尤卡坦的几个大城,也不容易从海上直达。被发现、遭到进攻并被征服的第一个古代"帝国"是阿兹特克人在墨西哥中部建立的"帝国"。阿兹特克人是一个敢于入侵别人的好战的民族,他们的首府城市特诺奇提特兰建筑在特斯科科湖内的几个岛上。由于这些岛上人口过多,阿兹特克人不得不向外扩张,在西班牙人到来的前1世纪里,通过一系列的战争和结盟,把势力向西南扩充到海湾沿岸附近一带。而在海湾探险的西班牙人发现了他们的活动,并听到了关于他们权力的传说。

卡斯蒂利亚德奥罗地峡的移民来自伊斯帕尼奥拉岛。到墨西哥探险并进行侵略的人们来自古巴,而做准备工作的领袖人物则是一个能干的、野心勃勃的总督,名叫迭戈·贝拉斯克斯。贝拉斯克斯的部属曾一度在洪都拉斯海岸附近的海湾群岛抢劫奴隶,很可能他们在这一带找到了与大陆上更加发达的文化进行交流的证据。1517年和1518年,从古巴派出了几个小型探险队,对尤卡坦沿岸和墨西哥海湾进行勘察。1519年,根据这些探险队的报告,贝拉斯克斯装备了一支更加庞大的舰队,其任务是进行贸易和探险,并任命他以前的私人秘书埃尔南·科尔特斯为舰队司令,而在财政方面科尔特斯又是这一事业的合伙人。科尔特斯本人颇负声望,这个计划吸引了600名左右的自愿参加者,对于这个人烟稀少的地方是个很大的数目。贝拉斯克斯和科尔特斯两人互相猜忌,也许科尔特斯一开始就设想此去将征服一个独立的王国。他秘密地匆匆离开古巴,一上岸就迫不及待地否认贝拉斯克斯的权力。从此时起,这次探险就成为科尔特斯本人的事业了。

西班牙对新世界的历次征战,以对墨西哥的征服最出名,而且也有最充分的文件做证。有4部当时的目击者记载留传下来,其中至少两部具有独特的文学和历史价值。科尔特斯本人的书信生动翔实,虽然不可避免地受到了政治意图和把一切决定都说成是科尔特斯本人的决定这种自然倾向的影响。贝尔纳尔·迪亚斯·德尔·卡斯蒂略的《新西班牙征服信史》,可矫正上述缺点。卡斯蒂略的叙述是从一个忠诚而又聪明的军士的观点出发,而他恰巧又有非凡的记忆力。征服墨西哥的史话,除了有名和叙述得体以外,还完美地和典型地说明了征服者心理状态的三个组成部分——他们对黄金、土地和奴隶的饿狼般的贪欲;他们狂热地想要打倒异教徒并使人们皈依基督;此外,还有为了自己利益而要做一番伟大事业的激情,这一点虽然更加微妙,但有同样的推动力。正是最后的这种激情,即开创巨大事业的自豪感,使普通士兵对他们的首领们的明显的鲁莽行动表示赞赏,使他们在大难临头的时刻紧密团结,使他们不假思索地去尝试那些似乎不可能的事情。他们认为自己不是古代英雄人物的仿效者,而是和这些英雄人物分庭抗礼,进行抗衡。在古代神话或中世纪传奇中,当然没有比一小撮落魄江湖的剑客征服一个庞大的半野蛮帝国更加能使听者动容的故事了。

科尔特斯在今天的维拉克鲁斯的附近登陆,用两个象征性的行动作为征讨的开端。第一个行动是摧毁了他乘来的船只。这样,科尔特斯便防止了不满分子潜回古巴,使水手和军队一起行军,并且以一个古典的比喻满足了征服者对戏剧性姿态的偏爱。第二个行动是以隆重的仪式在当地成立了一个自治政府。科尔特斯把他在古巴接受的委任状交给了维拉克鲁斯"镇"的地方官,这些地方官作为西班牙国王在墨西哥的代表,又把一项新的委任状给他,他又立刻上书国王请求予以批准。在尽一切可能使他的独立指挥权变为合法以后,他便率领军队从维拉克鲁斯雾气弥漫的丛林出发,攀登崎岖的漫长山路,到达墨西哥中部的高原地带。

对于现代的旅行家来说，科尔特斯的路程几乎是极端困难的；其中行经两个极高的山隘：维拉克鲁斯州内的奥里萨巴和科弗尔德彼罗特之间的山口，以及波波卡特佩特尔和伊西塔西瓦特尔这两座对峙的被雪覆盖的山峰之间的科尔特斯山口。上述两个山口至今还没有可以通行的道路。科尔特斯的路线主要出于政治上的考虑，即在友好的地区内尽可能地向前推进。从维拉克鲁斯到特诺奇提特兰，其间有很多印第安人的村庄，它们并非出于自愿地向阿兹特克酋长们纳贡；有一个城镇及其附近农村此时仍和阿兹特克人对抗。科尔特斯同时并用武力与外交手腕，因而能够促使森波拉和附近村庄的不满情绪迅速发展为叛乱；经过一场激烈的战斗以后，他和特拉斯卡拉这个顽强的城镇订立了进攻同盟。这些友好的城镇以食物和民夫支援西班牙人，还提供作战所需的辅助人员，而最重要的是提供情报。科尔特斯在森波拉首次听到魁扎尔科亚特尔，即托尔特克人神话中的英雄之神，据墨西哥的占卜者说魁扎尔科亚特尔回到人间的日子预期大约在西班牙人登陆之时。从特拉斯卡拉的无畏的战士们那里，科尔特斯一定了解到许多关于阿兹特克人的军事力量及其弱点的情况。使节团来到兵营，带来的礼品以其珍贵价值和精巧工艺而显示了墨西哥的富有，使正在等待的贪婪的西班牙人垂涎三尺。他们此来还进行威胁，并令人难以置信地声称当地的贫困，徒劳地企图劝说科尔特斯不要向首府进发。科尔特斯十分精明，把这批金光闪闪的财宝中最好的一些，派人带回国去呈献国王（虽然途中有些财宝被法国私掠船劫去，从未到达西班牙）。科尔特斯从他们的威胁中，猜出阿兹特克人的军事首领既妄自尊大又盲目恐惧的复杂心理，看到他能利用蒙提祖马的恐惧心理。科尔特斯的伟大之处主要在于他在这种情势之下能够衡量心理因素，同时也因为他善于在盟友和敌人这两方面同样树立自己的威信。他在这个阶段的主要困难在于遏制他的盟友，因为他们对战争的观念并不精细，而是更为直接。他对这个棘手的任务顺利地予以完成；军队向前推进时纪律严明而且迅速，西班牙人在适当时候由他们的阿兹特克主人护送，沿着堤道开往特诺奇提特兰，以和平的方式显示了军队的英勇气概。西班牙人被安置在城内一幢宏伟的公共建筑或如他们所说的宫殿里居住，而辅助部队则在外面湖边宿营。在一切运输全靠肩挑背扛的一个国家里，在临时通知的情况下竟能养活这么多额外的人口，这充分证明阿兹特克人的组织力量。

和平不久就消逝了。首先使这个和平局面中断的，是一支强大的军队，在潘菲洛·德·纳瓦埃斯的率领下开到了维拉克鲁斯，纳瓦埃斯是原先的古巴征服者之一，是古巴总督派来捉拿科尔特斯的。科尔特斯急忙赶到了海边，机智地挫败了纳瓦埃斯，用威胁、贿赂和许愿等方法把从古巴到来的士兵收容到自己的手下。但是，当他离开的时候，他的副手们由于自己的狂热，捣毁了异教庙宇，不断地要求供应食物，把阿兹特克人逼得走投无路，快要不惜一战了。蒙提祖马由于沦为西班牙人的俘虏，已成为一个威信扫地的傀儡，对于约束他自己的族人已无能为力。阿兹特克人另选了一个新的军事首领，科尔特斯率援军到来，便导致战争的爆发。整个战役中他所犯的唯一错误，就是他凭借自己的威望和蒙提祖马的权力，重新进入特诺奇提特兰。蒙提祖马被他自己的人用乱石击死，科尔特斯不得不在夜间沿被切断的堤道突围出城，一夜之间损失人员的1/3和大部辎重。但是辅助作战的部落仍旧信守他们的盟约。军队得以退往特拉斯卡拉，重新改编，以便进行一次更完善的但不大引人注目的进军。科尔特斯派人营造船只，准备在湖上作战，并包围城市，切断城市的淡水和食物供应，有计划地进行劫掠，逐家逐户地摧毁建筑物，当他向湖的中心进军时把瓦砾铲入湖中；结果在1521年，阿兹特克人的残部投降了。科尔特斯在原地开始兴建一座美丽的西班牙城市，其中已不见印第安人建筑的痕迹，这个地方已和欧洲的罗马城市一样全部经过重建，而大湖现在已是一片尘土飞扬的荒瘠原野了。

墨西哥战役的速度，其实也就是西班牙征服者占领美洲文明一切重要中心的速度，和葡萄牙在东方商业扩张的速度不相上下；但是，西班牙的征服产生了影响更为深远的后果，其成功也更难以得到令人满意的解释。将领的英才是个重要的原因，但印第安人也有他们能干的首领，在使他们的战术适应新形势的时候显得很有才干，例如他们学会了利用高低不平的地形来打伏击战，而不是按照他们的习惯在空旷地带以密集队形进行战斗。拥有火器是个重要的因素，但也许不是决定性的因素。舰只可以载着武器装备驶往任何地点，但在陆地上却要用人力把火炮拉过山冈或越过沼泽。科尔特斯用以入侵墨西哥的军队只有几尊小炮和13支滑膛枪。马匹可能比火炮更为重要，但印第安人很快就不再怕马，甚至学会了骑马。科尔特斯在上岸时共有16匹马。他的士兵大部分使用刀、矛和弩，步行作战。他们拥有的钢铁胜过石头，这是优势，但他们却不是一支武器精良的欧洲军队在和一群手无寸铁的野蛮人打仗。

西班牙人具有无限的勇气和必要的纪律。他们是一个以小麦为主食的种族，具有比一个以玉米为主食的种族更大的坚韧和耐力。他们人数甚少，生活资料仰给于当地，但敌人方面要在战场上供养大队人马，至多只能维持几天。他们能够利用敌方的某些传奇和迷信，至少能够暂时地瓦解抵抗力量。他们的作战对象是一个占统治地位的战争部落，这个部落以武力或威胁手段征收贡物，却不大替臣民办事。所以，他们拥有大批的印第安人同盟者，这些同盟者从未听说过什么有名无实的和专制的国王，幸灾乐祸地攻打他们从前的霸主或对手。如果没有特拉斯卡拉人，科尔特斯未必能够拆毁特诺奇提特兰的建筑物。最后，西班牙人的优势还在于他们好战的宗教信念以及由此而产生的绝对信心。印第安人认为他们的宗教需要他们战斗，并在必要的时候英勇牺牲；西班牙人则相信他们的宗教会使他们得到胜利。

科尔特斯的天才不但表现在他笼络自己部下这一方面，而且也表现在他至少取得了被征服的印第安人对他消极服从上面。他的做法非常明智，所以后来高原地区的土人从未制造任何严重麻烦。实际上，科尔特斯自己的部下却比印第安人给他带来更多困难。这次征讨所得的掠夺物令人失望，但也无法不是如此，因为士兵们原来期望过高。科尔特斯因此受到责备，甚至被控隐匿财宝占为己有。幸而科尔特斯在此地时，印第安人社会已有了向宗主纳贡和服役的经济条件。科尔特斯通过监护征赋制中把印第安人居住区分配给他部下的手段，使西班牙的新贵族取代了阿兹特克及其盟友过去所占的地位，并以一个新的僧侣集团取代了古代庙宇的主持。他慎审地把相当一部分朝贡村庄划归国王所有，自己保留了一块监护征赋地，拥有大约23000名朝贡的户主，是一个堪与王公媲美的采邑。同时，他给自己军官中有雄心壮志者找到一个任务：即向南方探险并征服玛雅人的土地，同时力图降服西面那些更野蛮的部落。阿尔瓦拉多、奥立特、桑多瓦尔等人仿效科尔特斯，给新西班牙王国增添了一批半独立的大省。他们之中有很多人勇敢可与科尔特斯相比，但残酷却有过之，可是没有一个人的将才与智慧能和他匹敌。到了1524年，由墨西哥南下的部队同由达里安北上的队伍相遇，双方头目开始作战。科尔特斯不得不亲自上阵。他的最后一次战役是征讨洪都拉斯的一场可怕的消耗战；这次战役攻打西班牙人，是野蛮的内战之一，而这样的内战似乎是每一次伟大的征服的不可避免的结果。

西班牙征服者的统治是短暂的，而且有很多的争论。他们自己出资来到美洲，遍尝千辛万苦，牺牲生命和财产；尽管如此，他们却得不到本国政府的援助。他们中间大多数人盼望退休后得到养老金。如果由他们自己做主，他们就会在自由的群居地定居下来，采用在西班牙早已过时的封建方式，按当时的需要对印第安人进行剥削，除口头上对国王表示臣服外别无奉献。西班牙的统治者任何时候都不想让这种状况再继续下去。在15世纪末和16世纪初，国王便以大量的流血和耗费为代价，斩断了大封建世家、骑士团和地方特权集团的魔爪。正在发展中的专制王权决不容许在海外再出现一个新的封建贵族阶级。平民出身的司令如科尔特斯、皮萨罗、贝拉卡萨尔和努尼奥·德·古斯曼都是依靠自己的部下取得权势的。如果说他们没有死在敌人的刀下，不久也都被国王任命的新人所取代。法学家和神职人员接管了对帝国的治理；牧场主、矿业资本家和塞维利亚的出口商正在开发帝国的财富。在墨西哥，事实上在西属美洲的大部分地区，当主要的移民区已被认为安定下来的时候，西班牙征服者的伟大时代便宣告结束。他们已经无事可做了。森林和空旷的草原不是他们的志趣所在。有的人定居下来成为牧场主或监护征赋人；有的死于非命；有的如贝尔纳尔·迪亚斯，终生窘困。没有一个人获得国王的信任，被委以行政实权。科尔特斯晚年退休后生活愁闷而又忙于诉讼。他生来就不是充当官吏的材料。

张文华　马　华　译

第 十 六 章

全欧洲关心扩张

15世纪和16世纪初期的历次地理大发现之所以具有重大意义，除了其他特点外，是因为地理方面的学术成就在一个强烈的民族主义时代打破民族主义枷锁的那种方式。探险家几乎与那个时期的雇佣兵、画师、雕刻师或者金饰匠处于同样的社会地位。他对专业问题的探讨和他的专业技能是由他的民族背景熏陶而成；但是，这一切都听从任何一个愿意给予报酬的王公或者国家使用。卡伯特父子是为英王服务的威尼斯人；热那亚人哥伦布如果不为卡斯蒂利亚的女王服务，也会甘心情愿地为英国的、或者法国的、或者葡萄牙的国王效劳；佛罗伦萨人维雷扎诺携带法国国旗去美洲大陆；葡萄牙人麦哲伦是由西班牙雇佣去航行的。在一个稍后的时期，伦敦人亨利·赫德森被荷兰东印度公司雇佣，于1608年从阿姆斯特丹起程去做他的航行；再稍后，英国赫德森湾公司的成立归功于两个法裔加拿大人——"醋栗先生"梅达尔·舒阿尔和皮埃尔·埃斯普里·拉迪松的坚持和经验。

这些人所凭借的是一个共同的测绘知识和地理推想的宝库。在"发现时期"，有许多东西即使说不是国际性的，也还是世界性的。但是，尽管科学技术和航海技术算作世界性的，而他们所服从的领导和他们的成功所仰赖的财力显然是民族性的。葡萄牙阿维斯王室为探险家所做的有目的的组织工作以及为阻止顽固的愚昧无知而给予他们的保护，是使这个小国站在运动前列的一个最重要的因素。然而，葡萄牙虽然拥有一个对航海家以及他们口讲笔述的神话般的新世界发生兴趣的王室，但在这方面它却不是独一无二的国家。

在西方君主国家为权力和税收而内讧不已的背景中，国王们乐于去组织世界性的天才人物进行那个时期的探险，这一事实并不值得大惊小怪。在某种意义上，那只不过是期望当时的王公给予艺术和科学的总的保护的一个方面。不过，这种保护有其本身的重要性。因为它适合在那个时期占统治地位的重商思想和实践。

在后来被称为重商主义的学说中，几乎从作为国家关心的事物的贸易刚一出现起（在 13 世纪末左右），就可以看到对一个单独目的的日益重视。这就是每个国家都想要使自己在经济方面对潜在的敌人和不可靠的朋友保持独立性。为达到这一单独目的采取了多种多样的方法。既因国家而不同，也因时期而相异。政策的表现可见于特许和特惠、垄断和保护、对进出口的控制、鼓励货主以及禁运奢侈品。对于大多数国家来说，一个压倒一切的考虑是以规定贸易差额的方法积累金银。表现千姿百态，目的恒常不易。结果，"重商主义是一个如此广泛和如此松散的术语，似乎很难给它下一个定义"。我们可以给它下一个尽可能相近的定义说，它是这样的"一个专门术语，人们可以用它来表示民族国家在经济领域中进行活动时，为增加其本身的权力、财富和繁荣而采取的那些由当时的各种条件所产生的理论、政策和实践"。

像地理发现这种具有如此革命的性质和如此丰富的经济可能性的事件会使重商主义的思想和实践转入新的类型，这是完全不可避免的。根本目标，即完成一个在经济上自给自足和独立的王国，必须依靠在一个新的和更广阔的世界中的重新安排来达到，而这一个世界也已经显示出它拥有如此大量现实的和潜在的财富，足以改变一切旧的均衡。

结果，组织地理发现和控制那些发现的成果的具有强烈民族主义性质的领导就理所当然地变成威力最大的国际因素。至于早期的发现把它所包含的财富和权力归属罗马天主教强国西班牙和葡萄牙，而到 1580 年，又把享有西葡两国的发现成果的正式权利转让给哈布斯堡王室，这种稍微意外的情况也是造成上述后果的部分原因。因为西欧所有其他国家在急于从宗教上、政策上、财政上摆脱菲利普二世的权势的过程中，它们的民族的和重商的理想已经成熟，这些目的实际上就变成了摆脱海外领地所提供的权力和财富的愿望。

但是，不管哈布斯堡王朝的统治是否是决定形势的一个因素，欧洲在重新确定贸易和外交的概念时也必然要多少受到一些影响。如果说发展贸易、船舶和从事航海的人口，控制初级商品以供生产、消费和战争需要，以及充实国库金银储备，是治国的首要目标（实际如此），那么，所有这些东西的新资源的出现必然刺激新的野心和新的竞争。对于新出现的资源的开发必然产生一种新的价值范畴，新的财富和权力的平衡，即便没有哈布斯堡王朝的统治也会如此。不过，不仅是古老的政治格局，还有许多古老的贸易方式，依然基本上没有受到新贸易路线、新的财富和宝物的资源的影响。

既然是由于地中海贸易体系在15世纪的缩小而大大地推动了地理发现，如果坚持说地中海及其海运贸易在整个16世纪西欧的积极商业和海事活动中依然是最重要的单一因素，那就似乎是自相矛盾的论调了。但是，尽管意大利的大木船队从北方各港口消失了踪影，佛罗伦萨、威尼斯、热那亚以及意大利其他港口的航运业和一般权势都有所低落，总的来讲，北方与地中海之间的贸易在16世纪不是减少而是增多了。地中海东部诸国与印度和远东的陆路联系传来的香料和其他产品被土耳其人和阿拉伯人打断了，但它们却在地理发现所开辟的新商路的终点重新出现。然而，地中海贸易的其他产品，如棉花、酒类、葡萄干和椰枣；佛罗伦萨的纯丝以及威尼斯的丝织品和玻璃；西西里和北非的糖、棉、丝；伊比利亚的油类、橄榄、葡萄酒、杏仁和橘子；图卢兹的大青和葡萄酒以及西班牙北部所产的铁，所有这些东西正以更大的数量和速度源源不断地流通。它们为工业生产提供某些不可缺少的原料；它们适应中产阶级更舒适的生活水平；它们与土耳其人所打断的东方贸易的物品相比，较少显著的异国情调和豪华特色。

随后有一个时期连这些贸易也停止了，一直到莱潘托战役使海盗活动的威胁减少为止。不过，在16世纪的大部分时间，地中海的贸易的确比外部世界——大西洋和印度洋的贸易具有更大的商业意义。

然而，即使这些贸易也改变了地域的重点，这部分地是由于地理发现所引起的重新确定方向。葡萄牙组织和支持的到印度洋和印度大陆的航行是令人惊叹的，它组织和支持到香料群岛以及出于偶然地到巴西的航行也是同样值得敬佩，然而那个小小的王国既没有人员、经验，也没有聪明智慧去管理伴随地理发现而来的移民和贸易。只要条件还维持在使无照营业者无利可图的水平上，东印度群岛香料贸易的巨大财富就为它所有。不过，在15世纪和16世纪两个世纪，控制和垄断几乎是不可避免的，虽然地中海的运输在1512年被土耳其人完全断绝，欧洲发生了一场香料荒，但这只不过使威胁葡萄牙东印度贸易的竞争更为加剧而已。到16世纪中叶，限制和控制加深了这种财源的脆弱性质。

1514年，事情已经很明确：对于葡萄牙来说，殖民地贸易是由王家垄断的，它是由王家代理商代表王室组织起来的；1516年设立的商品管理局准备外运的货物，分发和销售运回的香料和丝织品，并补充军队和行政人员。当在西班牙的影响下，"管理局"由一个"商品委员会"来代替的时候，原来造成的混乱和繁重工作还没有纠正过来。东印度群岛的贸易不得不通过少数几个货物集散港口来进行——群岛和印度大陆的主要香料贸易要通过果阿；阿拉伯半岛和波斯湾要通过霍尔木兹海峡；中国要通过澳门；巽他群岛和摩鹿加群岛要通过马六甲；然后从这些港口按仔细规定装载的物品被运往欧洲，船只数目有严格的限制，而且只能送到唯一的一个商业城镇。对于非洲西海岸的贸易和各殖民地区之间的贸易大部分掌握在领有执照的个体商人手中（他们之中有许多是官员），个人缴纳重税（均为货物价值的30%），也可以从事由果阿到里斯本的主要贸易。但是，葡萄牙在它的权力范围之内所进行的贸易的发展中的明显特征就是层层管制，既专横独断，而又混乱不堪。

这些限制招来了无照营业者，特别是由于贸易在外交上所起的作用以及葡萄牙人在他们所假想的领域外围没有雄厚的实力。在这方面，手段与野心之间的矛盾是很清楚的。葡萄牙人在很大程度上依靠的是威望和与地方统治者们签订条约所取得的种种权利，他们的薄弱力量无法对抗欧洲的挑战。

把贸易的物品投放欧洲市场是以这样一种方式来组织的（如果说这个词用得确当的话），它加重了私人和国家竞相夺取如此丰富的财源的不可避免的趋向。尽管没有能够在它的属地建立有效的统治和实施阿尔梅达与阿尔布克尔克的计划，葡萄牙在16世纪初期经历了一个极度繁荣的短暂时期。这个时期的标志是：商业兴隆，里斯本在殖民地贸易中占有完全的统治地位。起初，从1494年起，东方的产品是通过葡萄牙人在安特卫普的代理店"发货"的。但是从1549年起，把贸易集中到里斯本，然后从那里通过普通的商业渠道到达安特卫普，要经过官府干扰的重重枷锁。那个时期的大银行家们，特别是福格家族，运用他们支配葡萄牙王室收入的权力来控制贸易。其结果是，虽然香料依然是经由安特卫普来销售，但是官府的干扰、商品管理局的干涉，在东方的贸易货栈制度和在西方的里斯本的垄断，在商人—银行家开始享有贸易实惠之前，这一切都要增加他们必须付出的成本。归根到底，他们的销售价格就与在一种竞争比较开放的制度下，或者由非葡萄牙人无照营业者所能确定的价格大不一样了。

制度本身的弱点及其所掌握的财富，都引起他人的挑战。但是，它没有采取任何行动使葡萄牙有能力去保卫自己的宝库。对于葡萄牙的国库岁入来说，在1569年的财政危机中，当塞巴斯蒂安不能支付他的账单而被迫在安特卫普暂停兑款的时候，危机就达到了高潮。16世纪末，约翰·惠勒在他的《商业论》中，对于开发财源的失败有更为概括的叙述："首先，对于葡萄牙人来说，我们知道，他像一个头脑简单的善良人一样，每年完全饿着肚皮（上帝晓得），几乎就是为了香料而航行地球的三部分区域，而当他把香料运回来的时候，西班牙国王的臣民，安特卫普的大富豪们就把这种货物完全弄到他们自己的手中，而且往往是预付货款，因而形成一种纯粹的垄断。"惠勒作为英国冒险商公司的秘书，在谈到安特卫普的时候虽不无偏见，但是，他对于葡萄牙的香料贸易如何使安特卫普发财致富以及如何使那个城市在欧洲贸易中处于领先地位的叙述并非夸大其词。

西班牙在新世界的领地与葡萄牙所属的领地的不同点在于：西班牙人要在那里通过殖民而不是通过贸易来生产财富。至少说，这是西班牙人得出的第一个结论，而哥伦布在第三次航行时宣布了殖民的条件。然而，西班牙殖民的最初的果实——农产品，对于一个其本身仍以农业为主的欧洲来说是价值不大的。一直到征服者的迅速渗入发现西班牙掌握了巨大矿物资源，西班牙的领地在欧洲经济中才与葡萄牙的领地差不多一样重要了。

费迪南德和伊萨贝拉吸收各大骑士团的首脑，限制贵族的特权和收入，拉拢兄弟会的城市成员，向神职人员征税，通过卡斯蒂利亚的议会及市镇政府收税，以此来复兴他们的民生凋敝的领土，进行他们的战争和重振王室的威信。两位天主教国王共同执政的时代是一个取得辉煌成就的时代，但是，尽管卡斯蒂利亚的财政制度比任何其他欧洲国家都先进一些，在这个时代里，国王的国库还没有显得充裕起来，伊萨贝拉大大地撙节了开支。这位女王为了在1489年与摩尔人作战，不得不用自己的珠宝做抵押去举债；虽然在她的最后遗嘱中，她命令必须用她的王国的还未分配的收入偿还债务，但这一命令并没有得到执行。西班牙在进入16世纪的时候是这样一个王国，它的资源大部分都抵押了出去，它的收入难以应付进行有效的统治（不要说在欧洲起领导作用）的任何尝试所必需的耗费。

岁入大部分出自卡斯蒂利亚王国。在阿拉贡及其属国，议会是如此容易招惹麻烦，结果它们很少召开，而且在征税方面所做的贡献很小。无论是对于在西班牙重振王室的威信，或是在欧洲增加西班牙的国威来说，从新世界获得的岁入还都没有起显著的作用。直到16世纪20年代，从新世界进口贵重金属的数量才达到并继续保持足以使其在西班牙和欧洲的经济状况和政治局势中成为重要因素的程度。16世纪初，大量的黄金开始运来。1511—1515年时期的总额比1503—1505年时期的总额几乎增加1倍。但是，一直到16世纪60年代才开始有划时代的增长。这时，白银的增加额比黄金的增加额大得多，虽然黄金的输入也有十分可观的上升。到1516年，查理五世从海外领地所得的收入每年约为35000杜卡特。由于短期波动的幅度太大（1518年为122000杜卡特，而1521年则下降到仅有6000杜卡特），我们不妨着重考察长期的趋向，这要比考察任何特定年度、甚至一个5年时期的数字适宜得多。在1538—1548年和1548—1558年的两个10年期间，每年平均收入约为165000杜卡特，比查理五世登基那一年的35000杜卡特有大幅度的增长。随着一些大银矿的投产，甚至这个数字也很快被超过了。王国的这笔收入迅速增加到每年100万杜卡特以上，而在菲利普二世在位的大部分时期，它逐渐增加到每年在200万和300万杜卡特之间。

这些收入超过了哈布斯堡王朝从他们在低地国家的领地所取得的收入。但是，这只是来自新世界的财富中的一小部分。王国的五抽一税，即抽征金属生产的20%，往往减轻，有时免除。这些钱被用于支付西属美洲的越来越完备的行政体系所需的费用，也用于西属西印度群岛的行政开支。甚至在其他的收入来源（关税，卖官职收入，盐、烟草及其他专卖，什一税和其他半教会税，各殖民地征收的市镇政府税收，强迫的献金直至公然的没收）使五抽一税大量增多的时候，岁入依然是经常被行政费用占去大部分。据估计，在15世纪，岁入的半数是这样用掉的；到17世纪末，约80%是如此消耗的；有若干年，就连生产最发达的地区也不向国库交纳钱款，因为它已被总督和其他官员的薪俸完全占用了。

当西班牙的岁入由于一切的苛捐杂税，由于重商主义的行政官吏雷厉风行地从殖民地搜括金银并竭力运回西班牙储存而大大增加的时候，或者当它由于这种贸易必然遭受的走私、海盗掠夺和贪污而有所减少的时候，事情依然很明显：在16世纪，西班牙正获得足以打破欧洲的势力均衡的大量金银。这是那个时期的外交阴谋中的一个因素，这个因素在16世纪下半叶已经变得逐渐重要，而在17世纪则有时占支配地位。当查理在1519年当选为德意志王的时候，正是福格家族的支持使他能够进行贿选。雅各布·福格曾经指出："众所周知，如果没有我的帮助，陛下就不可能当上德意志王。"这话确实很有道理。福格家族当时的借款是以蒂罗尔的和西班牙的岁入做保证的。福格家族100余年与哈布斯堡王朝之间的主要生意就是以西班牙的几个大的基督教骑士团的收入为基础的。对比之下，随着施马尔卡尔登战争的财政危机在1551—1552年迫在眉睫，福格家族已经深受这一危机的连累而不能从西班牙和尼德兰提取岁入了，他们就开始转向指望以"印度"运来的金银作为勉强贷款的唯一可以接受的保证。当安东·福格出面，于1552年向驻跸菲拉赫的皇帝贷款的时候，也就是福格家族把皇帝的命运掌握在他们手中的最后一次，使查理免于接受在帕绍对他提出的苛刻条件的40万杜卡特的贷款是完全拿西班牙做保证的。安东·福格这样做，一部分是出于对哈布斯堡王室的忠诚；但是一部分是由于这样一个事实：在这时候，新世界的金银向西班牙的输送有如潮涌，并刚刚表明可能把美洲的白银从西班牙大量装载到安特卫普。把这种金银从西班牙转移到安特卫普的金融中心是战略的一个主要部分，而菲利普二世对这一贸易的阻止则给银行家们造成巨大的损失。

哈布斯堡王朝的作战能力究竟有多大程度依赖于大银行家们以王

室的欧洲收入为担保所提供的信贷，或者依赖于从海外地区运到欧洲的金银硬货，这是不可能进行估计的，由于会计制度的混乱，就更增加了困难。当然，在重大问题上是可能举例说明，如果没有新世界的金块银条做诱饵，哈布斯堡王朝的战时财政的信贷基础的灵活性就会达到无限小的程度。

不过，哈布斯堡王朝甚至在它扰乱普通商人的贸易的时候，一般来说，也只触及对新世界的整个贸易的一小部分。除了作为王家岁入所取得部分以外，通过普通商业渠道流动的金银就足以产生在那样一个时期势难避免的纯经济效果。在这里，事实与理论错综地混在一起了。新的金银的绝对数量本身必然会使社会发生巨大的和持久的变化。另一方面，欧洲的各王室全都倾注于靠操纵铸币（如果有可能的话）赚钱，这是一个普遍地但是不平衡地降低货币质量的时期。这种做法引起商业界的猜疑和易变，使对价格和价格趋势的任何估定都加倍地困难，而广泛使用商业票据则把货币或伪币的流通量提高到使金银增加的后果被夸大的程度。

金银的第一个冲击对象是西班牙本身。西班牙的金银进口额列表如下（据 J. 哈密尔顿伯爵：《美洲的财宝与西班牙的价格革命》，第 34 页），以 5 年为一期，单位皮索等于纯银 42.29 克：

1503—1505 年	371055.3
1506—1510 年	816236.5
1511—1515 年	1195553.5
1516—1520 年	993196.5
1521—1525 年	134170.0
1526—1530 年	1038437.0
1531—1535 年	1650231.0
1536—1540 年	3937892.0
1541—1545 年	4954005.0
1546—1550 年	5508711.0
1551—1555 年	9865531.0
1556—1560 年	7998998.5
1561—1565 年	11207535.5

第十六章 全欧洲关心扩张

1566—1570 年①	14141215.5
1571—1575 年	11906609.0
1576—1580 年	17251941.0
1581—1585 年	29374612.0
1586—1590 年	23832630.5
1591—1595 年	35184862.5
1596—1600 年	34428500.5

一直到18世纪中期，1590—1600年的十年②是最高峰。虽然在17世纪期间，新世界的白银实际产量有所增长，但是它的增长额未能超过行政费用的增加量，向西班牙的输入显示出稳步下降的趋势。像上述数字所示的一个世纪间的金银的大量增加带来了两个重要的结果。在西班牙本土，以及通过普通的商业和金融渠道从西班牙扩展到欧洲的其余部分，它影响到金银和通货对其他货物的关系，因而造成物价上涨。在西班牙以外，它引起一种妒忌性的竞争的政策，使占有这些金银的一定数额变成任何急欲独立于西班牙或者想同西班牙竞争的强国的政策中的必要部分。

金银的流动所产生的正常经济影响由于如下的事实而复杂化了：从1519年起，白银开始起更重要的作用，在16世纪下半叶期间，它的进口额完全超过了黄金。结果，两种金属的比较稳定的关系被打乱了，使复本位制的通货适应于两种金属的更迅速得多和更大量得多的流动这一问题给当时的政治家和金融家增加了困难。

由于政治家们，整个说来，不能很快地了解到麻烦大部分是由流通的金银总额的绝对增加引起的，由于他们全都在不同的时候企图用调整金位的方式解决他们当地（往往是在省的而不是在国家的基础上）的问题，那一时期的物价上涨夹杂着一些次要的原因，夹杂着加重它的影响的权宜之计，也夹杂着大量普遍的但是混乱的理论。这样一些因素使人难以估计新世界的财宝的绝对影响。不过，十分清楚的是：西班牙在16世纪上半叶开始了金银进口的过程，当时进口数量不很显著，而到了1550年左右至1600年左右的时期，西班牙就不

---

① 原文 70 作 50，显然印误。——译者
② 依原表，1590 年似应为 1591 年。——译者

得不尽可能地调整经济，以适应金银大量进口的新的流动。在西班牙，物价在1519—1520年左右开始上涨，在16世纪的其余时间继续稳步提高，最后在16世纪结束时达到世纪开始时的5倍。

这一动态从西班牙向外扩展，到16世纪末，在西欧达到它的顶峰，但是从来没有对物价发生像在西班牙那样灾难性的影响。在法国，到16世纪末，最高数字只不过是世纪初的2倍半左右。在英国，这一动态大概比在法国开始得稍微晚一点（约在1550年），一直到17世纪中叶才达到顶峰，那时候物价保持在比16世纪初高3倍多的水平。荷兰也感觉到这一影响，不得不开始对新世界的财宝所带来的后果采取一种补救办法。查理五世发布命令说，所有与他的海外领地的贸易必须由塞维利亚转口，这样一来，尽管尼德兰是在哈布斯堡王朝的统治之下，它只是作为正常商业往来的结果共享财宝的利益，其条件与法国或英国大多相同，但是，由于在葡萄牙人的地理发现之后，随之而来的香料贸易日益增长，安特卫普的重要性大大增加了，它成为16世纪金融世界的无可争议的中心。大银行家们在那里开设他们的总行；支配当时的外交的贷款条件在那里确定下来。哈布斯堡王朝是靠从西班牙运输香料来维持它在安特卫普的信用；而那个城市的频繁商业活动不可避免地增加了运到那里的金银所带来的自然结果。安特卫普在商业上的优势约在16世纪中期最为鼎盛，在那时候，那里的整个物价水平高于法国或者英国。根据圭恰迪尼当时的记述，安特卫普的住宿费用，除里斯本以外，比欧洲的其他任何地方都高；而英国的驻外使节则发现那里的生活费比法国贵1倍。

西班牙虽然患有（根据近代的诊断）贵金属积攒过多症，它却拼命地不让它们外流。尽管有人否认下列这一点，但却没有多大的怀疑余地，即西班牙的政策是最广义的重商主义政策，因为它利用商业作为向其他国家施加政治和外交压力的手段；西班牙的政策从狭义方面，也就是从金银方面来说，也是重商主义的，因为它采取严格的措施来达到在本国内储存尽可能多的金银。与西班牙各殖民地的正常贸易一概由西班牙包办，禁止金银向外国出口。实践证明，这种措施不仅无用而且十分有害；它加重了西班牙物资比金银的相对短缺，这是运载金银造成的主要结果。于是，到了16世纪中叶，人们把西班牙物价的上涨部分地归因于向殖民地输出货物；补救方法是：既然殖民地有足够的原料满足他们自己的需要,那就禁止输出西班牙的货物。这样一来,西班牙的商业和工业便失去了市场,它的经济很快变得甚至不能符合它自己的需要,西班牙越来越要从属于这样一个贸易体系,在这个体系里,它从欧洲的其他部分购买它所需要的东西,而以新世界的财富支付购价的大部分。适用于西班牙本土的实际做法甚至更适用于新世界的领地,在那里,不许与外国人进行贸易的禁令是用许多方法来躲避的,往往由一个西班牙人插手,他把那些货物"装扮"成仿佛是他自己的东西。汉萨同盟各城市的船舶把波罗的海沿岸和英国来的纺织品以及其他货物运到塞维利亚,并且,随着17世纪贸易模式的发展,法国的船舶终于占领塞维利亚—新世界市场,接踵而来的则是热那亚和荷兰的船舶。到1691年,据估计,法国人运往塞维利亚的货物贸易额每年约为2000万里弗尔,其中约有1200万里弗尔的货物运往新世界。回程的货物,法国人所运约值1400万里弗尔,荷兰的份额约值1000万,英国的份额约值600万或700万。

这样,尽管采取以上的政策,西班牙政府并不能在国内控制财富的新的流动所带来的好的或者坏的结果。无论是财富的绝对数量,或者是金银的相对供应量的变化,在西班牙境外都有它们的反映。从西班牙的观点来看,这意味着现在重新出现了葡萄牙垄断香料的结果的情景。葡萄牙人过去为了把香料运回国以便使安特卫普人充实装有大量财帛的钱包,曾经"完全饿着肚皮"辛勤跑遍世界的3个部分,而西班牙人现在则感到"西班牙人从西印度群岛经过长距离的、长时期的和危险的航行之后带回的它所获得的一切,以及他们用鲜血和劳动收获的一切,都被外国人毫不费力地和舒舒服服地运到他们本国去了"。

财富的作用如此扩展的结果绝不完全是坏的。但是,这些结果是分裂性的。在欧洲的经济史中,"利润膨胀"论的一个最强烈的论点就是以此为基础的。如下的情况正是"利润膨胀"的特征:物价脱离生产成本的控制,从而进行组织工作和靠销售货物生活的阶级(企业主)收取利润,而且根据膨胀运动的长度和深度,社会的均衡发生一种变化,在这种变化中,一方面使土地所有者受损失,另一方面使靠工资为生者和生产者受损害,而企业主们变得更有钱有势。西班牙的情况引起的后果是:新的购买力首先是由贵族和统治阶级捷足先登，以致他们哄抬工资，在那个国家里创造一种"收入膨胀"而不是一种"利润膨胀"。然而，新的金银是通过贸易和金融的途径到达西欧的其他国家，在那里，向财宝供应过剩的西班牙市场出售货物的商人们得到巨额利润，这种利润是那一时期的经济史的质量标志。在那里，那一时期的经济进展的巨大果实落到投机商人而不是靠工资为生者或者土地所有者手里。人们认为"利润膨胀"在英国从1550年一直持续到1650年，在法国从1530年一直持续到1700年，随着这个时期的消逝，英法两国工资的购买力逐渐下降了。

新世界金银扩散的这种结果不仅在社会均衡中产生一种显著的变化，它还引起资本的迅速的和有刺激作用的增长，在西方国家的商业界和工业界出现一种相应的事业精神。在这种精神的表现中，新的工业技术和对技术进行投资的新方法的普遍增加是同样值得注目的。这是所谓的"16世纪工业革命"的时代，我们完全有理由确信新的金银在鼓励和资助这个时代的技术改进、扩大生产单位和市场扩展方面起了它的作用。有一种导致危机和困难的"轻松、兴奋、摆脱经济忧虑的气氛"，但是，这也是16世纪的经济和文化的活跃所需要的一个因素。

反对哈布斯堡王朝占有新金银资源的民族主义势力是完全适应这种精神的，那一时期的大多数反哈布斯堡王朝的民族主义除了与西班牙人争夺新世界的财富的主题外，并没有其他的主题。1580年，菲利普除了西班牙的王位以外，又登上了葡萄牙的王位，使这个主题变得更加迫切。这样一来，新世界的两个部分（像1493年教皇通谕《主要事项》或者后来的更有效力的托德西利亚斯条约给西班牙和葡萄牙划分的那样），全部落入同一的气势汹汹的主要强国的手中了。正如小哈克卢特所述，西欧感到的威胁是"一旦西班牙国王享有葡萄牙和东印度群岛，欧洲各国君主即将面临的危险不是很快就能消除的"。

西班牙的经济是这样一种经济，它为满足西班牙本身及其殖民地的需要，无论如何也不得不依赖欧洲其他部分的工业产品，从而不得不允许把它的财宝投放到欧洲的各市场。它的困窘由于两个严重的缺点而增大了，这些缺点是自然的和地理的，并不是它自己的重商主义的结果。一个缺点是，它缺乏海军的补给品，另一个缺点是它缺乏西非的领地。伯利在无敌舰队覆没的那一年①就确信西班牙如果没有"东方土地"（波罗的海沿岸）运来的桅杆、甲板、锚索、缆绳、沥青、焦油和铜，连最小的一支侵略军也不能够运输。在这方面存在着一个严重的弱点，这个弱点使西班牙必须在波罗的海贸易的中心安特卫普存放大量的钱款，也使西班牙容易受到袭击，例如当汉萨同盟的60只船在塔古斯河口被俘获的时候，它就失去了战斗能力。在重商主义时代，像这样缺乏海军战备品乃是一个普遍的问题，英国在这方面遭受的困难也不亚于西班牙。由于这个问题的存在，波罗的海诸国和控制其贸易的商人们在那一时期的外交中便占有异乎寻常的重要地位。更奇怪的是，西班牙帝国依赖着西班牙境外的奴隶劳动的贸易。

克里斯托弗·哥伦布作为第一个殖民者，在他第三次前往西印度群岛的航行中，带去一个奇怪的所谓移民混合体。尽管在塞维利亚经过贸易署的严密审查，仍有许多不良分子随他前去，而且后来还有更多的人跟踪而至。根据16世纪的政治家们所提出的问题，移民作为解决欧洲经济问题的一种手段既不必要，也不受人欢迎。例如，在16世纪末，西班牙的人口只有800万左右，法国大概1600万，英国约500万，葡萄牙只有100万左右，尼德兰不到300万。人口数字在16世纪的过程中确有上升的趋势，特别是在人口比较密集的中心，即作为稀少的统计资料的大多数来源地的那些城市。我们很难从实际证据确定16世纪究竟是西欧人口的一个增加时期还是一个减少时期。就整体来说，它大概是一个增加的时期，但是增加的幅度并不足以使欧洲人充填世界上新发现的空旷地区成为合乎需要或者可能。在任何情况下，任何这类趋向于大规模移民的运动都必然与那一时期的政治家们的重要宗旨完全对立，因为除了金银以外，坚强有力的步兵是保卫国家的主要力量，除非这个国家是一个海岛，而在这一场合，海员又是受到重视的目标。

因此，无论事实上还是理论上，都不可能由旧世界来完成对新世界的殖民。要求派出的只是适当的移民与接受的自愿移民者二者之间产生了一种目的上的矛盾。实际上，人数是很少的，妇女移民极少，而且一般来说品行不佳；男子则渴望发财致富，然后回国花用，用所

---

① 1588年，西班牙派遣无敌舰队进攻英国，结果全军覆没。——译者

得到的财富大享清福并不打算在那里建立家园。从一开始，西班牙人就借重于当地的劳力。新西班牙的印第安人非常廉价地出卖劳力，以致旧西班牙来的穷苦青年无法获得工作，"因为印第安人用比一个4便士银币还少一点的钱，就可以过整整一个星期的生活，而西班牙人，或者任何其他的人，全都做不到这一点"。即便能够提供足够数量的劳动者，他们在工资基础上与印第安人的劳工的竞争，尤其是在强迫劳动或者奴隶制的基础上与后者的竞争，使得移居外国除了对于那些不愿从事重体力劳动者外是没有吸引力的。

加勒比人劳工和印第安人劳工的来源枯竭，对黑奴劳工的依赖，从一开始就成为西班牙当局经常盘算的事情。第一次用船运载黑奴是在1503年进行的，此后经常有这样的运输。迄1515年止，黑奴在里斯本从葡萄牙人手中买来；此后他们是从几内亚海岸直接装船，自从1517年起，这种贸易是在一种许可制，即"合同"制下进行，允许外国商人供应此项在西班牙帝国经济中不足的商品。但是，"合同"制仅仅使拥有特权者垄断这种重要的贸易，它没有供应在数量上和价格上满足殖民者要求的劳力。因此，一种不顾当局限制的奴隶贸易发展了起来，这无疑是一种走私的贸易，而且始终与海盗行为没有多大区别。

在这种贸易的最初年代里，最著名的事件是普利茅斯的约翰·霍金斯的3次航行。他的第一次即1562年的航行使他成为普利茅斯最大的富翁，他的第二次即1564年的航行使他成为英格兰最有钱的人，他的第三次即1567年的航行引起在圣胡安德乌略亚的战斗和私掠船对西班牙贸易的袭击的加剧，最后发展成英国和西班牙之间的公开的海战。

霍金斯的冒险事业是出类拔萃的，但并不是独一无二的。基本的因素是：西班牙未能向它的殖民者供应货物或者劳力；它也未能建立足够的海上力量和行政效能，以此作为壁垒，把其他强国从它自称拥有主权的领地排除出去。在塞维利亚和西班牙的其他一些港口有声誉卓著的英国商人集团，他们的生意是向西班牙运进殖民地需要的货物，以备每年的西班牙船队向海外输送；法国和英国的商人们都多次航往几内亚海岸；西班牙在加勒比海的领地和船舶是法国私掠船员（他们之中有许多胡格诺派教徒）经常的掠夺品。法国人由迪埃普的大船东让·安戈组织和装备起来，到处劫夺西班牙的财宝。特别是伟大的让·弗勒里很早就展开一项计划，即埋伏在圣文森特角或亚速尔群岛附近的海面上，等待回航的西班牙船队；1522—1523 年，他在那里截获了科尔特斯在征服墨西哥以后输送的第一批财宝。法国人由此得到一套航海图，他们用这些航海图越来越多地劫夺西班牙对新世界的贸易。霍金斯在一个阶段曾希望从法国人已经进行了半个世纪之久而到这时依然经常进行的这些掠夺中取得利益，他要以对西班牙人给予保护的方式换取贸易的特权。双方谈判毫无结果。西印度群岛的财富，在这种情况下也正如在许多其他情况下一样，只不过给 16 世纪期间欧洲列强相互不和的多种原因又添上一项罢了。

这时掀起了关于国际法的各种问题的激烈争论。因为法国人，以及后来英国人和荷兰人，当他们相继主张自己有跨海经商的权利和探查西班牙人与葡萄牙人还没有渗入的地区的权利时，都不得不提出一个学说，这个学说不论用什么样的词句来表达，都是向哈布斯堡王朝的权利和教皇的政治权限进行挑战。不论哪个国家所提出的否定，结果全是大同小异的贸易和航海自由的思想。对于英国人来说，根据古典的解释（提出的许多解释之一），应抗议英国人被不公道地排除在对西印度群岛的商业之外。他们不承认教皇对领地的所有权；他们宣称天空和海洋应由全人类共同使用；他们告诉西班牙人说"没有占领则法令无效"——只能承认西班牙人对那些已经用有效的占领来加强的地区的主权要求。法国人用类似的口吻提出抗议："在西班牙国王未曾占有的土地上，法国人不应受到扰乱，在法国人的海上航行中也是一样，他们决不允许被人剥夺海洋或者天空。"

这些都是以法律学说为基础的深刻的挑战。关于这个问题的实际动力是西印度群岛的财富以及由于西班牙人的排他性主权要求和行政无能而向商人、探险家、各国政府与爱国志士提出来的挑战。但是，对于西班牙殖民政府的无能也很容易做出过分的估计，因为尽管与本国联系困难、问题层出不穷、缺乏受过训练的人员、敌对者不断侵袭，他们还是对殖民统治的艺术做出了最卓越的贡献，并且在帝国的利润中保持一个突出的份额。引起挑战的不是殖民帝国的行政部门，而是西班牙的本国政府，因为它企图把进口的金银保存在西班牙一国之内，而它本身却不能向殖民地供应他们所需要的东西。在拥有资源去满足需要和运用海上威力去反对禁令的其他国家的竞争之下,上述那样一种政策是维持不住的。有两个值得考虑的事实引起了这种对立。到16世纪下半叶,由于在西班牙出现的高物价、高工资和一般的吸引力,经常有法国人成群结队越过比利牛斯山前去西班牙,想从西印度群岛的财宝中赚取几个资本。这些"在西班牙身上生活的跳蚤"不仅仅是法国人,虽然据估计,在1548年,仅在巴伦西亚王国就有1万名法国工人;移民入境的还有意大利人和其他国家的人民,尽管他们本国的政府由于害怕人口减少而制造一些困难。根据当时的记载,如果不允许外国人入境,西班牙就很难找到手工艺者。史料缺乏统计上的准确性,但是它给我们留下一个清楚的印象:西班牙本身提供了吸引外国人并允许他们吸取它的财宝的雇佣条件。新的财富在西班牙创造了一个劳动力市场,而对这个市场,无论西班牙本身的或者它的竞争对手的立法,都不能将它限制在西班牙境内。

在考察西班牙作为新财富的垄断者的地位时,第二个应该记在心里的因素是:在1565年霍金斯做第二次航行的时候,英格兰的伊丽莎白女王绝不是坚决反对西班牙的。当时对她的地位的严重威胁更确切地说是来自法国和在法国支持下的苏格兰的玛丽女王,而不是来自西班牙,以致菲利普在卡托—康布雷奇强加给法国的条件之一就是要它承认伊丽莎白对英国王位的权利。不过,伊丽莎白同意分担霍金斯的船舶装备费用并分享冒险事业的暴利;直到在随后的年代里西班牙的态度变得强硬为止,始终存在着一个很大的希望,即可以把霍金斯看作不过是展示了一条令人鼓舞的道路,在这条道路上,英国的航运和贸易本领可以有助于西班牙的帝国概念并在其中占有一个位置。在霍金斯的冒险事业的背后有相当大量的外交往来,而由这些往来可能出现这样的结果,即西班牙会给与英国人进行贸易的"合同",交换条件是可以利用英国的船舶去保卫西班牙的领地和贸易以防法国和摩尔人的私掠船员的劫夺。

以上所述只不过是西班牙的概念中一般缺乏平衡与可能性这一情况的两个突出的方面。野心和成就的矛盾是西班牙帝国主义与葡萄牙帝国主义的一个共同的特征;它本身,通过它的经济作用,就足以勾起世界其他地区的欲望。但是,当这种矛盾与重商主义观念的一种极端民族主义的应用、与西班牙不仅要保持财宝作为权势的源泉而且要运用它的更广阔的贸易政策的企图、与西班牙以财宝为这一政策的中心以便控制它的邻国的经济生活和一般政策的做法联结到一起以后，阻截财宝流动的诱惑力就加大了势头。至于西班牙把贸易政策看作对其邻国施加压力的手段，方法很多，例子不胜枚举。他们认为排他性的占有新发现的外部世界是理所当然的，例如菲利普，本来与他本人并无直接关系，但他还是表示意见说：在1555年，不应当允许英国对几内亚海岸的贸易；既然几内亚海岸人所共知是由葡萄牙国王占领的一个地区，"那么，就应当使英国的航行不能不遇到那种令人望而生畏的严重困难"。西班牙的政策从排他性占有、给予不便和尽可能制造麻烦的情绪出发，一直发展到明确的和有目的的干涉，例如，当1555年英国歉收而为了政治上的原因禁止对英输出谷物的时候，或者当1562年西班牙新任驻伦敦大使接到训令的时候，情况都是如此。应当用一切办法来加剧伊丽莎白的贫穷状态。这样，由于只能从英国—佛兰德贸易的兴盛中获得关税收入，她就不得不对这种贸易做出让步；这样，由于她的大部分收入依靠西班牙的友善，她就可能被迫去改变自己的国教。

新的金银向外扩散，新的价格幅度带来的影响，再加上金银比率的重新调整，所有这些因素凑到一起，使一切与西班牙和尼德兰进行贸易的国家（这意味着整个西欧的国家）财政甚至比过去还要困难得多，因而这些国家的政府就更容易接受西班牙所要施加的那种经济压力。尼德兰是金融世界的中心；德意志王、法国和英国的国王和女王以及大批的德意志王公，全都在那里，在安特卫普举债，他们依靠这些贷款去维持他们的政权的内部稳定和对外的独立地位。他们不能视而不见或者忽略支配尼德兰货币市场的金融情况和观念，他们几乎不能不炮制出某种理论，这种理论足以使他们理解他们与这种贸易的联系并且为了他们自己的利益而调整那些联系。由于西班牙的主权要求，以及在某种程度上由于西班牙的实际行动，他们不能直接到产地去取得新的金银，于是便转而大张旗鼓地反对西班牙的主张，回避西班牙的规定，并且调整他们自己的贸易，以便把西班牙人劫掠得一干二净。

在这一个时期里，法国和英国都在集中精力搞调整货币制度、控制外汇比率，鼓励出口和限制进口的理论和条例。它们极力鼓吹采用航运、海上保险和银行事务等方式的"无形的出口",这些对于经济理论也有重要的贡献。但是,情况的主要结果是:深入研究货币制度的各种问题,以及反复强调人们早已承认的关于把贸易平衡作为将所需的金银从一个国家引进另一个国家的手段的概念。这些运动的最为人们所知的、但绝不是孤立的特征,是让·博丹所提出的关于新的金银的结果的"数量论"。1568年,博丹在他的《答马勒特鲁瓦先生的矛盾理论》(这一矛盾理论提出货币贬值是物价上升的原因)中写道:"我认为现在的特殊情况是由三个原因产生的。主要的和差不多唯一的原因(至今还没有人谈到这一点)是金银数量的充足,如今,在这个王国里,这一点是比较重要的,因而400年以来并无争讼。"几乎同样人所共知但并非那么容易理解的(因为一些外交秘密,经济理论制造的许多混乱,以及严重的个人虚荣把事件真相隐蔽起来了),是托马斯·格雷欣为使伊丽莎白女王得到她所需要的一份财宝而做出的努力。

格雷欣作为"英国财政界耆宿"的一生,很可作为一个实例,用来说明16世纪中叶整个欧洲,特别是伊丽莎白时代的英国通过塞维利亚和安特卫普依靠新世界金银流入的情况。他一生事业中最可显示这一情况的几个突出事件中,最主要的一桩是他在1554年为了寻求金银前往塞维利亚的航行。1552年,他曾被派往安特卫普和福格家族洽谈大宗贷款。他此行颇为得手,借款在一年后随即归还,但此后德意志王的需要吸收了福格银行的全部财力。1554年,格雷欣乐于从福格家族和一些热那亚人那里接受了一笔贷款,该款将在西班牙收取。从这里可以看出,就连英国也通过安特卫普交易所提供的货款而参与金银流通的情况,同时也可以看出西班牙所强加的限制和西班牙经济极不稳定的平衡。因为格雷欣在西班牙极力利用兑换比率并破坏西班牙银行家的信用,以致塞维利亚的银行不得不暂停兑现,并使他一度担心他已造成了一次普遍的金融危机。

格雷欣一生事业中最有代表性的第二桩大事发生在1565年,当时他致力于运用货币兑换率、英国币制的比较稳固以及他在商业方面因为正直无欺而获得的当之无愧的信用,来为伊丽莎白取得比其他君主所能获得的条件更为优惠的贷款。他为了达到这个目的而使用的方法是动用英国商人在国外的结余来付清尚未支付的贷款,而不使货币兑换率有损于本国一方,他在动用这些结余的时候对这些英国商人给予优惠作为补偿。此时汉萨同盟商人在英国的由来已久的特权已被冒险商公司所压倒。所有这些都确切无误地强调了英国国家的经济统一,个人利益从属于国家利益,以及英国国家对尼德兰市场、信贷和金银的勉强的依赖。

英国正如其他西欧国家一样,认为它很有必要分享新世界的财富,并且发现安特卫普市场是它采取这种措施的方便之门。补充办法还有通往西班牙本土的非法航行,对西班牙的直接贸易以及与各参加国的间接联系。这些国家全都竭力想保留尽可能多的金银,而有时出于无奈不得不允许汇兑,从而使金银由一国转至另一国。实际上,西班牙和它的对手互相容忍,结果双方都认为尼德兰是"英国的东印度群岛",而把西班牙货币当作法国最佳的流通手段。由于这些密切的金融和贸易联系都符合这一目的,即把西班牙的金银输往西欧其他各国,因此这些国家各自订立的力图取得和保存部分硬币的各种条例便具有新的和迫切的重要性。

这种制度特别容易受到政治的影响,结果西班牙对尼德兰政策的压倒一切的宗教目的,最后便使这一制度解体,因为它结束了作为这一制度的基础的宗教宽容。在这方面,阿尔瓦公爵来到尼德兰的作用可能被估计过高。因为,红衣主教格朗维尔自从1561年任职以来,即挑动宗教纠纷,并且不遗余力地设法建立一个不宽容的宗教经济制度,这种制度将把异教徒排斥在贸易和市场之外,从而使信奉异教的公侯贵族皈依天主教。他以伦敦的大瘟疫做借口,设法把英国的呢绒排斥在贸易之外,这方面的成功完全归于"西班牙人和教士们",其中"最主要的人物"毫无疑问就是这位"人人憎恨"的红衣主教。然而,阿尔瓦固然对格朗维尔的政策毫无改变,但是他有时候的表现却不像这位红衣主教那样一意孤行,也比他更有经济头脑。由于阿尔瓦的就任,格雷沙姆才决定英国的商人和金融家必须离开尼德兰,因为在这块地方人们动辄"就要为宗教问题而自相残杀"。他本人在1568年离开安特卫普。中心市场商行的贸易中心试图找到一个替代布鲁日的地方,但经过一系列不能令人满意的临时措施后,迁移到英格兰。冒险商公司的呢绒市场当时也由安特卫普迁到汉堡,从而使尼德兰失去了一个16世纪欧洲的贸易中心地位,同时也使汉堡这个蒸蒸日上的大城市离开了汉萨同盟的怀抱。这些变化在欧洲的贸易体系中开创了一个新的纪元，更不消说这些变化在英国经济史上的重要意义了；而英国的羊毛出口业自从和尼德兰的加工厂商分开后一直没有恢复，而这些变化则使原来就已兴旺发达的呢绒出口业确立其独占鳌头的地位。可能这些变化所引起的政治和外交上的调整要比它们在技术和经济方面的作用更加重要得多。

经过这样一段中断时期，结果就在英国经济中产生了一种新的民族主义的体制，英吉利海峡内的海盗行径在这一体制中起着日益重要的作用，使英国得到了它从低地国家进行贷款和贸易所不能获得的一份财富。过去与贸易有关的那类海盗行径，即早期由英格兰到西印度航运中"海上掳掠固然可爱，却不如搞走私买卖"的活动，已经让位给无休止的英国劫盗事件，以致在格朗维尔离开尼德兰以后，顾问官维格利厄斯做出了发自内心的长叹："啊，上帝！我们生活在和平时期，但是我们遭受的损失却超过我们公开战争时的损失……惩罚还在继续。正义并未伸张。"1568年，伊丽莎白下令把从西班牙途经英国，前往支援阿尔瓦军队的几船热那亚金银扣留，因此爆发了一场重大的外交事件。这些船在普利茅斯请求避难，伊丽莎白就对这批金银实行"保护性的监管"，以后在海上实际上爆发了公开战争，只有全副武装的大舰队才能使用由西班牙到尼德兰的运输财宝的航路，例如1572年的梅迪纳·塞利舰队和次年庞大但效率不佳的舰队。英国的海盗正在西班牙新世界的财宝运往尼德兰各转运口的航道上称霸。

英国对尼德兰"吞吐"新世界金银的航线的干涉，对于英国的经济和外交都有生死攸关的影响。结果将引起伊丽莎白时期所特有的投机狂，这种投机狂正是当时社会和教育变化的背景。同时它也将使许多企业力量脱离更加正常也可能更有效益的商业和农业经营，并且在英吉利海峡和爱尔兰海向哈布斯堡王朝的势力提出直接的挑战，这个挑战一经解决，将在欧洲历史上开辟一个新的纪元。

在这些事态的发展中，英国之所以自行其是，原因全在于它的地理位置。法国和葡萄牙也是西班牙和西欧各贸易中心之间可供采用的运输财宝的航线。许多往来是可以用汇票和其他方式进行的，而且应该承认对英吉利海峡航路的骚扰绝不能阻止经由这条航路运输金银，但必然要使这种运输更加危险，更增加花费，也更不可靠。

也许更重要的一个事实是：上述情况不出几年也正好就是西班牙对葡萄牙实行控制以及菲利普二世对香料贸易实行垄断的时候。在此以前，前往东方香料产地的新的航海线曾经在世界香料贸易中引起过危机，有时并使葡萄牙和安特卫普在财政上占有优势，然而安特卫普趁机利用了这种优势，而葡萄牙则滥用了这种优势。但是新情况也一直没有使通往香料产地的旧的地中海航线就此中断。现在，从1580年起，虽然西班牙国王加以控制，但此时对葡萄牙贸易的垄断略见松弛，同时又因为阿拉伯重又参加竞争，结果使葡萄牙重新获得了它经过16世纪最初25年的暂时兴旺后所失去的优势。菲利普有意地把这一重占优势的贸易引导到地中海，以便脱离英吉利海峡、英国海盗和尼德兰商人。例如，1585年他把葡萄牙胡椒贸易的合同给了威尼斯，后来又给了米兰、热那亚和佛罗伦萨。这些城市决定不接受合同的条件，这就足以证明它们相信地中海东部地区的贸易，就他们所知还有历久不衰的生命力。菲利普的政策在这次是失败了，部分原因是哈布斯堡王朝存有戒心。但是他的政策却体现出经济实力消长方面的一个长期的变化。如今终于见到了新的贸易路线在最初开创时期未曾带来的实力平衡方面的变化。在16世纪这最后的10年里，而不是在更早的年月，终于可以看到地中海由于大西洋地位的提高而走向衰落，尽管无敌舰队被击败后英国及其卫星国家后来在英吉利海峡拥有优势，使地中海东部地区出产的胡椒在随后的几年里比葡萄牙出产的胡椒便宜。

所以，在16世纪最后的一个世代里，新世界对欧洲的影响开始具备相当重要的规模，并在欧洲实力的消长方面引起持久的和根本的变化。在和哈布斯堡王朝独占优势这个不变因素对照之下，这些日益增强的力量使敌对国家内反哈布斯堡王朝的重商主义学说改变了措辞。最初的结果是希望葡萄牙属地脱离菲利普的影响。英国人的想法仍然还是老一套，即想在葡萄牙策动叛乱。叛乱一旦成功，西班牙将失去西方的财富，它的贸易和商品，以及海员和食物。这样，通过打破西班牙的霸权和要求分得一份葡萄牙的贸易（最后由于查理二世与布拉干萨的凯瑟琳联姻而得到确认）等办法，"我们才能保持对世界产生巨大影响的大宗财富"，小哈克卢特在1580年这样写道。他不过说出了他同时代的人们的一般思想感情。

"贸易平衡"的概念此时已得到普遍的承认。引起争论的不是这个问题是否存在，而是采用什么具体的办法才能达到预期的效果，即通过贸易顺差而增加金银储备。1575年，英国有一份详尽的政府公报说明了这个概念，捍卫了这个概念，甚至还制定了当年的平衡。"输出商品超过输入商品的价值总额"是255214英镑13先令。

"贸易平衡"成为一个有力的论据（不仅是在英国），主张持久地尝试建立一种新的"殖民地"贸易制度，在这种制度下海外商品不应通过直接贸易或通过尼德兰向西班牙去买，而是应当直接向宣誓效忠的殖民地去买。人们津津乐道海外领地的利益及其可能带来丰硕成果的前途。特别是北美洲的温带部分，似乎可以满足人们的一切需要，甚至拥有以前只以波罗的海地区为唯一供应地的木材和其他松脂产品。据论者称，英国向北美移民，就可以摆脱在油类、"麻袋"、葡萄干、橘子、柠檬、兽皮方面对西班牙的依赖，在大青、食盐和酒类方面对法国的依赖以及在亚麻、沥青、桅杆和焦油方面对波罗的海诸国的依赖；因此"我们就不必像现在这样使自己的财富如此枯竭，不必使不可靠的朋友如此大发横财，而只需用我们现在所花费的一半钱财就可买到我们所需的商品"。这就是16世纪最后25年中发展起来的英国论点的核心内容。哈克卢特兄弟在很大程度上宣扬了这种观点。但是如果认为他们仅仅代表他们自己而并不代表别人，那就错了。他们后面还有一大批有影响的政治家、航海家、金融家和经济学家；这种介乎海盗和移民之间的海外运动吸取了本书所述时期相当大的一部分流动资金，结果必然推迟国内农业和制造业的变化，并可能变更这些变化的方向。就连纽芬兰无人居住的土地也被包括在讨论的课题中，尤其强调渔业是培养海员的场所，盐是可以制造而不必购买的货物，桅杆和帆桁可以取自森林，以及使英国需要出口的货物成本低廉等问题。

法国人或荷兰人所抱的目的也同样明确；同时要办成任何事情，就必须公然反抗或者回避西班牙政府，这也同样明确。法国的企图主要是根据布列塔尼沿海渔民的利益和事业，比英国人更加向往美洲大陆的北部地区。他们被纽芬兰的大海岸所吸引，因此不如说他们是渔民而不是开拓者和移民。早在1510年，捕捞鳕鱼的渔业就已组织井然，中心市场设在鲁昂。1505年，诺曼底人贡内维尔在巴西上岸住了6个月，在他以后法国的船长们相继而来，在巴西沿海既进行贸易又从事海盗活动。

佛罗伦萨人维雷扎诺1524年沿北美洲海岸航行，从北卡罗来纳出发到达纽芬兰，结果坚定地确立了法国人对待新世界问题的独特做法。他最后一次航行的目的，是要在他所讴歌的这块大陆周围发现一条海路。他没有得到成功，但是他为雅克·卡蒂埃和弗朗西斯一世指挥下的法国扩张活动铺平了道路。当时教皇克莱门特七世对亚历山大六世的著名通谕作出解释，认为该通谕仅适用于已被西班牙和葡萄牙所发现的领地，从而法国就可以放手进行发现活动，而不致冒犯弗朗西斯难以担当的教皇禁令。所以，卡蒂埃在1534年和1535年的两次航行都是国王钦定的航行，是奉法国国王的命令并以其名义进行的。他奉命寻找一些谣传有大量黄金的岛屿和土地，并要发现直达中国国土的海峡。他的首次航行勘探了纽芬兰，接着前往拉布拉多，后在加斯佩盆地登岸，为法国占据了该地。他在1535年第二次探险时证明圣劳伦斯是一条河流，而不是海峡，他溯圣劳伦斯河而上，到达蒙特利尔和魁北克，并在该地困苦地过了一个冬天。在他结束两次航行的壮举后，接着就提出了明确的移民计划。卡蒂埃的两次航行在西班牙和葡萄牙都没有引起注意，但他的计划描述了圣劳伦斯河的下游流域土地肥沃，从而形成了一种国际法概念，这种概念保护法国移民区不被西班牙侵占。弗朗西斯在这方面提出一种学说：构成对海外领地的所有权的条件不是发现，而是占领和移民。实行这个准则带来的结果，是已有移民居住的土地被确认为西班牙或葡萄牙的财产，同时1545年的克莱斯宾—莱诺瓦条约禁止法国干涉西班牙殖民地或巴西。但法国仍在加拿大和南美继续努力；1555年在里约热内卢附近建立了科利尼堡，1562年让·里博又开始一系列的努力，试图在佛罗里达建立一个法国殖民地。

法国重视殖民而不是探险和贸易，这种情况在加拿大甚至比在南美更加显著。但是，加拿大盛产毛皮，不久事实表明，毛皮可以通过贸易向印第安人购得，因此法国重视的殖民事业被打乱了。在卡蒂埃的航行以后，接着发出关于殖民的特许状，以罗贝伐尔担任总督和军事长官，其使命是使印第安人信奉基督教并探寻通往西印度群岛的航线；卡蒂埃旋又奉命做1541—1542年的一次航行；建立了查理堡王家殖民地,有数百名男女移民前往,最后显然归于失败。但是卡蒂埃的《航行纪略》却使加拿大的美景永远吸引着法国人,当法国克服了国内的纷乱以后有力量再度向海外领地进行建设性的开拓的时候,加拿大是它心目中最重要的目标。

到了此时(亨利四世和絮利手中权力的巩固在法国和其他地方都标志着一个转折点)外交惯例已进一步扩大,从而允许法国和其他大国自由行动。因为,早在卡托—康布雷奇条约中就已商定"在本初子午线以西和北回归线以南……一方对另一方所施加的暴力将不被认为触犯本条约"。"界线之外不存在和平"的这种概念,在1598年重被载入弗尔汶条约,这种概念允许冒险家们在不扰乱欧洲和平的情况下任意进行掠夺、攻击或移民。因此,西班牙承认亨利四世对法国王位享有权利,也就附带地默认了他有权向海外进行移民或贸易。此外,这时法国在贸易政策方面受到一套连贯的经济理论的支配,在这套经济理论中,这个富有的大国的自给自足成为中心主题,而有必要保持这种自然富源所赋予的经济独立则成为其主要目的。

尽管纽芬兰和加拿大吸引了它的极大的注意力,但法国由于自己的独特情况,仍以东印度贸易和通过地中海东部诸国前往东印度的航线为重点,因为东印度贸易是它所向往的奢侈品的来源,而通过地中海东部诸国的航线则与法国贸易和外交的历史及实践相符合。1602年,法国东印度公司成立;1604年,与奥斯曼帝国政府续订的条约答应重新活跃马赛的商业,当时也有人谈论开凿某种运河以便连接红海与地中海。但是通过这几条路线的东印度贸易并没有繁荣起来。由于阿尔及利亚海盗重新猖獗和法国人缺乏经验,结果这条航线无法和好望角航线相竞争,因为后一条航线是在荷兰和英国与葡萄牙竞争下发展起来的。直到科尔贝尔在17世纪后半叶借鉴荷兰的经验而提出一个新的方案以后,法国繁荣东印度贸易的希望才如愿以偿。

在对待东印度贸易的问题上,絮利代表了法国人十分普遍的态度。当时更注重理论的经济学家,以巴泰勒米·德·拉费马,商业委员会中的讨论和蒙克莱田的《政治经济学概论》作为代表,都不十分热衷于由地中海东部诸国至东印度的贸易。他们认为加拿大和北美保证能够维持发展航运业和渔业(鳕鱼和鲱鱼);在那里可以建立一个新法兰西;在那里的印第安人可以皈依基督教;在那里法国的制成品可以销售而法国所需要的原料也可以坐地生产；在那里刚毅不屈的法兰西民族可以安家落户。在这幅图画中，还要提到地理学权威萨米埃尔·德·尚普兰，他在1603年上溯圣劳伦斯河的航行以及在1604年的第二次航行；此外还有：开始在阿卡迪亚建立法国移民区，1608年给德蒙和加拿大公司颁发特许状，同年尚普兰建立了魁北克。从此以后，法国对圣劳伦斯河下游的占领虽然不稳，但却是长期性的了。

同一时期，荷兰却坐收对新世界贸易中的利益，而并不需要积极参加东方或西方的航行和贸易。荷兰人的大部分精力都投入了宗教纠纷和他们对西班牙的长期斗争。凭借他们的地理位置和他们在经商方面的聪明才智，他们能够使自己的国家和他们的重要城市安特卫普变成东方香料的转运港，同时又是美洲财富的交易所。北海的鲱鱼贸易又使他们在和葡萄牙及地中海的商业来往中利市百倍，而他们和波罗的海诸国在木材、亚麻、焦油和毛皮方面的贸易则使他们成为西欧其他国家，特别是英国不可缺少的贸易伙伴。

荷兰的天然出海口是在北方而不在西方或东方。荷兰最初试图在欧洲和海外领地的关系中找到自己的一席之地。它所采取的方式是设法从东北方向打开一条前往印度的通道，而不是到大西洋和印度洋去争夺地盘。即便如此，人们通常都认为直到1580年菲利普二世把葡萄牙并入西班牙王国，并把伊比利亚半岛的港口对新教徒和反叛者实行封锁以后，才有必要做出这种努力。在此以前，荷兰可以自由地取得东方的香料并获得利润，而安特卫普的大部分财富和荷兰与波罗的海诸国的大部分贸易都要依靠它和里斯本的香料贸易。荷兰人的探险活动把他们引向北方和西方，而不是南方和东方。1584年，荷兰人初次访问新地岛。1594年，派遣由4艘船舰组成的探险队前往北极。我们需要做出很多特殊辩解才能使人相信荷兰的航海家和地理学家知道由印度洋前往香料群岛的航线的详细情况，并且在菲利普实施禁运令以前曾在葡萄牙人的领航下走过这条航线（正如他们曾经横渡大西洋到达巴西和西印度群岛那样）；但是他们在禁运令发布后为什么要改变策略并且敢于反抗西班牙当局，进行明目张胆的断断的航行，到目前为止，人们一直认为其原因是印度洋上的航行不但十分困难而且非常危险。①

不管怎样,1594年装备好由4艘航船组成的船队扬帆出海驶往爪哇,1597年归来,这件大事被普遍认为是标志着荷兰对海外贸易方针的一大转变。这次航行实际上是荷兰人长期细心地搜集资料的结果。它特别依靠扬·胡根·范·林索登所积累的丰富知识。林索登在果阿曾为葡萄牙大主教工作好几年,回到欧洲后发表了他的《客中记事》和《旅途见闻》,对世界的地理状况做了概述,并且记录了他前往印度和美洲的航程中所得到的一切知识,有的是亲身经历,有的出自水手和商人的道听途说。1594年,科内利斯·德·胡特曼在里斯本居住多年后回到阿姆斯特丹。他在里斯本获得了关于葡萄牙的东印度贸易,它的发展前景以及葡萄牙人正遇到的困难等方面的许多知识。在阿姆斯特丹当时已经具备相当重要的知识,关于葡萄牙严守秘密的航线图已在荷兰印行和出售(人们颇有兴味地看到这一事实:海外贸易和航行必须广开门路这一必要的特点似乎一开始就集中在荷兰;迟至17世纪中叶还有法国的领航员使用荷兰出版的航路图在圣劳伦斯河上航行)。一个阿姆斯特丹的商人财团1594年资助胡特曼做了一次航行。这次航行的安全和比较成功的结局推动了一系列类似的航行,来自荷兰的14个船队在此后5年内不断地往返。

这些航行在不同程度上都是荷兰民间集资兴办的公司的事业心和热情带来的结果,而不是纯粹私人资本举办的。这些航行在欧洲市场掀起了新的价格危机和新的投机狂热,带来了新的、有竞争力的、削价抛售的香料产地,也引起了一种新的要求组织、控制和垄断的愿望。结果各地方商行联合为"荷兰东印度联合公司",独家经营荷兰的香料贸易,联合资金共6424588弗罗林,联省议会又给增加了25000弗罗林。

荷兰东印度公司给印度尼西亚人带来一种新的制度。在这种制度下,荷兰人下定决心要取得一种宗主权,作为把其他的欧洲竞争者排挤出产地的一种手段;并决心利用这种宗主权来强制香料的生产,这是他们对欧洲市场的组织严密的控制所要求的。对于整个欧洲来说,

---

① 这一观点是B.H.M.弗列克在《努桑塔拉——东印度群岛的历史》中提出的(第90—104页)。J.S.弗尼瓦尔在《荷属印度》中概述了一种更加正统的观点(第20—21页)。

荷兰以这种方式介入东印度的贸易是一个新时代的开始,因为随着它的介入产生了对海外贸易的新的有目的的交易方法,同时也因为它的介入与1600年英国东印度公司的成立恰好同时,因此在欧洲信奉新教的海运国家中出现了一个新的竞争对手,进行新世界的贸易和航行的角逐。

张文华　马　华　译

索　　引

（此索引中的页码系原书页码，见本书的边码。）

Aachen，亚琛，258

Abelard, Peter，阿贝拉尔，彼得，2，4

Aberdeen, University of，阿伯丁大学，它的创办，111

Abrevanel，阿布勒凡纳，在西班牙供应军需品的犹太人承包商，337

Abyssinia，阿比西尼亚
　加泰罗尼亚在阿比西尼亚的贸易据点，318
　欧洲人到阿比西尼亚旅行，422，423
　发现祭司王约翰就是阿比西尼亚的统治者，421

Aeciaiuoli family，阿奇亚约里家族，雅典公国统治者，395

Achillini, Alessandro，阿基利尼，亚历山德罗，人文主义哲学家，101

Acton, Lord，阿克顿勋爵，xiii，xiv，xix，xx，xxx

Adana (Cilicia)，阿达纳（吉里吉亚），在麦木鲁克与奥斯曼土耳其人的战争中，400，401

Adda，阿达河，32，217，360

Adelphus, Johann，阿德福斯，约翰，德国人文主义者，188

Aden，亚丁，葡萄牙人侵占计划失败，427

Adrian Florents, of Utrecht (later Pope Adrian VI) 乌得勒支的阿德里安·弗洛伦茨（后为教皇阿德里安六世）
　在卢万大学，113
　给查理大公当导师，251
　出使西班牙（1515年），253
　任卡斯蒂利亚和阿拉贡两地的宗教裁判官，337

Adrianople，阿德里安堡，408
　奥斯曼土耳其人占领（1361年），32
　1453年以前的奥斯曼首都，395

Adriatic coast，亚得里亚海沿岸地区，奥斯曼人占据该地，395

Adriatic Sea，亚得里亚海，威尼斯与那不勒斯的竞争，348

Aegean Islands，爱琴海岛屿，奥斯曼人的占领，395

Aemilius Paulus，埃米利·保罗，庄严的洛伦佐重新演出了"埃米利·

保罗的胜利",147
Aeschylus,埃斯基罗斯,114
Afiun Karahisar(Anatolia),阿菲翁卡拉希萨尔(安纳托利亚),414
 萨法威人叛乱(1511年),406
Afonso V(the African),阿方索五世(非洲人),葡萄牙国王,339,421
 侵略卡斯蒂利亚(1474年),325
 划分葡萄牙和卡斯蒂利亚的领地,340
 征讨摩洛哥,422,423
Afonso of Portugal,葡萄牙的阿方索,与费迪南德和伊萨贝拉的女儿伊萨贝拉结婚,339
Africa,非洲
 与欧洲的商队贸易,47
 葡萄牙人的航行和殖民,49,420—5,427
 卡斯蒂利亚和阿拉贡分割西北部,421
 对西印度群岛进行奴隶贸易,434,457
Africa, North,北非
 加泰罗尼亚的贸易据点,318
 希门尼斯与贸易的复兴,319—320
 葡萄牙和卡斯蒂利亚分割北非(1494年),340
 天主教徒费迪南德的远征和卡斯蒂利亚的行政管理,340
Agnadello, battle of,阿尼亚德洛战役(1509年),360,363,366
Agricola,阿格里科拉,见 Husmann, Rudolf
Agriculture,农业,20—37各处
 14世纪至17世纪之间的扩大和收缩,20—21,25,35
 西属美洲的土著农业,439

 海外企业对英国农业的影响,465
Ahmed,艾哈迈德,苏丹巴耶济德之子率兵讨伐萨法威叛乱分子(1511年),406
 与谢里姆争权和内战,406—411;死亡(1512年),411
Ahmed Pasha,艾哈迈德帕夏,安纳托利亚总督,与麦木鲁克人作战,400
Aintab(Syria),艾因塔布(叙利亚),在麦木鲁克—奥斯曼战争中,415
Aire,埃尔,实行法兰西—勃艮第共管(1493年),242
Akkerman(Moldavia),阿克曼(摩尔多瓦),被奥斯曼土耳其人占领(1484年),375,376,399
Ak Koyunlii,阿克科雍鲁(白牧羊人),土库曼部族,396,405,406
Akshehir(Anatolia),阿克谢希尔(安纳托利亚),在麦木鲁克—奥斯曼战争中,411,414
Ala ad-Daula,阿拉杜拉,阿尔比斯坦国君,413
 穆罕默德二世在阿尔比斯坦拥立他,400
 他背弃与麦木鲁克的联盟,401
 被萨法威人打败,406
 在奥斯曼—波斯战争中,411 败北和阵亡(1515年),412,413
Ala ad-Din,阿拉丁,奥斯曼王子艾哈迈德之子,被谢里姆处死,410
Alba, Fadrique de Toledo, 2nd duke of,阿尔瓦第二代公爵,托莱多的法德里克,329
 侵略纳瓦尔(1512年),328
Alba, Fernando Alvarez de Toledo, 3rd

duke of, 阿尔瓦第三代公爵, 托莱多的费尔南多·阿尔瓦雷斯, 他在尼德兰的统治, 462

Albania, 阿尔巴尼亚

土耳其人占领的结果, 33

屈服于奥斯曼土耳其人的压迫, 395

在威尼斯—奥斯曼战争中, 402, 403

Alberico, Filippo, 阿尔贝里科, 菲利波, 在英国的意大利人文主义者, 107

AlbertⅡ, 阿尔伯特二世, 皇帝, 匈牙利和波希米亚国王, 221, 371

Alberti, Leon Battista, 阿尔贝蒂, 莱翁·巴蒂斯塔, 意大利建筑家, 131

他重新解释古典建筑法式, 128

对艺术理论的进一步发展, 150—151

他的《建筑十论》, 160

Albertini, Francesco, 阿尔贝蒂尼, 弗朗切斯科, 他研究古代文物的作品, 99

Albistan, 阿尔比斯坦, 麦木鲁克与奥斯曼土耳其人之间的争议, 396, 399, 400, 413, 414

参见 'Ala ad-Daula, Shahsu waroghlu 'Ali

Albret, Charlotted', 阿尔夫雷特, 查洛特·德, 与切萨雷·博尔贾结婚, 356

Albret, Jean de, 阿尔夫雷特, 让·德, 见 Jean (d'Albret)

Albuquerque, Afonso de, 阿尔布克尔克, 阿丰索·德, 葡萄牙驻印度总督, 427, 448

Alcala de Henares, University of, 阿尔卡拉德埃纳雷斯大学, 122, 123, 125

对《圣经》的研究, 124

Alcacovas, Treaty of, 阿尔卡索瓦斯条约 (1489年), 与葡萄牙和卡斯蒂利亚对新发现领土的瓜分, 340, 424, 431

Aldus, 阿尔杜斯, 见 Manutius, Aldus

Aleandro, Girolamo, 阿莱安德罗, 吉罗拉莫, 红衣主教, 104, 106, 119, 257

Aled, Tudur, 阿莱德, 屠杜尔, 他的警句诗, 192

Aleman, Melchior, 阿莱曼, 梅尔乔, 卡斯蒂利亚的伊萨贝拉的宫廷画家, 168

Alemshah Begum, 阿勒姆沙·贝吉姆, 舍赫·哈伊达尔的妻子, 波斯国王沙易司马仪的母亲, 405

Alenssn, Marguerite de Valois, 阿朗松, 瓦卢瓦的玛格丽特, 女公爵; 与克莱芒·马罗, 183

Aleppo, 阿勒颇, 在麦木鲁克—奥斯曼战争中, 415, 416

Alesandria, 亚历山大里亚, 路易十二入侵时沦陷于法军手中, 357

Alessio, 阿列西奥, 威尼斯割让给奥斯曼土耳其人 (1506年), 404

Alexander Ⅵ, pope (Rodrigo Borgia), 亚历山大六世, 教皇 (罗德里戈·博尔贾), 125, 297

个性, 77, 78, 83

与萨沃纳罗拉, 78—79, 354

划分新世界 ("亚历山大通谕"), 79, 332, 430—431

与奥斯曼土耳其人的关系, 80; 监禁杰姆, 265, 398

索 引

与路易十一的关系，80
与公会议运动，82，302，350
令人画出一些神话即历史论的壁画，141—142
延聘意大利美术家到西班牙，169；与法国侵犯意大利，200；威尼斯同盟（1495年），332，341，353；支持那不勒斯反对查理八世（1494年），350—351；允许法军过境，352；鼓励路易十二的侵略（1499年），355—356；从路易十二侵略得到的利益，358—359
对西班牙的好感，332，340
改革西班牙的修士制度，333
在西班牙设立宗教裁判所，335
逝世（1503年），359
与把条顿骑士团首领职位转让给萨克森的弗里德里希的问题，379
与匈牙利和威尼斯结盟反对奥斯曼土耳其，403

Alexander I，亚历山大一世，立陶宛大公，波兰国王，222
企图把他和罗马的结盟强加给他的东正教臣民，对俄罗斯的战争，369，376—377
与条顿骑士团，378—379

Alexander，亚历山大，苏格兰国王詹姆斯四世的私生子，13

Alexander of Aphrodisias，亚弗罗迪西亚斯的亚历山大，101

Alexander of Villedieu，维尔德的亚历山大，所编的教科书使用到16世纪，96

Alexandria，亚历山大，46，267

Alfonso II，阿方索二世，那不勒斯国王，他的领土野心，348
对米兰的威胁引起法国干涉，350
亚历山大六世承认他为国王，351
王位让给费兰蒂诺，352
参见 Italy（法国入侵各条）

Alfonso V（the Magnanimous），阿方索五世（宽宏的），阿拉贡和西西里国王，319，321
在遗嘱中把那不勒斯和西西里分开，341
在那不勒斯的统治，347

Alfonso X（the Learned），阿方索十世（智者），莱昂和卡斯蒂利亚国王，建立"王国牧民荣誉会"，29

Alfonso，阿方索，卡斯蒂利亚的王子，约翰二世的儿子，320

Algiers，阿尔及尔，319
归卡斯蒂利亚所有，340
阿尔及尔的海盗，467

Ali，阿里，先知的女婿，404

Ali Pasha，阿里帕夏，奥斯曼军队司令（后为首相），400—401
死于镇压萨法威叛乱的战事，406，408，409
与艾哈迈德及谢里姆两人之间的争权，407，409

Aljubarrota, battle of，阿尔儒巴罗塔战役（1385年），325

Alkmaar，阿尔克马尔（荷兰），1492年起义，240

Allegri，Antonio，阿莱格里，安东尼奥；见 Correggio

Allenby，Lord，艾伦比勋爵，xxiv—xxv

Almain，Jacques，阿尔曼，雅克，主张限制教皇权力的宣传家，303—304

Almeida, Francisco, de, 阿尔梅达,弗朗西斯科·德, 葡萄牙第一任印度总督, 427, 448
　大西洋航行计划, 424
Alost (Flanders), 阿洛斯特（佛兰德）; 对1515年"运输税"的估计, 255
Alpine Passes, 阿尔卑斯山山口, 瑞士对山口的控制, 207
Alsace, 阿尔萨斯, 205
Altdorfer, Albrecht, 阿尔特多菲尔, 阿尔布雷希特, 德国画家, 他的《圣乔治和龙》, 和纯粹的风景画, 163
Alvarado, Pedro de, 阿尔瓦拉多, 佩德罗·德, 443
Alviano, Bartolomeo d', 阿尔维亚诺, 巴尔托洛梅奥·德, 对神圣同盟作战中的威尼斯军官, 363, 366
Amadeo, Giovanni Antonio, 阿马代奥, 乔瓦尼·安东尼奥, 135
Amalfi, 阿马尔菲, 该地的衰落, 47
Amaseo, Romolo, 阿马西奥, 罗莫洛, 在帕多瓦的人文主义教学, 96
Amasia (Anatolia), 阿马西亚（安纳托利亚）, 396, 410, 412
Amastris (Anatolia), 阿马斯特里斯（安纳托利亚）, 被奥斯曼土耳其人占领（1461年）, 395
Amazon, river, 亚马孙河, 可能为平松所发现, 428, 435
Amboise family, 昂布瓦兹家族, 305
Amboise, Georges d', 昂布瓦兹, 乔治·德, 红衣主教, 鲁昂大主教, 13, 210
　操纵法国政策, 293—294
　个人野心和法国教会改革, 302—303
　与教会改革, 307
　当教皇的野心, 355, 359
　支持路易十二对意大利的野心, 355—356
　与康布雷同盟, 360
Amerbach family, 阿莫巴赫家族, 出版家, 115, 117
America, 美洲亚历山大六世划分新世界, 79, 332, 424, 429—430, 430—431, 455
　葡萄牙人去巴西的航行, 424—429; 又见 Brazil
Ameica (North), 北美洲
　法国和英国的移民地, 465—467
　寻找西北方的通道, 466
　法国向加拿大殖民, 466; 加拿大成为"新法兰西", 467
America (Spanish), 西属美洲
　哥伦布的航行和发现, 3, 420, 424, 430—434
　西班牙人的行政管理, 323—324, 338; 国王对教会的控制, 332—333; 建立宗教裁判所, 337; 维护国王的控制, 437—438, 443—444; 支付费用, 450—451
　动力是殖民而不是贸易, 431—432, 449
　第一批移民的困难和印第安人劳力的使用, 432, 434, 456—457
　对印第安人的待遇, 433—434, 435; 布尔戈斯法（1512年）, 438
　指控和召回哥伦布, 433—434
　伊斯帕尼奥拉移民政府的开始, 434—435
　向牙买加和古巴移民, 435

委内瑞拉沿海和达里安湾的探险，436；巴尔沃亚和征服中美洲，436—437

大陆土著居民的文化和经济，438—439；宗教和政治组织，439

地峡地区的移民点（卡斯蒂利亚德奥罗），439

科尔特斯与征服墨西哥，439—443；作为见证人的叙述，440；征服者胜利的心理和原因，440，442—443；科尔特斯对墨西哥的统治，443

金银的输出，450—452

以岁收为抵押向福格家族借款，451

奴隶贸易，457—458

加勒比海上的法国私掠船，457—458

对西班牙权益的挑战，457—458

又见 Expansion（Overseas），对欧洲的影响

Amiguet, Jeronimo, 阿米盖特，赫洛尼莫，人文主义和阿拉贡的新学术，125

Ammonio, Andrea, 阿莫尼奥，安德烈亚，亨利八世的拉丁文秘书，110

Amour Courtois,《多情的宫廷》，59

Amsterdam, 阿姆斯特丹，45，445

与渔业贸易，41

与荷属东印度贸易，469

Anatolia, 安纳托利亚

穆罕默德二世治下奥斯曼的进展，396

萨法威的进展，405

艾哈迈德和巴耶济德之间的内战，409

谢里姆屠杀十叶派信徒，411

Ancona, Ciriaco d', 丹科纳，奇里亚科·德，在碑铭学方面的工作，99

Andre, Bernard, 安德烈，贝尔纳，亨利七世的宫廷诗人，107

Andrelini, Fausto, 安德烈利尼，福斯托，在巴黎的意大利人文主义者，104

Anghiera, Pietro Martire d', 丹吉拉，彼得罗·马尔蒂雷

《新世界几十年》，121

费迪南德和伊萨贝拉的拉丁文秘书，122

Ango, Jean, 安戈，让，装备法国私掠船458

Angola, 安哥拉，葡萄牙在安哥拉的探险，423

Angra Pequena (W. Africa), 小安格拉（西非），423

Anjediva (Goa), 安杰迪瓦（果阿），葡萄牙在该地的要塞，427

Anjou, house of, 安茹，公国，路易十二赐给阿拉贡的费德里戈，358

Anjou, 安茹王室，9，10，343

对那不勒斯王国的领土要求，295—296，347，348

在匈牙利，371

Anjou, Renè, 安茹公爵，雷内，与安茹对那不勒斯的要求，347，350

Ankara, 安卡拉，412

Anne de Beaujeu, 博热的安妮，波旁女公爵，350

查理八世的摄政，233

与布列塔尼的继承权，238，262

性格，292

Anne (de Candalle), 安妮（坎戴勒的），波希米亚和匈牙利王后，瓦迪斯瓦夫二世之妻，378

Anne (of Hungary and Bohemia), 安妮

（匈牙利和波希米亚的），皇后，斐迪南一世之妻，222，378，379，392

Anne，安妮，法国王后，布列塔尼女公爵，对勒梅尔·德·贝尔热的保护，189

 与马克西米连一世结婚（通过代表），200，238，295；与查理八世结婚，299，295；与路易十二结婚，356

Anthony，安东尼，勃艮第公爵好人菲利普的私生子（大杂种），232

 投靠路易十一，227

'Antilla'，"安蒂利亚"，想象中的南大西洋上的地方，431

Antilles，安的列斯群岛

 西班牙移民地，434—435

 哥伦布的发现，430

Antioch，安条克，46 Antiquario, Jacopo，安蒂夸里奥，雅各布，意大利人文主义者，97

Antiquity, study of, 古代研究对政治思想和历史学的影响，71—72；对政治行动的影响，97

 作为文艺复兴时代仪式的规范，147—148；又见 Archaeology, Epigraphy, Humanism

Antivari（Albania）；安蒂瓦里（阿尔巴尼亚），为威尼斯占据，402

Antwerp，安特卫普，203，246，247，318

 代替布鲁日成为贸易中心，40

 与阿拉斯和约（1482年），232；马克西米连处决签约全权代表，233

 在内战中支持马克西米连，234

 出面反对1488年"同盟"，237

 与葡萄牙殖民贸易，448—449，453，464

 作为财政中心，451，453，460，461

 与波罗的海贸易，456

 "英国中心市场商行"迁离，462

 在荷兰海外扩张中的地位，468

Anwykyll, John，安卫基尔，约翰，牛津大学莫德琳学院院长，107

Apollo, Horus，阿波罗，贺鲁斯，《象形文字》，161

Appenzell，阿彭策尔，瑞士的州（1513年），206

Appian，阿庇安，148

Apuleius，阿普列乌斯，拉斐尔在法尔内西纳别墅的组画，146

Arabia，阿拉伯，葡萄牙与该地的贸易，448

Arabic language，阿拉伯语

 在人文主义的意大利对阿拉伯语的研究，102

 在西班牙禁止使用（1660年），324

Arabs，阿拉伯人

 在麦木鲁克—奥斯曼战争中，416，417

 在奥斯曼治理下，417

 对东方贸易的干涉，447

Aragon，阿拉贡，6

 王室世系，9

 与地中海贸易，48

 受人文主义的影响较晚，125

 人口，319

 羊毛贸易，318，319

 农产品，319

 在费迪南德和伊萨贝拉的婚约中，322

 历任总督，323

 抵制成立宗教裁判所，336

索 引

与卡斯蒂利亚划分西北非，421
又见 Catalonia；Valencia；Spain
Aragon, house of, 阿拉贡王室，9
　与意大利的牧业经济，31
　与15世纪的那不勒斯王国，348
Aragon, Alfonso de, 阿拉贡，阿方索·德，萨拉戈萨大主教，阿拉贡总督，323
Aragonese, 阿拉贡人，被排斥在意大利行政部门之外，325
Aramaic, 阿拉米语，在阿尔卡拉对阿拉米语的研究，124
Arbues, Pedro de, 阿韦斯，佩德罗·德，宗教裁判官，在萨拉戈萨被害，336
Archaeology, 考古学，在人文主义的意大利，99
　罗马科学院，96
　对建筑的影响，130—131
　在艺术中的反映，147—148
Arctic Ocean, 北冰洋，1594年荷兰的探险，468
Ardabil（Azerbaijan），阿达比勒（阿塞拜疆）
　萨法威亚的发祥地，404
Ardennes forest of, 阿登森林，中世纪的铁工厂，38
Aretino, Francesco, 阿雷蒂诺，弗朗切斯科，106
　提香所作肖像，149
Aretino, Pietro, 阿雷蒂诺，彼得罗，178
　他的喜剧，176—177
Arguim（North‑west Africa），阿尔古因，葡萄牙在该地的要塞，422
Argyropoulos, Johannes, 阿尔吉罗普洛斯，约翰内斯，在意大利的希腊流亡学者，145，119
Ariosto, lodovico, 阿廖斯托，洛多维科，意大利诗人，145，348
　《讽刺集》和《疯狂的罗兰》，98，173—174
　戏剧作品，176
Aristotle, 亚里士多德，58，96，113，123，124，307
　15世纪后期对宗教的解释，74
　在帕多瓦和波洛尼亚对他的研究，100
　勒费弗尔·戴塔普对他的解释，105
　贝尔加拉的译文，124
Armies, 军队
　常备军，在法国的发展，7
　职业化的军队占优势，10，261
　使用雇佣军队和在战争中缺乏民族团结，262；为使用雇佣军队辩解，280
　重步兵的优越性，283
　国家管理瑞士雇佣兵的服役，263，279
　在意大利组织军队的困难，275—278，279—280
　在意大利以外地区组织军队，278—281
　马基雅弗利论意大利军队，279—280
　辅助人员和伙食，280
　轻骑兵的发展，286
　法国入侵对意大利军队的领导，365—366；意大利雇佣兵首领的性质，366
　鞑靼人的袭击和哥萨克的组织，393
Armour, 甲胄，283—284
Arpad, house of, 阿尔帕德王室，匈牙利的，370 Arras, 阿拉斯，244
　作为制造业中心，42

在法国入侵中（1477年），229
反法起义（1492年），241
Arras, Peace of, 阿拉斯和约（1482年），231，241，243，294
 布鲁日和约（1488年）恢复了阿拉斯和约，237
 蒙蒂尔斯—列兹—图尔条约（1489年）取而代之，238
 为查理八世所破坏（1491年），241
 为森里斯条约（1493年）所重申，242
Arras, treaty of, 阿拉斯条约（1435年），232
Arslan Beg, 阿尔斯兰贝伊, 阿尔比斯坦君主，399
Arsson, Jone, 阿尔逊，约翰，霍拉的主教，在冰岛引进印刷术，191
Arthur, 阿瑟，威尔士亲王，亨利七世之子，和阿拉贡公主凯瑟琳结婚，341
Arthurian legend, 亚瑟王的传说
 在历史编纂学中依然作为史实，54，56
 在意大利和西班牙文学中，172，180
Artillery, 炮兵
 战争中的决定作用，282—283，284
 船载的，287—288
 人道主义的和宗教方面的异议，289—290
 在侵犯意大利中的重要性，365—366
 奥斯曼对炮兵的使用，417；在查尔迪兰战役（1514年）中，411，413
Artois, 阿图瓦
 1477年遭受路易十一蹂躏，226，229
 为查理八世所扣押的奥地利玛格丽特陪嫁领地，231，240，241，294；

根据森里斯和约（1493年）归还，242，296，351
在阿拉斯和约（1482年）中，232
对勃艮第的忠诚和1492年叛乱，241
菲利普大公爵承认法国宗主权，244；查理大公爵承认法国宗主权，253
Arts of the Renaissance (in Italy), 意大利文艺复兴时期的文艺；又见Literature (vernacular), 及各艺术家和作家姓名条
 文艺的保护人，16—17，70—71，77，146—147，152，153；事无巨细都由保护人掌握，144—145；艺术家和保护人关系的变化，152—153；朱理亚二世和米开朗琪罗，153
 文艺理论，148，150—151；人作为人造建筑物的规范（人体测量学），5，129，131；诗歌与绘画的密切关系，151
 艺术和文学中的阿卡迪亚式乌托邦，149，150
 浪漫主义，150
 艺术家的社会地位，151—152；学徒，152；由工艺匠发展为艺术家，152
 意大利的建筑，2；对古代建筑再生论的批判，127—129；非古典主义的古代表现方式，128；拜占庭式穹顶的采用，128—129；人体测量学和新柏拉图主义的影响，129，134；维特鲁威和遵循古传统，129—131，132；正中式建筑的教堂体现宇宙的秩序，130；对

古代研究的利用，130—131；布鲁内莱斯基与佛罗伦萨学派，131；各地区的差异，131；文化优势转移到罗马，131；布拉曼特的影响，131；民族特色的出现，131—132；别墅的古典主义渊源，132；对中世纪城市模式的重视，132—133；和谐风格不久便解体，133

建筑物，在意大利：洗礼所（帕尔马），128；布拉曼特在维杰瓦诺和罗马的工作，132；交易所（佩鲁贾），148；高等法院（罗马），131；斯福尔扎城堡（米兰），344；隐修院（帕维亚），131，135，344；多莫教堂（米兰），344；圣比亚焦圣母教堂（蒙特普尔齐亚诺）127；斯特卡塔圣母教堂（帕尔马），1，30；美第奇小教堂（佛罗伦萨），134；米兰大教堂，160；卡普里尼宫（拉斐尔府邸，罗马），131；科诺—斯皮内利府邸（威尼斯），128；迪亚曼蒂府邸（佛罗伦萨），128；吉罗府邸（罗马），131；贡迪府邸（佛罗伦萨），128；曼佐尼—安加兰府邸（威尼斯），128；皮科洛米尼府邸（锡耶纳），128；卢切莱府邸（佛罗伦萨），128，160；斯特罗府邸（佛罗伦萨），128，131，132；泰府邸（曼图亚），132；韦基奥宫（佛罗伦萨），136，141；维多尼—卡法雷里宫（马罗），131；圣安农齐亚塔广场（佛罗伦萨），133，138；波焦阿卡亚诺别墅（佛罗伦萨），132；圣安东尼教堂（帕多瓦），135，147；圣阿戈斯蒂诺教堂（罗马），147；圣安德列亚教堂（曼图亚），128；圣十字教堂（米兰），129；圣埃利焦·德利·奥雷菲奇教堂（罗马），130；圣弗朗切斯科教堂（弗拉拉），128；圣乔万尼·克里索斯托莫教堂（威尼斯），128；圣洛伦佐教堂（佛罗伦萨），128，133；安杰利圣玛利亚教堂（佛罗伦萨），130；卡尔切里圣玛利亚教堂（普拉托），130；孔索拉齐奥内圣玛利亚教堂（托迪），127，130；十字架圣玛利亚教堂（克雷马），128；托钵修会教堂（威尼斯），139；圣玛利亚·德拉·格拉齐耶隐修院（米兰），128；新圣玛利亚教堂（佛罗伦萨），129，137；大众圣玛利亚教堂（罗马），135，147；圣马可教堂（威尼斯），128；圣马可广场（威尼斯），138；圣保罗女修道院（帕尔马），146；圣彼得教堂（罗马），127，128，129，130，134，136；圣彼得罗尼奥教堂（波洛尼亚），160；圣西斯托教堂（皮亚琴察），128；圣萨尔瓦托雷教堂（威尼斯），129；圣马可学院（威尼斯），131；斯福尔扎医院（米兰），344；西斯廷教堂（罗马），139—141；梵蒂冈，128，133，139—141，142—144；法尔内西纳别墅（罗马），132，146—147；帝国别墅（佩扎罗附近），132；

马达马别墅（罗马附近），132；
美第奇别墅（菲耶索莱），149

意大利的雕刻：古典的形式、基督教的内容，133—134；墓葬艺术作为信仰的尺度，133—134；米开朗琪罗设计的朱理亚二世墓，134；新柏拉图主义的影响，134；米开朗琪罗，134—135；威尼斯的雕刻家，136；雕刻作为支持布尔卡特对文艺复兴论点的证据，135；与建筑的关系（哥特式和文艺复兴式的对比），135—136；公共场所的纪念雕像，136；以宗教主题为重点，136—137；青铜小雕像的出现及其意义，136；雕刻家的社会地位，152

意大利的绘画："盛期文艺复兴"在风格上的复杂性，127；受古典主义的启发，133；以宗教主题作重点，137；主题的复杂性，137—138；宗教的象征主义，139—141；历史画，141—144；古典神话传统的继续性，144；寓言和神话，144—148；新柏拉图主义的影响，145—146；以古代为范本，147—148；"异教"色彩，147—148；提香和肖像画，143—149；忠实于考古事实，148；在15世纪勃艮第宫廷风格中的反映，148；佛罗伦萨和威尼斯的对比，150；解剖学与裸体画，150—151

Arts of the Renaissance (in Northern Europe)，文艺复兴时期的文艺（北欧的），又见 Literature (vernacular) 及艺术家和作家姓名的各条

对艺术的保护，在勃艮第宫廷，61，62；福格家族，161

艺术理论，丢勒和意大利的理论，154，155；丢勒论宗教艺术，158

公元1500年前的意大利和尼德兰的对比，159—160

哥特式传统山穷水尽，162

印刷术和宗教神像，163

马丁·路德的著作对艺术的影响，164—165

西吉斯孟与意大利联姻在波兰造成的影响，380—381

北欧的建筑，6；勃艮第宫廷风格在佛兰德的反映，62；哥特式传统在德国和法国继续存在，160—161；弗朗西斯一世引进的意大利影响，160；哥特式风格和意大利风格的结合，160—161；达·芬奇的影响，160

北欧的建筑物：安纳教堂（安纳贝格），160；布卢瓦城堡，160；尚博尔城堡，160；科隆大教堂，160；福格家族的府邸（奥格斯堡），161；"舞厅"（巴塞尔），155；圣玛利亚教堂（哈雷），160；正义宫（马林），160—161；鲁昂大教堂，160；圣安娜教堂（奥格斯堡），161；塞巴尔杜斯教堂（纽伦堡），158—159；图尔大教堂，160；市政厅（巴塞尔），155；特鲁瓦大教堂，160；乌尔姆大教堂，160；玫瑰园中的圣母礼拜堂（布拉格），156；美丽的玛利亚教堂（雷根斯堡），161

北欧的雕刻：在莱茵河地区的大教

堂内，2；在 15 世纪德意志，67；德意志继续保持哥特式传统，158；菲舍尔家族和意大利式情趣，158—159；哥特式传统和意大利传统的混合，158—159；纪念性雕刻中的文艺复兴式装饰，159；在法国哥特式风格和意大利风格的混合，159；尼德兰的雕刻，159—160；马克西米连一世的陵墓设计，161—162；格吕内瓦尔德在伊森海姆所作祭坛画上的雕刻，164

北欧的绘画：佛兰芒画派，61—62；德意志 15 世纪的，67；意大利的影响，153—158；人文主义传统和哥特式传统的冲突，155—158；保护人的意大利化的情趣，156，158—159；1500 年左右法国的绘画，158；"多瑙画派"和风景画，162—163

Arts of the Renaissance (in Spain)，文艺复兴时期的文艺（西班牙的）；又见 Literature (Vernacular) 及艺术家和作家姓名各条

王室和其他方面的保护，165，168—169

摩尔人对工艺品装饰的影响，165，166

哥特式风格的持续，166

伊萨贝拉式和银匠式建筑雕刻的发展，166—167

意大利的影响，167—169

文艺复兴式和穆德哈尔式的混合，167—168

意大利艺术家的到来，168

费迪南德和伊萨贝拉统治时期对艺术家的检查，168

奥兰达的"群鹰"，168

宫廷中的西班牙—佛兰德风格，168—169

建筑物：孔查府邸（萨拉曼卡），167；圣十字医院（托莱多），167；王子宫（瓜达拉哈拉），167；查理五世宫（格拉纳达），168；王家小教堂（格拉纳达），167，168；王家朝圣行宫（圣地亚哥），167；萨拉曼卡大学，167；圣格雷戈里奥教堂（巴利阿多利德），166；圣胡安·德洛斯·雷伊斯修道院（托莱多），166；圣巴勃罗教堂（巴利阿多利德），166；圣托马斯教堂（阿维拉），168；西根萨大教堂，167

Arts, native, in Spanish America, 西班牙美洲的本土艺术，438—439

Asia，亚洲

未能发现通往亚洲的西海路，428—429，430

麦哲伦的航行，429—430

Asperen (Holland)，阿斯佩棱（荷兰），256

Assisi, 阿西西, 16 Asti, 阿斯蒂, 356

Astrology, 占星术, 63, 147

在巴黎受到谴责，103

Astronomy, 天文学

在意大利和德国再次兴起，68

雷乔蒙塔努斯编印马尼立乌斯的著作，118

Athens, 雅典, 323

雅典公国为奥斯曼土耳其所征服（1458—1460 年），395

Auberino, Caio, 奥贝里诺, 卡约, 意大利人文主义者, 在剑桥, 108

Augsburg, 奥格斯堡
 文化和商业地位, 17, 155, 156, 158, 161; 银行业（又见 Fugger）, 313; 编年史, 67

Augsburg, Reichstags of, 奥格斯堡议会（1500 年）, 208—210;（1510 年）, 215;（1518 年）, 218

Austria, 奥地利
 地理和经济, 35
 在帝国执政府中的代表权, 208
 马克西米连取得蒂罗尔,（1490 年）, 199, 203
 马克西米连强化君主制行政机构, 210; 皇家政务会, 皇家财务署和皇家法院, 219—221; 恢复地方长官的法院, 220

Auxerre, 奥塞尔, 包括在奥地利的玛格丽特的陪嫁领地内, 294

Aventinus, 阿芬蒂努斯, 见 Turmair, Johann

Averroes, Aerroism, 阿威罗伊, 阿威罗伊主义, 111
 与自然科学, 2
 在 15 世纪的帕多瓦和波洛尼亚, 100, 101

Avignon, 阿维尼翁, 12

Avila, 阿维拉, 168

Avila, Pedro Arias de, 阿维拉, 佩德罗·阿里亚斯·德, 他对达里安的治理以及他对巴尔沃亚的嫉妒, 437, 438

Avis, dynasty of, 阿维斯王朝, 葡萄牙的, 421, 445

Azerbaijan, 阿塞拜疆
 被乌宗·哈桑所征服, 396
 与"萨法威亚"的发展, 405

Azores, 亚速尔群岛, 430, 458
 葡萄牙所有权得到承认（1470 年）340
 葡萄牙殖民, 420, 421

Aztec empire, 阿兹特克帝国, 为西班牙人所推翻, 439

Badius, Jodocus, 巴迪乌斯, 约多库斯, 出版家, 18, 104

Baglioni, Giampaolo, 巴廖尼, 詹保罗, 把佩鲁贾交给朱理亚二世, 359

Bahamas, 巴哈马群岛, 430
 西班牙人抢掠奴隶, 434

Bahia dos Vaqueros, 瓦奎洛斯湾, 为迪亚士所发现（1487 年）, 423

Baiburd (Anatolia), 巴伊布尔特（安纳托利亚）, 包括在奥斯曼行省中, 412

Baif, Lazare de, 巴富, 拉扎尔·德, 法国人文主义者, 在意大利留学, 182

Bakocz, Thomas, 鲍科茨, 托马什, 匈牙利红衣大主教
 与匈牙利农民起义（1514 年）, 388—389
 与瓦迪斯瓦夫二世和阿拉贡的贝阿特丽克斯的婚姻, 377

Balbo, Girolamo, 巴尔博, 杰罗拉莫, 意大利人文主义者, 116

Balboa, Vasco Nunez de, 巴尔沃亚, 巴斯科·努涅斯, 德
 与美洲大陆上的西班牙移民地, 436—437
 他的被陷害和被处决, 437

索　引

Balearic Islands，巴利阿里群岛，318
　又见 Mallorca
Balkan peninsula，巴尔干半岛，1500
　年前的地理和经济，33—34
Balsac，Robert de，巴尔萨克，罗贝尔·
　德·昂特拉格城主，他的《论君主
　与战争》，276
Banbury，班伯里中学，106
Bandello，Matteo，班代洛，马泰奥，
　意大利作家，178
Banks，银行，银行业与罗马教廷，93
　路易十一影响佛罗伦萨银行家反对
　勃艮第宫廷，228
　银行的发展，313—314
　银行业家族：邦维奇、卡波尼和加达
　尼，313；美第奇，313，346；琴图
　廖内、格里马尔多洛梅利诺、萨尔
　瓦焦、韦尔瑟，334；又见 Fugger
　意大利银行资助查理八世入侵意大
　利，314
　1831—1833 年危机和巴塞罗那的衰
　落，319
　美洲在贸易上的让步，324
　与十字军东征的经费，334
　马克西米连以蒂罗尔的岁收作抵
　押，451
　从新世界来的王室收入和金银作为
　信贷的基础，451
　安特卫普作为金融中心，451，453
　格雷沙姆在西班牙的财政使命，461
　又见 Expansion (overseas)；Fugger
Baptist of Mantua，曼图亚的浸礼教徒，
　见 Mantuan
Barbara，巴尔巴拉，波兰王后，西吉
　斯孟一世之妻，222

Barbara，巴尔巴拉，勃兰登堡侯爵阿
　尔贝特·阿奇勒斯之女，与波希
　米亚和匈牙利国王瓦迪斯瓦夫二
　世结婚（由人代理），377
Barbarelli，Giorgio，巴尔巴雷利，乔
　治，见 Giorgione
Barbari，Jacopo di，巴尔巴里，雅各布
　·迪，与丢勒，154
Barbaro，Ermolao，巴尔巴罗，埃莫拉
　奥，意大利人文主义者，105
　他的反西塞罗主义，98
　攻击经院哲学，100—101
Barbavara，Marcolino，巴尔巴瓦拉，马
　尔科利诺，米兰驻教廷使节，267
Barbosa Arias，巴尔沃萨，阿里亚斯，
　西班牙人文主义者，与萨拉曼卡
　大学的希腊语研究，123，125
Barcdona，巴塞罗那，48，318，319
　财政和商业的衰落，319—320
　被排挤在美洲贸易圈之外，324
Barcelona，Treaty of，巴塞罗那条约
　（1493 年），241，296，341，351
Barclay，Alexander，巴克利，亚历山
　大，改编和模仿布兰特和曼图安
　的作品，189
Badetta，巴列塔，法国围困该地
　（1502—1503 年），358，366
Bartolomea，Fra，巴托洛米奥修士，意
　大利画家，137
Barzizza，Gasparino，巴尔齐扎，加斯
　帕里诺，意大利人文主义者，103
Basil Ⅳ，瓦西里四世，俄国沙皇，
　369—370
　侵犯立陶宛，376
　波兰战争，379—380，381

Basle，巴塞尔，124，154，155，205
  印刷业，115
  加入瑞士联邦，206
Basle, Peace of，巴塞尔和约（1499年），与对瑞士独立的默认，206
Basle, University of，巴塞尔大学，68，119
Bastidas, Rodrigo de，巴斯蒂塔斯，罗德里戈·德，对达里安湾的探险，436
Battagio, Giovanni di Domenico，巴塔吉奥，乔万尼·迪·多梅尼科，意大利建筑家，128
Bavaria, Albert Ⅳ，巴伐利亚公爵，阿尔贝特四世，206，209
  在1499年瑞士战争中，206
Bavaria – Landshut, George 'the Rich'，巴伐利亚—兰茨胡特公爵，"富人"乔治，与兰茨胡特继承权战争，211
Bavaria – Landshut, Elizabeth of，巴伐利亚—兰茨胡特的伊丽莎白，巴拉丁选侯鲁佩特之妻，211
Bavaria – Munich, Albert and Wolfgang，巴伐利亚—慕尼黑公爵，阿尔贝特和沃尔夫冈，与兰茨胡特继承权战争，211
Bay Islands (Garibbean Sea)，海湾群岛（加勒比海），西班牙的奴隶掠夺，439
Bayard, Pierre di Terrail，贝亚尔骑士，皮埃尔·迪·泰拉伊，表示对步兵轻视的引文，285
  骑士作风的典型，288，289
Bayezid Ⅰ，巴耶济德一世，奥斯曼苏丹，78，269，375，407

付款给罗马教廷以监禁杰姆，265
容忍西方商人，265
与杰姆争继承权，396—398
向东欧进攻，398—399，402
对埃及的几次战争，400—401
对威尼斯的战争，402—404
与萨法威亚的进展，406
内战与谢里姆的继位，408—410
逊位和去世（1512年），410
Bayonne，贝荣纳，43
Bazzi, Giovanni Antonio，巴齐，乔万尼·安东尼奥，见 Sodoma
Beatrix of Aragon，阿拉贡的贝阿特丽克斯，匈牙利和波西米亚王后，马加什·科尔文的次妻，373
  与瓦迪斯瓦夫二世结婚，377
Beauce，博斯，25
Beaufort, Lady Margaret，博福特夫人，玛格丽特，里士满和德比女伯爵，110
Beaujeu family，博热家族，292
  安妮·德·博热，见 Anne de Beaujeu
  皮埃尔·德·波旁爵士，见 Bourbon, Pierre, duke of
Beaune family，博纳家族，314
Beham, Bartholomew and Hans，贝哈姆弟兄，巴托罗缪和汉斯，版画家，163
Belalcazar, Sebastian de，贝拉卡萨尔，塞瓦斯蒂安·德，444
Belbeis (Egypt)，贝勒贝斯（埃及），416
Belgioioso, Carlo di，贝尔焦伊奥索伯爵，卡罗，罗多维科·斯福尔扎派往查理八世处的使节，266，268

Belgrade，贝尔格莱德，396
　　为奥斯曼土耳其人所占领（1521年），392
　　包围战（1456年），395
Bellini, Gentile，贝利尼，真蒂莱，他的绘画中反映了威尼斯居民生活，138
Bellini Giovanni，贝利尼·乔万尼，意大利画家，150
　　所作圣母像，137
　　对丢勒的影响，156
Bellinzona，贝林佐纳
　　路易十二割让给瑞士（1503年），206，263，361
　　1516年后为瑞士所保留，364
Bello, Francesco (il Cieco)，贝洛，弗朗切斯科（伊尔·切科），《曼布里亚诺》，173
Belvedere，贝尔威德尔，威尼斯为奥斯曼土耳其所败（1499年），403
Bembo, Pietro，本博，彼得罗，红衣主教，他的西塞罗主义，98
　　希腊文知识，99
　　对彼特拉克主义的反动，172
　　他的散文作品和本国语文学，177
Benin，贝宁，与关于祭司王约翰的传说，423
Benjamin of Tudela，本雅明，图德拉的，论君士坦丁堡，46
Bentivoglio family，本蒂沃利奥家族，凭借法国在波洛尼亚复辟，361
Bentivoglio, Giovanni，本蒂沃利奥，乔万尼
　　与波洛尼亚的治理，349
　　未能抗御法国入侵（1494年），351

　　被朱理亚二世赶走，359
Benveniste family，本维尼斯特家族，与费迪南德和伊萨贝拉的婚姻，321
Bergamo，贝加莫，47
　　威尼斯的控制，46
Bergen family，贝尔根家族，245
Bergen, Jan van，贝尔根，扬·范，支持奥地利的玛格丽特的好战政策，248—249；与英国结盟，250
Bergen-op-Zoom (Holland)，贝尔根奥佐姆（荷兰），244，247
Berlin，柏林，44
Bermejo，贝尔梅霍，西班牙画家，169
Bernard, St. 圣伯尔纳，112
Berne，伯尔尼，187
　　瑞士的州，204，205
Berners, John Bourchier, lord，伯纳斯，约翰·鲍彻，勋爵，191
Berni, Francesco，贝尔尼，弗朗切斯科，讽刺诗，172
　　他改写《热恋的罗兰》，173
Beroaldo, Filippo，贝罗阿尔多，菲利波，意大利人文主义者，96，103
Berri，贝里，253
Berri, John, duke of，贝里公爵，约翰，他对艺术的保护，17
Berruguete, Alonso，贝鲁格特，阿隆索，西班牙艺术家，与文艺复兴在西班牙的影响，168
Berruguete, Pedro，贝鲁格特，佩德罗，西班牙艺术家，他对意大利的访问，169
Berthold of Mainz，美因茨的贝特霍尔德，见 Mainz, archbishop of

Bertoldo，贝托尔多，意大利雕刻家，152

Bertrand, M（of Toulouse），贝特朗（图卢兹的），法国教会自立派的宣传，303

Bessarion, Johannes（or Basilius），贝萨里翁，约翰内斯（或巴西里乌斯），红衣主教，与柏拉图主义和亚里士多德主义的论战，100

Bethune，贝顿，235

    法国—勃艮第共管（1493 年），242

    贝顿的埃韦拉尔，96

Betti, Bernardo，贝蒂，贝尔纳多，见 Pinturicchio

Betto Bardi, Donato di，贝托·巴尔迪，多纳托·迪，见 Donatello

Beveren, Philip of，贝韦伦勋爵，菲利普

    与为菲利普大公爵摄政，232

    与 1488 年的"联盟"，236

    与斯卢思私掠船，242

Bibbiena, Bernardo Dovizi，比宾纳，贝尔纳多·多维齐，红衣主教，他所作的《卡兰德里亚》，175

Bible, biblical studies，圣经，圣经的研究

    伊拉斯谟和瓦拉的著作，18，114

    康普鲁顿合参本圣经，123，124

    在德国对本地语言的版本表示担心，196

    路德的译本和他以前的译本，188—189，196

    勒费弗尔·戴塔普的著作，307—308

Bicocca, battle of，比科卡战役（1522 年），用炮兵决定胜负，284

Bijapur，比贾伊普尔，苏丹，为阿尔布克尔克所废（1510 年），427

Bilbao，毕尔巴鄂

    羊毛贸易，48，318

    驱逐犹太人，337

Bisticci, Vespashano da，比斯蒂齐，韦斯帕夏诺·达，他的传记著作，177

Biyikli Mehemmed Pasha，比伊克利·穆罕默德帕夏，奥斯曼总督，412，415

Black Death，黑死病，52，66，319

Black sea，黑海

    卡泰罗尼亚人的贸易据点，318

    奥斯曼的控制，395—396

Blanca，布兰卡，纳瓦尔女王，阿拉贡王后，阿拉贡约翰二世之妻，321，327

Blaye，布拉耶，哨塔和城防工事的发展，281—282

Blois, Treaties of，布卢瓦条约（1504—1505 年），210，213，326

Blondel, Lancelot，布隆代尔，朗斯洛，佛兰德雕刻家，他在布鲁日的作品受意大利的影响，160

Bobadilla, Francisco de，博瓦迪利亚，弗朗西斯科·德，取代哥伦布在伊斯帕尼奥拉的职权，434

Boccaccio, Giovanni，薄伽丘，乔万尼，意大利作家，2，3，58，71，125

    《十日谭》，12；法文译本，182

    在《异教诸神谱系》中对神话的处理，144

    与皮斯托亚的《潘菲拉》，175

    《科尔巴西奥》，179—180

Bodin, Jean，博丹，让，法国政论作

家，26，63
    他的铸币"质量论"，461
Boece, Hetor, 博伊斯，赫克脱，苏格兰诗人和人文主义者，111
Bohemia, 波希米亚，11，196
    君主政权的软弱性，8—9
    日尔曼人和捷克人的殖民，35—36
    胡斯战争的恶果，36
    矿业，39；矿工宿营地发展为德意志人的城镇，39
    哈布斯堡的利益，221—222
    乔治·波迪布拉德的继承问题，370—372
    瓦迪斯瓦夫二世的波希米亚，372
    宗教纷争，389，391
    贵族权势的增大，389—390
    社会结构，390—391
    对路易二世继承权的争议，392
    又见 Hungary
Bohier family, 布希尔家族，314
Boiardo, Matteo, 博亚尔多，马泰奥，意大利诗人，149，174
    《热恋的罗兰》，74，173
Boleslav Ⅲ, 鲍列斯瓦夫三世，波兰国王，370
Boli (Anatolia), 波利（安纳托利亚），奥斯曼省份，407
Bolivia, 玻利维亚，发现银矿的影响，39
Bologna, 波洛尼亚，47
    与罗马教廷的控制，346；被朱理亚二世所征服，81，147，349，359
    15世纪后期的共和政府，349
    未能抵御法国的入侵（1494年），351
    法国复辟本蒂沃利奥的统治，361
    与神圣同盟，361
Bologna, University of, 波洛尼亚大学，17，67，96，105，108
Bombasio, Urbano, 邦巴西奥，乌尔巴诺，意大利人文主义者，96
    他的希腊文语法，100
Bona (Sforza), 博纳（斯福尔扎），波兰王后，西吉斯孟一世的第二个妻子，380
Bonet, Honore, 博内，奥诺雷，法国著作家，论统治者是唯一的战争发动者，261
Bonvisi family, 邦维奇家族，意大利银行家，313
Borde (Germany), 博尔德（德意志），24
Bordeaux, 波尔多，43
Borgia family, 博尔贾家族，2
    亚历山大六世委托绘制的画，141—142
Borgia, Cesare, 博尔贾，切萨雷，81，273，297
    路易十二入侵意大利时与之合作，355—356
    与查洛特·德·阿尔夫雷特结婚，356
    武功和性格，359；使用炮兵，366
Borgia, Rodrigo, 博尔贾，罗德里戈，见 Alexander Ⅵ, pope
Bosch, Hieronymus, 布希，希罗尼姆斯，尼德兰画家，168
    所画形象不可思议，164
Boscoli, Pier Paolo, 博斯科利，皮耶尔·保罗，97
Bosnia, 波斯尼亚，并入奥斯曼帝国，33，395，396，398
Bosworth, battle of, 博斯沃思战役

（1485年），1
Botoner, William, of Worcester, 博托奈尔，威廉，伍斯特的, 106
Botticelli, Sandro, 博提切利，山德罗, 88, 139, 168
　《春》与拉斐尔的手法的对比, 133
　萨沃纳罗拉的影响, 138
Bouchet, Jean, 布歇, 让, 法国教会自立派宣传家, 303
Boulonnais, 布洛涅, 1477年为路易十一所蹂躏, 226
Bourbon, Anne, duchess of, 波旁女公爵安妮, 见 Beaujeu
Bourbon, Louis de, 波旁, 路易·德, 见 Liége, bishops of
Bourbon, Piece de Beaujeu, 波旁公爵, 皮埃尔·德·博热, 292
　勒梅尔·德·贝尔热的保护人, 183
Bourdichon, Jean, 布尔狄雄, 法国画家和微型画画家, 可能曾受佩鲁吉诺的影响, 158
Bourgneuf, 布尔日讷湾, 25
　与运盐船, 41
Brabant, 布拉邦特
　1477年的"大特权敕令", 225; 菲利普大公爵予以修改（1494年）, 243
　在大枢密院中派有代表, 225
　召集联省议会以批准勃艮第的玛丽和马克西米连的婚姻, 227
　和佛兰德一起反对马克西米连任菲利普大公爵的摄政, 231; 逮捕并处决马克西米连的反对派, 233; 与1488年的"联合", 237; 萨克森的阿尔贝特在军事上的胜利, 238

在列日的传统利益, 231
接受菲利普大公爵为公爵, 243
奥地利的玛格丽特对布拉邦特和佛兰德的纠纷进行仲裁, 249
接受马克西米连为查理大公爵的摄政, 250
与查理大公爵的成年, 252
驱逐吉卜赛人, 253
Brabant, Anthony, duke of, 布拉邦特公爵, 安东尼, 231
Bramante (Donato d' Angelo Lazzari), 布拉曼特（多纳托·德·安杰洛·拉扎里）, 意大利建筑家, 127, 128, 130, 132, 133, 160
　为圣彼得大教堂所作的设计, 130
　与罗马的文化优势, 131
Brandenburg, 勃兰登堡, 23, 25
Brandenburg, Albert Achilles, elector of, 勃兰登堡, 阿尔贝特·阿奇勒斯选侯, 377
Brandenburg, Albrecht of, 勃兰登堡的阿尔布雷希特, 见 Mainz, Albrecht, archbishop of
Brdndenburg, Barbara of, 勃兰登堡的巴尔巴拉, 377
Brandenburg, Joachim, elector of, 勃兰登堡选侯, 约阿希姆, 与查理大公爵的当选为德意志王, 218—219
Brandenburg, John Cicero, elector of, 勃兰登堡选侯, 约翰·西塞罗, 202
Brandenburg - Ansbach, George, margrave of, 勃兰登堡—安斯巴赫侯爵, 乔治, 耶根多尔夫, 392
Brant, Sebastian, 布兰特, 赛巴斯蒂安, 德意志学者和讽刺作家, 193

《愚人船》，118，187，188；巴克利改编该剧本，189
编辑维吉尔作品，118
Brazil，巴西，447
葡萄牙发现巴西，424；卡布拉尔远征印度时发现巴西而产生的问题，426；平松的航行，435
葡萄牙和西班牙的探险，428—429
染料木贸易，429
法国的远征，429，465，466
划分新世界时确认为葡萄牙领地，431
Bremen，不来梅，45
Brenner Pass，布伦内罗山口，362
Brescia，布雷西亚，47
威尼斯的控制，46
Breslau，布雷斯劳，195
Brest，布雷斯特，286
Brethren of the Common Life，共同生活弟兄会，18
与"现代虔信派"，64—65
与人文主义的学术和教育，112，116
Briçonnet family，布里松内家族，305，314
Briçonnet, Guillaume，布里松内，纪尧姆，红衣主教，与法国教会自立主义，303；鼓动查理八世侵略意大利的野心，350
Briosco, Benedetto，布廖斯科，贝内代托，135
Bristol，布里斯托尔，人口和贸易，43
Brittany，布列塔尼，25
布卢瓦条约（1504 年）中的，210
布列塔尼文学，191—192
勃艮第联盟（1480 年），229；为阿拉斯条约所废除（1482 年），232
路易十一死后与法国王室的关系，238，294—295；为法国所取得（1491 年），262
Brittany, Anne, duchess of，布列塔尼女公爵，安妮，见 Anne, queen of France
Brittany, Francis Ⅱ, duke of，布列塔尼第二代公爵，弗朗西斯
科龙贝在南特为该公爵设计陵墓，159
逝世（1488 年），237—238，295
与法国君主的关系，294—295
Brotherhood of the Holy Crusade，圣十字军兄弟会，94
Bruges，布鲁日，112，189，195，227
成为海上贸易的中心，40
1477 年法国入侵时民兵败北，228
反对马克西米连，232，233—234；马克西米连被扣，200，235—236；屈服（1485，1490 年），234，239
克莱弗的菲利普海上私掠对贸易的影响，239
1515 年"运输税"的评估，255
企图为英国中心市场商行试图开辟市场，462
Bruges, Peace of，布鲁日和约（148 年），236—237；被蒙蒂尔斯—列兹—图尔条约废除（1489 年），238
Brunelleschi Filippo，布鲁内莱斯基·菲利波，意大利建筑家，128，160
为圣彼得教堂所作的设计，129
新建筑风格的创始人，131
Bruni, Leonardo，布鲁尼，列奥纳尔多，3，14
他的人文主义与彼特拉克的人文主义相对比，15—16
亚里士多德《诗学》的译本，106

Brunswick，布伦瑞克，44，45

Brusa（Anatolia），布鲁萨（安纳托利亚），32，397

　　在谢里姆和艾哈迈德的战争中，410

Brussels，布鲁塞尔，231，235，252，253

　　在派使节觐见路易十一失败后1477年的骚动，227

　　审计院恢复独立，230；为菲利普大公爵所核准，246

　　马克西米连处决阿拉斯和约（1482年）的全权代表，233

　　与1488年"联合"，236

　　柯本荷尔强迫布鲁塞尔接受根特的权力，237

Brutus，布鲁图，作为人文主义者弑杀暴君的榜样，97

Buda，布达，222

Budak，Prince of Albistan，布达克，阿尔比斯坦王子，在奥斯曼土耳其和埃及的战争中，400，401

Bude，Guillaume，比代，纪尧姆，法国人文主义者，104，308

　　在意大利的学术研究，165—166，182

　　与世俗人文主义，126

Budua，布杜瓦，为威尼斯所占据，402

Bueil，Jean de，比埃尔，让·德，法国作家，论骑士作风在战争中的地位，288

Bugia（North Africa），布吉亚（北非）；加泰罗尼亚属地，340

Bulgaria，保加利亚，并入奥斯曼帝国，33

Burchiello，Domenico，布尔切洛，多梅尼科，意大利滑稽诗人，172

Burckhardt，J.，布尔克哈特，J.，瑞士历史学家，论意大利文艺复兴，1，2，5，16，162

　　雕刻是支持他的论点的证据，135

Burghley，William Cecil，Lord，伯利勋爵，威廉·塞西尔，论西班牙缺乏海军物资，456

Burgio，Antonio，baron，布尔焦男爵，安东尼奥，援助匈牙利抵抗苏里曼的进攻，393

Burgmair Hans，布格迈尔·汉斯，德国画家，155

　　他的保护人的意大利化趣味，156

Burgos，布尔戈斯，163

　　行会和羊毛贸易，318

　　驱逐犹太人，337

Burgundy，county of，勃艮第伯爵领地，见 Franche Comte

Burgundy，duchy of，勃艮第公爵领地

　　发展成为国家，50；通过公爵的权力实现政治统一，56

　　古典传说在宫廷中的影响，58

　　1513年瑞士的进攻，207，217，252，297

　　向大枢密院选派代表，225

　　1477年遭到路易十一的蹂躏，226，262

　　在阿拉斯和约中（1482年），232

　　查理大公的觐见礼为弗朗西斯一世所拒绝，253

　　大胆的查理帝国的崩溃，260—261，261

Burgundy，Charles the Bold，duke of，勃艮第公爵，勇者查理，184，226，231，256

　　他的去世（1477年）与尼德兰的反

索 引　　　529

应，224—225，231
对列日的劫掠（1468 年），229
废止其财政改革，230
1474 年永久管业权法令，255
他的帝国的崩溃，260—261
Burgundy, John the Fearless, duke of, 勃艮第公爵，无畏的约翰，他的被害（1419 年），294
Burgundy, Mary, duchess of, 勃艮第女公爵，玛丽，187
  被承认为勇者查理的继承人（1477 年），224—225
  其大特权敕令及地方特权，224—226
  与路易十一的侵犯（1477 年），226
  路易十一关于她和法国皇太子（查理）结婚的计划，226，227
  和马克西米连一世结婚，226，227
  放弃对列日的权利，229
  她的孩子的出生，230
  逝世（1482 年），231
Burgundy, Philip thd Good, duke of, 勃艮第公爵，好人菲利普，58，224，227，229
Bursfeld Congregation, 伯斯费尔德修会，91
Busleiden, Jerome, 布斯雷登，杰罗梅，与卢万的教授三种语言的学院，113
Busleyden, Frans van, 比斯莱登，弗朗斯·范，224，246，247
  菲利普大公的导师，对法谈判，238
  与森里斯和约（1493 年），243
  与里昂条约（1501 年），245
Butler, Samuel, 勃特勒，萨缪尔，英国作家，与福伦戈的《马卡罗尼

亚》，174
Byelozero (Russia), 别洛泽罗（俄国），21
Byzantium, 拜占庭，拜占庭建筑术在文艺复兴时期意大利的影响，128—129
又见 Empire, the Eastern

Cabbala, 犹太神秘主义
  皮科·科拉·米兰多拉对犹太神秘主义的兴趣，101
  罗伊希林的《论犹太神秘主义艺术》，120
Cabot, John and Sebastian, 卡博特，约翰和赛巴斯蒂安，445
Cabral, Pedro Alvares, 卡夫拉尔，佩德罗·阿尔瓦雷斯，他的印度远征和巴西的发现，426，428
Cadamosto, Alvise da, 卡达莫斯多，阿尔维斯·达，422
Cadzand, Peace of, 卡赞特和约（1492 年），241
  查理大公重新颁布该条约（1515 年），253
Caen, 卡昂，232
Caesar, Julius, 恺撒，尤里乌斯，67
Caiazzo, Francesco de San Severino, count of, 卡亚佐伯爵，弗朗切斯科·德·圣塞韦里诺，
  背离洛多维科·斯福尔扎投奔法国，357
  在福尔诺沃战役中的作用（1495 年），366
Cairo, 开罗，424
  被奥斯曼土耳其所占领，417

Caietan, Cardinal (Tommaso da Vio), 卡耶坦, 红衣主教, (托马索·达·维奥), 101
  1518 年呼吁十字军东征, 218
  反教会自立运动的论战, 304
Calais, 加来, 108
Chalcocondylas, Demetrius, 查尔科孔迪拉斯, 德米特留斯, 希腊流亡学者, 在意大利讲学, 119
Calicut, 卡利卡特, 49
  柯维哈的旅行, 424; 达·迦马的旅行, 425; 卡布拉尔的旅行, 426
  果阿取代其作为葡萄牙总部的地位, 427
Calixtus Ⅲ, pope (Alfonso Borgia), 卡立克斯特三世, 教皇 (阿方索·博尔贾), 125
Callistus, Andronicus, 卡里斯图斯, 安德罗尼卡斯, 希腊流亡学者, 在意大利讲学, 100
Cambrai, Peace of, 康布雷和约 (1508 年), 249, 250, 251
  康布雷同盟, 见 League of Cambrai
Cambridge, University of, 剑桥大学, 该大学内的人文主义, 106, 108, 110—111
Camden, William, 卡姆登, 威廉, 古物收藏家, 17
Cameroons, 喀麦隆, 葡萄牙人的航行, 422
Camillus, 卡米卢斯, 利奥十世重新演出他的胜利, 147
Campbell of Glenorchy, 格莱诺基的坎贝尔, 他在《里斯莫尔教长的书》中的诗, 191

Canada, 加拿大, 见 America, North
Canada Company of France, 法国的加拿大公司 (1608 年), 467
Cananor, 坎纳诺尔
  柯维哈的航行, 423
  葡萄牙的工厂和要塞, 427
Canary Isands, 加那利群岛, 430
  卡斯蒂利亚的所有权得到承认, 340; 占领, 421
Candalle, Germaine de, 坎戴勒, 热尔梅娜·德, 让她与波兰国王扬·奥尔布拉赫特结婚的计划, 378
Canerio, 卡内里奥, 他绘制的地图, 428
Cantino, 坎蒂诺, 他绘制的地图, 428
Cantoblacas, Antonio, 坎托布拉卡斯, 安东尼奥, 希腊流亡学者, 在巴塞尔讲学, 119
Cape Cross, 克罗斯角, 卡奥的航行, 423
Cape of Good Hope, 好望角, 49
  迪亚士绕行, 424; 达·迦马绕行, 425
Cape St Vincent, 圣文森特角, 458
Cape Verde, 佛得角, 49
Cape Verde Islands, 佛得角群岛
  葡萄牙的所有权得到承认, 340
  葡萄牙的探险, 422
  在西班牙和葡萄牙分割新世界中, 424
Capitalism, 资本主义在
  毛织业中, 54
  在宗教改革前德意志的兴起, 197; 在法国的兴起, 314—315
  新世界来的金银的刺激作用, 455
Capitanata, 卡皮塔纳塔, 法国和西班

索　引

牙之间的争议，358
Capponi family，卡波尼家族，意大利银行家，358
Capua，卡普亚，为法军占领和洗劫，313
Carandolet，Jean，卡朗多莱，让，勃艮第大法官，230，234，247
　被根特当作人质，236
　为托马·德·普兰内所替代，247
Caretto，卡雷托，意大利作家，他的《索福尼斯巴》，175
Caribbean Islands，加勒比群岛，428
　又见 America（Spanish）
Caribbean Sea，加勒比海，法国的私掠行为，475
Caribs，加勒比人，对西班牙人的抵抗和为西班牙人所雇用，435，437
Carinthia，卡林西亚，219
　奥斯曼的进攻，398
Carlotta，卡洛塔，那不勒斯国王费代里戈的女儿，拒绝嫁给切萨雷·博尔贾，356
Carmarthen, the Eisteddfod of 1451，卡马森，1451年的诗歌演唱大赛，192
Carmeliano，Pietro，卡尔梅利亚诺，彼得罗，亨利七世的拉丁文秘书，107，110
Carniola，卡尔尼奥拉，219
　奥斯曼的进攻，398
Carpaccio，Vittore，卡尔帕乔，维托雷，他绘画中反映的威尼斯生活，133
Carrilloz，Alfonso，卡里略，阿方索，托莱多大主教，与费迪南德和伊萨贝拉两人的婚姻，321，322
Cartagena，卡塔赫纳，318

Cartier，Jacques，卡蒂埃，雅克，与法国在北美的扩张，466
Cartography，地图学，见 Maps and Charts
Carucci，Jacopa da，卡鲁奇，亚各帕·达，见 Pontormo
Casa de Confratación，贸易署，见 Seville
Casimir Ⅲ（the Great），卡吉米日三世（伟大的），波兰国王，371
Casimir Ⅳ，卡吉米日四世，波兰国王，221，369，371，386
　和哈布斯堡的伊丽莎白结婚，372
　逝世（1492年），374
　与奥斯曼的进攻，399
Castiglione，Baldesar，卡斯蒂廖内，巴尔代萨尔，意大利作家，98
　所著《侍臣论》，3，74，149，177，349
　拉斐尔的肖像画，149
Castile，卡斯蒂利亚王室世系，9—10
　意大利人文主义的传播，121—124
　作为世界强国而出现，316
　农业与游牧经济，316—317；王国牧民荣誉会的财富，317，432
　羊毛贸易，318
　费迪南德和伊萨贝拉的婚约，320—321
　在新世界的特权，323—324
　在哈布斯堡帝国中的优势地位，324—325
　阿尔卡索瓦斯条约（1479年），与葡萄牙分享新的发现，340，424
　与阿拉贡瓜分西北非洲，421
　见 Spain（卡斯蒂利亚和阿拉贡的统一），（在费迪南德和伊萨贝拉统治下），（伊萨贝拉死后的外交关系）
Castilian language，卡斯蒂利亚语，见

Spanish language
Castilla del Oro, 卡斯蒂利亚德奥罗，西班牙移民地，439
Castillo, Bernal Diaz de, 卡斯蒂略，贝尔纳尔·迪亚斯·德，他的关于科尔特斯探险的（信史），440
Castillo, Enriquez de, 卡斯蒂略，恩里克斯·德，西班牙著作家，他的《恩里克四世编年史》，181
Castillo, Hemando del, 卡斯蒂略，埃尔南多·德尔，他的《诗歌全集》，179
Castriotes, George, 卡斯特里奥特斯，格奥尔格，见 Skanderbeg
Catalan language, 加泰罗尼亚语，179
Catalonia, 加泰罗尼亚，7
 人口，316
 海运事务处，318
 14 世纪后衰落，318—319
 1462—1472 年革命，319，321
 宗教裁判所的建立，319；抵制，336—337
 希门尼斯和北非贸易的复兴，319—320
 总督，323
 加泰罗尼亚人被排斥在意大利属地的行政部门之外，325
Cateau Cambrésis, Treaty of, 卡托—康布雷奇条约（1559年），459，467
Catherine of Aragon, 阿拉贡的凯瑟琳，英国王后，xxviii，330，341
Catherine of Braganza, 布拉干萨的凯瑟琳，英国王后，464
Catherine of Valois, 瓦卢瓦的凯瑟琳，英国王后，10

Catherine Podzebrad, 卡特琳·波迪布拉德，匈牙利王后，马加什·科尔文的第一个妻子，372，373
Catherine, queen of Navarre, 凯瑟琳，纳瓦尔女王，和让·德·阿尔夫雷特结婚，327
Catherine the Great, 叶卡捷琳娜二世（大帝），俄国女沙皇，22
Cato, Angelo, 卡托，安杰洛，维也纳大主教，184
 与塔尔迪夫和巴尔博之间的纠纷，103—104
Catullus, 卡图卢斯，是斯克尔顿作品的模本，190
Caux, 科区，25
Cavaillero, Estevan, 卡维列罗，埃斯特万，所著《韵律学》中的人文主义影响，125
Caxton, William, 卡克斯顿，威廉，58，106，108，191
 他的文学上的保守主义，53，54
 所著《列那狐传》，187
Cellini, Benvenuto, 切利尼，本韦努托，意大利艺术家，178
Celtis, Conrad, 采尔蒂斯，康拉德，德意志人文主义者，120
 与德意志的文学研究院，117—118
 他的中世纪研究，118
Cempoala, 森波拉，墨西哥城镇，援助科尔特斯，441
Cents Nouvelles Nouvelles Les,《新故事百篇》，12，184
Cephalonia（Aegean island）克法利尼亚（爱琴海岛屿），在奥斯曼—威尼斯战争中，403，404

索　引

Cerdagne，塞尔当伯爵领地，由阿拉贡割让给法国，又据巴塞罗那条约归还（1493年），296，340—341，351

Ceresara, Paride da，切列萨拉，帕立德·达，埃斯特的伊萨贝拉的顾问，145

Cerignola, battle of，切里尼奥拉战役（1503年），279，358
　　火器的有效使用，284

Cervantes, Miguel de，塞万提斯，米格尔·德，西班牙作家，170，180

Cervera，塞尔维拉，321

Cesariano, Cesare，切萨里亚诺，切萨雷，编辑维特鲁威的著作，130

Cesena，切泽纳，95 Ceuta，休达，葡萄牙攻占（1415年），420

Chacon, Francisco，查孔，弗朗西斯科，卡斯蒂利亚的伊萨贝拉的宫廷画家，兼检查官，168

Champagne，香巴尼，25
　　集市，40

Champlain, Samuel de，尚普兰，萨米埃尔·德，与法国在加拿大的移民地，467

Charlebourg Royale，查理堡王家殖民地，法国殖民地（1541—1542年），466

Charles V，查理五世，皇帝（西班牙国王查理一世），38，167，223
　　通过王室联姻创建帝国，1，10，296；他的帝国是引起意大利战争的根源，7
　　论罗马教廷财政，89
　　对提香的赞助，153，169
　　获得符腾堡的乌尔里希的领地，198
　　马克西米连计划查理和法国的克洛德结婚，210，213
　　关于被选为德意志王的会谈（1518年），218—219
　　与勃艮第的玛丽所赐的特权，225—226
　　收复图尔内（1521年），228
　　他在尼德兰的未成年时期（1506年），248—252
　　与玛丽·都铎结婚的计划，250，252
　　他在尼德兰亲政，252—258
　　从布拉邦特驱逐吉卜赛人，253
　　继承阿拉贡天主教国王费迪南德的王位（1516年），254；离国前往西班牙，256
　　恢复正规部队，256
　　当选为皇帝（1519年），257—258
　　从福格家族贷款，257，451
　　受民众拥护的尼德兰统一的象征，258
　　他在1522年的遗嘱中表示对勃艮第的热爱，258
　　使用宗教界人士作间谍，269
　　马基雅弗利在致驻西班牙使节的信中提出对他的质询，270
　　与西班牙进口粮食，316，317
　　与王国牧民荣誉会的财富，317
　　与西班牙羊毛贸易，318
　　在美洲贸易方面给予银行家的优惠，324
　　有关西班牙摩尔人的法令，324
　　和他兄弟费迪南德的竞争，326—327
　　与西班牙各骑士团，330
　　从那不勒斯驱逐犹太人，337
　　与西班牙的"财务委员会"，339
　　与西班牙在米兰的统治，365
　　海外领地的收益，450—452
　　与塞维利亚对西班牙海外贸易的垄

断，453

Charles Ⅱ，查理二世，英国国王，464

Charles Ⅳ，查理四世，波希米亚国王，372

Charles Ⅴ，查理五世，法国国王，6

Charles Ⅶ，查理七世，法国国王，1，6，26

 与王室对财政和军队的控制，300，301

Charles Ⅷ，查理八世，法国国王，1

 与教会改革，92，302，307，350

 入侵意大利（1494年），160，182，244；马克西米连的干涉（1496年），202—203；从瑞士募兵，204；法国的对外扩张不以自然边界为定，261—262；他对意大利和意大利以外地区的野心，295—296；受米兰的请求抗御那不勒斯，296，350；受意大利银行家的资助，314；威尼斯同盟的形成（1495年），332，341；与阿拉贡的费迪南德合谋瓜分计划，341；在国内和意大利对侵略的鼓励，350—351；初步胜利，控制佛罗伦萨，占领那不勒斯，352；他的失败（威尼斯同盟和福尔诺沃战役，1495年），353—354；维切利和约（1495年），353—354；入侵佛罗伦萨的后果，355

 与法国人文主义，182

 在科明的回忆录中，184，196

 逝世（1498年），203，296，354

 博热的安妮摄政时期，223

 与勃艮第的玛丽结婚的计划，226，227；与奥地利的玛格丽特结婚的计划，231—232，294；扣留她的陪嫁领地，240

 与佛兰德对马克西米连的抵抗，234；法兰克福条约（1489年），佛兰德的屈服，238

 是1488年的（《联合、联盟和邦联》）文件的担保人，237

 和布列塔尼的安妮结婚，239，295

 与列日的中立，241—242

 对甲胄制造者的保护，284

 与海战，286

 他的性格和才能，292—293

 与布列塔尼公爵领地的继承权，294—295，341

 与三级会议的权力下降，298

 塞尔当与鲁西荣归还阿拉贡，341，351

Charolais，查罗莱，包括在奥地利的玛格丽特的陪嫁地之内，294

Chastellain, Georges，夏特兰，乔治，勃艮第历史学家，183，258

Chateau-Landon, monastery of，兰登堡修道院，307

Chatelet (Paris)，沙特莱堡法院（巴黎），书记们演出的神秘剧，185

Chaucer, Geoffrey，乔叟，杰弗里，12，53，189

Chiaravalle, Cistercian monastery of，基亚拉瓦里的西多会修道院，32

Chiarenza，基亚伦扎，威尼斯为奥斯曼土耳其人所败（1499年），403

Chiavenna，基亚文纳，207

Chieregato, Francesco，基耶雷加托，弗朗切斯科，教皇驻英国使节，269

Chievres, sieur de，希埃弗莱勋爵，见

Croy, Guillaume de

Chigi, Agostino, 基吉, 阿戈斯蒂诺, 与艺术的保持人, 132, 146, 147

China, 中国
 与哥伦布的大西洋航行, 424
 与葡萄牙的贸易, 448

Chios, 希俄斯, 267

Chivalry, 骑士作风
 在法国和勃艮第宫廷, 58—61
 对法国文学的影响, 59—60, 63—64
 在战争中继续保持, 288—289

Chouart, Medard, 舒阿尔, 梅达尔, "醋栗先生", 在赫德森湾公司供职, 445

Christian I, 克里斯蒂安一世, 丹麦国王, 194

Christ's couese College, Cambridge, 基督学院, 剑桥大学, 创办, 110

Chronicles of England, 《英格兰编年史》, 54

Chronology, Roman, 编年史, 罗马, 库斯皮尼亚努斯的著作, 117

Church, Catholic, 天主教会15世纪听从命令的一致程度的低落, 11
 与国王的控制, 在中世纪, 12; 在法国和英国, 195; 在西班牙和西属美洲, 332—333
 非教会人士享有教会地产, 13—14
 去俄国传道, 21
 改革: 尝试的失败, 51, 91—92; 在天主教大分裂结束后对改革的要求, 76; 马克西米连和改革, 215; 德意志神职人员的窘困状况和改革派的愤怒, 195—196; 德意志世俗人对教会的改革, 196—197; 在法国的状况和改革的措施, 304—307
 16世纪的反教权主义, 86—87
 16世纪红衣主教团的没落, 94
 作为德意志的世俗统治者, 195; 上帝的贵族, 196
 对战争的态度, 259—260
 与波希米亚酒饼同领派的纠纷, 389, 391
 又见 Clergy; Councils of the Church; Gallicanism; Inquisition; Papacy

Church, Eastern (Orthodox), 教会, 东 (正教)
 莫斯科大主教的地位, 369
 拒绝佛罗伦萨同盟, 369

Church of England, 英国教会, 以法国教会自立运动为榜样, 303

Churches, national, 教会, 各个国家的
 由于罗马教廷的软弱而受到鼓舞, 12
 在16世纪出现, 80; 德国趋向于国家教会, 201, 215
 西班牙的费迪南德和伊萨贝拉的民族主义倾向, 333
 俄国教会, 369
 又见 Gallicanism

Cicero, 西塞罗, 3, 58, 70, 95
 布鲁尼称赞他的政治活动, 15
 "人性"在意大利是个性的基础, 70

Ciceronianism, 西塞罗主义, 人文主义者的争论, 17, 98, 114

Cieco, il, 切科, 伊尔, 见 Bello, Francesc

Cilicia, 吉里吉亚, 麦木鲁克与奥斯曼土耳其的争执, 399, 400—401

Cinthio (Giraldi Giambattista), 钦蒂奥

(吉拉尔迪·詹巴蒂斯塔),意大利作家,受塞涅卡的影响,175
Cirksena, Edward, 西克森纳,爱德华,见 East Friesland, Edward Cirksena, count of
Cisneros, 西斯内罗斯,见 Jiménez de Cisneros, cardinal
Citta di Castello, 卡斯泰洛城,366
Classics, 古典作品
  兴趣的扩大,3
  在法国宫廷,58
  15 世纪的德文译本,67
  中世纪时期对古典作品的鉴赏,70
  15 世纪在意大利作为典范,70
  又见 Education, Humanism
Claude of France (later queen), 法国的克洛德(后为王后),路易十二之女,布卢瓦条约(1504 年)对她的婚姻的安排,210, 213
Claymond, John, 克莱蒙德,约翰,牛津圣体学院第一任院长,111
Clemanges, Nicholas de, 克莱芒日,尼古拉斯·德,法国作家,102
Clement Ⅶ, pope (Guilio de' Medici), 克莱门特七世,教皇(圭利奥·德·美第奇)
  对拉斐尔的保护,132
  任命"西印度大主教",33
  解释亚历山大关于分界的通谕,466
Clergy, 教士
  在意大利北部的贫困,14
  在 16 世纪的状况,90—91, 92;在德意志,195—196;在路易十二和查理八世统治时期的法国,305—307

又见 Commendams; Orders (religious)
Cleves-Ravenstein, Adolf of, 克莱弗斯-拉文斯坦的阿道夫,226
  在佛兰德反对马克西米连,232
Cleves-Ravenstein, Philip of, 克莱弗斯—拉文斯坦的菲利普,234, 235
  打败纪尧姆·德·拉马克,233
  与 1488 年的"联合",236
  在布鲁日和约的争议(1488 年)中,237
  与马克西米连不和,238—240, 245;他的投降,242
  与杀害阿德里昂·维兰(1490 年),239
Clicthove, Josse, 克利克托夫,约塞,论基督教徒对战争的态度,290
Climate, 气候,地中海流域和欧洲其他部分的;27—28
'Cocai, Merlin', "乔采,梅林",见 Folengo, Teofilo
Cochin, 科钦,葡萄牙在该地的商行代理处和要塞,427
Coeur, Jacques, 科尔,雅克,法国商人,48
  与蒙彼利埃的贸易,314
Cofre de Perote (Vera Cruz), 科弗尔德彼罗特(维拉克鲁斯),440
Coimbra, 科英布拉,该地的人文主义,125
Coinage, regulation of, 货币制度的调整,受新世界金银输入的影响,460—461
Col, Gontier and Pierre, 科尔,贡蒂埃和皮埃尔,102

Colbert, Jean–Baptiste, 科尔贝尔, 让-巴蒂斯特, 法国政治家, 与法属东印度的贸易, 467
Col d'Argentiere, 阿尔让蒂埃尔山口, 阿尔卑斯山山口, 364
Colet, John, 科利特, 约翰, 圣保罗教堂主教, 63
　　与同时代的人文主义者相比较, 18
　　他关于圣保罗书的演讲中反映的对意大利的访问, 55—56
　　他对伊拉斯谟的影响, 65
　　圣保罗学院的创立, 107, 109, 110
　　作为基督教人文主义者, 126
Collegè de France, 法兰西学院, 比代与该学院的起源, 106
College of the Holy Virgin in the Nativity (later King's College), 圣诞圣母学院（后改为国王学院）, 阿伯丁, 111
College de Montaigu, 蒙太古学院, 102, 182
Collegium Poetarum seu Mathema–ticorum, 诗学与数学学院, 117
Collioure, 科利乌尔, 48
Cologne, 科隆, 45
　　工业和人口, 43
　　科隆大学, 116, 119
　　大教堂, 160
　　各大主教是世俗的统治者, 195
　　科隆国会（1505年）, 211—212;（1512年）, 216
Cologne, Hermann of Hesse, 科隆选侯, 黑森的赫尔曼, 支持马克西米连反对佛兰芒人, 236
Colombe, Michel, 科隆贝, 米歇尔, 为布列塔尼公爵弗朗西斯二世设计陵墓, 在南特, 159
Colon, Diego, 科隆, 迭戈, 436, 437
　　治理伊斯帕尼奥拉岛, 435
Colonna family, 科隆纳家族, 280, 366
Colonna, Francesco, 科隆纳, 弗朗切斯科, 他的《梦中爱情之战》, 150
Colonna, Prospero, 科隆纳, 普罗斯佩罗, 从他的米兰保卫战得来的教训（1521年）, 275; 他的军事技术, 366
Columbus, Bartolomé, 哥伦布, 巴托洛梅, 克里斯托弗·哥伦布的兄弟, 与圣多明各的建立, 433
Columbus, Christopher, 哥伦布, 克里斯托弗, 49, 78, 420
　　西印度群岛第一任总督, 323
　　与人间天堂, 422
　　他向西方航海的计划遭葡萄牙国王约翰二世拒绝, 423—424; 遭亨利七世拒绝, 445
　　他的美洲航行, 424—425, 430—434
　　他寻找印度, 433
　　缺乏行政管理能力, 432
　　对他的控告和被召回, 433—434
　　他发现地峡, 436
　　他垄断探险的权利被否定, 436, 437
Commendams, 教会产业用益权, 造成教士的贫困, 13, 14, 305, 306
　　1514年通谕, 92
Commynes, Philippe de, 科明, 菲利普·德, 法国历史学家, 2, 193
　　他的《回忆录》中的政治理论, 5—6
　　他对穆罕默德二世的赞扬, 10
　　论威尼斯, 46, 345

否定骑士作风，60—61
他的现实主义，60—61，62
与法国的人文主义，182
他的《回忆录》，184—185；其中流露出的基督教信仰，185
论路易十一的外交，273
享受佛罗伦萨津贴，273
论查理八世向那不勒斯进军，276—277；不赞成查理的野心，296，350

Como, 科莫，47

Conciliar movement, 公会议运动，11，51，78，82

又见 Councils of the Church

Concordat of Bologna, 波洛尼亚政教协议（1516年），85—88，306，365

Condivi, Ascanio, 孔迪维，阿斯卡尼奥，意大利作家，论米开朗琪罗设计的朱理亚二世墓，134

Condroz, forest of, 康德罗兹森林，中世纪的制铁业，38

Conducci, Mauro, 孔杜奇，毛罗，意大利建筑家，128，131

Confrerie de la Passion (**Paris**), 激情剧团（巴黎），与神秘剧，185

Congregation of Montaigu, 蒙太古修会，91

Constance, Reichstag of, 康斯坦茨议会（1507年），213—214

Constance, lake, 康斯坦茨湖，206

Constantinople, 君士坦丁堡，267
陷落（1453年），1，46，71，192
15世纪的工业和商业，46
奥斯曼占领后的修复和建设，395
成为奥斯曼的首都，见 Istanbul

Contarini, Zachario, 孔塔里尼，扎卡里奥，威尼斯使节，论常驻使节的困苦，272

Copenhagen, University of, 哥本哈根大学，121

Coppenhol, Jan, 柯本荷尔，扬
控制根特，233
在法国避难（1485年），234
回到根特（1487年），235
他在1488年"同盟"中的作用，237
与法国谈判（1489年），238
与币制调整（1489年），239
与根特最后一次叛乱（1491年），239
他的被害（1492年），241

Cordoba, 科尔多瓦，48
教区，驱逐犹太人，337

Cordoba, Fernando de, 科尔多瓦，费尔南多·德，西班牙人文主义者，123

Cordoba, Gonzalo de, 科尔多瓦，贡萨洛·德，276，366
改组西班牙军队，279；发展步兵战术，285
与查理八世侵犯意大利，353；与路易十二侵犯意大利，357，358
指挥威尼斯军队与奥斯曼土耳其作战，403

Cornwall, 康沃尔，该地的地方语文学，192

Coron (Morea), 科伦（摩里亚），406
在威尼斯—奥斯曼战争中，402；陷落（1500年）和被威尼斯割据，403，404

Correggio (Antonio Allegri), 柯勒乔（安东尼奥·阿莱格里），意大利画家，137

他的风格中的古典的和幻觉的成分，139

神话和隐喻，146

Cortés, Hernàn, 科尔特斯，埃尔南与征服墨西哥，439—443

 他的信件，440

 登陆（1519 年）和向特诺奇提特兰进军，440—441

 战斗的爆发和占领特诺奇提特兰，441—442

 他对墨西哥的治理，443

Cortese, Paolo, 科尔泰塞，保罗，意大利人文主义者，他的反西塞罗主义，98

Corvinus, Elizabeth, 科尔文，伊丽莎白，约翰的女儿，379

Corvinus, George, 科尔文，乔治，约翰之子，379

Corvinus, John, 科尔文，约翰，斯洛文尼亚公爵，马加什的私生子，377

 与瓦迪斯瓦夫二世的继承波希米亚王位，373

 抵抗奥斯曼土耳其，375

 逝世（1504 年），379

Corvinus, Matthias, 科尔文，马加什，见 Matthias Corvinus

Cosimo, Piero di, 科西莫，皮耶罗·迪，意大利艺术家，152

Cossacks, 哥萨克人，其起源，393

Costa, Lorenzo, 科斯塔，洛伦佐，意大利艺术家，148

Cotti, Lewis Glyn, 柯蒂，刘易斯·格林，对切斯特家族的讽刺，192

Councils of the Church, 公会议，15 世纪罗马教廷对公会议的恐惧，11

 巴塞尔（1431 年），11，12，51，67

 康斯坦茨（1414 年），11，12，51，67

 佛罗伦萨（1439 年），369

 拉特兰，第二次（1139 年），264

 拉特兰，第五次（1512 年），11，82，83—84，92—93，216，303—304

 比萨（1409 年），11

 比萨（1512 年的"集市"），11，82—83，85，207，215，303，304，361

 特兰托（1545 年），19

Counter - Reformation, 反宗教改革，113，333

Cour des Comptes, Paris, 审计法院，巴黎，书记们的神秘剧和道德剧，185

Courtrai, 库特拉，1515 年的"运输税"的估计，255

Covilha, Pero de, 柯维哈，佩罗·德，49

 他的阿比西尼亚和印度之行，423

Cracow, 克拉科夫

 大学，116

 大教堂，施托斯的祭坛画，158

Cranach, Lucas, 克拉纳赫，卢卡斯，德意志画家

 他的保护人强加于他的奇异的意大利风格，156，157

 风景画的新手法，162—163

Creighton, Mandell, 克赖顿，曼德尔，主教，历史学家，xiii, xix

Cremona, 克雷莫纳，47

 洛迪和约（1454 年）将该地授与弗朗切斯科·斯福尔扎，344

 威尼斯的图谋，与路易十二的入侵，356

 马里尼亚诺战役（1516 年）后威尼斯让出该地，365

Crespy – en – Lannois, Treaty of, 克莱斯宾—莱诺瓦条约（1545 年），466
Crestone, Giovanni, 克雷斯托内, 乔万尼, 他编的希腊文—拉丁文辞典, 100
Crétin (Crestin), Guillaume, 克列坦（克列斯坦）, 纪尧姆, 法国诗人, 183
Crévecaeur, Philippe de, lord of Esquerdes, 克雷夫科尔, 菲利普·德, 埃斯凯德勋爵
  叛逃投奔路易十一, 227, 233, 235
  与柯本荷尔谈判（1489 年），238
  在勃艮第的法国—勃艮第共管区任查理八世的军事总督, 242
  他的逝世以及对查理八世入侵野心的最后抗议, 244
Crinito, Piero, 克里尼托, 皮耶罗, 意大利人文主义者, 以及他对手抄本的科学校勘, 99
Cristofano, Francesco di 克里斯托法诺, 弗朗切斯科·迪, 见 Franciabigio
Croatia, 克罗地亚, 奥斯曼的进攻, 398
Croia, 克鲁亚, 为奥斯曼土耳其所占领（1478—1479 年），395
Croke, Richard, 克罗克, 理查德, 英国学者, 110
  在德意志教学, 119
Cromwell, Thomas, 克伦威尔, 托马斯, 2
Croy family, 克罗伊家族, 245
Croy, Guillaume de, 克罗伊, 纪尧姆·德, 希埃弗莱勋爵, 244, 246, 249, 252, 254
  与勃艮第的菲利普的亲政, 243

  与里昂条约（1501 年），245
  反对奥地利的玛格丽特的对法政策, 248, 253
  任查理大公的导师, 250 Croy, Jacques de, 克罗伊, 雅克·德, 247
Crusades, 十字军
  15、16 世纪十字军精神的残余, 10
  第四次十字军东征, 33, 46
  号召和计划, 59, 76—77, 218, 264, 340, 376；1514 年在匈牙利的号召与农民起义, 388—389
  罗马教廷的舰队与海军作战行动, 76, 80
  十字军理想的消失, 80, 94
  圣十字军兄弟会, 94
  为十字军征税, 94, 264
  根据捐献颁发赎罪券, 333—334
  西班牙的费迪南德远征埃及和耶路撒冷的计划, 340
  葡萄牙在摩洛哥的战役与在非洲的扩张, 421
Cuba, 古巴, 439
  哥伦布的发现和探险, 430, 432
  西班牙移民地, 435, 436
Cuenca, 昆卡, 驱逐犹太人, 337
Cusanus, 库萨努斯, 见 Nicholas of Cusa
Cuspinianus (Johannes Spieshaym), 库斯皮尼亚努斯（约翰内斯·施皮谢伊姆），德意志人文主义者, 117, 118
Cyprus, 塞浦路斯, 威尼斯人为该地交纳贡赋, 418
Czechs, 捷克人, 波希米亚的殖民化, 36
Dalmatia, 达尔马提亚, 在威尼斯—奥

斯曼战争中，403，420
Damascus，大马士革，在麦木鲁克—奥斯曼战争中，416；奥斯曼的占领，416
Dante Alighieri，但丁，阿利吉耶里，1，3，71，147
　布鲁尼钦佩的理想公民，16
　在法国的影响，182；《地狱篇》的法文译本，182
Danube，river，多瑙河，36，396，399
Danzig，但泽，44，45
　谷物出口，384
Darien，达里安，巴尔沃亚建立该城，436
　达里安湾的探险，436
Daucher，Adolf，道赫尔，阿道夫，德国雕刻家，可能受威尼斯影响，159
Daucher Hans，道赫尔，汉斯，德国雕刻家哥特式和意大利式风格的结合，159
David of Burgundy，勃艮第的大卫，见 Utrecht，David，bishop of
David，Gerhard，大卫，盖哈德，佛兰芒画家，156，168
Degli Agostini，Nicolo，德利·阿格斯蒂尼，尼科洛，意大利诗人，173
De la Bouverie，Jean，德·拉·布维里埃，让，布拉邦特的大法官
　与勃艮第的玛丽和马克西米连的婚事，227
　与1488年"联合"，236
De las Casas，Bartolomé，德·拉斯·卡萨斯，巴托洛梅，多米尼加传教士和作家，他与新世界印第安人的权利，438

De la Chesnayé，德·拉·谢奈，法国作家，他的《宴会的惩罚》，186
De la Cosa，Juan，德·拉·科萨，胡安，哥伦布的向导，达里安湾的探险和死亡，436，437
De la Marck，family of，德·拉马克家族，与哈布斯堡—瓦卢瓦关系中的列日，232—233，245，247
De la Marck，Erard，德·拉马克，埃拉尔，见 Liège，Érard de La Marck，bishop of
De la Marck，Guillaume，德·拉马克，纪尧姆
　对列日主教波旁的路易的反叛，232
　被列日主教霍恩的约翰处死，241
De La Sale，Antoine，德·拉·萨尔，安托万，60
　《小让·德·圣特列》，2，184
Della Torre family，德拉·托雷家族，其墓收藏在卢浮宫，147
De la Torre，Alfonso，德·拉·托雷，阿方索，他的《百科全书》，181
De la Vigne，德·拉·维涅，法国作家，他的《圣马丁的神迹》，185
Della Rovere Family，德拉·罗韦雷家族，347，349
Della Rovere，Francesco，德拉·罗韦雷，弗朗切斯科，被利奥十世赶出乌尔比诺，363
Della Rovere，Giuliano，德拉·罗韦雷，圭利亚诺，见 Julius II，Pope
Della Scala family，德拉·斯卡拉家族，6
Della Valle，Battista，德拉·瓦莱，巴蒂斯塔，他的《统帅简明手册》，276

Del Medigo, Elia, 德尔·梅迪戈, 埃利亚, 与意大利的希伯来哲学研究, 102

Del Piombo, Sebastiano, 德尔·皮翁博, 塞巴斯蒂亚诺, 139

Del Pulgar, Hernando, 德尔·普尔加, 埃尔南多, 西班牙历史学家, 181

Del Sarto, Andrea, 德尔·萨尔托, 安德烈亚, 137

 他的佛罗伦萨圣安努恩吉亚塔教堂的人口庭院的壁画, 138

Demosthenes, 德摩斯梯尼, 108

Demotika, 德莫提卡, 巴耶济德的出生地, 410

Deptford, 德特福, 亨利八世的船坞所在地, 287

Deutschbrod, 德意志布罗德, 39

Deventer, 德文特, 共同生活兄弟会的学校, 65, 112

Deza, Diego de, 德萨, 迭戈·德·塞维利亚大主教兼宗教裁判所总裁判官, 337

Dias, Bartolomeu, 迪亚士, 巴托洛缪, 1487—1488年非洲的航行, 49, 423—424

 参加卡布拉尔的印度远征, 426

Dieppe, 迪埃普, 供应法国私掠船员, 458

Dijon, 第戎, 252

 被瑞士占领 (1513年) 207, 217, 252, 297

 成为勃艮第的首府, 249, 258

 神秘剧和道德剧, 185

 集市, 313

Dionysius the Areopagite, 丢尼修大法官, 所著《教阶制度论》格罗辛否认其为真作, 109

Diplomacy, 外交, 见 International relations

Discovery, voyages of, 地理大发现的航行, 探险家成为工匠一样的雇佣人员, 445; 又见 America, Brazil, Mexico, Portugal, Spaln

Diyarbekir, 迪亚尔巴克尔, 396, 405

 被波斯的沙易司马仪所占 (1507—1508年), 406; 反叛, 412

 在麦木鲁克—奥斯曼战争中, 415

Dneister, 德涅斯特河, 396

Doget, John, 多格特, 约翰, 国王学院院长, 他对柏拉图《斐多篇》的评注, 108

Dominica, 多米尼加, 哥伦布第二次航行时的, 432

Domodossola, 多莫多索拉, 瑞士割让 (1516年), 364

Donatello (Betto Bardi, Donato di), 多那太洛 (贝托·巴尔迪, 多纳托·迪), 与青铜像的铸造, 136

Donchéry, Peace of, 敦奇利和约 (1492年), 与列日的中立, 241—242

Doni, Angelo and Maddalena, 多尼, 安杰洛和马达莱娜, 拉斐尔的肖像画, 149

Dordrecht, 多德雷赫特, 与1494年税收估计, 244

Dorlandus, Petrus, 多兰都斯, 彼得, 他的《每个死尸》可能是《每个人》的底本, 189

Dornach, battle of, 多纳赫战役 (1499年), 206

Dorp, Martin van, 多尔皮乌斯, 马丁·范, 德意志人文主义者, 188
　他的反对希腊语, 113
Dortmund, 多特蒙德, 44
Dósza, George, 多萨, 乔治, 与匈牙利起义 (1514年), 388—389
Douglas, Gawin, 道格拉斯, 加文, 苏格兰诗人, 向脱离中世纪传统转变, 190
Doukas, Demetrius, 杜卡斯, 德梅特里乌斯, 希腊流亡学者, 与阿尔卡拉的希腊研究, 123—124
Dournon, battle of, 杜农战役 (1493年), 241
Drave, 德拉瓦河, 在莫哈赤战役中 (1526年), 393
Dresden, 德累斯顿, 44
Dringenberg, Ludwig, 德林根贝格, 路德维希, 与自由的教育思想, 116
Druzes, 德鲁兹派, 奥斯曼土耳其承认他们的权利, 417
Držić, Djordje, 德尔吉奇, 迪奥尔杰, 他诗歌中的人文主义影响, 192
Dui, 第乌, 埃及舰队在此为阿尔梅达所败 (1509年), 427
Dulcigno, 杜尔奇诺, 为威尼斯所据有, 402
Dulmo, Francisco, 杜尔莫, 弗朗西斯科, 与大西洋通往印度的航路, 424
Dunbar, William, 邓巴, 威廉, 他在苏格兰诗人中间的威望, 190, 193
Duns Scotus, John, 邓斯·司各脱, 约翰, 烦琐派哲学家, 110
　阿尔卡拉的司各脱派哲学, 122
Duprat, 迪普拉, 安托万, 红衣主教, 弗朗西斯一世的大法官, 与波洛尼亚政教协议 (1516年), 86, 306
Durazzo, 都拉斯, 在威尼斯—奥斯曼战争中, 402
　陷落 (1501年) 和为威尼斯所割让, 402
Durer, Albrecht, 丢勒, 阿尔布雷希特, 德国画家和雕刻家, 68, 153, 162
　他在国外留学, 154—155
　受贝利尼的影响, 156
　访问尼德兰, 156
　木刻与雕刻, 156—157, 161, 163
　与古典作品的复活, 157—158
　论宗教艺术的优势, 158
　他的风景画, 163
　他的《启示录》, 164
　受路德的影响, 164—165
Dutch Congregation, 荷兰修会, 91
Du Terrail, Pierre, 迪·泰拉伊, 皮埃尔, 见 Bayard
Dvina, 德维纳河, 21
Dynasticism, 王室联姻, 决定国际关系, 9—10, 50

East Friesland, Edward Cirksena, count of, 东弗里斯兰伯爵, 爱德华·西克森纳, 与查理大公的弗里斯兰战争, 1516—1517年, 256
East India Companies, 东印度公司, 荷兰的, 英国的, 法国的, 469
East Indies, 东印度, 见 France, Netherlands, Portugal
East Prussia, duchy of, 东普鲁士, 公国, 24; 建立在条顿骑士团的世

俗化上面，381
Economic theory，经济理论，新世界金银的扩散对经济理论的影响，460—461
Edmwnd, Dufydd ap，爱德蒙，杜斐德·阿普，与诗歌中的形式主义风格，192
Education，教育
  人文主义对教育的影响，3；在意大利，95—102；法国，102—106；英格兰，106—111；威尔士，苏格兰，爱尔兰，111；尼德兰，111—115；德意志，115—120；斯堪的纳维亚，120—121；西班牙和葡萄牙，121—126
  15世纪的发展，4
  在英国，4，53；神学院的成立，92
  在15世纪的意大利，71
  中世纪传统和人文主义传统同时并存，96
  又见 Brethren of the Common Life; Universities
Edward Ⅰ，爱德华一世，英国国王，6
Edward Ⅱ，爱德华二世，英国国王，6
Edward Ⅲ，爱德华三世，英国国王，6
Edward Ⅳ，爱德华四世，英国国王，107
  与路易十一会见（1475年），266
Edward Ⅰ，爱德华一世，葡萄牙国王，321
Egas, Enrique de，埃加斯，恩里克·德，西班牙建筑家，与西班牙早期银匠式风格，167
Egmond, Adolf, Arnold, Charles of，埃格蒙特的查理，阿道夫，阿诺德，见 Guelders, Adolf, Arnold, Charles, dukes of

Egmond, Floris van，埃格蒙特，弗洛里斯·范，248；为查理大公爵效力反对埃格蒙特的查理，256
Egmond, Jan van，埃格蒙特，扬·范，229
Egypt，埃及，奥斯曼的治理，417；威尼斯的权利得到承认，418
Egypt，埃及，麦木鲁克帝国
  在甘萨伍赫·高里统治下与奥斯曼土耳其的战争，396，399—401，413—416；达比克草原战役（1516年），甘萨伍赫·高里的失败和死亡，415—416；奥斯曼的征服，416—418
  麦木鲁克人轻视火器并丧失军事优势，290，413
  从萨法威亚方面来的威胁，406
  麦木鲁克统治的不孚人心，413—414
  麦木鲁克苏丹的贪得无厌，414，442
Elbe，易北河，23，24
Elbing，埃尔平，44
Eleanor (of Aragon)，埃莉诺（阿拉贡的），葡萄牙王后，爱德华一世之妻，321
Eleanor (of Austria)，埃莉诺（奥地利的），葡萄牙王后，曼努埃尔国王之妻，340
Eleanor，埃莉诺，阿拉贡的约翰二世之女，加斯东（第四）·德·弗瓦之妻，327
Elizabeth Ⅰ，伊丽莎白一世，英国女王，与西班牙的关系，459
Elizabeth (of Habsburg)，伊丽莎白

（哈布斯堡的），波兰王后，卡吉米日四世之妻，372
Emmanuel of Constantinople, 君士坦丁堡的伊曼纽尔，流亡学者，他的德摩斯梯尼演说词的抄本，108
Emilio, Paolo, 埃米利奥，保罗，意大利人文主义者，63，104
Empire, the Eastern, 东方帝国，9，46，296；又见 Trebizond, Greek empire of
Empire, Holy Roman, 神圣罗马帝国政治的演变，7—8
　王公贵族权力的发展，8，又见下：帝国的改革
　马克西米连一世统治下民族的觉醒，88—89，198—199
　弗里德里希三世统治时期领土的丧失，194
　帝国的改革：帝国议会的组成和作用，194；沃尔姆斯议会（1495年）与马克西米连和美因茨的贝特霍尔德之间的冲突，199—200；以马克西米连同意改革为条件同意他的意大利计划，201；帝国执政府，201；公共芬尼，201—202；议会职能的扩大，201—202；帝国最高法院，202；改革的失败，202；节省消费和戒酒的条例（1496—1498年），203；1495年的改革为瑞士所拒绝，205；奥格斯堡议会（1500年），变更方案，帝国执政府，208—209；军事组织和税收，209；失败，209—210；马克西米连的地位加强，美因茨的贝特霍尔德去世（1504年），210—211；科隆的议会（1505年），马克西米连关于帝国执政府和强制实行法律的建议遭到拒绝，211—212；康斯坦茨议会（1507年），恢复帝国最高法院和花名册，213—214；奥格斯堡议会（1510年），马克西米连未能实现其防务和国内秩序的计划，215；他在科隆议会（1512年）上关于改革的建议，216；美因茨议会（1513年）与试图禁止私斗，217
　高级教士作为世俗的统治者，195
　教会和神职人员的状况，195—196
　罗马法和国王与王公的权力的扩散，197—198，220
　城市和王公贵族之间的权力冲突，198
　斯瓦本联盟，198；对瑞士的战争，204—206
　弗里德里希三世和马克西米连一世治下哈布斯堡家族领地的统一，199
　马克西米连认识到分裂的危险，199
　军事组织，199，202，208—209，210，212，215
　私斗，试图禁止，201，202；强盗骑士，202，217
　兰茨胡特继承权战争，210—211，212
　沃尔姆斯议会（1509年）与拒绝支持马克西米连对威尼斯的战争，214—215
　奥格斯堡议会（1518年）与呼吁进行十字军东征，219
　皇帝失去国与国之间仲裁者的地位，263—264

Encina, Juan del, 恩西纳, 胡安·德尔, 他的戏剧与诗歌, 181
Enciso, Martín Fernández de, 恩西索, 马丁·费尔南德斯, 与委内瑞拉沿海的移民地, 436, 437
Enfans Sans Souci (Sots), 欢乐儿童会(愚人), 他们的道德剧, 185, 186
England, 英国
　英国都铎王朝的建立(1485年)是公认的转折点, 1
　国王权力的增长, 6, 7, 8, 52
　玫瑰战争对贵族的影响, 8
　与罗马教廷, 12
　对艺术的保护, 17
　羊毛贸易, 41, 462—463
　纺织工业, 42, 54
　15、16世纪的人口(城市), 42—43; 16世纪的人口, 456
　与16世纪的力量均衡, 50
　文化与教育: 15世纪的保守主义, 52—53; 教育, 53; 历史编纂学, 54; 人文主义的传播, 55—56; 对学术和教育的影响, 106—111; 地方语文学, 189—191
　15世纪的宗教虔诚, 89—90
　与勃艮第的联盟(1478年, 1480年), 229, 232
　与尼德兰的贸易关系, "大通商协议"(1496年), 244; "不幸的通商协议"(1506年), 248
　雇用雇佣军有其道理, 280
　亨利七世和亨利八世治下的海军组织, 287
　新世界的金银流入后物价上涨, 453
　与西班牙殖民地的贸易, 454, 458
　对罗马教廷分割新世界提出挑战, 458
　伊丽莎白统治时期对西班牙的关系, 459
　对西班牙的权利的挑战, 460, 463—464
　格雷欣的仕途说明了新世界金银流入的影响, 461—463
　16世纪愈来愈强调经济统一, 461—462
　从尼德兰迁走商人和金融家们, 462—463
　争取分享葡萄牙的东方贸易, 支持对西班牙的反叛, 464
　殖民地贸易体系的建立, 465
Enguera, Joan de, 恩格拉, 霍安·德, 莱里达主教, 326
Enns, 恩斯河, 219
Ephesus, 以弗所斯, 46
Epigraphy, 碑铭学
　在人文主义的意大利, 99
　波廷格尔和德意志古文物收藏家, 119
Epistola de miseria Curatorum, 《贫苦教士的书信》, 91
Erasmus, Desiderius, 伊拉斯谟, 德西德里乌斯, 4, 80, 103, 107, 111, 113, 119, 120, 124, 251, 290, 308
　赫伊津哈对他的赏识, xxiii
　他对朱理亚二世的攻击, 11, 82
　他的《对话集》, 12
　他对希腊文的态度与瓦拉的态度相比, 18
　与北方神秘主义及意大利人文主义

的关系，18—19，126
　　与中间道路，19
　　论英国纺织品，42
　　他介绍意大利人文主义，65
　　论售卖赎罪券，87
　　他的《西塞罗派》，98，114
　　关于文学、圣经和早期基督教的著述，114—115
　　受苏尼加的攻击，124
　　论丢勒的版画，163
　　与拉丁文对地方语文学的影响，170
　　在巴黎求学，182
　　他对斯克尔顿的称赞，189
　　论教皇作为诸侯之间的仲裁者，264
　　他对战争的态度，290
Erfurt，埃尔富特，大学，116，118
Ermeni Derbend，埃尔梅尼德尔本特战役（1513年），艾哈迈德和谢里姆战争中，410
Erzerum（Anatolia），埃尔祖鲁姆（安纳托利亚），411，412
Erzinjan（Anatolia），埃尔津詹（安纳托利亚），411
　　受到谢里姆的袭击，407
　　并入奥斯曼行省，412
Esquerdes lord of，埃斯凯德勋爵，见Crèveaeur，Philippe de
Esquivel，Juan de，埃斯基维尔，胡安·德，与牙买加的移民地，435
Este family，埃斯特家族，6，173
　　在弗拉拉的统治，348
Este, Alfonso d'，埃斯特，阿方索·德，弗拉拉公爵
　　对艺术的保护，145
　　炮术的发展，366

Este, Beatrice d'，埃斯特，贝亚特里切·德，米兰公爵夫人，洛多维科·斯福尔扎之妻，350，356
　　她赴威尼斯的使命（1493年），269
Este, Borso d'，埃斯特，博尔索·德，弗拉拉公爵，348
Este, Ercoled'，埃斯特，埃尔科莱·德，弗拉拉公爵，282，336
Este, Ippolito d'，埃斯特，伊波里托·德，红衣主教，他对阿廖斯托的保护，173
Este Isabellad'，埃斯特，伊萨贝拉·德，曼图亚侯爵夫人，弗朗切斯科·贡扎加之妻
　　她对寓言画的兴趣，144—145
　　1510年入侵意大利时她对法国的帮助，367
Estienne family，艾蒂安家族，印刷商，312
Etaples, Treaty of，埃塔普勒条约（1492年），241，296
Ethiopia，埃塞俄比亚，见Abyssinia
Eton College，伊顿公学，53
Eugenius Ⅳ，犹金四世，教皇，11
Euripides，欧里庇得斯，114
Everard of Bethune，贝顿的埃韦拉尔，他的文法教科书到16世纪仍在使用，96
Everyman，《每个人》，189，190
Exeter College, Oxford，牛津大学埃克塞特学院，维泰利在该院任教，108
Expansion（overseas），扩张（海外），对欧洲的影响
　　各国对地理扩张的利用：重商主义，445—446

从新世界输入金银，1503—1600 年的估计数量和表格，450—452；在欧洲的影响，451；白银占优势的影响，452；价格上涨，453—454

西班牙控制金银出口与殖民地贸易，454

财富流动影响的扩展和"利润膨胀"，454—455；对资本和商业企业的刺激作用，455；对政府财政的影响，460—462

对西班牙海外控制权的民族主义反响，455—456

欧洲人口和新世界的殖民问题，456—457

对西班牙在新世界的权利的挑战，457—460

对"贸易平衡"这一概念的影响，460—461，464—465

格雷欣的仕途说明海外扩张对欧洲的影响，461—462

英国商人和贸易从尼德兰转移，462—463

英国对西班牙运输财宝通道的攻击，463—464

长期的后果，464—469；英国殖民贸易体制，465；法国在北美的移民地，465—467；西班牙承认法国的海外贸易和移民地，466—467；法国和东印度贸易，467；荷兰在东印度群岛的扩张，468—469

Eyb, Albrecht von, 艾勃，阿尔布雷希特·冯，与德意志的人文主义，115，117

Eyck, Hubert and Jan van, 爱克兄弟，胡伯特和扬·凡，佛兰芒画家，2，61

Faber Stapulensis, 法贝·斯塔普朗西斯，见 Lefèvre d'Éaples

Fancelli, Domenico, 范切利，多梅尼科，西班牙的陵墓艺术，168

Faroes, 法罗群岛，44

Federigo Ⅲ, of Aragon, 费代里戈三世，阿拉贡的，那不勒斯国王

与奥斯曼土耳其结盟反对西班牙的费迪南德，341

与查理八世对意大利的入侵，341，351—352，353

拒绝他的女儿卡洛塔与切萨雷·博尔贾结婚，356

与路易十二入侵意大利，356，357—358

Feldkirch, 费尔德基尔希，206

Feliciano, Felice, 弗利恰诺，费利切，他在碑铭学方面的工作，99

Feltre, Vittorino da, 费尔特雷，维托里诺·达，与人文主义教育，71，348

Ferdinand I, emperor, king of Hungary and Bohemia, 斐迪南一世，皇帝，匈牙利和波希米亚国王；当选为匈牙利和波希米亚国王，222—223

与安妮·亚盖沃结婚，222，380，392

接受奥地利的哈布斯堡领地，258

与奥斯曼对匈牙利的进攻，392

Ferdinand Ⅱ, 费迪南德二世，天主教徒，阿拉贡和卡斯蒂利亚国王，6，213

对艺术的保护，165，166，167

与威尼斯同盟（1495 年），200—201，332，341，351，353

在意大利南部战败法国，214

参加康布雷同盟（1508年），214

与神圣同盟（1511年），215，251，342，361

反对法国在布列塔尼的计划，240—241 逝世（1516年），254

与路易十二在萨沃纳会见（1507年），264，266，359

与卡斯蒂利亚的羊毛贸易，316，317，318

与卡斯蒂利亚的伊萨贝拉结婚（1469年），320—322

征服纳瓦尔（1512年，1515年），320，325，327—328

他对继承卡斯蒂利亚王位的要求，322

即阿拉贡王位，322

与卡斯蒂利亚垄断美洲贸易，324

伊萨贝拉死后被取消卡斯蒂利亚王位（1504年），325—326

布卢瓦条约（1505年）以及他和热尔梅娜·德·弗瓦结婚，326

菲利普一世去世后返回卡斯蒂利亚，326

巩固他在那不勒斯的地位，326

与西班牙的宗教裁判所，335—337

把奥斯曼土耳其人赶出奥特朗托（1481年），336

和法国瓜分那不勒斯，357—358，入侵那不勒斯和赶走法国人，341—342，358

与哥伦布，424，430—431，433

国王控制在新世界的西班牙臣民，437，438，又见 Spain

Ferdinand Ⅲ, St, 费迪南德三世，圣（？），卡斯蒂利亚国王，421

Fernández, Alejo, 费尔南德斯，阿莱霍，他作品中意大利和佛兰芒的影响，169

Fernando, 费尔南多，葡萄牙王子，与佛得角群岛的探险，422

Ferrante (Ferdinand Ⅰ), 费兰特（费迪南德一世），那不勒斯国王，336

与威尼斯同盟（1495年），341

逝世（1496年），341

取得和治理本王国，347—348

Ferrantino (Ferdinand Ⅱ), 费兰蒂诺（费迪南德二世），那不勒斯国王，继阿方索二世王位，352

与查理八世的入侵，352，353，354

Ferrara, 弗拉拉，6，48，132，171

人文主义的文化，71，95，103，149，171，176，348

对威尼斯的惧怕，345；与奥斯曼土耳其联盟反对威尼斯，265；威尼斯的进攻，336，348，349；参加康布雷同盟（1508年），360

与罗马教皇的控制，347，348，349；受朱理亚二世攻击，361

Ferrari, Gaudenzio, 费拉里，高登吉奥，意大利画家，139

Feudalism, 封建制度，在15世纪衰落，52 Fez, 非斯，葡萄牙的所有权为卡斯蒂利亚所承认（1495年），340

Ficheh Guillaume, 菲歇，纪尧姆，与巴黎的印刷业，103

Fielno, Marsilio, 菲奇诺，马尔西利奥 与宗教人文主义，16，55，97

他的柏拉图主义，16，55，74，100，

101；与佛罗伦萨"柏拉图学院"，96；《柏拉图全集》，100

在国外的影响：论科利特，55—56 及注；在德意志，117；在法国，182

对神秘主义和神秘术的兴趣，63

Filipec, John, 菲利佩斯，约翰，纳杰瓦拉德大主教，支持瓦迪斯瓦夫在匈牙利的继承权，374

Filippo Benizzi, St, 菲利波·贝尼齐，圣，生活的片断（安·德尔，萨尔托所绘），138

Finland, 芬兰, 15 世纪时的，21

Firenzuola, Angelo, 菲伦佐拉，安杰洛，意大利诗人，178

Fisher John, 费希尔·约翰，罗彻斯特主教，与剑桥的教育，110—111

Fiume, 阜姆，马克西米连确认归属威尼斯，360

Fläming, 弗莱明戈，23

Flanders, 佛兰德被萨克森—迈森的阿尔贝特所降服的城镇，200

在大枢密院派有代表，225

承认勃艮第的玛丽，225

与勃艮第的玛丽的婚事，227

法国的宗主权为阿拉斯和约所承认（1482 年），231；为菲利普大公爵所承认，244；为查理大公爵所承认，253

反对马克西米连对菲利普大公爵的摄政，231，232；内战，233—234；屈服（1485 年），234；1488 年的起义，236；与法国的谈判和屈服（1489 年），238；通货贬值降低马克西米连的权威，239

勃艮第的菲利普取得领地，243，246

奥地利的玛格丽特仲裁与布拉邦特的纠纷，249

与马克西米连对查理大公爵的摄政，250

1515 年的"运输税"和税赋的增加，254—255

与西班牙的羊毛贸易，318

又见 Netherlands Flandes, Juan de, 弗兰德斯，胡安·德，受聘于卡斯蒂利亚的伊萨贝拉，168

Flavio, Biondo, 弗拉维奥，比翁多，他的考古工作，99，118

Flemmyng, Robert, 弗莱明，罗伯特，林肯学院院长，与古典研究，108

Fleury, Jean, 弗勒里，让，截获西班牙的运送财宝的船队，458

Florence, 佛罗伦萨，1，6，95，132，136，153，155，169，171，464

新柏拉图主义在该地，5，55，63，96，100，101

美第奇对艺术的保护，16，346

抵抗米兰的扩张，72，267

萨沃纳罗拉的势力，78—79；政治改革，354；反对萨沃纳罗拉，他的死亡（1498 年），354

与新的建筑式样，131；优势地位丧失给罗马，131 绘画，138，149

路易十一对佛罗伦萨银行业者施加影响，使之反对勃艮第，228

与奥斯曼土耳其联盟反对威尼斯，265

与洛迪和约，267

外交代表，267

马基雅弗利和法国对佛罗伦萨的轻视，273—274

采用马基雅弗利的军事原则，277—278；依靠雇佣军队，279

参加康布雷同盟（1508 年），342

美第奇时代的社会、政治和经济组织，345—346

与查理八世入侵意大利（1494 年）：皮耶罗·德·美第奇对查理的支持，351—352；法国对佛罗伦萨的控制，352；拒绝参加威尼斯同盟（1495 年），354，367；入侵的后果，354

比萨战争（1495—1509 年），354，362，367

支持路易十二的入侵（1499 年），356，359，362

拒绝参加神圣同盟（1511 年），362；美第奇家族在赶走法国人后重新掌权，362—363

弗朗西斯一世在意大利胜利后罗马教廷对该地的控制，365

16 世纪时的衰落，447

Florence, University of, 佛罗伦萨大学，人文主义和中世纪传统的残余，96，100

Florents, Adrian, 弗洛伦茨，阿德里安，见 Adrian Florents of Utrecht

Florida, 佛罗里达，试图移民，西班牙，435；法国，460

Florus, 弗洛鲁斯，著作的早期版本，103，118

Flushing, 弗勒兴，256，258

　　与鱼的贸易，41

Foix, Francis Phoebus de, 弗瓦，弗朗西斯·菲布斯·德，327

Foix, Gaston (IV) de, 弗瓦，加斯东（第四）·德，327

Foix, Gaston (V) de, 弗瓦，加斯东（第五）·德，297，327，366

　　在拉文纳战役（1512 年）中，289；在拉文纳去世，327，361

Fiox, Germaine de, 弗瓦，热尔梅娜·德，见 Germaine, queen of Spain

Foix, Jean de, 弗瓦，让·德，与阿拉贡的费迪南德对纳瓦尔的要求，327

Folengo, Teofilo ('Merlin Cocai'), 福伦戈，泰奥菲洛（梅林·乔采），意大利诗人，他的谐仿韵体诗和拉丁文与口语掺杂的诗，170，174

Folz, Hans, 福尔兹，汉斯，德国作家，与喜剧，187

Fonseca, Juan Rodriguez, 丰塞卡，胡安·罗德里格斯，塞维利亚副主教

　　与哥伦布的第二次航行，432

　　与国王对西属美洲的控制，438

Forlí, Melozzo da, 福尔利，梅洛佐·达，意大利画家，169

Fomovo, 福尔诺沃战役（1495 年），201，269，289，296，353，366

Fort Coligny (Brazil), 柯立尼堡（巴西），法国人所建（1555 年），466

Fortescue, Sir John, 福蒂斯丘爵士，约翰，他的《英格兰的商品》，41

Fortification, 城防工事，1494 年后的发展，281—282；探雷仪，282

Fortunatus (Szerences, Gluck), 福钦纳图斯（塞莱切什，格鲁克），匈牙利财务大臣，388

Fox, Richard, 福克斯，理查德，温切斯特主教，107

牛津圣体学院的成立，111 France，
　　法国
入侵意大利（1494年）是公认的转
　　折点，1
13世纪起王权的增长，6，7，8；15
　　世纪末三级会议的衰落，7，57，
　　299；君主国和政治一体化，56—
　　57；国王控制财政和税收，300
对艺术的保护，17
农业的开垦，1050—1300年，25—26；
　　罗讷河流域的排水和堤坝，31
地理，26—27，31—32
罗讷河流域丝绸业的起源，31
南方盐的生产，31
人口，城市，15和16世纪，43；16
　　世纪，456
与15世纪的地中海贸易，48
在15世纪时的潜在优势，50
文化的发展：诸侯宫廷的影响，
　　57—58；坚持中世纪的传统，
　　58—59；意大利人文主义的影响，
　　63—64，102—106；希腊文的研
　　究，104—105；古文物的研究，
　　308；勒费弗尔·戴塔普与巴黎的
　　基督教思想，307—308；方言文
　　学，182—186；又见 Arts of the
　　Renaissance（Northern Europe）
与罗马教廷的关系：与朱理亚二世，
　　81—82；路易十二和弗朗西斯一
　　世时，82—86，365
法国人的好战传统，260—261；常
　　备军和雇佣兵，278，301；海军
　　的组织，286—287，288
入侵意大利，295—297，363—365；
　　不存在经济上的压力，261；百年
战争之后准备发动侵略，262；又
　　见 Italy（入侵）外交：意大利驻
　　法国使节，267—268；利用常驻
　　使节，268，301；外交工作的扩
　　大，301
15世纪结束时的新问题，292—294
从百年战争的影响下复苏，294
阿拉斯条约（1482年）和勃艮第问
　　题的解决，294
布列塔尼问题，294—295
15世纪下半叶体制上的变化，297—
　　300
查理八世和路易十二时代的教会，
　　301—305；低级教士，305—306；
　　改革的企图，306—307；又见 Gal-
　　licanism
查理八世和路易十二时代的社会和
　　经济状况，308—313；行会和工
　　人联合会，311
资本主义的出现，313—315
新世界金银的流入引起物价高涨，453
16世纪与西班牙殖民地的贸易，
　　454，457
对西班牙在新世界的权利挑战，
　　457—458
在北美洲的移民地，465—467
与东印度贸易，467
Franche Comté，弗朗歇—孔泰，
　　230，231
受到路易十一的蹂躏（1477年），226
奥地利的玛格丽特的陪嫁领地，为
　　查理八世所扣留，240，241，244；
　　根据森里斯条约（1493年）归
　　还，242，296，351
对勃艮第的效忠和对马克西米连的

援助（1493 年），241

宣告中立（1512 年），251

Franciabigio（Francesco di Cristo fano），弗兰恰比焦（弗朗切斯科·迪·克里斯托法诺），意大利画家，138

Francis, I, 弗朗西斯一世，法国国王，1，207，253，257，286，342

与波洛尼亚政教协议（1515 年），85，304，365

与法国的人文主义，106，158

与建筑中意大利文化的影响，160

即位（1515 年），217

关于选举他为德意志王的谈判，218—219

与伦敦条约（1518 年），264

与亨利八世会晤（1520 年），266

入侵意大利（1515 年），363—365

与土耳其结盟（1525 年），393

Francis of Paola, St, 帕奥拉的圣弗朗西斯，与教士的改革，307

Frangepán, Kristof, 弗朗盖巴·克里斯托弗，在奥斯曼进攻匈牙利时，393

Frangepáni family, 弗朗盖巴家族，对奥斯曼土耳其的抵抗，375

Frankfurt, 法兰克福，202

法兰克福条约（1489 年），238

Frauenlob, Heinrich von Meissen, 弗劳恩洛布，海因里希·冯·迈森，与德国诗歌中的形式主义，186

Fraxinetum（near Cannes），弗拉克西内土姆（戛纳附近），摩尔人的占领，30

Frederick II, emperor, 弗里德里希二世，皇帝，6，315

在意大利的农业立法，31

Frederick III, 弗里德里希三世，皇帝，117

逝世（1493 年），194，243

与匈牙利王位，221，372

在尼德兰，234，235；对马克西米连的军事援助，236—237

Frederick of Baden, 巴登的弗里德里希，见 Utrecht, Frederick of Baden, bishop of

Freidank, 弗赖丹克，德国作家，他的《谦逊》，187

French language, 法语

分别使用奥克方言和奥依方言，26—27

在外交界的应用，270—271

Fribourg, 弗里堡，瑞士州，204

Fribourg, Eternal Peace of, 弗里堡永久和约（1516 年），364

Friesland, 弗里斯兰把该地的权利作为报酬授给萨克森的阿尔贝特，248；为萨克森的乔治所出售，256

1516—1517 年战争，256

Friuli, 弗留利

威尼斯人打败马克西米连（1508 年），359

奥斯曼的袭击（1499 年），403

Froben, John, 弗罗本，约翰，出版家，115

Froissart, Jean, 傅华萨，让，法国历史学家和诗人，26

Fiietrer, Ulrich, 菲特雷尔，乌尔里希，德意志作家，他的《奇遇记》，187

Fugger, house of, 福格家族

对矿产的控制，39，43，197，203

对艺术的保护，161

拒绝支持马克西米连为教皇候选人，215
与查理五世被选为皇帝，257，317；与查理五世被选为德意志王，451
获得对美洲贸易的让步，324
控制十字军的收入，334
贷款给查理五世，451，461；贷款给托马斯·格雷欣，461

Fulvio, Andrea, 富尔维奥，安德烈亚，古文物工作，99

Funen island, 菲英岛，22

Fumes, 弗内斯，1515年的"运输税"，255

Gadagne family, 加达尼家族，意大利银行家，313

Gaeta, 加埃塔，47
为西班牙人从法国手中夺得（1504年），358

Gaguin Robert, 加圭安，罗贝尔，与法国人文主义，103，104，107，308

Galata, 加拉塔，被奥斯曼土耳其占领（1453年），395

Galicia (Spain), 加利西亚（西班牙），人口，317

Gallegos, Femando, 加雷戈斯，费尔南多，西班牙画家，169

Gallicanism, 教会自立主义，7，80，297，301—303
文字宣传，303—304
与波洛尼亚政教协议（1516年），365

Galvão, Antonio, 加尔旺，安东尼奥，428

Gama, Vasco da, 迦马，瓦斯科·达，49
前往印度的航行（1497—1499年），425—426；（1502年），426

Gardiner, S. R., 加德纳，历史学家，xiii, xix

Garigliano, battle of, 加里利亚诺战役（1503年），358，386

Gascony, 加斯科涅，与葡萄酒贸易，41

Gaspe Basin (Canada), 加斯佩盆地（加拿大），1534年卡蒂埃的航行，466

Gattinara, Mercurino di, 加蒂纳拉，梅尔库里诺·迪，为奥地利的玛格丽特效忠，249，252，253

Gavere, 加大勒战役（1453年），234

Gaza, 加沙，在奥斯曼—麦木鲁克战争中，414；被奥斯曼占领，416

Geertmidenberg (Holland), 格尔特鲁登堡（荷兰），243

Gelnhausen, 格恩豪森，1502年选侯会议，210

Genga, Girolamo, 亘加，吉罗拉莫，建筑家，132

Gengenbaeh, Pamphilus, 格恩巴赫，潘菲鲁斯，他的戏剧和讽刺作品，187，188

Genoa, 热那亚，336，469
与北海贸易，40
15世纪和16世纪地中海贸易，46—47
租船给查理八世，286
海军的组织，287
与西班牙羊毛贸易，318
1494年那不勒斯舰队的失败，351—352
起义被路易十二镇压，359
失地给奥斯曼土耳其，395—396

16 世纪时的衰落，447

在香料贸易中的地位，448

银行业，461

Genoese，热那亚人，在葡萄牙人地理发现航行中，49

Geoffrey of Monmouth，蒙默思的杰弗里，历史学家，54，58

George 'the Rich', duke of Bavaria - Landshut，"富人"乔治，巴伐利亚 - 兰茨胡特公爵，见 Bavaria - Landshut

George of the Palatinate，巴拉丁侯乔治，见 Speyer, George, bishop of

George Podiebrad，乔治·波迪布拉德，波希米亚国王，78，372—373，390

Geraldini, Antonio，杰拉尔迪尼，安东尼奥，与西班牙的人文主义，121

Germaine de Foix，热尔梅娜·德·弗瓦，西班牙王后，费迪南德二世的第二个妻子，213，326

巴伦西亚女总督，323

与费迪南德对纳瓦尔的要求，327

German language，德语，作为德意志人在特兰西瓦尼亚移民的证据，37

Germans，日耳曼人，波罗的海日耳曼人的起源，23

向南方和东南方移民，35—36，37

Germany，德意志

查理五世继位是传统的转折点，1 大学：1400—1500 年间学生人数的增加，4；人文主义，67—68，116—117；世俗的大学超过教会的大学，196

政治的进展，7—8；诸侯势力的发展，8；又见 Empire, Holy Roman

流行神秘主义，12

意大利人文主义的影响，17—18，66—69，115—120；文学团体，117；人文主义研究和民族主义，118

文化发展：方言文学，17，186—189；文学中的悲观主义，68；工匠歌手，69；又见 Aris of the Renaissance（北欧）

对罗马天主教会的对立态度，17，77，89；世俗的和教会的神职人员，195—196；建议成立国家教会，201，215

地理和经济，22—24，25；向东方扩张，23—24；矿工居住区发展为城市，38—39；莱茵兰城镇和南德意志，43—44；北德意志和东德意志，44；汉萨同盟和其他城镇同盟，44—45；城市的发展和贸易与工业的扩大，66；资本主义的兴起，197

民族主义的兴起，88—89，194

军事传统，260；以瑞士为典范的重步兵，263；马克西米连试图改革雇佣兵，278

Geroni i Pau，杰罗尼·伊·帕乌，亚历山大六世的图书馆长，125

Gerson, Jean，热尔松，让，巴黎大学校长，12

Ghent，根特，256

1477 年的联省议会，224

1477 年向路易十一派出使节，226，227

反对马克西米连和勃艮第的玛丽结婚，227—228

进攻图尔内（1477 年），228

反对马克西米连，230—231，232，233—234

扬·柯本荷尔的统治，233，235，237，239

向马克西米连屈服（1485 年），234

废止民兵组织（1485 年），234

反对马克西米连的起义（1488 年），235—236

与 1488 年的"同盟"，与布鲁日和约，236—237

1489 年法国的要求，238

向萨克森的阿尔贝特屈服，238

关于币值重新调整的辩论（1489 年），239

1491 年的起义，239

与马克西米连和解，241；丧失自治权（卡赞特和约，1492 年），241，253

查理五世诞生于此，246

效忠于查理，256

Ghiberti, Lorenzo di Cino, 吉贝尔蒂，洛伦佐·迪·奇诺，在佛罗伦萨雕刻青铜像，136

Ghirlandaio, Domenico, 吉尔兰达伊约，多梅尼科，他在佛罗伦萨新圣母教堂中的绘画，137，138

Gibbon, Edward, 吉本，爱德华，论历史学家的主要品德，xxii—xxiii

Gibraltar, Straits of, 直布罗陀海峡，420

Gigli, Giovanni, 吉利，乔瓦尼，伍斯特主教，与英国的人文主义，107

Gildas, 吉尔达斯，波利多尔·维吉尔刊印他的著作，110

Gioeondo, Fra, 乔孔多，修士，160

他在碑铭学方面的工作，99

与对维特鲁威的研究，130，131

Giorgio, Francesco di, 乔治，弗朗切斯科·迪，133

论城防工事，276，282

Giorgione (Giorgio Barbarelli), 乔尔乔涅（乔治·巴尔巴雷利），意大利画家，127，145，149

他作品中的新柏拉图主义影响，146

他的天才的性质，149—150

为威尼斯的德意志商人工作，156

Gipsies, 吉卜赛人

与波希米亚人相混淆，36

被查理大公赶出布拉邦特（1515 年），253

Giraldi, Giambattista, 吉拉尔迪，詹巴蒂斯塔，见 Cinthio

Girolami, Raffaelo, 吉罗拉米，拉法埃洛，佛罗伦萨驻西班牙的使节，270

Giusti (Juste), 朱斯蒂（朱斯特），圣德尼的路易十二墓，159

Giustiani, Sebastiano, 朱斯蒂安尼，塞巴斯蒂安，威尼斯驻英国的使节，269

Glares, 格拉鲁斯，瑞士州，204

Glasgow, University of, 格拉斯哥大学，成立，111

Glinski, 格林斯基，信奉基督教的鞑靼人，反叛波兰的西吉斯孟一世，377

Gloucester, Humphrey, duke of, 格洛斯特公爵，汉弗莱，10，17

Glock, 格鲁克，见 Fortunatus Goa, 果阿

柯维哈的果阿旅行，424

葡萄牙的要塞和贸易中心，427

Gois, Damiio de, 戈伊斯，达米亚奥·德，葡萄牙作家，126，428

Golden Horde, 金帐汗国，21，又见 Tatars

Comes, Fernão, 戈麦斯, 费尔南, 向国王承包西非贸易, 422

Gonneville, 贡内维尔, 法国船长, 他在巴西停留 (1505 年), 465

Gonzaga, family of, 贡扎加家族, 在曼图亚的统治和充任雇佣兵首领, 348

Gonzaga, Federigo, 贡扎加, 费代里戈, 曼图亚侯爵, 他参加帕维亚战役 (1525 年) 的情况记载在科斯塔的画中, 148

Gonzaga, Francesco, marquis of Ferrara, 贡扎加, 弗朗切斯科, 弗拉拉侯爵, 367

 曼特尼亚的保护人, 148

 福尔诺沃战役 (1495 年) 为威尼斯同盟指挥作战, 353

Gossaert, Jan, 戈萨尔特, 扬, 见 Mabuse

Gotland, 哥得兰, 44

Gotthart, Mathis Nithart, 戈特哈特, 马西斯·尼萨特, 见 Grünewald, Matthias

Gottsche, 哥特歇, 巴伐利亚人的移民地, 35

Grammont, 格拉蒙特, 1515 年 "运输税", 255

Granada (city), 格拉纳达 (城), 48

Granada (kingdom of), 格拉纳达 (王国)

 为费迪南德和伊萨贝拉所征服, 6, 10, 28, 316, 320; 投降的条件, 324

 卡斯蒂利亚人的行政管理, 324

 驱逐穆斯林和犹太人 (1492 年), 337

Granada, Treaty of, 格拉纳达条约 (1500 年)

与路易十二和西班牙的费迪南德双方瓜分意大利, 357

Grand Bâtard le, "大杂种", 见 Anthony, bastard of Philip le Bon

Grandes Chroniques de France, 《法国大编年史》, 61

Grand privilege, 大特权敕令, 见 Netherlands (Burgundian)

Grandson, battle of, 格朗松战役 (1476 年), 263, 284

Grands Rhétoriqueurs, 大修辞家, 见 Rhétoriqueurs

Granvelle, Antoine Perronet de, 格朗维尔, 安托万·佩罗内·德, 红衣主教, 马利内大主教, 他在尼德兰的不宽容制度, 462

Grauer Bund, 格劳尔部族, 207

 与蒂罗尔的纠纷 (1499 年), 205—206

Gravelines, 格拉夫林, 229

Great Schism, 天主教大分裂, 11, 12, 51, 76, 82, 292, 301, 302, 346

Greece, 希腊, 318

 法兰克人的各小国, 33

 被奥斯曼土耳其占领, 33, 395

 15 世纪前的地理和经济, 34

Greek language, 希腊语与

 流亡学者, 99—100, 104, 108

 在大学中使用, 98—111 各处, 119—120, 122, 123—124; 遭到反对, 113; 关于发音的争论, 120

 博尔扎尼奥的语法和克雷斯托内的辞典, 100

 与意大利的哲学研究, 100

Gregory Ⅶ, 格雷高里七世, 教皇, 83

Gregory of Nazianzus, St. 纳西昂的圣格

雷高里，莱纳努斯翻译他的著作，120
Gresham, Thomas, 格雷欣，托马斯，他的仕途说明新世界金银流入欧洲的影响，461—463
　与英国商人和金融家撤离尼德兰，462—463
Grien, Hans Baldung, 格里恩，汉斯·巴尔东，他印制的版画，163
Grimaldo, house of, 格里马尔多家族，热那亚银行家，334
Gringore, Pierre, 格兰戈尔，皮埃尔与法国人文主义，182
　与傻剧，186
　教会自立主义的宣传，303
Grocin, William, 格罗辛，威廉，他的学识和批判工作，108—109
Groningen, 格罗宁根，在弗里斯兰的势力，256
Grünewald, Matthias (Mathis Nithart Gotthart), 格吕内瓦尔德，马蒂亚斯（马西斯·尼萨特·戈特哈特），德国画家，153
　他为勃兰登堡的阿尔布莱希特工作，162
　他的宗教图像画中的德意志传统，164
　他对路德的反应，164
Gruuthush Louis of, 格鲁特豪斯的路易，与佛兰德反对马克西米连，232；与法国谈判（1489年），238
Guas, Juan, 瓜斯，胡安，与建筑中的伊萨贝拉风格，166，167
Guelders, 盖尔德斯，208，241
　售给勇者查理（1472年），227
　与哈布斯堡和瓦卢瓦之间的较量，204，227—228，229，240，247
Guelders, Adolf of Egmond, duke of, 盖尔德斯公爵，埃格蒙特的阿道夫，计划与勃艮第的玛丽结婚，227—228
　在进攻图尔内时阵亡（1477年），228
Guelders, Arnold of Egmond, duke of, 盖尔德斯公爵，埃格蒙特的阿诺德，把盖尔德斯售给勇者查理（1472年），227
Guelders, Chades of Egmond, duke of, 盖尔德斯公爵，埃格蒙特的查理，204，229，254，255
　被法军俘虏（1487年），235
　回到盖尔德斯（1492年），240
　得到路易十二的军事援助，245，247，250
　向菲利普和马克西米连投降（1505年），247
　与奥地利的伊萨贝拉结婚的计划，248
　奥地利的玛格丽特寻求英国联盟共同反对他，(1511年)，251
　在弗里斯兰问题上与查理大公爵发生冲突（1516—1517年），256
Guerre Folle, "疯狂的战争"（1485年），295
Guicciardini, Piero, 圭恰迪尼，皮耶罗，意大利历史学家，73
　对朱理安二世的批评，83
　与地方语言历史著作，177
　论瑞士，204
　论外交技术，274
　论战争方法的改革，275
　论安特卫普的生活费用，453

索　引

Guienne，吉昂亨利八世的进攻（1512年），261，327
　　为法国所取得（1453年），262
Guienne，Chades de France，吉昂公爵，法兰西的查理，向卡斯蒂利亚的伊萨贝拉求婚遭拒绝，320
Guinea coast，几内亚海岸葡萄牙的探险，422
　　葡萄牙所有权得到承认（1494年），340
　　向西属美洲输出奴隶，457
Guinea, Gulf of，几内亚湾，49，422
Guinegate，根盖特战役（1479年），278
Gunther the Cistercian，西多会士君特，采尔蒂斯刊印他的《利古里亚人》，118
Gunthorpe，John，贡索培，约翰，威尔士学院院长，他的拉丁文演说中的意大利影响，107
Guymier，Cosme，基密尔，科斯梅，对国事诏书的注释，303
Guzmán，Femán Pérez，古斯曼，费尔南，佩雷斯，西班牙作家，所著《世代和人物志》，181
Guzmán，Nuño de，古斯曼，努尼奥·德，444
Gwilym，Dufydd ap，格威里姆，杜斐德·阿普，与诗歌写作的比较自由的风格，192

Haarlem，哈勒姆，在1492年革命中，240
Habsburg, house of，哈布斯堡王室，10，50，343
　　在瑞士遭到痛恨，205
　　在东欧的权利要求，221—222，380，370—380
　　各处西班牙支系，320
　　继承葡萄牙和西班牙的海外领地，449
　　又见 Charles V；Maximilian I；Philip I
Hagenau, Treaty of，哈格诺条约（1505年），210，245
Hagenaueh Nicolas，哈格瑙尔，尼古拉斯，德国雕刻家，164
Haidar，Shaikh，哈伊达尔，舍赫，与萨法威亚运动的进展，405
Hainault，埃诺，231 与"大特权"敕令，225
　　与勃艮第的玛丽的婚事，227
　　1477年法国入侵时的，227
　　与布鲁日和约（1488年），227
　　接受马克西米连为查理大公的摄政，250
Hakluyt，Richard，哈克卢特，理查德论在菲利普二世统治下葡萄牙和西班牙统一的危险，455—456
　　与英国在北美的移民地，464
Halberstadt，哈尔伯施塔特，195
Hamadan, battle of，哈马丹战役（1503年），405，406
Hamburg，汉堡，45
　　冒险商公司呢绒市集的建立，462
Hampton Court，汉普顿科特宫，147—148
Hanover，汉诺威，24
Hanseatic League，汉萨同盟，21，23，45
　　16世纪与塞维利亚的贸易，454
　　塔古斯河口汉萨船只的损失，456
　　商人在英国的特权丧失给冒险商公司，461
Harfleur，哈尔弗勒，429
Hasan Pasha，哈桑帕夏，鲁梅利总督，

在查尔德兰战役（1514年）中，411
Havre, Le, 勒阿弗尔，286
Hawes, Stephen, 霍斯，斯蒂芬，他的枯燥的寓言，189
Hawkins, John, 霍金斯，约翰，与几内亚奴隶贸易，457
  与英国对西班牙在新世界的权利的挑战，457，459
Hebrew, 希伯来语，人文主义的研究，3；费希尔与在剑桥大学讲授希伯来语，111；罗伊希林对希伯来语的研究，120；经院派反对希伯来语，120；在阿尔卡拉，124
Hegius (Alexander van Heek), 黑吉乌斯（亚历山大·范·黑克），他的教育工作，112，114
Heidelberg, 海德堡，65
Heidelberg University of, 海德堡大学，116，119
Heimburg, Gregor, 海姆贝格，格雷戈尔，与德国的人文主义，115
Helena, 叶琳娜，波兰王后，伊凡大帝之女，亚历山大一世之妻，376
Hellweg, 黑尔韦格，24
Henneberg, Berthold of, 亨内贝格的贝特霍尔德，见 Mainz, Berthold of Henneberg
Henry IV, 亨利四世，卡斯蒂利亚国王，121，320，321
  逝世（1474年），325
Henry V, 亨利五世，英国国王，与瓦卢瓦的凯瑟琳结婚，10
Henry VI, 亨利六世，英国国王，6
Henry VII, 亨利七世，英国国王对拉丁文学者的保护，107，110
  在威尔士诗歌中，192
  反对法国在布列塔尼的计划，240—241
  与斯卢思的私掠船，242
  与尼德兰的贸易条约（"大通商协议"，1496年），244
  大陆上的情报机关，268
  与海军组织，287
  保留对法国王位的要求，295，297
  与西班牙的费迪南德结成反对查理八世的联盟，341
Henry VIII, 亨利八世，英国国王，13，110，189，217，264，265，282
  朱理亚二世把法国王位封给他，83
  占领图尔内（1513年），与归还法国（1519年），228，252，256
  与神圣同盟（1511—1513年），251—252，261，342
  论基督教列强在土耳其威胁之下背信弃义，264
  与弗朗西斯一世会晤（1520年），266
  海军的发展，287
  在阿拉贡的费迪南德对纳瓦拉的战争中给予援助（1512年），261，327
Henry IV, 亨利四世，法国国王，466—467
Henry the Navigator, 航海家亨利，葡萄牙王子，49
  与非洲的探险，420，421，422
  逝世（1460年），423
Henryson, Robert, 亨利森，罗伯特，与乔叟的传统，190
Heresy, heretics, 异端，异端分子
  公会议运动的失败鼓励了异端的发展，11
  波希米亚的阿莫西特派，389

鲍格米勒派，33
胡斯派，11
罗拉德派，11，90
又见 Bohemia（宗教纷争）
Hermonymos, George, 赫尔蒙尼莫斯，乔治，希腊流亡学者，与巴黎的希腊语教学，104，105，108，119
Herzegovina, 黑塞哥维那，并入奥斯曼帝国，398
Hess, Eobanus, 赫斯，埃奥巴努斯，他用拉丁文写的诗，118
Hesse, Philip, Landgraf of, 黑森的兰德格拉夫，菲利普，冯·济金根攻打他的领地（1518年），217
Heynlen, Jean, 埃伦，让，与巴黎的出版业，103
Hieroglyphics, 象形文字，在人文主义的意大利进行研究，102
Hispaniola, 伊斯帕尼奥拉，429，439
　为哥伦布新发现和移民，430，432
　早期移民的困难，434，435
Historiography, 历史编纂学
　坚持古典的和亚瑟王的传说，54—56
　科明，60—61，184—185
　15世纪德意志的唯实论，67
　古代文物研究所起的影响，71—72
　保罗的法国史，104
　波利多尔，维吉尔的英国史，110
　博伊斯模仿李维，111
　德意志人文主义者和民族主义，118
　在西班牙，马里内奥和马尔蒂雷，121；内布里哈，123；方言写作的历史，181
　在意大利，177—178
　勃艮第的编年史家，183

Hochheim, 霍奇海姆，195
Hochstetter, family of, 霍赫施泰特尔家族，控制铜的市场，197
Hoek - Kabeljauw feud in Holland, 荷兰的霍克家族和卡贝利奥家族之间的世仇，229
Hohenzollern, Albert of, 霍亨索伦，阿尔贝特的，见 Mainz, Albert of Hohenzollern
Hohenzollern - Anspach, Albrecht, 霍亨索伦－安施帕赫侯爵，阿尔布莱希特，条顿骑士团首领，379—380，381
Hojeda, Alonso de, 奥赫达，阿隆索·德 可能是卡斯蒂利亚派往巴西的探险队队长，428
　加勒比海沿岸的探险和移民，436
Holanda, Francisco de, 奥兰达，弗朗西斯科·德，论西班牙艺术家，168
Holbein, Hans, the elder, 霍尔拜因，汉斯（大），155
Holbein, Hans, the younger, 霍尔拜因，汉斯，（小），18，153
　他作品中的意大利成分，155
　他的《死神的舞蹈》，164
Holland, 荷兰承认勃艮第的玛丽，225
　1477年的"大特权"，225；被菲利普大公修改（1494—1495年），243
　在大枢密院派有代表，225
　与勃艮第的玛丽和马克西米连一世的婚事，227
　在1477年法国入侵中，229
　税收：河运税，235；1494年的估计，243—244；1514年的估计，254
　胡克派与克莱弗斯的菲利普一起进

行海上私掠活动，237；对马克西
米连的权威的影响，239；胡克派
的衰落，240
重新估定币值损害马克西米连的威
信，239
内战后城镇的破产，246
菲利普大公恢复荷兰的王权和收入
（1495 年），246
接受马克西米连为查理大公的摄
政，250
在查理大公和埃格蒙特的查理之间
的战斗中，256，257
Holstein，霍尔施泰因，接受丹麦国王
的统治（1460 年），194 Holy
League，神圣同盟（1511—1513
年），81，215，216—217，251，
261，342，361—362，363—365，
又见 Italy
Homer，荷马，114
Honduras，洪都拉斯，科尔特斯的远
征，443
Horace，贺拉斯，182
Hoskins, W. G.，霍斯金斯，论英国 16
世纪初地方城镇的人口，43
Houtman, Comelis de，胡特曼，科内利
斯·德，与荷属东印度的贸易，469
Hrotswitha，赫罗斯维塔，采尔蒂斯刊
印她的剧本，118
Huber, Wolf，胡贝尔，沃尔夫，与风
景画，163
Hudson, Henry，赫德森，亨利，为荷
兰服务，445
Hudson's Bay Company，赫德森湾公
司，445
Hugonet, Guillaume，于格内特，纪尧

姆，勃艮第大法官，派往路易十
一的使团（1477 年），审判和处
死，226—227，230
Huguenots，胡格诺派教徒，与法国在
加勒比海的私掠活动，457
Huizinga, John，赫尔津哈，约翰，批
判他对伊拉斯谟的观点，xxiii
Humanism，人文主义
人文主义者和中世纪对古代文物的
态度，3
文艺复兴对个性的培养，4—5
在意大利以外发展迟缓，14—15
意大利矛盾的各方面，15—16，95
佛罗伦萨对财富的态度，16
宗教偏见，16
意大利的态度和北方态度的对比，
18—19
与古典传统和基督教传统的调和，
55—56
人文主义文化从意大利传入英国，
55—56
在法国和勃艮第，56—61，63—64
在佛兰德和布拉邦特，61—62
在尼德兰，64—66
在德意志，66—69
同时作为精神和文化的改革，68
意大利中世纪文化向文艺复兴文化
的发展，69—75
对学术和教育的影响：意大利，
95—102；法国，102—106；英国，
106—111；在威尔士、苏格兰、
爱尔兰的有限的影响，111；在尼
德兰，111—115；在德意志，
115—120；在斯堪的纳维亚发生
影响较晚，120—121；在西班牙，

121—125；在葡萄牙，125—126

意大利的人文主义学派，96—97

古典思想在政治方面的运用，97

与虔诚，97

与地方语言文学，97—98

西塞罗的辩论，98

著作评述，98—99

意大利人厌恶法学研究，102

对英国宫廷的影响，107—108

意大利内外的基督徒和非基督徒，126

Humbercourt, lord of, 安贝尔库，勋爵，派往路易十一的使团（1477年），审判和处死，226—227

Hundred Years War, 百年战争，20，56，102，262，264，280，292，297，298，308

Hungary, 匈牙利

君主政体的弱点，8—9

地理面貌，36

马扎尔人定居，36—37

修士会对殖民和农业的帮助，36—37

与哈布斯堡王室的关系，213，221—222，378—380

马加什·科尔文以前王位的继承，370—372

马加什·科尔文未能巩固王国，372

波希米亚的瓦迪斯瓦夫二世继承王位，373—374

与波兰的密切关系，374—375

与奥斯曼土耳其：瓦迪斯瓦夫二世领导防御；苏里曼率领奥斯曼进攻与莫哈奇战役（1526年），392—394；奥斯曼的进攻（1490—1495年），398—399；与威尼斯联盟反对奥斯曼土耳其（1501年），403—404；在1503年和约后与奥斯曼土耳其的关系，418

继承瓦迪斯瓦夫二世，377—378

瓦迪斯瓦夫二世与安妮·德·坎戴勒的婚姻以及与法国结盟，378—379

扬·扎波利亚伊与民族独立事业，379—380

维也纳条约（1515年）的后果，380

宪政体制，385—389；巴拉丁选侯法，373；宪法和习惯法汇编，387—388

马加什·科尔文和瓦迪斯瓦夫二世治下的税收，386；在奥斯曼进攻时为招募雇佣兵而征收的税赋，392

瓦迪斯瓦夫治下王权的衰落，386—387

小贵族和大贵族之间的斗争，387，393

农民的状况，388—389

与1514年的起义路易二世即位的争执，392

又见 Bohemia

Hurault family, 于罗家族，314

Husmann, Rudolf (Agricola), 胡斯曼，鲁道夫（阿格里科拉），与意大利人文主义，112—113

Hussite wars, 胡斯战争，280

在波希米亚的影响，36，39

Hutten Ulrich Yon, 乌尔利希·冯·胡滕，德国人文主义者，《阿尔米纽斯》与德意志民族主义，18，118

Ibn Hamish, 伊本·哈努什，阿拉伯酋长，反谢里姆的叛乱，417

Ibn Iyās, 伊本·伊雅斯，论麦木鲁克统治者的暴虐，414

Ibrāhim，易卜拉欣，奥斯曼帝国首相，在莫哈奇战役（1526年）中，393
Ibrāhīm Beg，易卜拉欣贝伊，卡拉曼统治者，396
Iceland，冰岛，44
　渔业，41
　印刷术的引进，191
　本国语言文学，191
Idrīs，易德里斯，奥斯曼历史学家帮助库尔德人起义反对波斯，412
　为谢里姆组成政府，413
Iglau，伊格劳，39
IJsselstein, house of，艾瑟尔斯坦王室，在盖尔德斯公爵领地，229，240，249，256
Imbros，伊姆罗兹岛，并入奥斯曼帝国（1455—1456年），395
India，印度
　葡萄牙与航路，49，421—428，425—426
　葡萄牙约翰二世与向西航行的路线，423，424；哥伦布寻找印度，433
　从陆地上前往印度，423
　当地人对葡萄牙贸易者的抵抗，425—426
　葡萄牙势力的建立，426—427
Indians，印第安人
　在西属美洲，433—434，435，438，439，456—457
　美洲的印第安人，与皮毛贸易，466
Indulgences，赎罪券，209
　作为教皇收入的来源，13，87—88
　定义与弊端，87—88
　为十字军提供财政捐献而颁发，333—334

Industries，产业
　在欧洲：军备、装甲，46，283—284；渔业，21，22，41，45，468；玻璃，47；制革，48；香料种植场，49；金属业，32，38，42，46，47；采矿，22，26，30，32，37—39，43，46，203；造纸，48；印刷，312（作为文化影响的印刷业参见 Printing）；制盐，21，25，30，31，32，39，41；丝绸，31，32，46，47，48，311—312，344；纺织，42，47，48，54，462；木材、林产、树脂，41—42，456，468；葡萄种植，24，27，41
　在新世界：捕鱼，465；采矿和黄金生产，434—435，449（另见452）；珍珠采集，436；木材和树脂，465
Industry，工业
　在西班牙，30，48；在君士坦丁堡，46；在意大利，32，47—48，344；在德意志，66；在法国，310—312
　法国的行业公会，311
　新世界金银流入的刺激作用，455
　西班牙在尼德兰实行不宽容政策造成的影响，462
Ingolstadt, University of，因戈尔施塔特大学，116
Innocent Ⅲ，英诺森三世，教皇（洛塔里奥·德·孔蒂），83
Innocent Ⅷ，英诺森八世，教皇（詹巴蒂斯塔·奇博）
　与奥斯曼土耳其的关系，10，78，365，398
　与教皇威信的低落，77—78

索　引

他的陵墓在圣彼得大教堂，134
Innsbruck，因斯布鲁克，220，221
Inquisition，宗教裁判所
　作为王权的工具，12，334—336，338
　与巫术，《深情地希望》(1484年) 和《作恶者罪孽》(1487年) 通谕，77，92
　在哈布斯堡帝国，325
　在西班牙：成立，335—337；对文学的影响，179；在加泰罗尼亚，319；在加泰罗尼亚遭到抵制，336—337；对加泰罗尼亚贸易的影响，337；赋予控制西班牙摩尔人的权力，325；与中世纪意大利的对比，335—336；在阿拉贡的阻力，336；灾难性的经济和文化后果，338
　在西属美洲，337
International relations，国际关系
　皇帝和教皇作为国与国之间仲裁的作用下降，263—264
　外交：16世纪外交技术的演变，10；使用常驻使节，265—267，301，272；情报、间谍和密探，266—267，268，269—270；对君主之间的私人会晤抱猜疑态度，266；特殊的外交使命，268—269，272，301 (参阅 226)；信使，269；语言、拉丁语和本国语，270—271；驿站和信使传递，271；使用密写和代号，269，271；外交豁免权，272；普遍存在怀疑和不信任，272—273
　收买外国官员，260，273，275
　洛迪和约 (1454年) 后意大利各国奉行均势原则的例子，267
　马基雅弗利主义，273—274
　又见 Armies；Treaties；War
Ireland，爱尔兰
　意大利人文主义的外来影响，111
　盖尔语文学，191
Irenicus, Franciscus，伊列尼库斯，弗兰西斯库斯，与德国中世纪史，118
Isabella (Hispaniola)，伊萨贝拉 (伊斯帕尼奥拉)，哥伦布移民的失败，433
Isabella，伊萨贝拉，卡斯蒂利亚王后，约翰二世之妻，320
Isabella, the Catholic，伊萨贝拉，天主教徒，卡斯蒂利亚女王，213，325
　对艺术的保护，165，166，167
　她的逝世 (1504年) 和遗嘱，245，325；恢复王室财产的命令，329；骑士团的收入留给费迪南德，330
　与西班牙的羊毛贸易，318
　与阿拉贡的费迪南德结婚，320—322
　她被承认为卡斯蒂利亚的继位人，320
　鼓励拉丁文的学习，330
　被控利用宗教裁判所来取得财政利益，336
　与驱逐犹太人，337
　与哥伦布，424，430—431，433
　贷款进行反对摩尔人的战争，449—450
　又见 Spain
Isabella，伊萨贝拉，葡萄牙王后，费迪南德和伊萨贝拉的女儿，她的婚姻，339—340
Isabella of Aragon，阿拉贡的伊萨贝拉，吉安·加莱亚佐·斯福尔扎的妻

子，350，356

Isenheim，伊森海姆，格吕内瓦尔德为安东尼教堂所作的祭坛画，164

Ishak，伊沙克，卡拉曼王子，399

Iskender Beg，伊斯坎德尔贝伊，奥斯曼海军司令，支持谢里姆反对艾哈迈德，407，409

Islam，伊斯兰教
 格拉纳达投降后在西班牙受到镇压，324
 为波斯尼亚贵族所接受，395
 征服埃及后奥斯曼苏丹的地位，417
 又见 Safawiyya，Shiá

Ismā'il，沙易司马仪，波斯国王
 征服波斯，405—406
 与河间地带的乌兹别克人的战争，406，410
 与艾哈迈德和谢里姆之间的内战，410
 与奥斯曼土耳其人战争，411—412；在查尔德兰战败（1514年），412
 与奥斯曼-麦木鲁克战争，413，415，416，417—418

Isonzo，伊松佐河，403

Istanbul，伊斯坦布尔，397，407，418
 作为奥斯曼国家的首都，395
 又见（1453年前）Byzantium；Constantinople

Istria，伊斯特拉，威尼斯得而复失（1508—1509年），214

Italian language，意大利语，3，177

Italian League，意大利同盟（1455年），与维持意大利和平的企图，204，349，351

Italy，意大利在文艺复兴中的中心地位，5，193

13世纪以来诸侯权力的增大，6
外国干涉妨害统一，7
16世纪的共和主义，9
与职业军队的发展，10
16世纪外交机构的发展，10；又见 International relations
教会土地转入非教会人之手，14
文艺复兴初期的财富和文化，与北方国家相对照，15
对艺术的保护，16—17
15世纪以前王朝的更迭，31
地理和经济，31—32
工业，32，47—48，344
海上贸易代替陆路贸易，40；东方贸易，46
法国和哈布斯堡控制北方，69
贵族和城邦，69—70
作为艺术发展的模式，192—193
成为外来侵略的诱惑物，263，265
15世纪末叶的繁荣，343
主要意大利国家的出现，343—349
又见 Arts in the Renaissance（意大利）；Literature（vernacular）（意大利）

Italy，意大利：入侵
 外国对意大利的兴趣日增，344
 入侵前夕的意大利各国，343—349；米兰，344；威尼斯，344—345；佛罗伦萨，345—346；教廷，346—347；那不勒斯，347—348；小国，348—349
 查理八世的入侵（1494年）：有限的文化影响，104，106，171，182；马克西米连的干涉（1496年），202—203；瑞士的援助，204；查理的野心，295—296；米兰寻求法国保护以对付那不勒斯，296，350；查理初期的胜利，控制佛罗伦萨，占领那不勒斯，276，351—352；威尼斯同盟的形成（1495年），332，341；查理得到朱利亚诺·德拉·罗韦雷的鼓励，350；意大利各国对入侵威胁的反应，351；威尼斯同盟和查理的失败（福尔诺沃战役，1495年），352—353；奥尔良的路易（路易十二）要求取得米兰，353；维切利和约（1495年），354—355；入侵在佛罗伦萨的影响，355

路易十二的入侵：路易十二对米兰公国的领土要求，353，355；他占领米兰（1499年），356—357；瑞士人在诺瓦拉（1500年）拒绝为米兰作战，357；路易和西班牙的费迪南德瓜分那不勒斯，358；法国被赶出那不勒斯，358；教廷支持入侵并获利，355—356，358—359；热那亚起义，359；马克西米连干涉为威尼斯所败（1507年），359—360；马克西米连和路易结盟反对威尼斯（康布雷同盟，1508年），360；反法神圣联盟（1511年）的形成，361；瑞士进行干涉并赶出法国人（诺瓦拉战役，1513年），361—362；美第奇家族回到佛罗伦萨，362

弗朗西斯一世的入侵（1515年）：威尼斯支持法国，363；瑞士援助神圣联盟，363—364；瑞士人在马里尼亚诺战败（1515年），363；弗朗西斯一世战胜米兰，364—365；威尼斯的得失，365

意大利失败的原因，365—367

Ivan Ⅲ, the Great, 伊凡三世, 大帝, 俄国沙皇

与俄罗斯国家的扩张，368—370；从鞑靼人压迫下解放，368

从王室和宗教方面提出的主权要求，369

Jade, Bay of, 亚德湾, 25

Jadwiga, 雅维加, 波兰女王, 路易一世之女, 与立陶宛的瓦迪斯瓦夫·亚盖沃结婚, 371

Jagiello, house of, 亚盖沃王室, 波兰和匈牙利的, 213, 368, 371, 372

Jagiello, Frederick, 亚盖沃, 弗里德里希, 红衣主教, 375, 378

Jamaica, 牙买加

为哥伦布所发现的, 433, 434

西班牙移民地, 435

James Ⅳ, 詹姆斯四世, 苏格兰国王, 10, 282

Jānberdi al-Ghāzālī, 占勃第·加扎里, 麦木鲁克司令

在进攻加沙（1516年）中战败, 416

逃跑后任奥斯曼的大马士革总督, 416—417, 418

Janik (Anatolia), 贾尼克（安纳托利亚）, 405, 412

Janissaries, 禁卫军

支持巴耶济德反对杰姆, 397

支持谢里姆反对艾哈迈德, 407, 408—409, 410

支持巴耶济德反对谢里姆, 409

在查尔迪兰战役中（1514年），411
在谢里姆对波斯作战时以兵变作威胁，412
在达比克战役（1516年）中，415
Japan，日本，与哥伦布的大西洋航行，424
Java，爪哇
　葡萄牙与之贸易，427
　荷兰的远征（1594年），468
Jean (d'Albret)，让（阿尔夫雷特），纳瓦尔国王，与阿拉贡的费迪南德对纳瓦尔的领土要求，327—328
Jeanne，让娜，法国王后，路易十二的第一个妻子，293
Jebel Arsūs (Syria)，阿尔苏斯山（叙利亚），405
Jem，杰姆，奥斯曼王子，因继承权与巴耶济德争吵，被监禁并死去，78，94，265，396—398
Jews，犹太人
　在西班牙被禁止以宗教主题绘画，168
　被逐出西班牙（1492年），316，319，337—338；对文学的影响，179；严重至极的经济后果，338
　卡斯蒂利亚的反犹太主义，321
　改变宗教的犹太人的问题，335
　与西班牙宗教裁判所，335—336
　被逐出那不勒斯（1525年），337
Jiménez de Cisneros, Francisco，希门尼斯·德·西斯内罗斯，弗朗西斯科，红衣主教，托莱多大主教，80，123
　与西班牙的人文主义学术，122，124，333

对艺术的保护，165
与北非贸易的复苏，319—320
在格拉纳达镇压伊斯兰教，324
与费迪南德对自己兄弟查理五世的阴谋，326—327
任卡斯蒂利亚摄政，326，333
与教士的改革，333
Joachimstad，约阿契姆斯塔尔，39
Joanna（'the Mad'），胡安娜（"疯女"），卡斯蒂利亚女王，与菲利普大公爵结婚，10，201，203，210，296，320，340，341
继承卡斯蒂利亚王位，325
Joanna，胡安娜，葡萄牙王后，约翰二世的第二个妻子，321
Joanna，胡安娜，外号"贝尔特朗氏"，卡斯蒂利亚的亨利四世之女，她对继承权的要求，325
Joanna Ⅱ，胡安娜二世，那不勒斯女王，347
John Ⅱ，约翰二世，阿拉贡国王，319，320，327
与费迪南德和伊萨贝拉的婚事，320—321
加泰罗尼亚战争，320，321
他的扩张王朝的计划，321
把塞尔当和鲁西荣割让给法国，340—341
John Ⅱ，约翰二世，法国国王，273
John Ⅱ，约翰二世，葡萄牙国王
与葡萄牙的意大利人文主义者，125
与通往印度的航道，421—425
与哥伦布发现美洲，424
死亡（1495年），424
与新世界的瓜分，431

John Ⅲ，约翰三世，葡萄牙国王，340
John Albert，扬·奥尔布拉赫特，波兰国王，222，373—376各处，378.
　　对摩尔多瓦—奥斯曼联盟的战争，401—402
John Chrysostom, St，约翰·克里索斯托姆，圣，威廉·塞林译过他的一本小册子，108
John Fisher, St，约翰·费希尔，圣，见 Fisher, John, bishop of Rochester
John of Gaunt, duke of Lancaster，贡特的约翰，兰开斯特公爵，10
John of Hoome，霍恩的约翰，见 Liège, John of Hoorne, bishop of
Josephus，约瑟夫斯，与人文主义者模拟古文物的开端，148
Juan，胡安，西班牙王子，费迪南德与伊萨贝拉之子，与奥地利的玛格丽特结婚，10，201，340，341
Juanes Juan de，胡安内斯，胡安·德，与西班牙的意大利绘画风格，169
Julius Ⅱ，pope (Giuliano della Rovere)，朱理亚二世，教皇（圭利亚诺·德拉·罗韦雷）
　　性格和政策，81—84，93；受到伊拉斯谟的攻击，11，82；在法国道德剧中，186
　　与反威尼斯的康布雷同盟（1508年），81，214，297，359，360—361
　　组织反对法国的神圣同盟（1511年），81，215，251，297，342，361；雇用瑞士军队，207，215
　　在各国的教会中扩充教皇的权力，81—82，349，359，360—361

拉特兰公会议（1512年），82，83—84，92，303，304
　　与罗马在文化上的优势，131
　　他在圣彼得大教堂的坟墓，134，161—162
　　拉斐尔所绘的肖像，149
　　关于外交优先权的规定，268
　　协助阿拉贡的费迪南德进攻纳瓦尔，328
　　与国王在西属美洲对教会的控制，332—333
　　鼓励查理八世对意大利的野心，350
　　进攻佛罗伦萨，362
Junaid, Shaikh，朱奈德，舍赫，与萨法威亚的军事发展，404—405
Justus of Ghent (Joos van Wassenhove)，根特的于斯特斯（裘斯·范·华森豪甫），佛兰德画家，169
Jutland，日德兰，22

the Kabeljauws，卡贝利奥派，与荷兰的霍克派的世仇，229
Kaffa，卡法，47
　　被奥斯曼土耳其占领（1475年），396
　　奥斯曼行省，408
Kaisersberg, Geiler von，凯泽斯贝格，盖勒·冯，188
　　他曾受布兰特的《愚人船》的影响，187
　　论本国语言圣经的危险，196
Kā'it Bay，卡耶特贝伊，麦木鲁克苏丹
　　与杰姆和巴耶济德之间的倾轧，397，398，400
　　与奥斯曼土耳其的战争，399—401

Kamakh，卡马赫，被谢里姆占领（1515年），412

Kānsūh al - Ghaurī，甘萨伍赫·高里，麦木鲁克苏丹
 与来自萨法威亚的威胁，406
 与葡萄牙的战争，407
 鼓励阿拉杜拉反对奥斯曼土耳其，413
 他统治时的税收，414
 与奥斯曼土耳其的战争，413—415
 在达比克草原战役（1516年）中丧生，415

Karabagh，卡拉巴赫，412

Karagoz Pasha，卡拉格兹帕夏，奥斯曼的卡拉曼总督，在反对麦木鲁克人的战役中，400

Karahisar，卡拉希萨尔，并入奥斯曼行省，412

Karakhan，卡拉汗，萨法威人在库尔德斯坦的司令官，412

Karaman，卡拉曼，405
 在奥斯曼帝国中（1464年），396
 受麦木鲁克人的攻击，400
 艾哈迈德从巴耶济德手中占领该地，409

Karaman - oghlü，卡拉曼奥卢，土库曼部落，400，405

kars，卡尔斯，412

Kāsim Beg，卡西姆贝伊，卡拉曼统治者，支持杰姆反对巴耶济德，397

Kastamuni，卡斯塔莫努，405
 向奥斯曼土耳其屈服，(1465年)，395

Kaysari，开塞利，412
 被阿拉杜拉包围，401
 萨法威人叛乱中的战斗（1511年），406，409
 在奥斯曼战争中，411，414

Kemalpāshazāde，凯末尔帕夏扎德，奥斯曼诗人和历史学家，论谢里姆苏丹，419

Kempenland，肯彭兰，24

Kempis, Thomas a，肯皮斯，托马斯·阿，18，112

Khā'ir Beg，哈伊尔贝伊，麦木鲁克的阿勒颇总督
 在达比克草原战役（1516年）中叛变，415
 为奥斯曼土耳其服务，416，417

Khoja Alī, Shaik，火者阿里，舍赫，萨法威亚领袖，404

Khorasan，呼罗珊，受到乌兹别克人的攻击（1510年），406

Khushkadam，胡什盖德木，麦木鲁克苏丹，400

Khusred Pasha，胡斯列甫帕夏，奥斯曼的卡拉曼总督，412

Kilià，基利亚，被奥斯曼土耳其所占领（1484年），375，376，394

Kinizsi, Pál，金尼茨，帕尔，抵御奥斯曼土耳其，375，398

Kipchak，钦察人，21；另见 Tatars

Konia (Anatolia)，科尼亚（安纳托利亚），396
 在奥斯曼战争中，411，414

Konigsberg，柯尼斯堡，44

Kopparbeg，科帕尔贝里，在奥拉乌斯·马格努斯的地图上，22

Korkūd，考尔库德，奥斯曼王子，巴耶济德之子，397，407
 被谢里姆处死，410

Kossovo, battle of，科索沃战役（1389

年), 33

Kozelsk, 科泽尔斯克, 并入俄罗斯国家中, 369

Kufstein, 库夫施泰因, 被马克西米连所兼并 (1504 年), 211, 212

Kuno, John, 库诺, 约翰, 德意志人文主义者, 与希腊语教学, 119

Kurdistan, 库尔德斯坦, 414

 为乌宗·哈桑所征服, 396

 为沙易司马仪所占据, 406

 奥斯曼的控制, 412—413

Kutahia, 屈塔希亚在萨法威亚叛乱中 (1511 年), 406

 在奥斯曼-麦木鲁克战争中, 414

 Kutna Hora, Treaty of, 库特纳霍拉条约 (1485 年), 389

Kuttenberg, 库滕贝格, 39

Labrador, 拉布拉多, 被卡蒂埃并入法国 (1534 年), 466

La Cavalleria family, 拉卡瓦列里亚家族, 与费迪南德和伊萨贝拉的婚姻, 321

Laffemas, Barthélemy, 拉费马, 巴泰勒米, 与"新法兰西", 467

Lagadeuc, Jean, 拉加德克, 让, 他的《布列塔尼—拉丁—法语辞典》, 191

Lalaing family, 拉拉印家族, 245

Lanchals, Pierre, 朗夏尔, 皮埃尔, 马克西米连的财务大臣, 被布鲁日各行业的工人所处决 (1488 年), 235

Landino, Cristoforo, 兰迪诺, 克里斯托福罗, 他的《卡马尔多利会论争》, 97

Landshut succession, war of, 兰茨胡特继承权战争, 211, 212

Landsknechte, 德意志雇佣兵马克西米连试图组织, 278

 以瑞士为样板的战术, 285

Langen, Rudolf von, 朗根, 鲁道夫·冯, 与人文主义教育, 116

Lannoy family, 拉努瓦家族, 245

Lapland, 拉普兰, 21

Lascaris, Constantine, 拉斯卡里斯, 康斯坦丁, 希腊流亡学者, 与希腊语教学, 99, 100

Lascaris, John, 拉斯卡里斯, 约翰, 希腊流亡学者

 与希腊语教学, 100

 受雇于路易十二, 104, 182

Latin language, 拉丁语

 对传播人文主义的影响, 17, 107, 122—123

 在历史编纂学中仍然存在, 177

 伊拉斯谟和对地方语言文学的影响, 171

 在外交上, 271

Latomus, Jaeobus, 拉脱姆斯, 雅各布, 尼德兰人文主义者, 反对讲授希腊语, 113

Laurentinum, 劳伦提努姆, 132

Law, Roman, 罗马法, 102

 比代的《法学汇编评注》, 105

 在德意志: 不信任罗马法, 89; 传播, 约 1500 年, 197—198

Lazzari, Donato d'Angelo, 拉扎里, 多纳托·德·安杰洛, 见 Bramante

League of Cambrai, 康布雷同盟 (1508 年), 81, 214, 297, 342, 345, 359—360, 362

League of Venice，威尼斯同盟（1495年），201，261，332，341，353，354
Lebanon，黎巴嫩，奥斯曼承认其基督教特权，417
Lechfeld, battle of，莱希费尔德战役（955年），36
Lefèvre d'Étaples, Jacques，勒费弗尔·戴塔普，雅克，18，65—66，105，117
 与巴黎的人文主义，63，307—308
 受到苏尼加的攻击，124
 作为基督教人文主义者，126
 在意大利，182
Leghorn，里窝那，47
 马克西米连包围该城（1496年），203
 投降法国（1494年），352
Legnano, Johannes de，莱尼亚诺，约翰内斯·德，论基督教对战争的态度，259
Leiden，莱顿，108 Leipzig，莱比锡，44
Leipzig, University of，莱比锡大学，116，119
Lemaire de Beiges, Jean，勒梅尔·德·贝尔热，让，112，193
 与法国的人文主义，182
 比韵律家的形式主义进步，183—184
 教会自立主义的宣传，303
Lemnos，利姆诺斯岛，奥斯曼占领该岛，（1455—1456年），395
Lemoine, college of Cardinal，勒穆瓦纳红衣主教神学院，巴黎，307
Leo X, pope (Giovanni de' Medici)，利奥十世，教皇（乔瓦尼·德·美第奇），92，93，95，124，255，362
 《斥马丁·路德》通谕，19
 与波洛尼亚政教协议（1518年），84—86，365
 与朱理亚二世对比，84
 与售卖赎罪券，88
 与十字军东征，94，218，388，392—393
 与红衣主教团，94
 与罗马学院，96
 拉斐尔的壁画中对他的描绘，142，143；拉斐尔所画的肖像，149 佛罗伦萨凯旋式，147
 与神圣同盟（1511—1513年），217，363
 支持萨克森的弗里德里希做德意志王候选人，219
 同意西班牙神职人员缴纳补助费，334
 重用亲属和关心世俗权力，363
 与弗朗西斯一世的媾和（1516年），365
Leon，莱昂，48
Leopardi, Alessandro，莱奥帕尔迪，亚历山德罗，意大利雕刻家，136
Lepanto，莱潘托
 在威尼斯—奥斯曼战争中，402；被奥斯曼所占领（1494年），403，404
 莱潘托战役（1571年），447
Le Sauvage, Jean，勒索瓦热，让，与尼德兰枢密院，250，251，252—253
Lesbos，莱斯博斯岛并入奥斯曼帝国（1462年），395
 在威尼斯—奥斯曼战争中，404
Leto, Pomponio，莱托，蓬波尼奥，121
 与考古学研究，96，99
Lev, Zdeněk, of Rožmital，列夫，日丹涅克，罗兹米达的，波希米亚酒

饼同领派领袖，391
Lewis I, the Great, 路易一世，伟大的，匈牙利和波兰国王，371，382
Lewis Ⅱ, 路易二世，匈牙利和波希米亚国王，213，222，391
　与哈布斯堡的安妮结婚，380
　与奥斯曼对匈牙利的进攻，392—394；在莫哈赤溺死（1526年），394
Lewis Ⅳ, 路易四世，神圣罗马帝国皇帝，267
Leyden, Lucas van, 莱登，卢卡斯·范，德意志艺术家，他受丢勒的影响，156
Libanius, 利巴尼奥斯，114
Libelle of Englyshe polycye,《评英国的政策》（1436年），41
Libraries, 图书馆，95
　法国国王的，58
　梵蒂冈的，76，95
　斯福尔扎的图书馆迁往法国，104
Lichtenstein, Paul von, 利希滕斯坦因，保罗·冯，蒂罗尔地方长官，215注
Liège, 列日，中世纪煤矿业，38
Liège, Érard de la Marek, bishop of, 列日主教，埃拉尔·德·拉马克，247，250，254
Liège, John of Hoorne, bishop of, 列日主教，霍恩的约翰，233，241，247
Liège, Louis de Bourbon, bishop of, 列日主教，路易·德·波旁，229，232
Liège, bishopric of, 列日主教区
　勃艮第的玛丽被迫放弃其在列日主教区的权利（1477年），229
　法国入侵时路易·德·波旁企图得到对其中立的承认（1477年），229

霍恩·德·拉马克的世仇与哈布斯堡—瓦卢瓦的角逐，229，232—233，241，247，250，253；圣特隆德条约（1518年），257
　被邀参加1488年的"同盟"，236
Liège, Pays de, 列日地区，256
　与布拉邦特公爵领地，232—233
　在尼德兰的地位，242；与圣特隆德条约（1518年），257
Lille, 里尔，252
　审计院的独立，230，246
Lilly, William, 利利，威廉，圣保罗学院的第一任院长，107
Lima, Rodrigo de, 利马，罗德里戈·德，他对阿比西尼亚的探险，423
Linacre, Thomas, 利纳克尔，托马斯
　他的拉丁语语法，107
　与医药研究，109
　与世俗的人文主义，126
Linschoten, Jan Huygen van, 林索登，扬·胡根·范，与荷兰对东印度群岛的探险，468
Lippi, Filippino, 利比，菲利皮诺，意大利画家，他为斯特罗齐家族绘画，137—138
Lisbon, 里斯本，49，423，424，425，427
　葡萄牙的占领（1147年），420
　殖民地贸易的霸权，448，468
　对西属美洲的奴隶贸易，457
Literature, vernacular, 文学，本民族语言文学：又见作家姓名各条
　从中世纪传统到人文主义传统的转变，169—171
　在意大利：对行吟诗的改作，70；

政治不统一和文学地方化，171—172；反对彼特拉克主义，172；叙事体和传奇体的结合，172—174；博亚尔多和阿廖斯托，173—174；奥达西和福伦果，174；古典主义对戏剧的影响，174，175；圣剧，175；喜剧，175—177；阿廖斯托的戏剧作品，176；历史编纂学，177—178；小说，178 在西班牙和葡萄牙：中世纪传统根深蒂固，178；在费迪南德和伊萨贝拉统治时期，178—179；卡斯蒂利亚文学占优势，178—179；抒情诗，179；散文，179—180；《高卢的阿马迪斯》，180，181；帕尔梅林传奇故事，180；《塞莱斯蒂娜》，180—181；地方语编年史，181；内布里哈和恩西纳的诗论，181；戏剧，181—182 在法国：中世纪的传统和意大利的影响，182；大修辞家，182—183；勃艮第编年史家，183；马罗和勒梅尔·德·贝尔热，183—184；散文，184—185；戏剧，185—186；普罗旺斯的文学，186 在德意志：抒情诗歌和工匠歌手，186；道德说教剧，187；讽刺作品，187—188；拉丁文学的翻译，188；罗伊希林是路德的先驱，188；路德和德语散文，188—189 在尼德兰：修辞院和道德剧，189（又见62，69，170） 在英国：人文主义的痕迹，189；规诫作品，189；中世纪传统根深蒂固，189—190；通俗诗歌和道德剧，190；散文，伯纳斯和马洛里，190—191

在斯堪的纳维亚，191

盖尔语文学：本地传统根深蒂固，191 在布列塔尼、康沃尔和威尔士的布列塔尼凯尔特文学，191—192

西欧以外地区，192

Lithuania，立陶宛

向往与莫斯科统一，369

大公国脱离波兰王国，374—375，385

伊凡大帝的入侵，369，376—377

Livery companies of merchants，商人同业公会，54

Livy，李维，58，70

对文艺复兴时期作家的影响，97，111，173

Llanoh Femando，利亚诺斯，费尔南多，西班牙画家，169

Locarno，洛迦诺，207

Lodi, Peace of，洛迪和约（1454年），267，343，344

Loire，卢瓦尔河，25

Lombardi, Antonio and Tullio，隆巴尔迪，安东尼奥和图利奥，雕塑家，135

Lomellino, house of，洛梅利诺家族，热那亚银行家，334

London，伦敦，人口，42

London Chronicle，《伦敦编年史》，54

London, Treaty of，伦敦条约（1518年），264

Longueil, Christopher de (Longolius)，隆格伊尔，克里斯托弗·德（隆格里乌斯），人文主义学者，113—114

Lorch am Rhein，莱茵河畔洛尔奇，195

Loronha, Fernão de, 洛隆哈, 费尔南·德, 429

Lotto, Lorenzo, 洛托, 洛伦佐, 画家, 139, 148

Louis XI, 路易十一, 法国国王, 1, 6, 183, 292, 321, 351

    鼓励开矿, 26

    与法国的地中海贸易, 48

    与罗马教廷的专制主义, 82

    起用科明, 184

    入侵尼德兰（1477 年）, 224—231 各处

    计划让太子查理与勃艮第的玛丽结婚, 226, 227

    与金羊毛骑士团, 230

    与阿拉斯和约（1482 年）, 231—232, 294

    逝世（1483 年）, 233

    贿买外国官员, 266

    与爱德华四世会晤（1475 年）, 266

    性格和能力, 293

    税收, 300

    设立外交机构, 301

    对国事诏书的态度, 302

    鼓励外国商人和手工艺者, 310—311

    他对那不勒斯继承权的要求, 336

Louis XII, 路易十二, 法国国王, 12, 104, 158, 186, 245, 266, 286, 298

    与教会和罗马教廷的关系：与亚历山大六世的关系, 80；比萨的"集市"（1511 年）, 82—83, 207, 215, 303, 304, 361；利用法国教会自立主义对抗罗马教廷, 202—203, 304；教会改革, 307

    与思想自由, 103

    佩雷阿尔所画的肖像, 158

    把贝林佐纳割让给瑞士（1503 年）, 206, 263, 361

    布卢瓦条约（1504 年）, 210, 213

    与尼德兰, 229, 244, 245, 248, 250

    与玛丽·都铎结婚, 252；与布列塔尼的安妮结婚, 356

    逝世（1515 年）, 253

    使用常驻使节, 268

    试图组织本国的步兵, 278；炮术的发展, 301

    对甲胄制造者的保护, 284

    税收, 300

    与纳瓦尔的阿尔夫雷特和弗瓦两大家族之间的纠纷, 327—328

    在查理八世入侵意大利时（1494 年）, 守卫热那亚, 352；占领诺瓦拉, 353

    他的入侵意大利（1499 年）：对那不勒斯的权利要求, 336；对米兰的权利要求, 353, 355；在意大利受到的支持, 355—356；招募瑞士人, 356；占领米兰和俘获洛多维科·斯福尔扎, 356—357；与阿拉贡的费迪南德瓜分那不勒斯, 357—358；被赶出那不勒斯（加里利亚诺战役, 1503 年）, 358；在罗马涅协助朱理亚二世, 359；与费迪南德在萨沃纳会晤, 359；与马克西米连联合反对威尼斯（康布雷同盟, 1508 年）, 360；在阿尼亚德洛打败威尼斯（1509 年）, 360；组成反对法国的神圣同盟（1511 年）, 拉文纳战役（1512 年）, 361；瑞士的干涉与法

军的被逐（诺瓦拉战役，1513
年），361—362
与波兰和匈牙利结盟的计划（1500
年），378
Louvain，卢万，237
省议会（1477 年），与批准勃艮第
的玛丽和马克西米连结婚，227
与阿拉斯和约（1482 年），231，233
Louvain University of，卢万大学，113
Lubeek，吕贝克，成为贸易中心，44；
在汉萨同盟中，45
Lucca，卢卡，47
Lucerne，卢塞恩，瑞士州，204，205
Lucerne, Treaty of，卢塞恩条约（1510
年），与瑞士在军事上为罗马教廷
效力，207
Lucian，琉善，xxiii，114
索多马在法尔内斯别墅的绘画，147
Luder, Peter，吕德尔，彼得，与德国
的人文主义，116，117
Lugano，卢加诺，207
Lugano, Lake，卢加诺湖，364
Lukas, Brother，卢卡斯长老，波希米
亚"弟兄联盟"领袖，389
Lü burg，吕内堡，24
Lu satl，卢萨蒂亚，与波希米亚合
并，389
Luther, Martin，路德，马丁，19，38，
113，218
关于赎罪券的论纲，88
与德意志的反罗马情绪，89
访问罗马（1510—1511 年），89
对丢勒和格吕内瓦尔德的影响，
164—165
他的圣经，188—189

与条顿骑士团的世俗化，381
Luxemburg，卢森堡，229
在大枢密院派有代表，225
Luxemburg, house of，卢森堡家族，
9，371
Luxemburg, Louis de，卢森堡，路易·
德，183
Lyndsay, Sir David，林赛爵士，戴维，
190
Lyons，里昂，303
工业，43，312
16 世纪的文化地位，182
神秘剧和道德剧，185
成为工业和贸易中心，311，312，313
Lyons, Treaty of，里昂条约（1501 年），
245

Mabuse (Jan Gossaert)，马比斯（扬·
戈萨尔特），佛兰芒画家，155
受意大利和古典作品的影响，157
Macgregor, Sir James，麦格雷戈爵士，詹
姆斯，《利斯莫尔教长的书》，191
Macao，澳门，与葡萄牙在中国的贸
易，448
Macaulay, Thomas Babington, baron，
麦考利男爵，托马斯·巴宾
顿，20
Machiavelli，马基雅弗利，73，81，84，
88，170，185
他的《君主论》，7，177—178，273，
274，362—363；与中世纪的政治
理论对比，5—6
他把两种相反的政治理论合而为
一，16
《佛罗伦萨史》，47—48，178

与科明对比, 60—61

古典历史学家的影响, 97

他的戏剧作品和诗歌, 175, 176, 177

论德意志帝国的无能, 194

论使节的职责和苦衷, 269—270, 272

"马基雅弗利主义", 273—274

他的《论战争艺术》, 277

论瑞士军队的素质, 279, 364

论意大利军队, 279—280

论威尼斯的衰落, 344

论切萨雷·博尔贾, 359

论路易十二的侵略, 362

论奥斯曼苏丹, 410

Machuca, 马丘卡, 与西班牙的人文主义影响, 168

Madeira, 马德拉群岛

葡萄牙的殖民, 420, 421

所有权被承认（1479年）, 340

Madrid, 马德里, 48

Madrid, Gutiérrez de, 马德里, 古铁雷斯·德, 与各骑士团的收入, 330

Magdalen College, 莫德琳学院, 牛津, 106, 107

Magdeburg, 马格德堡, 23, 24, 44, 195

Magellan（Fernão de Magelhaes）, 麦哲伦（费尔南·德·马加良斯）, 445

环绕地球的航行, 429—430, 437

Maggiore, Lake, 马乔列湖, 364

Magyars, 马扎尔人在匈牙利定居和归化, 36

居住在特兰西瓦尼亚, 37

Mahmud Beg, 马哈茂德贝伊, 土库曼王子, 在达比克草原战役中（1516年）, 415

Maiano, Benedetto da, 马亚诺, 本内代托·达, 意大利建筑家, 128

Maillard, Olivier, 马亚尔, 奥利维埃, 93

他的通俗的传道词, 184

与教会改革, 307

Mainz, archbishop of, 美因茨大主教, 作为世俗的统治者, 195

选侯, 他在国会中的作用, 194

Mainz, Albert of Hohenzollern, 美因茨大主教, 霍亨索伦的阿尔贝特, 红衣主教, 马格德堡大主教

仿效意大利王公, 162

兼职过多的例子, 195

与查理大公的当选为德意志王, 218—219

Mainz, Berthold of Henneberg, archbishop of, 美因茨大主教, 亨内贝格的贝特霍尔德, 202, 209

对地方语文学的检查, 196

与施瓦本同盟, 198

与帝国的改革, 199—200, 200—202, 203, 208—209, 210

逝世（1504年）, 211

与佛兰德起义（1488年）, 236

Mainz, *Reichstag of*, 美因茨议会, （1517年）, 217

Mainz, University of, 美因茨大学, 196

Maître de Moulins', "穆兰画师", 法国画家, 传统哥特风格的典型, 158

Malabar Coast, 马拉巴尔海岸, 与葡萄牙的贸易, 425—426

Malacca, 马六甲

被葡萄牙占领（1572年）, 427

在葡萄牙的贸易中, 448

Mfilaga, 马拉加, 318

Malay Straits，马来海峡，葡萄牙的控制，427
Malfante Antonio，马尔凡特，安东尼奥，论非洲的商队贸易，47
Malherbe, François de，马雷伯，弗朗索瓦·德，法国诗人，172
Malindi，马林迪，达·迦马访问该地（1498 年），425
Malines，马林，113, 234, 239, 244, 246, 252
 最高法院，224, 230
 与 1488 年"同盟"，236
Malkoch-oghlü tribe，马尔科奇－奥卢部落，408
Mallorca，马略尔卡，318
Malory, Sir Thomas，马洛礼爵士，托马斯，54, 191
Malta，马耳他，318
Maltepe，马尔泰培，穆罕默德二世在该地，397
Mancinelli, Antonio，曼奇内利，安东尼奥，他的文法书代替中世纪课本，96
Mancini, Domenico，曼奇尼，多梅尼科，103
Manilius，马尼利乌斯，雷乔蒙塔努斯的版本（1472 年），118
Manisa，马尼萨，407
Mantegazza, Antonio，曼泰加扎，安东尼奥，135
Mantegna, Andrea，曼特尼亚，安德烈亚，意大利画家
 他所绘《帕尔纳苏斯》中的寓言，144—145
 他所绘《恺撒的胜利》，147—148
 对丢勒的影响，154
 《维多利亚圣母像》，353
Mantovano, Battista，曼托瓦诺，巴蒂斯塔，见 Mantuan
Mantovano, Pomponio，曼托瓦诺，蓬波尼奥，在西班牙讲学，121, 122
Mantua，曼图亚，47, 95, 145, 148, 171, 267, 345
 达·费尔特雷的学校，71
 与巴耶济德联盟反对威尼斯，265
 15 世纪时的地位，348—349
 与康布雷同盟（1508 年），360
Mantuan (Battista Spagnoli, Battista Mantovano, Baptist of Mantua)，曼图安（巴蒂斯塔·斯帕尼奥利，巴蒂斯塔·曼托瓦诺，曼图亚的浸礼教徒），圣衣会宗教作家，人文主义者，117, 189, 193
Manuel I, the Great，曼努埃尔一世，伟大的，葡萄牙国王
 他的婚姻与菲利普二世对葡萄牙王位的要求，340
 与葡萄牙对印度的探险，425—427
 与巴西沿海的探险，428
Manuel Niklas，马努蒂乌尔，尼科拉斯，他的戏剧中对天主教的攻击，187
Manutius, Aldus，马努蒂乌斯，阿尔杜斯，出版商和人文主义者，95—96, 97, 116, 150, 177
Maps and charts，地图和航海图
 奥拉乌斯·马格努斯的地图（1539 年），22
 加泰罗尼亚海员的航海手册，48
 威尼斯总督赠给葡萄牙佩德罗的

《世界舆地图》，422
坎蒂诺和卡内里奥，428
葡萄牙禁止出口，429
法国私掠船员使用西班牙航海图，458
荷兰在航海图测绘方面领先，469
Marañon, Dr., 马拉尼翁, 医生, 考证"贝尔特朗氏"胡安娜的合法性，320
Marásh, Albistan, 马拉什, 阿尔比斯坦，400
Marcanova, Giovanni, 马尔卡诺瓦, 乔瓦尼, 他在碑铭学方面的研究工作，99
'Mar Dulce', "杜尔塞海", 平松发现该地，可能是亚马孙河出口，428
Margaret of Austria, duchess of Savoy, 奥地利的玛格丽特, 萨瓦女公爵，10, 183, 201, 215, 244, 340, 341
　对艺术和文学的保护，159, 160—161, 182—183
　与康布雷同盟（1508年），214, 360
　出生（1480年），230
　计划和法国太子查理结婚，231—232, 233, 294
　查理解除与她的婚约，239
　被扣押为人质，240
　森里斯和约归还她的陪嫁领地（1493年），242
　从法国归来（1493年），242
　与查理大公的未成年时期，248—252
　反对她的再征服战争，248—249
　她的性格和爱好，249
　与各省议会的关系和康布雷和约（1508年），249, 250
　与英国的同盟和对盖尔德斯的进攻，250—251, 252
　与各省的中立，251
　与神圣同盟，251—252
　在查理大公统治时期改变她的刘法政策，253—254
　在查理离国前往西班牙时期，257 与列日问题，257
Margaret of Navarre, 纳瓦尔的玛格丽特，见 Alençon, Marguerite d
Margaret Tudor, 玛格丽特·都铎, 苏格兰王后, 詹姆斯四世之妻, 10, 190
Margaret of York, 约克的玛格丽特, 勃艮第公爵勇者查理的遗孀, 224, 226, 234
　支持勃艮第的玛丽和马克西米连结婚，227
　支持珀金·沃贝克，244
Margarita island, 玛格丽塔岛, 在哥伦布对加勒比的探险中，433
Margarit i Pau, Joan, 马加里特·伊·帕乌, 霍安, 红衣主教, 赫罗纳主教, 与阿拉贡的新学术，125
Marienburg, 马林堡，44
　条顿骑士团会议（1506年）和东普鲁士公爵领地，379—380
Marignano, battle of, 马里尼亚诺战役（1515年），285, 289, 364, 366
　炮术的有效应用，284
Mari Dabik, battle of, 达比克草原战役（1516年），麦木鲁克—奥斯曼战争中的，415
Mameffe family, 马尔内夫家族, 印刷商，312
Marot, Clément, 马罗, 克莱芒, 法国

诗人，182，183
Marot, Jean, 马罗，让，法国诗人，183
Marseilles, 马赛，与东印度贸易，467
Martin V, pope（Oddo Colonna），马丁五世，教皇（奥多·科隆纳），346
Martinez de Toledo, Alfonso, 马丁内斯·德·托莱多，阿方索，他的《科尔巴乔》，179—180
Martorell, Johanot, 马托雷尔，约翰诺特，加泰罗尼亚作家，他的《暴君布兰奇》，180
Mary, 玛丽，波希米亚和匈牙利王后，路易二世之妻，380
Mary of Burgundy, 勃艮第的玛丽，见 Burgundy, Mary, duchess of
Mary, 玛丽，卡斯蒂利亚王后，约翰二世的第一个妻子，321
Mary Tudor, 玛丽·都铎，法国王后，路易十二之妻，215，250，252
Masip, Vicente Juan, 马西普，维森特·胡安，与意大利化的画派，169
Masovia, 马佐夫舍，为波兰的西吉斯孟一世所并吞，385
Mathematics, 数学，意大利和德国重新研究，68
Matthias Corvinus, 马加什·科尔文，匈牙利国王，37，221，372—373
　逝世（1490年），373，401
　他的几次婚姻，373
　与马克西米连谈判，373
　与匈牙利的宪政发展，385
　他的"黑军"，386 与奥斯曼土耳其，398
Mauro, Fra, 毛罗，弗拉，地理学家，422，423

Maya cities, Yucatán, 玛雅城市，尤卡坦，439
Maximilian I, 马克西米连一世，德意志王，神圣罗马帝国当选皇帝，1，7，8，248，265，268，295，326
　他想当教皇的野心，13，215
　与人文主义，17—18，117
　他的《白色的国王》，161，282
　对艺术的保护，161—162，187
　继承弗里德里希三世（1493年），194
　性格和外貌，198—199，210
　在奥地利：获得蒂罗尔（1490年），199；组织和统一，203，219—221
　与瑞士对施瓦本同盟的战争（1499年），198，206，356
　与帝国议会的改革，199—216各处；又见 Empire, Holy Roman：帝国的改革
　在尼德兰：入侵弗朗歇—孔蒂和森里斯和约（1498年），198—199，241，242—243，351；在布鲁日遭到监禁（1488年），200，235—236，238；和布列塔尼的安妮结婚（通过代表），200，239，295；入侵勃艮第的计划（1498年），203—204；与盖尔德斯公爵领地，204，227—228，229，240，247；与根特，227—228，230—231，232，233—234，235—236，239，241；法国战争（1477—1482年），228—231；与英国和布列塔尼结盟（1478年，1480年），229，232；与乌得列支主教区，232，233；与列日主教区，229，232，241—242，247，250；行政改革，230—231；

阿拉斯和约（1482年），231—232，241；任菲利普大公的摄政，231以下（又见Netherlands：菲利普大公的未成年时期）；征讨法国的失败（1486年，1487年），236—237；撤回德意志（1489年），237；与克莱弗斯-拉文斯坦的菲利争吵，238—240，245；与英国和西班牙结盟，240—241，341；与菲利普大公的亲政，243；与约克的玛格丽特对珀金·沃贝克的支持，244；与查理大公的未成年时期，248，249—250，252；与查理的成年，252；批准努瓦荣条约，254

与意大利：把米兰公国授与洛多维科·斯福尔扎，200，355；与比安卡·玛丽亚·斯福尔扎结婚，200；与威尼斯同盟（1495年），200—201，261，332，341，353；根据对沃尔姆斯敕令（1495年）尊重的情况支持他的意大利计划，201；他1496年的远征失败，202—203；布卢瓦条约和哈格诺条约（1515年，1516年）与承认路易十二为米兰公爵，210，245；与康布雷同盟（1508年），214—215，342，359—360；与神圣同盟（1511年），215—217，251，342，363，364；最后一次出征意大利（1516年），217；在帕多瓦包围战中遭到贝亚尔的责备（1509年），285；在米兰失陷后收留洛多维科·斯福尔扎（1499年），357；1508年出面干涉并为威尼斯所败，359—360

与十字军东征，200，209，218，219；致力于多瑙河联盟，221—223

王室的安排，210，296

在兰茨胡特继承权战争中获利，210—211

干涉匈牙利，213，222，373，374，378—380

采用当选皇帝的称号（1508年），214

与教会改革，215

与选举查理大公为德意志王，218—219

加冕为皇帝的计划，219

逝世（1519年），219，257

总结他的一生，219—223

恢复金羊毛骑士团，230

当选为德意志王（1486年），234

企图改善雇佣兵，278

Mazzoni, Guido, 马佐尼，圭多，意大利雕塑家，159

Mecca, 麦加，400，401，407

Mechanics, 力学，15世纪时在德意志取得进步，68

Mecklenburg, 梅克伦堡，23，24，25

Medemblik, 麦丹布立克，256

Medici family, 美第奇家族，16，96，97，157，345，346，348

情报机关，269

银行业活动，313，346

在驱逐法国人出境后重新在佛罗伦萨掌权，362—363

Medici, Cosimo de', 美第奇，科西莫，德，267

Medici, Giovanni de', 美第奇，乔瓦尼·德，见Leo X, pope

Medici, Giuliano de', 美第奇，朱利亚诺·德，内穆尔公爵，134，362—

363
Medici, Lorenzo de', the Magnificent,
    美第奇，洛伦佐·德；庄严的，
    84, 132, 147, 149, 172, 173
  他的"柏拉图学园", 75
  与雕塑家的艺术地位, 152
  他的文学创作, 172, 175
  为共和国服务, 346
  他的在意大利实现和平的政策,
    349, 351
  逝世（1492年）, 349
Medici, Lorenzo de', 美第奇, 洛伦佐·
    德，皮耶罗之子, 134, 362, 363
  在神圣同盟的战争中, 363
  被利奥十世安插在乌尔比诺, 363
Medici, Piero de', 美第奇，皮耶罗·
    德, 354
  支持那不勒斯的阿方索反对查理八
    世, 351, 352
  把佛罗伦萨让给查理, 352
Medicine, 医药
  文艺复兴时期对希腊和阿拉伯医学
    的研究, 96；利纳克尔, 109 "那
    不勒斯症", 354
Medina, 麦地那, 401
Medina del Campo, 麦迪纳德坎波，与
    羊毛贸易, 29, 318
Medina Sidonia, duke of, 梅迪纳公爵，
    西多尼亚, 329
Medium aevum, significance of, "中世
    纪"的意义, 1
Mehemmed Ⅱ, 穆罕默德二世，奥斯曼
    苏丹, 10, 78, 348
  帝国的巩固, 395—396, 400
  逝世（1481年）, 396, 397, 398

Mehemmed Beg, 穆罕默德贝伊，奥斯
    曼的爱尔巴桑总督, 404
Meistergesang, 工匠诗歌, 186
Meit, Conrad, 梅特，康拉德，德意志雕
    塑家，他作品中的古典影响, 159
Melanchthon, Philip, 梅兰希顿，菲利
    普，德意志神学家, 119
Memling, Hans, 梅姆林，汉斯，佛兰
    德画家, 156, 158
Menćetić, Sisko, 门切蒂奇，西斯科，
    他诗歌中的人文主义影响, 192
Mendoza, Pero Gonzales de, 门多萨，
    佩罗·冈萨雷斯·德，托莱多大
    主教
  对艺术的保护, 165, 167
  范切利为他的陵墓安装雕饰, 168
Menglī Ghiraī, 蒙里·吉莱，克里米亚
    鞑靼人可汗，支持谢里姆反对艾
    哈迈德, 408, 410
Menot, Michel, 梅诺，米歇尔，他的
    通俗的讲道词, 184
Mentelin, John, 门特林，约翰，出版
    家, 189
Mercantilism, 重商主义, 定义, 446,
    又见 Expansion（overseas）
Mercator, Gerard, 默尔卡托，吉拉尔
    德，佛兰德地理学家, 420
Merchant Adventurers, company of, "冒
    险商公司", 460, 462
Meriask, St, 梅里亚塞克，圣，康沃尔
    宗教剧的《圣梅里亚塞克的一
    生》, 192
Mers-el-Kebir（North Africa）, 凯比
    尔港（北非），与加泰罗尼亚的贸
    易, 319

Meschinot, Jean, 梅希诺, 让, 法国诗人, 183

Messina, 墨西拿, 99

Metz, 梅斯, 受到冯·济金根的攻击（1518 年）, 217

Meung, Jean de, 孟, 让·德, 法国诗人, 2

Meuse, 默兹河, 247

Mexico, 墨西哥, 西班牙的探险和占领, 323, 437, 439—443; 又见 America（Spanish）

Mexico, Gulf of, 墨西哥湾, 西班牙的探险, 439

Michelangelo, Buonarroti, 米开朗琪罗, 博纳罗蒂, 127, 142, 151
　　他的第一个建筑设计, 133
　　他的雕塑, 134—135; 朱理亚二世墓, 134, 161
　　以宗教主题为主, 136
　　西斯廷小教堂穹顶画, 139—141
　　他在佛罗伦萨画的战争场面, 141
　　新柏拉图主义的影响, 146
　　学艺, 152
　　与艺术家对保护人关系的变化, 153
　　他的十四行诗, 172

Michelet, Jules, 米什莱, 朱尔, 法国历史学家, xxviii, 16

Michelozzo, 米凯洛佐, 雕塑家和建筑家, 131

Middleburg, 米德尔堡, 247

Miguel, Dom, 米格尔, 堂, 曼努埃尔和葡萄牙的伊萨贝拉的幼子, 244, 340

Mikhal‑Oghlü lskender Pasha, 米卡尔奥卢·伊斯坎德尔帕夏, 奥斯曼攻打威尼斯的指挥官, 403

Mikkel of Odense, 欧登塞的米克尔, 他的宗教诗, 191

Milan, 米兰, 6, 15, 31, 95, 100, 131, 155, 269, 303, 464
　　灌溉渠道, 32
　　人口和工业, 47
　　维斯孔蒂的统治, 71, 267; 斯福尔扎统治的开始, 344
　　与法国的入侵, 217, 275; 和威尼斯一起寻求马克西米连的干涉, 202—203; 寻求查理八世的保护以对抗那不勒斯, 296, 350; 参加威尼斯同盟（1495 年）, 332, 341, 353; 维切里和约（1495 年）, 354—355; 路易十二对公国的要求, 353, 355; 法国占领（1499 年）, 356—357; 瑞士人拒绝在诺瓦拉作战（1500 年）, 357; 康布雷同盟（1508 年）, 360; 神圣同盟（1511 年）, 361; 逐出法国人（1513 年）, 361—362; 弗朗西斯一世的入侵（1515 年）, 363; 弗朗西斯取得米兰, 364—365
　　使用常驻使节, 267, 268
　　军事组织, 279, 344
　　在保卫意大利中的重要性, 344
　　惧怕威尼斯的扩张, 345; 与奥斯曼土耳其结盟反对威尼斯, 265
　　保护弗拉拉, 348
　　反对罗马教廷控制罗马涅, 349
　　洛多维科·斯福尔扎的宫廷, 353

Milan, dukes of, 历代米兰公爵, 见 Sforza; Visconti

Mina, 米纳, 葡萄牙在该地的城堡, 422

Mincio，明乔河，348，360

Minnesang and *Meistergesang*，抒情诗歌和工匠诗歌，170，186

Mirandola，米兰多拉，被朱理亚二世攻占，81

Mirandola, Giovanni Pico della，米兰多拉，乔瓦尼·皮科·德拉，见 Pico della Mirandola, Giovanni

Mirk, John，米尔克，约翰，他的《节日便览》，90

Modon，莫敦，406
 在威尼斯—奥斯曼战争中，402；陷落（1500年）并为威尼斯所割据，403，404

Mohács, battle of，莫哈奇战役（1526年），37，222，368，386，394

Moldavia, principality of，摩尔多瓦公国，368
 与奥斯曼的宗主权，375—376，396，399
 与波兰的宗主权，376，377，399，401—402

Molinet, Jean，莫利内，让，勃艮第诗人和编年史家，183

Moluccas，摩鹿加，葡萄牙人到该地的航行，与贸易，437，448

Mombaer, Jean，蒙巴尔，让，宗教作家，80；与修道院的改革，307

Mombasa，蒙巴萨，达·迦马曾访问过该地（1498年），425

Monarchy，君主政体，在西欧的势力增加，6—9，50，52

Monasteries，修道院，其财产难以估计，91

Monasticism，修道生活
 14世纪和15世纪时俄国的，21
 与农业和殖民，24，36—37
 与教育，106
 在德国的流弊，196
 查理八世和路易十二时在法国的没落，306；改革，307

Monemvasia，莫南瓦西亚，为威尼斯所占据，402，404

Money，货币
 尼德兰的币值重新调整，239
 15世纪法国货币含金量的下降和购买力的上升，310
 又见：Bodin, Jean；Expansion (overseas)

Mons，蒙斯，225
 煤矿业，38
 与1477年向路易十一派驻使节，227
 与1488年"同盟"，236
 勃艮第的菲利普撤销它的特权，243

Montalvo, Garci Rodríguez de，蒙塔尔沃，加尔西·罗德里格斯·德，西班牙作家，他的《高卢的阿马迪斯》，180

Montana, Cola，蒙塔纳，科拉，与加莱亚佐·马里亚·斯福尔扎的被刺，97

Mont Cenis Pass，塞尼山口，364

Montchrétien, Antoine de，蒙克莱田，安托万·德，与"新法兰西"，467

Montefeltro, family of，蒙泰费尔特罗家族，在乌尔比诺，16，348—349

Montefeltro, Federigo da，蒙泰费尔特罗，费代里戈·达，与曼图亚—乌尔比诺的友好关系，349

Montenegro，门的内哥罗，土耳其占领

的后果，33

Monte Olivete Maggiore（near Siena），monastery of，大橄榄山（锡耶纳附近）修道院，138

Montereau，蒙特雷奥，勃艮第公爵无畏者约翰遇刺（1419年），260

Montesimo, Fray Antonio de，蒙特西诺斯神父，安东尼奥·德，与西属美洲印第安人的权利，438

Montezuma，蒙提祖马，墨西哥军事首领，441，442

Mont Genèvre pass，热内夫尔山山口，364

Montluc, Blaize de，蒙吕克，布莱兹·德，论职业军人对战争的态度，260，289

Montpellier，蒙彼利埃，48
集市，313

Montpensier, Gibert de，蒙庞西埃，吉贝尔·德，查理八世的驻那不勒斯总督，354

Montreuil, Jean de，蒙勒伊尔，让·德，法国人文主义者，102

Monzon，蒙松，总国会（1510年）与十字军东征计划，340

Moors，摩尔人在西班牙受管制，168，331
被赶出格拉纳达（1502年），324；反叛（1571年）和最后被逐出（1610年），324；对文学的影响，179
又见 Islam；Moriscos

Morat, battle of，莫拉战役（1476年），284

Morava，摩拉瓦河，398 Moravia，摩拉维亚，并入波希米亚，389

More Sir Thomas，莫尔爵士，托马斯，1—2，56
论英国人识字的情况，4
与英国的人文主义，109—110
《乌托邦》，110
论法国王室的贪婪，261—262
论不恪守条约，262—263
他对战争的态度，290

Morea，摩里亚，威尼斯在摩里亚的据点，402

Morea, Despotate of，摩里亚君主国，为奥斯曼土耳其人所征服，395，458—460

Moriscos (converts from Islam)，摩里斯科人（改变伊斯兰教信仰的西班牙摩尔人），对他们的管理，324

Morocco，摩洛哥，葡萄牙在摩洛哥的战役，421

Mortmain，永久管业权，反对永久管业权的王法，13，255

Morton, John，莫尔顿，约翰，红衣主教，坎特伯雷大主教，109

Moscow，莫斯科，见 Russia

Mosellanus, Peter，莫塞拉努斯，彼得，与希腊语教学，119

Moselle, valley of，摩泽尔河流域，与葡萄酒贸易，41

Moulins, cathedral of，穆兰大教堂，158

Mozambique，莫桑比克，达·迦马曾访问该地（1498年），425

Moller, John，米勒，约翰，见 Regiomontanus

Münster，明斯特，44，116

Münsterberg, Charles, duke of，明斯特贝格公爵，查理，匈牙利和波希米亚国王路易二世的摄政，391

Mughul Bāy, 穆古耳贝伊, 麦木鲁克派往谢里姆处的密使, 414—415

Muhammad, the Prophet, 先知穆罕默德, 404

Munich, house of, 慕尼黑家族, 212

Murād, 穆拉德, 法尔斯领主, 被波斯的沙易司马仪打败, 405, 406

Murād, 穆拉德, 奥斯曼王子, 艾哈迈德之子, 411

Murbaeh, 穆尔巴赫, 118

Mumer, Thomas, 穆尔纳, 托马斯, 他的讽刺诗, 187—188

Musurus, Marcus, 穆苏鲁斯, 马尔库斯, 希腊流亡学者, 100

Mysticism, 神秘主义, 63, 306

  通俗的神秘主义, 对宗教统一的危险, 11—12

  "现代虔信派", 64, 111, 112, 113, 114

  圣维克多派, 112

Nagonio, Michele, 纳戈尼奥, 米歇尔, 与英国的人文主义, 107

Naharro, Bartolomé de Torres, 纳阿罗, 巴托洛梅·德·托雷斯, 他戏剧作品中的意大利影响, 181—182

Namur, 那慕尔, 与接受马克西米连担任查理大公的摄政, 250

Nancy, battle of, 南希战役 (1477年), 224

Nantes, cathedral, 南特教堂, 159

Naples, 那不勒斯, 95, 352

  人口, 47

  "那不勒斯症", 354

Naples, kingdom of, 那不勒斯王国, 6, 267, 319

  使用常驻使节, 268

  依赖雇佣军队, 279

  安茹对它的权利要求, 295—296, 347, 348

  在哈布斯堡帝国中, 323

  菲利普大公对它的权利要求, 326

  阿拉贡的费迪南德对它的占领, 326, 332, 357—358

  路易十二对它的权利要求, 336; 与阿拉贡共同瓜分, 341—342, 357; 向法国人屈服, 357—358; 赶走法国人 (1504年), 358

  在阿拉贡的阿方索五世的遗嘱中与西西里分离, 341, 347

  在阿拉贡国王治下的政府, 347—348

  与罗马教廷的控制, 347, 349

  与威尼斯在亚得里亚海争雄, 348, 360

  查理八世的入侵 (1494年), 351—352; 查理进入那不勒斯, 352; 赶走法国人 (1496年), 352—353, 354

  与康布雷同盟 (1508年), 360

Napoli di Romagna (Morea), 罗马涅·那波利 (摩里亚), 被威尼斯占据, 402, 403, 404

Narváez, Panfilo de, 纳瓦埃斯, 潘菲洛·德, 在墨西哥加入科尔特斯的队伍, 441

Nassau, family of, 拿骚家族, 246, 249

Nassau, Englebert, count of, 拿骚伯爵, 恩格尔贝特, 234, 235, 238, 243, 246

Nassau, Henry, count of, 拿骚伯爵, 亨利, 251, 253, 339

Nationalism，民族主义
　　对罗马教廷的威胁，88
　　在德意志，88—89，194
Navarino，纳瓦里诺，在威尼斯—奥斯曼战争中，402；陷落（1500 年）并被威尼斯割让，403，404
Navarra, Pedro，纳瓦拉，佩德罗，雇佣兵首领和工程专家，363，366
Navarre，纳瓦尔，6，323
　　被阿拉贡的费迪南德所征服，320，325，327—328，342
　　布兰卡女王死后阿拉贡的约翰二世成为国王，321
Navarre, Collège de，纳瓦尔学院，308
Navidad，纳维达德移民地，哥伦布移民的失败，432
Nebrija, Elio Antonio de，内布里哈，埃利奥·安东尼奥·德，与西班牙的人文主义，121，122，123，126，179，181
Nef, J. U.，内夫，约·乌，论 1460—1530 年间的银矿开采，37
Negroponte，尼格罗庞特，陷于奥斯曼土耳其之手（1470 年），395
Niels of Soro，索勒的尼尔斯，丹麦修道士，他的《诗体纪年》，191
Nemesianus，涅梅西亚努斯，104
Neoplatonism，新柏拉图主义
　　克服早期文艺复兴的世俗主义，74—75
　　作为对文艺复兴时期艺术家的一种影响，129，134
　　又见 Florence；Plato，Platonism
Netherlands，尼德兰
　　神秘主义的流行，12
　　地理和经济，24—25；鲱鱼渔场，41；纺织工业，42
　　人口，42，456
　　文化的发展，61—62；地方语文学，62，69，189；人文主义的影响，111—115；又见 Arts of the Renaissance（Northern Europe）
　　勇者查理去世后的反应（1477 年），224—225；承认勃艮第的玛丽，224，225
　　法国的入侵（1477—1482 年），224—232；法国的成功，226；向路易十一派遣使节，226—227；叛逃到法国的人，226，227，248；与英国（1478 年，1480 年）和与布列塔尼（1480 年）结盟，229；波旁的路易试图取得列日的中立，229；地方上对法国的抗御，229；阿拉斯和约（1482 年），231—232；承认路易十一为各省议会优越地位的保证人，231；法国对佛兰德的宗主权得到承认，231；与英国和布列塔尼联盟的终结，232
　　宪政和行政的变革：勃艮第的玛丽的大特权敕令和地方特权，224—226，230，235，236；大枢密院，224—225，230；废止马林高等法院，224—225，230；审计署和审计院的独立，230；恢复总检察官，230；反对中央集权，230—231；菲利普大公收回特权，244；菲利普在马林设立大枢密院，246；查理大公未成年时期的枢密院的地位，250
　　勃艮第的玛丽和马克西米连一世结

婚，227，228

菲利普大公的未成年时期：勃艮第的玛丽逝世（1482年）和承认菲利普为当然的世子，231；各省议会反对马克西米连一世摄政，231以下；各省议会成立替代政府，232；马克西米连恢复对列日和乌得勒支主教区的控制，232—233；他在布拉邦特的成功（1483年），233；内战，233—234；巨门豪富从马克西米连的成功中获利，234；与法国重启衅端，235；马克西米连的失败和中央政权的垮台，235；反对马克西米连的新事件，235—236；马克西米连被囚在布鲁日（1488年），236；1488年的"同盟"和布鲁日和约，236；萨克森的阿尔贝特的战役和胜利，237，238；得不到法国的援助来反对马克西米连，237—238；蒙蒂尔斯—列兹—图尔条约（1489年）与布鲁日和约的废除，238；克莱弗斯的菲利普和马克西米连的争执，238—239，242；重定币值损害马克西米连在佛兰德和荷兰的威信，239；布鲁日屈服（1490年），239；根特叛乱（1491年），239；法国再次干涉（1491年），239；荷兰和西弗里斯兰的叛乱（奶酪和面包），240；失去盖尔德斯，240；马克西米连入侵弗朗歇—孔泰（1493年），241，351（参见198—199）；法国干涉的结束，森里斯条约（1493年），242—243

菲利普大公亲政（1493年），243—248；司法和财政的中央集权，243；废除勃艮第的玛丽所赐特权，243—244；在荷兰确定税收金额（1494年），243—244；与法国的友好关系，巴黎条约（1498年），与英国的友好关系（"大通商协议"），244；菲利普和西班牙的胡安娜结婚对外交关系的影响，244—245；法国重新进行干涉（1505年），245；贵族势力的增加，他们与各省打成一片，245—246；调整过的中央集权，246；与各省议会的关系，246—247；各省同意征税，247；独立于马克西米连的控制之外，247；入侵盖尔德斯与埃格蒙特的查理的归顺，247；清理王室资产以便向西班牙提供现金，248；菲利普逝世，248

查理大公的未成年时期（1506年），248—252；亲法派和亲英派，248—249；菲利普恢复君主制的结果，249；承认马克西米连为摄政，249—250；由奥地利的玛格丽特代行权力，250；玛格丽特对查理大公的王室事务的管理，251，玛格丽特与各省在神圣同盟各次战争中的中立，251—252

查理大公统治时期（1515年），252—258；勃艮第的恢复，252—253；城市的骚动，253；改变奥地利的玛格丽特的对法政策（巴黎条约，1515年；努瓦荣条约，1516年），253—254；与英国的政治和贸易协定，254；西班牙势力的增长，254；税收，与神职人员财产的永久管业权，254—255；对乌得勒支主教区的控制，255；与埃格蒙特的查理交战，256；查理赴西班牙期间奥地利的玛格丽特任摄政，257；列日主教区的临时解决办法，257；查理成为尼德兰统一的纽带，256—257

与哈布斯堡帝国：各省对君主的关系，323；新世界金银的输入引起价格上涨，453；与西班牙殖民地的贸易，454；荷兰对罗马教廷划分新世界提出异议，458；西班牙的不宽容政策和呢绒贸易上的损失，462—463；荷兰的探险航行，在东印度群岛的扩张，468—469

Neville, George, 内维尔，乔治，约克大主教，他的希腊语知识，108

New Cadiz, 新加的斯，西班牙移民地，436

Newcastle upon Tyne, 泰因河畔纽卡斯尔，中世纪煤的贸易，38

Newfoundland, 纽芬兰
  渔业、盐业和航海供应，465
  卡蒂埃曾在此探险，（1534年）466

New Seville, 新塞维利亚，西班牙移民地，435

New Spain, 新西班牙，见 Mexico

Nicholas V, Pope (Thomas of Sarzana), 尼古拉斯五世，教皇（萨尔扎纳的托马斯），76

Nicholas of Cusa (Nicholas Krebs Cusanus), 库萨的尼古拉斯（尼古拉斯·克莱布斯·库萨努斯），红衣主教，65，105，115，119

Nicopolis, 尼科波利斯，奥斯曼行省，404

Nicuesa, Diego de, 尼奎萨，迭戈·德，贝拉瓜移民地，436，437

Niger, 尼日尔河，47

Nigeria, 尼日利亚，葡萄牙人的航行，422

Nile, 尼罗河，与几内亚沿岸的探险，422

Nominalism, 唯名论与自然科学，2
  唯名论与唯实论之争，113，116

Non, St, 诺恩，圣，布列塔尼的《圣诺恩传》，192

Norrland (Sweden), 诺尔兰（瑞典），22

North Carolina, 北卡罗来纳，法国殖民地，466

North Sea, 北海，24—25
  渔场，41

Norway, 挪威，15世纪时的疆界，22

Norwich, 诺里奇，人口，43

Novara 诺瓦拉，归还给米兰（1495年），353

Novara, 诺瓦拉，瑞士人拒绝在该地作战（1500年），206，357；诺瓦拉战役（1513年），142，207，297，362

Nova Zembla, 新地岛，荷兰人来到此地（1584年），468

Novgorod, 诺夫哥罗德，22，44
  被伊凡大帝吞并，368，369，370

Novo Brdo (Serbia), 新布尔多（塞尔维亚），39

Noyon, Treaty of, 努瓦荣条约（1516年），217，254

Nuñez, Hernan, 努涅斯，埃尔南，西班牙人文主义者，121，123

Nürnberg, 纽伦堡, 208, 313
　　该地的文化和人文主义, 67, 68, 69, 117, 158—159, 165

Occam, William of, 奥康姆的威廉, 奥康姆主义, 19, 113, 122
Odasi, Tifi, 奥达西, 蒂菲, 意大利诗人, 他的《马卡罗尼亚》, 174
Oder, 奥得河, 22, 23
Oecolampadius, John, 奥科兰帕迪乌斯, 约翰, 与希腊文《新约》的研究, 119
Ogané, 奥格涅, 贝宁酋长的宗主, 被认为即祭司王约翰, 423
Oka, 奥卡河, 21
Olaus Magnus, map of, 奥拉乌斯·马格努斯的地图, 22
Olid, Cristobal de, 奥利德, 克里斯托瓦尔·德, 444
Opicio, Giovanni, 奥皮乔, 乔瓦尼, 与英国的人文主义, 107
Oran, 奥兰, 319
　　卡斯蒂利亚征服（1509—1510 年）, 340
Orange Chalon, Claude of, 奥朗日—夏隆的克洛德, 与拿骚的亨利结婚, 253
Orders knightly and military, 骑士团和军功团, 69
　　在费迪南德和伊萨贝拉的西班牙, 6; 大首领职位和地产被国王兼并, 329, 330, 334, 449; 罗马教皇将其赐给查理五世, 330
　　阿尔坎塔拉骑士团, 330, 434
　　战友骑士团, 23

　　卡拉特拉瓦骑士团, 330
　　《骑士团》, 53
　　嘉德骑士团, 59
　　金羊毛骑士团, 59, 240, 246, 248, 252; 为马克西米连所恢复, 330; 与承认马克西米连为查理大公的摄政, 233; 扩大到西班牙, 254
　　圣约翰骑士团, 与杰姆的被囚禁, 397—398; 又见 Rhodes
　　圣米歇尔骑士团, 59
　　条顿骑士团, 24, 194; 与波兰王室的关系, 378—381; 世俗化, 381
Orders, religious, 教派
　　15 世纪的分裂倾向, 11
　　第五次拉特兰公会议的立法, 92—93
　　在西班牙的改革, 333
　　奥古斯丁教规, 64, 91, 112
　　蒙太古派, 307
　　本尼狄克派, 333
　　多明我会, 333; 与禁止研究希伯来文, 120; 与新世界印第安人的权利, 438
　　圣芳济会, 其改革和在西印度群岛的工作, 333
　　哲罗姆派（圣哲罗姆修士）, 333
　　米尼姆派修士（帕奥拉的圣弗朗西斯）, 307
　　玛利亚仆会（仆人会）, 138
　　圣维克托派, 112
Ordoñez, 奥多涅斯, 西班牙艺术家, 与文艺复兴的影响, 168
Orinoco, 奥里诺科河与寻求人间天堂, 422
　　被哥伦布发现, 433
Orizaba (Vera Cruz), 奥里萨巴（维拉

克鲁斯州), 440

Orleans, house of, 奥尔良王室, 10, 343

Orleans, Louis, duke of, 奥尔良公爵, 路易, 见 Louis XII, king of France

Orrnuz, 霍尔木兹葡萄牙的占领（1515年）, 427

 在葡萄牙与阿拉伯的贸易中, 448

Orsini family, 奥尔西尼家族, 280, 352, 366

Orsza, battle of, 奥尔萨战役（1514年）, 380

Orvieto, 奥尔维耶托大教堂, 该教堂中西诺列里的作品, 138

Osona, Rodrigo de, 奥松纳, 罗德里戈·德, 西班牙画家（父与子）, 他们作品中的意大利影响, 169 'Ossianic' ballads, "莪相"民谣, 191

Otranto, 奥特朗托, 奥斯曼土耳其占而复失（1480年，1481年）, 264, 336, 348

Ottoman Turks, 奥斯曼土耳其, 3, 10, 221, 264

 独裁政体的发展, 9

 征服东南欧, 32—33

 与东方贸易路线, 46

 与罗马教廷的关系, 78, 80, 265

 进入克罗地亚和施蒂里亚, 200

 苏里曼对匈牙利的进攻, 392—394; 在莫哈赤的胜利（1526年）, 222

 奥特朗托占而复失（1480年，1481年）, 264, 336, 348

 基督教国家与之合作, 264—265

 军事组织, 280—281（又见 Janissaries）; 海上力量, 287, 288, 402, 404, 418

 与西班牙的费迪南德的冲突, 与法国联盟, 340

 15世纪后期与匈牙利和波希米亚的关系, 375—376

 在穆罕默德二世统治下得到巩固, 395—396

 威尼斯战争（1463—1479年）, 395, 396;（1498—1502年）, 281, 402—404

 与波斯的战争, 281, 396, 411—413; 受到"萨法威亚"成长的威胁, 404—406

 与麦木鲁克的埃及在吉里吉亚的战争（1485—1490年）, 396, 399—401;（1515—1517年）与征服叙利亚和埃及, 413—418

 杀害男性争夺王位的对手合法化, 396

 巴耶济德和杰姆之间的继承权之争, 396—398

 谢里姆和艾哈迈德之间的内战, 406—411

 在巴耶济德统治下对东欧的进攻, 398—399, 402

 控制和治理库尔德斯坦, 412—413

 在威尼斯战争后与基督教徒的关系, 418

Ovando, Fray Nicolas de, 奥万多, 弗雷·尼古拉斯·德, 他对伊斯帕尼奥拉的治理, 434

Ovid, 奥维德, 104, 180

 佩鲁奇在法尔内斯别墅的壁画, 147

 《奥维德醒世谭》（1484年）, 157

 与天主教斯拉夫文学, 192

Oviedo, 奥维多, 48

Oviedo y Valdes, G. F. de, 奥维多—巴

尔德斯，德

　论伊斯帕尼奥拉的工业，434

　论巴尔沃亚的性格，436

　他出使巴拿马，438

Oxford Univevsity of，牛津大学人文主义在该校的发展，63，68，106，108，110—111

　15世纪下半叶传统主义根深蒂固，51及注

Pace, Richard，佩斯，理查德，英国驻罗马使节，论罗马教廷的腐败，89

Pacheco, Duarte，帕切科，杜阿尔特，在卡布拉尔的印度探险中，426

Pacific Ocean，太平洋，巴尔沃亚的探险队曾经到达（1513年），437

Padua，帕多瓦，2，47，214

　威尼斯的控制，46

　被包围（1509年），214，282，285

Padua University of，帕多瓦大学，67，96，100，101，102

Paiva, Afonso de，派瓦，阿丰索·德，葡萄牙探险家，423

Palaeologus family，帕莱奥洛格家族，在摩里亚，395

Palatinate, the，巴拉丁领地，在兰茨胡特继承权战争中，211

Palatine, Lewis, elector，巴拉丁选侯，路易，218—219

Palatine, Philip, elector，巴拉丁选侯，菲利普，21

Palatine, Rupert, count，巴拉丁伯爵，鲁佩特，在兰茨胡特继承权战争（1504年）中战败被杀，211，212

Palencia, Alfonso Hemandez de，帕伦西亚，阿隆索·埃尔南德斯·德，卡斯蒂利亚的亨利四世的拉丁文秘书，121—122，181

Palermo，巴勒莫，47

Palladio, Andrea，帕拉迪奥，安德烈亚，建筑家，131，132

Pamplona，潘普洛纳，328

Papacy，罗马教廷

　状况，及其衰落，8，12，77，80，89，93—94，264

　与奥斯曼土耳其的交往，10，78，94，265，398

　与公会议运动，11，12，51，82—84，94

　与法国君主的关系，12，80，81—86；波洛尼亚政教协议（1516年），85—86，365

　与英国君主，12

　在阿维尼翁，12，57

　德意志的反对，13

　美第奇家族在罗马的影响，16

　用人唯亲的现象，76—77，79—80，355—356，363；与权力的扩大，346—347

　教廷舰队，76，287

　绝对专制主义（《罪恶的》通谕），77，82，94

　恢复世俗的权力，81，359，361

　16世纪时为大众所崇敬，83

　税收，13，85—86，89，264，301，302

　就提供雇佣兵和瑞士达成的协定（1510年），206

　与十字军东征，264—265，又见 Crusades

外交，267—268

与法国在意大利的野心，297；从路易十二入侵中得见的好处，358；又见 Alexander Ⅵ；Italy (the invasions)；Julius Ⅱ

受到教会自立主义的攻击，301—304

与西班牙的关系，332—333

害怕威尼斯的扩张，345

支持昂儒对那不勒斯的权利要求，348

与弗拉拉和波洛尼亚的关系，348，349

在意大利扩大世俗权力，346—347，348，349，358—359，360—361

与那不勒斯的宗主权，347，349

Papal States，教皇国，31，51，72

 明矾制造业，32

 切萨雷·博尔贾与朱理亚二世恢复领土，81，358—359，361

 依靠雇佣军队，279

 教皇权威难以维持，346—347

Paradise, the earthly，人间天堂，与地理大发现的历次航行，422

Paris，巴黎

 人口，43

 神秘剧和道德剧，185

 印刷业，63，103，312

 集市，313

 意大利银行业，313

Paris, Treaty of，巴黎条约 (1498 年)，244，247；(1515 年)，232，253—254

Paris, University of，巴黎大学

 人文主义与该校中世纪传统的残余，63—64，68，103—106，308

 唯名论与唯实论之争，102—103

 印刷术，63，103

Parisio, Cataldo，帕里济奥，卡塔尔多，在科英布拉教学，125

Parlement of Paris，巴黎高等法院

 与教皇的司法权，85—86

 书记们上演神秘剧，185

Parliament in England，英国议会作为国王政府的工具，7

 15 世纪时下院的组成，52

Parma，帕尔马，47，139

 利奥十世让与弗朗西斯一世，365

Paso de Cortés，科尔特斯山口，440

Passau，帕绍，451 Paston family，帕斯顿家族，53

Pastoralism，游牧生活，31，316—317，434

Pastraña，帕斯特拉尼亚，他的拉丁语语法，125

Pater, Walter，佩特，沃尔特，论乔尔乔涅，150

Patervoradin，彼得沃拉丁，被奥斯曼土耳其所占领 (1526 年)，393

Paul, St，保罗，圣，伪造的与塞内卡的通信，105

Paul Ⅱ, pope (Pietro Barbo)，保罗二世，教皇 (彼得罗·巴尔博)，77，88

Pavia，帕维亚，48

Pavia, battle of，帕维亚战役 (1525 年)，148，337；炮兵决定胜负，284

Pavia, University of，帕维亚大学，125

Pedrarias，佩德拉里亚斯，见 Ávila, Pedro Arias de

Pedro, Dom，佩德罗，堂，葡萄牙摄政，他的国外旅行，422

Pegu，勃固，葡萄牙与该地的贸易，427

Penez，彭茨，163

Peñón de la Gomera (North Africa)，戈梅拉岛的皮农 (北非)，卡斯蒂利

亚征服该地（1508年），340
Peraudi, 佩劳迪，红衣主教，罗马教廷驻德意志使节, 209
Percy family, 珀西家族, 7
Pereira, Solorzano de, 佩雷拉，索洛萨诺·德，论卡斯蒂利亚和阿拉贡的联合, 322
Peremysl, 佩列米斯尔，并入俄罗斯, 369
Perm, 彼尔姆，被伊凡大帝所征服, 368
Perotti, Niccolò, 佩罗蒂，尼科洛，他所写的文法书代替了中世纪的教科书, 96
Perreal, Jean, 佩雷阿尔，让，法国画家, 158
Persdotter, Ingrid, 珀斯多特，英格丽，她的《情书》, 191
Persia, 波斯
　在乌宗·哈桑统治下的发展, 396
　与奥斯曼土耳其：与威尼斯的联盟，与入侵安纳托利亚（1473年），396；与奥斯曼土耳其的战争, 411—413
　萨法威亚力量的发展, 404—406
　与麦木鲁克—奥斯曼战争, 413—416, 417
Persian Gulf, 波斯湾，葡萄牙的控制, 427
Peru, 秘鲁，西班牙的统治, 323
Perugia, 佩鲁贾, 132, 148, 346
　被朱理亚二世所征服, 81, 359
　15世纪的共和政府, 349
Perugino (Pietro Vanucci), 佩鲁吉诺（彼得罗·瓦努齐），意大利画家, 137, 138, 158, 168
　他所绘圣母像, 137

他作品中的寓言, 144
他为伊萨贝拉·德·埃斯特作画, 145
反映勃艮第宫廷的风格, 148
Peruzzi, Baldassare, 佩鲁齐，巴尔达萨雷，意大利建筑家, 131, 132, 133
他的古代建筑图样, 147
他在法尔内西纳别墅的作品, 147
Peseara, Ferdinando Francescod'Avalos, marquis of, 佩斯卡拉侯爵，弗尔迪南多·弗朗切斯科·德·阿瓦洛斯, 276
Peter I, the Great, 彼得大帝，俄国沙皇, 22
Peter Ⅳ, 彼得四世，阿拉贡国王, 338
Petit Jehan de Saintré, *Le*, 《小让·德·圣特列》, 见 de la Sale, Antoine
Petrarch, Francesco, 彼特拉克，弗朗切斯科, 1, 3, 14, 15, 58, 71, 147
他的人文主义与布鲁尼的人文主义的对比, 15—16
在阿维尼翁, 57
与西塞罗的"人性", 70
他的禁欲主义, 73
对彼特拉克主义的反动, 172
本博的版本, 177
他的《胜利》的法译本, 182
对天主教斯拉夫文学的影响, 192
Peuerbach, George, 波伊尔巴赫，乔治，德意志天文学家, 68
Peutinger, Konrad, 波廷格尔，康拉德，与德意志人文主义, 117, 119, 120
Pfalzgraf, 伯爵，见 Palatine, Rupert, count
'Philalites', "菲拉利特斯"，为布鲁日和约（1488年）辩护, 237
Philip I, 菲利普一世，"美男子"，卡

斯蒂利亚国王，勃艮第大公爵，199，204，233，234，256
与西班牙的胡安娜结婚，10，201，203，210，241，296，341
对艺术的保护，157
在尼德兰继承马克西米连，200
他的逝世（1506年），213，248，326
与勃艮第的玛丽所赐的特权，225
出生（1478年），230
在玛丽去世后为各省议会所承认，231
各省议会利用他作为反对马克西米连的挂名首脑，232
在马林受教育期间，234，237
1488年"联合"对他未成年期的规定，236
在尼德兰亲政，243—248
即卡斯蒂利亚王位，244—245，325—326
与法国和英国的关系，244—245，248
在西班牙（1501年，1506年），245，325—326
他的个性和声望，245—246
Philip Ⅱ，菲利普二世，西班牙国王，446
统一西班牙和葡萄牙（1580年），323，328，455，468；他对葡萄牙主权要求的根据，340
与玛丽·都铎结婚，342
停止与安特卫普的金银贸易，451
承认伊丽莎白为英国女王，459
在海外贸易中排斥英国，460，464
Philip Ⅳ，the Fair，菲利普四世，"美男子"，法国国王，6
Philip of Burgundy，勃艮第的菲利普，好人菲利普的私生子，见 Utrecht，

Philip，bishop of
Philippine lslands，菲律宾群岛，在麦哲伦的航行中，429 Philosophy，哲学
希腊学术的影响，100
柏拉图—亚里士多德之争，100
希伯来文的研究，102
在人文主义的意大利，100—102
唯名论与唯实论之争，113—116
又见：Averroes；Aristotle；Duns Scotus；Florence；Neoplatonism；Occam；Plato；Scholasticism；Thomas Aquina
Philostratus，菲洛斯特拉托斯，为阿方索·德·埃斯特画的绘画中表现了他作品中的情景，145
Piacenza，皮亚琴察，132，352，364
与神圣同盟（1511—1513年），363
Piacenza Giovanna，皮亚琴察，焦万纳，帕尔马圣保罗女修道院院长，被作为狄安娜绘入画中，146
Piast，house of，皮亚斯特王室，在波兰，370，385
Picardy，皮卡迪，25，229
Pico della Mirandola，Giovanni，皮科·德拉·米兰多拉，乔瓦尼，意大利人文主义者和哲学家，88，100，105，116—117，182
与宗教人文主义，16，55
与神秘主义，63
他思想中的中世纪成分，75，101
他的虔诚，97
他的百科全书主义，101
Pietrasanta，彼得拉桑塔，向法国投降（1494年），352
Pins，Jean de，潘，让·德，与希腊文

研究，105
Pinturicchio（Bemardino Betti），平图里乔（贝尔纳迪诺·贝蒂），169
 他在锡耶纳的壁画，141
 他在梵蒂冈的绘画，141—142
Pinzon, Vicente Yañez，平松，维森特·亚涅斯，与发现亚马孙河三角洲，428，435
Piracy, Pirates，私掠活动，私掠船员
 斯卢思的，239，242
 攻击西班牙船只，457—458，463
 阿尔及利亚的，467
Pirckheimer, Wilibald，皮克海默，维利巴尔德，德意志人文主义者，117
Pirenne, Henri，皮雷纳，亨利，论贵族控制根特，241
Pisa，比萨，47，203
 投降法国（1494年），352
 和佛罗伦萨的战争，354，362
Pistoia, Antonio da，皮斯托亚，安东尼奥·达，172，175
Pius Ⅱ, pope（Aeneas Sylvius Piecolomini），庇护二世，教皇（埃内亚·西尔维奥·皮克洛米尼），17，68
 致力于十字军东征，59
 与德国的人文主义，67
 文学作品，76—77
 与教皇专制主义，77，82
 性格和政策，81—82
 与派驻罗马教廷的使节，267
Pius Ⅲ, pope（Alessandro Farnese），庇护三世，教皇（亚历山德罗·法尔内塞），80
Pizarro, Francisco，皮萨罗，弗朗西斯科，444

Place – names，地名
 从地名上得到的证据，23，36，37，39
 与纺织业的名称，42
Plaine, Gérard de，普兰内，热拉尔·德，251
Plaine, Thomas de，普兰内，托马斯·德，247
 与森里斯和约（1493年），243
 与菲利普大公修改特权，243
 逝世（1507年），250
Plato，柏拉图，柏拉图主义，5，16，75，100，108，123，142，177
Plautus，普劳图斯，174，176
Pléiade, poets of the，七星社诗人，172
Pliny the elder，大普林尼，100
Pliny the younger，小普林尼，132
'Ploughman'，"耕田人"，暗杀柯本荷尔的农民，241
Pluralism，兼职现象，在德国，195
Plutarch，普卢塔克，147
Plymouth，普利茅斯，扣留西班牙运金银的船只（1568年），463
Po，波河，中世纪的河堤和灌溉渠，32
Poitiers, battle of，普瓦蒂埃战役（1356年），273
Poitou，普瓦图，25，26，41
Poland，波兰
 君主对贵族奴颜卑膝，8—9
 德意志的殖民，23—24
 "波兰走廊"，24
 文艺复兴的有限影响，191
 哈布斯堡在波兰的利益，221，378—380
 对莫斯科的战争，369，376—377，379—380，381

亚盖沃王朝，370—371
扬·奥尔布拉赫特与匈牙利—波希米亚的密切关系，374—375
与奥斯曼土耳其的关系，375—376，399，418
对立陶宛的关系，374—375，385
与法国路易十二联盟的计划，378
与神圣罗马帝国和条顿骑士团的关系，378—380
政体结构，382—385
15世纪的农民，384—385
鞑靼人的袭击和组织哥萨克人，393

Politian（Angelo Ambrogio da Poliziano），波利蒂安（安杰洛·安布罗焦·达·波利齐亚诺），意大利人文主义者，96，97，100，102，105，114，125，146，149，182
与反西塞罗主义，98
版本诠释，99
他的《奥尔甫斯》，175

Political institutions，政治机构奥地利，210，219—221
波希米亚，8—9，389—391
神圣罗马帝国，7—8；又见 Empire, Holy Roman：帝国的改革
英国，6，7，8，52
法国，6，7，8，56—57，297—300
匈牙利，8—9，385—389
意大利，6，9，31，69—70，343—349
尼德兰，9；又见 Netherlands, Burgundian：宪政和行政的变革
波兰，8—9，382—385
西班牙，6，322—325，328—332；西属美洲，323—324，437—438，443—444

瑞士联邦，9，34—35，204—205

Political theory，政治理论
中世纪与文艺复兴时期对比，5—6
诸侯的权力和法律，9，13
马基雅弗利对共和制和君主制的综合，16；他的政治著作，178；又见 Machiavelli
人文主义和对希腊城邦的研究，72
古典历史学家的影响，97

Pollaiuolo，波拉约洛，意大利艺术家
他对丢勒的影响，154
他为西克斯特四世所作陵墓，168

Polo, Marco，马可·波罗，2，421，422

Polotsk，波洛茨克，44

Pomerania，波美拉尼亚，23，24，25，381

Pomponazzi, Pietro，蓬波纳齐，彼得罗，意大利学者，88，97
与对亚里士多德的新见解，101

Ponce de Leon, Juan，庞塞·德·莱昂，胡安，对波多黎各的治理和试图
在佛罗里达移民，435

Poncher family，蓬歇家族，305

Pontano, Gioviano，蓬塔诺，焦维亚诺，97

Ponte di Crevola, battle of，克雷沃拉角战役（1487年），280

Pontormo（Jacopo da Carucci），蓬托尔莫（亚各布·达·卡鲁奇），138，152

Pontremoli, Nicodemo da，蓬特雷莫利，尼科代莫·达，弗朗切斯科·斯福尔扎的秘书，267

Popocatépetl, Mt.，波波卡特佩特尔山，440

Population，人口，50，456
　　15世纪和16世纪城市的人口，42—44，46，47
　　在法国的人口减少和恢复，26，308—309，310—311
　　16世纪西班牙的人口，316，318
　　与新世界的殖民，456—457
Portinari, Tommaso，波尔蒂纳里，托马索，157
Porto, Luigi da，波尔托，路易吉·达，论朱理亚二世和威尼斯使节的争论，360
　　在威尼斯战争中与马克西米连的关系，360—361
Portsmouth，朴茨茅斯，亨利七世的船坞，287
Portugal，葡萄牙
　　王朝统治，9
　　地理，28
　　人文主义，125—126
　　托罗战役（1476年），失去与卡斯蒂利亚统一的可能性，325
　　曼努埃尔一世的婚姻，西班牙的菲利普对葡萄牙的主权要求，339—340
　　与菲利普统治下的西班牙结盟，455，468
　　人口，456
　　海外扩张：探险航行的动机，2—3，421；15世纪和16世纪海上贸易，49；与西班牙瓜分新世界，79，332，340，424，429—430，430—431，455，458，466；封锁红海，反对埃及，414；扩张的中世纪背景，420—421；国王将殖民地贸易租让给商人，422，429；去印度的海路，421—422；西非洲的探险，430；用海军和陆军保护在印度的据点，427；巴西的航行，428—430；与西印度群岛的奴隶贸易，434，457；在东方实行的皇家专卖特许制度，448；东方贸易组织的弱点，447—448；欧洲市场，448—449；香料贸易，463—464；英国为参加殖民地贸易而斗争及其对西班牙叛乱的支持，464；又见 Africa; Brazil; Magellan

Portuguese language，葡萄牙语，179，182；又见 Literature, vernacular: 在西班牙和葡萄牙
Posts，驿站，271
Poynings, Sir Edward，波伊宁斯爵士，爱德华，斯卢思包围战（1492年）时的海上援助，242
Pragmatic Sanction of Bourges，布尔日国事诏书（1438年），7，12，85，186
　　废除（1516年），86，365
　　法国后来所持的态度，302—303
　　在教会自立主义宣传中加以利用，303—304
　　受到第五次拉特兰公会议的谴责，304
　　其失败的后果，304—305，306
Prato，普拉托，被西班牙占领（1512年），277，362
Preaching，传教活动，第五次拉特兰公会议和对传教活动的控制，93
Pressburg, Treaty of，普雷斯堡条约（1491年），374
Prester John, legend of，祭司王约翰的

索　引

传说，421，422，423
Prie, René de, 普里，勒内·德，红衣主教，与教会自立主义，303
Printing, 印刷
　对这一发明直接效果的夸大看法，4，53
　作为公众笃信宗教的标志，89—90
　教会的控制，92
　与古典作品的广泛流传，95—96，100，115—116
　在索邦神学院，103
　在法国，104，312
　人文主义在英国影响的早期痕迹，106
　作为文学趣味的证明，112
　共同生活弟兄会，112
　在卢万，113
　在德意志，115—116
　在斯堪的纳维亚，121
　作为人文主义在西班牙的证据，122
　丹麦的第一个印刷品，191
　介绍到冰岛，191
　布列塔尼的第一个印刷品，191
　威尔士的第一个印刷品，192
　对德意志民族主义的刺激，194
Pripet marshes, 普里佩特沼泽地，22
Proclus, 普罗克洛斯，利纳克尔翻译的《天体论》，109
Provence, 普罗旺斯，为法国所取得（1481 年），262
Prussia, 普鲁士，25
Przemyslide dynasty, 普热美斯尔王朝，波希米亚的，370
"Pseudo - Phalaris", 《法拉里斯伪书信》，阿雷蒂诺的译本，106

Pskov, 普斯科夫，44
　为沙皇瓦西里四世所征服，369，370
Ptolemy, 托勒密，地理学家，2，420，422
Publicio, Jacopo, 普布里西奥，雅各布，与德意志和葡萄牙的人文主义，116，125
Puebla, Roderigo de, 普埃夫拉，罗德里戈·德，西班牙驻英国使节，272
Puerto Rico, 波多黎各，西班牙发现该地并移民，432，435
Pulei, Luigi, 浦尔契，路易吉，意大利作家，172，174
　他的《巨人摩尔干提》，173；法文译本，182

Quebec, 魁北克，尚普兰创建（1608 年），467
Quetzalcoatl, 魁扎尔科亚特尔，托尔特克人神话中的英雄之神，441
Quinze Joyes de Mariage, 《十五桩结婚喜事》，184

Rabelais, Francois, 拉伯雷，弗朗索瓦，3—4，103，170
　与奥达西的《马卡罗尼亚》，174
Racova, 拉科瓦河，396
Radisson, Pierre Esprit, 拉迪松，皮埃尔·埃斯普里，在赫德森湾公司服务，445
Raffaele, 拉斐尔，见 Raphael Ragusa, 拉古萨，48
　1500 年前后的文化地位，192
Ramazan - oghlü, 拉马赞奥卢，土库曼部落，399，400，415
　奥斯曼承认其特权，417

Ramusio, Girolamo, 拉穆西奥, 吉罗拉莫, 他的阿拉伯文研究, 102
Ranke, L. von, 兰克, 利·冯, 德国历史学家, xx, 1
Rapallo 拉巴洛战役（1494 年）, 289, 352
Raphael（Raffaele Sanzio da Urbino）, 拉斐尔（拉斐尔·圣齐奥·达·乌尔比诺）, 画家、雕刻家和建筑家, 127, 130, 131, 133, 141, 148; 151
　与罗马古代文物, 99, 130
　建筑方面的工作, 132
　处理古典题材的方法与波提切利的相比较, 133
　他的圣母像, 137
　他的风格中所反映的神态的变化, 138—139
　梵蒂冈厅室的壁画, 142—144
　法尔内斯别墅的《丘比特和普赛克》组画, 146
　他的逝世（1520 年）, 146
　在圣阿戈斯蒂诺教堂和大众圣玛利亚教堂中的壁画（罗马）, 147
　他的肖像画, 148—149, 朱理亚二世的肖像画, 81
Rassenghem, lord of, 拉森海姆勋爵, 见 Vilain, Adrian
Ravenna, 拉文纳, 48
Ravenna battle of, 拉文纳战役（1512 年）, 289, 297, 327, 361; 炮术决定了胜负, 283, 284
Rederijers, Rederijerskamers, 修辞家, 修辞院
　与尼德兰文学中的形式主义, 170
　与道德剧和奇迹剧, 189

Red Sea, 红海, 葡萄牙对埃及的封锁, 414, 427
　拟议中连接地中海的运河, 467
Reformation, 宗教改革
　路德和伊拉斯谟的"中间道路", 19
　教育暂时被打断, 4
　与人文主义的关系, 126
　与加强反对哈布斯堡的优势, 444, 469
　又见 Luther
Regensburg, 雷根斯堡, 161
Regensburg, battle of, 雷根斯堡战役（1504 年）, 211
Reggio, 勒佐, 169
Regiomontanus, 雷乔蒙塔努斯, 德意志学者（约翰·米勒）, 68, 119
　他编辑的马尼利乌斯著作, 118
Religion, 宗教
　在人文主义中的地位, 16, 18—19, 55—56, 64—65, 68, 97—98, 112—113, 126
　在英国表现出的虔诚, 89—90
　在艺术中, 137—142, 145—146, 163—165
　在波希米亚的分歧, 389—391
　新世界的土人的, 439
　西班牙的不容忍政策和对英国的经济压力, 460; 在尼德兰的影响, 462
　又见 Church; Heresy; Inquisition; Islam, J-ews; Luther; Mysticism; Philosophy; Reformation
Rély, Jean de, 莱利, 让·德, 昂热主教, 与教会改革, 307
Renaissance, 文艺复兴
　作为历史的转折点: 对这种观点的

批评，1—4

意大利的"异端"，5，147

意大利精神的延迟扩散，13—14

政治发展和文化发展的对比，61

意大利一直处于领先地位，75

"盛期文艺复兴"与"早期文艺复兴"相对比，127

又见 Arts in the Renaissance；Humanism

Renée of France，法国的勒内，路易十二之女，计划将她嫁给查理五世，253，254

Resende, Garcia de，雷森迪，加西亚·德，他的《诗歌总集》，179

Reuchlin, John，罗伊希林，约翰，德国人文主义者，109，117

他的希腊文学识，119—120

他对希伯来语的热情，120

作为路德的先驱，188

Rhenanus, Beatus，莱纳努斯，比亚图斯，与德国人文主义，117，118，126

Rhetoric，修辞学，剑桥的新教学法，108

Rhétoriqueurs，修辞诗派，在法国文学中，59—60，170，182—183

Rhine，莱茵河，24

Rhodes，罗得岛

城防工事的发展，282

奥斯曼的占领（1521年），392

受到穆罕默德二世的攻击，418

对杰姆的监禁，397

Riario family，里亚里奥家族，与罗马教皇重用亲属，347

Ribault, Jean，里博，让，与法国在佛罗里达的移民地，466

Riccio, Andrea，里乔，安德烈亚，他的青铜作品和塑像，136，147

Richard Ⅱ，理查二世，英国国王，6，12

Richard Ⅲ，理查三世，英国国王，6，103，287，295

Richard of St Victor，圣维克托的理查德，神秘主义作家，105

Ridaniyya，里达尼亚，在奥斯曼向开罗进攻中的战役（1517年），417

Riemenschneider, Tilman，里门施奈德，蒂尔曼，雕刻家，158

Riga，里加，44

Riga, Gulf of，里加湾，23

Rio Grande de Norte，北里奥格朗德，可能是在韦斯普奇第一次航行中发现的，428

Riva，里瓦，217

Roberval, Jean de la Rocque，罗贝伐尔，让·德·拉·罗克，法国驻加拿大总督，466

Roias, Fernando de，罗哈斯，费尔南多·德，西班牙作家，193

他的《塞莱斯蒂娜》，180—181

Roldán, Francisco，罗尔丹，弗朗西斯科，与在圣多明各反对巴托洛梅，哥伦布的叛乱，433

Rolin, Nicholas，罗兰，尼古拉斯，勃艮第大法官，252

Roman de la Rose，《玫瑰传奇》，2，53

其影响在法国经久不衰，182，187

Romano, Giulio，罗马诺，朱理奥，建筑家，132—133

Romansch language 罗曼什语，35

Rome，罗马，155，175，200

米开朗琪罗在西斯廷小教堂的壁画，

16，139—141

君士坦丁大堂，76

圣彼得大教堂的建筑，76，88，94

作为文化中心，131

拉斐尔在梵蒂冈厅室的壁画，142—144

洗劫（1527年），278

Rome, Academy of, 罗马科学院，96

Rood, Theodore, 鲁德，西奥多，牛津的出版家，106

Roovere, Anthonis de 鲁维勒，安东尼斯·德，佛兰德作家，189

Roselli, Cosimo, 罗塞利，科西莫，意大利画家，139

Rosenberg, 罗森贝格，见 Svihovsky, Bretislav

Rosenplüt, Hans, 罗森普律特，汉斯，德意志作家，187

Rossetti, Biagio, 罗塞蒂，比亚焦，意大利建筑家，128，132

Rosso, Giovan Battista, 罗索，焦万·巴蒂斯塔，意大利画家，138

Rostock, 罗斯托克，44

Rostov, 罗斯托夫，21

Rotterdam, 鹿特丹，与水产贸易，41

Rouen, 鲁昂

大教堂，160

神秘剧和道德剧，185

市集，313

与水产贸易，465

Roumanians, 罗马尼亚人，他们在特兰西瓦尼亚移民引起的争执，38

Rous, John, 劳斯，约翰，英国古文物家，106

Roussillon, 鲁西荣

由阿拉贡割让给法国，340—341

归还阿拉贡（1493年），296，351

Rovereto, 罗韦雷托，217

Rožmital, 罗兹米达，见 Lev, Zdeněk

Rucellai, 鲁切莱，意大利诗人和剧作家，172，175

Rumdi, 鲁梅利，奥斯曼行省，411

Rum－Rü, 鲁木吕，土库曼部落，405

Russia, 俄国

莫斯科大公得势掌权，9

地理和经济，21

从鞑靼人手中解放，21—22，368

修道生活，21

15世纪下半叶的扩张，22

伊凡大帝和瓦西里一世时的成长和发展，368—370；伊凡对波兰－立陶宛的战争，369，376—377

俄罗斯"遗产"：莫斯科作为"第三个罗马"，369

国家教会的独立，369

瓦西里和伊凡雷蒂继续执行伊凡大帝的政策，370

Rustici, Gianfrancesco, 鲁斯蒂奇，詹弗朗切斯科，意大利雕刻家，152

Ruthenia, 罗塞尼亚，为鞑靼人所洗劫，393

Ryazan, 梁赞，并入俄罗斯国家，368，369

Rym, William, 里姆，威廉，根特的元老，与尼德兰反对马克西米连，231

Saale, 萨勒河，23

Sabac, 沙巴茨，被奥斯曼土耳其占领（1521年），392

Sabadinno, Giovanni, 萨巴迪诺，乔瓦尼，他的小说，178

Sablé, Treaty of, 萨布勒条约（1488年），295

Sachs, Hans, 萨克斯, 汉斯, 与戒斋节剧, 187

Safawiyya, 萨沙威亚, 成长过程, 与对奥斯曼统治的威胁, 404—406, 411; 在泰克的叛乱（1511年）, 406, 408; 又见 Persia

Sagredo, Diego de, 萨格雷多, 迭戈·德, 他的《古罗马建筑法式》, 168

'St Albans schoolmaster', "圣奥尔本斯教师", 印刷业者, 106, 108

St Andrews, University of, 圣安德鲁斯大学, 创立, 111

St Ann's Bay, 圣安娜湾, 牙买加, 435

Saint - Aubin - du - Cormier, 圣奥班迪科米埃战役（1488年）, 295

St Bernard pass, 圣伯纳德山口, 207

Saint - Denis, 圣但尼, 该地的集市, 313

Saint - Gelais, Octovien de, 圣热莱, 奥克托文·德, 他的《埃涅阿斯纪》译本, 182

Saint Germain - des - Prés, 圣日耳曼德普雷, 该地的集市, 313

St Gotthard pass, 圣哥特哈德山口, 206

St John's College, 圣约翰学院, 剑桥, 创立, 111

St Juan d'Ulloa, 圣胡安德乌略亚, 霍金斯的海上战斗（1567年）, 457

St Lawrence river, 圣劳伦斯河, 法国人的探险, 466, 467

Saint - Omer, 圣奥梅尔, 25

St Paul's School, 圣保罗学院, 106, 107, 109

Saint - Trond, Treaties of, 圣特隆德条约（1518年）, 257

Saint - Victor, 圣维克托修道院, 307

"St Wenceslas, Treaty of", "圣文策斯拉斯条约", 390

Salamanca, 萨拉曼卡, 48

Salamanca, University of, 萨拉曼卡大学, 121, 122, 123, 125

Salazar family, 萨拉查家族, 305

Salemitano, Masuccio, 萨莱尼塔诺, 马苏乔, 意大利作家, 他的小说, 178

Salerno, 萨莱诺, 47

Salins, battle of, 萨朗战役（1493年）, 198—199

Sallust, 萨卢斯特, 103, 122

Salutati, Coluccio, 萨卢塔蒂, 科卢乔, 1

Salvaggio, house of, 萨尔瓦焦家族, 热那亚银行家, 334

Salzburg, 萨尔茨堡, 43

Samothrace, 萨莫色雷斯岛, 并入奥斯曼帝国（1455—1456年）, 395

San Casciano, 圣卡西亚诺, 178

Sandoval, Tello de, 桑多瓦尔, 特略·德, 444

Sangallo, Antonio da, 圣加洛, 安东尼奥·达, 意大利建筑家, 131, 133

Sangallo, Giuliano da, 圣加洛, 朱利亚诺·达, 意大利建筑家, 128, 130, 131, 132, 160

San Leocadio, Paolo da, 圣莱奥卡迪奥, 保罗·达, 意大利画家, 169

Sanmicheli, Micheli, 圣米凯利, 米凯利, 意大利建筑家, 131

Sannazzaro, Jacopo, 桑纳扎罗, 雅各

布，意大利诗人，104

他的《阿卡迪亚》，149，172

San Pedro, Diego de, 圣·佩德罗，迭戈·德，西班牙作家，180

Sansepolcro, Cinzio da Borgo, 圣塞波尔克罗，钦齐奥·达·博尔戈，意大利人文主义者，116

San Severino, Antonelli di, 圣塞韦里诺，安东内利·迪，萨莱诺亲王，劝查理八世入侵意大利，350

San Severino, Galeazzo di, 圣塞韦里诺，加莱亚佐·迪，在路易十二对意大利的入侵中，356，357

Sansovino, Andrea, 圣索维诺，安德烈亚，意大利建筑家，131，135

Santaella, Maese Rodrigo de, 圣埃利亚，马埃塞·罗德里戈·德，西班牙人文主义者，他的《基督教义词汇》，123

Santa Maura, 圣毛拉岛，在威尼斯—奥斯曼战争中，404

Santo Domingo, 圣多明各，437

巴托洛梅·哥伦布建立移民地，433；移民的反叛，433

Sapienza, 萨皮恩扎岛，奥斯曼土耳其在此击败威尼斯（1499年），403

Saragossa, 萨拉戈萨，48，336；萨拉戈萨条约（1529年），429

Sardinia, 撒丁，318，319，323，337

Sarukhan, 萨鲁罕，奥斯曼行省，407，410

Sarzana, 萨尔察纳投降法国（1494年），352

包围战（1488年）366

Savona, 萨沃纳，路易十二和西班牙的费迪南德会晤（1508年），157，264，266，359

Savona, Lorenzo da, 萨沃纳，洛伦佐·达，意大利人文主义者，他的《新修辞学》，108

Savonarola, Girolamo, 萨沃纳罗拉·吉罗拉莫，55，78—79，97

他在佛罗伦萨的独裁，78—79；被交给教廷特派人员将他处死（1498年），354

他对15世纪绘画的攻击，137

他对艺术家的影响，138—139

与法国的入侵（1494年），352，354

Savoy, Margaret, duchess of, 萨伏依女公爵玛格丽特，见 Margaret of Austria

Savoy, Philibert the Fair, duke of, 萨伏依公爵美男子菲利贝尔，249

Saxony, 萨克森，24

Saxony, Albert of Meissen, duek of, 萨克森公爵，迈森的阿尔贝特，199，256

受雇于马克西米连担任尼德兰的军事指挥官，200，237，238，241，242；菲利普把弗里斯兰的权利割让给他作为报酬，248

Saxony, Frederick Ⅲ, the Wise, elector of, 萨克森选侯，弗里德里希三世，智者，48，211，219

与条顿骑士团，378，379

Saxony, George, duke of, 萨克森公爵，乔治，256

Scala, Bartolomeo, 斯卡拉，巴尔托洛梅奥，意大利人文主义者，97

他的反西塞罗主义，98

Scaligeri family，斯卡利杰尔家族，136，267
Scandinavia，斯堪的纳维亚，9
　政治地理，22
　受人文主义的影响较迟，121
　地方语文学，191
Schaffhausen，沙夫豪森，加入瑞士联邦（1501年），206
Schedel, Hermann and Hartmann，舍德尔，赫尔曼和哈特曼，与德国的人文主义，117
Scheldt，斯凯尔特河，233，234，246
　勃艮第的菲利普靠其税收筹款，247—248
Schernberg, Dietrich，舍尔恩贝格，迪特里希，他的《尤塔夫人的表演》，187
Schinner, Matthias，希内尔，马蒂亚斯，红衣主教，锡昂主教，207
　与瑞士干涉意大利，361—362，364
　与弗里堡永久和约，364
Schlettstad，施莱茨塔德，116
Schmalkaldic War，施马尔卡尔登战争，451
Scholasticism，经院哲学，68，69，100
　衰落，51，102—103，307
　在15世纪的巴黎，63
　在美国的大学中继续存在，110
　与人文主义，119，120
　在15世纪的萨拉曼卡，122
　与文学中的形式主义相平行，170
Schongauer, Martin，施恩告尔，马丁，画家和雕版师，154
Schott, Peter，朔特，彼得，与德国人文主义，117，119

Schwyz，施维茨，瑞士的州，204
Science，科学，自然科学，为人文主义者所忽视，2，50
　15世纪德意志取得的进展，68
　维尔尼亚把物理学和形而上学分开，101
Scorel, Jan van，斯科勒尔，扬·范，访问意大利，155
Scotland，苏格兰
　没收教会财产，13—14
　意大利人文主义有限的影响，111
　苏格兰文学，190
　盖尔语文学，191
　海上力量，287，288
Scotus，司各脱，见 Duns Scotus
Scutari，于斯屈达尔，414
　为奥斯曼土耳其所占领（1478—1479年），395
Sebaldus, St，塞巴尔杜斯，圣，纽伦堡的神龛，158—159
Sebastian，塞巴斯蒂昂，葡萄牙国王，421，449
Sebenico，塞本尼科，为威尼斯所占，402，403
Seeley, Sir John，西利爵士，约翰，xi-ii，xiv
Selden, John，塞尔登，约翰，论传统，xviii
Selím，谢里姆，奥斯曼苏丹，375
　继承巴耶济德和内战，406—411
　进攻萨法威亚领土（1505—1508年），407
　屠杀安纳托利亚什叶派教徒，411
　对波斯的战争，411—412
　扩大对库尔德斯坦的控制，

412—413
征服叙利亚和埃及，413—418
与基督教大国的关系，418
逝世（1520年），性格和业绩，418—419
Sellyng, William, 塞林, 威廉, 坎特伯雷基督教堂副修道院长, 他的希腊文造诣, 101
Semendria, 塞门德里亚, 奥斯曼行省, 395, 398, 408, 409
Seneca, 塞内卡, 118
与意大利戏剧, 174—175
Seneor, Abraham, 塞尼奥, 亚伯拉罕与费迪南德和伊萨贝拉的婚姻, 321
军队供应的合同, 337
Senlis, Treaty of, 森里斯条约（1493年）, 199, 200, 232, 242—243, 296, 351
Sens, 桑, 宗教会议, 与改革, 306
Serbia, 塞尔维亚, 并入奥斯曼帝国（1459年）, 33, 395
Serbopoulos, Johannes, 塞尔博普洛斯, 约翰内斯, 希腊流亡学者, 与抄写希腊原文的手稿, 108
Serejsk, 谢列斯克, 并入俄罗斯国家, 369
Serfs, 农奴, 解放, 309—310
Seville, 塞维利亚, 48
红衣主教门多萨之墓, 168
人口, 318
贸易署和对外贸易, 318, 324, 438, 453, 456
成立宗教裁判所, 335
被西班牙占领（1248年）, 420
英国商人殖民地, 457

格雷欣在1554年的使命, 461
Seville, bishopric of, 塞维利亚主教区, 驱逐犹太人, 337
Seyssel, Claude, 赛塞尔, 克洛德, 论法国农业的恢复, 26
Sforza family, 斯福尔扎家族, 348
Sforza, Bianca Maria, 斯福尔扎, 比安卡·玛丽亚, 与马克西米连一世结婚, 200
Sforza, Bona, 斯福尔扎, 博纳, 见 Bona
Sforza, francesco, 斯福尔扎, 弗朗切斯科, 米兰公爵, 136
与洛迪和约（1454年）, 267, 344
继承维斯孔蒂, 344
Sforza, Galeazzo Maria, 斯福尔扎, 加莱亚佐·马里亚, 米兰公爵, 97
Sforza, Gian Galeazzo, 斯福尔扎, 吉安·加莱亚佐, 米兰公爵, 344, 350, 354—355
Sforza, Lodovico（"il Moro"）, 斯福尔扎, 洛多维科（"摩尔人"）, 米兰公爵, 205
与入侵意大利：寻求马克西米连的援助以反对查理八世（1496年）, 202—203；米兰得而复失, 为法国所占（1500年）, 206, 208, 263, 356—357；寻求法国援助以反对那不勒斯, 266, 296, 350；参加威尼斯同盟（1495年）, 332, 341, 351；与查理八世媾和（1495年）, 353—354
在米兰掌权, 344, 350, 354—355；马克西米连授与公爵领地（1495年）, 200

他在米兰的宫廷，355

绰号"摩尔人"，357 注

Sforza, Massimiliano, 斯福尔扎, 马西米利亚诺, 米兰公爵, 207

瑞士人安置在米兰, 362

为法国人所驱逐（1515 年），363—364

Shah Kuli, 沙库利, 萨法威亚的拥护者在泰克省叛乱的领袖（1511 年），406, 408, 409

Shahsuwār, 沙苏瓦尔, 阿尔比斯坦王子, 400

Shahsuwār - oghlü 'Alī, 沙苏瓦尔奥卢·阿里, 奥斯曼驻开塞利的总督, 412, 413, 415, 418

Shah Welī, 沙韦利, 领导什叶派叛乱反对谢里姆, 418

Shetland Islands, 设得兰群岛, 44

Shi'a, 什叶派, 伊斯兰教派, 404

在安纳托利亚信徒遭屠杀（1513 年），411

起义反对谢里姆（1518 年），418

Ships, Shipping, 船只, 船运型号, 在战争中的使用, 286—288, 420

波罗的海航海供应的重要性, 456

Shirwood, John, 舍伍德, 约翰, 达勒姆主教, 他的希腊研究的造诣, 108

Shurur, 舒鲁尔战役（1501 年），与沙易司马仪征服波斯, 405

Siam, 暹逻, 葡萄牙与之贸易, 427

Sicily, 西西里, 318, 320, 323

在西班牙的费迪南德和伊萨贝拉的婚约中, 322

建立宗教裁判所, 337

在阿拉贡的阿方索五世遗嘱中规定脱离那不勒斯, 341

Sickingen, Franz von, 济金根, 弗朗茨·冯, 他的强盗骑士活动, 217

Siculo, Lucio Marineo, 西库洛, 卢乔·马里内奥, 与人文主义的历史编纂学, 121

Sierra Leone, 塞拉利昂, 葡萄牙人航海到达, 422 Siena, 锡耶纳, 48, 132

15 世纪的政府, 349

Sigismund of Luxemburg, 卢森堡的西吉斯孟, 皇帝, 267

Sigismund I, 西吉斯孟一世, 波兰国王, 222, 375, 376, 377, 378, 379

与选举查理大公为德意志王（1518 年），218—219

与巴尔巴拉·扎波利亚伊结婚, 与博纳·斯福尔扎结婚, 380—381

拒绝接受瑞典王位, 381

马佐夫舍并入波兰（1526 年），385

与奥斯曼对匈牙利的进攻, 393

Signorelli, Luca, 西诺列里, 卢卡, 意大利画家, 138, 149

Silesia, 西里西亚, 23

与波希米亚合并, 389

Siloe, Diego de, 西洛埃, 迭戈·德, 与西班牙艺术中的意大利影响, 168

Siloe, Gil de, 西洛埃, 吉尔·德, 与西班牙建筑雕刻的发展, 166

Simmern, Rupert von, 西默恩, 鲁佩特·冯, 斯特拉斯堡主教, 195

Simplon Pass, 辛普朗山口, 364

Sinān Pasha, 息南帕夏, 奥斯曼的安纳托利亚总督（后为首相），411, 412, 414, 415, 416, 417

Sinope, 锡诺普, 为奥斯曼土耳其所占

（1461年），395
Sint, Jans, Geertgen tot, 圣詹斯, 吉尔特根·托特, 佛兰芒画家, 156
Sistine Chapel, 西斯廷教堂, 罗马, 16, 139—141
Sittow, Michel, 西多, 米歇尔, 卡斯蒂利亚的伊萨贝拉的宫廷画家, 168
Sivas, 瑟瓦斯（安纳托利亚）, 411
Sixtus, Ⅳ, pope (Francesco della Rovere), 西克斯特四世, 罗马教皇（弗朗切斯科·德拉·罗韦雷）, 77, 81, 138, 349
　与罗马科学院, 96
　与乌普萨拉大学的建立, 121
　波拉约洛所作的陵墓, 168
　与西班牙的教会, 333, 335—336
　为筹募十字军经费而颁发赎罪券, 333—334
　支持威尼斯反对弗拉拉（1482年），336
　与路易十二对那不勒斯的要求, 336
　重用亲属, 347
Skanderbeg (George Castriotes), 斯坎德培（格奥尔格·卡斯特里奥特斯）, 395
Skania (Sweden), 斯科纳（瑞典）, 22, 41
Skelton, John, 斯克尔顿, 约翰, 189—190
Slavery, 奴隶制禁止以被俘的基督教徒充任, 264
　在西属美洲, 433—434, 435, 436, 438, 456—458
Slavs, 斯拉夫人向西扩张, 22—23
　在奥斯曼帝国, 32—33

在波希米亚, 36
Slovakia, 斯洛伐克, 矿业, 39
Sluis, 斯卢思为克莱弗斯—拉文斯坦的菲利普所控制, 239
　包围和攻占（1492年），242, 245
Småaland, 斯莫兰, 22
Smeeken, Jan, 斯米肯, 扬, 189
Smolensk, 斯摩棱斯克, 44
　并入俄罗斯国家, 369, 381
Smyrna, 士麦拿, 46
Sodalitas Danubiana, 多瑙学会, 117
Sodalitas Literaria Rhenana, 莱茵文学会, 117
Soderini, Piero, 索代里尼, 皮耶罗, 他在佛罗伦萨的统治, 362
Sodoma, il (Giovanni Antonio Bazzi), 索多马, 伊尔（乔瓦尼·安东尼奥·巴齐）, 意大利画家, 138, 147
Soest, 苏斯特, 44
Sologne, 索洛涅, 25
Solothurn, 索洛图恩, 瑞士的州, 204
Solovetsky, 索洛维茨基, 21
Sophocles, 索福克勒斯, 114
Sorbonne, College of, 索邦神学院, 308; 印刷所, 103
Sots 黑人, 见 *Enfans sani scuci*
Southwell Minster, 索思韦尔大教堂, 2
Spagnoli, Battista, 斯帕尼奥利, 巴蒂斯塔, 见 Mantuan
Spain, 西班牙卡斯蒂利亚和阿拉贡的统一, 6—7, 28, 320—321; 一般作为转折点, 1; 与国王权力的增长, 6—7; 统一的结构, 322—325
　十字军精神的残余, 10
　对艺术的保护, 17, 165, 168—169

索 引

再征服的完成，28
地理和经济，28—30，29，316—317
摩尔人占领对自然和文化的影响，28，29—30
城市的发展和工业，48
人文主义，121—125，又见 Arts of the Renaissance（在西班牙）；Literature, vernacular（在西班牙和葡萄牙）
西班牙人的好战传统，260
15世纪末已做好侵略的准备，262
对意大利的干涉并不限于扩张到一定的自然边界，262
军事组织，263，278—279
使用使节，268
海军组织，287
人口，316，318，456
税收，316
羊毛贸易，317—318
加泰罗尼亚的衰落，318—320
费迪南德和伊萨贝拉结婚，320—321；婚约，321—322
哈布斯堡帝国的结构，322—325
加泰罗尼亚和阿拉贡的统一，323
镇压伊斯兰，324
葡萄牙的入侵和托罗战役（1476年），325
伊萨贝拉去世与菲利普和胡安娜在卡斯蒂利亚继位，325—326
菲利普去世和费迪南德返回，326
费迪南德兼并纳瓦尔，327—328
在菲利普二世治下与葡萄牙统一，455，468
Spain，西班牙，在费迪南德和伊萨贝拉统治时期，6—7

王权的集中，328—329
税收，329，334，449
对高级贵族采取的行动，329—330
兼并骑士团财产，329，330，334，449
秩序的恢复，330—331，449
王室对城镇的控制，331
国会的衰落，331—332
与罗马教廷的关系，332—333
"天主教国王"的称号，332
对教会各派的改革，333
赎罪券和神职人员给予的财政援助，333—334
委员会体制的开始，338—339
又见 Inquisition：Jews
Spain，西班牙，伊萨贝拉死后的对外关系
改变卡斯蒂利亚与法国的传统友谊，339，340—341；威尼斯同盟（1495年），341；收复那不勒斯，341—342；康布雷同盟（1508年）和神圣同盟（1511—1513年），342；从法国在意大利的胜利中获益，365
在北非的战役，339，340
与葡萄牙友好，339—340
与奥斯曼土耳其的冲突，340
与英国的关系，459，464
Spain，西班牙，海外扩张及其后果与葡萄牙瓜分新世界，79，332，340，424，429—430，430—431，455，458，466
收入，450—452；作为对福格家族的抵押，451；金银进口一览表（1503—1600年），452
金银进口引起的价格上涨，453

重商主义和为防止金银输出而做的
　努力，454；失败，459—460
在重商主义时代西班牙经济上的不
　利条件，456
吸收异国工人，459
对英国施加经济压力背后的宗教动
　机，460
英国对金银运输路线的袭击，463—
　464
反对哈布斯堡王室垄断海外贸易，英
　国、法国和荷兰的殖民，464—469
关于探险航行和西班牙殖民地见 A-
　merica；America（Spanish）
Spanish language，西班牙语，卡斯蒂利
　亚语占优势，178—179
Spavento, Giorgio，斯帕文托，乔
　治，129
Speyer, George，施佩耶尔主教，乔治，
　巴拉丁伯爵，作为兼职过多的例
　子，195
Spice Islands，香料群岛，447，468
　批准属葡萄牙（1529 年），429
Spieshaym, Johannes 施皮谢伊姆，约
　翰内斯，见 Cuspinian
Spinelly, Thomas，斯皮内利，托马斯，
　英国间谍，268
Sponheim, abbey of，斯彭海姆修道院，
　117
Srebenica (Bosnia)，斯雷布雷尼察（波
　斯尼亚），39
Stanbridge, John，斯坦布里奇，约翰，
　与拉丁语法教学，107
Standonck, Jean，斯坦敦克，让，18，
　80，103
　与蒙太古派的改革，307

Stephen 斯特凡，摩尔多瓦大公
　与承认波兰的宗主权，376，377，
　399，401—402
　对奥斯曼土耳其人的抵抗，396，399
Stettin，什切青，44
Stewart house of，斯图亚特王室，13
Stilfselioch pass，斯蒂尔夫塞约赫山
　口，207
Stockholm，斯德哥尔摩，22，44
Stoss, Veit，施托斯，维特，雕刻家，
　158，161
Strassburg，斯特拉斯堡，117，189
　人口，43
Strassburg, University of，期特拉斯堡
　大学，116
Strozzi family，斯特罗齐家族，138
Stubbs, William, bishop，斯塔布斯，
　威廉，主教，历史学家，xiii，xix
Styria，施蒂里亚，219，220，398
Suceava (Moldavia)，苏恰瓦（摩尔多
　瓦），402
Suetonius，苏埃托尼乌斯，148
Sulaimān the Magnificent，苏里曼大帝，
　奥斯曼苏丹，418
　对匈牙利的进攻与莫哈奇战役
　（1526 年），392—394
　治理埃及，417
Sully, Maximilien de Béthune, duc de，
　絮利公爵，马克西米连·德·贝
　图恩，与法国海外贸易的权利，
　466—467
Sulpizio, Giovanni，苏尔皮齐奥，乔瓦
　尼，他所著语法代替了中世纪的
　教材，96
Sundas，巽他群岛，葡萄牙与该地贸

易，448

Surigone, Stefano, 苏里戈内，斯特凡诺，人文主义学者，108, 113, 116

Svihovsky, Bretislav, 斯维霍夫斯基，布莱梯斯拉夫，罗森贝格的，波希米亚的天主教派领袖，391, 392

Swabia, 斯瓦本，205

Swabian League, 施瓦本联盟

与帝国的改革，198

对瑞士的战争（1499年），198, 205—206

与兰茨胡特继承权战争（1504年），198, 211

Sweden, 瑞典

15世纪的边界，22

德意志人和城镇的发展，44

本国语文学，191

波兰的西吉斯孟一世拒绝接受瑞典王位，381

Switzerland, Swiss Confederation, 瑞士，瑞士联邦

雇佣兵和军事传统，9, 260, 263, 278—279；与罗马教廷的协定（1510年），207；与法国的协定（1516年），207—208；步兵战术，284

地理、经济和政治组织，34—35, 204—205；各州的竞争是不团结的原因，204—205

从神圣罗马帝国得到解放，194；对施瓦本联盟的战争（1499年），198, 205—206；汉斯·瓦尔德曼与对抗哈布斯堡王室，205；瑞士对哈布斯堡的仇视，205；拒绝1495年的帝国改革，205；巴塞尔和约（1499年）和独立，206；巩固和扩张，206—207

与入侵意大利，203, 204；为查理八世效力（1494年），204；为路易十二和洛多维科·斯福尔扎双方效力，在诺瓦拉拒绝战斗（1500年），206, 356—357；与路易十二发生分歧，驱逐法国人（1513年诺瓦拉战役），206, 207, 216—217, 361, 362；保卫米兰，在马里尼亚诺战败（1515年），363—364

从法国手中夺取贝林佐纳，206, 263, 361

入侵勃艮第（1513年），207, 217, 252, 297

与法国媾和（1516年）和瑞士的中立，207—208, 364

Syria, 叙利亚

在奥斯曼—麦木鲁克战争中，396, 414；奥斯曼的征服和治理，415—416, 417

麦木鲁克政府不得人心，414

威尼斯的权利为奥斯曼土耳其所承认，418

Szeklers, 塞克勒人，移居特兰西瓦尼亚，38

Szerenees, 塞莱切什，见 Fortunatus Tabriz, 大不里士，397

在波斯—奥斯曼战争中，411, 412

Tacitus, 塔西陀，67, 118

《日耳曼尼亚志》与德意志爱国主义，18, 118

Tagliamento, 塔利亚门托河，403

Tagus, 塔古斯河，俘获汉萨同盟船

只，456

Talavera，塔拉韦拉，179

Talavera, Hemando de，塔拉韦拉，埃尔南多·德，托莱多大主教
　他容忍穆斯林的风俗和宗教，324
　在西班牙的费迪南德和伊萨贝拉治下改革税政，329

Tainos，泰诺人（伊斯帕尼奥拉的印第安人），433

Tardif, Guillaume，塔尔迪夫，纪尧姆，法国人文主义者，他和杰罗拉莫·巴尔博的纠纷，104

Taro, valley of，塔罗河谷，福诺沃战役的战场（1495年），353

Tarsus，塔尔苏斯，46
　在奥斯曼—麦木鲁克战争中，400，401

Tatars，鞑靼人
　俄罗斯的解放，21—22，368
　1241年的入侵，37
　帮助波兰反对俄国，377
　与土耳其人联盟进攻波兰，393，399，401
　屈服于奥斯曼土耳其，375，376，396
　与莫斯科结盟反对波兰，381
　在内战中支持谢里姆，408，410，411

Tassis family，塔西斯家族，他们经营的邮路，271

Tasso, Torquato，塔索，托尔夸托，意大利诗人，149

Tauter, Johannes，陶勒，约翰内斯，神秘主义作家，188

Tchaldiran, battle of，查尔德兰战役（1514年），411—412

Tehorlu，乔尔鲁，苏丹谢里姆死在该地（1520年），418

Tchorlu, battle of，乔尔鲁战役（1511年），409

Tekke，泰克，奥斯曼行省，405，407
　逐出什叶派教徒（1502年），406
　萨法威亚反奥斯曼土耳其的起义（1511年），406

Tekke—lü，泰克吕，土库曼部落，405

Temesvár，特梅斯瓦尔，匈牙利行省，398

Tenes, North Africa，特内斯，北非，卡斯蒂利亚所有，340

Tenochtitlán，特诺奇提特兰，阿兹特克首府，439，441
　被科尔特斯所占领并摧毁（1521年），442

Terence，泰伦提乌斯，108，174，180
　马基雅弗利译的《安德罗斯女子》，175
　法文译本，约1500年，182
　德文译本（1499年），188

Terjan，特尔詹，奥斯曼—波斯战争（1473年），396

Teschen, duchess of，切申女公爵，斯特凡·扎波利亚伊的遗孀，377，379

Tetzel, John，特茨尔，约翰，与出售赎罪券，88

Teutonic Order，条顿骑士团，378—379

Texcoco lake of，特斯科科湖（墨西哥），439

Thasos，萨索斯岛，并入奥斯曼帝国（1455—1456年），395

The Hague，海牙，审计院的独立，230，246

Theocritus，忒奥克里托斯，149

Thérouanne，塞洛昂，217

Thessalonica，塞萨洛尼卡，46

Thomas Aquinas, St，托马斯·阿奎那，圣，19，122

Thomas More, St，托马斯·莫尔，圣，见 More, Sir Thomas

Thom，托伦，44

Thom, Treaty of，托伦条约（1466年），380

Thuringia，图林根，24

Tieffen，梯也芬，条顿骑士团首领，378

Tifemate, Gregorio，蒂费纳特，格雷戈里奥，与巴黎的人文主义研究，103，104

Till Eulenspiegel，《梯尔·欧伦施皮格尔》，187—188

Tirol，蒂罗尔

  为马克西米连一世所得（1490年），199，203

  与格劳尔部族的纠纷（1498年），与瑞士对施瓦本联盟的战争，205—206

  在兰茨胡特继承权之战中（1504年），211，212

  马克西米连加强对行政的管理，219

  岁入，作为向福格家族借款的抵押，451

Tissard, Francois，蒂萨尔，弗朗索瓦，与巴黎的希腊语研究，104—105

Titian (Tiziano Vecellio)，提香（蒂齐亚诺·韦切里奥），意大利画家，127

  他的宗教画，137

  他的风格中古典的和幻想的成分，139

  他的《酒神节》，145—146

  他《天上的爱和人间的爱》中的新柏拉图主义，145—146

  他的《信仰的胜利》，147

  他的肖像画，149，169

  受查理五世的保护，153，169；受威尼斯德国商人的保护，156

Tlaxcala (Mexico)，特拉斯卡拉（墨西哥），帮助科尔特斯，441，442，443

Tokat (Anatolia)，托卡特（安纳托利亚），什叶派反对谢里姆苏丹的起义（1518年），418

Toledo，托莱多，48，168

  圣胡安·德洛斯·雷耶斯修道院，166

Toledo, archdiocese of，托莱多大主教区，扩大到西非，319

Toledo, Alonso de，托莱多，阿隆索·德，他的《史鉴》，181

Tolfa，托尔法，该地的明矾制造业，32

Tomco, Leonico，托梅奥，莱奥尼科，与帕多瓦的人文主义，96，100

Tomori, Paul，托莫里，保罗，考洛乔大主教，在莫哈奇战役中指挥匈牙利军队（1526年），394

Tordesillas, Treaty of，托德西利亚斯条约（1494年），与西班牙和葡萄牙瓜分新世界，424，425，429，431，455

  由萨拉戈萨条约（1529年）加以补充，429—430

Torghud，托古德族，土库曼部族，397，399，400，404

Tornabuoni, Giovanni，托尔纳博尼，乔瓦尼，意大利银行家，吉兰达约的保护人，137

Toro, battle of，托罗战役，（1476年），

166

与未能使卡斯蒂利亚和葡萄牙统一，325

Toros de Guisando, agreement of, 托罗斯德基桑多协定（1468年），与天主教徒伊萨贝拉继承卡斯蒂利亚王位，320

Torquemada, Thomas de, 托克马达，托马斯·德，卡斯蒂利亚和阿拉贡总宗教裁判官，77，337

Toscanelli Paolo, 托斯卡内利，保罗，意大利地理学家，约翰二世曾就向西到达印度的路线与他商量，423

Toulouse, 图卢兹，百花诗赛，186

Toumai, 图尔内

遭到根特各行各业所招军队的进攻（1477年），228

为亨利八世所占（1513年），228，252，256；归还法国（1519年），256

为查理五世重新占领（1521年），256

Tours, 图尔，302

大教堂，160

神职人员大会（1493年）和教会改革，306

丝绸工业，311

集市，313

Towns, 城镇

从波希米亚的矿工居住地发展而为城镇，39

中世纪时的发展，39—40

与欧洲西北部的纺织工业，42

为文艺复兴时期建筑家所尊重的中世纪式样，132—133

15世纪法国的城市重建，310—311

Trade and commerce, 贸易与商业 毛皮贸易，21（参见22）；加拿大的，466

英国对俄贸易，21

瑞士在中世纪时出口畜牧产品，35

中世纪的煤炭贸易，38

分为波罗的海和北海商业与地中海商业，40—41

香巴尼集市的衰落，40

14世纪和15世纪时贸易与商业的收缩，40

与中世纪的城市发展，40；在波罗的海，44—45

干鱼和咸鱼，41

粮食出口，41；从但泽出口，384

葡萄酒贸易，41；法国与英国的，27

木材和木材产品，41—42，456

羊毛，29，42，317—318，319

奢侈品，42

15世纪的地中海贸易，45—48；16世纪的地中海贸易，447，464

意大利向西北的海上贸易，47

与非洲的商队贸易，47

15世纪和16世纪时葡萄牙的贸易与商业，49；东方贸易的建立，422—423，447—449；组织欧洲市场，448—449；菲利普二世将香科贸易从英吉利海峡转移，464

德国的扩张（1350—1550年），66

福格家族和霍赫施泰特尔家族对铜的控制，197

15世纪时法国的扩张，310—311；里昂和对外贸易，312

卡斯蒂利亚垄断美洲贸易，324

奥斯曼土耳其人和黑海贸易的停顿，335

基督教徒重新征服伊比利亚半岛的后果，420—421

巴西的染料木贸易，429

奴隶贸易，434，436，457—458

来自波罗的海地区的海军军用物资，458

尼德兰的鲱鱼贸易，463

荷兰的东印度贸易，468—469

又见 Expansion（海外），扩张在欧洲的影响

Tramellio, Alessio, 特拉梅利奥, 阿莱西奥, 意大利建筑家，128

Transylvania, 特兰西瓦尼亚, 15 世纪时人种分布，37

Trastamara family, 特拉斯塔马拉家族, 其在西班牙各统治家族中的位置，321，322

Treaties, 条约, 尊重与违反的借口，262—263

又见各条约名称

Trebizond, 特拉布松，46，411

希腊人的特拉布松帝国，并入奥斯曼帝国（1461 年），395

奥斯曼行省，407，412

Trevelyan G. M., 特里维摩, 乔·麦, 论 15 世纪英国的文化保守主义，52—53

Trier archbishop of, 特里尔大主教, 作为世俗的统治者，195

Trieste, 的里雅斯特, 为威尼斯所占（1508—1509 年），214；马克西米连批准归威尼斯所有，360

Trinidad, 特立尼达岛, 为哥伦布所发现（1498 年），433

Tripoli, 的黎波里（北非），319

卡斯蒂利亚所有，340

Tripoli, 特里波利（叙利亚），在麦木鲁克—奥斯曼战争中，400；奥斯曼占领，416

Trissino, Giovanni Giorgio, 特里西诺, 乔万尼·乔治, 意大利作家，175

Trithemius, Johannes, 特里特米乌斯, 约翰内斯, 斯彭海姆和维尔茨堡修道院院长

与人文主义学术，117，120

论密码（《密码六论》），271

Triumphal processions, 凯旋式游行, 模拟古代, 在文艺复兴时的意大利，147

Trivulzio, Gian Giaeomo, 特里武尔齐奥, 吉安·贾科莫，136

让洛多维科·斯福尔扎替路易十二效劳，356—357

他在马里尼亚诺的胜利（1515 年），364

Troitsa, 特罗伊察，21

Troubadours, 行吟诗人, 意大利对他们诗歌的移植和修改，70

Troyes, 特鲁

瓦主教座堂，160

集市，313

Tuat, 图亚特绿洲，47

Tūmān Bāy, 突曼贝伊, 麦木鲁克苏丹, 在麦木鲁克—奥斯曼战争中战败而死，416，417

Tunis, 突尼斯，267，421

Turcoman tribes, 土库曼部族, 奥斯曼承认他们的特权，417

又见 Ak Koyunlü; Karaman - oghlü; Ramazan - oghlü; Rum - lü; Tekke -

lü；Torghud；Varsak

Turks，土耳其人，见 Egypt, Mamluk empire of；Ottoman Turks

Turmair, Johann (Aventinus)，图尔迈尔，约翰（阿文提努斯），与德国历史编纂学，118

Tver，特维尔，为伊凡大帝所降服，368

Ulm，乌尔姆，主教座堂，160

'Ummaiyad caliphate in Spain，西班牙的伍麦叶哈里发国，其覆亡和欧洲对非洲扩张，420

Union of Florence，佛罗伦萨统一运动（1438—1439年），以及伊凡大帝和立陶宛的亚历山大之间的战争，369，376—377

Unity of the Brotherhood，"弟兄联盟"，波希米亚教派，389

Universities，大学
　德国：学生人数的增加，4；人文主义，67—68，116—117；世俗大学的成立占优势，196
　文艺复兴初期意大利的大学与北方的大学相对比，15
　中世纪教会改革纲领的失败，51
　15世纪中叶后大学的衰落，51—52
　人文主义与中世纪传统，96—97
　引进希腊文，100，104—105
　在斯堪的纳维亚成立大学，121
　与罗马法的传播，197
　在西班牙，122—124
　又见大学城镇名称各条目

Unterwalden，下沃尔登，瑞士的州，204

Uppsala, University of，乌普萨拉大学，121

Urbino，乌尔比诺，16，17，95，169，171，175，177
　费代里戈·达·蒙泰费尔特罗和对曼图亚的友好，349
　传给罗韦雷家族，349
　利奥十世为了洛伦佐·美第奇而排挤弗朗切斯科·罗韦雷，363

Urceo, Codro，乌尔切奥，科德罗，与波洛尼亚的人文主义教学，96

Uri，乌里，瑞士的州，204

Urrea, Pedro Manuel Jiménez de，乌雷亚，佩德罗，曼努埃尔·希门尼斯·德，他的散文和诗歌，179

Utraquists，酒饼同领派，与波希米亚的宗教纠纷，389，391

Utrecht, David of Burgundy, bishop of，乌得勒支主教，勃艮第的大卫，229
　马克西米连恢复其主教职务（1483年），233

Utrecht, Frederick of Baden, bishop of，乌得勒支主教，巴登的弗里德里希，辞职（1516年），255

Utrecht, Philip of Burgundy, bishop of，乌得勒支主教，勃艮第的菲利普，好人菲利普的私生子，任命（1516年），255—256

Utrecht，乌得勒支，主教区，229，232
　马克西米连加强其控制（1483年），233
　应邀参加1488年的"同盟"，236
　查理五世取得控制权，255—256

Uzbeg，乌兹别克，河间地带的可汗，攻打呼罗珊（1510年），406，410

Uzun Hasan，乌宗·哈桑，波斯国

王，397

他建立波斯国家，396

与威尼斯联盟反对奥斯曼土耳其，396

庇护舍赫·朱奈德（萨法威亚领袖），405

Vács (Waitzen)，瓦茨（瓦伊岑），匈牙利，德意志人居住地，37

Valea Albă，瓦列亚阿尔巴，奥斯曼打败摩尔多瓦人（1476年），396

Valencia，巴伦西亚，6，48，318

与意大利的文化联系，169

大教堂，169

代替巴塞罗那成为财政中心，319

Valencia, Kingdom of，巴伦西亚王国

人口，316

王后热尔曼（德·福埃）作为女总督，323

在费迪南德和伊萨贝拉的婚约中，322

法国工人在巴伦西亚，16世纪时，459

Valencia, University of，巴伦西亚大学，创办（1500年），125

Valenciennes，瓦朗西安，243

Valera, Diego de，巴莱拉，迭戈·德，西班牙历史学家，181

Valeriano, Piero，瓦莱里亚诺，皮耶罗，意大利人文主义者，他关于象形文字的著作，102

Valla, Lorenzo，瓦拉，洛伦佐，意大利人文主义者，3，88，117

《新约》研究与章句诠释，55，98，113，117；他的兴趣和伊拉斯谟的兴趣不同，18

研究罗马法，102

Valladolid，巴利阿多利德，该地的圣格雷戈里奥和圣巴勃罗教堂，166

Valois, housse of，瓦卢瓦王室，8，10

Valtelline，瓦尔泰利纳，207

Valturius, Robertus，瓦尔托里厄斯，罗伯托斯，他的《论军事》，276

Vanucci, Pietro，瓦努齐，彼得罗，见 Perugino

Varna, battle of，瓦尔纳战役（1444年），371

Varsak，瓦萨克族，土库曼部族，397，399，404

Vasari, Giorgio，瓦萨里，乔治，意大利作家，他的《艺术家传》和艺术家的社会地位，152

Vásquez, Francisco，巴斯克斯，弗朗西斯科，西班牙作家，180

Vecellio, Tiziano，韦切里奥，蒂齐亚诺，见 Titian

Veere, port of，维尔港，与斯卢思的私掠活动，242

Velasquez, Diego，贝拉斯克斯，迭戈

古巴移民地，435

卡斯蒂利亚德奥罗移民地，439

对科尔特斯不信任，439，441

Velleius Paterculus，韦利奥斯，帕特库洛斯，莱纳努斯编印的版本，118

Venezuela，委内瑞拉

在哥伦布的加勒比探险中，433

在奥赫达和韦斯普奇的探险中，436

Venice，威尼斯，6，7，131，139，150，155，171

与奥斯曼土耳其：在希腊和爱琴海的抵抗和损失，33，395；奥斯曼与威尼斯在意大利的敌人结盟，265，403；战争（1498—1502年），

281，402—404；亚得里亚海，395，396；与波斯联盟，396；战争（1463—1479年），395，396

贸易和商业，40，46，47，48，156，447，464；探险航行的威胁，345

与第四次十字军东征，46

15世纪时的海外帝国，46

工业，47，287

大陆领地，72，344—345

与康布雷问题（1508年），81，297，345；马克西米连的失败（1509年）与同盟的形成，214，359—360；丧失亚得里亚海港，342，361；在阿尼亚德洛战败（1509年），360，363，366；从罗马涅被逐，360—361

与神圣同盟：同盟的形成（1511年），81，215，342；失去布雷西亚，361；对弗朗西斯一世的援助，363—364；法国在马里尼亚诺胜利后（1515年）收复领土，365

印刷业，95—96，100，116

人文主义学院，97

丢勒的访问，154—155

德意志商人的居留地，156

在达尔马提亚的文化影响，192

与查理八世和路易十二的入侵；和米兰一起敦请马克西米连干涉（1496年），202—203；威尼斯同盟（1495年），332，341，353；1494年的中立，351；对路易十二的支持，356

与马克西米连的最后一次意大利远征（1516年），217

外交：使用常驻使节，266，267，272；情报机关，266，279

军事组织，279，286，297，344—345，402；海军组织，287，288；军火库，287

与弗拉拉的战争（1482年），336，348

入侵意大利前夕威尼斯的地位，344—345

社会和政治组织，345

16世纪时的衰落，447

Vera Cruz，维拉克鲁斯，440，441

在卡布拉尔对印度探险中，428

Veragua, duchy of，贝拉瓜公爵领地为哥伦布的家族所拥有，436

Vérard, Antoine，韦拉尔，安托万，法国出版家，182

Verböczi，维尔伯齐

和匈牙利的法典编纂，387—388

小贵族和大贵族之间的斗争，393

Vercelli, Peace of，维切利和约（1495年），353

Verezzano, Giovanni，维雷扎诺，乔万尼，与法国在北美洲的移民，445，466

Vergil, Polydore，维吉尔，波利多尔，与英国人文主义历史编纂学，56，110

Verais, Nicoletto，维尔尼亚，尼科莱托，他对亚里士多德作阿威罗伊式的解释，101

Verona，维罗纳，6，47，132，136，214

威尼斯的控制，46；在马里尼亚诺战役（1515年）之后回归威尼斯，365

城防工事，282

在法国入侵意大利（1515年）时，

363，364

Verona, Guarino da, 韦罗纳, 瓜里诺·达, 与人文主义的教育, 71

Verrochio, Andrea, 韦罗基奥, 安德烈亚, 意大利雕刻家, 136

Vervins, Treaty of, 弗尔汶条约（1598年）, 467

Vese, Etienne de, 维斯克, 艾蒂安·德, 博凯尔司法总管, 鼓励查理八世对意大利的野心, 350

Vespucci, Amerigo, 韦斯普奇, 阿梅里戈

与美洲大陆的发现, 428

加勒比海沿岸探险, 436

Via Emilia, 艾米利亚大道, 在保卫意大利中的重要性, 351, 352

Vicente, Gil, 维森特, 吉尔, 葡萄牙戏剧家, 182

Vicenza, 维琴察, 47

与神圣同盟, 360—361

奥斯曼的袭扰（1499年）, 403

Vidin, 维丁, 奥斯曼行省, 404

Vienna, 维也纳, 150, 220, 234

Vienna, Congress and Treaty of, 维也纳会议和条约（1515年）, 380, 381

Vienna, University of, 维也纳大学, 68, 116

Vigarny (de Borgona), Felipe, 维加尼（德·博戈纳）, 菲利普, 与意大利对西班牙艺术的影响, 168

Vilain, Adrian, lord of Rassenghem, 维兰, 阿德里昂, 拉森海姆勋爵, 235

与佛兰德反对马克西米连一世, 232

与法国谈判（1489年）, 238

被害（1490年）, 239

Villach, 菲拉赫, 451

Villach, battle of, 菲拉赫战役（1492年）, 398—399

Villafranca, battle of, 比利亚弗兰卡战役（1515年）, 364

Villena, marquis of, 比列纳侯爵, 329

Villon, François, 维永, 弗朗索瓦, 法国诗人, 60, 102, 182

Vilna, 维尔纽斯, 立陶宛大公居住地, 375

Vilvorde, 维尔沃德, 阿德里昂, 维兰被囚禁之地, 235

Vinci, Leonardo da, 芬奇, 列奥纳多·达, 意大利艺术家, 127, 162, 169

与马尔塔塞纳渠, 32

对建筑的兴趣, 130, 133；在法国的影响, 160

设计骑士像, 136

他的绘画, 137, 155；在佛罗伦萨的战争画, 141；肖像画, 蒙娜丽莎, 148

与艺术理论, 150—151；为他的《最后的晚餐》所阐明, 151

研究解剖学, 151

在西班牙的影响, 169

与炮术的发展, 366

Vio, Tommaso da, 维奥, 托马索·达, 见 Cajetan

Virgil, 维吉尔, 3, 70, 95, 114, 149

与波利蒂安的《乡下人》, 98

与鲁切莱的《蜜蜂》, 172

16世纪的法文译本, 182

加文·道格拉斯译的《伊尼特》, 190

Virgin Islands, 维尔京群岛, 在哥伦布的第二次航行中, 432

Vischeh, Peter, the elder, 菲舍尔, 彼得, 老, 德国雕刻家, 与马克西米连一世之墓, 161

Viseher family, 菲舍尔家族, 德国雕刻家们（汉斯, 老彼得, 小彼得）, 他们的作品受意大利的影响, 155, 158—159

Visconti family, 维斯孔蒂家族, 2, 6, 16, 71

Visconti, Bianca, 维斯孔蒂, 比安卡, 米兰公爵弗朗切斯科·斯福尔扎之妻, 344

Visconti, Filippo Maria, 维斯孔蒂, 菲利波·马里亚, 米兰公爵, 267, 348
他的去世（1477年）和维斯孔蒂家族在米兰的统治的结束, 344

Visconti, Valentina, 维斯孔蒂, 瓦伦蒂娜, 与路易十二对米兰的权利要求, 353

Vistula, 维斯杜拉河, 22

Vitelli brothers, 维泰利兄弟, 他们按瑞士的模式训练步兵, 366

Vitelli, Comelio, 维泰利, 科尔内利奥, 意大利人文主义者, 和巴尔博在巴黎的争论, 104; 在牛津, 108

Viterbo, 维泰尔博, 139

Viterbo, Annio de, 维泰尔博, 安尼奥·达, 他的伪作, 102

Viterbo, Egidio de, 维泰尔博, 埃吉迪奥·达, 意大利神学家, 101

Vitruvius, 维特鲁威
与文艺复兴的建筑, 129—131; 丢勒的研究, 154; 萨格雷多《古罗马建筑法式》一书的基础, 168
各版本, 130

Vlachs, 弗拉赫人, 34
Volga, 伏尔加河, 21
Vologda, 沃罗格达, 21
Voragine, Jacques de, 沃拉琴, 雅克·德, 《黄金传奇》是布列塔尼敬神文学的源流, 192
Voyages of disovery, 探险航行, 见 America; America (North); America (Spanish); Expansion; Spain; Portugal; Venice
Vyatka, 维亚特卡, 为伊凡大帝所征服, 368

Waldmann, Hans, 瓦尔德曼, 汉斯, 苏黎世州长, 他的去世是对瑞士团结的一个打击, 205

Wales, 威尔士, 在意大利人文主义的影响之外, 111; 15世纪晚期诗歌的形式主义, 170

Wallachia; 瓦拉几亚为匈牙利所夺取（1522年）, 392
为奥斯曼土耳其所洗劫（1462年）, 396

War, 战争
基督教对战争的态度, 259—260, 289—291
15世纪时有利于发动战争的条件, 260—262
15世纪和16世纪时缺少经济上的推动力, 261—262
统治者是唯一的发动者, 262
教廷控制权的告终, 264
意大利战争中战事的过渡性, 275—276
军事文献, 276—277
战术, 284—286; 海上的, 288

骑士传统的残余，288—289

合法的诈术与非法的诈术之区别，289

战争惯例的法典编纂，290

又见 Armies; Artillery; Fortification; Ships; Weapons

War of the Common Weal，共同富利联盟战争（1465年），6

War of the Landshut Succession，兰茨胡特继承权战争（1504年），211—212

Warbeck, Perkin，沃贝克，珀金，马克西米连赞同约克的玛格丽特对他加以支持，244

Wars of the Roses，玫瑰战争（1450—1485年），对英国贵族的影响，8

Wassenhove, Joos van，华森豪甫，裘斯·范，见 Justus of Ghent

Weapons，武器，283—284；火器，283；又见 Artillery

Weis，韦尔斯，马克西米连一世逝世之地（1519年），219

Weiser family，韦尔瑟家族

与在美洲的贸易租让，324

与控制十字军经费的收入，334

Wener，维纳恩湖，22

Wenzel Ⅱ，文策尔二世，波希米亚和波兰国王，371

Wenzel Ⅲ，文策尔三世，皇帝，波希米亚国王，348

Wessel, John，魏塞尔，约翰，神密主义神学家，113

West Friesland，西弗里斯兰，奶酪和面包起义，240

West Indies，西印度群岛，见 America; America (Spanish)

Wetter，维特恩湖，22

Weydem Roger van der，韦登，罗杰·范·德尔，佛兰德画家，154，156，157，168

Wheeler, John，惠勒，约翰，冒险商公司秘书，论安特卫普通过殖民地贸易致富，449

White Sea，白海，21

Whittinton, Robert，惠廷顿，罗伯特，与拉丁文语法教学，107

Wielant, Philip，威朗，菲利普，与尼德兰大枢密院，230

Wiener, Neustadt，维也纳新城，219，220

Wimpfeling Jacob，温普斐林，雅各布，德国人文主义者和历史学家，117，118

Winchester School，温切斯特公学，53

Windesheim，温德谢姆修会，奥古斯丁教规，64，91，112

Winds，风，北大西洋风系和哥伦布的航行，430

Wisby，维斯比，44

Wismar，维斯马，44

Witchcraft，巫术，《深情地希望》通谕（1484年）和《作恶者罪孽》通谕（1487年），77，92

Wittelsbach, house of，维特尔斯巴赫家族

与施瓦本联盟，198

与兰茨胡特继承权战争（1504年），211—212

Wittenberg, University of，维滕贝格大学，218

Wladislaw Ⅱ 瓦迪斯瓦夫二世，匈牙利

和波希米亚国王
 在匈牙利王位继承问题上与马克西米连的协议, 213, 221—222
 即波希米亚王位, 372—373; 被承认为匈牙利国王, 373
 绰号"好吧", 374
 与波兰的约翰·奥尔布拉赫特的密切关系, 375, 377, 381—382
 和勃兰登堡的巴巴拉结婚(通过代表), 377; 和阿拉贡的贝阿特丽克斯结婚, 377; 和安妮·德坎戴勒结婚, 378
 与扎波利亚伊反对派, 379
 与王室权力的衰落, 387
 逝世(1516年), 391
Wladislaw II (Jagiello), 瓦迪斯瓦夫二世(亚盖沃), 波兰国王, 与亚盖沃王朝在波兰的建立, 371
Wladislaw V (Postumus), 瓦迪斯瓦夫五世(波斯图穆斯), 匈牙利和波希米亚国王, 371
Wolsey, Thomas, 沃尔西, 托马斯, 红衣主教, 约克大主教, 13, 110, 272
Worcester, William, 伍斯特, 威廉, 见 Botoner, William
Worde, Wynkyn de, 沃尔德, 温金·德, 英国印刷业者, 191
Worms, 沃尔姆斯, 159, 202
 遭到冯·济金根的攻击(1514—1517年), 217
Worms, 沃尔姆斯, 帝国议会和敕令(1495年), 199—202, 203, 204, 214—215, 又见 Empire, Holy Roman (帝国的改革, 1521年), 105
Württemberg, Eberhard (Barbatus) duke of, 符腾堡公爵, 埃贝哈德(巴巴杜斯), 与施瓦本联盟, 198
Württemberg, Ulrich, duke of, 符腾堡公爵, 乌尔里希, 为施瓦本联盟所推翻, 198
Würzburg, abbey of, 维尔茨堡修道院, 117

Ya'kūb Beg, 亚库布贝伊, 波斯国王, 397, 405
Yañez, Fernando, 亚涅斯, 费尔南多, 西班牙画家, 169
Yaroslav, 雅罗斯拉夫, 21
Yenishehir (Anatolia), 耶尼谢希尔(安纳托利亚), 411
 杰姆的战败(1481年), 397
 艾哈迈德为谢里姆所败(1513年), 410—411
Ypres, 伊普雷, 与反对马克西米连做菲利普大公的摄政, 231
Yucatān, 尤卡坦玛雅人的城市, 439
 西班牙沿海岸探险, 439

Zaccagni, Bernardino, 扎卡尼, 贝尔纳迪诺, 意大利建筑家, 130
Zanchari, Andrea, 赞卡尼, 安德烈亚, 威尼斯派往奥斯曼土耳其的使节, 403
Zante, 赞特, 在威尼斯—奥斯曼战争中, 403; 威尼斯为它支付贡金, 404
Zápolyai, 扎波利亚伊王室, 在东欧反对哈布斯堡家族, 377, 379, 381
Zápolyai, Barbara, 扎波利亚伊正室, 巴巴拉, 见 Barbara, 波兰王后

Zápolyai, Imre, 扎波利亚伊，伊姆雷，匈牙利的巴拉丁选侯，373

Zápolyai, Jan, 扎波利亚伊，扬，特兰西瓦尼亚总督（后为匈牙利国王）
与反对哈布斯堡王室，222，379，392
在奥斯曼对匈牙利的进攻中，392，393

Zápolyai, Stephen, 扎波利亚伊，斯特凡，匈牙利的巴拉丁选侯，377

Zara, 扎拉，为威尼斯所占据，402

Zealand, island, 谢兰岛，22

Zeeland, 泽兰
在大枢密院有代表，225
与勃艮第的玛丽和马克西米连成婚，227
菲利普大公恢复圣室的收入和权利，246

Zierikerzee (Zeeland), 齐里克泽（泽兰），253

Zoë (Sophia) palaeologue, 佐约（索菲亚）·巴利奥洛格，俄国沙皇伊凡大帝的王后，369

Zuccaro, Federigo, 祖卡罗，费代里戈，意大利画家，144

Zug, 楚格，瑞士的州，204

Zuider Zee, 须德海，256

Zu'l-Kadr, 祖尔-普德尔，阿尔比斯坦的统治家族，396

Zuñiga, Diego Lopez, 苏尼加，迭戈·洛佩斯，西班牙学者，他对伊拉斯谟和勒费弗尔·戴塔普的攻击，124

Zürich, 苏黎世，瑞士的州，204，205

Zurita, Jeronimo de, 苏里塔，吉罗尼莫·德，328